ERNST PITZ

EUROPÄISCHES STÄDTEWESEN UND BÜRGERTUM

ERNST PITZ

EUROPÄISCHES STÄDTEWESEN UND BÜRGERTUM

Von der Spätantike bis zum hohen Mittelalter

WISSENSCHAFTLICHE BUCHGESELLSCHAFT
DARMSTADT

Umschlagbild: Arena von Arles, anonymer Stich aus dem 17. Jahrhundert.

Die Deutsche Bibliothek – CIP-Einheitsaufnahme

Pitz, Ernst:
Europäisches Städtewesen und Bürgertum:
von der Spätantike bis zum hohen Mittelalter /
Ernst Pitz. – Darmstadt: Wiss. Buchges., 1991
ISBN 3-534-10533-8

Bestellnummer 10533-8

Gedruckt auf säurefreiem und alterungsbeständigem Werkdruckpapier
Satz: Fotosatz Janß, Pfungstadt
Druck und Einband: Wissenschaftliche Buchgesellschaft, Darmstadt
Printed in Germany
Schrift: Linotype Times, 9.5/11

ISBN 3-534-10533-8

INHALT

VORREDE

Wer sich daran erinnert, daß die Geschichtswissenschaft einst, im Zeitalter Voltaires, Herders, Hegels und Rankes, entstanden ist als Zweig, ja vielleicht sogar als Grundwissenschaft einer Philosophie, die ihrerseits darum kämpfte, im Streit der Fakultäten die Theologie zu entthronen und an deren Stelle zu treten – der mag wohl meinen, daß heute, im Zeitalter des Positivismus, des Vielwissens und der Fächerzersplitterung, wo selbst die Philosophie nur noch als eines unter vielen Fächern, und nicht einmal als besonders wichtiges, überlebt, am ehesten noch die vergleichende Geschichtsbetrachtung imstande sei, den ursprünglichen philosophischen Anspruch der Geschichtswissenschaft wach zu erhalten, ja ihn vielleicht sogar wenigstens andeutungsweise einzulösen. Auch mag es sein, daß in erster Linie die vergleichende Verfassungsgeschichte dazu berufen sei, diese Aufgabe zu übernehmen, hat sie es doch mit den menschlichen Verbänden zu tun und nicht zuletzt mit dem Staat als deren höchster Form; damit aber sind ihr auch die ewigen Grundfragen aller Philosophie nach dem zwischen Recht und Macht bestehenden Verhältnis anvertraut, die Fragen nach dem Grunde, aus dem Menschen über Menschen herrschen dürfen, und nach den Formen, in denen allein eine solche Herrschaft erträglich oder sogar nützlich sein kann.

Wenn dem allem so wäre, dann wäre eine vergleichende Verfassungsgeschichte freilich, vom Standpunkt der Fachwissenschaft aus gesehen, nur als Essay möglich. Schon wenn sie sich zum Ziele setzt, Eigenschaften des europäischen Staates, von dem seit der Höhe des Mittelalters Städtewesen und Bürgertum ein wesentlicher Teil waren, zu bestimmen, begibt sie sich zweifellos auf das Feld transzendenter und insofern philosophischer Begriffsbildung und Spekulation. Denn es ist doch sehr die Frage, ob sich das Europäische am Staate – wie überhaupt an den Gebilden der Menschen und ihrer Kultur – empirisch beobachten läßt, da uns im Wege der Quellenforschung stets nur die nationalen Schöpfungen, die Staaten und Städte der europäischen Stämme und Völker, zugänglich sind und es durchaus nicht von vornherein feststeht, wo das geschichtliche Europa in Zeit und Raum seine Grenzen fand und wie man im Vergleich das Regelhafte vom Ausnahmsweisen trennen kann. Wenn man aber die Existenz einer europäischen Kultur, eines europäischen Staates und eines europäischen Bürgertums behauptet und es für eine lösbare Aufgabe hält, deren Eigenschaften zu bestimmen, dann steht dabei unausgesprochen die Vermutung im Hintergrunde, daß sich diese Gebilde von denen der außereuropäischen Menschheit unterscheiden; mit dieser Vermutung aber nähern wir uns dem Punkte, wo unstreitigermaßen das Gebiet der Geschichtsphilosophie und der philosophischen Anthropologie seinen Anfang nimmt und die Frage darauf geht, was überhaupt der Mensch und die Menschheit seien – und wer wagt sich dergleichen heute noch zu fragen?

Während die Probleme der vergleichenden universalen Anthropologie stets den westeuropäischen Nationen, als einstigen Herren über weit ausgedehnte Kolonialreiche, besonders nahegelegen haben, ist die vergleichende Sozial- und Verfassungsgeschichte Europas vor allem ein Geschöpf der deutschen Geschichtswissenschaft. Als ihre wichtigsten Vertreter mögen genannt werden Otto Hintze (1861–1940), Max Weber (1864–1920), Paul Koschaker (1879–1951), Heinrich Mitteis (1879–1952), Fritz Kern (1884–1950), Werner Näf (1894–1959) und Percy Ernst Schramm (1894–1970). In den Bahnen, die diese Forscher gangbar gemacht haben, bewegt sich die nachfolgende Erzählung. Jedem Kundigen ist klar, daß sie weder ihren Vorbildern gleichkommen noch auch nur ansatzweise etwas anderes als einen Versuch darstellen kann. Den Verfasser hat bereits das Studium bei Hermann Aubin (1885–1969) auf die Vorteile vergleichender Geschichtsbetrachtung und auf die Notwendigkeit, Südost- und Osteuropa in sie einzubeziehen, hingewiesen. Obwohl er sich seit vier Jahrzehnten mit dem Gegenstand beschäftigt, wäre er der Versuchung, eine Niederschrift etwa gewonnener Ergebnisse zugunsten weiterer Detailstudien in eine ferne Zukunft hinauszuschieben, nicht Herr geworden ohne die Anregung des Verlages, der gewiß zu Recht der Ansicht war, daß ein Versuch beim heutigen Stande der Forschung nicht nur gewagt werden könne, sondern auch einmal gewagt werden müsse. Ein Versuch kann freilich nicht das Ziel verfolgen, die Schwierigkeiten zu verbergen, mit denen er zu ringen hatte. Der Essayist ist Dilettant; indes kein Geringerer als Jacob Burckhardt hat ihm auf dem Felde der Wissenschaften, wo Meister nur der Spezialist in einem begrenzten Bereich sein kann, das Daseinsrecht bestätigt: „Soll man aber nicht die Fähigkeit der allgemeinen Übersicht, ja die Würdigung derselben einbüßen, so sei man noch an möglichst vielen anderen Stellen Dilettant, wenigstens auf eigene Rechnung, zur Mehrung der eigenen Erkenntnis und Bereicherung an Gesichtspunkten; sonst bleibt man in allem, was über die Spezialität hinausliegt, ein Ignorant und unter Umständen im ganzen ein roher Geselle."

Speziell das Problem der Bibliographie ließ sich erst lösen, nachdem sich der Verfasser dazu entschlossen hatte, sich zu solchem Dilettantismus zu bekennen. Denn jede 'richtige' Bibliographie sprengt nicht nur den Rahmen eines handlichen Buches, sondern rät auch, je länger man an ihr arbeitet, um so eindringlicher davon ab, die Erzählung überhaupt in Angriff zu nehmen: Zu groß bleibt immer die Zahl der Texte, die eigentlich noch studiert werden sollten und müßten, bevor man anfangen kann, die eigenen Gedanken auszubreiten. Die Bibliographie beschränkt sich daher darauf nachzuweisen, was der Verfasser an wichtigen Studien wirklich gelesen hat; hinzu kommen etliche Reiseführer, die hier nicht aufzuführen waren, und die Eindrücke, die sich beim Gange durch alte Städte und über Ausgrabungsstätten sammeln lassen. So wenig wie der Philosoph kann sich der vergleichende Verfassungshistoriker jemals rühmen, am Ziele zu sein. „Dem Dilettanten aber, weil er die Dinge liebt, wird es vielleicht im Lauf seines Lebens möglich werden, sich auch noch an verschiedenen Stellen wahrhaft zu vertiefen." Es wäre genug erreicht, wenn unsere Erzählung den Leser hier und da auf Stellen hinwiese, an denen sich eine solche Vertiefung wohl lohnen würde.

Berlin, am 17. April 1990 Ernst Pitz

EINLEITUNG

Libertatem quam peperere maiores
digne studeat servare posteritas

Inschrift am Rathausturm zu
Hamburg von 1897

Zu der Zeit, als, wie wir rückschauend sagen, das Mittelalter begann, als wandernde Stämme der Kelten, Germanen und Slaven auf den Boden des römischen Reiches über- und in die Traditionen der griechisch-römischen Antike eintraten und den Grund für die Ausbildung der in Nationen gegliederten europäischen Welt legten, da hatten Menschen bereits seit Jahrtausenden Städte gebaut, aber Sitze einer besonderen Freiheit waren diese Städte nie gewesen. Freiheit – das bedeutet für uns Europäer in erster Linie Freizügigkeit: Die Menschen können und sollen dorthin gehen, dort ihre Wohnung wählen, wo sie sich mit ihrer selbst ergriffenen Arbeit den größten Wohlstand zu schaffen wissen, und sie wollen und sollen die Früchte ihrer Arbeit genießen, indem sie selbst darüber entscheiden, was und wieviel davon sie anderen abtreten oder zum gemeinen Nutzen dem Gemeinwesen überlassen. Solche Freiheit erfordert daher politische Selbst- oder Mitbestimmung, sie ist mit einer auf Gewalt gegründeten, den Menschen von außen, und für den Städter heißt das: vom Lande, her aufgezwungenen Herrschaft unvereinbar. Gewinn, Ausbau und Sicherung dieser Freiheit: Das ist das Thema der Geschichte des europäischen Bürgertums und Städtewesens, und es ist ein Thema von erstrangiger historischer und philosophischer Bedeutung. Denn schon der sprachliche Gebrauch, den die Gegenwart von den Wörtern Bürger, citoyen, cittadino macht, zeigt uns an, daß die Freiheit, die sich das europäische Bürgertum im Mittelalter erworben hat, der Kern dessen ist, was europäische Philosophen und Staatsmänner seit dem 18. Jahrhundert allen Menschen haben sichern wollen und was wir heute unter Freiheit im politischen Sinne verstehen.

Solche Freiheit war stets auf dem Lande, für den Bauern, schwerer zu gewinnen und zu bewahren als in der Stadt. Bauern leben notwendigerweise in kleinen Siedlungen, die die Weite der von ihnen bebauten oder genutzten Fluren und Gehölze von einander trennt; sie haben es daher schwerer, sich gegen einen Gewaltherrscher zu gemeinsamer Verteidigung ihrer Güter und Rechte zusammenzuschließen, als die Stadtbewohner, die zudem ihre dicht zusammengedrängten Wohnungen leicht mit Wall und Graben gegen äußere

Gewalt zu schützen vermögen. Bauern haben es auch schwerer, ihre Arbeitskraft zu verwerten, denn auf dem Dorfe ist die Berufsteilung gering, und es fehlt jener Markt, der in den Städten die Verwertung der Überschußprodukte ermöglicht und den Bedarf, die Nachfrage einer dicht gedrängten Bevölkerung so konzentriert, daß sich der geschäftige und unternehmerische Arbeiter auf ein besonders gut beherrschtes Gewerbe spezialisieren kann, ohne um die Chance des Absatzes fürchten zu müssen. Und der Bauer hat es schwerer, die Früchte seiner Arbeit fremdem Zugriff zu entziehen. Jedermann kann sehen und wissen, ob er reich oder arm ist, weil sein Wohlstand den Flächen entspricht, die er bebauen oder nutzen darf, und weil der Ertrag seiner Arbeit, wenn das Getreide auf dem Halme oder in Hocken steht und wenn das Vieh zur Weide geht, jedermann vor Augen ist. Da ist es schwer, dem Steuererheber etwas zu verheimlichen. Dagegen besteht das Vermögen des Städters auch, bei den Reichen sogar im wesentlichen, aus Fahrhabe, am liebsten aus Geld und Gold, und deshalb ist es einfach, den Umfang vor der Öffentlichkeit zu verbergen und ihn dem Steuererheber vorzuenthalten. Nimmt man hinzu, was das dichte Zusammenleben mit anderen Menschen an Möglichkeiten der Geselligkeit, der gemeinsamen außerwirtschaftlichen Betätigung mit politischen, religiösen und ästhetischen Zielen darbietet, so ist es klar, warum die Menschen, sobald sie über die notwendigen Wirtschaftsweisen zu verfügen begonnen hatten, einst auch den Anfang mit dem Städtebau gemacht haben.

Sofern die Städte dazu dienten, die Ernten und Vorräte der Ackerbauer und Hirten zu bergen und zu schützen und dem eigenen Konsum zu sichern, mögen sie von Anfang an die fatale gesellschaftliche Wirkung gehabt haben, daß sie den als Eigentümer des Bodens, als Leiter des Betriebes und als Oberhaupt einer Familie lebenden Landwirt dazu verführten oder nötigten, seinen Wohnsitz von dem Bauernhof in die Stadt zu verlegen. Wenn er aber die Lebens- und Arbeitsgemeinschaft mit denen aufgab, die den Boden wirklich bebauten oder mit den Herden wanderten, so wurde er alsbald zum Grundbesitzer, der darauf angewiesen war, die Arbeiter mit politischer oder ökonomischer Gewalt bei ihrer Wohnung und Arbeit festzuhalten. Die auf geordnete Gewaltanwendung gerichtete Verfassung solcher Grundbesitzerstädte war im alten Orient von herrschaftlicher Art, sie gipfelte in einem Priester- oder Stadtkönigtum. Es war dagegen etwas neues, daß die Griechen Städte ohne Herrschersitz, vielmehr mit einem Versammlungsplatz in der Mitte erbauten, wo die freien und wehrfähigen Grundbesitzer des Stadtgebietes zu gemeinsamer Beratung und Entscheidung ihrer Angelegenheiten zusammentraten; sie schufen damit den Typus der sich selbst ihr Recht schöpfenden und sich selbst verwaltenden Stadt, der sich auch bei den Italikern findet und der der hernach im römischen Reiche bis zum Atlantik und nach Britannien verbreiteten Stadtverfassung zugrunde liegt. Zwar hat das europäische Mittelalter unmittelbar nichts von dieser Stadtverfassung geerbt, da das seit dem 3. Jahrhundert nach Christus um seine pure Existenz ringende römische Kaisertum sie dringenden Anforderungen letzten Endes militärischer Art hat aufopfern müssen; es ist aber unübersehbar, wie sehr die altgriechische und die alte römisch-italische städtische Volksversammlung dem germanischen Ding, der Volks-, Gerichts- und Heeresversammlung germanischer Siedlungsverbände, entsprach, und diese Entsprechung ist trotz fehlender unmittelbarer Kontinuität zur mittelalterlichen europäischen Stadt ein weltgeschichtliches Faktum ersten Ranges, denn sie allein erklärt es – und diese Erklärung kann mit weiteren Parallelen dieser Art gestützt werden –, daß die Europäer seit dem 12. Jahrhundert das geistige, in Büchern (und Werken der bildenden Kunst) niedergelegte Erbe der griechisch-römischen Antike haben aufnehmen und neu beleben können – ein Hilfsmittel, ohne das auch die europäische Bürgerfreiheit ihren Siegeszug, ihren Vorstoß nämlich durch die Stadtmauern hindurch und in den monarchischen nationalen Flächenstaat hinein, schwerlich jemals hätte antreten können.

An der sozialen und politischen Trennung der stadtsässigen Grundbesitzer von den ländlichen Arbeitern und an deren Sklaventum und Unfreiheit hat indes die griechisch-römische Stadtentwicklung und Stadtverfassung nichts geändert, und darin liegt wohl die wichtigste Ursache dafür, daß sich die römischen Kaiser seit dem 3. Jahrhundert nicht mehr auf sie stützen konnten, um das Reich nach außen gegen den Ansturm landsuchender Bauernstämme zu verteidigen und im Innern zu befrieden. Zwar hatte einst die athenische Demokratie auch die Händler, Handwerker und Lohnarbeiter in das öffentliche Leben einbeziehen wollen, aber seit sie zugrunde gegangen war, hatte die freie Arbeit immer mehr an Ansehen verloren, und gegenseitiges Ressentiment bestimmte nun ihre Bewertung bei Herren und Knechten. Bereits Xenophon, Plato und Aristoteles hatten die Handarbeit, obwohl ihnen deren wirtschaftliche Bedeutung vollkommen deutlich war, politisch und menschlich als zweitrangig betrachtet, weil sie sich so leicht mit einem Gewinnstreben verband, das die ohne eigene Arbeit vom Rentenbezug lebenden Grundbesitzer auch im späteren Europa immer als unanständig betrachtet und abgelehnt haben. Der Seigneur verachtet das Geld und die kleinliche Rechenhaftigkeit, deren es bedarf, um durch Arbeit reich zu werden, und er sieht herab auf alle Menschen, die sich ihm wegen ihres so erworbenen Reichtums gleichstellen wollen. Die römischen Grundbesitzer verehrten zwar in romantischer Erinnerung das bäuerliche Leben und die Landarbeit; die römische Gesetzgebung aber schloß alle Bürger, die einen bezahlten Beruf ausübten, von den Staatsämtern aus, und wenn Cicero die Landwirtschaft nebst dem Groß- und Fernhandel als einzige für den Adel standesgemäße Erwerbsquellen bezeichnete, so dachte er dabei nicht mehr an die persönliche Arbeit in diesen Berufen, sondern an die Leitungs- und Herrschaftsaufgaben des Großgrundbesitzers und des Eroberer-Unternehmers, der für das römische Volk die unterworfenen Provinzen ausbeutete. Den gewöhnlichen Kaufmann und Händler dagegen verachtete er, weil er ihm unterstellte, daß er seine Kunden zu überlisten, zu beschwätzen und mit seiner freien Preisgestaltung letzten Endes zu betrügen pflegte: die typische Ansicht auch des europäischen Seigneurs, dem der Fleiß abhängiger Bauern ein standesgemäßes Leben ermöglichte und für den daher bei Kauf und Verkauf letztlich stets nur die Frage sein konnte, wer den anderen betrügen würde.

Daß Handwerker und Händler dem ein anderes Arbeitsethos entgegensetzten, das erfahren wir vor allem aus den Darstellungen der Arbeitswelt, die uns auf Grabmälern und in Inschriften besonders der westlichen Hälfte des römischen Kaiserreiches erhalten geblieben sind. In ihnen äußern sich dieselben Kreise, die die christliche Lehre im römischen Reiche ausgebreitet haben; denn seit den Reisen des Apostels Paulus pflegte die christliche Mission von Stadt zu Stadt zu springen, ohne sich um das flache Land und um das Bauernvolk zu kümmern. Das Christentum schätzte die Arbeit als göttlichen Auftrag an den Menschen ebenso wie als Sündenstrafe und Mittel gegen Müßiggang und Unordnung, ohne den materiellen Ertrag, den Reichtum, hoch zu bewerten; wenn Gott die Arbeit segnete, so tat er es, um den Frommen zur tätigen Nächstenliebe, zur Hilfe für notleidende Gemeindemitglieder auszurüsten, nicht aber, um die Tugend zu belohnen: Sie sollte ihren Lohn vielmehr erst im göttlichen Endgericht in Form der Teilhabe der Frommen am Reiche Gottes empfangen. Die Handwerker und Händler, die sich der christlichen Lehre öffneten, hatten es leicht, ihr Los zu deuten und auch der beruflichen Arbeit einen Sinn als Dienst zu geben, als Dienst nämlich am Gemeinwesen und an der Gemeinde Gottes. In diesen Gedanken fand das Mittelalter später einen der fruchtbarsten Teile des antiken Erbes vor; sie kamen zu höchster geschichtlicher Wirkung, sobald mit dem 9. Jahrhundert die Zeiten des Umbruchs und der Völkerbewegungen zu Ende gegangen waren und sich der insbesondere den Germanen vertraute Genossenschafts- und Gemeindegedanke als Grundzug der gesellschaftlichen und politischen Neuordnung Europas herausstellte.

In der römischen Kaiserzeit selber freilich fanden Handwerker und Kaufleute keine Chance, um den Charakter der Städte zu bestimmen. Die Städte waren und blieben Konsumentenstädte: Städte, deren wohlhabende Oberschicht aus den Besitzern der im Landgebiet gelegenen landwirtschaftlichen Betriebe, in den Haupt- und Großstädten (wie Rom, Mailand, Arles, Trier und dem in den Jahren 324 bis 330 erbauten Konstantinopel) auch aus in vielen Provinzen begüterten Großgrundbesitzern bestand, die dort die ihnen zustehenden Grundrenten verzehrten und zu denen ein mehr oder weniger großes Proletariat hinzukam. Dieses bestand aus freien Bürgern, die die Arbeit verachteten oder wegen der Konkurrenz der Sklavendienste keine ausreichend entlohnte Beschäftigung finden konnten und die seit je vom Kaiser, d. h. aus dem kaiserlichen oder staatlichen Grundbesitz und Steueraufkommen Ernährung, Kleidung und Vergnügen gefordert und erhalten hatten. In den Städten an der Reichsgrenze kamen als Konsumenten die Soldaten hinzu, die die Grenze verteidigen sollten. Städte wie Xanten, Neuss, Köln, Bonn, Mainz, Straßburg oder Regensburg verdanken ihre Entstehung den befestigten Garnisonen der Truppen, deren Bedürfnisse erst die Verdienstchancen schufen, die es Zivilisten gestatteten, sich dort niederzulassen. Gewiß hatte es in den römischen Städten immer freie Kaufleute, Spediteure, Schiffer gegeben, die an der Vermittlung der in Landwirtschaft und Bergbau gewonnenen Produkte an die Konsumenten mitgewirkt und verdient hatten, gewiß hatte es auch immer freie Handwerker gegeben, denen die reichen Verbraucher die Veredelung jener Produkte anvertraut hatten; aber deren Lage war stets beengt gewesen, weil die großen Konsumenten, insbesondere der Kaiser und seine Statthalter und Kommandeure, diese Arbeiten auf Sklaven übertragen und damit Löhne und Preise drükken konnten. Denn es gab zwar überall bereits Märkte, aber noch nicht jenen aus dem Zusammentreffen eines generalisierten Angebots mit ebenso allgemeiner Nachfrage gebildeten abstrakten Markt, der allein erkennbar machen konnte, daß Sklavenarbeit, wenn man auch die laufenden, fixen Kosten in Anschlag bringt, teurer ist als die Leistungen freier Lohnarbeiter. Hinzu kam, daß Renten verzehrende Grundherren den Staat verwalteten, die jederzeit, auch später in der europäischen Welt, erwarteten, daß das arbeitende Volk ihre selbst bemessenen Bedürfnisse deckte und sich mit seinen Preisforderungen ihren Zahlungsmöglichkeiten anpaßte. Es war für sie auch selbstverständlich, daß das Volk so viel an Steuern aufzubringen hatte, wie sie zum Unterhalt der Truppen und der Bürokratie, deren Pfründen sie sich selber zuteilten, für erforderlich hielten. Niemals konnten diese Männer hohe Preise als Folge knapper Ressourcen und eines vielleicht von der eigenen Politik verschuldeten mangelnden Angebotes auf einem freien Markte verstehen; statt dessen glaubten sie an natürliche und gerechte Preise, die sie freilich selbst bestimmen wollten und mit denen der Handwerker und Händler auszukommen hatte, wollte er nicht als Betrüger und Wucherer verschrien werden. Niemals haben sie begriffen, warum kein Arbeitender die Güter und Dienste freiwillig anbieten wollte, für die ein in allen Städten veröffentlichtes Edikt des Kaisers Diokletian im Jahre 301 Höchstpreise festgesetzt hatte, und warum das Edikt wieder aufgehoben werden mußte, wollte man das Wirtschaftsleben nicht gänzlich strangulieren. Denn noch Kaiser Justinian I. wollte im Jahre 542 durch allgemeines Gesetz die Preise für Waren und Dienstleistungen auf die „seit alters üblichen“ Beträge festlegen und damit Steigerungen auf das Doppelte und Dreifache, die ihm gemeldet worden waren, verhindern.

Immerhin erkannte man im 4. Jahrhundert, daß das Münzwesen keine staatliche Einnahmequelle sein und daß der Staat durch Geldentwertung seine Kaufkraft nicht vermehren könne. Kaisergesetze der Zeit bedrohten nicht nur Falschmünzer mit den schwersten Strafen, sondern sprachen es auch aus, daß der Staat auf seine Kosten und um seiner Fürsorgepflicht willen Münzen prägen und dem Publikum zur Verfügung stellen müsse, daß Geld keine beliebige Ware sei, sondern ein Wertmesser und Tauschmittel mit öffentlicher, amtlicher Beglaubigung – eine Einsicht, die im Abendlande nach dem Untergang des Kaisertums zum ersten Male, und nachdem Karl der Große sie wieder geltend gemacht hatte, noch ein zweites Mal verlorenging und die die mittelalterlichen Städte hernach in Jahrhunderte währenden Kämpfen erneut gegen die Seigneurs und Fürsten durchsetzen mußten. Die Wiederherstellung einer soliden Goldwährung, ein Werk der Kaiser Diokletian und Constantin, legte den Grund dafür, daß sich das städtische Wirtschaftsleben im griechischen Teil des Reiches dauerhaft und im Westen wenigstens vorübergehend wieder erholen konnte. Constantin setzte das Goldgewicht des Solidus auf 4,55 g (1/72 des römischen Pfundes von 327,45 g) fest und bürgerte damit eine Münzbezeichnung ein, die im Abendlande den Übergang zur Silberwährung überdauerte und anderthalb Jahrtausende lang gebräuchlich geblieben ist. Gegen den Verfall des Handels, der Gewerbe und der Städte freilich wußten er und seine Nachfolger keine andere Abhilfe, als gesetzlich verpönte Zwangsmaßnahmen einzusetzen. Um den Städten die für das Militär und zur Versorgung der Arbeitslosen notwendige Zahl an Bäckern, Schmieden, Schiffern usw. zu sichern, erklärten sie die wichtigen Berufe für erblich, so daß die zwangsweise an ihr Gewerbe Gebundenen eher ihr eigenes Vermögen ruinieren als sich dem etwa unrentabel werdenden Betrieb entziehen konnten. Derartige Maßnahmen vermochten indes keines der wirtschaftlichen und sozialen Probleme zu lösen, die den Niedergang verursacht hatten. Statt dessen brachten sie immer mehr Stadtbewohner um die Freizügigkeit, um die freie Wahl des Berufs und des Arbeitsplatzes und damit um Eigentum und Wohlstand, und niemand hatte davon einen Nutzen außer den Denunzianten, die sich ein Gewerbe daraus machten, Verstöße gegen die Gesetze anzuzeigen, und die auf diese Weise, wiederum in fatalem Zusammenspiel mit den Kaisern und deren Statthaltern, die Provinzialen um den letzten Vorteil brachten, den die Reichszugehörigkeit ihnen verschaffte und der sie stolz darauf sein ließ, Römer zu sein: nämlich um die Rechtssicherheit und den Schutz des Eigentums, welche die römischen Juristen im 2. Jahrhundert nach Christus in bewundernswerten und seit dem 12. Jahrhundert dem europäischen Bürgertum erneut zugute gekommenen Leistungen aufzubauen verstanden hatten.

So kommt es, daß im Gegensatz zum europäischen Mittelalter die griechisch-römische Antike kaum jemals Gewerbestädte oder gar Exportgewerbestädte hervorgebracht hat: nämlich Städte, die ihren Reichtum dem Fleiß und technischen Geschick der Handwerker verdankten und imstande waren, mit dem Erlös ihrer Arbeit nicht nur die Bauern zu bezahlen, die ihnen die Lebensmittel und Rohstoffe lieferten, sondern auch die Produzenten weit entfernter Städte und Länder, wo man Güter einer besonderen, nicht überall erreichbaren Qualität herzustellen verstand. Zur Geschäftigkeit und sich entfaltenden Spezialisierung der mittelalterlichen Gewerbe steht der tausendjährige Stillstand der Technik während des griechisch-römischen Altertums in einem auffälligen Gegensatz. Besonderes Aufsehen erregt bei dem Zurückschauenden seit langem, daß die Kaiserzeit von der Erfindung des Wasserrades kaum Gebrauch gemacht, sondern ihren Bedarf an Bewegungsenergie stets vor allem mit menschlicher und tierischer Muskelkraft gedeckt hat. In Europa dagegen traten seit dem Beginn des Mittelalters Neuerungen ein, die an Bedeutung alles übertrafen, was gleichzeitig im byzantinischen Reich und in der Welt des Islam geleistet wurde. Die Produktivität der Landwirtschaft, das handwerklich-technische Können, die Überlegenheit der Waffen und die nautischen Fähigkeiten, die den Europäern am Ende des Mittelalters den Sprung nach Übersee ermöglichten, sind weitgehend Errungenschaften des Mittelalters, zu denen das antike Erbe wenig beigetragen hat.

Man kann vermuten, aber schwerlich beweisen, daß zu diesem Sachverhalt die unüberbrückbar gewordene Kluft Entscheidendes beigetragen hat, die im Altertum die im Besitz der Macht befindliche Herrenschicht der Grundbesitzer von der arbeitenden Bevölkerung trennte und deren Folgen für die gesellschaftliche Bewertung der körperlichen Arbeit bereits beschrieben worden sind. Im 3. Jahrhundert nach Christus hatte sich diese Kluft noch einmal erheblich verbreitert und vertieft. Denn damals hatte sich gezeigt, daß die an Rhein und Donau stationierten Legionen nicht mehr imstande waren, die Grenzen des Reiches und damit dessen inneren Frieden zu schützen. Da sich die versklavte Landbevölkerung nur unzureichend vermehrte, waren Kaiser und Grundbesitzer schon seit langem auf die Einwanderung aus den germanischen Urwäldern angewiesen gewesen, um ihren Bedarf an Landarbeitern und Soldaten zu befriedigen. Die germanischen Völker, heute würde man sie als unterentwickelt bezeichnen, Völker, die noch unfähig waren, die Produktivkräfte des eigenen Bodens zu entfesseln, drängten nun in großer Zahl heran, um auf den bereits erschlossenen Fluren des römischen Reiches Wohnung und Arbeit zu suchen, und damit begann jene Wanderzeit, die im Jahre 375 zum ersten Mal zur Aufnahme eines geschlossenen germanischen Stammesverbandes in das römische Reich führte und die die romanischen Völker, die darin bis heute den Standpunkt des römischen

Reiches einnehmen, die Zeit der großen Invasionen nennen, während wir Deutschen seit dem 18. Jahrhundert den neutralen Begriff der Völkerwanderung benutzen, um den Germanen das Odium von Einbruch, Raub und Zerstörung zu nehmen, das an dem Worte Invasion haftet. Indes ist kein Zweifel, daß die Germaneneinfälle seit dem 3. Jahrhundert die bereits kränkelnde Blüte des römischen Städtewesens geknickt haben. Viele Städte waren erobert und ausgeplündert worden; in Eile begann man, ihre Zentren zu ummauern, wobei man Altäre, Inschriftsteine, Säulentrommeln der Prunkbauten als Baumaterial verwandte, denn viele Tempel, Theater und Wohnhäuser der einst prächtig und weitläufig erbauten Städte mußten ungeschützt vor den Mauern verbleiben, wo es an Händen sowohl für die Bauarbeiten wie für die Verteidigung fehlte. In den eng gewordenen Kernstädten aber wurde das Leben unbequem, denn die Garnison und ihre militärischen Bedürfnisse gaben dort nun den Ton an, und so begann jene lang anhaltende Stadtflucht, die so viel zum Verfall der antiken Städte beigetragen und nicht selten zu deren völligem Untergang geführt hat. Den Anfang machten die reichen Leute, deren Familien überall die Ratsherren stellten und die Stadtverwaltung trugen. Da der Kaiser und die Statthalter sie für die Steuerleistung verantwortlich machten, derart, daß sie das, was sie aus den bäuerlichen Pächtern und aus den Händlern und Handwerkern nicht mehr herausholen konnten, aus ihren eigenen Mitteln ersetzen mußten, begann die Ratsmitgliedschaft eine tödliche Gefahr zu werden. Wer konnte, entzog sich ihr, indem er die Privilegien des Senatorenstandes erwarb oder in den Klerus der christlichen Kirche übertrat. Gerade die größten und mächtigsten Herren aber siedelten auf ihre Landgüter über, deren Haupthof sie befestigten und mit Streitkräften verteidigten, die sie aus ihren Pächtern und Hintersassen rekrutierten. Diesen Großkonsumenten aber folgten die Handwerker und Händler nach, die für sie arbeiteten; auch sie zogen hinaus aufs Land, wo sie ebenso wie die Bauern von den Mächtigen Schutz vor Feinden – und vor den Steuereinnehmern erwarten konnten.

Aus zahlreichen Kaisergesetzen können wir die verheerenden Wirkungen dieser schleichenden, über Jahrhunderte hin anhaltenden Entleerung der Städte ablesen, denn den Kaisern blieb, wie bereits erwähnt, nichts anderes übrig, als mit gesetzlichen Verboten dagegen anzukämpfen. Händler, Schiffer und gewerbliche Unternehmer mußten sich zu Verbänden oder Kollegien zusammenschließen, die zu verlassen ihnen und ihren Erben verboten wurde. Bei heimlichem Abzug drohte ihnen oft der Verlust des Grundstücks, an dem die zur Pflicht gewordene Betriebskonzession haftete, und dies nährt die Vermutung, daß der für die Versorgung der städtischen Konsumenten notwendige Betrieb für sich allein genommen nicht mehr rentabel war, sondern ein ständiges Defizit aus den Erträgen eines Grundstücks abdeckte. Ebenso verbot man den Ratsherren, den Rat zu verlassen, sofern sie nicht einen Erben oder Nachfolger stellten, dem sie auch den größten Teil ihres Vermögens übertragen mußten. Wären diese Gesetze strikt durchgeführt worden, so wäre die gesamte freie Bevölkerung der Städte der Freizügigkeit beraubt und in Staatssklaverei übergeführt worden. So bestimmte etwa ein Kaisergesetz vom 24. Mai 397, daß die Statthalter überall nach Gewerbetreibenden fahnden sollten, die ihre Städte verlassen und ihr Vermögen mitgenommen hatten; das Gesetz rechnete damit, daß solche Flüchtlinge bereits in der zweiten Generation auf dem Lande lebten und dort Ehen eingegangen waren, sei es mit freien oder mit unfreien Frauen; im zweiten Fall hatten die Kinder außer den gewerblichen Verpflichtungen des Vaters auch noch diejenigen gegen den Grundherrn der Mutter abzutragen. Über die Ausführung dieses Gesetzes erhoben sich so viele Streitigkeiten, daß am 29. Juni 400 ein Gesetz genauere Regeln gab: Die in den letzten vierzig Jahren, also seit dem Jahre 360, aus solchen Ehen entsprossenen Kinder sollten zwischen der Stadt, aus der einst der Vater abgezogen war, und dem Grundherrn der Mutter geteilt weden, und erst die Enkel sollten wegen des Abzugs ihres Großvaters nicht mehr angesprochen werden.

Am 28. März 460 erneuerten die Kaiser diese Vorschriften und erstreckten sie auch auf die ratsfähigen Familien, von denen viele, von ungerechten Statthaltern und korrupten Steuererhebern ausgeplündert, ihre Heimat verlassen, auf fremden Landgütern unter dem Schutz, den deren mächtige Herren auch gegenüber der kaiserlichen Verwaltung gewährten, Unterschlupf gesucht und dort Töchter von bäuerlichen Pächtern und Sklaven zu Ehefrauen genommen hatten, obwohl sie damit ihren freien Geburtsstand aufs Spiel setzten. Sofern ihr Abzug aus der Stadt nicht mindestens dreißig Jahre zurücklag, sollten die Statthalter sie mit ihren Ehefrauen zurückholen, und die Gutsherren, die ihnen Schutz gewährt hatten, sollten mit dem Verlust ihrer Ansprüche an die Ehefrau bestraft werden, obwohl sie eine schwerere Strafe verdient hatten. Die Söhne aber sollten, wenn die Ehefrau Sklavin war, einem Gewerbezwangsverbande, wenn sie dagegen aus der Pächterschaft stammte, dem Stand der Ratsfamilien eingegliedert werden. Deutlich gesteht dieses Gesetz ein, daß es in den Städten keinen freien, kraft eigenen Vermögens politisch einflußreichen Ratsherrenstand mehr gab. Die antike, von der Gemeinde der Grundherren des jeweiligen Stadtgebietes getragene städtische Selbstverwaltung war zugrunde-, die Macht auf die Großgrundbesitzer übergegangen, die selbst der kaiserlichen Verwaltung Trotz bieten konnten und ihrer Lebensweise nach keine Städter mehr waren. Es gab zwar noch ein Städtewesen im Reiche, aber von einem Bürgertum im späteren europäischen Sinne konnte keine Rede mehr sein – wenn es je Ansätze dazu gegeben hatte.

Fragt man sich nach diesem Rückblick auf das Städtewesen des römischen Kaiserreiches, was europäisches Bürgertum und Städtewesen als

Erbe der Antike haben übernehmen können, so ergibt sich, daß die für die europäische Kultur typische bürgerliche Freiheit nicht dazu gehört. Selbst wenn wir auf die Zeiten vor Alexander, Caesar und Augustus zurückschauen, als es überall in der Mittelmeerwelt noch souveräne republikanische Stadtstaaten gegeben hatte, so war damals das Bürgerrecht, das Teilnahme an der Regierung einschloß, stets den Grundbesitzern und Großrentnern vorbehalten, dem mit schmutzigen Händen arbeitenden Volke jedoch versagt geblieben; die römische Kaiserzeit aber hat auch die Freiheit der einfachen Grundbesitzer und mit ihr die städtische Selbstverwaltung vernichtet. Das Mittelalter brachte in dieser Hinsicht einen auf ganz anderen Grundlagen ruhenden Neubeginn, dessen wesentliches Kennzeichen darin liegt, daß auch und gerade Handwerker und Händler zu Trägern der Stadtfreiheit und städtischen Selbstverwaltung geworden sind. Das war möglich, weil die Europäer nicht die antike Konsumentenstadt erneuert, sondern die am Markte orientierte Produzenten- und Gewerbestadt geschaffen haben, die zum flachen Lande und zum Bauerntum ein ganz anderes Verhältnis schuf, als es im Altertum bestand: Die antike Konsumentenstadt hatte die Landwirte ausgebeutet, die europäische Produzentenstadt dagegen konnte sie für ihre Produkte bezahlen, daher allmählich an den Markt heranführen und schließlich an der eigenen, der bürgerlichen Freiheit beteiligen.

Geerbt dagegen hat Europa mit dem spätantiken Flächenstaat die Stadt als zentralen Ort, als zivilen, militärischen und kirchlichen Verwaltungsmittelpunkt. Gerade in dieser Funktion haben viele griechisch-römische Städte den Untergang des römischen Reiches überdauert, nicht zuletzt wegen der massiven wehrhaften Bausubstanz, die sie in Gestalt steinerner Tempel, Arenen und Stadtmauern angehäuft hatten, aber auch deswegen, weil die Gründer der alten Städte bereits überall die Punkte und Lagen ausgewählt und besetzt hatten, die der Verlauf der Flüsse und Gebirge ebenso wie die Bedürfnisse des Verkehrs und der Strategie zu Machtmittelpunkten prädestinierten. Zum antiken Erbe gehörte ferner ein Grundbestand an Techniken, die den Kelten, Germanen und Slaven zugute kamen, von den gewerblichen Fertigkeiten etwa des Steinbaus und der Glasherstellung bis hin zu den administrativen Verfahren, die im Münzgebrauch oder in der Verwendung der Schrift für Verwaltungszwecke ihre Hilfsmittel besaßen und ohne die die jungen Völker die Flächenstaaten nicht hätten übernehmen oder errichten können, innerhalb deren weitem Rahmen sich die Entstehung des mittelalterlichen Städtewesens von Anfang an vollzog. Zum antiken Erbe gehörte vor allem das Christentum in seiner doppelten Form: einerseits als kirchliche Organisation, deren Inhalt es bildet und die, wie wir noch sehen werden, gerade den Städten ihre Dienste leistete, indem sie Aufgaben der zerfallenden kaiserlichen Verwaltung übernahm, andererseits aber als Lehre, deren Einfluß auf die Arbeitsethik wir bereits erörtert haben, deren Bedeutung aber weit darüber hinausgeht. Denn in der christlichen Lehre war alles aufbewahrt, was Europa zunächst von dem Ertrage der geistigen Arbeit des Altertums überhaupt empfangen hat. Während es im griechischen Reiche stets auch eine weltliche, profane Tradition davon gab, haben im lateinischen Westen ausschließlich Kirchen und Klöster antike Bildung überliefert, indem sie die antike Literatur pflegten und so den Grund dafür legten, daß die im hohen Mittelalter einsetzende Blüte des europäischen Städtewesens auch die Erneuerung der alten römischen Rechtskultur und schließlich die Erneuerung des antiken philosophischen Humanismus einzuleiten vermochte.

Man könnte den Vergleich zwischen antiker und europäischer Stadt weiter ausführen, als es hier geschehen ist; man könnte auch das Bündel der Fäden, die diese mit jener verbinden, im Vergleich zu solchen Fäden, die abgerissen und entweder endgültig gebrochen oder später wieder zusammengeknüpft worden sind, genauer auseinanderzupfen, ohne doch eine Schwierigkeit zu überwinden, die zwar für die Geschichtsschreibung kaum ins Gewicht fällt, weil sie soziologischer Natur ist, die wir aber doch bedenken müssen: Es läßt sich nicht recht sagen, was eine Stadt ist, es läßt sich ein Begriff von Stadt, der sowohl auf die Städte des Altertums als auch auf die der europäischen Völker paßt und nicht inhaltsleer bleibt, schwerlich definieren. Wir stehen hier vor allem auch vor einer sprachlichen Schwierigkeit, vor einem Übersetzungsproblem, denn wenn wir davon sprechen, daß die antike Welt ein Städtewesen ohne Bürgertum gekannt habe, so erklärt sich das, was auf den ersten Blick wie ein Widerspruch in sich aussieht, daraus, daß die Worte polites und civis, die die Alten benutzten, um den freien Stadtbewohner zu bezeichnen, mit dem jüngeren deutschen Wort Bürger weniger übersetzt als vielmehr bloß der (keineswegs übereinstimmenden) Bedeutung nach verglichen werden können. Es ist die Aufgabe der Geschichtswissenschaft, diesen Vergleich durchzuführen.

Die Geschichtsschreibung benutzt daher das Wort als einen historischen Begriff, d. h. als einen Begriff, dessen Definition sich in Zeit und Raum verändert und von dem man lediglich sagen kann, welche Elemente die Definition regelmäßig berücksichtigen sollte. Dazu gehören vor allem das Erscheinungsbild und die Siedlungsformen, denn Städte unterscheiden sich nach Grundriß und Bauweise von Dörfern und anderen nichtstädtischen Siedlungen, alsdann die Wirtschaftsweisen: Handel und Gewerbe spielen für den Stadtbewohner die entscheidende, auf jeden Fall aber eine andere Rolle als für Landleute und andere nicht am Markte lebende Menschen, und schließlich die Rechtsverhältnisse, deren wichtigstes und den Städter von anderen Gruppen abhebendes Merkmal die sich allmählich entwikkelnde Freiheit ist, und vielleicht noch manches andere Merkmal mehr. Für keines von ihnen läßt sich ein auf alle Städte, gleich welchen Zeitraums und Landes, in gleicher Weise zutreffender Inhalt festlegen; es ist vielmehr Aufgabe einer Geschichte des Städtewesens und Bürgertums zu erzählen, welche Merkmale jeweils zusammenkamen, um eine Siedlung als Stadt zu kennzeichnen, und aus welchen Gründen und in welcher Richtung es dabei nach Inhalt und Zusammensetzung der Merkmale zu Veränderungen gekommen ist. Wir wollen, um diese Aufgabe zu erfüllen, unsere Geschichte in folgenden Abschnitten erzählen:

1. Die erste Hälfte der Frühgeschichte der europäischen Stadt fällt in das 5., 6. und 7. Jahrhundert. Es ist das Zeitalter der Völkerwanderung und des Merowingerreiches, in dem es Städte nur auf dem Boden des früheren römischen Reiches, noch nicht aber in Mittel-, Nord- und Osteuropa gab. Alle Städte dieser Zeit hatten zwar bereits eine lange Geschichte innerhalb des römischen Reiches hinter sich, aber die Gründung germanischer Reiche auf ehemals römischem Boden und im 7. Jahrhundert die Geschicke des oströmischen, jetzt zum griechischen gewordenen Reiches veränderten die politische und wirtschaftliche Lage dieser alten Siedlungen so, daß uns am Ende eine Frühform der europäischen Stadt begegnet, deren Entwicklung das erste Kapitel europäischer Stadtgeschichte bildet.

2. Die zweite Hälfte der Frühgeschichte füllt das 8. und 9. Jahrhundert aus. In dieser Zeit wurde das Schicksal der alten Städte von der Entstehung und dem Verfall des Karolingerreiches bestimmt, das erstmals den Machtschwerpunkt des Kontinents in die rein germanisch besiedelten Gebiete an Rhein, Maas und Mosel verschob: Gebiete, die sich zugleich zum Zentrum eines nordeuropäischen Fernverkehrssystems entwickelten, das sich schließlich duch Osteuropa hindurch bis zum Schwarzen Meere erstreckte und nun erstmals Frühformen von Städten auch außerhalb der Grenzen des früheren römischen Reiches ins Leben rief. Da die Araber, die bereits bis zum Jahre 711 Herren der Ost-, Süd- und Westküsten des Mittelmeeres geworden waren, jetzt auch die Seeherrschaft auf dessen Gewässern eroberten, befanden sich die alten Städte in Südeuropa vorübergehend in einer abseitigen Lage, ein Umstand, der die Verschiebung des Schwerpunktes aller europäischen Geschichte in die Kernräume karolingischer Herrschaft nördlich der Alpen zusätzlich betont.

3. Während des 10. und 11. und im frühen 12. Jahrhundert spielte sich die eigentliche Entstehung der europäischen Stadt ab. In den alten Städten, insbesondere aber in zahlreichen Neugründungen trat der Markt als Zentrum des städtischen Wirtschaftslebens und der sich formierenden städtischen Gesellschaft hervor, denn wer auf dem Markte sein Geschäft betreiben wollte, der mußte zwar dem Könige die Marktsteuer entrichten, er sicherte sich aber damit die Königsunmittelbarkeit und die mit ihr identische Freiheit. Wer dagegen die Marktsteuern nicht entrichten wollte, der hatte auf den Verkehr

dortselbst zu verzichten, er konnte nur noch Handwerker oder Händler im Dienste seines Herrn und auf dessen Hof sein und mußte daher die Hintersassenschaft und Unfreiheit wählen. In Oberitalien und im Rheinlande schlossen sich die freien Städter zu ersten Gemeinden zusammen im Kampf gegen Bischöfe und Grafen, die als königliche Amtleute die Stadtherrschaft erringen und die Bürger mediatisieren und um ihre Freiheit bringen wollten. Zum ersten Mal in der Weltgeschichte erstritten sich in dieser Zeit auch Handwerker und Händler Freiheit und Mitwirkung an ihrem politischen Schicksal. Führend in dieser Entwicklung waren die Städte Oberitaliens, die im 11. Jahrhundert den Arabern die Seeherrschaft auf dem Mittelmeer wieder entrissen und die wirtschaftliche Durchdringung der Levante einleiteten, dazu aber auch die Städte des Rheinlandes, deren Fernhandel bis in den Ostseeraum und in die Donauländer ausstrahlte.

4. Das 12. und 13. Jahrhundert sahen dann die Blütezeit des europäischen Städtewesens. Die Iberische Halbinsel, Skandinavien, Rußland und die Levante wurden nun in das europäische Fernhandelssystem einbezogen; dessen Zentren bildeten blühende Exportgewerbestädte, deren Fernhändler auf weiten Reisen nach den erforderlichen Rohstoffquellen und nach den Absatzmärkten für ihre Qualitätsprodukte suchten. Auf den Messeplätzen der Champagne stellten sie die Verbindung zwischen dem alten mittelmeerischen und dem jungen nordeuropäischen Verkehrsgebiet her, die beide lebhaft im Wachsen begriffen waren. Denn nicht nur in England, Frankreich, Deutschland und Italien gründeten Handwerker und Kaufleute zahlreiche neue Städte, sondern spanische und französische Siedler füllten die Iberische Halbinsel, deutsche Siedler den Ostseeraum und Mittelosteuropa mit ihren Gründungsstädten. Alle alten und neuen Städte aber gelangten in den Besitz einer institutionalisierten gemeindlichen Selbstverwaltung mit einem dem Grundsatz nach von der Bürgerschaft erwählten Rate als Organ und Repräsentanten der Gemeinde; die Abgrenzung der Befugnisse dieses Organs freilich gegen die alten Regierungsrechte der Könige oder der von diesen autorisierten Stadtherren war überall Gegenstand des politischen Kampfes und führte daher zu von Landschaft zu Landschaft unterschiedlichen Ergebnissen. Die reichen Städte, in deren Wirtschaftsweise sich die ersten Merkmale des Frühkapitalismus hervortaten, schufen sich auch eine eigene, der gleichzeitigen höfischen verwandte und gleich glänzende Kultur; eine neue Religiosität, die im Gemeinschaftsleben der Zünfte und Bruderschaften ebenso wie in der Gründung der Bettelorden Ausdruck fand, eine neue Wissenschaft, deren Träger die stadtsässigen Universitäten Italiens, Frankreichs und Englands waren, und ein neuer künstlerischer Stil für städtische Kirchen, Tuchhallen und Bürgerhäuser sind die wichtigsten Kennzeichen dieser Kultur, deren Denkmäler bis in das 19. und 20. Jahrhundert hinein das Antlitz der typisch europäischen Stadt geprägt haben.

5. Das Ende eines jahrhundertelangen Wachstums der Bevölkerung während der ersten Hälfte des 14. Jahrhunderts markiert überall in Europa den Beginn eines neuen Zeitalters. Nur noch in Osteuropa entstanden im 14. Jahrhundert neue Städte, und nirgendwo hatten die bestehenden Städte Anlaß, ihre Mauerringe noch einmal zu erweitern, um Zuzüglingen Raum und Schutz zu bieten. Auch das Wachstum des Fernhandelssystems und der Märkte hörte damit auf; in der Levante und in Südosteuropa brachte das Vordringen der Türken sogar einen empfindlichen Rückschlag, denn besonders die Städte Italiens gerieten nun in eine Randlage, während sich das Interesse der seefahrenden Nationen immer mehr dem Atlantik zuwandte. Die Agrardepression des späteren 14. und des 15. Jahrhunderts hat zwar die städtische Wirtschaft insgesamt nicht negativ beeinflußt, aber doch den Abstieg oder Stillstand vieler Gemeinden ebenso wie die Blüte anderer angeregt, da sie im ganzen die Auswirkungen der Marktkräfte verstärkte, die die Stadtentwicklung im hohen Mittelalter selbst freigesetzt hatte. Neue Techniken in der Textilherstellung, im Bergbau, im Metallgewerbe und im Transportwesen leiteten jetzt den Aufstieg der oberdeutschen und mancher anderer Städte ein, in denen der Frühkapitalismus weitere Fortschritte machte. Die Stellung der Städte gegenüber den Königen und Fürsten wurde überall schwieriger. Nur wo sich die Gemeinden einen Platz in den Reichsversammlungen oder Ständetagen erkämpfen konnten und damit finanzielle Verpflichtungen zu übernehmen bereit waren, vermochten sie sich eine auf die Dauer befriedigende Sicherheit für Selbstverwaltung und Bürgerfreiheit zu verschaffen. In Italien, Deutschland, Polen und anderen Ländern mit schwacher oder fehlender Krongewalt dagegen waren sie im Kampfe gegen alte und neue Stadtherren auf sich allein gestellt, und nicht immer blieben die Gemeinden die glücklichen Sieger. Die Blüte der bürgerlichen Kultur hielt an. Das Gepräge gaben ihr die düsteren Stimmungen, die die Pestzüge seit der Mitte des 14. Jahrhunderts ausgelöst hatten, und eine religiöse Unruhe, die aus der Spannung zwischen den versteinerten Formen der hochmittelalterlichen Adelskirche mit ihrer die Standesunterschiede stützenden Ethik auf der einen Seite, dem bürgerlichen Lebensgefühl mit Gewinnstreben der Erfolgreichen und unverschuldeter Not der Erfolglosen auf der anderen Seite wenn nicht herrührte, so doch ständig neue Nahrung sog. Mit der Öffnung der Seewege über den Atlantik, dem raschen Aufstieg des Frühkapitalismus, der Eingliederung der Städte in die monarchischen Flächenstaaten und der Reformation der Kirche kam die dem Mittelalter eigentümliche Entwicklung des Städtewesens zum Abschluß. Was die Bürgerschaften bisher an Freiheiten gesammelt hatten, das mußten sie seit dem Beginn des 16. Jahrhunderts in den und gegen die monarchischen Flächenstaaten, aber auch gegen den vom fürstlichen Absolutismus geprägten Geist einer neuen Zeit verteidigen.

I. ZEITALTER DER VÖLKERWANDERUNGSREICHE

Es waren wilde, kriegerische Zeiten, mit denen wir uns zunächst beschäftigen müssen, Zeiten, die den Werken des Friedens wenig günstig waren und den Städten des römischen Reiches nur wenige und kurze Jahre der Blüte, in der Regel dagegen Entvölkerung und Verfall brachten. Wie sahen sie aus, diese Städte, deren Ruinen nicht überall, aber doch vielerorts den Schauplatz späteren europäischen bürgerlichen Lebens gebildet haben? Der Typus der griechisch-römischen Stadtanlage, der die Städte des Reiches einheitlich geprägt hatte, zeigte überall dieselben Elemente: im Zentrum die Prachtbauten des öffentlichen und Gemeinschaftslebens, Tempel, Markt- und Gerichtsplätze (Foren, Agorai) und -hallen (Basiliken), die Amtsgebäude der Stadtverwaltung und des kaiserlichen Statthalters oder Garnisonchefs (Prätorium), in weiterer Entfernung oder vor der Stadt Theater, Amphitheater und Rennbahnen, überall gepflasterte Straßen, häufig dazu steinerne Wasserverteiler oder Zisternen, Gemeinschaftsbäder (Thermen), Speichergebäude für die Getreideversorgung (horrea) und unterirdische, ausgemauerte Kanalisation, außen herum oder nur die Innenstadt umfassend die mit Türmen bewehrte Mauer, die in den Grenzstädten die Kasernen für die kaiserlichen Truppen mit umschloß oder sich an deren eigene Befestigung anlehnte, davor schließlich die steinernen Wasserleitungen (Aquädukte) und entlang den Ausfallstraßen die Begräbnisplätze (Nekropolen), da das Sakralrecht Bestattungen innerhalb der bewohnten Städte nicht duldete. Alle öffentlichen Einrichtungen dienten zugleich dazu, die Bewohner des Landgebietes zu versorgen, dessen wirtschaftlichen und Verwaltungsmittelpunkt die Stadt bildete. In Italien und Griechenland, den Reichsteilen mit sehr altem Städtewesen, war die Zahl der Städte hoch, der Umfang ihrer Landgebiete daher gering; hier gab es deshalb auf dem Lande überhaupt nur bäuerliche Siedlungen. In allen anderen Provinzen, wo erst die Römer ein Städtewesen eingerichtet hatten, lagen die Städte weit von einander entfernt inmitten von Landgebieten, die nur in mehreren Tagen zu durchreisen waren; hier gab es daher außerhalb der Städte nicht nur agrarische Siedlungen, sondern auch an Verkehrsknotenpunkten und Flußübergängen Siedlungen mit nichtagrarischem Wirtschaftsleben (vici), mit Gasthaus, Markt, Fuhrbetrieb und zulieferndem Gewerbe, Siedlungen, die zwar nicht rechtlich, wohl aber wirtschaftlich den Städten verwandt waren. Viele von ihnen hatten sich seit dem 3. Jahrhundert in Festungen verwandelt oder waren gar als solche neu gegründet worden, und ihre militärische

Funktion war es vor allem, die sie in günstigen Fällen mit den alten Städten gleichstellte.

Die Wohnviertel der größeren Städte erschloß, wo eine solche Anlage möglich war, ein schachbrettförmiges Netz von Straßen, dessen Häuserblocks (insulae) sowohl vornehme, herrschaftliche Häuser (domus), meist weitläufige, um einen oder mehrere Innenhöfe (atria) angeordnete, mit Obergeschoß ausgestattete Bauten (Peristylien), als auch die Wohnungen der einfachen Leute beherbergten; es waren dies mehrstöckige, bis zu vier und fünf Geschossen hohe Mietshäuser (insulae), deren Erdgeschosse aus Läden und Vorratsräumen mit rückwärtigen Wohnungen bestanden, während die Stockwerke in bis zu zwanzig und mehr Wohnungen verschiedener Größe aufgeteilt waren. Die Mischung herrschaftlicher und einfacher Häuser, die keine Scheidung in vornehme und ärmliche Stadtteile zuließ, war eine Folge der sozialen Ordnung jener Zeit, die das arbeitende oder arbeitslose Volk dazu veranlaßte, sich vornehme Herren und Familien als Beschützer und Fürsprecher gegenüber der Obrigkeit zu suchen. Ein Kaisergesetz vom 6. Februar 398, das die Einquartierung des kaiserlichen Hofes oder hoher kaiserlichen Beamter auf ihren Dienstreisen regelt, beschreibt diese Verhältnisse: Der Kaiser und die Vornehmen hatten Anspruch auf Quartier in einer Domus, davon deren Herr die Hälfte oder ein Drittel (nach amtlicher Vermessung) zur Verfügung zu stellen hatte; „die Werkstätten (ergasteria) aber, die für Kaufwaren bestimmt sind, sollen in das Unrecht der vorerwähnten Teilung nicht einbezogen werden, sie sollen unberührt bleiben und frei und vor jedem Unrecht der Quartiersgäste geschützt, allein den Herren und Pächtern dienen“, es sei denn, daß es einem hohen Beamten an einem Stalle fehlte: Dann sollte dieser Raum, „wenn ihn nicht der Hausherr mittels irgendeiner Gelegenheit beschafft, aus den Werkstätten im Verhältnis zur Zahl der Tiere und zur Beschaffenheit des Hauses zugeteilt werden“. Die städtebaulichen Formen entsprachen einer auf Patronats- und Klientelverhältnissen beruhenden Zuordnung der Händler, Handwerker, Arbeiter und Müßiggänger zu den Familien der Mächtigen.

Das Schicksal der Städte hing ab von dem Geschick der Reiche oder Staaten, denen sie angehörten. Der östliche, griechische und der westliche, lateinische Reichsteil waren seit dem Jahre 395 dauernd getrennt; die Grenze verlief von der mittleren Donau und unteren Save an entlang dem Flusse Drina südwärts auf das Adriatische Meer zu und weiter durch die Straße von Otranto. Damals schied sie das lateinische Dalmatien und Pannonien vom griechischen Makedonien und den lateinischen Donauprovinzen Moesien und Dacien, und noch heute ist sie erkennbar als Grenze zwischen den vorwiegend katholischen Ländern Bosnien und Herzegovina im Westen und dem griechisch-orthodoxen Serbien im Osten. Dazu, daß die Reichsteilung von 395 dauernden Bestand erlangte, trug die in Ost und

West recht unterschiedliche Stadtkultur nicht wenig bei. Die griechischen Städte erwiesen sich als den westlichen überlegen, sowohl an wirtschaftlicher und damit an militärischer Kraft wie im Geistesleben. Das Ostreich besaß noch den Anschluß an den großen asiatischen Verkehrsraum, der seinem Handel und Gewerbe zugute kam; hier erhielt sich daher im 5. und 6. Jahrhundert eine auf stabile Goldwährung gestützte Tausch- und Verkehrswirtschaft, und ihr verdankte das griechische Reich die Kräfte, um die am Ende des 4. Jahrhunderts an der Donau aufgetauchte germanische Bedrohung schließlich hundert Jahre später doch abzuwehren. Dem ökonomischen Gedeihen entsprachen die kulturellen Leistungen, die sich namentlich in der Überlegenheit der Griechen über die Lateiner in den theologischen Kämpfen der Zeit äußerten und damit von einem blühenden städtischen Schul- und Bildungswesen zeugen. Der Versuch Kaiser Justinians I. (527–565), den inzwischen in germanische Hand gefallenen Westen für das römische Reich zurückzugewinnen, überspannte freilich diese im Osten lebendigen Kräfte. Hinzu kam, daß seit dem Jahre 542 das Reich anderthalb Jahrhunderte lang von Pestepidemien heimgesucht wurde, die die Bevölkerung binnen wenigen Jahrzehnten um die Hälfte verminderten und die schädlichen Auswirkungen der Rückeroberungspolitik verstärkten. So begann um 580 auch der Niedergang des östlichen Reiches: Es war unfähig, die Balkanhalbinsel gegen Avaren und Slaven, Anatolien gegen Perser und Araber zu verteidigen, und rettete sich vor dem drohenden Untergang erst durch eine Reform der Verwaltung und Wehrverfassung, die das ruinierte Städtewesen der tragenden Rolle entkleidete und den Staat ganz auf seine wehrhaften, freien kleinen und großen Grundbesitzer stützte.

Die Blüte der anfangs wohl über 900 Städte mit Zentralfunktion, aus denen sich das byzantinische Reich zusammensetzte, ist in deren Überresten noch heute zu erkennen. Es ist bemerkenswert, daß Kaiser Justinian I. keines der älteren Gesetze betreffend die Stadtflucht von Ratsherren und Handwerkern in seine im Jahre 534 veröffentlichte Gesetzessammlung übernommen hat; offenbar lockten die Städte die Menschen wieder an und boten ihnen eine gewinnbringende Existenz, denn dies war die Voraussetzung für das lebhafte öffentliche Bauwesen, dessen Reste vielfach heute noch sichtbar sind. So namentlich in der Reichshauptstadt Konstantinopel, die Kaiser Constantin seit 324 in günstiger strategischer und kommerzieller Lage, wo sich der Seeweg vom Schwarzen Meer nach Ägypten, nach Afrika und dem Westen mit dem Landweg von Europa nach Asien kreuzte, und in herrlicher topographischer Situation auf einer Halbinsel zwischen Marmarameer, Bosporus und Goldenem Horn errichtet hatte. Mit einer 3000 m langen Landmauer hatte Constantin das etwa 600 ha große Stadtgebiet geschützt; noch nicht einmal hundert Jahre später, nachdem der Vorstoß der Goten zum Verlust einer Schlacht und zum Tode eines Kaisers in nur 200 km

Entfernung (Adrianopel, August 378) geführt hatte, ließ Kaiser Theodosius II. die Stadt neu befestigen, wobei die Landmauer um über 1 km weiter hinausgeschoben und auf 5700 m verlängert, das Stadtgebiet aber der Fläche nach verdoppelt wurde. Der dreifache, mit einer Doppelreihe von je 96 Türmen geschützte, 30 m hohe Mauerzug, den man im Jahre 413 fertigstellte und mit leichteren Mauern an den Uferseiten zum Mauerring ergänzte, machte die Reichshauptstadt für ein Jahrtausend zur stärksten Festung des Abendlandes.

Eine vollständige Bebauung des ummauerten Raumes ist freilich niemals erreicht worden, obwohl die Kaiser sie mit allerlei gesetzlichen Maßnahmen förderten oder auch zu erzwingen suchten. Insbesondere wünschten sie die reichen und mächtigen Grundbesitzer des Reiches in die Hauptstadt zu locken. Theodosius II. bestimmte am 12. März 435, daß Herren konsularischen Ranges für zwei neu errichtete oder für ein ererbtes oder erworbenes Haus in der Hauptstadt von der lästigen Einquartierungspflicht befreit sein sollten; Herren im Range eines Präfekten sollten diese Freiheit zu Lebzeiten für anderthalb Häuser, im Erwerbsfalle für zwei Drittel eines Hauses, andere erlauchte Herren für ein bzw. ein halbes Haus genießen. Bereits am 16. Januar 444 mußte der Kaiser das Gesetz novellieren, um allerlei Mißbräuchen und Betrügereien seitens der Begünstigten zuvorzukommen; dabei gestand er den zu Patriziern erhobenen Konsularen die Befreiung für drei Häuser zu. Dank solchen Maßnahmen zählte man bereits zu Beginn des 5. Jahrhunderts 4388 herrschaftliche Häuser in der Stadt; die Zahl der Mietshäuser (insulae) ist nicht bekannt, doch mag die Bevölkerung bis zum Beginn der Pestzüge in der Mitte des 6. Jahrhunderts auf eine halbe Million Menschen angewachsen sein.

Die Spitze der Halbinsel am Bosporus hatte Constantin der kaiserlichen Repräsentation vorbehalten. Hier erhoben sich die kaiserlichen Paläste mit den Thermen, der Curia für den Senat, dem Prätorium, der Kirche der heiligen Irene und dem Hippodrom, der Pferderennbahn, in der sich der Herrscher in zeremoniellen Formen dem Volke zeigte und die im öffentlichen Leben des Stadtvolkes daher eine besondere Rolle spielte. Der Palastbezirk war gegen die Stadt hin besonders ummauert; man betrat ihn durch das Bronzetor, die Chalke, wo die Palastwache ihren Standort hatte. Vor der Mauer hatte Constantin das Forum der Hauptstadt in elliptischer Form angelegt: Es war einer der ersten Rundplätze, die seither als Kennzeichen des Stadtmittelpunktes in vielen byzantinischen Städten angelegt wurden. Von hier gingen die beiden Hauptstraßen der Stadt aus; es waren beiderseits von Portiken begleitete Kolonnadenstraßen, deren Säulengänge Händlern und Gewerbetreibenden die begehrtesten Geschäftsräume boten. Der Palastbereich war mit Bildsäulen reich geschmückt; im Hippodrom hatte bereits Kaiser Theodosius I. im Jahre 390 einen Obelisken aufrichten lassen, den man aus dem ägyptischen Heliopolis geraubt hatte. Die Startposition war mit vier in Bronze gegossenen und vergoldeten Pferden in Lebensgröße geschmückt, das ganze Bauwerk aber mit Statuen von Männern und Frauen, von Wagen- und Rosselenkern, darunter einer weiteren vergoldeten Quadriga, verziert. Nicht weit entfernt erhob sich eine Porphyrsäule, die auf einem gewundenen Bilderfries die Kaisergeschichte schilderte und als Bekrönung eine berühmte, dem Justinian (oder Theodosius?) gewidmete Reiterstatue trug. Kaiser Justinian war es dann, der den Palastbezirk und die Stadt mit jener Reihe von Kirchen schmückte, die den Stil der griechischen Baukunst für immer geprägt haben: der (nicht erhaltenen) Apostelkirche mit ihren fünf Kuppeln über kreuzförmigem Grundriß, der Kirche der Heiligen Sergius und Bacchus, die (so wie die gleichzeitig entstandene Kirche S. Vitale in Ravenna) erstmals einen überkuppelten Zentralraum schuf, vor allem aber die mächtige Kirche der heiligen Weisheit, die ebenso wie die erneuerte Kirche der heiligen Irene den Plan des kuppelgekrönten Längsraumes verwirklichte, ein wahrhaft kaiserliches Bauwerk, das an Größe und Majestät von keinem anderen Kirchengebäude der christlichen Antike oder des Mittelalters übertroffen worden ist.

Die Balkanhalbinsel in ihrer weiten Erstreckung von der Donau und dem Fuß der Ostalpen her, wo Pannonien und Dalmatien jetzt zum weströmischen Reich gehörten, bis zur Peloponnes und nach Kreta hin war in der Kaiserzeit nie ein besonders städtereiches Gebiet gewesen, da schon in vorchristlicher Zeit im Süden viele der einst berühmten Stadtstaaten verfallen waren und sich der Schwerpunkt der griechischen Kultur in die Städte des östlichen Mittelmeerraumes verlagert hatte. Bereits Plutarch, der hochgebildete Bürger der böotischen Kleinstadt Chaironeia, der zu Beginn des 2. Jahrhunderts nach Christus diese Städte bereiste und ihre Denkmäler beschrieb, sah auf ihren Foren und Straßen das Gras sprießen und Bäume durch die Dächer ihrer verlassenen Bauwerke wachsen. Die Einwohner hatten sich in dörflichen und herrschaftlichen Siedlungen auf dem Lande zerstreut. Die Athener, die im Jahre 280 etwa, wie viele andere Gemeinden auch, ihre Stadt hatten ummauern müssen, hatten damals das Gelände der Agora, wo neun und acht Jahrhunderte früher das Herz der griechischen Welt geschlagen hatte, außerhalb der Mauer liegen lassen und diese selbst, die nur noch eine Fläche von 16 ha schützte, zum größten Teil aus Trümmern ihrer zerstörten Bauwerke errichtet. Die Folge war, daß das Entwässerungssystem dieses tiefliegenden Geländes verfiel; als Griechenland etwa um 400 von der Gotengefahr befreit war und man die Flächen der Agora wieder besiedelte, geschah dies in gewerblicher Weise: In der Südostecke war im 5. und 6. Jahrhundert ein Wasserrad in Betrieb, das eine Getreide- und Ölmühle in Gang setzte und in den Wänden des Kanals, darin es sich drehte, bis heute sichtbare Schleifspuren hinterlassen hat. Die Gemeinde war so arm, daß sie sich keine Kirche erbauen konnte; man begnügte sich damit, den Hephaistostempel auf der westlichen Anhöhe über der Agora in eine Kirche umzuwandeln, indem man die Zwischenräume zwischen den Säulen zumauerte, die Wände der Cella dagegen durchbrach und so einen dreischiffigen Innenraum schuf. Auf dieselbe Weise baute man im 6. Jahrhundert die Tempel auf der Akropolis, den Athena-Tempel in Tegea und andere Heiligtümer in christliche Kirchen um.

Freilich waren nicht alle griechischen Städte so arm wie Athen, in dem selbst Alarichs Goten, die von 396 bis 398 in Griechenland verweilten, keinen Schaden mehr anrichten konnten oder wollten. Das böotische Theben war sogar stark genug gewesen, um sie abzuwehren, und so war nach Eleusis Korinth die erste bedeutende Stadt, die sie einnahmen. Wir hören vom Brande beider Häfen der Stadt, und es bleibt unklar, ob sie wiederaufgebaut wurden, obwohl für ganz Griechenland nun anderthalb Jahrhunderte friedlicher Zeiten folgten. Daß daraus auch die Korinther Gewinn zogen, bezeugen die stattlichen Fundamente mehrerer christlicher Basiliken, darunter die der mit 220 m längsten Kirche Griechenlands; es bezeugen zahlreiche Münzen aus dem 6. Jahrhundert, die der Boden der Stadt aufbewahrt hat, und die Namen korinthischer Bischöfe in den Akten der Konzilien, die die Kaiser in Konstantinopel und anderswo abhalten ließen. Dann freilich schädigten mehrere Erdbeben seit 542 und die gleichzeitig einsetzenden Pestzüge die Gemeinde dermaßen, daß sie die zerstörten Mauern nicht wiederaufzubauen vermochte. Dies war das Schicksal vieler griechischer Städte; auch die Geschichte der Kleinstadt Chaironeia endete mit einem dieser verwüstenden Beben. Von der Blüte anderer Städte während des 5. Jahrhunderts und noch in den Tagen Kaisers Justinians I., auch solcher, über die es aus älteren und späteren Zeiten kaum Nachrichten gibt, zeugen allein die im Erdreich bewahrten Überreste von mehr als dreißig altchristlichen Basiliken. Der bedeutendste Fundort ist die Hafenvorstadt des thessalischen Theben an der Stelle des heutigen Orts Nea Anchialos bei Volos, in der zu dieser Zeit nebeneinander vier Basiliken und ein Palast für den Bischof errichtet werden konnten. Die Trümmer, die von dem reichen plastischen Schmuck der größten dieser Kirchen übriggeblieben sind, zeigen sich in hervorragender handwerklicher und künstlerischer Qualität. Obwohl die Formen enge Beziehungen zu Konstantinopel und Thessaloniki verraten, enthalten sie so viele eigenartige Elemente, daß die Steinmetzen als einheimische Handwerker und Träger einer stolzen, sonst gänzlich verschollenen kunsthandwerklichen Tradition der griechischen Landschaften angesehen werden müssen.

Die nordgriechischen Länder Epirus und Makedonien waren ebenso wie Dalmatien und die Donauländer von Pannonien bis zum Schwarzen Meer arm an großen Städten, teils weil die gebirgige Landschaft nur kleine Siedlungskammern in den von größeren Flüssen durchströmten Tälern zur Verfügung stellte, teils weil die Garnisonen an der Donau nie so starke Truppen- und Siedlungskonzentrationen hatten aufweisen können wie die am Rhein. Die antike Städtelandschaft endete im wesentlichen an der Via Egnatia, die die Hauptstädte Rom und Konstantinopel miteinander verband und von Dyrrhachium am Adriatischen Meer über Thessaloniki nach Osten führte. Bis zu ihr hin war das Netz der im 4. Jahrhundert mit Bistümern ausgestatteten Ackerbürgerstädte noch verhältnismäßig dicht geknüpft. Nikopolis, die Siegesstadt, die Augustus im Jahre 30 vor Christus gegründet (und mit den Einwohnern der seither wüst liegenden Nachbarstädte besiedelt) hatte, seit 67 nach Christus Hauptstadt von Epirus und seit dem 5. Jahrhundert kirchlicher Vorort (Erzbistum) des Landes, war nicht nur im Jahre 397 von den Westgoten, sondern 474 auch noch von der Flotte der in Afrika ansässigen Vandalen ausgeplündert worden; daß indes diese Schläge sie nicht tödlich trafen, davon zeugen die Fundamente einer fünfschiffigen Basilika, die Bischof Alkyson (gest. 516) noch im 5. Jahrhundert errichten ließ, die der dreischiffigen Basilika des Bischofs Dumetios aus dem zweiten Viertel des 6. Jahrhunderts sowie diejenigen zweier weiterer christlichen Basiliken. Die Ruinen der Stadt werden heute beherrscht von den mächtigen Mauern einer spätantiken, wohl von Kaiser Justinian I. herrührenden Stadtfestung, die die ummauerte Fläche auf ein Achtel der augusteischen Stadt, nämlich auf den immer noch riesigen Umfang von 250 ha, reduzierten, ohne doch den Angriff der Ostgoten im Jahre 551 zu brechen und die Einwohner vor der Plünderung zu schützen.

Die Hafenstadt Dyrrhachion, einst blühend als Station für die Überfahrt nach Brindisi in Italien, verlor im 5. Jahrhundert mit dem Niedergang des weströmischen Reiches viel von ihrer wirtschaftlichen Bedeutung. Im Jahre 478 fiel sie in die Hände ostgotischer Truppen, weil Sidimund, ein Ostgote in römischen Diensten, der dort ein großes Landgut besaß, den Bürgern und dem Kommandeur der 2000 Mann starken Besatzung fälschlich erklärte, Kaiser Zeno habe die Stadt dem ostgotischen Führer Theoderich als Quartier zugewiesen; die Bürger und die Garnison räumten daraufhin die Stadt und konnten erst im nächsten Jahre zurückkehren. Bald darauf führte Theoderich seine Goten nach Italien; seither gewann Dyrrhachium an strategischer Bedeutung: Zu Beginn des 6. Jahrhunderts ließ der hier geborene Kaiser Anastasios I. Stadtmauer und Zitadelle neu aufführen, und seit 535 führte Kaiser Justinian I. wesentlich von hier aus die Kriege gegen die Ostgoten, in deren Verlauf er Italien schließlich zurückeroberte. Entlang der Küste des Adriatischen Meeres führten die Küstenstraße und der Wasserweg hinüber nach Dalmatien und endlich nach Oberitalien. Die Küste war besetzt mit einer Reihe kleinerer Städte. In der Mitte lag die Provinzhauptstadt Salona, in deren Nähe, in Spalatum, sich einst Kaiser Diokletian auf einer Fläche von 180 mal 250 m oder 4,5 ha einen wehrhaften Palast erbaut hatte; die Stadt selber war im 5. und 6. Jahrhundert mit zwanzig christlichen Basiliken aufs prächtigste ausgestattet. Die Lage nicht nur am Ägäischen Meer, sondern auch an der Via Egnatia begünstigte Thessaloniki, dessen wichtige Rolle bei der ersten Ausbreitung des Christentums die überregionale zentralörtliche Funktion als Verkehrsknotenpunkt noch verstärkt hatte. Unter Kaiser Galerius (293–311) war die Stadt für kurze Zeit neben Mailand und Trier eine der Kaiserresidenzen des römischen Reiches gewesen; im 5. Jahrhundert nahm hier der den Kaiser in Illyrien vertretende Präfekt seinen Sitz, so daß die Stadt zum politischen Mittelpunkt für die gesamte Balkanhalbinsel emporstieg; dem Erzbischof kam die entsprechende Stellung eines Vikars des römischen Papstes zu. Auch hier sind im 5. und 6. Jahrhundert bedeutende Kirchen errichtet worden, insbesondere seit 475 die fünfschiffige Basilika des heiligen Demetrios, die einzige große Kirche des Ostens, die auch noch im 7. Jahrhundert weiter ausgebaut, namentlich mit kostbaren Mosaiken geschmückt worden ist.

Die geringe Bedeutung der weiter nördlich gelegenen Städte, deren Landgebiete die Kaiser zudem seit 382 immer wieder den wandernden germanischen Kriegsscharen zur Ansiedlung preisgaben, zeigt sich darin, daß sie keinerlei namhafte Baudenkmäler hinterlassen haben. Dabei war die Zahl der Bischofssitze in den Garnisonen an der Donau gar nicht einmal gering, und manche unter ihnen, so etwa Durostolon, die Provinzhauptstadt an der unteren Donau, haben als Festungen wegen ihrer strategischen Bedeutung auch den Untergang des Limes überdauert. Für die Versorgung des Heeres wichtig und vielfach mit kaiserlichen Waffen- und Rüstungsbetrieben ausgestattet waren die Städte, die an der Hauptstraße von Konstantinopel zur mittleren und oberen Donau aufgereiht lagen: Hadrianopel (Edirne), Philippopel (Plovdiv), Serdica (Sofia), Naissus (Niš), Singidunum (Belgrad) und Sirmium an der Save. Etliche von ihnen hat Kaiser Justinian I. noch einmal wiederaufrichten und ummauern lassen, ohne doch ihren Verfall aufhalten zu können. Die alten Griechenstädte an der Nordküste des Schwarzen Meeres waren mit Ausnahme des festen Chersonnesos schon im 4. Jahrhundert untergegangen; Kaiser Justinian versuchte erfolglos, sie zu restaurieren; namentlich ließ er um des Handelsverkehrs mit China willen die einst von den Hunnen zerstörte Stadt Pantikapaion wiederaufbauen. Vergeblich blieb auch der Versuch des mächtigen Kaisers, seinen Geburtsort Tauresium in Dakien zur Stadt zu erheben. Obwohl er seine Gründung, die es freilich nur auf eine ummauerte Fläche von 6 ha brachte, mit dem stolzen Namen Prima Justiniana ehrte und dem Präfekten von Illyrien zum Sitz anwies, obwohl er den Papst in Rom dazu nötigen konnte, ihrem Bischof den römischen Vikariat für Illyrien zu übertragen, stand schon im frühen Mittelalter nicht einmal die genaue Lage der Stadt (im Tale der Morava zwischen Nis und Skopje) mehr fest, so daß sich sogar der Bischof des fernen Ochrid rühmen konnte, Rechtsnachfolger in den Privilegien ihrer Kirche zu sein.

Dies und der völlige Untergang so vieler anderer Städte auf der Balkanhalbinsel war die Folge davon, daß die Herrscher, denen Justinian die Regierung des erschöpften Reiches hinterließ, nicht mehr imstande waren, dem Andrang der landsuchenden Völker aus Osteuropa standzuhalten. Zwar hatte die Bedrohung seitens der Germanen mit dem Abzuge der Ostgoten nach Italien im Jahre 488 ein Ende genommen, aber unter der Herrschaft der Hunnen und ihrer Nachfolger, der Avaren, hatten sich, von den Griechen nicht bemerkt, die Slaven von Norden her bis an die Donau ausgebreitet. Von ihnen und den Gepiden bedrängt, räumten im Jahre 568 die Langobarden Pannonien, um den Griechen das eben erst zurückgewonnene Italien zu entreißen, und nun konnten Avaren und Slaven auf breiter Front die Donau überschreiten. Die von Truppen entblößten Städte setzten ihnen wenig Widerstand entgegen. Im Binnenlande behauptete sich nur Serdica, das bis 809 als byzantinischer Vorposten in der slavischen Welt Bestand hatte, und als ebenso fest erwies sich Chersonnesos auf der Krim, die einzige antike Stadt am Nordufer des Schwarzen Meeres, die von der Völkerwanderung fast unberührt blieb. Auf der Balkanhalbinsel aber hielten sonst nur die Küstenstädte dem Ansturm stand, da sie sich über See mit Truppen und Vorräten versorgen konnten, so vor allem die Reichshauptstadt am Bosporus, die sich im Jahre 626 von Avaren, Bulgaren, Gepiden und Slaven im Bunde mit den Persern belagert sah, bevor sich die arabischen Glaubenskrieger auf sie konzentrierten: Von 674 bis 679 und von 716 bis 718 erschienen alljährlich deren Flotten und Truppen vor den Mauern. Die Kaiserstadt hielt zwar unerschütterlich aus, sie war aber nicht imstande, den Provinzen zu Hilfe zu kommen. Schon 591 und 611 waren die Slaven vor Thessaloniki gerückt; sechsmal aber bestürmten sie von 672 bis 732, in der Zeit, da sich die Hauptstadt der Araber erwehren mußte, die makedonische Metropole, bevor sie deren Uneinnehmbarkeit anerkannten. Manche feste Stadt einstweilen umgehend, erreichten sie bereits 588 die Peloponnes, um auch hier mit der Landnahme zu beginnen. Im fernen Nordwesten konnte der Exarch von Ravenna den Andrang erst an der Grenze Istriens zum Stehen bringen, nachdem die Avaren bereits bis nach Italien vorgestoßen waren, wo sie im Jahre 601 den langobardischen Herzogssitz Cividale del Friuli zerstörten. Zu Beginn des 7. Jahrhunderts befand sich die Balkanhalbinsel, abgesehen von einem Kranze lateinischer und griechischer Küstenstädte und dem Vorposten Serdica, in der Gewalt der Slaven, für deren Lebensweise die eroberten Stadtburgen keinerlei Wert hatten.

Die von Krieg und Pest geschwächte Reichsbevölkerung zerstreute sich in diesen Jahren in den Gebirgen, deren Anhöhen sie gelegentlich mit befestigten Kleinstädten besetzte; aus den alten Städten aber zog sie, vielfach in geschlossenen Gruppen unter Führung der Bischöfe, die die Reliquien der Märtyrer mit sich führten, in die Randgebiete mit ihren festen Plätzen ab.

So gelangten die Gebeine des heiligen Dasius aus Durostolon nach Ancona in Italien, während sich der Bischof nach Odessos (Varna) am Schwarzen Meer zurückzog. Salona, die Hauptstadt Dalmatiens, wurde im Jahre 614 aufgegeben und von den Slaven zerstört; ein Teil der Bewohner siedelte in die Mauern des nahegelegenen, auf drei Seiten vom Meere geschützten Kaiserpalastes zu Spalatum über und richtete sich das Mausoleum Kaiser Diokletians zur Kirche her. Papst Johannes IV. (640–642), der selber aus Dalmatien stammte und viel Geld zum Loskauf von Landsleuten, die in slavische Gefangenschaft gefallen waren, aufwandte, ließ die Überreste der Lokalheiligen von Salona nach Rom überführen und in der Kirche S. Venanzio am Lateran beisetzen. Die Nachfolge Salonas als politischen Zentrums des nun auf die Küste mit ihren Inseln beschränkten byzantinischen Dalmatien aber ging später auf die Küstenstadt Iader (Zara) über. Weiter südlich räumten vermutlich seit 639 die Einwohner von Epidaurum ihre Stadt, um sich in 15 km Entfernung in sicherer Schutzlage auf einer Insel niederzulassen, die nur ein schmaler Meeresarm vom Festland trennte. Hier gründeten sie die Stadt Ragusa, die sich schon im 7. Jahrhundert eine Kirche mit Raum für etwa 1000 Menschen zu errichten vermochte, während gegenüber auf dem Festland Slaven wohnten, die ihre Siedlung nach den umliegenden Eichenwäldern Dubrova nannten. Noch weiter südlich entstand in ähnlicher Schutzlage die Stadt Cattaro, deren Bistum das des binnenländischen Acruvium fortsetzte; auch hier sprach die Bevölkerung der Stadt später lateinisch oder romanisch, während auf dem Lande das Slavische herrschte. In allen diesen, von ihrer Lage früh auf Handel und Seefahrt hingewiesenen und zum Teil neu gegründeten Küstenstädten Dalmatiens lebte die antike Stadtkultur ungebrochen fort, das antike Erbe bildete hier eine kräftige Wurzel für das spätere mittelalterliche Städtewesen.

In Epirus behaupteten sich die griechischen Küstenstädte Dyrrhachion und Nikopolis, während man die binnenländischen Städte evakuierte. Um 600 war der Bischof von Euria mit seinem Klerus und den Reliquien des heiligen Donatus auf die Insel Kerkyra geflohen, wo er sich mit dem Bischof der Insel über die Jurisdiktion in seinem Zufluchtsort Castrum Cassiopi stritt. Das thessalische Theben und andere Städte, deren bauplastische Überreste ein gewisses kunsthandwerkliches Leben noch im 7. Jahrhundert erkennen lassen, sind vielleicht erst gegen Ende dieses oder im folgenden Jahrhundert aufgegeben und zerstört worden, als arabische Flotten ihnen die Seewege abzuschneiden begannen. Die Korinther räumten ihre verfallende Stadt und zogen sich auf die Akropolis zurück, die wohl dauernd in griechischer Hand blieb, oder sie wanderten ab auf die Insel Aegina; den Verfall der Agora bezeugen und datieren die Gräber, die man auf ihr seit dem Ende des 7. Jahrhunderts angelegt hat. Aus Patras und Sparta wanderten viele Menschen über das Meer nach Kalabrien und Sizilien aus, doch konnten sich die Städte selber ebenso wie die alte Hafenstadt Methone im Südwesten der Peloponnes behaupten. Neu dagegen entstanden die benachbarte Seefestung Korone auf der verödeten Akropolis der altgriechischen Stadt Asine sowie im Südosten der Peloponnes die Stadt Monemvasia auf einer Felseninsel, die nur über eine schmale Landbrücke mit dem Festland in Verbindung stand, wie der Name sagt: „Die mit einem Zugang." Ebenso hielten die Griechen Stadt und Burg Argos mit der Hafenfeste Nauplia. Für sie und für die Inselstädte in der Ägäis kam die eigentliche Gefahr erst mit den Flotten der Araber heran, die sich im späteren 7. Jahrhundert bereits ankündigten. Die Hauptstadt der Insel Rhodos fiel erstmals 653 in arabische Hand; die Eroberer verkauften damals die noch am Hafen liegenden Trümmer des bronzenen Kolosses, den die Alten zu den Weltwundern gezählt hatten. Von 672 an konnten sich die Araber sogar sieben Jahre lang auf der Insel behaupten.

Der Untergang, den die barbarischen Eindringlinge im 7. Jahrhundert dem Städtewesen im europäischen Teil des griechischen Reiches bereiteten, hatte den Städten im weströmischen Reiche schon zwei Jahrhunderte früher gedroht. Seit der Heermeister Stilicho vom Jahre 401 an begonnen hatte, Truppen vom Rhein und von der Donau abzuziehen, um Italien gegen die Westgoten zu schützen, hatte es keine wirksame, zentral gelenkte Regierung und Verteidigung des weströmischen Reiches mehr gegeben. Obwohl das Kaisertum noch bis 476 bestand, hatten Italien, Spanien, Gallien, Britannien seither ihre eigenen Geschicke.

Italien, das sich von 408 bis 411 in der Gewalt der Westgoten befunden hatte, konnte sich unter der Herrschaft kaiserlicher Heermeister vorwiegend germanischer Abkunft, die in Mailand und Ravenna residierten, wenigstens zu Lande bis 489 weiterer Invasionen erwehren, so der Hunnen, die im Jahre 450/51, und der Alanen, die 463/64 nach Oberitalien vorstießen. Gefährlicher war seinem Städtewesen indes die Niederlassung der Vandalen in Nordafrika im Jahre 429. Denn deren Flotte beherrschte seither das westliche Mittelmeer, dessen Gewässer nun den Schauplatz des Krieges gegen die Kaisermacht bildeten und dem Seehandel weitgehend versperrt wurden. Im Jahre 455 konnten die Vandalen Rom erobern und ausplündern und die Inseln Sizilien, Sardinien und Corsica sowie die Balearen besetzen, und seit 465 griffen sie auch die Küsten der Balkanhalbinsel an. Namentlich Sizilien litt in diesen Jahrzehnten schwer; erst die Ostgoten unter König Theoderich, die von 489 bis 493 Italien und, nach dreijähriger Belagerung, dessen Hauptstadt Ravenna eroberten, vermochten die Insel wieder vollständig zurückzugewinnen. Unter Theoderichs Herrschaft genoß die Halbinsel eine dreißigjährige Friedenszeit, die auch den Städten zugute kam, da sie von der Einquartierung des Heeres weitgehend frei blieben, denn die Ostgoten ließen sich ihre Soldatengüter vorwiegend auf dem Lande in Oberitalien anweisen. Der für die weitere Geschichte Italiens grundlegende

Abstand Oberitaliens von der Mitte und dem Süden der Halbinsel tritt seit diesen Jahrhunderten deutlich hervor, denn die Nachfrage des Hofes und des Heeres, die allein den wirtschaftlichen Austausch noch in Gang hielt, konzentrierte sich jetzt sichtbar auf den Norden, während der Niedergang des Seehandels besonders den Süden traf.

Theoderich bemühte sich eifrig um den Wiederaufbau zerstörter Städte, aber was von seinen Werken übriggeblieben ist, zeigt in der Wiederverwendung antiken Materials, daß die Erneuerung den Verfall nicht aufzuhalten vermochte, sondern ihn noch verstärkte. Seinen Höhepunkt erreichte er indes während des fast zwanzigjährigen Krieges von 535 bis 553, in dem Kaiser Justinian das Reich der Ostgoten zerstörte, um Italien wieder der Herrschaft der Rhomäer zu unterwerfen, die für das Land doch nur wieder eine neue Fremdherrschaft bedeutete. Fast alle Städte mußten während des Krieges eine oder mehrere Belagerungen aushalten, und nicht selten ließen die Sieger die gesamte Bevölkerung über die Klinge springen. Die Neuansiedlung der griechischen Truppen konnte die Verluste an Menschen nicht entfernt ausgleichen. Das erschöpfte Land war trotz oder gerade wegen verschärften Steuerdrucks so wenig imstande, die neue Besatzungsmacht zu ernähren, daß diese dem Einmarsch der Langobarden im Jahr 569 nur unzureichenden Widerstand entgegensetzen konnte und schließlich die Teilung des Landes hinnehmen mußte. Die Langobarden eroberten die Poebene, Tuszien, Umbrien mit Spoleto, Samnien und Lukanien mit der Hauptstadt Benevent; die Byzantiner dagegen behaupteten sich in den Küstenstädten von Istrien bis nach Picenum, vor allem in Ravenna, Rimini und Ancona samt dem Hinterlande bis hin nach Bologna, an der ligurischen Riviera mit Albenga, Genua und Luni, in Rom und Gaeta samt dem campanischen Hinterlande, in Neapel und Salerno sowie in Apulien, Kalabrien und Sizilien. Die langobardischen Eroberungen waren zwar im wesentlichen um 607 abgeschlossen, der verzehrende Grenz- und Kleinkrieg aber dauerte fort. So ist die Grenze der Romagna westlich von Bologna erst seit 643 am Flusse Scoltenna endgültig festgelegt worden. Zu einer wirklichen Aussöhnung mit dem kaiserlichen und katholischen Italien gelangten die Langobarden erst gegen Ende des 7. Jahrhunderts, als sie sich selbst dem Katholizismus anschlossen. Da aber tauchten im Süden bereits als neue Feinde, die einer Erholung von Handel, Gewerbe und städtischem Leben Hindernisse bereiteten, die arabischen Seefahrer und Seeräuber auf, deren erster Angriff auf Siziliens Küsten bereits zum Jahre 652 gemeldet wird.

Das mittlere Italien war seit alters eine sehr städtereiche Landschaft, und noch in der Spätantike war hier die Zahl der kleinen Landstädte mit geringem Territorium und eigenem Bistum sehr hoch. Das einst keltisch gewesene Oberitalien zwischen Apenninen und Alpen dagegen ebenso wie Unteritalien, das alte Großgriechenland, war vor allem an den Küsten, wo diese Häfen boten, im Binnenlande dagegen nur an den römischen Militärstraßen mit Städten besetzt, die über große, im Süden häufig wenig fruchtbare Territorien verfügten. Zu den politischen und kriegerischen Vorgängen, die dieses Städtewesen in der Wanderungszeit zugrunde richteten, kamen erdgeschichtliche hinzu, die zwar auch anderswo im Mittelmeerraum eintraten, deren Wirkungen aber auf der Apenninenhalbinsel am deutlichsten hervortreten. Die Entwaldung der Gebirge nämlich ließ die Flüsse des Landes große Mengen an Erdreich zu Tale schwemmen, die sich im Tiefland, wo sich die Strömung mäßigte, in den Flußbetten niederschlugen und die Mündungen derart verstopften, daß die Entwässerung der einst fruchtbaren Ebenen stockte. Die Fluren der Küstenstädte versumpften, sie hörten auf, Kornkammern zu sein, und verwandelten sich in Brutstätten der Malaria, die bereits im Altertum begonnen hatte, hier und da die Bewohner aus den Küstenstädten zu vertreiben. Wir wissen nicht, wie vielen Städten diese Vorgänge den entscheidenden Stoß versetzt haben und wann ihretwegen die letzten Bewohner sie verließen; vielfach indes stößt der Spaten des Ausgräbers auf ihre Spuren, und so mögen sie wesentlich dazu beigetragen haben, daß namentlich in Unteritalien so viele Städte den vandalischen und sarazenischen Seeräubern wenig Widerstand entgegengesetzt haben.

Jedenfalls konnten die Byzantiner in Sizilien, Kalabrien und Apulien, wo sie seit der Mitte des 6. Jahrhunderts dauernd Herren blieben, nicht mehr über blühende Städte gebieten. In Agrigent wurde das hellenistisch-römische Wohngebiet mit seinem schachbrettförmigen Straßennetz jetzt von den Bewohnern verlassen; Restsiedlungen erhielten sich auf der Burg und an dem 3 km entfernten, im Versanden begriffenen Hafen. Es waren ihre Bewohner, die die Tempel in christliche Kirchen und die Zwischenräume zur südlichen Stadtmauer hin, ja teilweise diese selber in christliche Begräbnisstätten umwandelten. In Selinunt, dessen Flur schon in vorchristlicher Zeit malariagefährdet war, entstand im 5. Jahrhundert erneut eine Siedlung, von der man Teile unter den vom Erdbeben umgestürzten Säulen der Tempel wiedergefunden hat. Städte wie Trecalae, Halaesa und Tyndaris auf der Insel, Locri, Myria und Taurianum auf dem Festlande gingen völlig unter. Papst Gregor I. erwähnt das bereits vor 590 wegen Untergangs der Stadt aufgehobene Bistum von Taurianum, und im Jahre 594 stimmte er der Auflassung der Bistümer von Myria und Trecalae zu, wie er auch davon sprach, daß viele Priester aus Italien unter Mitnahme der Altargeräte nach Sizilien flüchteten, weswegen er die Wertsachen verwaister Kirchen von seinen Sendboten sicherstellen ließ. Die Bevölkerung aber legte in geschützten, leicht zu verteidigenden Rückzugspositionen neue, befestigte Siedlungen an, so vielleicht schon jetzt die oberhalb von Locri gelegene Bergfestung von Gerace. Im Jahre 598 beklagten sich die Mönche des Klosters Vivarium nahe Squillace beim Papste darüber, daß sich die Bewohner der auf ihrem

Grund und Boden erbauten Burg weigerten, den vereinbarten Grundzins zu zahlen, und im nächsten Jahre forderte Papst Gregor den kaiserlichen Beamten (Tribunen) in Otranto auf, die in der Burg zu Gallipoli lebenden Bürger, die die Kirchengüter des Umlandes in Anbau hielten und einen eigenen Bischof hatten, nicht länger zu bedrücken, weil sie sonst die Burg verlassen und den Feinden preisgeben würden. Derartige militärische Kolonisations-Neugründungen zum Zwecke der Landesverteidigung treten im 7. Jahrhundert als Merkmale einer den kriegerischen Zeitläuften angepaßten Siedlungsstruktur überall hervor; in einem Gesetz von 534 hatte Kaiser Justinian die Rechte und Pflichten der Wehrbauern bereits vorausschauend geregelt. Daneben blieben auf Sizilien die Bergfesten Enna und Erice und die großen Hafenstädte Palermo, Messina und Syracus dauernd besiedelt. Syracus, dessen Bewohner den Athenatempel in eine Marienkirche umwandelten, die ihre Nachkommen noch heute als Bischofskirche benutzen, diente von 663 bis 668 sogar als Kaiserresidenz, solange Kaiser Constans II. daran dachte, die von den Arabern bedrohte Hauptstadt am Bosporus aufzugeben. Es war nach fast zwei Jahrhunderten der erste und zugleich der allerletzte (alt-)römische Kaiser, der in Italien erschien. Sein Versuch, den Schwerpunkt des römischen Reiches nach Westen zurückzuverlegen, scheiterte an der Stärke der Langobarden, die 661 das Herzogtum Benevent mit dem oberitalienischen Königreich verbunden hatten. Ihre Ausdehnung war erst vor Cosenza, der alten Hauptstadt Bruttiens, die erstmals 599 als Bischofssitz hervortritt, zum Stehen gekommen.

Bruttien und das angrenzende Lukanien waren schon im Altertum städtearme Landschaften gewesen. Vergebens befahl um 527 der ostgotische König Athalarich den Grundbesitzern und Kurialen in Bruttien, den größeren Teil des Jahres über in einer Stadt zu wohnen, offenbar weil nach vielen Generationen der Landflucht die Bischöfe mit ihren Klerikern nicht mehr ausreichten, um mit ihrer Nachfrage nach Gütern den städtischen Markt zu erhalten. Zahlreich sind hier die Ruinen vergangener antiker Städte. Papst Gregor I. befahl im Jahre 591 dem Bischof von Agropoli, die verwaisten Bistümer der südwärts an der Küste gelegenen Städte Velia, Buxentum und Blanda zu visitieren. Velia, die einst berühmt gewesene großgriechische Stadt Elea, war schon in der Kaiserzeit verfallen und ihr Hafen versandet, bevor am Ende des 5. Jahrhunderts ein Bergrutsch die Ruinen verschüttete. Auf der Schüttung entstand zwar noch einmal eine Siedlung, sie konnte aber niemals recht lebensfähig werden und erlag schließlich der Malaria. Weiter nördlich versandeten die Mündungen des Sele und des Salso, und damit begann der Verfall des Heratempels am Sele und der Stadt Paestum, deren Restbevölkerung sich im 5. Jahrhundert abseits der später berühmten dorischen Tempel um das hochgelegene Heiligtum der Athena konzentrierte und dieses in eine christliche Kirche umwandelte. Die Bischöfe von Paestum verlegten schließlich ihren Sitz landeinwärts auf die Höhe von Capaccio Vecchio, während das politische Zentrum der Landschaft nach dem seit 649 langobardischen Salerno abwanderte. Zum Mittelpunkt der langobardischen Herrschaft aber stieg Benevent, die römische Festung im Schnittpunkt wichtiger Fernstraßen, empor. Die im Jahre 542 im Gotenkriege zerstörte Stadt erlebte noch eine Wiederherstellung des Forums mit seinen Basiliken und der Thermen, bevor die Langobarden hier um 570 einen Herzogssitz errichteten, der der Stadt sofort neue Bedeutung verlieh. Die Stadtmauern wurden, unter Verwendung von Materialien des Isistempels, wieder aufgerichtet, ein Eckkastell im Südosten diente fortan als Herzogsburg.

Schwer zu leiden hatten die Städte der Küstenlandschaft Campanien, die bereits von den Vandalen heimgesucht worden war und seit dem Ende des 6. Jahrhunderts, als die Langobarden am Volturno und Garigliano bis zur Küste vorgestoßen waren, zwischen Byzantinern und jenen geteilt blieb. Die Hauptstadt Capua, einst eine der großen Städte des Imperiums und noch im 6. Jahrhundert nach teilweisem Wiederaufbau Sitz eines byzantinischen Tribunen, verfiel mit der langobardischen Eroberung im Jahre 594 bis auf eine kleine Siedlung rund um den Dom S. Maria; die Langobarden unterhielten hier eine Besatzung, die man als die 'Leute vom Theater' bezeichnete: So wie im apulischen Lupiae (Lecce) und in Spoleto, in Arles und Nîmes in der Provence, weiter nördlich in Tours und in vielen anderen Städten hatte man die Arkaden des Amphitheaters zugemauert und damit eine mehrstöckige, uneinnehmbare steinerne Festung geschaffen. Nachdem Klerus und Volk die Stadt Minturnae gänzlich verlassen hatten, ordnete Papst Gregor im Jahre 590 die Vereinigung ihres Bistums mit dem von Formiae an; die Einwohner zogen sich auf einen nahegelegenen Hügel zurück, wo sie vor der Malaria geschützt waren und nach dem Verfall der Brücke, die die Via Appia über den Garigliano geführt hatte, den Fährverkehr betrieben. Aus Formiae wichen die von den Piraten bedrohten vornehmen Bürger und der Bischof im Jahre 681 weiter nach Gaeta aus, das sich dank seiner unangreifbaren Schutzlage ebenso wie die Hafenstädte am Golf von Neapel dauernd als Stadt des griechischen Reiches behauptete.

Auch im kaiserlichen Campanien freilich herrschte der Verfall. Puteolum, einst der größte Handelshafen des kaiserlichen Italien mit weit ausgedehnten Wohnbezirken, verging bis auf eine ärmliche Burg an der Stätte der antiken Akropolis; vom Bau einer Burg in der benachbarten Stadt Misenum berichtet im Jahre 599 Papst Gregor der Große, der zuvor bereits die Bistümer von Misenum und Cumae vereinigt hatte, weil die Bevölkerung so stark dahingeschwunden war, daß sie nicht mehr zwei Bischöfe unterhalten konnte. Die Leute von Cumae hatten zuvor den Jupitertempel auf der Akropolis in eine fünfschiffige christliche Basilika umgebaut, die nun verwaiste. Nutznießer dieser Vorgänge war letzten Endes die alte Hafenstadt

Neapel, die seit dem Ende der Gotenkriege zur neuen Hauptstadt des kaiserlichen Campanien und überhaupt von Unteritalien emporstieg. Es begann eine nachhaltige Zuwanderung von Griechen aus dem Osten, die hier auf Spuren ihrer eigenen Kultur in Sprache und Brauchtum stießen, so daß die Stadt wieder wie in klassischer Zeit zweisprachig wurde und sich neben den lateinischen Kirchen und Klöstern mit griechischen füllte. Vergebens versuchten 581, 592 und 599 die Langobarden, Neapel einzunehmen. Viele Sklaven, Kleriker und Mönche, ja sogar etliche zur Herrenschicht gehörige Krieger entflohen in dieser kritischen Zeit zu den Feinden, aber die Stadt behauptete sich. Nicht zuletzt weil sie nun ihrerseits zahlreiche Flüchtlinge aus dem langobardischen Gebiet aufnahm, begann sie rasch wieder auf großstädtische Ausmaße mit 20 000 Einwohnern anzuwachsen. Das gut erhaltene Straßennetz der ummauerten römischen Stadt beweist, daß die Besiedlung niemals unterbrochen worden ist. Südöstlich von Neapel, wo die Langobarden auf Nocera und Salerno vorrückten, entstand an der vom Lande her unzugänglichen Steilküste ohne jedes Hinterland die Stadt Amalfi; sie wird als Stadtburg (castrum), zusammen mit ihrem Bischof, erstmals zum Jahre 596 erwähnt und blieb den Langobarden immer unzugänglich.

Stets kaiserlich blieben auch die Küstengebiete vom Garigliano bis zum Tiber, die freilich jetzt so vollständig versumpften, daß sie nahezu unbewohnbar wurden; selbst die hier verlaufende alte römische Heerstraße (Via Appia) und die Hafenstadt Ostia an der Tibermündung mußten aufgegeben werden. Vergebens versuchten die Grundherren in der Friedenszeit unter König Theoderich, von Terracina aus die Ebene wieder trockenzulegen und die Fernstraße zu retten. Die Landschaft Latium im Tibertal dagegen konnte sich im Schutze der Festung Rom zwar der politischen Herrschaft der Langobarden, nicht aber deren verheerenden Streifzügen entziehen. Am Ende des 6. Jahrhunderts waren daher viele Städte so schwer verwüstet, daß es keine Aussicht auf einen Wiederaufbau gab. Die meisten sind spurlos untergegangen; nur über Tres-Tavernae und Curii Savinorum erfahren wir von Papst Gregor, daß er ihre Bistümer deswegen mit denen der Nachbarstädte Velletri und Nomentanum vereinigte. Die überlebende Bevölkerung zog sich aus der Ebene zurück in die vor Jahrhunderten aufgegebenen Akropolen und Bergstädte vor- oder frührömischen Ursprungs, deren Megalithmauern nun von neuem Schutz gewährten. In Palestrina, dem antiken Praeneste, kann man noch heute erkennen, wie die antike Stadt zusammenschrumpfte auf die Festung, in die man den am Ende des 4. Jahrhunderts aufgelassenen Fortunatempel umwandelte; auch die fast 300 m höher gelegene Akropolis mag nun wieder besiedelt worden sein. Ebenso lebte in der benachbarten Toskana nach dem Untergang der Talsiedlungen das Siedlungsbild der vorrömischen Zeit wieder auf.

Und nun die Stadt Rom selbst, die einmal der Mittelpunkt der Welt gewesen war, in der aber seit dem Jahre 330 kein Kaiser mehr residierte, obwohl die Paläste auf dem Palatin immer noch dem Herrscher gehörten und notdürftig instand gehalten wurden. Es ist typisch, daß das großartigste Bauwerk der Stadt aus der Spätantike die Stadtmauer ist, die die Kaiser Aurelian und Probus zwischen 272 und 279 angelegt hatten und die man in den Jahren 309 bis 312 und 402 bis 403 noch einmal auf nun 15 m erhöhte. 380 quadratische Türme, dazu Zwillingstürme bei den Toren verstärkten das 18 km lange Bauwerk, das etwa 1800 ha Fläche umschloß, aber längst nicht mehr die 1,5 Millionen Einwohner beschützte, die Rom in seinen besten Tagen gezählt haben wird. Nach den Wirren des 3. Jahrhunderts mögen es noch 800 000 gewesen sein, eine Zahl, die die Nöte des 4. und 5. Jahrhunderts noch einmal aufs grausamste dezimierten auf vielleicht 100 000 Menschen. Aber selbst damit war der Leiden noch kein Ende: Die von 545 bis 552 ständig belagerte und mehrfach eroberte Stadt beherbergte schließlich wohl nur noch 30 000 Einwohner; der Grieche Prokop, der sie in dieser Zeit sah, erzählt von zu Skeletten abgemagerten Bürgern, die sich von den Brennesseln ernährten, wie sie an den Mauern und auf den Schutthaufen wuchsen. Die Stadt war buchstäblich menschenleer geworden und mußte neu besiedelt werden. Etliche Flüchtlinge kehrten zurück, seit 569 kamen Einwanderer hinzu, die vor den Langobarden auswichen, und weil die Päpste die Getreideversorgung wenigstens in Resten aufrechterhielten, mag die Zahl der Bewohner schließlich wieder bis auf 90 000 angestiegen sein. Aber der alte Glanz kehrte nicht zurück. Er war abhängig gewesen von der Anwesenheit des Hofes und der reichen Leute aus dem ganzen westlichen Reichsteil; jetzt aber war der Senatorenstand dezimiert und zum Teil nach Konstantinopel oder auf seine Landgüter abgewandert, und damit fehlte es dem Gewerbe an Beschäftigung, wenn sich auch die Kirchen nach Kräften darum bemühten, mit ihren Bauaufträgen einen Ausgleich zu schaffen. Rom verwandelte sich in eine Ruinenstadt, in der gleichwohl fast ständig gebaut wurde.

Nach den Gebäuderegistern des 4. Jahrhunderts hatte man in Rom damals 28 Bibliotheken, 6 Obelisken, 8 Brücken, 11 Foren, 10 Basiliken, 11 öffentliche Bäder, 18 Aquädukte, 9 Zirkusse und Theater, 2 Triumphsäulen, 36 Triumphbögen, 423 Tempel, 290 Getreidespeicher und Lagerhallen, 856 private Bäder, 254 Bäckereien, 46 Bordelle, dazu 1790 herrschaftliche Häuser und über 44 000 Insulae mit einem Vielfachen an Wohnungen besichtigen können. Hinzu kamen die Paläste auf dem Palatin und die Senatskurie am Fuße des Kapitols. Seit Augustus' Tagen hatten die Kaiser den Stadtkern zwischen dem Tiber und dem Fuße der östlichen Hügelkette, mit dem Kapitol als Mittelpunkt, auf das prächtigste ausgeschmückt. Noch um 400 bestimmten ihre Bauten, Bildsäulen und Altäre das Stadtbild; noch immer war Rom äußerlich eine heidnische Stadt, da Kaiser Constantin seine großen Basiliken nur im Osten des Mauerringes (Lateran, S. Croce) oder vor den Mauern (S. Sebastiano, S. Lorenzo, S. Agnese, S. Pietro) hatte errichten können und man die christlichen Gemeindezentren in der Stadt als Bauwerke bewußt unauffällig gestaltet hatte. Erst im 5. Jahrhundert gab es darin einen Wandel, und nun stieg auch der fern vom Zentrum im Palast am Lateran residierende Papst zum alleinigen Bauherrn empor. Nirgendwo haben damals die Römer einen heidnischen Tempel als Kirche hergerichtet; man führte Neubauten auf, die an Größe, Höhe und Pracht der Ausstattung mit den weltlichen Bauten konkurrieren sollten, und zwar, nach S. Paolo vor den Mauern (seit dem Ende des 4. Jahrhunderts), nun solche in der Stadt; unter S. Clemente und S. Martino ai monti kann man heute noch sehen, wie diese Gebäude die alten unscheinbaren Gemeindezentren ersetzten und überhöhten. Selbst in den Notzeiten des 6. und 7. Jahrhunderts unterbrach man die Bauarbeiten an alten und neu errichteten Kirchen nur für kurze Zeiten. Einmal indes geschah es jetzt doch, daß man einen Tempel christianisierte; es war im Jahre 609, als Kaiser Phokas auf Antrag Papst Bonifatius' IV. das Pantheon der Kirche überließ und dessen Weihe zur Marienkirche erlaubte.

Zu der Zeit hatte das Sterben des heidnischen und weltlichen Rom schon längst begonnen. Bereits Stilicho und der Vandalenkönig Geiserich hatten den Juppitertempel auf dem Kapitol seiner Bronze-, Gold- und Marmorverkleidungen beraubt; seitdem hört man nichts mehr von den Geschicken dieses berühmten Bauwerkes. Der Gotenkönig Theoderich bemühte sich zwar darum, Stadtmauern, Wasserleitungen, Theater und Kloaken wieder instandzusetzen, aber seine Mittel reichten nicht weit angesichts des Umfangs der menschenleeren Ruinen. Da es an Einwohnern fehlte, brauchte man auch viele der alten Getreidespeicher (horrea) nicht mehr; der König stimmte ihrer Veräußerung zum Umbau oder als Steinbruch zu. Als im Jahre 537 die ostgotischen Belagerer der Stadt die Wasserleitungen zerstörten, machten sie die Hügel, auf denen die östlichen und südlichen Stadtbezirke lagen, unbewohnbar; die Bevölkerung war seither auf das Tiberwasser angewiesen, und daher konzentrierte sich das Siedlungsgebiet, als im 7. Jahrhundert die Zahl der Einwohner wieder anwuchs, gänzlich auf die Tiberufer. Der größte Teil der nie ganz mit Wohnungen ausgefüllt gewesenen ummauerten Fläche blieb von nun an bis weit in die Neuzeit hinein unbewohnt. Die von dem griechischen Kaiser Phokas im Jahre 608 auf dem Forum errichtete Ehrensäule ist das letzte antike Monument, das dieses nun allmählich versumpfende und von Schwemmsanden verschüttete Gebiet verzierte. Viele letzte Erben herrschaftlicher Häuser verfügten die Umwandlung ihrer Residenzen in Klöster, aber nur wenige dieser Stiftungen waren von Dauer, darunter die des Papstes Gregor I. am Westabhang des Caelius (Kloster S. Andrea in Clivo Scauri). Die kaiserlichen Getreidespeicher, deren die Stadt noch bedurfte, gingen in kirchliche Verwaltung über; man wandelte sie in

Diakonien um und überbaute sie mit Kirchen. Der christliche Charakter der Stadt trat immer deutlicher hervor und begann bis weit über die Mauern hinaus, ja bis über die Alpen und ins ferne Britannien, aber auch bis in den griechischen Osten hin auszustrahlen. Von weither kamen die Pilger, um an den Gräbern der Apostel Petrus und Paulus und der zahlreichen Märtyrer zu beten. Damit begann der Aufstieg des Beherbergungswesens zum wichtigsten Gewerbe des mittelalterlichen Rom; zunächst freilich war es wiederum Sache der Kirche, die dafür nötigen Gebäude und Gästehäuser (Hospize) zu errichten und zu betreiben. Das antike heidnische und republikanische Rom war tot. Bereits Papst Honorius I. (625–638) erlangte vom Kaiser die Erlaubnis, die Bronzeziegel der Maxentius-Basilika zur Verschönerung der Basilika des heiligen Petrus verwenden zu dürfen. Fast ein Jahrtausend lang dienten nun die antiken Staats- und Prachtbauten der Stadt als Steinbrüche für die Errichtung des neuen, des päpstlichen Rom. Von den Mietshäusern, den Insulae der einst gewaltigen Stadt ist schon in früher Zeit kaum etwas übriggeblieben.

Die dürftigen Häfen der tuszischen Küste waren den Angriffen der Seeräuber und der aus den versumpfenden Maremmen aufsteigenden Malaria ausgesetzt. Daher haben sie die Kriege des 6. Jahrhunderts nicht überlebt; in keiner von ihnen konnte sich die byzantinische Herrschaft behaupten. Erst nördlich der Mündung des Arno, wo die Apenninen an das Meer herantreten und die Riviera gegen das Binnenland abschirmen, blieben die freilich wenig bedeutenden Häfen noch bis 643/644 kaiserlich. In diesem Jahre eroberte König Rothari Genua, Albenga, Varigotti, Savona, Oderzo und Luni; er verbrannte die Häuser, verschleppte die Bewohner, zerstörte die Mauern und befahl, daß die früheren Städte nur noch Dörfer oder Kleinstädte (vici) heißen sollten. Als erste war die Stadt Luni in seine Hand gefallen, die einst als Hafen der benachbarten Marmorbrüche bedeutend gewesen war und die Notzeiten des 5. Jahrhunderts ohne allzu schwere Minderungen überstanden hatte, wie die Ausmaße der an dessen Ende errichteten ersten Bischofskirche von 25 m Breite und 50 m Länge erweisen. Aber nach 644 konnte die Gemeinde den zu groß gewordenen Bau nicht mehr erhalten. Man erhob die nur 10,5 mal 34 m große Kirche S. Marco zur Kathedrale, und deren Gemeinde hat noch, von der Malaria und einer beständigen Abwanderung in die geschützten Gebirgsorte ausgezehrt, einige Jahrhunderte lang überlebt, ehe sie völlig erlosch. Erst im Jahre 1204 ist der Bischof aus den nun gänzlich verlassenen Ruinen in die benachbarte, im hohen Mittelalter neu entstandene Stadt Sarzana umgezogen. Daß die in römischer Zeit ganz unbedeutende, weil einer fruchtbaren Flur entbehrende Stadt Genua später einmal glücklicher sein würde als Luni, war im 7. Jahrhundert ebenfalls noch nicht abzusehen; der von den Langobarden entfestigte Platz hat in den Quellen der Zeit keinerlei weitere Spuren hinterlassen.

An der oberen Adria reichte das von den Byzantinern gegen die Langobarden verteidigte Gebiet von Ancona im Süden bis nach Istrien. Sein Mittelpunkt war Ravenna, seit 402 die letzte Kaiserresidenz des Westens, hernach Hauptstadt des Ostgotenreiches und von 540 bis 751 Hauptstadt des byzantinischen Italien, dessen Befehlshaber als Stellvertreter des Kaisers seit 584 spätestens den Titel Exarch führte. Im 5. und 6. Jahrhundert haben die kaiserlichen und königlichen Stadtherren ihre Residenz nebst der Vorstadt bei dem 4 km entfernten Hafen mit einer Reihe prachtvoller Bauten geschmückt, die Ravenna bis heute zum glanzvollen Zentrum der vom Osten inspirierten frühchristlichen Architektur Europas erhoben haben, darunter, neben der fünfschiffigen Kathedrale des Bischofs Ursus, die Basiliken S. Giovanni Evangelista, S. Apollinare Nuovo und S. Apollinare in Classe, Zentralbauten wie das Grabmal der Galla Placidia, die Baptisterien und die Kaiserkirche S. Vitale, in deren Apsis Kaiser Justinian I. und Kaiserin Theodora als Mosaikfiguren und Gefährten des Bischofs ständig anwesend waren. Mit dem Glanz Ravennas konnten die übrigen, im Gotenkriege umkämpften und seit 568 von den Langobarden bedrohten Städte nicht konkurrieren. Bologna, der westlichste Vorposten der Byzantiner, war schon im 5. und 6. Jahrhundert so weit entvölkert, daß man die aus dem Apennin und vom Po herangeführten Alluvionen von den Straßen und aus der Kanalisation nicht mehr zu entfernen vermochte. Die Ansiedlung des kaiserlichen Heeres reichte nicht aus, um die Menschenverluste auszugleichen, sie rief indes manche neue Wehrsiedlung ins Leben. So beginnt die Geschichte von Ferrara mit dem Bau einer byzantinischen Grenzfestung, die den Übergang der Fernstraße von Verona nach Ravenna über den Po sicherte und deren Umfang im heutigen Stadtgrundriß noch erkennbar ist.

Die Küsten nördlich der Mündung des Po waren wegen ihrer an Inseln reichen Lagunen der griechischen Seemacht gesichert. Aus den binnenländischen Städten, die die Langobarden bedrohten, so aus Patavium, das sie im Jahre 601 dem Erdboden gleichmachten, und aus Altinum flohen die Bewohner in die große Lagune, wo sie vom Fischfang und als Sälzer lebten; sie sind die Begründer der später glanzvollen Seestadt Venedig, deren Anfänge dunkel sind und im Schatten des vergleichbar gelegenen Grado verblieben. Grado war der Hafen der binnenländischen Groß- und Handelsstadt Aquileja gewesen, deren Bewohnern es bereits im Jahre 452 Schutz vor Attilas Hunnen gewährt hatte; seit 568 zogen viele Menschen, angeführt von ihrem Bischof, endgültig von dort auf die Hafeninsel hinüber, die sie befestigten und Neu-Aquileja nannten. Bischof Paulinus nahm den Patriarchentitel an, und sein Nachfolger Elias (571–586) errichtete die Kathedralkirche S. Eufemia nebst Patriarchenpalast. Hier lag nun das Zentrum des byzantinischen Venetien; die spätere Hauptstadt des Lagunenlandes Rialto blieb noch lange bedeutungslos und in dem Zustande, wie König

Theoderichs Minister Cassiodor die Inselsiedlungen beschrieben hat: Wie Wasservögel errichteten die Bewohner aus Weidengeflecht und Lehm ihre Häuser, an deren Wänden die Boote wie Haustiere festgebunden seien. Aus so bescheidenen Anfängen erwuchs die Stadt, die ein halbes Jahrtausend später den gesamten Fernhandel des griechischen Reiches an sich zu reißen vermochte.

Die Langobarden, die König Alboin im Mai 568 von Pannonien nach Italien führte und die alsbald so wichtige Städte wie Aquileja, Forum Iulii (Cividale), Treviso, Vicenza und Verona in ihre Hand brachten, gingen mit diesen Rückhalten des römischen Widerstandes zunächst durchaus feindselig um. Später aber führten sie vielfach eine Erholung des Städtewesens herbei, da sich ihre Herzöge und Gastalden wegen des Verteidigungswertes und die von der Eigenwirtschaft auf dem Lande befreiten Adligen wegen der Bequemlichkeit in ihnen niederließen. So kommt es, daß Städte, in denen die Siedlungskontinuität ganz abgebrochen war, wie etwa Padua, dessen mittelalterliches Straßennetz mit seinen winkligen Gassen von dem römischen vollkommen abweicht, neben anderen stehen, in denen, wie in Verona und Pavia, das spätere Straßennetz dem römischen entspricht und damit eine ununterbrochene Besiedlung bezeugt. In der Herzogsstadt Forum Iulii, die im Jahre 601 noch von den Avaren zerstört wurde, kam es wahrscheinlich zu einer langobardischen Neuansiedlung vor den Römermauern, nur der Herzog selber nahm seinen Sitz innerhalb der alten Stadt. Deren römischer Name ging auf das vom Herzog verwaltete Gebiet (Friuli, Friaul) über, während man sie selber einfach als 'die Stadt' bezeichnete. Aquileja war seit dem Abzug des Stadtvolkes nach Grado und in die Lagunen menschenleer und bedeutungslos geworden, während Verona, die Feste, die den Zugang zum Brennerpaß beherrschte und bereits dem Ostgoten Theoderich als Residenz gedient hatte, und Brescia auch in langobardischer Zeit als Herzogssitze ihre Bedeutung erhielten. Zwischen Verona und Brescia begann Bergamo als weiterer Herzogssitz überhaupt erst in der Langobardenzeit den Aufstieg zum namhaften städtischen Mittelpunkt; die heutige Oberstadt zeigt einen rein mittelalterlichen Stadtgrundriß. Zu einer noch ausgeprägteren Veränderung und Neuordnung kam es in dem Gebiet der Stadt Mailand, von deren altem Glanze als Kaiserresidenz (von 292 bis 313 und von 395 bis 401) und als Sitz des Heermeisters Rikimer (464 bis 472) kaum noch etwas übriggeblieben war, seit die Ostgoten sie im Jahre 539 erstürmt, geplündert und ausgemordet hatten und seit der Bischof mit dem hohen Klerus und vielen Vornehmen vor den Langobarden nach Genua geflohen war. Die Langobarden mieden die verfallenden Ruinen; um das Defilé am Fuß der Alpen zu schützen, stützten sie sich auf die ältere, 30 km nordwestlich von Mailand in wehrhafter Lage über dem Olonatale gelegene Burg Sibrium (Castel Seprio). Diese Burg machten sie zum Hauptort eines

Militär- und Gerichtsbezirks, den sie aus den Territorien von Mailand und Como herausschnitten und der anzeigt, wie die alten Städte ihre Funktionen einbüßten. Mailand verlor seine Zentralität, es verkümmerte zum Verkehrsstützpunkt auf der Grenze zwischen den Gebieten von Sibrium und Pavia, dem in römischer Zeit unbedeutenden Straßenknotenpunkt Ticinum, den bereits Theoderich mit seinem Königspalast ausgestattet hatte und der jetzt den Mittelpunkt des Langobardenreiches bildete. Gegen Ende des 7. Jahrhunderts kam für ihn der neue Name Pavia in Gebrauch. Südlich der Apenninen befand sich das römische Munizipium Florenz unter langobardischer Herrschaft in abseitiger Lage, weil die Grenze des Exarchats seine Verbindung nach Norden abgeschnitten hatte; die von den Römern ummauerte Fläche von etwa 20 ha war schon vorher verkleinert worden, so daß die Kirche der Stadtheiligen Reparata und die Bischofskirche S. Lorenzo nun vor der Mauer lagen. Der Herzog nahm weiter westlich, in Lucca, seinen Sitz, einer Stadt, die früher im Schatten der Seestädte Luni und Pisa gestanden hatte und deren römische Mauern, nicht aber das Straßennetz die Spätantike überdauerte; die ummauerte Fläche von über 100 ha war offenbar zu groß für die Restsiedlung, die die Langobarden übernahmen. Die Stadt muß sich aber bald wieder belebt haben, da bereits am Ende des 7. Jahrhunderts, nach der Rekatholisierung, ein voll ausgebautes System von Kirchen, deren älteste auf römischen Gebäuden erwachsen sein werden, um die Kathedrale mit ihrem Baptisterium herum vorhanden war. Auch vor den Mauern, wo das römische Amphitheater nun Festungscharakter erhielt, erhoben sich bereits die ersten Kirchen. Neben Lucca bleibt die Hafenstadt Pisa weitgehend im Dunkeln, obwohl Papst Gregor der Große ihre Flotte rühmend erwähnt. Die langobardischen Könige und Großen indes hatten keinen Sinn für Seefahrt und Seemacht. Das römische Pisa, das bei dem und nördlich vom heutigen Dome gelegen war, ist nahezu spurlos vergangen, weil die auf Handel und Schiffahrt angewiesene Restbevölkerung ihre Häuser immer dichter an den Arno heranschob.

Jenseits des Meeres, auf der Iberischen Halbinsel, hatte sich das römische Städtewesen vor allem in den Küstenlandschaften sowie in den Stromgebieten des Ebro im Nordosten und des Baetis (Guadalquivir) im Süden ausgebreitet. Die zentrale Meseta sowie der Norden und Nordwesten waren wenig oder gar nicht mit Kolonien besetzt und dementsprechend weniger oder, so das Baskenland, gar nicht romanisiert worden. Die Blütezeit des römischen Spanien war längst vergangen, als im Jahre 409 Vandalen und Sueben in das Land einfielen und es verheerten, bevor sich jene im Süden, im Lande am Guadalquivir, dem die Araber deswegen später den Namen Andalusien gaben, die Sueben aber im Nordwesten im Lande Gallaecia ansiedelten. Von 415 bis 418 suchten die Westgoten die Landschaften am Ebro heim, bevor sie nördlich der Pyrenäen in Aquitanien ihre neue Heimat fanden. Die Halbinsel wurde aber weiter von den Vandalen beunruhigt, ehe diese im Jahre 429 nach Afrika übersetzten, von wo aus sie fortfuhren, mit ihrer Flotte die spanischen Küsten zu bedrohen. Die wiederhergestellte kaiserliche Verwaltung hatte zunächst nur mit den Sueben zu kämpfen, aber seit etwa 456 kehrten die Westgoten zurück und begannen, das Land zu erobern, in das sie vollends den Schwerpunkt ihrer Macht verlegten, als die Franken sie im Jahre 507/508 aus Aquitanien vertrieben. Endlich, im Jahre 585, vermochten sie sich auch das suebische Reich in Gallaecien einzuverleiben, aber da war im Süden bereits ein neuer Kriegsschauplatz entstanden: Byzantinische Truppen des Kaisers Justinian I. hatten seit 554 die südlichen Küsten angegriffen und das Land am Baetis bis hinauf nach Corduba erobert; es dauerte bis 624, ehe der letzte griechische Stützpunkt hier wieder beseitigt war. Das 7. Jahrhundert schuf endlich einen nur von Adelsstreitigkeiten gestörten inneren Frieden, der den Städten eine gewisse Erholung gewährte, wenngleich sie das rege Leben und den Glanz der alten Zeit nicht zurückgewannen. Als wirtschaftliche Zentren verarmten sie, weil der großgrundbesitzende Adel landsässig blieb; sie bewahrten aber die alte Stadtbauweise und erlebten sogar manche steinerne Neubauten, hauptsächlich Kirchen kleinen Ausmaßes, deren Baumeister und Steinmetzen in Architektur und Bauplastik aus dem spätrömischen einen neuen eigenen Stil entwickelten. Die erhaltenen Baudenkmäler freilich stammen alle aus der zweiten Hälfte des 7. Jahrhunderts und finden sich vorwiegend im Norden des Landes in ländlichen Siedlungen; diese Verteilung hängt aber damit zusammen, daß die Spanier und ihre Städte im 8. Jahrhundert eine weitere und viel tiefer als die westgotische Herrschaft in die politischen und kulturellen Verhältnisse eingreifende Eroberung erdulden mußten, die die Baudenkmäler des Südens weitgehend vernichtet hat.

Die bedeutendsten städtischen Zentren des Westgotenreiches lagen an der Fernstraße, die von Narbonne nach Cadiz führte: Zaragoza, wo sie den Ebro überquerte, Toledo, wo sie den Tajo kreuzte und wo seit 534 der König residierte, Corduba, wo sie auf römischer Brücke über den Guadalquivir führte, dazu Sevilla (Hispalis) unterhalb von Corduba, von wo an der Fluß für Seeschiffe befahrbar war, und Mérida in Lusitanien. Zaragoza (Caesaraugusta) war in der römischen Zeit ganz unbedeutend gewesen, denn Hauptstadt des Ebrolandes und politisches Machtzentrum der Iberischen Halbinsel war damals die Hafenstadt Tarragona (Tarraco), die als solche aber unter westgotischer Herrschaft ebensowenig eine Rolle spielte wie das benachbarte Barcelona. In den Mauern dieser Stadt hatte zwar um 415 König Athaulf einmal residiert, auf ihre Entvölkerung weist aber die Existenz einer westgotischen Nekropole auf römischem Wohngebiet deutlich hin. Ebenso wie in Zaragoza läßt indes auch hier das Bestehen einer Münzstätte erkennen, daß die wirtschaftliche Bedeutung beider Städte zunahm.

Ebenso übertraf Toledo, die auf jäh abfallendem, auf drei Seiten vom Tajo umflossenem Granitfelsen gelegene Hauptstadt der Westgoten, jetzt an Bedeutung alles, was die römische Kleinstadt Toletum je zuvor erlebt hatte. Von den königlichen Kirchenbauten ist nur die um 575 bis 600 erbaute dreischiffige Basilika El Salvador erhalten, unter deren mit Hufeisenbogen verbundenen Pfeilersäulen sich eine befindet, deren plastischer Schmuck heute das älteste Beispiel figuraler Kunst der Westgotenzeit bildet. Ein einzigartiges Denkmal des westgotischen Städtewesens aus dieser Blütezeit des Reiches ist die etwa gleich alte, von König Leovigild (573–586) gegründerte und zu Ehren seines Sohnes Reccared benannte Stadt Reccopolis, deren Ruinen man in einer ausgedehnten Trümmerstätte bei Zorita de los Canes am Oberlauf des Tajo wiederfinden kann; sie gilt als die einzige frühmittelalterliche Gründungsstadt in Westeuropa. Die Stadtmauer mit ihren rechteckigen Türmen, die eine Fläche von 30 ha einschließt, und die repräsentative, an die Bauweise späterer mittelalterlichen Pfalzen erinnernde Baugruppe eines mit der Kirche verbundenen Palastes zeigen, daß diese Stadt im wesentlichen wehrhafte Königsburg sein sollte. Zur Zeit ihrer Gründung hatte Leovigild soeben die Byzantiner aus Corduba vertrieben, einer Stadt, deren fortlaufend lebhaftes Wirtschaftsleben sowohl die Existenz einer Münzstätte als auch eine vielleicht in westgotischer Zeit geschaffene Erweiterung der Römerstadt bezeugen. Von der Kathedralkirche San Vincente, die die westgotischen Bischöfe auf den Fundamenten eines römischen Janustempels errichteten, die aber der Emir Abdarrahman I. (756–788) abbrechen ließ, sind Reste der Säulen und Kapitelle beim Bau der Mezquita wiederverwendet worden und auf diese Weise erhalten geblieben. Ebenso behauptete Sevilla, der kirchliche Vorort des südlichen Spanien, in westgotischer Zeit den alten Rang; insbesondere das Erzbistum erglänzte mit Isidor (600/01–636), dem großen Vermittler antiken gelehrten Wissens an die Westgoten und überhaupt an die zu eigenem Forschen noch nicht reifen neuen Führungsschichten des lateinischen Westens. Kaum etwas ist vom Städtewesen des Nordwestens zu berichten; lediglich Braga (Bracara), die kirchliche Hauptstadt Gallaeciens und seines Suebenreiches, tritt als Stätte namhafter Konzilien (561, 572) und als Sitz des aus Pannonien stammenden, um die Bekehrung der Sueben und des heidnischen Landvolkes verdienten Bischofs Martin (gest. 580) etwas deutlicher hervor.

In Braga erinnerte das Konzil von 561 noch einmal an das antike Verbot, Leichname innerhalb der Städte zu bestatten, ein Verbot, das den jungen Christengemeinden, die an die Auferstehung ihrer Toten glaubten, immer weniger einleuchtete. Sie strebten danach, die Verstorbenen im Schutz des Heiligen, den sie verehrten, und im geweihten Bannkreis seiner Kirche beizusetzen, ja sogar im Inneren der Kirche und möglichst nahe am Altar, um den Toten die Fürsprache des Heiligen für den Tag der Auferstehung und des Gerichtes zu sichern. Zunächst waren es die auf den alten Nekropolen vor den Mauern der Römerstädte entstandenen Märtyrerkirchen, in die die christlichen Bestattungen nun eindrangen; eindrucksvoll ist dies zu beobachten in Ampurias in Katalonien, wo erst in westgotischer Zeit ein Bistum errichtet wurde und wo die vor der Römerstadt gelegene christliche Nekropole mit ihren Basiliken die Ruinen einer längst verlassenen griechischen Stadt überlagerte. Es ist eine Situation, die sich bereits im Verhältnis der Stadt Rom zu ihren Grabbasiliken vor den Mauern ausgebildet hatte und die sich in den Städten Galliens wiederholte, etwa in den Friedhöfen und Basiliken Saint-Victor vor Marseille, Saint-Sernin vor Toulouse, Saint-Seurin vor Bordeaux, Saint-Hilaire vor Poitiers, Saint-Marcel vor Paris oder Saint-Rémis vor Reims. Wenn sich in Ampurias und anderswo nun die Wohnviertel der armen Christen um diese vorstädtischen Basiliken gruppierten, so zeigt dies, daß man die das Altertum beherrschende Scheu, ja Furcht vor den Toten abzulegen begann, ja sie geradezu ins Gegenteil verkehrte, indem man von ihnen Schutz auch in dieser Welt erwartete. So mußte die Zeit kommen, in der die Trennung zwischen der Vorstadt, wo es immer Bestattungen gegeben hatte, und dem für sie unzugänglichen Stadtkern hinfällig wurde. Als im Jahre 540 Bischof Vedastus von Arras starb, hinderte ein rechtfertigendes Wunder den Klerus der Kathedrale daran, den Leichnam aus der Stadt zu schaffen, so daß man ihn in der Bischofskirche zur Rechten des Altares bestatten mußte. So beginnt, bemerkbar seit dem 7. Jahrhundert, ein bedeutsamer Wandel der Bestattungssitten, der einen wesentlichen Unterschied zwischen antiker und mittelalterlicher Stadt begründete: Die auf freiem Felde angelegten merowingischen Friedhöfe wurden aufgegeben, man verlegte die Bestattungen an die Pfarrkirchen innerhalb der Städte und Burgen.

Es macht sich hier zugleich ein wichtiger Unterschied zwischen den byzantinischen Städten auf der Balkanhalbinsel und in Unteritalien und den Städten des lateinischen Westens bemerkbar, der damit zusammenhängt, daß die antike Tradition im Osten zwei Jahrhunderte länger ihre Kraft entfalten konnte als im Westen, wo bereits das 5. Jahrhundert den Ruin der alten Städte einleitete. Fast nur im Südosten Europas hat man antike Tempel in Kirchen umgewandelt und im 6. Jahrhundert christliche Basiliken an den antiken Foren neu errichtet, und wo das geschah, dort betonte es die Bedeutung der alten Zentren des zwar geschwächten, aber doch fortwährenden städtischen Lebens, genauso wie sich dort die Ummauerung der Städte, die im Westen um das Jahr 400 im großen ganzen abgeschlossen war, noch bis ins 6. Jahrhundert hinein fortsetzte. Im Westen dagegen lagen die Kirchen meist am Rande der antiken Stadt und beeinflußten die Siedlung und Stadtbauweise so, daß der Schwerpunkt aus den alten Zentren fort- und zu ihnen hinrückte. Die ummauerten Bezirke nahmen häufig erst in späterer

Entwicklung die Bischofskirchen auf, deren Ansehen im Glauben des Volkes indes mit den vorstädtischen Märtyrerkirchen nicht mithalten konnte. Erst wenn sie selbst Reliquien und Märtyrergräber in sich bargen und damit weitere Bestattungen anzogen, konnten sie auch den Schwerpunkt des religiösen Lebens hinüberleiten in die alten Zentren, die zunächst allenfalls als Burgen und Stützpunkte der Königsmacht fortgelebt hatten. Gerade in Gallien aber kann man vielfach beobachten, daß die Könige die Städte und ihre Mauern verfallen ließen und es duldeten, daß die Bischöfe auf den Befestigungen ihre Kathedralen errichteten.

Die gallischen Provinzen zwischen Pyrenäen und Rhein waren in römischer Zeit nicht besonders städtereich gewesen. Allenfalls im Küstenbereich des Mittelmeeres, von der Provence und dem unteren Rhônetal bis nach Westen zum Atlantik, lagen die Städte ähnlich dicht beieinander, waren ihre Territorien ähnlich klein wie in Italien. Im Westen und Norden Galliens hatten die Römer lediglich die keltischen Stammesgebiete mit einem städtischen Mittelpunkt ausgestattet und zu Civitates erhoben, so daß hier die Territorien sehr weiträumig waren und Platz hatten für eine große Anzahl von Kleinstädten (vici) neben der Hauptstadt. Bei hinreichender Blüte hatte manche dieser Nebensiedlungen bei einer Teilung des Stammesgebietes selbst zur Civitas emporsteigen können. Zu Beginn des 4. Jahrhunderts war Gallien in 115 solcher Civitates eingeteilt. Die Mittelpunktstädte und viele von den Kleinstädten waren seit dem 3. Jahrhundert ummauert worden; die großen Städte hatten dabei einen erheblichen Teil der Wohngebiete und die antiken Großbauten außenvor liegen lassen müssen, da man größere Flächen als 6 oder 10, höchstens 20 bis 30 ha nicht mehr verteidigen konnte. Amphitheater, Zirkusse, Thermen und die Insulae der alten offenen Städte waren nun dem Verfall preisgegeben. Außenvor blieben auch die Nekropolen und die nunmehr christlichen Friedhöfe, bei denen sehr häufig Ansiedlungen der Christen entstanden waren. In den ummauerten Stadtkernen war es eng und düster geworden, da viele hier unterkommen wollten und außerdem Raum für die kaiserlichen Truppen und ihre Werkstätten geschaffen werden mußte. Die Großgrundbesitzer dagegen hatten begonnen, diese freudlosen Festungen zu verlassen und sich auf ihre prächtig ausgestatteten Landsitze zurückzuziehen. Dafür drängten seit dem 4. Jahrhundert die Bischöfe darauf, für ihre Kirchen einen Standort in zentraler Lage zu gewinnen; in der Regel fanden sie ihn dicht an der Stadtmauer oder in einer Ecke derselben, wo auch Raum war für ihre Pfalz. Nur ganz selten ist in Gallien die Kathedrale an die Stelle eines römischen Tempels getreten.

Die Kriege und Herrschaftswechsel des 5. und 6. Jahrhunderts betrafen die Städte Galliens in sehr unterschiedlicher Weise. Sieht man ab von den das ganze Land verheerenden Einfällen von 407, als die Germanen, vor allem Vandalen, Sueben und Burgunder, die römische Verteidigung am Rhein zum

Einsturz brachten, und von 451, als die Hunnen bis an die Seine und Loire vorstießen, so haben wir es bei den kriegführenden Parteien im wesentlichen mit Franken, Britanniern, Westgoten und Burgundern zu tun, die vom Rhein, von der britischen Insel und vom Südwesten her vordrängend die Restherrschaft römischer Heermeister bis um 490 zwischen sich erdrückten, um dann untereinander so lange um die Macht zu ringen, bis die Könige der Franken im Jahre 534 als einzige Herren übrigblieben. Die Westgoten siedelten sich im Jahre 418 als römische Verbündete in Aquitanien zwischen unterer Loire und Pyrenäen an, wo sie Tolosa, die reiche Handelsstadt an der Straße vom Mittelmeer zum Atlantik, zur Königsresidenz machten. Schon 425 belagerten sie zum ersten Male Arles, die Hauptstadt des römischen Gallien; in der Mitte des 5. Jahrhunderts erreichten sie die Loire und begannen, über die Pyrenäen auf die Iberische Halbinsel vorzudringen. Im Jahre 475 trat ihnen Kaiser Julius Nepos die Auvergne ab, und im nächsten Jahre überschritten sie sogar die untere Rhône, um die Provence zu besetzen. Dann aber stießen sie mit den Franken zusammen, die ihnen 507 die entscheidenden Niederlage beibrachten: Nun wurden Aquitanien und Toulouse (Tolosa) fränkisch, die Westgoten wanderten nach Spanien ab und behaupteten sich nur in Septimanien, der städtereichen Landschaft am Löwengolf zwischen Pyrenäen und Rhônemündung.

Die Burgunder hatten seit 407 am Rhein eine Herrschaft mit der Hauptstadt Worms errichtet, die der römische Heermeister Aëtius im Jahre 437 wieder zerstören konnte. Aëtius siedelte die Reste des Volkes 443 in der Sapaudia um Genf und Grenoble an, von wo aus sich die Burgunder ins Rhônetal ausbreiteten und um 468 die Provinzhauptstadt Vienne sowie Lyon und Mâcon besetzten. Dann griffen sie weiter um sich sowohl nach Norden, wo sie Autun, Chalon-sur-Saône, Langres und Besançon einnahmen, als auch nach Süden, wo sie Avignon besetzten und die Durance zur Grenze mit der westgotischen Provence machten. Als im Jahre 507 der fränkische König die Westgoten angriff, versuchten die Burgunder diese Grenze zu überschreiten; sie belagerten Arles, wurden aber von den Ostgoten unter Theoderich aufgehalten, der sich selbst zum Herrn der Provence machte. Im Jahre 534 mußten sich die Burgunder den Franken unterwerfen.

Von Wales und Cornwallis aus waren bereits im 4.Jahrhundert seefahrende Britannier in die Armorica eingewandert, jene Halbinsel im Nordwesten Galliens, die man deswegen seit dem 5. Jahrhundert als Bretagne bezeichnete. Während die mit mächtigen Mauern umgebenen Städte Nantes, Vannes und Rennes in Charakter und Verfassung romanisch blieben, besiedelten Kelten das Land ringsum, und zwar besonders intensiv im 6. Jahrhundert. Nach dem Siege des Frankenkönigs Chlodwig über den letzten römischen Heermeister in Gallien Syagrius im Jahre 486/87 erkannten die Städte den Sieger als neuen Herrn an, aber die bretonischen Kleinkönige waren auf die Dauer stärker als die fränkische Macht: Waroch II. eroberte 579 die Stadt Vannes, bald darauf müssen auch Rennes und Nantes gefallen sein. Die Städte litten schwer in diesen Zeiten; so gibt es nur für Vannes sichere Belege für eine Bistumsorganisation, und die westlichen Städte Coriosolites und Ossismi wurden völlig aufgegeben, die Bewohner nach Aletum (Saint-Malo) umgesiedelt.

Die Franken, die im 4. Jahrhundert als römische Bundesgenossen das Land Toxandrien zwischen Rheinmündung und Schelde besiedelt hatten, waren von dort aus weiter nach Süden und Westen vorgedrungen. Am Niederrhein konnten sie die Grenze an der Ahr und in der Eifel erst um die Mitte des 5. Jahrhunderts überschreiten. Um 455 nahmen sie erstmals Trier ein, bald darauf Mainz; der Kleinkönig des Teilstammes der Ribuarier saß jetzt in Köln, während der der Salier in Tournai residierte. König Chlodwig (482–511), der Begründer des gesamtfränkischen Großkönigtums, eroberte im Jahre 486/87 das Herrschaftsgebiet des letzten römischen Heermeisters Syagrius, dessen Zentrum Soissons gewesen war; Chlodwig beherrschte nun auch Paris und das Land bis zur Loire hin. Im Jahre 496/97 errang er einen Sieg über die Alemannen, der seinem Volke die Herrschaft über das Rhein-Main-Gebiet bis hinauf nach Worms und Speyer sicherte. Gleichzeitig begann der Krieg mit den Westgoten und Burgundern, der 507 mit dem Fall der Westgoten und ihrer Hauptstädte Bordeaux und Toulouse sowie 534 mit dem Untergang des Reichs der Burgunder endete. Im Jahre 537 besetzten die Franken auch die seit 30 Jahren von den Ostgoten beherrschte Provence mit Arles, Avignon und Marseille.

Ganz Gallien, mit Ausnahme der Bretagne und Septimaniens, war nun unter fränkischer Herrschaft geeint, und damit hätten für die vielfach belagerten und vom Hunger gequälten Städte bessere Zeiten anbrechen können, wenn nicht die Herrschaftsteilungen im merowingischen Königshause für eine Kette von inneren Kriegen gesorgt hätten und wenn nicht auch Gallien von der Pest heimgesucht worden wäre, die jetzt die Mittelmeerländer durchzog. Von 542 bis 547 drang die erste Welle der Epidemie in das Tal der Rhône und Saône ein, sie sprang hinüber ins Moseltal und erreichte Trier. Kaum eine der enggebauten Städte konnte dem durch Generationen hin immer wiederkehrenden Übel entgehen. Wie es den Städten mitspielte, wird uns zum Jahre 588 für Marseille berichtet, wohin ein aus Spanien eingetroffenes Handelsschiff mit seinen Waren die Infektion einschleppte. Zuerst tötete sie die acht Einwohner eines einzigen Hauses, um dann nach einigen Tagen in der ganzen Stadt aufzuflammen; nun floh, wer konnte, vor ihr auf das Land, bis die Krankheit nach zwei Monaten erlosch; als aber die ausgezogenen Einwohner glaubten, in Sicherheit zurückkehren zu können, da flackerte sie noch einmal auf, um auch die Flüchtlinge zu töten. Das einzige Zeichen neuen Wohlstandes in den Städten sind die zahlreichen Kirchenbauten, von denen die Quellen des 6. und 7. Jahrhunderts berichten. Überall setzten die Bischöfe ihren Stolz darein, ihre Residenzen mit Prachtbauten auszustatten, die dem städtischen Gewerbe Aufträge und Beschäftigung gewährten. Könige und weltliche Herren traten kaum als Bauherren in Erscheinung, sie lebten als Grundbesitzer auf dem Lande und bauten dort ihre Pfalzen und Villen aus, während sie sich, was ihre Städte anlangte, darauf beschränkten, die römischen Bauten instand zu halten, soweit sie ihrem Bedarf entsprachen.

Die an der Rhônemündung und in der Provence gelegenen Städte blieben im 5. Jahrhundert zunächst von Invasionen verschont und bildeten daher ein Refugium für die aus dem nördlichen und westlichen Gallien flüchtenden kaiserlichen Beamten und Großgrundbesitzer. Schon im Jahre 403 hatte der Heermeister Stilicho die kaiserliche Präfektur aus dem jetzt ständig bedrohten Trier nach Arles zurückverlegt, dessen bis nach Afrika und in den Orient reichende Handelsverbindungen Kaiser Honorius noch 418 als Grundlage städtischen Glanzes pries. Das ummauerte Zentrum der Stadt hatte nur eine Fläche von 18 ha vorzuweisen; die offene Stadt aber konnte sich noch im 5. Jahrhundert um eine Schiffersiedlung am jenseitigen Ufer der Rhône erweitern. In der Südostecke der Mauer, an der Stelle eines aufgegebenen heidnischen Tempels der früheren Akropolis, erhob sich die älteste Bischofskirche der Stadt; nicht weit entfernt, an der Fernstraße nach Aix und weiter nach Italien, lag die berühmte Nekropole der Alyscamps (Elysii campi), in deren Mitte sich über einem Märtyrergrab die Basilika Saint-Genès erhob. Als Arles Kaiserstadt und sein Bischof Stellvertreter des römischen Papstes für Gallien geworden war, gelang es dem Bischof Hilarius (429–449), die Kathedrale in das Zentrum der befestigten Stadt zu verlegen; sie erhielt das Patrozinium des Erstmärtyrers Stephan, dessen Reliquien kurz zuvor, im Jahre 415, vor den Toren Jerusalems aufgefunden worden waren. Bischof Caesarius (502–542) umgab die Kathedrale mit einem neuen Baptisterium, einem Bischofspalast und einem Atrium, an das sich die Wohnungen der Kleriker anschlossen. Seit seiner Zeit stieg der quellenmäßig nicht sicher faßbare heilige Bischof und Märtyrer Trophimus, der als erster Missionar Galliens galt und den man jetzt zum Schüler der Apostel machte, zum Patron der Kirche und der Stadt empor. Denn seit Westgoten und Burgunder begonnen hatten, die Provence zu bedrohen, waren die Zeiten schwierig geworden, und man bedurfte eines kräftigen Nothelfers. Im Jahre 508 hatte König Theoderich der Große aus Italien der zerstörten Stadt einen Zuschuß geleistet, damit die Mauern und alten Türme wiederaufgebaut werden konnten. Später richteten Einfälle der Langobarden und die Fehden der fränkischen Großen das einst reiche Land und seine Städte vollends zugrunde. Am Verschwinden oder an der Verlegung ihrer Bistümer ist zu erkennen, daß Carpentras (vor 541), Rigomagus, Castellane oder Thorame jetzt ganz aufgegeben wurden. Die alte Provinzhauptstadt Aix, mit 66 ha ummauerter Fläche auch im 4. Jahrhundert noch eine der größten Städte Galliens, wurde von Arles völlig in den Schatten gestellt; der Erzbischof von Aix mußte sich dem von Arles unterordnen, der als Bischof der Kaiserstadt die Stellung eines päpstlichen Vikars beanspruchte. In Arles diente das Theater jetzt als Steinbruch nicht nur für den Kirchenbau, sondern auch um das Amphitheater in eine Festung in der Stadt umzuwandeln. In den zugemauerten Arkaden, in den Umgängen, auf den Stufen des Zuschauerraumes und auf der Arena siedelten sich die schutzsuchenden Menschen an, es entstand eine neue Kleinstadt mit mehr als 200 Häusern und einer Kirche, die bis ins hohe Mittelalter als Stadt der Ritter vom Theater eine eigene Gemeinde bildete. Auch der Kaiserpalast überlebte den Untergang des Reiches und diente bis ins 13. Jahrhundert als Residenz fränkischer, burgundischer und deutscher Könige. Als Knotenpunkt das Fernhandels aber wurde Arles abgelöst von der Stadt Marseille, die die Zeiten unbeschädigt überdauerte und deren Hafen noch im 6. und 7. Jahrhundert rege besucht wurde. Seit den Tagen König Dagoberts I. (629–639) erfreute sich die Abtei Saint-Denis bei Paris einer jährlichen Einnahme von 100 Goldstücken aus dem hier, in Marseille, von einem offenbar florierenden Schiffsverkehr erhobenen Zoll.

Jenseits der Rhône, in der westgotischen Grenzmark Septimanien, hatten die Städte bereits früher zu leiden als im Osten. Die ebenfalls binnen den Mauern gelegene Arena von Nîmes ist wohl bereits im 5. Jahrhundert zur Festung umgebaut worden, die so wie in Arles später eine besondere ritterliche Gemeinde beherbergte. Die Unsicherheit der Grenze führte dazu, daß die nördlich von Nîmes gelegene befestigte Kleinstadt Uzès an Eigenständigkeit gewann und den Status einer Stadt (civitas) erlangte, für die man ein eigenes Territorium von dem zu Nîmes gehörigen abtrennte. Ebenso erging es im Westen der auf einem Hügel 150 m hoch über dem Tal der Aude gelegenen Bergfestung Carcassonne, die immer zum Gebiet von Narbonne gehört hatte, die aber, seit die Franken die Westgoten aus Aquitanien und Toulouse vertrieben hatten, innerhalb Septimaniens eine vorgeschobene Bastion der Westgoten an der wichtigen Verbindung zwischen Atlantik und Mittelmeer bildete. In der zweiten Hälfte des 6. Jahrhunderts erhielt sie ein eigenes Bistum, und das bedeutete auch die weltliche Trennung von der Mutterstadt. Vielleicht hatte es ähnliche, in der Unsicherheit des Meeres gelegene Ursachen, wenn in der zweiten Hälfte des 5. Jahrhunderts der uralte Hafenplatz Agde, der mitsamt den wichtigen Salzfeldern im lagunenreichen Mündungsgebiet des Hérault stets zum Territorium der Stadt Béziers gehört hatte, von deren Bistum abgetrennt wurde und als Zentrum eines der kleinsten Bistümer Galliens Selbständigkeit erlangte. Die Stadt erreichte ihre Blütezeit, als 506 das gallische Konzil unter Leitung des Bischofs von Arles und päpstlichen Vikars in Agde zusammentrat.

Im benachbarten Aquitanien, dessen politischer Schwerpunkt seit 507 von Toulouse nach Norden, nach Bordeaux und Bourges, abwanderte, richteten im 6. Jahrhundert die Einfälle der Basken und die merowingischen Bruderkriege schwere Verwüstungen an. Der römische Kastellort Bayonne (Lapurdum) und die Stadt Dax, deren ältester Bischofssitz im Süden vor den Mauern lag, beides ansehnliche Festungen von 10 bzw. 12 ha ummauerter Fläche, gingen fast ganz zugrunde; das Bistum Dax erscheint erst wieder im 11. Jahrhundert, und Bayonne stieg zwar als gegenüber den baskischen Angriffen auf sich selbst gestellter Platz im 6. Jahrhundert zur Stadt (civitas) auf, aber von einem Bistum ist noch auf lange Zeit keine Rede. Die civitas Convenarum, gelegen am Austritt der Garonne aus den Pyrenäen, schwand in dieser Zeit völlig dahin. Der Bischof und die Gemeinde siedelten auf den Gipfel des über der Stadt gelegenen Kegelberges über, den sie mit Mauer und Toren befestigten (Saint-Bertrand-de-Comminges); dazu schützte ein starker Turm die Quelle am Fuß des Berges, die sie mit Wasser versorgte. Hierher zog sich im Jahre 585 der Thronprätendent Gundwald zurück; durch Verrat fiel die Stadt in die Hände der Verfolger, die die Besatzung töteten und alles in Schutt und Asche legten, so daß sich für Jahrhunderte Dunkelheit über sie und ihre vor der Belagerung samt dem Bischof aus den Mauern vertriebene Gemeinde legte. Besser erging es der Stadt Cahors, die in einer Schleife des von hier an schiffbaren Flusses Lot gelegen und wie viele andere Städte Aquitaniens 574 von König Theudebert II. erobert und zerstört worden war. Denn sie fand ein halbes Jahrhundert später in dem königlichen Schatzmeister Desiderius einen Bischof (630–655), der sie im Osten der Flußschlinge wiederaufbauen, die Befestigungsanlagen erneuern sowie einen Aquädukt, eine Bischofsresidenz bei der Kathedrale und mehrere Kirchen errichten lassen konnte. Bordeaux, neben Toulouse Hauptstadt des westgotischen Aquitanien, war in den Kämpfen von 406 bis 418 und von 498 bis 507 schwer beschädigt worden und lag seit 578, als die vordringenden Basken die Garonne erreichten, an der Grenze des Merowingerreiches zur Gascogne. Die römischen Mauern, die Forum und Amphitheater vor sich hatten liegen lassen, umschlossen in einer Fläche von 31,5 ha auch den künstlichen Hafen, den die Römer im Tal des Bächleins Devèze angelegt und mit steinernen, auf Pfahlroste gesetzten Kaimauern versehen hatten; dieser Hafen verlandete und wurde überbaut, die Schiffer benutzten nun den von der Garonne angeschwemmten Uferstreifen vor und unter der Mauer zum Löschen und Laden. Am Rande der alten, offenen Stadt war auf einer Nekropole eine Grabeskirche entstanden, um die sich eine vorstädtische Christensiedlung gebildet hatte; im 7. Jahrhundert erbaute man hier die Grabbasilika Saint-Seurin, während die Kathedrale mit der Bischofsresidenz wohl noch im 5. Jahrhundert in der Südwestecke des Burgbezirks aufgeführt worden war. Dieselben topographischen Verhältnisse bestanden in Poitiers im Norden des Westgotenreiches. Die Römerstadt, deren Amphitheater Platz für 40 000 Zuschauer geboten hatte (es war doppelt so groß wie die Arenen in Arles und Nîmes und wohl das größte in Gallien gewesen), blieb vor den Mauern liegen, die aus dem frühen 4. Jahrhundert stammten und mit einer Dicke von 6 m am Fundament und 10 m Höhe, bei 42 ha geschützter Fläche, eine der stärksten Festungen im Lande bewehrten. Über der Geschichte der im 4. Jahrhundert noch sehr reichen Stadt liegt während des 5. Jahrhunderts tiefes Dunkel. Während des 6. Jahrhunderts wechselte sie in den Thronkämpfen der Merowinger etwa zwanzigmal den Besitzer, bevor das 7. Jahrhundert ruhigere Zeiten brachte. Das Stadtbild veränderte sich wesentlich infolge der Errichtung von Kirchen und Klöstern vor der Stadt, um die herum sich Siedlungen bildeten; die Kathedrale befand sich bereits seit dem 4. Jahrhundert innerhalb der Mauern, wo in der zweiten Hälfte des 6. Jahrhunderts auch Raum war für die gewiß nicht kleinlich bemessene Klostergründung der Königin Radegunde.

Unter den Städten des Rhônetales ist die Provinzhauptstadt Vienne, die seit etwa 468 den Burgundern gehörte, bemerkenswert wegen ihres riesigen, bis nach Genf und Aosta erstreckten und daher an Kleinstädten (vici) reichen Territoriums und deswegen, weil hier einmal die Christianisierung eines heidnischen Tempels, die im griechischen Osten so häufig war, festzustellen ist: Der Tempel des Augustus und der Livia ist wahrscheinlich schon im 5. Jahrhundert in eine Kirche, im Mittelalter Notre-Dame de la vie genannt, umgewandelt worden. Als König Godegisel im Jahre 500 in Vienne von den Franken belagert wurde und, um die Vorräte zu strecken, das niedere Volk aus der Stadt vertrieb, da war unter den Fortgejagten auch der handfertige Aufseher des Aquäduktes; er rächte sich, indem er mit Brecheisen ausgerüstete Krieger der Franken in den Aquädukt führte und ihnen zeigte, wie sie den Deckstein eines Luftschachtes aufheben und so in die Stadt gelangen konnten, die daraufhin in die Hände der Franken fiel. Lyon, einst die Hauptstadt Galliens, war schon im 3. und 4. Jahrhundert hinter Trier und Vienne zurückgetreten. Im Norden ihrer Kirchenprovinz war der Hafen- und Marktort Chalon-sur-Saône am Ende des 4. Jahrhunderts zur Stadt mit eigenem Territorium emporgestiegen und in der Mitte des 5. Jahrhunderts, noch unter römischer Herrschaft, auch vom verfallenden Bistum Langres abgetrennt und selbst Bischofssitz geworden. Der im Jahre 580 gestorbene Bischof Agroecula schmückte die mit 15 ha ummauerter Fläche ansehnliche Stadt mit neuen Häusern und einer Kathedrale, deren Dach er auf Säulen stützte und deren Wände er mit Marmor und Mosaikbildern schmückte. König Guntram (561–592) hielt gerne in der verkehrsgünstig gelegenen Stadt Hof; mehrfach fanden in ihr Konzilien statt, und am Ende des 7. Jahrhunderts gab es eine Vorstadt, die bereits in später bedeutsamer Weise als Burgus bezeichnet wurde. Noch weiter nördlich, vor der Wasserscheide zwischen Saône und Seine, war im 4. Jahrhundert an der Stelle einer unbedeutenden Kleinstadt Divio (Dijon) ein mächtiges Kastell mit 10 m hohen Mauern und 11 ha geschützter Fläche errichtet worden; es ist die einzige Stadt, von der wir eine Beschreibung aus der Merowingerzeit besitzen. Denn Bischof Gregor von Tours (572–594) sagt von ihr: „Die Burg hat sehr starke Mauern und ist inmitten einer bemerkenswert lieblichen Ebene gelegen, wo die Böden so ertragreich und fruchtbar sind, daß man die Äcker nur einmal mit dem Pfluge aufzureißen braucht, bevor man die Saaten ausstreut und einen großen Überfluß an Früchten gewinnt. Im Süden fließt die sehr fischreiche Ouche vorbei, von Norden aber kommt ein anderes, kleineres Gewässer heran, das durch ein Tor herein-, unter einer Brücke hindurch- und durch ein anderes Tor wieder hinausfließt und die gesamte befestigte Stätte mit freundlicher Woge umspült, vor dem Tore aber mit wunderbarer Eile Mühlen antreibt. Vier Tore sind nach den vier Himmelsrichtungen hin gelegen, und 33 Türme schmücken das ganze Bauwerk, die Mauer aber ist bis in 20 Fuß Höhe aus Quadersteinen und darüber aus Bruchstein erbaut, und ihre Höhe beträgt 30, die Dicke aber 15 Fuß. Ich weiß nicht, warum man hier nicht von einer Stadt (civitas) spricht.“ Vielleicht geschah es deshalb nicht, weil Dijon keinen eigenen Bischof hatte, sondern, dies freilich schon seit einem Jahrhundert, den aus der untergehenden Stadt Langres geflohenen Bischöfen, in deren Diözese es lag, als Residenz diente. Wohl erst im 7. Jahrhundert haben sie hier die Kathedrale Saint-Étienne und vor den Mauern eine Johannisbasilika als Grablege errichtet. Lediglich die Märtyrerkirche Saint-Bénigne im Bereich der westlich vor dem Kastell gelegenen Nekropole geht bis in das 5. Jahrhundert zurück.

Dijon ist nur das am besten bezeugte Beispiel dafür, daß sich die zahlreichen Kleinstädte (vici), die es in den weitläufigen städtischen Territorien des mittleren und nördlichen Gallien gab, in Festungen verwandelt hatten und, in den endlosen Kriegen des 5. und 6. Jahrhunderts nur zu oft auf sich selbst gestellt, sich den alten Mittelpunktstädten immer mehr anglichen, zumal deren Territorien auch am Ende der römischen Zeit noch dicht mit Wald und Sumpf bedeckt waren, in denen die Siedlungen mit ihren Fluren meist nur wie Inseln verteilt waren. So erfahren wir von der Stadt Arvernus (Clermont-Ferrand), deren Mauerring selbst bloß eine kleine Höhenburg von 3 ha Fläche beschirmte, daß, als König Theuderich im Jahre 531/32 die abgefallene Stadt belagerte, nicht nur eine offene Vorstadt (vicus suburbanus) vor den Mauern bestand, sondern auch ein benachbartes Kastell Lovolautrum (Vollore-Montagne), in dem es eine Pfarrkirche gab. Das etwa 100 km entfernte Kastell Marlhac lag auf so steiler Anhöhe, daß es keiner Mauern bedurft hätte, ein dennoch angelegter Mauerring aber war so weit, daß die Einwohner darin ihre Felder bebauten. Das Kastell Dunum (Châteaudun, der Eigenname ist das keltische Wort für Kastell) lag zwar auf dem Territorium von Chartres, aber seine Krieger gewannen im 6. Jahrhundert große Selbständigkeit, so daß der Bischof von Chartres im Jahre 584 mit Mühe die Errichtung eines von seiner Diözese abzutrennenden Bistums verhindern konnte. Nur im Schutz solcher Fluchtburgen, die auch ihre Vorräte an Lebensmitteln und Geräten bargen, konnte die romanische Bevölkerung das 5. Jahrhundert, als germanische Beutemacher ständig das offene Land durchstreiften, und die Zeit der merowingischen Bruderkriege überstehen.

Auch das römische Paris, die offene Stadt, deren bebaute Fläche von manchen Forschern bis auf 150 ha geschätzt wird, war schon im 3. Jahrhundert zugrunde gegangen; was an Bewohnern übriggeblieben war, saß hinter einer improvisierten Mauer auf 8 bis 10 ha Fläche auf der Seineinsel, deren Westspitze in einer Zitadelle die Garnison und das Prätorium beherbergte. Von der alten Stadt mit ihrem Forum, den zwei oder drei Theatern und den drei Thermen hat die Zeiten außer dem 14 m hohen Thermensaal, der heute zum Cluny-Museum gehört und als größter und schönster Saal gilt, den die Antike auf französischem Boden hinterlassen hat, nur der schnurgerade Verlauf der Hauptstaße, des cardo, überdauert, der einen Teil der Fernstraße von Aquitanien nach Flandern bildete und beiderseits der Seine (Rue Saint-Martin und Rue Saint-Jacques) fortbesteht. Im Prätorium oder Palatium auf der Seineinsel ließ sich im Jahre 508 König Chlodwig nieder; sein Sohn Childebert (511–558) errichtete davor die fünfschiffige Basilika Saint-Étienne, die bis ins 12. Jahrhundert als Bischofskirche diente. Zur Zeit König Dagoberts I. (629–639) war die Insel so eng mit Häusern bebaut, daß der Münzmeister Eligius, der dort ein Kloster gründen wollte, nur noch ein einziges, dem Fiskus gehörendes Grundstück unbebaut vorfand. Flüchtlinge aus der verwüsteten Umgebung mögen die Siedlung weiter aufgefüllt haben. Wüst lag zum Beispiel die Kleinstadt (vicus), die an der Brücke oder Furt entstanden war, wo die Fernstraße nach Orléans und Bordeaux die Orge überquerte, obwohl die Römer zu ihrem Schutze einst sogar ein Kastell errichtet hatten. Nur die Kirche Saint-Germain dieses Vicus hatte überdauert; sie lag im 7. Jahrhundert in stiller Einöde. Im königlichen Paris aber herrschte nun wieder reges Leben; die Kaufmannssiedlung zwischen Palast und Kathedrale, die schon im 6. Jahrhundert genannt wird, breitete sich als offene Siedlung wieder beiderseits der Seine aus; das Gelände kann, wenn überhaupt, dann nur für kurze Zeit ganz wüst gelegen haben. Am Nordufer, gegenüber dem Palatium, wo bereits im 4. Jahrhundert ein Marktplatz bestand, hatte sich um 450 König Merowig seinen 'Lower' (Louvre) erbaut; an derselben Stelle hatte sich von 486 bis 496 Chlodwigs Heer verschanzt. Später schenkte Chlodwig das ganze Gelände, auf dem er eine Taufkirche aufgeführt hatte, dem Bischof der Stadt. Aus der Kirche ging die Pfarre Saint-Germain-l'Auxerrois hervor, eine der vier Pfarren, die bereits im 7. Jahrhundert erforderlich waren, um diesen Stadtteil zu versorgen. Noch größer, nämlich zehn Pfarren umfassend, war zu der Zeit schon wieder die südliche Vorstadt; die älteste Pfarrkirche war Saint-Marcelle, deren Lage die christliche Vorstadt des römischen Paris mit ihrer riesigen Nekropole und vielleicht die Stätte kennzeichnet, wo Bischof Marcel von Paris im Jahre 436 beigesetzt worden war. Unbekannt ist der Ort des römischen Zirkus, den König Chilperich 577 wiederherstellen ließ, um darin dem Volke ein Schauspiel zu bieten. Außen vor der offensichtlich gedeihenden Stadt lagen die von den Königen gestifteten Klöster, im Süden Sainte-Geneviève, wo Chlodwig bestattet worden war, im Westen Sainte-Croix-Saint-Vincent (seit dem 8. Jahrhundert Saint-Germain-des-Prés), im Norden Saint-Martin-des Champs. Fast eine Tagereise entfernt, wo die Flandernstraße den Croult überquerte, erhob sich neben einer alten Handwerker- und Händlersiedlung (vicus) das von Dagobert gegründete oder doch erst reich ausgestattete Kloster Saint-Denis, in dem der König sich bestatten ließ und das später als Grablege der französischen Monarchen eine einzigartige Rolle spielen sollte.

Von Paris aus waren in wenigen Tagereisen die nordöstlichen Provinzen Galliens an Schelde, Maas, Rhein und Mosel zu erreichen, in denen es seit der Mitte des 3. Jahrhunderts immer wieder zu lokaler Ansiedlung germanischer Gruppen, dann aber seit den Zeiten Kaiser Julians, dessen Winterquartier von 357 bis 361 regelmäßig die Stadt Paris gewesen war, zu zusammenhängender Landnahme der fränkischen Stämme gekommen war. Es war der Druck der Franken gewesen, der den Heermeister Stilicho im Jahre 396 dazu genötigt hatte, die Kaiserresidenz von Trier nach Mailand, und im Jahre 403 den Sitz der gallischen Präfektur von Trier nach Arles zurückzuverlegen. Vor 455 fielen Tournai, Cambrai, Arras, vor 490 Trier endgültig und Toul in fränkische Hand. Diese Städte bezeichnen die Westgrenze des Gebietes, in dem die durchgehende bäuerliche Ansiedlung der Franken zu einem vollkommenen Bruch im ländlichen Siedlungswesen führte. Die römischen Gutshöfe und Dörfer (oder offenen Kleinstädte, vici) wurden verlassen und gingen unter, denn die Franken errichteten ihre Gehöfte an anderen Stellen, wo reichliche natürliche Wasservorkommen sie dazu einluden. Die spätrömischen Städte und Kastellorte (befestigten Kleinstädte, vici) mit ihren festen Mauerringen dagegen bestanden fort, wobei zwar erhebliche bauliche Veränderungen nicht ausblieben, die zentralörtlichen Funktionen aber weitgehend gewahrt wurden. Die romanischen Grundbesitzer und Beamten waren seit 396 in das Innere und den Süden Galliens fortgezogen, das Landvolk war ihnen vielfach gefolgt oder von Hungersnot und Pest dezimiert worden, wenn es auch von den Franken nicht planmäßig vertrieben wurde, so daß noch im 6. und 7. Jahrhundert romanische Dörfer und Sprachinseln im Rheinlande bestanden. Aber die besonders im 6. Jahrhundert von Hunger und Pestzügen betroffenen Städte konnten nun keine romanischen Einwanderer mehr gewinnen, um die Bevölkerungsverluste zu ersetzen, und da die städtische

Siedlungs- und Lebensweise den Franken, wie allen Germanen, fremd war und keine Anziehungskraft auf sie ausübte, kam es zu einem weit stärkeren Rückgang der Einwohnerzahlen als im Innern Galliens, ja sogar zum vollständigen Siedlungsabbruch und zum Untergang einzelner Römerstädte.

Zu ihnen gehörte etwa Boulogne-sur-Mer, einst Endpunkt der strategisch wichtigen Straße von Lyon und Fährhafen für die Verbindung nach Britannien; die Loslösung Britanniens vom römischen Reiche im Jahre 410 beraubte die Stadt aller Bedeutung. Sie wurde möglicherweise von Sachsen besetzt und verschwindet für einige Jahrhunderte völlig aus unserem Gesichtskreis. In Arras hatte sich nicht einmal eine christliche Gemeinde entwickeln können, und als (zwischen 496 und 535) Vedastus das Bistum errichtete, war die Stadt schon so weit verfallen, daß selbst das Ansehen seiner Grabstätte sie nicht retten konnte: Das Bistum mußte in das benachbarte Cambrai verlegt werden, und die Geschichte der mittelalterlichen Stadt hat topographisch nicht an die der antiken, sondern an die der jenseits des Flusses Crinchon gelegenen Abtei des heiligen Vedastus (St. Vaast) angeknüpft. Cambrai war in älterer Zeit nur eine Kleinstadt (vicus) im Stadtgebiet der Nervier gewesen, aber seit deren Vorort Bagacum (Bavai), wo es schon einen Bischof gegeben hatte, im 4. Jahrhundert zerstört worden war, war Cambrai zum Vorort, zur Stadt, aufgerückt, die freilich wohl erst im 5. Jahrhundert eine Befestigung mit dem bescheidenen Innenraum von 4,5 ha erhielt. Im Jahre 584 zog sich König Chilperich I. vor seinen Brüdern hierher zurück; von hier aus befahl er den Herzögen und Grafen des Landes, überall die Mauern der Städte instand zu setzen und sich in ihnen zu verteidigen. Wohl erst in dieser Zeit erhielt Cambrai einen Bischof; mit dessen Stuhl konnte dann im 7. Jahrhundert der von Arras zusammengelegt werden. Aus dem noch weiter scheldeabwärts gelegenen Tournai verlegte man das Bistum sogar zurück bis nach Noyon. Weiter im Osten war Tongern im 4. Jahrhundert von den Franken derart zerstört worden, daß die Besiedlung hundert Jahre später völlig aufhörte. Bischof Servatius hatte sich nach der Verwüstung nach Maastricht gerettet, vor dessen römischen Mauern er auch begraben worden war; später ließen sich die Bischöfe in Lüttich nieder: Der Verlust des Bistums bedeutete den Untergang Tongerns. Der aus Aquitanien stammende Missionar Amandus, der von etwa 638 bis nach 675 das Christentum in Flandern auszubreiten versuchte und vermutlich von 647 bis 649 Bischof in Maastricht war, konnte sich nirgendwo auf Städte stützen; er gründete Klöster, um sein Werk zu befestigen, so in Gent (St. Peter und St. Bavo) und in dem römischen Festungswerk zu Antwerpen, bei dem auch eine merowingische Münzstätte existierte. Das mittelalterliche Antwerpen freilich entstand nicht aus diesem Kastell, dessen Lage unbekannt ist. Auch in Oudenburg, Aardenburg und vielleicht Brügge sind römische Kastelle völlig verfallen. Der Bereich einer sehr weitgehenden Zerstörung des römischen

Städtewesens reicht rheinaufwärts bis nach Xanten, der einst nach Köln bedeutendsten Stadt der Provinz Niedergermanien, deren Bevölkerung schon im 4. Jahrhundert stark abgenommen hatte und die spätestens zu Beginn des 5. Jahrhunderts vollständig aufgegeben worden zu sein scheint. Aber auf dem vor der Stadt gelegenen Gräberfeld waren zwischen 358 und 363 zwei eines gewaltsamen Todes gestorbene Männer beigesetzt worden, die man offenbar als Heilige verehrte, denn über dem Grab wurde eine hölzerne Totenmemorie errichtet, die man vor 450 in Stein erneuerte. Während die römische Stadt verödete, zog diese Grabstätte nun auch fränkische Bestattungen an. Die Stätte bei den Heiligen (die Worte ad sanctos ergaben den Namen Xanten) ist später, seit dem 8. Jahrhundert, zum Kern einer Klerikersiedlung (Stift St. Viktor) und einer neuen Stadt geworden, die mit der längst vergangenen Römerstadt keinerlei Zusammenhang hat.

Oberhalb von Xanten bestanden im 5. Jahrhundert andere, der Fortdauer des Städtewesens günstigere Bedingungen. Zwar ist auch das römische Kastell Novaesium (Neuss) jetzt verlassen worden, aber die davor gelegene offene Siedlung (vicus) dürfte wegen des wichtigen Rheinübergangs und wegen des hier gelegenen Grabes des Heiligen Quirinus weiter bestanden haben. Volle topographische Kontinuität ist alsdann in Köln gegeben, dessen von den Römern ummauertes Areal von 96 ha Fläche für gallische Verhältnisse ungewöhnlich weiträumig war und an die Blütezeit der Provinzhauptstadt im 1. bis 3. Jahrhundert erinnerte. Die Stadt lag auf der hochwasserfreien Uferterrasse über dem Rhein, dem sie ihre Schauseite zukehrte. Am Südende der Rheinfront lag der Kapitolstempel, auf dessen Fundamenten eine fränkische Fürstin zu Beginn des 8. Jahrhunderts die Kirche St. Maria im Kapitol erbauen ließ. Das Nordende schmückte ein Tempelbezirk an der Stelle, wo einst der Augustus-Altar seinen Platz gehabt hatte; südlich davor auf dem Gelände des heutigen Domhofes, das noch im 9. Jahrhundert als Forum Iulii bekannt war, erstreckte sich das Forum, an das sich eine großartige Palastanlage für den Legaten (zu 356 als Königsburg, regia, erwähnt) anschloß. Daneben erhob sich ebenfalls an der Rheinfront, an der Stelle des heutigen Rathauses, das Prätorium, das im 4. Jahrhundert von Grund auf erneuert und mit einem oktogonalen Zentralbau repräsentativ ausgestaltet wurde. Seit dem frühen 4. Jahrhundert gab es in Köln eine Christengemeinde; wo ihre Bischofskirche stand, ist ungewiß, denn in den Tempelbezirk, auf dessen Boden sich heute der Dom erhebt, sind das Christentum und der Bischof erst in karolingischer Zeit vorgedrungen. Die frühen kirchlichen Großbauten der Stadt erhoben sich, wie üblich, vor den Mauern als Märtyrer- und Grabeskirchen auf den antiken Nekropolen entlang den Ausfallstraßen, so im Süden St. Severin, wo um 400 der Bischof Severin beigesetzt wurde, und im Norden St. Ursula und die Kirche „zu den goldenen Märtyrern“ (später St. Gereon), von der Bischof Gregor von Tours berichtet, sie erstrahlte „in wunderbarer Mosaikarbeit gewissermaßen wie vergoldet“. Vermutlich in dieser Kirche ließ sich König Chlodwig um 510 zum gesamtfränkischen Herrscher erheben, so wie hier im Jahre 612 König Theudebert die Huldigung entgegennahm. Von den binnenstädtischen Pfarrkirchen scheint keine bereits auf die merowingische Zeit zurückzugehen; die Innenstadt ist offenbar lange dem Erscheinungsbilde nach eine heidnische Stadt geblieben (ähnlich wie Rom), gewiß auch deswegen, weil die Zahl der Einwohner abnahm, so daß immer weitere Teile der ummauerten Fläche unbebaut blieben und landwirtschaftlich genutzt werden konnten. Die Besiedlung zog sich an die Rheinseite zurück, wo nicht nur das öffentliche und politische Leben seinen Schwerpunkt hatte, sondern vor den Mauern auch in einem schmalen Nebenarm des Rheines der Hafen und damit das Zentrum des Wirtschaftslebens lag. Eine etwa 1000 m lange und in ihrer weitesten Ausdehnung 180 m breite Insel, die man seit dem 1. Jahrhundert durch Aufschüttung erschlossen hatte, trug gegenüber dem Prätorium die Getreidespeicher der Stadt, vier etwa 52 m lange und über 22 m breite Lagerhallen, in denen jeweils zwei Pfeilerreihen ein 10 m breites Mittelschiff von zwei begleitenden Seitenschiffen abteilten. Diese Speicher, deren massives Mauerwerk die Merowingerzeit überdauerte, rückten der Stadt näher, da man den verlandenden Hafen allmählich mit Bauschutt auffüllte und so den Raum gewann, den im Mittelalter der Heumarkt und der Alte Markt einnahmen.

Es ist sicher, daß an der Rheinseite der Stadt ein großer Teil der romanischen Bevölkerung auch unter fränkischer Herrschaft ansässig geblieben ist. Der Priester Salvian, der vermutlich aus Trier stammte und Köln aus eigener Anschauung kannte, bevor er sich um die Mitte des 5. Jahrhunderts in die Provence in Sicherheit brachte, berichtet, daß schon, bevor die Franken endgültig die Macht übernahmen, in Köln keine Schauspiele mehr abgehalten wurden, weil zwar die Arena noch stand, die Stadt aber „voller Feinde“, offenbar fränkischer Krieger in römischen Diensten, war. So lebten in Köln schon vor 458–59, dem Jahr der letzten Kämpfe, Romanen und Germanen nebeneinander, und dabei blieb es auch nachher, wenn sich auch die Romanen, und zwar sogar vornehme Frauen, wie einige nahe Verwandte des Salvian, nun als Arbeiter in fränkische Dienste verdingen mußten, um ihr Leben zu fristen. So behielt die Stadt nicht nur die antike Straßenführung in wichtigen Teilen bei, sondern sah auch die römischen Großbauten unversehrt in fränkische Hände fallen. Im Prätorium, das erst im 9. Jahrhundert abbruchreif wurde, residierten nun fränkische Könige oder ihre Vertreter, wenn sie in der Stadt weilten. Ebenso könnte die römische Rheinbrücke bis auf die Normannenstürme Bestand gehabt haben, und ebenso wahrscheinlich ist es, daß die im Jahre 321 bezeugte Judengemeinde die fränkische Eroberung überdauert und seit römischer Zeit an jener Stelle südlich des Prätoriums innerhalb der Mauern ihren Sitz behalten hat, wo sie im hohen Mittelalter uns wieder begegnet. Es ist möglich, daß in dieser Metropole römischer Kultur die zugezogenen Franken schneller romanisiert worden sind als in manchen Orten im Inneren Galliens. Denn das in allen römischen Provinzen jährlich am 1. August abgehaltene Opfer für den Kaiser, das man auch im römischen Köln mit Festspielen und Lustbarkeiten gefeiert hatte, ist von den neuen Bewohnern übernommen, und nachdem die Kirche das Kaiseropfer durch ein Fest bei St. Peters Ketten (ad s. Petri vincula) ersetzt hatte, bis in die Neuzeit hinein als jährlicher „Peter-Winkels-Markt" mit anschließendem nächtlichem Volksfest in antiker Ausgelassenheit begangen worden. Auch daß das römische Fest zur Reinigung und Entsühnung der Stadt, zu dem ein feierlicher Umzug um die Stadtmauern (amburbium) gehörte, in Gestalt einer kirchlichen Prozession mit den Silvesterreliquien rund um die alte Römermauer (niemals um die erweiterte mittelalterliche Stadtmauer) bis zum Ende des 18. Jahrhunderts fortgeführt worden ist, setzt wohl voraus, daß sich die fränkische Bevölkerung Kölns im 5. und 6. Jahrhundert das Brauchtum der Galloromanen angeeignet hat.

In dem großen ehemaligen Legionslager zu Bonn, dessen Mauern eine Fläche von 25 ha beschützten und dessen offene Vororte zugrunde gegangen waren, erhielt sich eine Restsiedlung, die sich in der Südwestecke des Kastells eine Pfarrkirche erbaute; an dem Kastell, der „Bonnburg", blieb der römische Name noch bis ins 10. Jahrhundert haften. Aber 1 km südlich von ihr und einst durch die römische, jetzt verschwundene offene Zivilsiedlung von ihr getrennt, war auf einem christlichen Gräberfeld im 4. Jahrhundert eine Märtyrerkirche errichtet worden, die als Wallfahrtskirche den Kern einer neuen Siedlung abgab und dafür sorgte, daß diese später, im hohen Mittelalter, die Bonnburg überflügelte. Jahrhundertelang bestanden beide Plätze nebeneinander, ehe die letzten Einwohner aus der Burg zur Kirche St. Castor abgewandert waren. Dagegen sind die Siedlungen, die in den kleinen, nur 6 ha umfassenden Kastellen Andernach, Koblenz und Boppard entstanden waren, ohne Abbruch bewohnt geblieben und Stätten schließlicher Verschmelzung von Romanen und Franken geworden. Die römische Provinzhauptstadt Mainz hatte sich unterhalb des hochgelegenen Legionslagers in der 1000 m breiten Rheinebene erstreckt; der am Ende des 3. Jahrhunderts geschaffene Mauergürtel umfaßte eine Fläche von 100 ha. In ihm waren um die Mitte des 5. Jahrhunderts die meisten Häuser wüst geworden; das Straßennetz des römischen Mainz ist fast völlig verschwunden. Reste der Bevölkerung haben die Zerstörung vor allem außerhalb der Mauern in offenen Ansiedlungen bei den Grabkirchen überlebt. Aber seit dem 6. Jahrhundert begann sich die Stadt unter Führung ihrer Bischöfe wieder zu erholen. Bischof Sidonius, dem Namen nach ein Mann gallorömischer Herkunft, errichtete um 566/67 am Rhein wieder Uferbefestigungen; der vielleicht in der Gegend des späteren Fischtores gelegene Schiffslandeplatz erzeugte nun den Kern einer neuen, vor den Römermauern gelegenen Siedlung, die um die Wende des 7. Jahrhunderts eine eigene Pfarrkirche St. Quintin erhielt. Hier wohnten Leute, die nicht von der Landwirtschaft, sondern von Schiffahrt, Handel, Fischerei und bescheidenen Gewerben lebten und dafür sorgten, daß sich hier die wichtigste mittelrheinische Münzwerkstatt des 7. Jahrhunderts entwickelte. Der zugehörige Markt wird ebenfalls am Rheinufer zu suchen sein. Im Süden schloß sich der vielleicht besonders befestigte Bezirk des Bischofs mit Kathedrale, Bischofshof, Wirtschaftsgebäuden und Wohnungen der Bischofsleute an die junge Rheinuferstadt an.

In der Gunst der merowingischen Könige aber war die Stadt von der im 5. Jahrhundert weniger stark zerstörten Nachbarin Worms überflügelt worden, die schon von 413 bis 451 den Königen der Burgunder als Residenz gedient hatte. Die fränkischen Könige errichteten hier um 600 an der Stelle des einstigen Forums eine Königspfalz und die erste Kathedrale; bis dahin hatte die römische Marktbasilika als Bischofskirche gedient. Eine Ausnahme unter den römischen Städten Galliens hatte seit dem 4. Jahrhundert Trier gebildet, da es bis 396 hundert Jahre lang die Residenz der weströmischen Kaiser und ihres höchsten Verwaltungsbeamten gewesen war, eine Weltstadt, deren Mauern die ungewöhnlich große Fläche von 285 ha umschlossen und 60 000 bis 70 000 Einwohnern Schutz gewährt hatten. Aber das Stadtvolk hatte sich zerstreut, seit die hohen Beamten und viele reiche Grundbesitzer ins innere und südliche Gallien geflohen waren und die jeweiligen Eroberer der mehrfach den Herrn wechselnden Stadt viele Menschen als Knechte auf ihre Güter verschleppt hatten. Der Priester Salvian, wie erwähnt, wohl ein Kind der Stadt, erzählte in der Mitte des 5. Jahrhunderts, daß es hier jetzt keine Schauspiele mehr gab, weil vier aufeinander gefolgte Plünderungen den alten Landesmittelpunkt als Stadt vernichtet hatten. So sind schließlich wohl auch ärmere christliche Bevölkerungsteile mit Bischof Jamblichus (um 479) nach Chalon-sur-Saône und ins Innere Galliens abgewandert. Freilich blieben doch viele galloromanische Gruppen und sogar senatorische Familien in Trier zurück, und wenn sie sich auch der ländlichen Lebensweise der Franken anpassen mußten, so trat doch kein Bruch in der kulturellen Entwicklung, sondern eine allmähliche Anpassung und Verschmelzung der Volksgruppen ein. Nachdem mit Magnerich nach 561 zum ersten Mal ein Franke zum Bischof emporgestiegen war, konnte zu Beginn des 7. Jahrhunderts noch einmal ein Romane Numerianus dieses Amt bekleiden, so daß auf dem für die Neuordnung der Verhältnisse besonders wichtigen Bischofsstuhl die Zusammenarbeit der alten mit der neuen Herrenschicht sichtbar wird. Die Trierer Restbevölkerung siedelte auf und vor dem weithin wüst gefallenen oder landwirtschaftlich genutzten Areal der alten Stadt bei der bischöflichen Residenz rund um die Domkirche, die aus einer gewaltigen antiken Doppelbasilika hervorgegangen war, in der Umgebung der Palastaula (heute Basilika), die zur Königspfalz geworden war, bei den Kaiserthermen, in deren Hallen der Graf seine Burg eingerichtet hatte, am Moselufer bei der erhalten gebliebenen Römerbrücke und punktförmig an mehreren anderen Stellen, so daß sich innerhalb der alten Mauern ein ländliches Siedlungsbild ergab. In den mächtigen Speicheranlagen (horrea) nahe dem Moselufer entstand eine zweite Königspfalz, bevor in der zweiten Hälfte des 7. Jahrhunderts eine Gemeinschaft vornehmer frommer Frauen darin das Kloster St. Irminen-Ören einrichtete. Das römische Straßennetz verging vollständig; die Straßen der mittelalterlichen Stadt entstanden ganz neu aus den Wegen, die die jungen ländlichen Einzelsiedlungen miteinander verbanden.

Wenn die fränkische Landnahme in ihren Anfängen im 3. und 4. Jahrhundert an Schelde, Maas und Niederrhein das römische Städtewesen weitgehend zerstörte, später aber an Rhein und Mosel den alten Städten eine sehr bedeutende Chance, fortzudauern und auszustrahlen, gewährte, so haben die Germanen, die im 5. Jahrhundert die Länder am Oberrhein und südlich der Donau besetzten und dort die Stämme der Alemannen und Bayern bildeten, der spätrömischen Stadtkultur eine solche Möglichkeit der Einwirkung nicht gestattet. Es waren auch an Städten ziemlich arme Landschaften, in die sie einzogen, denn wegen der Alpenbarriere waren sie im Verkehrssystem des römischen Reiches sehr ungünstig gelegen; schon das Elsaß lag abseits der Hauptverkehrswege von der Rhône zur Mosel und zum Niederrhein, es ist daher erst spät vom Christentum erreicht worden und arm an altchristlichen Denkmälern. In Straßburg, wo, wie auch sonst im Elsaß, der Hunneneinfall von 451 die alemannische Landnahme beendete, hat sich zwar der Mauerzug des 18 ha großen römischen Legionslagers im Stadtgrundriß des Mittelalters vollständig erhalten, aber nachdem die Stadt schon von 352 bis 357 einmal aufgegeben und verlassen worden war, haben die Zerstörungen des 5. Jahrhunderts in der mit Flüchtlingen wieder bis auf mehrere tausend Einwohner aufgefüllten Stadt zu erneutem und nun sehr weitgehendem Abbruch der Besiedlung geführt. Nachdem Straßburg im Jahre 496 unter fränkische Herrschaft gefallen war, konnte Bischof Arbogast im früheren Zentrum, an der Kreuzung der Hauptstraßen des wüstgefallenen römischen Lagers, die erste Kathedrale des Bistums errichten. Nur in einzelnen Ecken des Areals gab es noch ärmliche Wohnplätze zurückgebliebener galloromischer Bewohner. Aus dem 7. Jahrhundert fehlt es an allen Nachrichten über Straßburg.

Weiter südlich am Rheinknie verfiel allmählich das Castrum Rauracense, das selbst nur der ärmliche Nachfolger der glänzenden Stadt Augusta Raurica gewesen war; die Restbevölkerung siedelte um auf die geschützte Halbinsel zwischen dem Rhein und dem Bache Birsig, wo das zum Jahre 374 erstmals erwähnte Dorf Basel lag, ein Fährort, der die Rheinbrücke bei dem Kastell ersetzen mußte, weil hier die Fährgelegenheit wegen der Höhe des gegenüberliegenden feindlichen Ufers sehr ungünstig war. Die Ablösung der alten durch die neue, bis um 600 rein gallorömische Siedlung zog sich über Jahrhunderte hin. Um 615 nannte sich Ragnachar bereits Bischof von Augusta (Kaiseraugst) und Basel, aber da bis ins 8. Jahrhundert hinein das Gräberfeld von Augst das größere blieb und reicher war an Grabbeigaben, die auf Fernbeziehungen hinweisen, so wird wohl erst in karolingischer Zeit der Bischofssitz endgültig nach Basel verlegt worden sein.

Oberhalb von Basel, südlich des Bodensees und in der Provinz Raetien zwischen Lech und Inn, gab es außer zahlreichen Kastellen überhaupt nur eine einzige Stadt, die Provinzhauptstadt Augsburg, gelegen auf der Nordspitze der zwischen Lech und Wertach aus der Ebene aufragenden Hochterrasse, wo der spätrömische Mauerring ein Areal von 65 ha eingehegt hatte. Es ist nicht sicher, ob es hier im 4. Jahrhundert einen Bischofssitz gab und ob die Siedlung das Ende der römischen Provinzialverwaltung überdauert hat; wenn die Bischofskirche bereits damals an der Stelle des heutigen Domes gestanden hat, so lag sie in einem Randbereich der antiken Stadt binnen den Mauern, dessen Besiedlung im frühen 6. Jahrhundert abbrach und hundert Jahre später ganz neu wieder einsetzte. Eine romanische Restbevölkerung hielt sich nur weit südlich vor Augsburg bei der Grabkirche der Märtyrerin Afra, deren Andenken eine christliche Gemeinde, die zu 565 bezeugt ist, aufrechterhielt. Seit dem 7. Jahrhundert zog sie auch germanische Bestattungen an sich. Ein Königshof bestand nicht, und eine Neu- oder Wiederbegründung des Bistums im späten 6. oder beginnenden 7. Jahrhundert ist lediglich möglich, aber nicht beweisbar. Erst mit Bischof Wicterp (etwa 738 bis vor 772) setzen zuverlässige Nachrichten über das Bistum ein. Besser scheint es dem römischen Kastell Regino (Regensburg) ergangen zu sein, dessen gewaltige, aus Quadersteinen errichtete Mauern und Tortürme noch am Ende des 8. Jahrhunderts als wohlerhalten beschrieben wurden; das römische, 20 ha große Lager scheint daher nach dem Abzug der Besatzung zu Beginn des 5. Jahrhunderts unbeschädigt in den Besitz germanischer Föderaten (vielleicht vandalischer Herkunft), von diesen seit der Mitte des Jahrhunderts in den der Thüringer und von ihnen wiederum zwischen 530 und 534 in den der Bajuwaren übergegangen zu sein. Da das römische Straßennetz vollständig vergangen ist, mag das Innere des Kastells eine Zeitlang unbewohnt gewesen oder nur von wilden Siedlern gallorömischer Herkunft genutzt worden sein; immerhin weisen Scherbenfunde in der Nordostecke, vor allem aber die fortdauernd benutzten Friedhöfe vor dem Kastell, wo seit dem frühen 6. Jahrhundert neben Romanen auch Bajuwaren bestattet worden sind, auf kontinuierliche Anwesenheit von Bewohnern und engen Kontakt der älteren Restbevölkerung mit den Neusiedlern hin. Wohl schon in der zweiten Hälfte des 6. Jahrhunderts errichtete der Herzog der Bajuwaren im nordöstlichen Teil des Kastells seine Residenz. Bischof Emmeram von Poitiers, der gegen Ende des 7. Jahrhunderts nach Regensburg kam und in der Kirche St. Georg vor der Südwestecke des Kastells bestattet worden ist, eröffnete die Reihe der Regensburger Bischöfe. Von den Kleinstädten Raetiens, die als Stationen für den Pferdewechsel (mansiones, vici) an Straßenkreuzungen und als Fährorte an Flußübergängen entstanden waren, ist Abodiacum (Epfach) südlich von Augsburg näher untersucht worden. Die Bewohner hatten dort ihre offene Siedlung schon am Ende des 3. Jahrhunderts um 500 m auf das Hochplateau innerhalb einer Schleife des Lech verlegt, das sie ummauerten und um 370/380 auch mit einer 16 mal 10 m großen Kirche ausstatteten. Zu Beginn des 5. Jahrhunderts aber räumte die militärische Besatzung das 2 ha große Kastell, und auch die Zivilbevölkerung zerstreute sich; erst hundert Jahre später kündet ein alemannisches Reihengräberfeld davon, daß die verlassene Stätte der ersten offenen Siedlung wieder bewohnt wurde. Wicterp, der erste sicher bezeugte Bischof von Augsburg, hielt sich hauptsächlich hier auf und ist auch hier begraben worden: ein schönes Beispiel dafür, wie nun die germanische ländliche Lebensweise die antike Urbanität abgelöst hatte. Ebenso ist der Fährort Pons Aeni, wo die Straße von Augsburg nach Salzburg die Isar kreuzte, am Ende des 3. Jahrhunderts vom Ufer des Flusses auf einen Vorsprung des Hochrandes über dem Tale verlegt und mit einer Abschnittsbefestigung gesichert worden, deren Reste heute als Römerschanze (bei Grünwald südlich von München) bekannt sind. Der nur 0,3 ha große Flecken, der einige Wohnhäuser aus Lehmfachwerk, Schmiede-, Wagner- und andere Werkstätten und ein Gasthaus enthielt, ist in einem Brande zu Beginn des 5. Jahrhunderts zugrunde gegangen und nicht wieder aufgebaut worden.

Östlich des Inns begann die römische Provinz Noricum, die sich bis an die Grenzen Pannoniens erstreckte und auch die Alpentäler der Mur, der Drau und der Save umfaßte. Außer einer dichten Kette von Kastellen entlang der Donau zählte sie zu Beginn des 5. Jahrhunderts drei Mittelpunktstädte an Inn und Donau und fünf in den Tälern der Ostalpen. Dem wohl um 465/467 im norischen Donaulande geborenen Mönch Eugippius, der nach 482 mit seiner Mönchsgemeinschaft nach Italien flüchtete und nach 492 im Castellum Lucullanum bei Neapel deren Abt geworden ist, verdanken wir einen Bericht über das Schicksal der römischen Städte in Noricum in der zweiten Hälfte des 5. Jahrhunderts. Führer der Romanen in dem von allen Seiten bedrängten Lande, das neben den Hunnen fast alle wandernden Stämme auf dem Zuge von Osten nach Italien und Gallien heimgesucht hatten, war damals der Mönch Severinus, dem sich Eugippius einst als Schüler angeschlossen hatte. Die Romanen waren hinter die Stadtmauern zurückgewichen und hatten das flache Land den germanischen Beutemachern überlassen, die Garnisonen in den Städten waren von Italien abgeschnitten und lösten sich auf, weil Nachschub und Besoldung ausblieben. Severin leitete zunächst die Räumung der

Kastelle Künzing und Passau jenseits des Inns, deren Bewohner er in Ufernoricum ansiedelte. Dann errichtete der Rugierkönig Fewa (475–487) eine Art Landfrieden und zwang die in die Städte geflüchteten Provinzialen, auf ihre Dörfer und Höfe zurückzukehren, weil er nicht über ein menschenleeres Land herrschen wollte. Severin vermittelte zwischen den neuen Herren und den romanischen Städten, die mit den Germanen paktieren mußten, um nicht zu verhungern. Nach dem Zusammenbruch des Rugierreiches leitete Severin den Abzug der Romanen nach Italien, da der Heermeister Odoaker das Donauland den Germanen preisgab und die Grenzverteidigung auf den Kamm der Tauern zurückverlegte. In dem nun von Herulern und seit 509 von Langobarden beherrschten Lande, in das nach deren Übergang nach Italien 568 Bajuwaren und Slaven eindrangen, hat sich eine keltoromanische Restbevölkerung nach Ausweis der Dorf- und Hofnamen auf dem Lande, besonders dicht in der Umgebung von Salzburg, erhalten; die Städte dagegen scheinen vollständig geräumt worden zu sein. Das zuletzt von Eugippius erwähnte Kastell Iuvavum (Salzburg) war im 6. und 7. Jahrhundert völlig menschenleer; nur auf dem Nonnberg, der südöstlichen Nase des Festungsberges, gab es eine Burg, die vielleicht schon im 4. Jahrhundert angelegt worden war und nun den Bajuwaren als Zufluchtsstätte diente. Erst aus Anlaß der Niederlassung des fränkischen Bischofs Hrodbert um 700 finden sich wieder Nachrichten über die Stätte, wo in der zweiten Hälfte des 8. Jahrhunderts unter teilweiser Wiederverwendung antiker Mauerzüge die erste Kathedralkirche erbaut worden ist. Wenn sich in den nur als Ruinen fortdauernden Mauern des schon in Pannonien gelegenen Kastells Vindobona (Wien) in der Nordostecke des 18,5 ha großen Areals eine Restsiedlung erhalten hat, so wird auch sie agrarischen Charakter getragen haben. Während sich der Verlauf der römischen Gräben und Mauern noch heute im Stadtplan abzeichnet, ist das Straßennetz im Innern weitgehend vergangen. Die von schutzsuchenden ländlichen Flüchtlingen angelegte winzige Restsiedlung bei der später errichteten Kirche St. Ruprecht bildet gleichwohl die Keimzelle des mittelalterlichen Wien. Die römischen Städte an der Mur und Save, die bis um 568 zu Italien gehörten, sind samt ihren Bistümern im 6. Jahrhundert in den Kämpfen der Byzantiner mit Ostgoten und Franken und danach von Avaren und Slaven vollständig zerstört worden.

Ebenso klar wie in den Donauländern tritt der Untergang des römischen Städtewesens in der Provinz Britannien hervor. Hier hatten die Römer so wie in Gallien einst die keltischen Stammesbezirke mit Mittelpunktstädten ausgestattet, deren Zahl sich zu Beginn des 5. Jahrhunderts auf 28 belief; dazu waren im Laufe der Zeit etwa 70 befestigte Kleinstädte oder Kastellorte gekommen. Nachdem der römische Heermeister Stilicho um 407 die römischen Truppen aus Britannien abgezogen hatte, vertrieben die Provinzialen im Jahre 409 auch die römischen Zivilbehörden, so daß Kaiser Honorius auf die Hoheit über die Provinz verzichtete und per Edikt 410 den Städten selbst für ihre Sicherzeit zu sorgen riet. Diese Vorgänge verstärkten die längst im Gang befindliche Entvölkerung der Städte und die Rekeltisierung des Landvolkes; die Angeln, Sachsen und Jüten, die seit der Mitte des 5. Jahrhunderts ins Land kamen, trafen nicht mehr auf die römische städtische, sondern auf eine spätantik gefärbte keltische Zivilisation mit Städten, die meist nur noch den Anblick größerer Dörfer mit einigen öffentlichen Gebäuden darboten. Wie viele Villen auf dem Lande, so sind auch die Städte und Kastellorte oft nicht von germanischen Horden mit Mord und Brand vernichtet, sondern von den keltischen Bewohnern friedlich verlassen worden, denn dies geschah auch in jenen Landschaften im Westen und Nordwesten, die von der angelsächsischen Landnahme erst spät im 6. oder gar im 7. Jahrhundert erreicht wurden. So etwa in Isca Silurum, der im 3. Jahrhundert in einem aufgelassenen Legionslager entstandenen Stadt auf der Walliser Seite der Severnmündung, und in Venta Silurum, der benachbarten ummauerten Mittelpunktstadt des Volksstammes der Silurer. Während der Name Venta in keltischer Form (Cair Guent, englisch: Caerwent) fortlebte, bezeichneten die Briten die Ruinen von Isca bloß mit dem Gattungsbegriff Legionsburg (Caerllion, englisch: Caerleon). Im Mittelalter haben die Erzähler hierher den Hof des sagenhaften Königs Artus verlegt, der zu Pfingsten die europäischen Herrscher um sich zu versammeln pflegte. Weiter nördlich, wo die römischen Heerstraßen die Irische See erreichten, hatte das römische Kastell am Fluß Dee (Castra Devana) gelegen, vor dessen Mauern sich das größte bisher in Britannien nachgewiesene Amphitheater mit Plätzen für 9000 Zuschauer erhoben hatte; auch hier gingen das römische Straßennetz und der Name unter, den Briten galten die Ruinen wiederum einfach als das Legionslager. Erst im 7. Jahrhundert, als die Könige von Mercia die Kelten an ihrer Nordostgrenze zu unterwerfen begannen, gewann der Platz wieder Bedeutung, er behielt aber seinen keltischen Namen (angelsächsisch Legaceaster, abgekürzt Ceaster, heute Chester). Die Straßen im Zentrum der mittelalterlichen Stadt zeichnen sich heute durch die berühmten Arkadenreihen aus, die vor dem Obergeschoß der Häuser durchgehende Passagen für Fußgänger öffnen; es ist eine Bauweise, die sich vielleicht aus der Existenz römischer Ruinen erklärt, die die Anlage von Fußwegen auf Straßenebene behinderten. Sie wird indes jung sein, denn noch 893 lag das Kastell wüst, und die erste, wahrscheinlich 689 gegründete und Johannes dem Täufer geweihte Kirche lag außerhalb der römischen Mauer.

Einen keltischen Burgnamen erhielt auch das Kastell Luguvalium (Caer Luel, englisch Carlisle), das den Westflügel des Hadrianswalles gestützt hatte und dessen Ruinen der Bischof Cuthbert von Hexham im Jahre 685/86 besuchte; der Ort gehörte zu dem britischen Königtum Cumbria, das bis ins hohe Mittelalter von den Angelsachsen unabhängig blieb. Aber auch im

Hauptteil der Provinz Britannien, wo sich seit der Mitte des 5. Jahrhunderts die neuen Herren ansiedelten, gab es in dem offenbar nur noch dünn besiedelten Lande kaum Konflikte mit den romanisierten Kelten. Diese verließen die Städte und zogen in die neuen ländlichen Siedlungen der Angelsachsen um, und soweit Restsiedlungen innerhalb der Mauern verblieben, ist es alsbald umgekehrt zum Zuzug von Angelsachsen und wiederum zur Verschmelzung der Bevölkerungsgruppen in gemeinsamen ländlichen Lebensweisen gekommen. Mit den Städten gingen die Bistümer zugrunde; die Kirchenorganisation ist im 7. Jahrhundert ganz neu aufgebaut worden, wenn auch viele romanobritische Kirchen damals als Bauwerke noch erkennbar gewesen sein mögen, da die Einwanderer sie ja ebenso wenig wie die Stadtmauern gewaltsam zerstört hatten. Indes eine Erneuerung städtischen Lebens blieb auch im 7. Jahrhundert aus, zumal die das Volk dezimierende Pest die Angelsachsen seit der Mitte des 6. Jahrhunderts ebenso heimsuchte wie den Kontinent. Die römische Bautechnik war so vollkommen ausgestorben, daß die Missionare des 7. Jahrhunderts nicht nur Bauhandwerker aus Gallien herbeiholten, sondern auch das Ziegelbrennen im Lande neu heimisch machen mußten.

Obwohl London niemals zur Mittelpunktstadt mit eigenem Territorium (civitas) emporgestiegen war, hatte sich in dem verkehrsgünstig gelegenen Kastell bereits am Ende des 2. Jahrhunderts die römische Provinzialverwaltung niedergelassen, und schon vor 314 hatte es hier einen Bischofssitz gegeben. Obwohl die römische Mauer mitsamt den Toren erhalten blieb und später den Grundriß der mittelalterlichen Stadt bestimmte, war das von ihr umschlossene, etwa 100 ha große Areal im 6. Jahrhundert von Siedlern völlig verlassen, und mit den Bewohnern ist das römische Straßennetz völlig verschwunden. Kein sächsischer König nahm hier seine Residenz; die Stadt gehörte zwar zum Königreich Essex, lag aber in dessen äußerstem Südwesten an der Grenze zu Mercia, Wessex und Kent, deren Herrscher hier später selbst Güter besaßen, so daß London den Charakter eines überregionalen Zentrums ohne eigenes Territorium beibehielt. Denn die Gunst der Verkehrsverbindungen wird im Londoner Raume rasch eine neue angelsächsische Siedlung ins Leben gerufen haben, die vielleicht in 900 m Entfernung vor dem westlichen Stadttor in Aldwych gelegen hat. Im späten 6. und im 7. Jahrhundert ist die überregionale, ja zentrale Bedeutung Londons als Handelsplatz bereits wieder deutlich erkennbar. Im Jahre 604 ließ der König von Kent auf dem höchsten Punkt des Geländes innerhalb der römischen Mauern die neue Bischofskirche St. Paul errichten; die Bistumsgründung freilich scheiterte zunächst, weil sich der Landesmittelpunkt in Canterbury, der Hauptstadt von Kent, als stärker erwies. Auch in Canterbury, der römischen Stadt Durovernum, wo es ein für 7000 Zuschauer ausreichendes Theater gegeben hatte, ist das alte Wegenetz innerhalb der Mauern völlig vergangen, obwohl es immer einige romanobritische Restsiedler gab und zu ihnen im

6. Jahrhundert sächsisch-jütische Ansiedler hinzukamen, insbesondere als König Aethelbert von Kent die Stadt am Ende dieses Jahrhunderts zur Metropolis seines auch die Nachbarreiche übergreifenden Oberkönigtums erhob. Hier wies er dem im Jahre 597 aus Rom eingetroffenen Missionar Augustin den Bischofssitz an, indem er eine aus der Römerzeit stammende Kirche erneuerte und zur Kathedrale erhob; hier entstanden die erste englische Münzstätte und 604 das erste englische Erzbistum, dem Rochester, London und schließlich York als Suffragane zugewiesen wurden. Wenn diese Diözesanordnung auch nicht von Dauer war und nach 668 neu begründet werden mußte, so begann doch damit der Aufstieg Canterburys und seiner Domschule zum bedeutendsten geistigen Zentrum Nordeuropas.

Gänzlich wüst lagen dagegen die Kastelle, die die Römer einst an der Ostküste zur Abwehr der sächsischen Seeräuber errichtet hatten. 5 km westlich von Great Yarmouth erheben sich noch heute die Mauern von Gariannonum, das den Hafen am Zusammenfluß von Yare und Breydon beherrschte, und 30 km nördlich der Themsemündung, vor dem heutigen Dorf Bradwell-on-Sea, erbaute im Jahre 654 der Bischof Cedd von Essex auf den Wällen des Kastells Othona, die ihm dafür als Steinbruch dienten, ein Kirchlein, das heute St Peter-on-the-Wall heißt. Im westsächsischen Königreich verschwanden die Städte Noviomagus Reginorum, wovon die Mauern (mit einer Innenfläche von 60 ha) noch heute zum Teil erhalten sind, während der Nachfolger die mittelalterliche Stadt Chichester, im 8. oder 9. Jahrhundert einen ganz neuen Anfang nahm, und Calleva Atrebatum (Silchester), dessen Fläche nie wieder bebaut worden ist, so daß moderne Ausgräber innerhalb der teilweise noch bis über 4 m Höhe erhaltenen Mauern die Fundamente des Forums mit seinen Tempeln, der Thermen und des Amphitheaters sowie der steinernen Stadtresidenzen (domus) und der einfachen, in Holz und Fachwerk ausgeführten Wohnhäuser (insulae), dazu einer vielleicht ins 4. Jahrhundert gehörigen Kirche freilegen konnten. Weiter nördlich an der Themse lag das Kastell Dorchester, dessen römischer Name nicht bekannt ist; hier ist mit romanisch-sächsischer Siedlungskontinuität und kulturellen Kontakten zu rechnen, zumal die Könige von Wessex und von Northumberland im Jahre 635 den Platz als Stadt bezeichneten und hier dem (vom Bischof von Mailand in Genua geweihten) Missionar Birinus, dem ersten Bischof von Wessex, seinen Sitz anwiesen. Wohl wegen der Grenzlage und der Dürftigkeit der Siedlung verlegte man das Bistum indes eine Generation später ins Herz von Wessex nach Winchester. Auch das bald darauf, im Jahre 675, in Dorchester begründete Bistum für Mercia ist nicht älter als ein Jahrzehnt geworden; als zentraler Bischofssitz für Mercia setzte sich vielmehr die keltisch-sächsische Siedlung Lichfield durch.

Wenn sich Winchester im 7. Jahrhundert zum Bischofssitz eignete, so lag das nicht daran, daß hier die römische Stadt Venta Belgarum als Siedlung fortbestanden hätte. Der Mangel an archäologischen Funden und der Abgang des römischen rechtwinkligen Straßennetzes beweisen, daß das ummauerte Areal von etwa 60 ha Größe im 5. bis 7. Jahrhundert zum größten Teil unbesiedelt gewesen sein muß. Es ist aber möglich, daß die westlich der heutigen Kathedrale gelegene und für das 11. Jahrhundert bezeugte Königspfalz schon im 5. Jahrhundert begründet worden ist, da sich die angelsächsische ländliche Siedlung in der Umgebung, die die römischen Villen ablöste und die keltische Restbevölkerung aufsog, offenbar nach diesem Königshof ausgerichtet hat, ja vielleicht ist der Königshof sogar zunächst in einem öffentlichen Gebäude des römischen Forums untergebracht worden: Wir hätten es hier dann bei unmittelbarer topographischer Kontinuität mit einem gründlichen, mit der römischen Tradition vollkommen brechenden Funktionswandel der Restsiedlung zu einem herrschaftlichen Machtzentrum zu tun, und dieses Zentrum, bei dem König Cenwalh von Wessex im Jahre 648 eine Kirche mit Konventsgebäuden errichten ließ, war es, das später im 7. Jahrhundert den Bischofssitz für Wessex an sich zog. Kirchenbezirk und Palastbezirk, die wir uns jeden für sich wehrhaft eingezäunt vorstellen müssen, bildeten zwei ländlich-herrschaftliche Siedlungselemente, zu denen wohl erst im 8. Jahrhundert weitere grundherrliche Anwesen hinzugekommen sind. Der größte Teil des Geländes innerhalb der Römermauern lag noch im 7. Jahrhundert unbebaut und wohl als Feld und Wiese genutzt da. In der zweiten Hälfte des 7. Jahrhunderts konnte daher innerhalb der Mauern noch ein Friedhof entstehen, der zu einer außerhalb gelegenen, unbekannten Siedlung gehört haben muß. Ihr gegenüber hatte trotz der unmittelbaren Nähe die neugegründete Bischofskirche offenbar ihr Bestattungsmonopol noch nicht durchsetzen können, so daß sicher anzunehmen ist, daß es keinerlei Gemeindekontinuität gegeben hat.

Im Westen grenzten die Königreiche Wessex und Mercia an die Länder der freien Bretonen in Cornwallis und Wales. Exeter, die römische Mittelpunktstadt für den Stamm der Dumnonier (Isca Dumnoniorum) und Ausgangspunkt der nach Nordosten bis Lincoln führenden Via Fossa, wurde schon im 5. Jahrhundert von den Bewohnern verlassen. Damals entstand an der Stelle des Forums ein christlicher Friedhof, der bis ins 12. Jahrhundert benutzt worden ist; von der römischen Stadt blieb nur der Mauerring erhalten. Dort, wo der Fosse Way den Avon überschritt, hatte der römische Badeort Aquae Sulis gelegen, dessen Zentrum vor oder zu Beginn des 4. Jahrhunderts mit einer fast ringförmigen Mauer umzogen worden war, um das Badehaus über der heißen Quelle und den Tempel der Quellgöttin nebst Umgebung, eine bescheidene Fläche von 6 ha, zu beschützen. Da bald nach dem Abzug der römischen Verwaltung die von deren Ingenieuren erbaute und unterhaltene Ableitung der Quellwasser aus dem Badehause verstopfte, überflutete die Quelle das Zentrum des Kastells bis zu 2 oder

3 m Höhe. Erst nachdem die Niederung versumpft und verlandet war, konnte das Kastell "Bathanceaster", das die Westsachsen im Jahre 577 den Briten entrissen, wieder besiedelt werden. Nicht mehr die Ruinen des Bades und des Tempels, die in den Boden versunken waren, wohl aber die Stadtmauern haben noch den Grundriß der mittelalterlichen Stadt bestimmt; deren Geschichte beginnt mit der Einrichtung eines Nonnenklosters, das ein benachbarter König im Jahre 675/676 stiftete. Im gleichen Jahre 577 besetzten die Westsachsen das verlassene Kastell Glevum (Gleawceaster, Gloucester), das eine wichtige Furt im Severn beherrschte; hier hat das im Jahre 681 gegründete Kloster die römische Umwallung im Nordwesten zerstört, aber das Kreuz der römischen, die vier Tore verbindenden Hauptstraßen bildet noch heute den Mittelpunkt der Stadt. Wo die von London zur Irischen See führende Fernstraße (Watling Street) auf den Severn traf, hatten die Römer in einem aufgelassenen Legionslager die Mittelpunktstadt der Cornovier errichtet und mit Curia, Forum und Thermen ausgestattet. Als man sie am Ende des 4. Jahrhunderts ummauern mußte, wurde die Basilika abgebrochen, vermutlich weil man ihre Steine für die Mauern und Tore verwenden wollte. Die Siedlung bestand noch im 5. Jahrhundert; aus dessen zweiter Hälfte stammt der Grabstein eines vornehmen Iren, den man sich als Anführer einer irischen Kriegerschar vorstellen kann, wie sie die Bürger wohl jetzt in Sold genommen hatten, um landsuchende Streifscharen abzuwehren. Als man dann den Ringwall, der 26 ha Fläche umfaßte, nicht mehr verteidigen konnte, verließen die letzten Bewohner das Kastell; Viroconium (Wroxeter) gehört zu den wenigen großen römischen Städten Englands, die für immer wüst geworden sind.

Zu diesen Städten zählt ferner, außer Caistor by Norwich, dessen Mauerring noch besteht, die Stadt Verulamium nördlich von London, deren ummauerten und wegen der Lage am Flusse reichlich mit Wasser versorgten Bezirk die Restbevölkerung im 5. Jahrhundert verließ, um sich auf einem 750 m entfernten, zur Besiedlung wenig geeigneten Hügel niederzulassen, wo man den heiligen Alban, einen der wenigen Märtyrer der Provinz Britannien, gemartert und begraben glaubte. Schon im Jahre 428/29 kamen aus Gallien die Bischöfe Germanus von Auxerre und Lupus von Troyes hierher, um sein Grab zu besuchen. Der Kult des Heiligen war ausnahmsweise kräftig genug, um die angelsächsische Landnahme zu überdauern; es ist einer der wenigen Fälle, wo in England mit dem städtischen nicht auch das christliche Leben völlig erloschen ist. Von der Römerstadt Duroliponte, die am linken Ufer des Cam an der Stelle gelegen hatte, wo der Fluß schiffbar wurde, berichtet uns der Geschichtsschreiber Beda, die Äbtissin des 10 km flußabwärts gelegenen Klosters Ely habe im Jahre 695, um einen Sarkophag für die Gebeine der Gründerin ihres Hauses zu gewinnen, einige Brüder in die wüst gewordene Römerstadt entsandt, die dort bald einen aus weißem

Marmor kunstvoll gefertigten Steinsarg samt Deckstein gefunden und nach Ely geschafft hätten. Die einwandernden Angeln ließen sich nicht in den Ruinen, die ihnen bestenfalls als Steinbruch nützlich waren, nieder, sondern auf einer Kiesterrasse am anderen Ufer. Seit dem 8. oder 9. Jahrhundert, nachdem sie eine Brücke über den Cam geschlagen hatten, erhielt dieses Dorf den Namen Cambridge.

Im Zentrum der Landschaft zwischen Wash, Humber und Pennin-Gebirge hatte die römische Mittelpunktstadt Lindum gelegen, die auch den Zugang zum Tal des Flusses Trent beherrschte, wo die einwandernden Angeln das Königreich Mercia gründeten. In Lindum könnte es eine kontinuierlich zum mittelalterlichen Lincoln hinüberführende Siedlung gegeben haben, denn auf dem römischen Forum wurde eine aus dem 4. Jahrhundert stammende verfallene Kirche etwa 200 Jahre später wiederaufgebaut und ihr Friedhof beständig weiterbenutzt; außerdem nennt Beda etwa zum Jahre 628 einen Präfekten der Stadt, über dessen Funktion indes nichts bekannt ist. Auch im römischen Eboracum, wo einst zwei Kaiser gestorben und im Jahre 306 der große Constantin zum Kaiser ausgerufen worden war, ist Siedlungskontinuität zum angelsächsischen York hinüber möglich. Hier hatte es schon in römischer Zeit einen Bischof gegeben, dessen Stuhl im 7. Jahrhundert, als York zu einer der Residenzen des northumbrischen Königtums geworden war, von den Missionaren Paulinus (625–633) aus Kent und Ceadda (seit 664) wiederhergestellt wurde. Ein weiterer Pfalzort war zu dieser Zeit aus der kleinen romanobritischen Stadt Caturactonium nördlich von York hervorgegangen, wo sich die römischen Straßen nach Luguvalium (Carlisle) und Corstopitum am nördlichen Limes teilten. Das kleine Kastell Corstopitum (Corchester) lag auf einer Anhöhe 20 m hoch über dem Tyne und der 138 m langen Straßenbrücke, deren Pfeilerfundamente bei Niedrigwasser in dem Fluß noch heute zu sehen sind. Hier war im 4. Jahrhundert eine kleine Einheit von Heereshandwerkern stationiert gewesen, bei der sich auch Handwerker und Kaufleute niedergelassen hatten, um mit den Grenztruppen und den Barbaren Handel zu treiben. Das 1,5 ha große Zentrum des Städtchens war im 4. Jahrhundert ummauert worden, aber seit der Zeit nach 410 blieb der Platz für immer unbewohnt, weil im Mittelalter der Verkehr nach Osten auf die Küstenstraße abwanderte, um den Tyne bei Newcastle zu überqueren. Vielleicht ist die romanobritische Restbevölkerung nach Westen abgezogen, wo noch im 7. Jahrhundert in Cumberland ein keltischer König regierte.

Wenn man von Chester oder Carlisle aus über die Irische See fuhr oder das Land der Pikten und Scoten im Norden aufsuchte, oder wenn man auf dem Kontinent den Rhein und die Donau überschritt, dann betrat man die grenzenlosen Weiten der Urwälder, Moore und Steppen eines städtelosen Europa, das sich bis nach Skandinavien und bis zu den Quellen der Wolga, der Oka und des Donez erstreckte. Den Germanen war die Beengtheit städtischen Lebens dermaßen fremd, daß sie die Mauern der römischen Städte und Kastelle, deren Territorien sie besiedelten, „mieden, als ob es mit Netzen umstellte Leichenbrandstätten“ gewesen wären, wie der Grieche Ammianus Marcellinus um 380 von den Alemannen gesagt hat. Die Germanen hatten ebensowenig wie Kelten und Slaven in ihrer Sprache ein Wort für diese ihnen unbekannte Siedlungsform und mußten daher einen in der Sache verwandten Begriff darauf übertragen. Dafür wählten sie das Wort Burg, das bei ihnen den mit wehrhaftem Zaun umgebenen Einzelhof bezeichnete; man sieht daran, daß der Gesichtspunkt, unter dem die griechischen und römischen Städte mit ihren Burgen vergleichbar waren, die Wehrhaftigkeit der befestigten, von den Romanen verteidigten Siedlungen war und daß der Begriff der Burg insofern erweitert werden konnte, als man von dem Unterschied absah, der zwischen dem mit Holz und Erde umwallten Gehöft auf der einen Seite und der ummauerten, viele Hektar an Fläche umfassenden römischen Stadt auf der anderen Seite mit ihren hunderten von Häusern, mit zentralen Plätzen und repräsentativen Großbauten bestand, um nur zu nennen, was das Auge an Unterschieden wahrnehmen konnte. Hinzu kamen die Merkmale der Gesellschaftsordnung und Verfassung, die nicht mit dem leiblichen Auge, sondern nur im Geiste mit einem Verstehen und Wissen zu erfassen waren, das den ungebildeten Germanen völlig abging. Eines der frühesten Zeugnisse dafür, daß sie die römischen Städte mit ihren „Burgen“ verglichen, ist der schon von Gregor von Tours im 6. Jahrhundert überlieferte Name Strateburgum, „Burg an der Königsstraße“ (Straßburg), für die römische Stadt Argentorate. Die Jüten, Sachsen und Angeln, die in Britannien nur noch auf fast verlassene, von niemandem mehr verteidigte Römerstädte stießen und daher den auf die Wehrhaftigkeit gegründeten Vergleich mit ihren befestigten Höfen nicht herstellen konnten, übernahmen ein lateinisches Fremdwort: Sie nannten alle umwallten römischen Plätze, gleich ob es Mittelpunktstädte, Kastelle oder Truppenlager waren, Ceaster. Genauso verfuhren die von Westen herandrängenden Briten, die aus dem lateinischen Castrum keltisch Caer, Cair bildeten. Das Wort burh oder später borough benutzten die Angelsachsen weiterhin nur für den wehrhaften, statt der steinernen Mauern des Ceaster mit Holz-Erde-Befestigung geschützten Einzelhof; sowohl Dörfer wie einstige römische Siedlungen konnten nun Namen auf -burg erhalten, nicht weil sie als Ganzes befestigt gewesen wären, sondern weil sich in ihnen ein befestigter Herrenhof befand. In Winchester bestanden sogar, wie wir gesehen haben, zwei solche Herrenhöfe im dortigen Kastell, ein königlicher und ein bischöflicher. So wie zu ihnen Felder und Fluren außerhalb des römischen Mauerrings gehörten, hatten andere, außerhalb desselben gelegene binnen den Mauern einen Friedhof und gewiß auch andere Grundstücke: Die

Römermauern bedeuteten gar nichts mehr, sie waren bloß noch natürliche, tatsächliche Gegebenheiten, und wenn später angelsächsische Siedlungen Namen auf -chester erhielten, so knüpfte dieser Name einfach an die natürliche Beschaffenheit des Ortes an, so wie es Namen auf -bridge, -ford oder -field auch taten.

Ein weiterer Umstand kam hinzu, um den Germanen den sprachlichen Vergleich ihrer Burgen mit den Städten und Kastellen des römischen Reiches nahezulegen, nämlich daß auch ihre befestigten Höfe, sofern es Herrenhöfe waren, die Funktionen eines zentralen Ortes in ihrem Umkreise ausüben konnten, so wie es die römischen Städte in ihren Territorien, die Kastelle in ihren Fluren oder Gauen auch taten. Noch deutlicher tritt dieser Gesichtspunkt hervor, wenn wir wegen der etymologischen Verwandtschaft der Worte Berg und Burg annehmen, daß die Germanen auch die zum Zwecke leichterer Verteidigung auf Anhöhen angelegten Ringwälle, deren Namen wir nicht kennen, deren Überreste wir aber vielfach noch im Gelände antreffen, als Burgen bezeichnet haben. Denn da bereits die römischen Schriftsteller andeuten, daß die Germanen solche Burgen sowohl als Stammesvororte oder Sitze führender Geschlechter ständig besiedelten wie auch in Notzeiten als Zufluchtsorte vorübergehend bewohnten, muß diesen Burgen eine der städtischen bereits nahekommende oder sie doch wenigstens vorbereitende Zentralität, eine Funktion als Mittelpunkt größerer Verbände und Landschaften zugekommen sein. Im Raum zwischen Rhein, Donau, Saale und dem Nordrande der Mittelgebirge ist die Existenz solcher germanischen Burganlagen für das 5. Jahrhundert in zwölf Fällen archäologisch gesichert, in acht Fällen wahrscheinlich zu machen und in drei weiteren Fällen zu vermuten; über das 5. Jahrhundert hinaus freilich hatte keine dieser Burgen Bestand. Erst in spätmerowingischer Zeit, in der zweiten Hälfte des 7. Jahrhunderts, läßt sich eine Wiederaufnahme des Burgenbaus beobachten, der zweifellos auf das Bestreben der nun von den karolingischen Hausmeiern geführten Franken zurückgeht, ihre Herrschaft in diesem Gebiet zu sichern, und der seine städtebildende Kraft bald darauf in der karolingischen Zeit voll entfalten sollte. Bereits wenn Ammianus Marcellinus berichtet, die Alemannen hätten sich bei Gefahr auf schwer zugängliche Bergeshöhen zurückgezogen, sieht man, daß den Germanen diese Höhen zu demselben Zwecke dienten wie der römischen Provinzialbevölkerung die ummauerten Städte und Kastelle, in die man sich flüchtete, wenn germanische Heerscharen das Land durchzogen. Als die Franken nach ihrem Sieg über die Alemannen von 496/97 den Main aufwärts vordrangen, sicherten sie die wichtige Furt, der sie wohl damals ihren Namen gaben, bloß mit einem Königshof, den sie in den Ruinen einer römischen Villa einrichteten und dem sie das umgebende Land als Königsgut beilegten. Aber dann lernten sie in Gallien, ebenso wie im 7. Jahrhundert die Langobarden in Italien, sehr bald den Wert der römischen „Burgen" für die Beherrschung des unterworfenen Landes zu erkennen; wir haben erzählt, wie im Jahre 584 König Chilperich I. von Cambrai aus seinen Anhängern befahl, die Mauern der Städte instand zu setzen und sich hinter ihnen zu verteidigen. Wahrscheinlich haben seine Nachfolger um die Wende des 6. zum 7. Jahrhundert, um ihre Herrschaft über das Maingebiet zu sichern, dort einen Herzog eingesetzt und ihm auf dem Würzberge in der Würzburg einen befestigten Sitz angewiesen; als Herzog Heden 704 in diesem „Kastell" urkundete, womit uns die Residenz zum ersten Male bekannt wird, da stellte dieser in der Burg ausgeübte Regierungsakt schwerlich etwas Besonderes dar. Die Burg hat später eine auf der anderen Seite des Mains gelegene Stadt ins Leben gerufen, die ihren Namen übernahm; daher erhielten sie und der Berg schließlich einen neuen Namen nach der wahrscheinlich schon von Herzog Heden in dem Kastell errichteten, der Jungfrau Maria geweihten Kirche (Marienberg). Ähnliche Kastelle verwaltete Herzog Heden in Hammelburg an der Fränkischen Saale und auf dem Mühlberg bei Arnstadt in Thüringen. Wie archäologisch nachweisbar ist, entstanden am Ende des 7. Jahrhunderts als Höhenburgen neu die Amöneburg 12 km östlich und die Burg auf dem Christenberge 20 km nördlich von Marburg sowie die Burg auf dem Büraberge bei Fritzlar, die die fränkische Herrschaft im nördlichen Hessen gegenüber der Ausbreitung der Sachsen sicherten. Die Büraburg beschützte die Großsiedlung in Geismar, die als Standort einer dem Donar heiligen Eiche zweifellos ein überregionales Kult- und Verkehrszentrum darstellte. Da alle diese Burgen, deren Vermögen, städtische Siedlungen zu erzeugen, uns noch beschäftigen wird, fränkischen und herrschaftlichen Ursprungs sind, so zeigen sie, daß die rechtsrheinischen germanischen Stämme von sich aus noch keinen Anlaß fanden, ihre Landesmittelpunkte im Sinne der Städtebildung zu entwickeln.

Derselbe Zustand ist in Skandinavien zu beobachten, wo die besiedelten Landschaften sowohl befestigte Gehöfte wie abseits gelegene Fluchtburgen kannten. Einzigartig ist eine Reihe von Zufluchtsburgen auf der Insel Bornholm, die wie alle Ostseeinseln feindlichen Angriffen über See ausgesetzt war; von den vergleichbaren Anlagen auf Öland und Gotland ist neuerdings die Ringburg bei Eketorp (im Kirchspiel Gräsgård auf Öland) genauer untersucht worden. Sie liegt 1,5 km von der Küste entfernt im Binnenland und wurde im 4. Jahrhundert in Gestalt eines 3,4 m starken und wohl höchstens 4 m hohen, von zwei Toren durchbrochenen steinernen Mauerrings errichtet. Die 0,15 ha große ummauerte Fläche war mit zwanzig radial angeordneten, innen dreischiffigen Häusern aus Trockenmauerwerk bebaut, die nicht dauernd bewohnt wurden. Das Ganze diente offenbar den umliegenden Gehöften als Fluchtburg und zentrales Vorratslager in unruhigen Zeiten; die Erbauer dürften Bauern gewesen sein, die in der nächsten Umgebung ihre Güter bewirtschafteten. Im 5. Jahrhundert vergrößerten sie die Anlage. Sie erweiterten den Durchmesser der Burg um 20 m und damit die Fläche auf 0,65 ha, und die erneuerte, 5 bis 6 m dicke Mauer erhielt drei Tore, deren nördliches mit einem Fallgatter versehen war, dem ältesten, das bisher außerhalb des römischen Imperiums entdeckt worden ist. Es ist anzunehmen, daß die Erbauer der Ringwälle die römischen Befestigungen am Donau-Limes gekannt und dort die Vorteile des Fallgatters kennengelernt hatten. Die Innenfläche wurde wiederum bebaut, nun aber mit bewohnbaren Gehöften samt Kuhställen und Vorrats- oder Werkstattgebäuden; schließlich mögen 23 Wohnhäuser, 12 oder 13 dreischiffige Ställe und 12 Nebengebäude, darunter eine Schmiede, etwa 70 bis 150 Einwohner beherbergt haben. Der Ringwall schützte nun eine große bäuerliche Siedlung mit den üblichen Einrichtungen, um Holz, Metall und Spinnstoffe zu verarbeiten. Es gibt keinen Hinweis auf eine handwerkliche Spezialisierung außerhalb der Schmiede und auf eine absichtliche Produktion agrarischer Überschüsse, die hätten veräußert werden können. Entsprechende Burgen boten überall auf Öland der landbautreibenden Bevölkerung Schutz in den Kriegen der Häuptlinge und Kleinkönige und vielleicht auch vor dem Durchzug landsuchender Horden. Als sich die politischen Verhältnisse schließlich stabilisierten, verlor die Burg ihre Bedeutung, um die Mitte des 7. Jahrhunderts kehrten die Bewohner auf ihre offenen Höfe zurück.

Ebenso wenig wie bei den skandinavischen Stämmen läßt sich bei den nach England eingewanderten Euten oder Juten, Angeln und Sachsen ein Burgenbau mit städtebildender Kraft feststellen. Die Herrschaft der Großen und der Könige in England stützte sich auf befestigte Gehöfte als ländliche Zentren und auf die Kontrolle der Agrarproduktion in einem bereits vor ihrer Ankunft dünn besiedelten und nun teilweise entvölkerten Lande. Auch wenn sie ihre Höfe innerhalb von römischen Stadtmauern anlegten, so benutzten sie diese nicht zur Verteidigung, sondern ließen sie verfallen. Befestigungen von größeren Siedlungen sind archäologisch und in den schriftlichen Quellen kaum nachzuweisen, und auch Belagerungen werden selten erwähnt, am ausführlichsten einmal bei Beda in dem Bericht über den Feldzug, den der König von Mercia um 640 gegen Northumbrien führte: Da gelangte der Angreifer bis vor die Königsstadt Bamburgh, und weil er sie mit den Waffen nicht erobern konnte, versuchte er es mit Feuer; er ließ dazu die in der Umgebung liegenden Gehöfte abreißen und deren Gebälke, Flechtwände und Strohdächer heranfahren und rund um die Stadt in großer Höhe aufschichten. Bamburgh liegt auf einem 35 m hohen Felsen an der Küste, auf dem mit archäologischen Beobachtungen eine Besiedlung aus römischer Zeit sowie aus dem 5. und 6. Jahrhundert nachweisbar ist. Über die Art der erst von den Angeln geschaffenen Befestigung, dessen, was Beda eine Stadt (urbs) nannte, ist nichts bekannt; sie wird der der befestigten Gutshöfe geglichen haben, so daß die Angeln dem Platz mit seiner Militärsiedlung zu Recht den Namen „Burg der Königin Bebba" gaben: Während die Quellen über befestigte größere Siedlungen schweigen, stellte bereits ein Gesetz des Königs Ine von Wessex aus den Jahren 688 bis 693 die Bußen fest, mit denen der gewaltsame Einbruch in eine Burg bedroht wurde. Gemeint waren die befestigten herrschaftlichen Höfe, wie sie der König, der Bischof, die Ealdormen und die Krieger aus deren Gefolgschaften bewohnten.

Nichts anderes stand den keltisch-irischen Stämmen und ihren Fürsten oder Kleinkönigen zur Verfügung, wenn sie den römischen Städten etwas entgegen- oder an die Seite stellen wollten. Dazu hatten sie Anlaß, als im Jahre 431 ein vom Papst ermächtigter Missionar Palladius als erster Bischof in Irland erschien, dessen Werk der Ire Patrick dann dreißig Jahre lang fortsetzte. Wenn die Bischöfe ihre Kirchen nach römischer Vorschrift in Städten errichten wollten, dann konnten sie nur die Ringwälle (raths) oder die auf künstlichen Inseln errichteten Gehöfte (crannogs) dazu wählen, die den Fürsten als Sitze dienten; diese mit ihrem Anhang freilich zogen aus, wenn sie eine solche Burg dem Bischof schenkten und wenn sich dieser mit seinem Klerus in ihnen niederließ, so daß es nicht zu der Vereinigung von weltlichen und kirchlichen Zentren kam, die für das römische Reich und seine Kirchenverfassung typisch gewesen war. Die vielfach als Bodendenkmäler erhaltenen Burgen bedeckten nur winzige Flächen von bis zu 0,2 ha; oft besaßen sie zwei oder gar drei aus Erde oder aus Stein und Erde errichtete Ringwälle, die mit Palisaden verstärkt werden konnten. Ob es Verteidigungsanlagen waren, ist zweifelhaft, da sie meistens eines Brunnens entbehren. Ein solcher dreifacher Ringwall war der Sitz des Königs zu Tara im Osten Irlands. Der Name der Königsburg Cashel (irisch: Caisel) dagegen ist vom lateinischen Wort castellum abgeleitet und bezeichnet eine steinerne Befestigung, die wohl noch unter römischem Einfluß, also vor 410, errichtet worden war. Wenn Patrick in einem solchen Ringwall seine hölzerne Kirche nebst Wohnhaus für die Kleriker und Küchenhaus erbaute, so bezeichneten seine Bischöfe diese Anlagen stolz als Städte (civitates). Patricks größte Gründung war Armagh im Nordosten der irischen Insel. Sehr bald nach seinem Tode begann die für die Iren und ihre soziale Ordnung in Sippenverbänden kennzeichnende Umwandlung der Kirchen in Klöster, innerhalb derer sich der Bischof dem Abte unterordnen mußte; in Armagh bewahrt der Stadtgrundriß noch heute die Erinnerung an den Umfang der alten Klosteranlage. Obwohl die größten Klöster ihre Mönche, Scholaren und Studenten nach tausenden zählten, sind nur geringe Überreste von ihren Gebäuden erhalten geblieben. Nach späteren literarischen Beschreibungen bestanden sie aus der in den Ringwall gesetzten kleinen hölzernen Kirche nebst Gästehaus, Refektorium und Schule, das Ganze umgeben von den Zellen oder Hütten, die jede einen oder zwei Mönche beherbergten. Solche Klostergemeinschaften, deren Werkstätten Zentren eines technisch und künstlerisch hochentwickelten Handwerks schufen, müssen hinsichtlich der Arbeitsteilung zwischen den Mönchen und ihrer Spezialisierung regelrechten Städten sehr nahegekommen sein. Der zur nordirischen Volksgruppe der Dál Riada gehörige Abt Columban gründete im Zuge der Ausbreitung seines Volkes über die Irische See nach Schottland im Jahre 557 das Kloster Iona, das zur glänzendsten Stätte des irischen Mönchtums und zum Zentrum eines neuen iroschottischen Königreiches emporstieg. Zwischen diesem und dem angelsächsischen Northumbrien erstreckte sich ein weiteres Fürstentum vom Clyde bis zum Solvay, dessen Könige auf der Felsenburg von Dumbarton (gälisch: „Befestigung der Briten") residierten. Der Angelsachse Beda bezeichnete zu Beginn des 7. Jahrhunderts diese Burg als die „bis heute am stärksten befestigte Stadt der Briten". Auch die nach Süden über das Meer in die Bretagne auswandernden Kelten zerstörten dort die in den ehemaligen römischen Städten sitzenden katholischen Bistümer und ersetzten sie durch ihre Klöster. Ihr bedeutendster Führer war der wallisische Mönch und Bischof Samson, der um 548 das Kloster Dol gründete und damit der Landschaft ihr kirchliches Zentrum schenkte.

Auch was die Slaven anlangt, ist die Annahme begründet, daß wir im Burgenbau die Anfänge und die Vorstufen ihres Städtewesens zu suchen haben, denn in allen slavischen Sprachen gehen die Wörter für Stadt auf ein erschließbares urslavisches Wort gord zurück, das mit anderen indogermanischen Wörtern für Zaun oder Befestigung verwandt ist. Aus der Zeit vor 700 sind uns freilich slavische Namen für die Burgen, die als Bodendenkmäler erhalten geblieben sind, nicht bekannt; es steht aber fest, daß wenigstens die Anfänge des slavischen Burgenbaus bis in diese Zeit zurückreichen. In Mitteleuropa, wo die Slaven gegen Ende des 6. Jahrhunderts bis zur Elbe, zur Saale und zum Böhmerwald vordrangen, und in Osteuropa ging die Ausbreitung in nur ganz dünn besiedelten Räumen vor sich und erforderte daher keine starke politische Organisation. Die Ansiedler ließen sich in Fluß- und Tallandschaften nieder, die durch isolierende Grenzwälder voneinander getrennt blieben. In diesen Siedlungskammern bildeten sie kleine Stammesverbände, die sich alsbald mit zentralen Burgen versahen. Bei den am weitesten nach Nordwesten vorgestoßenen Abodriten begann um 650 der Bau der Mecklenburg und um 680 der der Burg von Oldenburg in Ostholstein, der größten Wallburg dieses Gebietes mit einem nutzbaren Innenraum von reichlich 1 ha, der dicht besiedelt war und offenbar einen Herren- oder Adelssitz beherbergte. Im Flußgebiet der Havel mag den Burgen von Spandau und Brandenburg ein gleich hohes Alter zukommen. Im Stromgebiet der Warthe liegt die Siedlungskammer Biskupin, deren zentrale Burg vielleicht schon im 3. oder 4. Jahrhundert zum Landschaftsmittelpunkt emporgestiegen war. Im Raum an der oberen Weichsel bildete sich der Stammesverband der Lendzianer, als deren Verwaltungsmittelpunkt eine bei Chodlik (in der Nähe von Lublin) gelegene Burg gilt; hier umfaßte der älteste innere Wallbereich bereits eine Fläche von 2,6 ha, die bis zum 8. Jahrhundert auf 8,5 ha erweitert und mit etwa 1500 Häusern bebaut wurde. Vergleichbare Burgstädte wuchsen im Tal der March bei Staré Město, Mikulčice und Pohansko, in der Westslovakei bei Nitra und in Böhmen bei Přistoupim heran. Da die Burgen an der March bereits Handwerkerviertel und Hafenanlagen besaßen, liegt es nahe, sie mit der Herrschaft zu verknüpfen, die im Jahre 623 der aus Sens stammende fränkische Kaufmann Samo über die Slaven errichtete, die sich unter seiner Führung von der Gewalt der Avaren befreiten und im Jahre 630/31 auch den fränkischen König Dagobert besiegten. Diese Schlacht fand bei der Wogastisburg statt, deren Lage im böhmisch-fränkischen Grenzgebiet im einzelnen unbekannt ist. Vielleicht ist eine der Burgen an der March, ja sogar an die römische Restsiedlung oder Ruine Vindobona (Wien) hat man gedacht, die Residenz jenes Kaufmannsreiches gewesen, das den Tod seines Gründers im Jahre 660 nicht überdauert hat.

Anders als die West- und Ostslaven hätten die Südslaven Gelegenheit gehabt, eroberte römische Städte als Burgen oder Siedlungen zu übernehmen, aber nirgendwo ist dies geschehen, wenn sich auch vielfach in den Ruinen der antiken Städte des Balkans slavische Keramik findet, die an eine flüchtige Symbiose mit der römischen Bevölkerung denken läßt. Wenn auf dem christlichen Friedhof, der vor der Stadt Sirmium am rechten Ufer der Save gelegen hatte, an der Stelle eines beim Fall der Stadt zerstörten Märtyrergrabes im 10. Jahrhundert wieder eine Kirche aufgeführt worden ist, so müssen die Anwohner noch nach so langer Zeit von den Gräbern gewußt und hier die Stätte des Martyriums des Bischofs Irenaeus (gest. 304) gesucht haben. Merkwürdig ist auch, daß der Name des 639 geräumten und 656 endgültig von den Kroaten zerstörten Epidaurum bis ins 13. Jahrhundert in Ragusa bekannt geblieben ist. Aber der Gegensatz der ländlich lebenden und an Häuser aus Holz und Lehm gewöhnten Slaven zur Lebensweise der Griechen und Romanen war unüberbrückbar. Die Slaven überließen die zerstörten Städte dem Verfall; die Ruinen der verbrannten altchristlichen Kirchen sind daher unter angeschwemmtem Erdreich und wildem Pflanzenwuchs meist unversehrt auf die Gegenwart gekommen. Auch davon, daß die Südslaven selber Befestigungen errichtet hätten, finden sich keinerlei Spuren.

Was lehrt uns der Rundgang durch die europäischen Länder und der Blick auf das Erscheinungsbild und die Geschichte ihrer Städte? Am auffälligsten ist der Unterschied zwischen den griechischen und romanischen Ländern mit dichtem und altem Städtewesen auf der einen Seite und auf der anderen Seite den keltischen, germanischen und slavischen Gebieten im

Norden und Osten, die noch gar keine Städte kannten und allenfalls erste Ansätze zur Ausbildung zentraler Stätten zeigten. Die Grenze zwischen beiden Räumen freilich unterlag während der Wanderzeit bedeutsamen Verschiebungen. Jetzt war es nicht mehr das römische Reich, das sich Barbarenländer unterwarf und deren Stämmen seine politische und Städteordnung aufnötigte, sondern nun drangen die Barbaren auf römischen Boden vor, und soweit sie dort unter Bewahrung ihrer bäuerlichen und ländlichen Lebensweise zu geschlossener Ansiedlung und zu Formierung neuer Stammesverbände – in einem durch Krieg, Hungersnot und Pestzüge weitgehend entvölkerten Lande – schritten, führten sie einen vollkommenen Untergang der römischen Städte herbei oder zu Ende. Dies war der Fall auf der Balkanhalbinsel, wo sich die Slaven bis in die Peloponnes hinein ausbreiteten, im Lande zwischen Donau und Alpen, wo sich die Stämme der Alemannen und der Bajuwaren bildeten, im Mündungsgebiet von Rhein, Maas und Schelde, wo sich das Volk der Franken formiert hatte, auf der britischen Insel, wo die Angelsachsen ihre Königreiche aufrichteten, sowie in geringerem Maße in der Bretagne und in der Gascogne. Wo immer in diesen Ländern die griechische oder romanische Vorbevölkerung nicht restlos unterging oder abwanderte, kam es doch nur zu flüchtiger Symbiose der Restgruppen mit den neuen Herren der Länder, die deren Lebensweise und politische Ordnung nicht zu beeinflussen vermochte. Am deutlichsten sieht man dies daran, daß die Völkerwanderungen hier zum Untergang der römischen Kirchen- und Bistumsorganisation geführt und damit die tragfähigste Traditionsbrücke zwischen Altertum und Mittelalter eingerissen haben. Gerade in dieser Hinsicht freilich kommt dem im 5. Jahrhundert gewonnenen fränkischen Siedlungsgebiet im Rhein-Mosel-Lande eine besondere Bedeutung zu, da es zwar einerseits am Ende des 7. Jahrhunderts vollständig germanisiert war, aber andererseits keinen Bruch mit der katholischen Kirche vollzogen hatte. Die Verschmelzung antiker und germanischer Traditionen konnte daher hier in einmaliger Weise, nämlich mit dem Überwiegen der germanischen Elemente, vor sich gehen. Das Gewicht dieses Vorganges wird in unserer Erzählung alsbald hervortreten: Denn gerade diese Landschaften sollten in der karolingischen Periode zum Kernlande Europas emporsteigen.

Überall sonst auf dem Boden des römischen Reiches ging diese Verschmelzung – soweit sie nicht gänzlich unterblieb, wie in den griechischen Städten an den Küsten der Balkanhalbinsel und Unteritaliens – so vor sich, daß die antiken Elemente überwogen. Und doch haben wir es im 7. Jahrhundert überall mit einem völlig verwandelten, einem nicht mehr römischen, sondern mittelalterlichen Städtewesen zu tun. Wie wir gesehen haben, tritt der Wandel deutlich in der topographischen und baulichen Gestalt der Städte hervor, und wiederum ist er aufs engste mit dem Rückgang der

Einwohnerzahlen verknüpft, den die häufigen kriegerischen Eroberungen, die von der Verwüstung des flachen Landes und dem Abbruch der kaiserlichen Getreideversorgung ausgelösten Hungersnöte und schließlich die ansteckenden Krankheiten hervorgerufen hatten. Nicht nur fehlten den dezimierten Einwohnerschaften die Kräfte und die Mittel, um die Tempel, die Foren, die Bäder und sonstigen öffentlichen Bauten instand zu halten, fast überall kam es auch zu Siedlungsverlegungen, die oft nahezu auf einen Neuanfang hinausliefen. Besonders in Griechenland und Unteritalien sind zahlreiche alte Städte völlig wüst geworden, weil die Restbevölkerung abwanderte: sei es in die Ferne, sei es auch nur wenige Kilometer weiter, dorthin, wo Bergeshöhen oder küstennahe Inseln ihnen einen besseren Schutz vor feindlichen Heeren boten als die alten Stätten, deren Mauern sie nicht mehr zu verteidigen vermochten. Zu diesen neugegründeten Flüchtlingsstädten kommen die militärischen Kolonisationsneugründungen hinzu, die wir im griechischen Unteritalien, bei den Langobarden und im südlichen Gallien beobachtet haben, nicht selten in der Form, daß sich ältere Marktflecken und Kleinstädte (vici), die auf dem Territorium römischer Mittelpunktstädte (civitates) gelegen hatten und von ihnen beherrscht worden waren, nun zu selbständigen Festungen mit eigenem Landgebiet und Bistum aufschwangen. Einer Siedlungsverlegung kommt es auch nahe, wenn sich die Lage der Wohnviertel innerhalb der Mauern veränderte oder wenn die alten Stadtzentren mit den heidnischen Heiligtümern wüst fielen und dafür vor den Mauern bei den christlichen Märtyrer- und Grabeskirchen neue Wohnviertel entstanden. Hinzu kommen solche Städte, die nach militärischen Eroberungen für Jahre oder Jahrzehnte unbewohnt und menschenleer blieben und die, wenn sie schließlich wegen ihrer Verkehrslage oder als Burg wieder Siedler anlockten, doch geradezu eine Neugründung erlebten, auch wenn sie ihren alten Namen behielten. Am auffälligsten aber bleibt für die topographische Betrachtung, daß die Baugeschichte der Städte so gut wie ausschließlich von den Bischöfen und den christlichen Kirchen bestimmt worden ist. Die germanischen Könige und Fürsten sind kaum einmal als Bauherren hervorgetreten. Nur eine bemerkenswerte Ausnahme haben wir kennengelernt, und das war die westgotische Königsstadt Reccopolis. Insbesondere die fränkischen Könige haben sich damit begnügt, ihre Paläste oder Pfalzen in den öffentlichen Gebäuden, in der Regel in den Prätorien, wo die Statthalter des römischen Kaisers residiert hatten, einzurichten. Die repräsentativen Neubauten dagegen sind im 6. und 7. Jahrhundert überall, auch im griechischen Reiche, die Kirchen gewesen. Wie das römische Reich, so war auch sein Städtewesen christlich geworden.

Aus all dem ergibt sich ein erstes Merkmal, das uns hilfreich ist, um den Stadtbegriff der Völkerwanderungszeit zu definieren: Dem Erscheinungsbilde nach gehörten zu einer Stadt die Befestigung, die in der Regel aus der römischen Stadtmauer bestand, und die Bischofskirche. Nicht nur die Beschreibung von Dijon bei Gregor von Tours ist dafür typisch, sondern auch die Not der Missionare, die auf den Britischen Inseln und im Donaulande neue Bistümer gründen wollten und die die dürftigsten Befestigungen zu Städten erklärten, sobald sie darin nur ihre ärmlichen Kirchen errichtet hatten. Solange in ihnen keine Bischöfe saßen, fehlte den Burgen der Germanen und Slaven ein sehr wesentliches Merkmal der zeitgenössischen Stadt.

Ein zweites Merkmal besteht in der Zentralität einer Siedlung: War sie Stadt, so fuhr sie fort, Mittelpunkt eines Territoriums oder einer Landschaft zu sein, und wie es scheint, besteht gerade in dieser Mittelpunktfunktion ein Kennzeichen, das es erlaubt, die frühen Burgen des städtelosen Europa in die Betrachtung mit einzubeziehen. Soweit Geschichte und Topographie der Städte ihre zentralen Funktionen erläutern, sind diese vor allem politisch-administrativer Natur, und wenn wir die frühen Burgen in Britannien und Mitteleuropa mit den alten Städten des Südens und Westens vergleichen, dann sehen wir, daß es zwei Arten solcher zentralen Funktionen gibt: nämlich jene, die sich ein zentraler Ort aus eigener Kraft erwerben konnte, und andere, die ihm als Glied eines Flächenstaates zukamen. Da es bei Iren, Briten, Germanen, Balten und Slawen noch keine Flächenstaaten, sondern nur erst kleinräumige Stammesverbände gab, so wuchs dort auch den frühen Burgen nur die selbsterworbene Zentralität von Fluchtburgen und Herrensitzen lokaler Verbände zu. Von der Umwandlung der irischen Bischofskirchen des 5. Jahrhunderts in die Mönchskirchen der späteren Zeit kann man ablesen, daß auch die zentrale Funktion des katholischen Bistums aufs engste mit seiner Einordnung in den vom römischen Reich ererbten staatlichen Verband zusammenhing und da, wo dieser fehlte, keinen Bestand haben konnte. Es ist schmerzlich, daß wir über das kurzlebige Slavenreich des Samo so wenig wissen; kennten wir die Gründe für seine Entstehung und seinen raschen Untergang, so würden wir daraus Wichtiges über das Verhältnis zwischen Gemeinde und Gesamtstaat lernen können, von dem die Entwicklung des Städtewesens überall sehr wesentlich abhängt.

Für die Geschichte des europäischen Städtewesens jedenfalls war es ein grundlegender Umstand, daß die Städte des römischen Reiches ihren Charakter als Gemeinden in einem Flächenstaat im frühen Mittelalter nicht verloren haben. Von den antiken Städten unterscheiden sie sich eben auch darin, daß der Staat, dem sie angehörten, kein Weltreich mehr war, sondern daß er, seit germanische Könige an die Macht gekommen waren, begonnen hatte, die Züge des künftigen Nationalstaates anzunehmen, der seit dem Mittelalter die Verfassungsgeschichte Europas bestimmt hat und die europäische von allen anderen Hochkulturen innerhalb der Weltgeschichte in typischer Weise unterscheidet. Aus der Eigenart der germanischen Reichsgründungen aber folgte als erstes, daß es in ihnen keine Hauptstädte gab.

Denn die Macht der Könige beruhte auf ihrem Grundbesitz und auf der Kontrolle der Agrarproduktion und ständischen Grundbesitzverteilung; sie lebten daher herumreisend auf den Haupthöfen ihrer Krongüter, und auch ihre städtischen Pfalzen nahmen je länger, desto deutlicher die Eigenschaften von Mittelpunkten der Krongutsverwaltung an. Eine richtige Hauptstadt im politischen Sinne gab es nur im byzantinischen Reich, dessen Herrscher sich im 7. Jahrhundert fast zu Stadtkönigen von Konstantinopel entwickelten und dessen Hauptstadt im griechischen Mittelalter neben sich nur noch ärmliche Land- und Kleinstädte aufkommen ließ, weil jedermann, der es hier zu Reichtum und Ansehen brachte, alsbald danach strebte, in die Hauptstadt überzusiedeln und am Glanze ihres gesellschaftlichen Lebens teilzunehmen. Das Zerbrechen des römischen Reiches und die Gründung der Völkerwanderungsreiche hat das eigentlich europäische Städtewesen vor einem vergleichbaren Schicksal bewahrt. Wie man rückschauend sagen muß, lag eine einmalige geschichtliche Chance darin, daß es nur noch Städte mit mehr oder weniger weitreichender landschaftlicher Zentralität gab, wobei die weiterreichende solchen Städten zukam, in denen entweder hohe kaiserliche Beamte und die Könige häufig residierten, wie in Neapel, Ravenna, Pavia, Toledo und Paris, oder päpstliche Vikare (wie in Thessaloniki oder Arles) und die allmählich ihren Rang festigenden Erzbischöfe ihren Sitz hatten, so daß in ihnen häufiger die Bischofsversammlungen der frühmittelalterlichen Landeskirchen zusammentraten. Alle anderen Städte erlangten als Sitze von Bischöfen, im Langobardenreich, in Aquitanien und Burgund wohl auch als Herzogs- und Grafensitze, nur eine territoriale Zentralität. Eine ganz eigenartige Mittelpunktsfunktion aber erwarb sich Rom, die Stadt der Päpste, deren Aufstieg zum Zentrum der abendländischen Kirche bereits im 4. und 5. Jahrhundert begonnen hatte und sich, nach langer Unterbrechung, im 7. Jahrhundert mit der Missionierung Englands, der Heimat eines besonderen germanischen Petrusglaubens, fortsetzte. Von der Stadt des Kaisers Augustus, der einst bei Christi Ankunft alle Welt hatte schätzen lassen, und der Apostel Petrus und Paulus sahen die christlich werdenden Europäer einen mystisch-religiösen Glanz ausstrahlen, dem es im wesentlichen zuzuschreiben ist, daß Europa nicht in Nationalstaaten auseinanderfiel, sondern diesen die Züge einer einzigen, allen Nationen gemeinsamen Hochkultur aufzuprägen vermochte.

Städte als Burgen und Zentren weltlicher und kirchlicher Verwaltung: das wären nach späterem europäischem Verständnis Städte ohne Bürgertum gewesen, und so fragen wir nun weiter, wie es denn um die gewerbe- und handeltreibende Bevölkerung und die ökonomische Zentralität der Städte stand, ohne die man sich später, seit dem 11. Jahrhundert, in Europa kein städtisches Leben mehr vorstellen konnte. Topographie und Geschichte der Städte im frühen Mittelalter wiesen so gut wie nirgendwo darauf hin, daß den Städten zentralisierende wirtschaftliche Funktionen zugekommen wären. So gut wie vergebens sucht man nach Markt- oder Hafenbauten. Westgoten, Franken und Langobarden kehrten den Meeren den Rücken zu, keine ihrer Hafenstädte besaß eine namhafte Königspfalz, sie überließen das Mittelmeer den Griechen und schließlich auch den Arabern. Allein von London war festzustellen, daß die unverkennbare Bedeutung der Stadt im 7. Jahrhundert nicht auf administrativer, sondern auf der Zentralität seiner Verkehrsverbindungen beruhte. Es ist ja auch nichts weniger als selbstverständlich, daß Handel und Gewerbe ihren Sitz in Städten haben müssen, und wenn dies später in Europa überwiegend der Fall war, so lohnt es sich, nach den Gründen dafür zu suchen, daß die gewerbliche Selbstversorgung von Bauern und Bauerngemeinden von der Konzentration bestimmter Produktionen in Exportgewerbelandschaften und -städten abgelöst werden konnte. Einer dieser Gründe liegt in der Diversifizierung der Rohstofferzeugung. Nicht überall können Salz, Tonerden und Metalle, nicht überall in bester Qualität können Wein, Wolle und Pelze gewonnen werden, und da, wo es möglich ist, sie herzustellen, mag sich bei den Erzeugern leicht auch eine besondere Fertigkeit in ihrer Veredelung und Verarbeitung herausbilden. Es wird eine wichtige Ursache für den Untergang der Antike und ihres Städtewesens gewesen sein, daß dieser Mechanismus während der römischen Kaiserzeit in dem Maße seine Wirkung verlor, wie sich mit der Romanisierung die Produktionsweisen immer gleichmäßiger über die Provinzen des Reiches verbreiteten und damit die Absatzchancen des Fernhandels beschränkten, weil alles, was er anzubieten hatte, schließlich fast überall selbst hergestellt werden konnte. Diese Entwicklung, die eine einst gegebene Diversifizierung einebnete, verstärkte sich wegen des merkwürdigen und schwer zu erklärenden Stillstandes der technischen Entwicklung während des Altertums, der sich darin äußert, daß die griechischen und romanischen Handwerker des 5. und 6. Jahrhunderts durchweg noch mit denselben Werkzeugen und Techniken arbeiteten wie ihre Vorfahren vor tausend Jahren – ganz im Gegensatz zu den Neuerungen, die die Europäer seit der Wanderzeit in der Landwirtschaft, der Nautik, dem Maschinenbau von der Wassermühle bis zur mechanischen Uhr einführten. Wo aber die Kunstfertigkeit des Handwerkers keine Fortschritte machte, da büßte das städtische Gewerbe einen, vielleicht den wesentlichen Vorteil ein, den es dem dörflichen Handwerker voraus hatte. Seit die römischen Grundherren, die „Mächtigen", wie die Kaisergesetze sie nennen, aus den verfallenden Städten hinaus auf ihre Landgüter zogen, da konnten sie deshalb die für ihre Tafel, für Kammer und Stall arbeitenden abhängigen Leute mit sich nehmen und auf dem Lande jene „Leibeigenenmanufakturen" einrichten, die im frühen Mittelalter überall in Europa im Wirtschaftsleben eine große Rolle spielten, die sich aber nur in Rußland bis ins 19. Jahrhundert hinein erhalten haben. Die Erscheinung, daß in Rußland in der Neuzeit, genau umgekehrt wie in West- und Mitteleuropa, das Dorfhandwerk und bäuerliche Kaufleute den städtischen Markt mit wenig kunstvollen gewerblichen Erzeugnissen versorgten, erinnert uns daran, daß die Wirtschaftsentwicklung der Spätantike in eine ganz andere Richtung zu deuten scheint, als sie die europäische Geschichte seit dem 11. Jahrhundert dann eingeschlagen hat. Damit stehen wir vor der Frage nach den Voraussetzungen, auf denen die Europäer im hohen Mittelalter aufbauen konnten.

Daß uns die Zeitgenossen, soweit wir ihre Schriften noch kennen, so gut wie nichts über die stadtsässigen Gewerbe berichten, kann gewiß weitgehend damit erklärt werden, daß das Wirtschafts- und Alltagsleben nach antiker Tradition nicht literaturfähig war und daß es die stets zur Oberschicht gehörigen Schriftsteller nicht zur Beobachtung reizte. Das wird insbesondere für die Lebensmittelgewerbe gelten, die ihre verderblichen Produkte unverzüglich verkaufen mußten und daher auf einen täglichen Markt angewiesen waren. Wir erfahren über sie nur etwas im Zusammenhange mit der staatlichen Versorgung Roms und anderer Groß- und Garnisonstädte, zu deren Sicherung die Kaiser nicht nur ihre Getreidespeicher errichtet, sondern auch die Bäcker und Fleischer in Korporationen zusammengefaßt hatten, denen sie, oft in Verbindung mit dem Besitz bestimmter Landgüter, deren Erträge für die Betriebskosten aufkamen, die Übernahme der Bäckereien und Schlachthäuser auferlegten. Den Bäckereien oblag auch das Mahlen des Getreides; sie benutzten dafür Mühlen mit drehbarem Oberstein, den ein Esel in Bewegung setzte. Der Antrieb mit Wasserrad war zwar bekannt, er eignete sich aber wegen der Standortgebundenheit und der hohen Anlagekosten nicht für das in Kleinbetrieben organisierte Handwerk. Es deutet daher auf Maßnahmen mächtiger Grundbesitzer hin, wenn in der zweiten Hälfte des 4. Jahrhunderts in Rom die ersten Wassermühlen errichtet und die zu ihrem Betrieb nötigen Aufschlagwasser mißbräuchlicherweise den städtischen Aquädukten entnommen wurden, wie wir daher wissen, daß die Kaiser Honorius und Arkadius dies im Jahre 398 unter Strafe gestellt haben. Anders als die altmodischen Hand-, Stampf- und Rotationsmühlen der Bäcker erforderte der Bau und Betrieb von Wassermühlen nun den Spezialisten, und so wird uns erstmals zum Jahre 448 in einer römischen Inschrift die Existenz einer Korporation von Müllern bezeugt. Als die Goten im Jahre 537 Rom belagerten und die Aquädukte unterbrachen, ließ der Feldherr Belisar die stillgelegten Wassermühlen durch Schiffsmühlen ersetzen, die auf dem Tiber verankert und von dessen Strömung angetrieben wurden. Die nach dem Sturz des weströmischen Kaisertums von den Päpsten fortgeführte Getreideversorgung mag den Mühlenbau finanziert haben; statt Getreide konnte man nun Mehl an die Bevölkerung ausgeben, und dies mag den Untergang der Bäckereien jedenfalls in ihrer alten Form zur Folge gehabt haben. Wohl nur als Lohnbäckerei und Nachbarschaftshilfe (so daß dem Bäcker nur der Backofen, nicht aber der Teig gehörte: den stellte vielmehr der Kunde her) wird das Gewerbe überlebt haben, und wenn es selbst in Rom keinen täglichen Markt für Lebensmittel mehr gab, so wird dies für alle anderen Städte Europas wohl erst recht gelten. Allenfalls Großstädte wie Konstantinopel, Thessaloniki und Neapel werden auch im 6. und 7. Jahrhundert noch so volkreich gewesen sein, daß hier für den Markt und im Preiswerk (d. h. mit Verwendung nicht nur eigener Werkzeuge und Werkstätten, sondern auch eigener Mehlvorräte und Schlachttiere) arbeitende Bäcker und Fleischer existieren konnten. Es wird kein Zufall sein, daß die letzte Nachricht über eine Handwerkerkorporation aus Neapel stammt und einen Verband betrifft, der als Verwerter von Fetten den Lebensmittelgewerben nahestand. Im Jahre 599 erschien bei Papst Gregor I. in Rom ein von seinen Genossen bevollmächtigter Seifensieder Augustin, der gegen einen der höchsten kaiserlichen Beamten in der Stadt Klage erhob, weil dieser verlangte, daß die beim Eintritt neuer Genossen anfallenden Gebühren an ihn abgeliefert würden, und weil er Genossen in Schutz nahm, die die unter ihnen vertraglich vereinbarten und beschworenen Vorschriften nicht beachteten. Gregor gab den Seifenmachern zwar recht, es bleibt aber ungewiß, ob dies den Beamten beeindruckte. Die Korporation bildete offenbar keine staatliche Anstalt mehr, sondern nur noch einen privaten Verein ohne jede kaiserliche Vollmacht und dürfte es schwer gehabt haben, den beschworenen Zusammenhalt der Genossen zu erzwingen, ohne sich die geforderte amtliche Konzession zu erkaufen. Die Ausbreitung der Wassermühle im frühmittelalterlichen Europa aber ist überall ein Werk der Grundherren gewesen und auf lange Zeit hin dem städtischen Gewerbe nicht unmittelbar zugute gekommen, wenn auch in Stadtnähe, so wie wir es aus der Beschreibung von Dijon erfahren, der Betrieb einer Mühle der Herrschaft einen besonders hohen Gewinn abgeworfen haben wird. Eine der ältesten genauer bekannten Wassermühlen Europas ist die oben erwähnte, die im 5. Jahrhundert auf der Agora von Athen angelegt wurde.

Was das Textilgewerbe anlangt, so war im römischen Reich seit langem der Zustand eingetreten, daß alle Städte und Landschaften die groben, von der arbeitenden Bevölkerung getragenen Stoffe ebenso wie die mittleren Qualitäten selbst herstellten und daß die Kaiser die Stoffe für die Heeresuniformen entweder als Naturalabgaben erhoben oder in staatlichen Werkstätten von Staatssklaven anfertigen ließen. In den Haushalten der Mächtigen und Grundherren gab es überall Sklaven als Hausweber. Nur ganz wenige Länder und Städte stellten so kostbare Tuche her, daß sie sich für den Fernhandel eigneten; dies war vor allem der Fall in Syrien, das die Oberschicht des Reiches mit feinem Leinen und mit Seidenstoffen versorgte, und im nördlichen Gallien, wo Städte wie Arras, Amiens und Cambrai besonders hochwertige Wollstoffe erzeugt hatten. Die Rohstoffbasis dieser Wollweberei, die einheimische Schafzucht besonders in den seit dem 6. Jahrhundert von Friesen besiedelten Marschgebieten, blieb bestehen, die Weberei indes dürfte seit dem Ende des 5. Jahrhunderts aus den Städten zu den Wollerzeugern abgewandert sein, wie denn überall im fränkischen und im langobardischen Reiche die großen Grundherren Weberwerkstätten besaßen, in denen sie mit unbezahlter Arbeit leibeigener Leute die selbsterzeugten Rohstoffe veredelten. Ein stadtsässiges, für den Export arbeitendes Tuchgewerbe hat es während der Völkerwanderungszeit wohl kaum noch irgendwo im Abendlande gegeben. Die Weberei war zum ländlichen Gewerbe geworden, das auch die hochwertigen Stoffe für Könige und Herren herstellte. Beda jedenfalls rühmte seine städtelose Heimat Britannien unter anderem deswegen, weil es ihr nicht an Schnecken fehlte, aus denen man eine ebenso lichtechte wie wasserfeste Purpurfarbe von solcher Güte herstellen konnte, daß ihr kraftvoller Glanz mit zunehmendem Alter nur um so schöner erstrahlte.

Dasselbe gilt für das im Altertum so wichtige Keramikgewerbe. In vielen Städten hörte die massenhafte Herstellung von Drehscheibenkeramik im 5. Jahrhundert auf, und wo es im 6. Jahrhundert noch ein städtisches Töpfergewerbe gab, wie in den großen Städten Südgalliens, da diente es nur noch dem lokalen Markt. Im nördlichen Gallien und in Britannien beherrschte nun wieder die für den Eigenbedarf gefertigte handgemachte Keramik das Feld – so lange, bis um 600 im Gebiet zwischen Köln und Bonn wieder große Töpferbetriebe entstanden, die zwar technisch, in der Verwendung der Drehscheibe und in der Art des Brennens, in römischer Tradition standen, aber dem Standort nach nicht an die römische Produktion anknüpften. Daß wir es hier mit ländlichen Manufakturen zu tun haben, ergibt sich ferner daraus, daß sich Zentren einer Massenproduktion scheibengedrehter Ware mit archäologischen Mitteln auch östlich des Rheines haben nachweisen lassen. Ein solches befand sich im Main-Taunus-Gebiet und belieferte die Verbraucher bis hin zur oberen Fulda. Ähnliches gilt für die Glasmacherei, die in Italien auf die Inseln der venezianischen Lagune abwanderte und unter anderem das Material für die prächtigen Mosaikbilder lieferte, die im 6. Jahrhundert die Kirchen von Ravenna, Grado und Poreč schmückten. Im Rhein- und Maaslande hat das römische Glasgewerbe nicht nur das 5. Jahrhundert überdauert, sondern auch allmählich wieder den Charakter eines Exportgewerbes angenommen, aber Standort der Betriebe waren nicht mehr die Städte oder deren unmittelbare Umgebung, sondern die Waldgebirge der Ardennen und Argonnen, wo man den Rohstoffen und dem Brennmaterial nahe war.

Die römischen Metallgewerbe hatten im 3. und 4. Jahrhundert einen bedeutenden Fortschritt erlebt in Gestalt der Entwicklung des Blasebalges, der es den Hüttenleuten erlaubte, so hohe Schmelztemperaturen zu erzeugen, daß sie nicht nur Gußeisen, sondern auch echten Stahl herstellen konnten. Der Fortschritt kam aber nicht dem freien städtischen Gewerbe zugute, da die Kaiser seit dem 4. Jahrhundert dazu übergingen, die Versorgung des Heeres mit Waffen und eisernem Gerät auf Staatsbetriebe zu übertragen, neben denen Kaiser Justinian I. schließlich jede private Waffenfabrikation und jeden privaten Handel mit Waffen untersagte. Daß ein technisch hochentwickeltes Schmiedehandwerk nicht an die Stadt gebunden war, lehrt die Eisenverarbeitung bei den Germanen, deren damaszierte und silbertauschierte Schwertklingen und mit Almandinzellenwerk oder Filigran verzierte Schwertgriffe Spezialkenntnisse von der Art voraussetzen, daß längst nicht mehr jeder Bauer sein eigener Schmied gewesen sein kann, ja daß sogar bereits eine Arbeitsteilung innerhalb der Werkstätten angenommen werden muß. Da die Waffen den Gebräuchen der verschiedenen Stämme und ihrer eigentümlichen Kampfesweise angepaßt waren, ist bei allen Stämmen bereits mit einem verhältnismäßig dichten Netz von Werkstätten zu rechnen, die überall den Bedarf aus eigener Produktion deckten.

So finden wir, daß die Städte der Völkerwanderungszeit, wohl abgesehen von den Großstädten des griechischen Südostens, durchaus keine vor dem flachen Lande bevorzugten Standorte des Gewerbes waren und daß es nirgendwo Städte gab, deren Wirtschaftsleben von einem über den örtlichen oder regionalen Bedarf hinaus produzierenden Exportgewerbe beherrscht wurde. Die großen Königspfalzen und Herrensitze außerhalb der Städte mochten häufig mehr Handwerker insbesondere der Luxusgewerbe an sich ziehen, als es die gewöhnlichen Städte taten, wie denn auch die Eigenbetriebe großer Grundherren mit ihren unfreien Arbeitskräften den Gewerben der benachbarten Städte an Umfang gleichkamen oder überlegen waren. Und mit diesem Befund stimmt überein, daß auch der Fernhandel dieser Zeit zwar die Städte nicht zu meiden brauchte, aber doch von ihnen weder als Anbietern noch als Abnehmern in erster Linie abhängig war. Als die Großen der sieben südgallischen Provinzen im Jahre 418 von Kaiser Honorius das Recht erlangten, alljährlich vom 13. August bis zum 13. September in Arles zum Landtag zusammenzukommen, da geschah dies auch deswegen, weil daraus dem zweifellos schrumpfenden Fernhandel der gallischen Hauptstadt Gewinne zufallen würden: Offenbar hatten die germanischen Landnahmen in Gallien den Absatz der Fernhändler, die nicht mehr zu ihren adligen Kunden gelangen konnten, so weit beeinträchtigt, daß man Abhilfe schaffen wollte, indem man die Kunden zu den Kaufleuten kommen ließ. Es war eben nicht der lokale Markt, wovon der Fernhändler lebte, sondern die weit im Hinterland verstreut lebende dünne Schicht der Mächtigen. Daher kommt es, daß viele Landschaften ihre geringen Bedürfnisse an Fernhandelswaren auf Jahrmärkten befriedigten, die unabhängig und weit entfernt von Städten an unbewohnten Plätzen stattfanden, nämlich dort, wo seit uralter Zeit Heiligtümer und Kultfeste bestanden hatten, die sich auch nach der Übernahme durch das Christentum aus religiösen Gründen jeder Verlegung widersetzten, zu den Fest- und Markttagen aber Besucher aus weiter Ferne anlockten. Wir wissen von der Existenz solcher Jahrmärkte etwa bei dem Megalithen «La Pierre-Levée» auf einem Hügel vor Poitiers, auf dem nur über steile Wildwege erreichbaren, 800 m hoch gelegenen Plateau des Mont Beauvray in Burgund, auf dem Helperknapp, einer 200 m hoch über dem Eisch- und Attertal gelegenen Kuppe in Luxemburg, auf der Flur Alteburg bei Heftrich im Taunus, bei Marköbel in der Wetterau, diese beiden an Plätzen ehemaliger Limeskastelle, in Zurzach am Oberrhein, in Oberstimm bei Ingolstadt und in Petronell bei Hainburg an der Donau, dort, wo am Übergang der Bernsteinstraße über die Donau die untergegangene Römerstadt Carnuntum gelegen hatte. Das Netz dieser oft bis ins hohe Mittelalter, ja bis in die Neuzeit hin lebendig gebliebenen stadtfernen Jahrmärkte ist vollständig nicht mehr aufzuspüren und erfuhr lediglich eine unwesentliche Ergänzung, als König Dagobert I. im Jahre 634/35 den Mönchen von Saint-Denis erlaubte, eine Tagereise nördlich von Paris in einem Dorfe vor dem Tor des Klosters einen solchen Jahrmarkt zu erbauen und die dem König davon zustehenden Abgaben zu erheben; man rechnete damit, daß von Norden her Kaufleute aus England, Quentovic und Rouen, von Süden her solche aus der Lombardei, aus der Provence und aus Spanien diesen vierwöchigen Jahrmarkt besuchen würden. Nicht die alte Mittelpunktstadt des mittleren Seinegebietes, sondern eine ländliche, freilich kirchliche Siedlung war imstande, den Jahrmarkt an sich zu ziehen.

So erklärt es sich, daß der Fernhandel nie an den Grenzen des römischen Reiches haltgemacht hatte und auch jetzt nicht vor den Grenzen des städtelosen Europa stehenblieb. So wenig, wie die in Mittel- und Nordeuropa erkennbare Ausbildung spezialisierter Handwerker, die sich von der bäuerlichen Urproduktion loslösten und auch topographisch gegenüber dem Dorfe isolierten, zur Entstehung von Vorformen der Stadt führte, so wenig war der Fernhandel mit Luxusgütern auf die Existenz von Städten angewiesen oder fähig, solche ins Leben zu rufen. Die im Boden bewahrte Hinterlassenschaft der öländischen Bauern, die den Ringwall bei Eketorp bewohnten, beweist zwar den hier verbreitet gewesenen Reichtum, aber der Schmuck, in dem er sich darstellte, war lokaler Provenienz, und nichts deutet auf eine absichtliche landwirtschaftliche Überschußproduktion als Grundlage für den Import von Rohstoffen oder Glas- und Bronzegefäßen hin. Nur Scherben von Gläsern rheinischer und angelsächsischer Herkunft verweisen auf Außenbeziehungen; die Glasware kann jedoch schwerlich auf direktem Wege nach Öland gekommen sein, sondern muß durch ein Tauschhandelssystem vermittelt worden sein, das die Inseln insgesamt mit Luxusgütern versorgte. Diesem System gehörte auch der auf der Insel Helgö im Mälarsee gelegene Handelsplatz an, dessen Überreste zwar von einer hochentwickelten Metallproduktion, aber nicht von städtischem Leben zeugen: Der Siedlungsstruktur nach war eine bloße Ansammlung von Höfen vorhanden.

Was den Handel im städtelosen Europa kennzeichnete, das war die Eigenschaft des Tauschhandels, der ohne den Wertmesser des Geldes auskam. Gerade das Münzwesen verrät uns, daß sich das Wirtschaftsleben auch der einst römischen Städte von Jahrhundert zu Jahrhundert mehr dieser Verkehrsform annäherte. Die römischen Kaiser hatten seit dem 4. Jahrhundert zwei verschiedene Sorten von Geld in Umlauf gebracht, nämlich den aus Gold geprägten Solidus und den kupfernen Follis. Der Wert und die Kaufkraft der Goldmünzen war so groß, daß Bauern sie nur durch den Verkauf einer Ernte oder eines Schlachttiers erlösen konnten: Gerade genug, um damit die kaiserlichen Steuern und die Abgaben an ihre Schutz- und Grundherren bezahlen zu können, die aus Goldmünzen ihre Schätze bildeten und damit die Luxusgüter des Fernhandels oder die Dienstleistungen von hochqualifizierten Handwerkern, aber auch von Waffenträgern und Söldnern bezahlten. Die Könige der Franken und Westgoten setzten seit dem 6. Jahrhundert diese Goldprägung fort, aber das Gold wurde in ihren Ländern nun so knapp, daß das Steuersystem zusammenbrach und die Herren die Abgaben ihrer Bauern in Naturalien und Arbeitsdienste umwandeln mußten. Das Gold diente nur noch der Schatzbildung, dem Kauf von Parteigängern und der Bußzahlung unter den Großen, also nichtkommerziellen Zwecken. Dem Gelde der Herrenschicht stand die Kupfermünze als Zahlungsmittel der kleinen Leute gegenüber, das man als Tagelöhner oder Kleinhändler erwarb und in den Städten auf dem täglichen oder Wochenmarkt für Lebensmittel und sonstigen geringen Bedarf wieder ausgab. Den Verfall dieses für das städtische Wirtschaftsleben und den Austausch zwischen Stadt und Land, zwischen Handwerker und Bauer typischen Marktverkehrs lesen wir am deutlichsten davon ab, daß die Kupferprägung in Westeuropa seit dem 5. Jahrhundert zugrunde ging. Nur in Marseille und wohl in anderen Städten des verkehrsmäßig so günstig gelegenen Rhônemündungsgebietes erhielt sie sich bis um die Mitte des 6., nur in Italien bis ins 7. und nur in Sizilien und im griechischen Osten bis über das 7. Jahrhundert hinaus. Deutlich gibt dieser Befund die Zonen zu erkennen, in denen sich der Verfall der lokalen oder regionalen wirtschaftlichen Mittelpunktfunktion der Städte vollzog: Je weiter wir nach Westen und Norden gehen, um so rascher schritt er fort. Auf der britischen Insel lief seit etwa 435 gar kein Geld mehr um.

Die Zeitenwende äußerte sich auch darin, daß nun die Zeit des Silbergeldes begann, das im römischen Reich ganz bedeutungslos gewesen war. Die germanischen Könige setzten mit der Prägung in geringen Mengen schon im 6. Jahrhundert ein; die Wirtschaftskraft des Rheinlandes begann sich bald darin zu zeigen, daß das neue Geld vor allem dorthin abfloß. Es konnte den Goldmangel nicht ersetzen, der sich infolge der passiven Handelsbilanz mit dem byzantinischen Reich und der adligen Thesaurierung seit der Mitte des 6. Jahrhunderts im Frankenreich fühlbar machte. Am Ende des 7. Jahrhunderts kam hier und auf der Iberischen Halbinsel die Goldprägung ganz zum Stillstand, nachdem bereits um 639 bis 641 die Kontrolle des merowingischen Königtums über das Münzwesen zusammengebrochen war. Es entsprach der Loslösung des Geldumlaufs vom städtischen Wirtschaftsleben, daß sich die Münzherstellung in ein privates Gewerbe verwandelte, das die nach Immunität strebenden großen geistlichen und weltlichen Herren nun auf eigene Rechnung von reichen Kaufleuten und Goldschmieden ausüben ließen. Bis zu 500 Münzstätten, von denen die meisten nur eine geringe Tätigkeit erbrachten, hätte man damals im fränkischen Reiche, bis zu hundert bei den Westgoten zählen können. Im 7. Jahrhundert begannen die Merowinger und namentlich die friesischen Münzstätten, die ersten Silberdenare zu prägen, von denen man zwölf auf den nun weitgehend entwerteten Goldsolidus rechnete. Offenbar hatte sich die agrarische Gesellschaft des 7. Jahrhunderts eine andere Marktorganisation geschaffen, als der urbanisierten Wirtschaft und Gesellschaft des 4. Jahrhunderts noch angemessen gewesen war, und deren Bedürfnissen dürfte der Silberdenar entsprochen haben. Es waren die Bedürfnisse eines auf Jahrmärkten und im Tausch abgewickelten Handels, der sich von den Städten weitgehend losgelöst hatte und für das Kupfergeld der kleinen Leute keines Ersatzes bedurfte. Wir wissen nicht, ob dieser Handel unter dem Mangel an Geld, den das Fehlen ertragreicher Silbergruben zur Folge hatte, wirklich gelitten hat.

Die trotz der Gebietsverluste an Slaven und Araber fortdauernde wirtschaftliche Überlegenheit der Städte und Länder am östlichen Mittelmeer über den lateinischen Westen, die sich aus der Entwicklung des Geldwesens entnehmen läßt, kommt auch darin zum Ausdruck, daß die in Italien und in den Reichen der Westgoten und Merowinger tätigen Fernhändler, die auf den Jahrmärkten auch den Detailverkauf betrieben, häufig Orientalen waren, Griechen, Syrer und Juden aus den Ländern, die die begehrten Luxuswaren herstellten und durch ihre eigenen reisenden Kaufleute im ganzen Westen verteilten. Die Geschichte des europäischen Fernhandels beginnt mit einem System kolonialwirtschaftlichen Charakters: nämlich dem Austausch zwischen den gewerblich und kommerziell höher entwickelten Ländern der Levante und dem immer deutlicher ein rein agrarisches Wirtschaftsleben ausbildenden Westen. Die griechischen und die seit 634 beziehungsweise 639 arabisch beherrschten Städte Syriens und Ägyptens standen in Verbindung mit dem zentralasiatischen Verkehrssystem der Seidenstraße und mit dem südasiatischen Verkehrsraum des Indischen Ozeans; aus östlichen Importen und aus eigener Erzeugung konnten sie Luxusgüter wie Seide und Damast, Papyrus, Stahl- und Silberwaren, Edelsteine, Gläser, Gewürze, Parfums und Farbstoffe liefern, die der Westen mit nichts anderem zu bezahlen vermochte als mit Rohstoffen wie Schiffsbauholz, Sklaven, Pelzen und immer wieder Edelmetallen, mit seinen an sich bereits bescheidenen und kaum aus eigenen Vorkommen ergänzbaren Vorräten an Gold und Silber. Es muß die Suche nach solchen Rohstoffen gewesen sein, die fränkische Kaufleute dazu veranlaßte, in die slavischen Länder vorzudringen, so wie es jener Kaufmann Samo tat, der seit 623 imstande war, sich zum Herrn der Stämme jenseits des Böhmerwaldes aufzuwerfen. Ein solches kolonialwirtschaftliches Verkehrssystem, das nur den Konsum- und Repräsentationsbedürfnissen der Oberschicht nützte, mußte die Ausbildung eines arbeitsteiligen Wirtschaftslebens, wie es die Entfaltung eines eigenen Städtewesens voraussetzte, empfindlich behindern, allein schon dadurch, daß es die abendländische Wirtschaft ihrer Zahlungsmittel beraubte. Nur wenn es dem Abendland gelang, ein so hoch leistungsfähiges Gewerbe zu entwickeln, daß es einmal seine Importe aus dem Orient statt mit Rohstoffen mit Fertigwaren würde bezahlen können, nur dann konnte es den Europäern gelingen, dieses ihnen nachteilige System zu zerbrechen und ihr Verhältnis zum Orient in eines der eigenen Überlegenheit zu verwandeln. Die ersten Keime dieses später vor allem in Nordwesteuropa und in Oberitalien blühenden Exportgewerbes, dessen Kern die Tuchmacherei bildete, sehen wir bereits im 7. Jahrhundert im Gebiet der Schelde, der Maas und des Niederrheins emporsprießen. Möglicherweise, wie erzählt worden ist, in Kontinuität zum spätantiken Gewerbe dieser Landschaften stehend, traten hier die Metall- und Glasindustrie des Maaslandes, die Töpfereibetriebe des Kölner Raumes, die Mühlsteinbrüche des Neuwieder Beckens und die Tuchmacherei an der Schelde und westlich davon als Erzeuger von Fernhandelswaren hervor, zu denen der an der Mosel und im Elsaß erzeugte Wein hinzugekommen sein wird. Die Gründung der ersten friesischen Münzstätten noch im 7. Jahrhundert liefert uns das deutlichste Anzeichen für den Beginn einer Entwicklung, von der wir sagen können, daß ohne sie das freiheitliche europäische Bürgertum und Städtewesen niemals hätte entstehen können.

Zwei Umstände sind erkennbar, die uns helfen können zu verstehen, warum gerade diese aus antiker Sicht ganz abseits gelegenen nordwesteuropäischen Landstriche jetzt ihren während des ganzen Mittelalters mit Oberitalien wetteifernden und dieses reiche Land in der Neuzeit schließlich überflügelnden Aufschwung antraten, nämlich – neben der bereits erwähnten, vermutlich sehr alten gewerblichen Tradition – die im 6. Jahrhundert eingetretene Veränderung der Lage dieses Raumes im europäischen Verkehrssystem und der Umstand, daß die wenig verkehrsfreundliche römische Staatsform und Herrschaftsorganisation hier völlig zugrunde gegangen war, so daß Franken, Friesen und Angelsachsen ihre Landes- und Stadtverfassungen von Grund auf neu errichten konnten.

Was die Veränderungen im Verkehrssystem anlangt, so waren sie eine Folge der Ausbreitung der Avaren und Slaven in Osteuropa, eines historischen Vorganges, dessen Bedeutung sich keineswegs in den bereits beschriebenen Auswirkungen auf das Städtewesen der Donauländer und der Balkanhalbinsel erschöpft. Er unterbrach nämlich auch für mehrere Jahrhunderte die Fernhandelswege, die vom Schwarzen Meer und der Adria ausgehend seit alters die griechisch-römische Welt mit dem Ostseeraum verbunden hatten, insbesondere die Bernsteinstraße, die von Aquileja über Carnuntum und durch die Mährische Pforte hindurch die Wasserstraßen von Oder und Weichsel erreicht hatte. Seit dem 6. Jahrhundert von der direkten Verbindung mit den Mittelmeerländern abgeschnitten, richteten sich die skandinavischen Germanenstämme ganz auf das zu Schiff erreichbare Rheinmündungsgebiet hin aus, das seinerseits über Rhein und Mosel, über Maas und Seine mit dem Rhônetal und dem Mittelmeer Kontakt hatte. An den bei Eketorp und anderswo gemachten Bodenfunden kann man beobachten, wie die noch im 5. Jahrhundert bestehenden Kontakte Skandinaviens zu den Handelszentren in Südosteuropa und im Donaubecken abrissen und ersetzt wurden durch Beziehungen zum angelsächsischen England und zum fränkischen Reich; andererseits erhellt die Gründung des Jahrmarktes zu Saint-Denis bei Paris im Jahre 634/35 die wachsende kommerzielle Bedeutung der Beziehungen des jungen nordwesteuropäischen Mittelpunktraumes zum Rhônegebiet und zum Mittelmeerhandel.

Dessen Rückgrat war seit der Gründung Konstantinopels die Wasserstraße vom Asowschen Meer durch Bosporus und Hellespont einerseits nach Alexandria im Südosten, andererseits nach Italien und Gallien im Westen gewesen. Der Verlust der Balkanhalbinsel an die Slaven und Alexandrias an die Araber ließ ihre Bedeutung noch ansteigen, zumal die Stadt Chersonnesos immer in griechischer Hand blieb und jenseits von ihr im 7. Jahrhundert im Wolgabecken das Reich der Chasaren entstand, das Zugang zu den Gold- und Zinnvorräten des Ural, zu den Pelzjägern der Taiga und zu den Städten an der Seidenstraße in Zentralasien besaß. Die europäische Bedeutung dieses Verkehrssystems verrät sich darin, daß die griechischen Kaiser von 547/48 bis 670 für den Außenhandel einen besonders leichten, zum Verkehr innerhalb des Reiches nicht zugelassenen Goldsolidus prägen ließen, dessen Umlauf sich für die erste Hälfte des 7. Jahrhunderts bis nach Friesland verfolgen läßt. Wohl nicht zufällig begann Kaiser Justinian damit, diese Münzen zu prägen, während er den Ostgoten Italien entriß, denn von Italien war vorher der Abfluß von Goldmünzen nach dem

Norden ausgegangen. Seit aber die Langobarden die Alpenpässe und die Avaren und Slaven die Bernsteinstraße versperrten, mußte der Verkehr gänzlich auf das Rhônetal ausweichen, wo er die offenkundige Blüte der Hafenstadt Marseille begünstigte. Entfernt mag damit auch die Erholung des Fernhandels von Bordeaux zusammengehangen haben, der Münzen aus Merida, Sevilla, Corduba und Zaragoza ins Land brachte und im Norden wieder bis nach Irland reichte; man erkennt ihn besonders deutlich daran, daß aus Pyrenäenmarmor gefertigte Sarkophage, Kapitelle und Grabplatten des 6. und 7. Jahrhunderts bis nach Paris und Soissons hin verbreitet und von den erwerbenden Kirchen mit merowingischen Goldsolidi bezahlt worden sind. Ein anschauliches Zeugnis für das Bestehen und den Charakter des Orienthandels nach Nordwesteuropa bildet das in Ägypten gefertigte Bronzegeschirr, das sich in Bodenfunden des 7. Jahrhunderts in Italien, am Rhein und sogar in England vorfindet. Die Nöte, in die die Araber gegen Ende des 7. Jahrhunderts die Reichshauptstadt versetzten, müssen indirekt auch diese Handelsbeziehungen betroffen und damit die Selbständigkeit des Nordwestens weiter gefördert haben.

Was der Untergang der römischen Staatsform für die Geschichte des europäischen Städtewesens bedeutet hat, ist am klarsten von der Tatsache abzulesen, daß im europäischen Mittelalter nicht mehr ländliche Grundbesitzer so, wie einst im Altertum, die Städte regierten, sondern Kaufleute und erfolgreiche Handwerker, deren gesellschaftliche Lage und politischer Einfluß im Altertum schon wegen des geringen Ansehens, das Handarbeit und Geschäftstüchtigkeit genossen, nicht weit reichen konnten. Als Steuerzahler waren sie unbedeutend. Kaiser Constantin hatte zwar eine besondere Steuer für alle nicht grundbesitzenden gewerblich Tätigen eingeführt, aber sie hatte nur nach der Zahl der Arbeitsgeräte, Arbeitstiere und Sklaven veranlagt werden können, also gerade die Handelskapitalien nicht erfaßt, und dazu wurde sie im Ostreich bereits zu Beginn des 6. Jahrhunderts, in Italien dann im Jahre 554 wieder aufgehoben. Die von Kaiser Valentinian III. im Jahre 444 im Restgebiet des Westreiches eingeführte Kaufsteuer in Höhe von 4,2% jeder Kaufsumme betraf viel mehr den Grundstücks- und Rentenmarkt als den Warenhandel. Nur selten einmal sind Handwerker und Kaufleute als Rechtsuchende an den Kaiser herangetreten; daher sind die Kaiser auf den Gebieten des Gewerbe- und Handelsrechtes kaum als Gesetzgeber hervorgetreten. Als sich im Jahre 540 die Geldhändler Petros und Eulogetos an Kaiser Justinian wandten, um das Recht der Darlehensverträge, die sie mit über See reisenden Kaufleuten abzuschließen pflegten, feststellen zu lassen, da ließ der Kaiser die Schiffer und Händler zusammenrufen, die solche Seedarlehen gewöhnlich in Anspruch nahmen, und von ihnen das Gewohnheitsrecht erfragen, das er lediglich sanktionierte; aber schon ein Jahr später hob er diese Entscheidung wieder auf, weil zu viele

Interessenten dagegen Einspruch erhoben. Schon vorher, im Jahre 528, hatte er für Seedarlehen einen Zinsfuß von bis zu 12% zugelassen, während die Geldhändler für gewöhnliche kaufmännische Darlehen höchstens 8% und für Konsumkredite höchstens 6% Zinsen verlangen durften. Das von den Kaisern normierte Recht weiß nichts von vertraglichen Haftungsbeschränkungen, von der direkten Stellvertretung des Eigentümers beim Abschluß von Handelsgeschäften, von der Veräußerung kaufmännischer Forderungen mittels Order- und Inhaberpapieren und von anderen, der Entfaltung des Kapitalismus im hohen Mittelalter so förderlich gewordenen Rechtsverhältnissen, deren offensichtlich ein Wirtschaftsleben nicht bedurfte, das den Groß- und Fernhandel auf Luxuswaren beschränkte und ihm die lukrativen Verdienstmöglichkeiten versperrte, die erst der Handel mit Massengütern trotz ihres geringeren spezifischen Wertes eröffnet, sobald nur der Kaufmann die Kunst erlernte, den geringen spezifischen Gewinn durch die Höhe des Umsatzes auszugleichen. Wer mit Luxusgütern handelte, mußte dagegen bestrebt sein, aus einigen wenigen Einzelgeschäften jeweils einen hohen Gewinn zu ziehen.

Der Verkehr mit Massengütern wie Getreide und anderen Rohstoffen aber war schon wegen der hohen Transportkosten so wenig rentabel, daß man es der kaiserlichen Verwaltung überließ, ihn zu organisieren. Wein und Öl freilich waren so wertvoll, daß damit noch im 6. Jahrhundert in Marseille die Kaufleute Handel trieben. Aber seit je hatten die Kaiser die Hauptstadt Rom und andere Großstädte mit Getreide versorgt; noch als die Langobarden ihre ersten Vorstöße nach Mittelitalien unternahmen und mit der Verheerung des Landes in Rom eine Hungersnot hervorriefen, ließ Kaiser Justinos II. viele tausend Scheffel Getreide aus Ägypten herbeischaffen, um der Stadt mit dem Eifer seiner Barmherzigkeit zu helfen. Den Transport mußte die Schifferkorporation übernehmen, deren Mitglieder mindestens zum Teil über steuerfreien Landbesitz verfügten, aus dessen Ertrag sie ihre Schiffe ausrüsteten. Im 7. oder 8. Jahrhundert hat ein unbekannter griechischer Verfasser das griechisch-römische Seerecht aufgezeichnet, als dessen Heimat er den einst blühenden Inselhafen von Rhodos betrachtete; dieses in vielem, zweifellos aus sachlichen Gründen, dem mittelalterlichen Seerecht Europas verwandte Schiffs- und Handelsrecht zeigt, daß Schiffseigner und Kaufleute damals stets sauber getrennt waren: Der Reeder beschäftigte den Kapitän und die Seeleute und vermietete das Schiff an die Kaufleute, die es befrachteten. Wie es scheint, hat der mittelalterliche wagende Kaufmann, der auf eigenem Schiff die Meere befuhr, erst mit den Friesen und ihren Nachfolgern auf den Routen der nördlichen Meere die Bühne der Geschichte betreten. Die Trennung zwischen Reeder und Kaufmann mag wesentlich von den Kaisern erzwungen worden sein, die sich für öffentliche Zwecke die Verfügung über die Schiffseigner und Schiffe vorbehalten mußten.

Wenn wir vom Mittelalter her auf das Altertum zurückblickend meinen, hier nur ein Städtewesen ohne Bürgertum anzutreffen, so liegt dies vor allem daran, daß der Handwerker und der Fernhändler in der von Grundbesitzern beherrschten Gesellschaft der Reichen und Mächtigen nur eine dienende Rolle zu spielen vermochte und sich in die graue Menge des unedlen, niederen Volkes einfügen mußte. Wer aber zum niederen Volke gehörte, weil er zu arm war, um die Ehrenämter der städtischen Verwaltung oder des Reichsdienstes zu übernehmen, der unterlag im Strafverfahren einem wenig sorgfältigen, verkürzten Prozeß, der sich auch der Folter nicht enthielt, er wurde zu schwereren, demütigenden Strafen verurteilt und blieb in der Regel von der Appellation an den Kaiser ausgeschlossen, die den Mächtigen wohl immer offenstand. Nachdem einst die freien Stadtbewohner aufs Land entwichen und dort unter die Schutzherrschaft der Mächtigen gefallen waren, konnte jetzt eine Rückwanderung ihrer unfrei gewordenen Kinder und Enkel einsetzen. Viele der in den Städten lebenden kleinen Leute mögen, wie später im Mittelalter, unfreier Herkunft gewesen und vom Lande her zugewandert sein, ohne daß ihre Unfreiheit verjähren konnte. Ein wohl um die Mitte des 5. Jahrhunderts im Westgotenreich auf gallischem Boden erlassenes Gesetz bestimmt bereits, daß die Grundherren bäuerliche Sklaven nicht nur von ihren Geburtsorten fort auf andere Güter verpflanzen, sondern auch für städtische Gewerbe verwenden durften, ohne sie mit ländlichem Grundbesitz ausstatten zu müssen. Papst Gregor I. wies im Oktober 598 seinen Verwalter in Sizilien an, dafür zu sorgen, daß ein unfreier Kirchensklave namens Alexander Frigiscus, der in Catania als Bauhandwerker tätig war, seinen vollständigen Lohn erhalte, und wenig später erfahren wir von einem Sklaven Petrus, der dem Bruder des Papstes gehörte und das Bäckerhandwerk erlernt hatte, das er nun in Rom ausüben sollte. Wohl auf solche unfreien Handwerker wird sich das Gesetz Kaiser Justinians vom Jahre 528/29 beziehen, das bestimmt, ein Kolone, der sein Land von Verwandten bebauen und dem Grundherrn verzinsen lasse, sei diesem auch dann nichts schuldig, wenn er 30 oder 40 Jahre als freier Mann gelebt habe und schließlich untüchtig sei, um als Zurückgerufener den Boden zu pflügen oder andere Arbeiten eines Kolonen zu verrichten.

Handwerker und Schiffseigner, die einer mit Staatsdienstbarkeiten belasteten Korporation angehörten, befanden sich in einer Lage, die materiell gesehen von der eines unter Leib- oder Schutzherrschaft stehenden Unfreien nicht sehr verschieden war, denn ihre Pflichten waren erblich, und mehrfach hatte sich der kaiserliche Gesetzgeber mit der Frage zu befassen, wie die Ehen zwischen inkorporierten Gewerbetreibenden und Unfreien zu beurteilen und welchem Stande die daraus hervorgehenden Kinder zuzuschreiben seien. Im Gegensatz zu den späteren mittelalterlichen Zünften waren die spätrömischen Gewerbeverbände keineswegs nur freien Mitgliedern der Stadtgemeinde zugänglich, ja es waren noch nicht einmal Berufsgenossenschaften, denn gewerbliche Kenntnisse waren bei der Einreihung gar nicht nötig, viel eher war der Besitz eines gewissen Vermögens oder eines dienstpflichtigen Grundstücks dafür Vorbedingung. Daß auch die Großen des Merowingerreiches mit Verachtung auf die Handwerker – und für die einheimischen Kaufleute wird ein gleiches gelten, da ja der Fernhandel in fremden Händen lag –, daß sie auf jene mit Verachtung herabsahen und sie nach Kräften wie Unfreie behandelten, das zeigt uns die Geschichte von dem Schneider und freigeborenen Manne aus Paris, die uns Bischof Gregor von Tours erzählt: Der Schneider hatte sich, um Heilung von seiner Blindheit zu erlangen, nach dem Martinsgrab in Tours begeben; als aber der Graf der Stadt erfuhr, welchen Standes er war, da ging er ihn mit harten Worten an, er solle zu seinem Herrn zurückkehren, da es ihm als Handwerker und Unfreien nicht erlaubt sei, sich frei im Lande zu bewegen. Gerade die Einwohner von Paris bestanden zum großen Teil aus Hörigen; als König Chilperich im Jahre 584 seine Tochter mit dem König der Westgoten verheiratete, zwang er viele von ihnen, darunter auch solche besserer Herkunft, die über eigene Vermögen verfügten, mit Gewalt, die Prinzessin in das fremde Land zu begleiten. Die Mächtigen im Lande wollten den Handel- und Gewerbetreibenden eben jene Freiheit und Freizügigkeit versagen, ohne die es nach späterer europäischer Auffassung kein Bürgertum geben konnte.

Das niedere, aus Freien und Unfreien bestehende Volk der Städte, das aus grundbesitzlosen, von Handel, Handwerk und Lohnarbeit lebenden, aber auch aus arbeitslosen oder arbeitsunfähigen Armen (aus solchen wohl sogar in großer Zahl) bestand, dieses niedere Volk war, wiewohl an der Stadtverwaltung nicht beteiligt, keineswegs politisch einflußlos. Unter den Amtspflichten der Statthalter, die Kaiser Justinian im Jahre 535 im ›Buch der Mandate‹ zusammenstellte, steht nicht umsonst an der Spitze das Gebot, Aufstände zu verhüten und für Frieden zu sorgen, ohne in den Konflikten Partei zu ergreifen. Über die Erhebungen, in denen das Stadtvolk seinem Unmut über Mißstände und Fehler der Regierenden Luft machte, sind wir am besten hinsichtlich der Hauptstadt Konstantinopel im 5. und 6. Jahrhundert unterrichtet. Dort ereigneten sich im Jahre 407 eine Hungerrevolte gegen den Stadtpräfekten, 409 ein Aufstand gegen denselben hohen kaiserlichen Beamten, 445 und 473 aus Unruhen im Zirkus hervorgegangene gewalttätige Auseinandersetzungen mit der Stadtverwaltung, 491 ein Aufstand der Zirkuspartei der Grünen mit erheblichen Brandschäden, 493 ein gegen Kaiser Anastasios und die Kaiserin Ariadne gerichteter Aufruhr, bei dem das Volk die kaiserlichen Standbilder durch den Staub der Straßen schleifte, 498 ein Aufstand gegen den Stadtpräfekten, 511 und 514 religiös motivierte Aufstände gegen den Monophysitismus des Kaisers Anastasios,

517 eine Beschimpfung desselben Kaisers aus dem Volke heraus, 523 ein aus Unruhen unter den Zirkusparteien hervorgegangener Aufstand und 532 schließlich der große Aufruhr, der Kaiser Justinian beinahe um den Thron gebracht hätte. Nicht nur in Konstantinopel bildeten die beiden untereinander bitter verfeindeten, vordergründig der Förderung ihrer Champions dienenden Zirkusparteien der Grünen und der Blauen das letzte übriggebliebene Element ehemaliger republikanischer Freiheiten, ohne daß sich der Ursprung dieses Parteiwesens heute noch aufklären ließe. Jede dieser Parteien verfügte über eine feste, straff organisierte Gefolgschaft aus allen, auch den höheren Schichten der Bevölkerung. Ihr Wirkungsraum war seit alters der Zirkus oder Hippodrom, der Schauplatz der Wagenrennen, der sich in Konstantinopel, wie wir gesehen haben, in unmittelbarer Nähe des kaiserlichen Palastes befand und wo das Volk in Sprechchören dem Kaiser seinen Willen oder Unwillen kundzutun pflegte. Außerdem übten die Parteien gewisse öffentliche Funktionen, etwa auf dem Gebiet der Stadtmiliz oder Polizei, aus; seit der Mitte des 5. Jahrhunderts hatten sie zusammen mit dem Senat dem Heere die letzte Entscheidung über die Kaiserwahlen entrissen, und Abordnungen ihrer höchsten Vertreter hatten Zugang zu allen repräsentativen Feierlichkeiten des kaiserlichen Hofes. Das byzantinische Stadtkaisertum, das der Verankerung in einer breit in den Provinzen verwurzelten Adelsschicht verlustig zu gehen im Begriff war, hatte sich zu einer so instabilen Größe entwickelt, daß Justinian es auf einen Versuch ankommen ließ, die Zirkusparteien aus der Politik auszuschalten. Aber da verbündeten sich die Parteien gegen ihn, ein Aufstand brach los, der die Anführer dazu zwang, einen Gegenkaiser zu erheben, und nur die Kaltblütigkeit der Kaiserin Theodora, das diplomatische Geschick des Hausministers Narses und die Truppen des Feldherrn Belisar retteten den Kaiser im letzten Augenblick. Belisar erstickte den Aufstand in einem grausamen Blutbad; inmitten der brennenden Stadt erschlugen seine Krieger im Hippodrom über 30000 Menschen.

Die Zerstörung der republikanisch-stadtstaatlichen Lebensformen des klassischen Altertums, der das römische Kaisertum seine Entstehung verdankte und die es lediglich vollendet hat, bedeutete also nicht die Ausschaltung des Volkes aus der Politik der Städte, sondern nur seine Abdrängung auf außerrechtliche, gewaltsame und unkontrollierbare Wege und Mittel. Zwar wird die ungeordnete, chaotische Mitwirkung des Volkes an den Wahlen der vom Kaiser zu autorisierenden Beamten und der Bischöfe in unseren Zeugnissen häufig erwähnt, aber um die Abläufe und Interessenlagen zu beschreiben, fehlen uns alle Nachrichten. Auch unter germanischer Herrschaft blieb die Stadtbevölkerung ein oft unberechenbares Element. Als König Theudebert im Jahre 548 gestorben war, erschlug das rasende Volk in Trier im Aufruhr den Parthenius, den die Franken haßten, weil er ihnen zu

Lebzeiten des Königs die einst von den Römern erhobenen, aber längst abgekommenen Steuern wieder auferlegt hatte!

Der Übergang von gesetzlich normierter Verfassung zu offenen, dem politischen Kräftespiel freie Hand lassenden Formen der Willensbildung charakterisiert nun auch die Entwicklung des eigentlichen, von den großen Grundeigentümern getragenen Stadtregimentes. Längst waren die Zeiten dahin, in denen die städtischen Volksversammlungen aus den Großgrundbesitzern und, wo es solche gab, aus den reichen Kaufleuten alljährlich die städtischen Amtleute erwählt hatten und die so Geehrten in den Stand (ordo) der Ratsherren oder Dekurionen eingetreten waren, sofern sie ihm noch nicht angehörten: Seit dem Ende des 2. Jahrhunderts hatten die Dekurionen die Jahresämter unter sich verteilt und waren so zu einer geschlossenen Gruppe geworden, die die Rats- und Amtsfähigkeit im Kreise der zugehörigen Geschlechter vererbte. Die Jahresämter, die schon dadurch an Attraktivität verloren, daß sie keinen sozialen Aufstieg mehr eröffneten, erwiesen sich nun immer mehr als eine drückende Last, da ihre Übernahme die Inhaber zu eigenen finanziellen Leistungen an die Stadt, etwa zur Errichtung eines öffentlichen Gebäudes, zur Ausrichtung von Zirkus- und Theaterspielen oder zur Versorgung der Gemeinde mit Lebensmitteln verpflichtete. Hinzu kamen die Lasten staatlicher Auftragsverwaltung, unter denen die Erhebung der Grund- und Kopfsteuer die drückendste war, weil der Kaiser und seine Statthalter die Gesamtheit der Dekurionen einer Stadt für die Ablieferung des Steuersolls der Gemeinde haftbar machten. Der Rat hatte zwar die Befugnis, die geforderte Gesamtsumme auf die einzelnen Bürger im Verhältnis zur Größe ihres Grundbesitzes und zur Zahl ihrer Arbeitstiere und Sklaven zu verteilen, aber da die Steuer auf unterschiedliche wirtschaftliche Leistungsfähigkeit keine Rücksicht nahm, mußten schließlich doch die Reichen für alles aufkommen, was man den erwerbsunfähigen oder arbeitslosen Armen nicht abpressen konnte. Da die Kaiser wegen der hohen Kosten für das Heer, die im Zeitalter der Völkerwanderungen unausweichlich von Jahr zu Jahr stiegen, die Steuern nicht ermäßigen konnten, aber auch nicht imstande waren, die Grund- und Kopfsteuer durch gerechtere und besser erträgliche Umsatz- und Ertragssteuern zu ersetzen, mußten sie zwei Folgen ihres Steuersystems in Kauf nehmen, die vor allem dafür verantwortlich sind, daß sich das spätrömische Reich dem zurückschauenden Historiker so leicht als freiheitsfeindlicher Zwangsstaat darstellt: nämlich die Entstehung grund- und schutzherrlicher Abhängigkeiten und den Untergang des Dekurionenstandes.

Jene Abhängigkeiten ergaben sich daraus, daß sich die Armen in ein der Schuldknechtschaft gleichendes Verhältnis zu den Reichen begaben, die für sie die Steuern bezahlten und die imstande waren, sie vor dem Zugriff der Steuereinnehmer zu schützen. Sie mußten den Mächtigen ihre Grundstücke übereignen, um sie gegen Pachtleistungen zurückzuerhalten, und sie mußten ihnen Schutzgelder zahlen, aus denen die Mächtigen bewaffnete Anhänger besoldeten, um die Steuereinnehmer von den Höfen ihrer Klienten oder Hintersassen fernzuhalten. Der ökonomische und ständische Abstand, der die Großbesitzer von den Handwerkern und Bauern trennte, klaffte immer weiter auseinander, und immer offener benutzten die Mächtigen die Befugnisse des von ihnen besetzten Rates, um die vom Kaiser ihnen auferlegten Steuerlasten auf die kleinen Leute abzuwälzen. Schon im 3. und 4. Jahrhundert hatten die Kaiser begonnen, den bedrängten Bürgern, soweit deren Klagen sie noch erreichten, dadurch zu helfen, daß sie eine von ihnen erwählte Person zum „Schützer des Volkes" bestellten mit der Aufgabe, den Mächtigen, wenn sie die Steuern ungerecht verteilten, in den Arm zu fallen. Es wurde den Mächtigen indes nicht schwer, alsbald, vorwiegend indem sie die Ernennungsbehörden bestachen, maßgebenden Einfluß auf die Bestellung des Defensors zu gewinnen und damit das Amt um seinen ursprünglichen Sinn zu bringen. Die Dekurionengeschlechter aber standen nun vor der Wahl, entweder den Aufstieg in die Gruppe der Mächtigen zu gewinnen oder in die Menge der Kleingrundbesitzer, Pächter und kleinen Leute abzusinken, und es war bereits oben in der Einleitung davon die Rede, in welchem Umfange dies zweite seit dem 4. Jahrhundert der Fall gewesen ist. Die reichen Großgrundbesitzer aber vermochten sich immer häufiger den kurialen Pflichten zu entziehen, indem sie kaiserliche Ämter übernahmen und den Rang von Senatoren erwarben; alsdann waren sie zwar verpflichtet, in einer der beiden Hauptstädte entsprechende Lasten zu übernehmen, aber besonders im Westreiche sorgte der Verfall und schließliche Untergang der Zentralgewalt dafür, daß es schon im 5. Jahrhundert leicht war, sich diesen Pflichten zu entziehen. Die Mitglieder des senatorischen Adels nun residierten nicht mehr in den verfallenden und in enge Mauern eingezwängten Provinzstädten, sondern in befestigten Gutshöfen auf dem Lande, von denen aus sie sich und ihre Schutzbefohlenen mit Waffengewalt verteidigten und leicht in ein vertraglich zu ordnendes Verhältnis zu den Königen der germanischen Völker überwechseln konnten, wenn diese bereit waren, ihre Besitz- und Herrenrechte anzuerkennen. Wenn sich aber erst einmal die größten Grundbesitzer der städtischen Kurie entzogen hatten, dann mußten die übriggebliebenen Dekurionen von den ihnen überlassenen Lasten um so eher erdrückt werden. Schon seit dem 2. Jahrhundert war es schwer gewesen, jetzt aber wurde es unmöglich, für ausgestorbene oder ruinierte Dekurionenfamilien Ersatz zu gewinnen, da kein Mächtiger mehr bereit war, freiwillig Dekurionenpflichten zu übernehmen, und die Kaiser Westroms schon im 5., die des Ostens dann im 6. Jahrhundert die Macht verloren, um die Übernahme zu erzwingen.

Damit ging aber keineswegs die Selbstverwaltung der Städte und ihrer

Territorien zugrunde; sie ging lediglich von der zerbröckelnden Gruppe der Dekurionen, deren Rechte und Pflichten gesetzlich sehr genau geregelt waren, auf die formlos sich versammelnde Gruppe der Mächtigen über. Bereits im Jahre 409 übertrug Honorius, der Kaiser des weströmischen Reiches, die Wahl des Defensors oder Schützers einer Versammlung, an der außer den gewesenen Jahresbeamten, den Grundbesitzern und den etwa noch vorhandenen Dekurionen auch der Ortsbischof mit seinem Klerus teilnahm. Aus Gesetzen Kaiser Justinians erfahren wir dann, daß auch im Ostreich ein aus dem Bischof, den Vornehmen und den Grundbesitzern bestehendes Gremium die Amtleute wählte, die das städtische Vermögen verwalteten. Seine Statthalter wies Justinian an, beim ersten Eintreffen in ihrer Provinz die in deren Hauptstadt Angesessenen, nämlich Bischof, Klerus und Vornehme, zusammenzurufen und ihnen sowie den anderen Städten der Provinz ihre Instruktion mitzuteilen, damit sie kontrollieren könnten, ob die Statthalter ihr Amt rechtmäßig verwalteten. Nach der Rückeroberung Italiens übertrug er den Bischöfen und Großen der Provinzen, also den Versammlungen mehrerer Städte, sogar die Wahl seiner Statthalter, eine Vorschrift, die sein Nachfolger im Jahre 569 auf das ganze Ostreich ausdehnte. Im Westgotenreich mußte jeder königliche Amtmann versprechen, nur solche Hilfskräfte in seinen Dienst zu nehmen, die die Bürger ihm öffentlich in einer Wahl zuweisen würden. Es waren die, im Gegensatz zu Bischof und Klerus längst nicht mehr überall stadtsässigen, ihre Macht auf städtischen und ländlichen Grundbesitz stützenden Großen, die hier und in den germanischen Königreichen der Langobarden und Franken als Bürger (cives) bezeichnet wurden und überall in formlosen Versammlungen oder anderen Weisen des Zusammenwirkens die lokale Gewalt ausübten. Und der Formlosigkeit war es zu verdanken, daß, sobald einmal der konfessionelle Gegensatz zwischen Germanen und Romanen überwunden war, die neuen, zunächst als Eroberer ins Land gekommenen Grundherren alsbald an dieser lokalen Selbstverwaltung teilnehmen konnten, ja daß schließlich zwischen ihr und derjenigen der rein germanischen Länder im Nordosten des Frankenreiches und in Britannien die Unterschiede immer geringer wurden.

Was das Verhältnis der Zentralgewalten der Kaiser und Könige zum Klerus und den Mächtigen der Stadtbezirke anlangte, so war die Entwicklung längst über die kaiserliche Rechtsauffassung hinweggegangen, der zufolge die Stadtgemeinden Staatsanstalten waren und keinerlei eigene, sondern nur vom Staate verliehene Rechte ausüben konnten. Die Führungsgruppen und Volksversammlungen jedenfalls handelten, je mehr die Kaiser sie bei Kriegsnot im Stich ließen und sie sich selbst helfen mußten, als seien sie Subjekte eigener, aus genossenschaftlichem Zusammenschluß entsprungener Rechte, und ihr Verhältnis zum Kaiser mußte sich auf die Frage zuspitzen, ob er jeden von ihnen Erwählten zum Amtmann ernennen mußte oder ob er imstande wäre, den Wählern eigene Kandidaten zu oktroyieren. Dabei konnte er gewiß bei den zivilen Beamten, den Defensoren und Kuratoren, größere Zugeständnisse machen als bei den Truppenführern. So kommt es, daß die Kaiser in den erwähnten Gesetzen von 554 für Italien und von 569 für das oströmische Reich ihren Widerstand gegen das Indigenatsrecht aufgaben und sich verpflichteten, nur noch in den jeweiligen Provinzen angesessene Männer zu Statthaltern zu ernennen. Im Jahre 614 mußte der Frankenkönig Chlothar II. den fränkischen Großen dasselbe hinsichtlich der Einsetzung der Grafen zugestehen, die nunmehr die zivile und die militärische Gewalt innerhalb der Städte in ihrer Hand vereinigten. Den Wikgrefen, der im 7. Jahrhundert in London im Saal des Königs Gericht hielt, und die zu Lincoln und Carlisle in England genannten Vorsteher der Städte werden wir uns in einer vergleichbaren Stellung denken dürfen. Der Gegensatz der Interessen beruhte darauf, daß in dem Amtsbezirk eingesessene Amtleute in erster Linie die Anliegen ihrer Wähler und Standesgenossen und erst in zweiter Linie diejenigen der Herrscher und des Gesamtstaates wahrzunehmen pflegten. Die Schwäche des Kaisertums führte dazu, daß im 7. Jahrhundert auch die Militärbefehlshaber im byzantinischen Italien, die duces (Dogen) in Venedig und Neapel, zu erwählten Oberhäuptern des einheimischen Adels wurden.

Auf die Wahlvorgänge selber erhalten wir Hinweise nur bezüglich der Bischofswahlen, zu denen in jeder Stadt der Klerus, die Dekurionen oder die sie ablösenden Großen und das Volk berechtigt waren. Aus den Briefen Papst Gregors des Großen wissen wir, daß in der Regel einzelne Große dabei die Entscheidungen trafen, denen die anderen Wähler und das Volk lediglich akklamierten. Daher war es sowohl den Bewerbern wie dem Papst und den Königen möglich, durch Bestechung oder Drohungen die Wahlen in ihrem Sinne zu beeinflussen. Wie bereits das Erscheinungsbild und die Baugeschichte der Städte erkennen lassen, sind die Bischöfe überall im römischen Reich und in dessen germanischen Nachfolgestaaten die eigentlichen Oberhäupter und Führer der Städte geworden, denn anders als die Herzöge, Grafen und Könige, die in der Regel auf ihren Landgütern verweilten, lebten sie beständig in der Stadt inmitten der Kaufleute und Handwerker, auf die sie sich vor allem stützten, wenn sie, was seit dem 6. Jahrhundert häufig der Fall war, mit den kaiserlichen Offizieren oder mit den königlichen Grafen in Streit gerieten. Es gibt Anzeichen dafür, daß sich die Bischöfe mit einem Rat von „Bürgern" umgaben, wenn wichtige Angelegenheiten der kirchlichen Güterverwaltung und der Stadt zu ordnen waren. Im fränkischen Reich neigte sich das politische Übergewicht in der Stadt seit dem Ende des 6. Jahrhunderts immer deutlicher den Bischöfen zu, denen es in vielen Städten gelang, die Grafen ganz aus den Mauern zu verdrängen oder doch wenigstens aus der Bindung an den König zu lösen. Im

7. Jahrhundert gewannen sie vielerorts sogar die Befugnis, im Auftrag des Königs die vom römischen Reich ererbten Steuern und Zölle zu erheben und die städtische Miliz aufzubieten, so daß die Zeitgenossen begannen, ihnen ausdrücklich die Stadtherrschaft beizulegen.

In dem oppositionellen Auseinandertreten der bischöflichen und der gräflichen Gewalt kündigte sich erstmals eine Herauslösung der ummauerten Stadt aus dem sie umgebenden, im fränkischen Reich häufig sehr weitläufigen Territorium an. Die Bischöfe wurden zu Fürsprechern und Schutzherren der ausgebeuteten Masse der Stadtbevölkerung, die neben Klerus und Großen als Beifall jubelnde Menge überall an den Bischofserhebungen beteiligt war und daher darauf vertraute, daß der Bischof den Geboten der christlichen Liebe gehorchen und ihre Interessen gegenüber den Mächtigen vertreten werde. Die christliche Bewertung der Handarbeit als eines für das Gemeinwohl erfüllten Dienstes, der dem Arbeiter eine eigene menschliche Würde verlieh, mußte ihren Teil dazu beitragen, damit das Stadtvolk sein Vertrauen gerade in das kirchliche Oberhaupt der Gemeinde setzen konnte. Überall jedenfalls sehen wir die Bischöfe im 7. Jahrhundert öffentliche Aufgaben übernehmen, die zuvor Sache der Stadt oder der kaiserlichen Verwaltung gewesen waren. Sie leiteten den Bau von Stadtmauern und Aquädukten, sie übernahmen Getreideversorgung und Armenpflege, sie sorgten dafür, daß Reisende und Kranke in Spitälern ein Obdach finden konnten, sie schützten die Stadt vor Übergriffen der kaiserlichen oder königlichen Amtleute und verhalfen Beschwerden über sie beim Herrscher zum Erfolg. Da der Bischof insoweit wenn nicht formal, so doch der Sache nach als handelndes Organ des Stadtvolkes erscheint, so liegt in dieser noch unverrechtlichten, ganz dem politischen Spiel der Kräfte unterliegenden Organschaft ein Keim zu jener späteren Entwicklung, die das Stadtvolk den Charakter auch einer weltlichen, politischen Gemeinde in dem präzisen Sinne einer juristischen Person erwerben ließ.

Für diese spätere, das hohe Mittelalter erfüllende Entwicklung hatte das Zeitalter der Völkerwanderungen erste, freilich für die Zeitgenossen, die überall auf die Trümmer des zerfallenen römischen Städtewesens blickten, unsichtbare Grundlagen gelegt, und zwar vor allem, indem es das Kaisertum zertrümmerte und seiner furchtbaren Gewalt ein Ende machte, den Menschen den Schutz des Eigentums zu entziehen, um sie im Dienst für den Gesamtstaat zu dessen Aufopferung zu zwingen. Sosehr die Oberschichten der romanischen Bevölkerung an Kaiser und Reich hängen mochten: Seit diese sie nicht mehr vor ihren äußeren Feinden zu schützen vermochten, mußten, wenn lokale Interessen und Loyalität gegenüber dem Kaiser in Konflikt gerieten, die ersteren schließlich die Oberhand gewinnen. Es ist durchaus glaubwürdig, wenn Orosius, Salvian und andere Schriftsteller berichten, das niedere Volk habe vielerorts die Herrschaft der

Germanen derjenigen der römischen Mächtigen vorgezogen, da ihm die ungewohnte barbarische Lebensweise erträglicher gewesen sei als die Ungerechtigkeit des römischen Staatsdienstes und Steuerdrucks. Der Untergang des römischen Reiches stellte für sie jedenfalls zum Teil jene Freizügigkeit wieder her, die die römischen Gesetze ihnen genommen hatten, und wenn die städtelosen Länder Europas seit dem 7. Jahrhundert eine wirtschaftliche Entwicklung nehmen konnten, die in ihnen einen neuen Schwerpunkt städtischer Freiheit und Blüte entstehen ließ, so hatte dies gewiß auch darin seinen Grund, daß die Macht der Könige in ihnen die Freizügkeit der wagenden Seefahrer und Kaufleute noch weit weniger zu beschränken vermochte als die immerhin auf römische Traditionen gegründete der Franken, Langobarden und Griechen. Es widerspricht dem nicht, wenn Papst Gregor der Große im Jahre 601 einen hohen kaiserlichen Beamten und 603 den Kaiser in Konstantinopel selbst daran erinnerte, daß gerade deswegen, weil auch sie an das im Reiche geltende Recht gebunden seien, ein Unterschied bestehe zwischen den Königen der germanischen Stämme und dem Haupt des römischen Gemeinwesens: Denn weil jene einer Rechtsordnung entbehrten, seien sie Herren von Sklaven, während der Kaiser über Freie herrschte. Hier ging es um die Freiheit der Mächtigen, denen die germanischen Könige in der Tat keinen dem kaiserlichen vergleichbaren Schutz für ihre Herrenrechte gewähren konnten, deren Beschneidung aber gerade der Freiheit und Freizügigkeit des arbeitenden Volkes, insbesondere des von seinen Bischöfen beschützten Stadtvolkes, zugute kommen mußte. Die für die europäische Stadt im Mittelalter typisch gewordene bürgerliche Freiheit gehört nicht zu dem Erbe, das aus dem griechisch-römischen Altertum hätte übernommen werden können; ihre Entstehung setzt geradezu die Auflösung der römischen Rechtsordnung, so wie sie sich im Übergang der Stadtverwaltung von den Dekurionen auf die formlos herrschenden Mächtigen und auf die Bischöfe äußert, voraus, denn die alte Welt hatte zwar die weltgeschichtliche Aufgabe gelöst, den friedenstiftenden, zentral geleiteten Flächenstaat, auf den die dauerhafte Entfaltung aller höheren Kultur angewiesen ist, zu errichten; sie hatte es aber nicht vermocht, das Gleichgewicht und geordnete Zusammenwirken zwischen lokaler Selbstverwaltung und zentraler Kaisermacht zu sichern, sondern hatte den Kaisern ein ungesundes Übergewicht verliehen, das auf die Dauer den freiheitlichen Konflikt zwischen Gemeinde und Staat nicht hatte ausgleichen können. Dieses Problem zu lösen, war eine Aufgabe der Zukunft geblieben, und niemand konnte im 7. Jahrhundert voraussehen, daß es gerade den barbarischen Völkern, die nun die Macht in Händen hatten, gelingen würde, diese Aufgabe zu bewältigen.

Die Alten, mochten sie nun wie Griechen und Italiker in Stadtstaaten oder wie Kelten, Germanen und Slaven in Stammesverbänden leben, die

Alten hatten sich Freie gepriesen, wenn sie weder als Einzelne in ihrem Kleinstaat einem aus ihrer Mitte emporsteigenden Tyrannen noch als Gesamtheit nach außen hin dem Monarchen eines einigenden Groß- und Flächenstaates gehorsam zu sein und Knechtsdienste zu leisten brauchten. Nun war es ihr unausweichliches Schicksal gewesen, und im städtelosen Europa sollte es ihr notwendiges Schicksal noch werden, sich in den monarchischen Flächenstaat fügen zu müssen, der allein den in der Vielzahl der Kleinstaaten gründenden Konflikt der Interessen ausgleichen und jenen großräumigen Landfrieden schaffen konnte, auf dem in hellenistischer und römischer Zeit alle Kultur beruht hatte und auch im europäischen Mittelalter wieder gegründet werden sollte. Indes die Freiheit des Einzelnen im Flächenstaat zu schaffen und sie durch die Macht der Gemeinde zu sichern, dazu hatte sich die griechisch-römische Kultur schließlich als unfähig erwiesen. Denn diese Freiheit besteht darin, daß sich zwischen den Einzelnen und den Monarchen oder Staat eine Gemeinde stellt, die sich zwar aus der Summe ihrer Mitglieder oder Bürger bildet, die aber doch als Rechtspersönlichkeit von ihnen verschieden und durch Organe unabhängig von ihnen handlungsfähig ist. Es wird die schöpferische Leistung der wirtschaftlichen und rechtlichen Gestaltungskraft des mittelalterlichen Bürgertums sein, diese Gemeinde zu schaffen und damit die Freiheit des Einzelnen im übermächtigen Flächenstaat zu begründen. Erst die so verfaßte Gemeinde war imstande, den Menschen ebensowohl die Vorzüge, die der großräumige Flächenstaat gegenüber dem Stammes- oder Stadtstaat besitzt, wie diejenigen der Geborgenheit im überschaubaren lokalen Verbande zu verbürgen und damit jene Freiheit zu schaffen, die nur dann entsteht, wenn einerseits die zügellose Gewalt des Monarchen, vom Widerstand der Mächtigen im Volk bedrängt, sich an das Recht bindet, aber andererseits diese rechtmäßige Gewalt des Herrschers auch die Mächtigen zur Achtung vor dem Recht zu zwingen vermag. Nur dort, wo die Einzelnen und Bürger im Mittelalter einerseits den Schutz der Könige vor der wilden Übermacht der Großen, andererseits den Schutz der Gemeinde vor der stolzen Herrschsucht der Monarchen genossen, nur dort sind die europäischen Nationen in den dauerhaften Besitz jener Freiheit gelangt, die schließlich im 19. und 20. Jahrhundert der demokratische Rechtsstaat allen Menschen zugänglich zu machen begonnen hat.

II. ZEITALTER DES KAROLINGERREICHES

Von dieser fernen Zukunft war freilich im 8. und 9. Jahrhundert kaum etwas zu ahnen. Denn auch die vom Aufstieg und Verfall des Karolingerreiches beherrschte Periode der europäischen Geschichte war ein außerordentlich kriegerisches Zeitalter und daher dem Gedeihen des von friedlicher Arbeit abhängigen Städtewesens wenig günstig. Endlose Kriege hatte der Versuch des karolingischen Herrscherhauses zur Folge, die werdenden europäischen Nationen noch einmal unter dem gemeinsamen Dach eines dem römischen Reiche vergleichbaren Großstaates zusammenzufassen: ein Versuch, der nicht zuletzt daran scheiterte, daß dieser Großstaat genauso wenig wie sein Vorgänger imstande war, der äußeren Feinde Herr zu werden, die ihn von Süden, von Norden und von Osten her bedrängten: der Araber oder Sarazenen, der Normannen und der Ungarn. Diese Feinde abzuwehren, gelang vielmehr erst im hohen Mittelalter, als Normannen und Ungarn bereit waren, in den Verein der europäischen Nationen einzutreten, und als die romanischen Nationen weit genug erstarkt waren, um sich im Kampf gegen die Araber zu behaupten und zu konsolidieren.

Die Araber, die seit dem Jahre 711 die Küsten des Mittelmeeres von Syrien bis nach den Pyrenäen beherrschten, waren als Herren Ägyptens, wie wir gesehen haben, auch zur See so mächtig geworden, daß sie die byzantinische Herrschaft über das östliche Mittelmeer ernsthaft gefährdeten. Der zentralistisch gelenkte muslimische Gesamtstaat, der vom Atlantik bis zum Indus und Jaxartes reichte, scheiterte zwar, als er versuchte, das christliche Europa zu unterwerfen, da sich im Jahre 716/717 Konstantinopel als unbezwingbar herausstellte und hinfort die Balkanhalbinsel wirksam zu beschützen vermochte, während die iberischen Sarazenen, die seit 720/721 die Pyrenäen überschritten und Septimanien erobert hatten, im Jahre 732 von den Franken an weiterer Expansion vom Südwesten her gehindert wurden. Den Franken und den Königen von Asturien gelang es sogar, im Laufe des 8. Jahrhunderts die Muslime bis zum Ebro und Duero zurückzudrängen. Indes trotz dieser Erfolge zu Lande erwies sich doch der weitere Aufstieg der arabischen Seeherrschaft, da die Karolinger unfähig blieben, ihrem Reich eine Flotte zu schaffen, als unaufhaltsam. Nachdem Zypern und Rhodos bereits 649 und 654 in arabische Hand gefallen waren, konnten arabische Flotten seit 707/708 die Balearen in ihren Machtbereich einbeziehen, seit 823 und 827 muslimischen Landstreitkräften die Inseln Kreta und Sizilien zugänglich machen und schließlich die ständige Bedrohung der Mittelmeerküsten im Jahre 888/889 mit der Errichtung eines festen Stützpunktes in Fraxinetum an der provenzalischen Riviera bekrönen. Im Osten beherrschten sie nun sogar das Ägäische Meer, dessen Häfen sie beharrlich verheerten; dabei zerstörten sie im Jahre 902 die reiche thessalische Küstenstadt Demetrias, ja 904 gerieten sogar Abydos, das Tor zum Marmarameer, und Thessaloniki, die wichtigste und reichste Stadt der Griechen nach der Hauptstadt Konstantinopel, vorübergehend in ihre Gewalt, da die Gegenwehr der Byzantiner von schweren Kämpfen mit den Bulgaren geschwächt war. Im Oktober 911 gelang es den Arabern, die griechische Flotte bei Samos vernichtend zu schlagen; hinfort blieben sie für ein Jahrhundert die unbestrittenen Herren des Mittelmeeres.

Mit Sizilien und der Iberischen Halbinsel waren den Sarazenen wichtige europäische Städte untertänig geworden, die nun für Jahrhunderte einer fremden Welt angehören sollten. Denn ganz anders als einst die Germanen und jetzt die Normannen, Ungarn und Slaven erwiesen sich die Sarazenen als nicht assimilierbar, da ihr Glaube, der ihnen zwar die Unterwerfung, nicht aber die Bekehrung der Christen zur Aufgabe machte, sie trotz ihrer geringen Zahl davor bewahrte, in der einheimischen Bevölkerung aufzugehen. Nur im Westteil Siziliens und im Süden der Iberischen Halbinsel, in Andalusien, kam es zu wirklicher Landnahme und Ansiedlung der Fremden. Sie führten neue Formen der Landwirtschaft und neue Gewerbe ein und bescherten diesen Ländern damit eine wirtschaftliche Blüte, die sich dank dem Anschluß an den weiträumigen arabischen Verkehrsraum verstärkte und insbesondere den Städten zugute kam. Deren Größe, Glanz und intensives Gemeinschaftsleben steht in krassestem Kontrast zur Dürftigkeit der nichtagrarischen Siedlungen im christlichen Europa. Zu Beginn des 10. Jahrhunderts hatten Zaragoza, Valencia und Malaga etwa 15000, Mallorca und Granada etwa 25000, Toledo 37000 Einwohner, ja Corduba mag sogar 100000 und Palermo 300000 Einwohner gezählt haben. Sogar neue Städte wurden in Andalusien im 9. Jahrhundert gegründet; dazu gehörten Murcia (von 831), Ubeda (Jaén), Madrid, Talamanca, Calatrava (von 855), Badajoz, Lérida (neugegründet 884), Tudela und Pechina, die Keimzelle von Almería, dem rasch zu Reichtum gelangenden Tore des Südens zum Mittelmeer mit schließlich 25000 Einwohnern. Sein Hafen verband die Städte des islamischen Westens über Sizilien und Syrien mit der fernen, 762 gegründeten Stadt Bagdad, dem Emporium des Handels mit Zentralasien, China und Indien. Das in vieler Hinsicht glänzende muslimische Städtewesen aber blieb nicht nur im Glauben und in der mit diesem verbundenen Wissenschaft dem christlichen Europa immer fremd, sondern auch darin, daß es keinen bürgerlichen Stand hervorbrachte, der so wie einst im griechisch-römischen Altertum oder wie später im christlichen Europa hätte die Stadtregierung übernehmen und eine städtische Autonomie gegenüber der Militäraristokratie und der staatlichen Gewalt durchsetzen können. Gerade auf diesem für die Zukunft Europas so wichtigen Gebiet blieb die gegenseitige Beeinflussung der Kulturen aus, und daraus mag sich der auffällige Umstand erklären, daß die hohe Blüte des Städtewesens im muslimischen Süden Europas, eines Städtewesens ohne Bürgertum, trotz jahrhundertelanger Dauer und Nachbarschaft für den Kontinent ohne tiefergreifende Folgen geblieben ist.

Die Geschichte so mancher südeuropäischen Stadt war in dieser Zeit ganz vom Kampf gegen die Sarazenen bestimmt oder begann in diesem Zeichen überhaupt erst. Die westgotischen christlichen Reststaaten, die sich in den nördlichen Randgebirgen der Iberischen Halbinsel behauptet hatten, waren ganz städtelos verblieben. Es war eine im Jahre 761 aus wilder Wurzel von freien Kolonisten geschaffene Bauernsiedlung, aus der hernach die Königsstadt Oviedo in Zentralasturien entstand: Die Siedler nämlich überließen im Jahre 781 ihre Kirche einem Mönchskonvent, dessen Kloster aber lenkte die Aufmerksamkeit König Alfons' II. auf die Stätte, so daß er hier 795 eine Bischofskirche mit weiteren Kirchen und Gebäuden errichtete, um eine Residenz zu gewinnen, wie sie einst die Westgoten in Toledo besessen hatten. Zu dieser Zeit hatte der mächtige fränkische König Karl bereits begonnen, die Pyrenäen zu überschreiten. Im Jahre 801 gelang es seinem Sohn Ludwig, Barcelona zurückzuerobern, das als militärischer Vorposten und Zentrum der Grenzverteidigung seinen Grafen einen raschen politischen Aufstieg gewährte, während sich der Bischof dem Erzbistum Narbonne unterordnen mußte. Seit der Mitte des 9. Jahrhunderts begannen die spanischen Könige, das herrenlose und unbesiedelte Hochland zwischen dem Gebirge und dem Duero mit Stadtburgen zu besetzen und so ihrer Herrschaft zu sichern. So entstanden Astorga 854, León 856, Amaya 860, Coimbra 876, Lancia 882, Castrojeriz und Zamora 893, Burgos 896 und Simancas 899. Wir haben es mit einem vollständigen Neuanfang des Städtewesens zu tun, das jeder Anknüpfung an alte römische oder westgotische Städte entbehrte. Was da neu entstand, das waren befestigte Königsburgen mit Bischofssitzen, jedoch mit geringer Bevölkerung und ärmlichem Wirtschaftsleben. Indes seit dem Ende des 9. Jahrhunderts weist die Nennung von Suburbien, die sich an die Mauern alter Römerstädte anlehnten, auf ein erstes, wenn auch noch agrarisches Wachstum hin, und viele Neusiedler stammten aus dem sarazenischen Herrschaftsgebiet im Süden, wo sich seit der Mitte des Jahrhunderts die Lage der Christen verschlechterte. Weil diese Zuzüglinge aus einer reich entfalteten städtischen Umgebung kamen, haben sie viel dazu beigetragen, daß die spanischen Städte im 10. Jahrhundert einen raschen, dem europäischen zeitweilig vorauseilenden Aufschwung nahmen.

Der Niedergang der byzantinischen Seemacht, ohne den das Ausgreifen der Sarazenen nach Kreta und Sizilien nicht möglich gewesen wäre, war eine Folge der unter dem Namen des Bilderstreits bekannten inneren Wirren, die die Stellung des griechischen Kaisers seit etwa 730 vor allem in Italien geschwächt hatten. Während das langobardische, seit 774 mit dem fränkischen vereinigte Königreich in Oberitalien daraus einen Vorteil zog und bis über die Mitte des 9. Jahrhunderts hinaus seinen Städten erlaubte, ihre wirtschaftlichen Kräfte zu entfalten, sahen sich die kaiserlichen Befehlshaber in den Städten des Südens genau so wie der Papst in Rom und der langobardische Herzog in Benevent auf sich selbst gestellt. Daher begab sich Papst Stephan II. im Jahre 753 unter fränkische Schutzherrschaft, und die mächtigeren unter den byzantinischen Beamten, die sich ohnehin bereits auf eine Volkswahl stützen konnten, bildeten ihre Ämter zu erblichen Fürstentümern fort. Deren wichtigstes begründete im Jahre 763 Herzog Stephan II. von Neapel, dessen Nachfolger allmählich auch Gaëta, Sorrent und Amalfi an sich zogen. Das Selbständigkeitsstreben dieser Machthaber und die Erbstreitigkeiten im beneventanischen Herzogshause wußten die Sarazenen immer wieder zu ihrem Vorteil auszunutzen, indem sie sich den Parteien als Hilfstruppen anboten. Noch bevor sie 859 Enna, die byzantinische Hauptfeste auf Sizilien, dann 878 Syracus und 902 Taormina eroberten, erschienen ihre Flotten daher bereits an den Küsten Italiens. Als Bundesgenossen vom Gastalden Pando nach Bari berufen, überrumpelten sie 841 in einer finsteren Nacht die Stadt, die ihnen hinfort dreißig Jahre lang als fester Stützpunkt diente. Im gleichen Jahre zerstörten sie das langobardische Capua so gründlich, daß die Stadt aufgegeben wurde; erst fünfzehn Jahre später gründete Bischof Landulf sie an einer Schleife des Flusses Volturno neu, wobei die etwa 4 km entfernte Ruinenstätte als Wüstung liegenblieb. Im Jahre 845 bemächtigten sich die Sarazenen der Burg Misenum bei Neapel, und von hier aus griffen sie im August des nächsten Jahres die Tibermündung an. Sie besetzten die Häfen Ostia und Porto, und nachdem sie das Heer der in Rom angesessenen Sachsen, Friesen und Franken besiegt hatten, erschienen sie am 27. August 846 vor den Mauern Roms. Die Stadt selber zwar erwies sich als uneinnehmbar, aber die vor den Mauern gelegenen Kirchen, vor allem die Hauptkirchen der Apostel Petrus und Paulus, fielen der Plünderung, ihre Umwohner der Versklavung und Verschleppung anheim. Erst zwanzig Jahre später leitete Kaiser Ludwig II., der letzte tatkräftige Herrscher in Italien, einen Gegenangriff zum Schutz der bedrohten Kirchen und Städte ein. Vier Jahre lang belagerte er Bari, bevor es ihm mit Hilfe griechischer und serbischer Schiffe, da er selbst keine Flotte hatte, im Jahre 871 gelang, die Stadt zu erobern. Nur Tarent verblieb noch den Sarazenen; indes nach Ludwigs Tode (875) erlaubte ihnen die Uneinigkeit der Christen aufs neue, von hier aus ganz Apulien zu verheeren.

So blieb es der nach Überwindung des Bilderstreites endlich wieder auflebenden Macht der Griechen, die zuletzt nur noch die Hafenstädte Reggio, Gerace, Cotrone, Rossano, Gallipoli und Otranto behauptet hatten, vorbehalten, die Wende herbeizuführen. Sie entrissen den Franken 876 Bari, und nun vertrieben sie die Sarazenen 880 aus Tarent und 884 aus Calabrien, ja seit 891 gelang es ihnen sogar, die Stadt Benevent vier Jahre lang in Besitz zu nehmen. Mit der Eroberung von Siponto 892 erreichte ihr Machtgebiet seine nördlichste Ausdehnung. Manche alten Städte und Bischofssitze Apuliens sind in diesen wilden Zeiten zugrunde gegangen, während das früher ganz unbekannte Bari nun emporkam. Um die Mitte des 9. Jahrhunderts hatte der geflohene Bischof von Canosa seinen Sitz hierher verlegt, und 894 errichtete auch der kaiserliche Stratege, der dem neu geschaffenen Thema Langobardien vorstand, hier seine Residenz. Seit ihnen das Adriatische Meer wieder verschlossen war, stürzten sich die sarazenischen Flotten ganz auf die südlichen und westlichen Küsten Italiens. Weil sie weite Teile Calabriens verwüstet hatten, befahl der Kaiser dem verantwortlichen Strategen Flagitius, an sicherer Stätte eine neue Stadt anzulegen. Nachdem dieser das Gelände erkundet hatte, meldete er dem Kaiser drei Bauplätze zur Auswahl mit genauen Angaben über die Schutzlage und die landwirtschaftlichen Möglichkeiten. Nach der Entscheidung des Kaisers siedelte er die ländliche Bevölkerung der Umgebung an dem Orte Catanzaro an und ließ dort eine Stadt mit einer Kirche und einem Amtsgebäude (Prätorium) erbauen. Die Sarazenen dagegen legten 881 ein befestigtes Lager am Garigliano an, von wo aus sie die Campagna bis weit hinauf zum Tiber verwüsteten; das 891 erstmals ausgeraubte reiche Kloster Farfa in der Sabina mußte ihretwegen einige Jahre später völlig aufgegeben werden. Erst 915 kam ein Bündnis aller davon betroffenen italienischen Fürsten zustande, das die Städte von dieser vernichtenden Plage befreite.

Während so die sarazenische Nachbarschaft für das ohnehin von Langobarden und Griechen umkämpfte Grenzland Unteritalien und seine Städte äußerst nachteilig war, befanden sich Mittel- und Oberitalien im wesentlichen in Sicherheit. Die Vereinigung der langobardischen mit der fränkischen Königskrone kam nicht nur dem Landfrieden und den Fernhandelsbeziehungen Venedigs und der Städte in der Poebene zugute, sondern auch dem weiteren Aufstieg Roms, der längst die Stadt der Päpste gewordenen Tibermetropole, zur geistlichen Hauptstadt Europas. Seit der Bilderstreit den Einfluß des östlichen Kaisertums auf Italien gebrochen und die Päpste ihrem weltlichen Oberherrn entfremdet hatte, leiteten Zacharias (741–752) und Stephan II. (752–757) jene Neuorientierung der römischen Politik auf das fränkische Königtum hin ein, die die seit der langobardischen Eroberung Ravennas im Jahre 751 und den beiden Belagerungen Roms von 752 und 755 offenkundige Schutzlosigkeit des Papsttums beheben sollte und 774 zum Untergang des langobardischen Königshauses, dann im Jahre 800 zur Kaiserkrönung Karls des Großen führte. Bis sich gegen die Mitte des 9. Jahrhunderts der Niedergang der karolingischen Dynastie fühlbar machte, verfolgten die im fränkischen Schutz geborgenen Päpste ein stolzes Bauprogramm, wofür sie die Mittel aus einer Reorganisation und Erweiterung des Grundbesitzes in der Campagna gewannen. Sie bauten zwar auch das Fürsorgewesen der Diakonien und Pilgerherbergen aus und reparierten Stadtmauern und Aquädukte, aber im Mittelpunkt ihrer Pläne standen die Vergrößerung des Lateranpalastes, die Ausschmückung der großen Pilgerkirchen und der Neubau von veralteten, nun als unwürdig empfundenen Gemeindekirchen. Die Stadt und ihre Monumente sollten den baulichen Glanz zurückgewinnen, den sie zu Zeiten Kaiser Konstantins einmal besessen hatten. Noch im 9. Jahrhundert, während der Nachfolgestreitigkeiten unter den Erben und Urenkeln des großen Karl, setzte sich siegreich die zunächst allein von den Päpsten vertretene Auffassung durch, daß in der nur in Rom möglichen Kaiserkrönung der Papst es sei, der über das Kaisertum verfügte: eine Überzeugung, die hinfort jahrhundertelang die europäische Politik beherrschte und das päpstliche Rom immer weiter aus dem Zusammenhang des byzantinischen Reiches hinausführte. Das neue Rom wurde eine europäische Stadt. Freilich war und blieb die Hauptstadt Europas eine Idee, die mit der wirklichen Stadt Rom wenig zu tun hatte. Denn wie schon die alten Konstantinskirchen, so lagen auch die jetzt neu aufgeführten Kirchen außerhalb des damals städtisch bebauten und bewohnten Gebietes, das sich vom Marcellustheater und dem Fuße des Kapitols bis zum Pantheon und Pompeiustheater erstreckte und auf dem westlichen Tiberufer fortsetzte. Den Kirchen fehlte daher vielfach eine Gemeinde, und ein Mönchskonvent mußte als Ersatz dienen. Gewiß sollten diese neuen Kirchen im unbewohnten Gebiet innerhalb der Mauern auch eine grundherrliche Kontrolle des Bodens und damit die kirchliche Machtstellung gegenüber dem Stadtadel sichern. Der Raubzug der Sarazenen von 846 freilich zeigte, wie dürftig es noch um die päpstliche Stadtherrschaft bestellt war, die wehrlos der Ausplünderung der Heiligtümer vor den Mauern zusehen mußte. Obwohl es Papst Leo IV. gelang, mit Hilfe der Flotten Neapels, Gaëtas und Amalfis im Jahre 849 einen neuen Angriff abzuwehren, verließ er sich lieber auf den Schutz einer Mauer, mit der er von 847 bis 853 die Grabeskirche des Apostels Petrus nebst umliegenden Kirchen, Klöstern, Herbergen und Ausländersiedlungen der Friesen und Angelsachsen umgab. So entstand oberhalb der Altstadt auf dem rechten Tiberufer die Leo-Stadt, eine richtige Neustadt, die viele Jahrhunderte lang von der Stadt Rom räumlich und rechtlich getrennt blieb. Vor den Sarazenen war die Doppelstadt nun sicher, aber niemand konnte verhindern, daß die Heiden vom Garigliano aus das Landgebiet verwüsteten, aus dessen Gütern Klerus und Stadtadel ihren

Unterhalt bezogen. Das wirkliche Rom blieb eine Landstadt, deren ökonomische Mittelpunktsfunktion sich auf die engste Umgebung beschränkte.

Auch die Städte des fränkischen Reiches genossen in der Blütezeit der Karolingermacht unter König Pippin und Karl dem Großen eine etwa zwei Generationen währende Friedenszeit, aber diese Frist erwies sich als zu kurz, um ihnen eine nachhaltige Erholung zu gewähren. Die aquitanischen und provenzalischen Städte litten in der ersten Hälfte des 8. Jahrhunderts nicht nur unter den Beutezügen der Sarazenen, die erst 732 ein Ende fanden, sondern auch unter den Kämpfen der Hausmeier mit den nach Selbständigkeit strebenden Herzögen von Aquitanien, die König Pippin erst 762 mit der Einnahme von Bourges, dem Schlüssel zu Aquitanien, beenden konnte. Für die im Kernraum des fränkischen Reichs zwischen Loire und Rhein gelegenen Städte hatte der Wechsel von der merowingischen zur karolingischen Dynastie zur Folge, daß der Herrschaftsmittelpunkt aus dem Seineraum, wo Paris und Saint-Denis einst die wichtigsten Residenzen gewesen waren, nach Nordosten ins Gebiet von Maas, Mosel und Niederrhein abwanderte, wo die Hausgüter der Karolinger lagen und wo Karl der Große bei den warmen Quellen von Aachen bestrebt war, eine feste, das Reisekönigtum überwindende Hauptstadt zu gründen. Gewiß nicht zufällig rückte der Schwerpunkt des Reiches nun in jene Landschaft, deren Aufstieg zum Zentrum des friesisch-nordeuropäischen Fernhandelssystems bereits im 7. Jahrhundert eingesetzt hatte und uns noch weiter beschäftigen wird.

Damit wuchs nun auch das Interesse der Könige an den Gebieten der späteren deutschen Stämme östlich des Rheins, die die Merowinger weder vollständig noch dauerhaft mit dem fränkischen Reich verbunden hatten. Insbesondere das Elsaß, Alemannien, Bayern und Sachsen wurden erst im 8. Jahrhundert der Krongewalt sicher untergeordnet, weil die Karolinger bestrebt waren, diese Länder mit Hilfe einer bewußten Siedlungsplanung eng mit den linksrheinischen Kerngebieten ihrer Herrschaft zu verklammern. Dabei war es nicht einmal so sehr wichtig, daß sie überall die Grafschaftsverfassung einführten, da die neuen Grafschaften im Gegensatz zu den gallischen und den ihnen vergleichbaren langobardischen Gastaldaten keine städtischen Mittelpunkte hatten. Die vier, fünf, sechs Dingstühle, bei denen die Grafen in regelmäßigem Turnus Gericht halten mußten, hatten überall ländliche Standorte, und selbst im linksrheinischen Franken, wo römische Kastelle, wie am Niederrhein Zülpich, Jülich, Bonn und die Bischofsstadt Köln, Grafensitze und Dingstühle aufnahmen, behielten die Grafschaften insgesamt einen ländlichen Charakter, zumal die Könige in ihnen der Beteiligung des einheimischen Adels an der Herrschaft Spielraum lassen mußten und sie nicht einfach als Exekutivorgane der Zentralgewalt behandeln konnten. Wichtiger als die Grafschaften, auch als Kerne künftiger Stadtwerdung, waren vielmehr die Bistümer, die nun rechts des Rheines, in Bayern übrigens bereits in herzoglicher Zeit, entstanden: Der päpstlich geweihte Missionsbischof Bonifatius errichtete 739 die Bischofsstühle in Regensburg, Freising, Passau und Salzburg und 741 die in Würzburg, Büraburg, Erfurt und Eichstätt, von denen er Büraburg und Erfurt später, als er Bischof von Mainz geworden war, im Verbande der Mainzer Diözese aufgehen ließ; ihnen stand an Bedeutung das Kloster Fulda kaum nach, das Bonifatius 744 gründete und 751 unmittelbar dem römischen Papste unterstellte. Die sächsischen Bistümer Bremen, Verden, Minden, Paderborn, Münster, Osnabrück, Hildesheim und Halberstadt errichteten Karl der Große und sein Sohn Ludwig der Fromme in den Jahren 787 bis 815; hinzu kam 831 noch Hamburg, das Ludwig zum Missionsbistum für Dänemark und Skandinavien bestimmte, das indes schon 864 mit Bremen vereinigt werden mußte, da es aus eigener Kraft nicht bestehen konnte.

Der Niedergang Hamburgs war eine Folge davon, daß im Jahre 845 die Normannen den Ort hatten einnehmen und zerstören können. Diese von den Wiken oder Buchten Dänemarks und Norwegens aus in den Bahnen des friesischen Seehandels die Nordsee befahrenden Krieger hatten erstmals 793 die Aufmerksamkeit des Abendlandes erregt, als sie das northumbrische Kloster Lindisfarne plünderten und zerstörten. Auch in den folgenden Jahrzehnten richteten sie ihre Fahrten vor allem gegen die britischen und irischen Küsten. Erst nachdem ihnen der Sturz Kaiser Ludwigs im Jahre 833 die Machtlosigkeit des fränkischen Reiches offenbar gemacht hatte, wandten sie sich gegen das Zentrum des anglo-friesischen Handels im Mündungsgebiet von Rhein, Maas und Schelde. Der Handelsplatz Dorestad bei Utrecht hat sich nie wieder von der viermaligen Verwüstung in diesen Jahren erholt, und der größte Teil Frieslands südlich des Vlie blieb seither, mit kurzen Unterbrechungen, im Besitz dänischer Wikinger. Als nach 840 die Erbstreitigkeiten unter den Söhnen des verstorbenen Kaisers Ludwig die Reichsgewalt völlig lähmten, überfielen die Nordmänner fast auf einen Schlag die gesamte fränkische Küste von der Elbe bis zur Garonne. In demselben Jahre 845, als sie den Bischofssitz Hamburg zerstörten, fuhren sie die Seine aufwärts und plünderten Paris. Drei Jahre später erlebte Bordeaux das gleiche Schicksal. Dann begann die Zeit der normannischen Landnahme. Nachdem Paris 856 zum zweiten Male heimgesucht worden war, besetzten normannische Flotten und überwinternde Heere bis in den März 862 die Seinelande. Von 859 bis 862 fuhren sie sogar ins Mittelmeer ein, wo sie die iberischen, gallischen und langobardischen Küstenstädte bis hin nach Luni und Pisa überfielen. Wenig fehlte damals daran, daß sich der Ring geschlossen hätte, den ihre Fahrten um Europa zogen, denn 866 erschien eine Flotte schwedischer Wikinger, die das osteuropäische Gewässernetz befuhren, vor Konstantinopel, um diese Stadt, freilich vergebens, zu belagern. Im Jahre 864 griffen die Normannen erneut die Gironde an, und erst vor den Mauern von Toulouse kam ihr Angriff zum Stehen. Bordeaux und seine Umgebung waren nun so gründlich verwüstet und entvölkert, daß der Erzbischof, der im Lande kaum noch Gläubige mit einem Dach über dem Kopf zu versorgen hatte, 876 seinen Bischofsstuhl aufgab und sich nach Bourges versetzen ließ. Seit die Normannen 865 Orléans geplündert und verbrannt hatten, blieb die Loire ihnen ein dauernder Aufenthalt; im übrigen stürzten sie sich nun zehn Jahre lang ganz auf England. Dann aber kehrte ihr „großes Heer" zurück; von 879 bis 892 verwüstete es die Länder zwischen Loire und Rhein. In den Jahren 881 und 882 wurden Lüttich, Köln, Aachen, Trier und Koblenz ausgeraubt, und 883/884 wird uns der Name Duisburg zum ersten Mal als der eines wikingischen Standlagers am Rhein genannt. Nachdem sich die fränkische Abwehr gefangen und dem Heer 888 vor Paris, 891 an der Dyle bei Löwen erstmals schwere Niederlagen beigebracht hatte, wandten sich die Feinde wieder gegen England, wo sie begannen, sich anzusiedeln. Das westfränkische Reich freilich wurde seit 896 erneut heimgesucht, bis auch hier die Landnahme in der Normandie, die der König 911 vertraglich anerkannte, der Notzeit ein Ende setzte.

Zu dieser Zeit aber war im Osten bereits ein neuer, den Wikingern an Raublust nicht nachstehender Gegner erschienen, nämlich das Reitervolk der Ungarn, das 862 zum ersten Mal Bayern bedrohte. War es zunächst nur eine Streifschar, die als Parteigänger verfeindeter deutscher und slavischer Fürsten vom Dnjepr aus nach Westen gezogen war, so ergriff im Jahre 895 das ganze Volk Besitz von der Tiefebene an der mittleren Donau. Von hier aus stießen die Ungarn in den Jahren 898–904 mit Brand und Raub in Oberitalien bis nach Bergamo und Vercelli vor, und seit 899 fielen sie regelmäßig über Bayern und Mähren her. Von ihnen ging eine Bedrohung des ostfränkischen Reiches und seines werdenden Städtewesens aus, die erst die deutschen Könige des 10. Jahrhunderts abzuwenden vermochten.

Das Erscheinungsbild der fränkischen Städte des 8.und 9. Jahrhunderts entspricht der Geschichte dieser kriegerischen Zeiten: Die Städte waren und blieben vor allem Burgen, in denen für die Entfaltung von Märkten und eines am und vom Markte lebenden Bürgertums noch so gut wie kein Raum war. In den aus merowingischer und römischer Zeit hergekommenen Städten sind nur selten einmal topographische Änderungen faßbar; insbesondere der Bau von Kirchen und Pfalzen innerhalb der Mauern hatte weitgehend aufgehört. Als in der Stadt Köln, die 810 und 856 von den Normannen verbrannt worden war, ein Blitzschlag auch noch die Bischofskirche zerstörte, mußte Erzbischof Willibert im Jahre 870 noch einmal zu dem alten Hilfsmittel greifen und einen heidnischen Tempel zur Kirche umbauen, um sich eine neue Kathedrale zu schaffen, einen Bau, der als Alter Dom bis 1248 seine Dienste tun sollte. Es war auch eine Ausnahme, daß die Könige in Köln, nachdem das als Palast dienende römische Prätorium baufällig geworden war, noch einmal innerhalb der Römermauern eine neue Pfalz errichteten. Da die Residenz bei dieser Gelegenheit nach Norden zum Dom hin verlegt wurde, wo noch heute die Fundamente einer großen, zweischiffigen Halle vorhanden sind, so muß die auf das alte Prätorium ausgerichtete zentrale Lage der Wohnungen der königlichen Beamten: des Vogtes, der Zöllner und der Münzmeister, sowie des Judenviertels, die seit dem hohen Mittelalter bezeugt ist, mindestens bis auf das 9. Jahrhundert zurückgehen. Wo sonst in der Karolingerzeit neue Pfalzen erbaut wurden, ist dies entweder auf den Haupthöfen königlicher Grundherrschaften, also ohne jeden Zusammenhang mit einer Stadt, oder aber vor deren Toren bei einer der häufig seit langem hier gelegenen Abteien geschehen. Es war die zu einer Pfalz umgebaute Villa bei den schon im Altertum als Heilmittel genutzten Quellen, wo Karl der Große seit 794/795 seine Dauerresidenz errichtete, um damit dem vor der Pfalz gelegenen Dorfe Aachen den späteren Aufstieg zur Stadt zu eröffnen. Die später ummauerte Pfalz bestand aus dem durch eine Säulenhalle miteinander verbundenen basilikalen Hauptbau und der Pfalzkapelle, die heute noch im Oktogon und Westbau des Münsters erhalten ist. Wo eine Verlegung älterer städtischer Pfalzen aus dem Mauerring heraus zu beobachten ist, da mag dies zwar vielfach weniger aus herrscherlichen Bedürfnissen als auf das Betreiben stolzer Königsabteien hin geschehen sein; indes auch dann unterstreicht es den Umstand, daß die wirtschaftliche und politische Grundlage der Königsmacht nicht auf den Städten ruhte, sondern auf dem Grundbesitz des Reiches und seiner Kirchen. Weil dort, auf dem Lande, auch der Ausbau der Königsmacht vor sich ging, so stützten sich die königliche Raumerfassung und der kolonisierende Landesausbau einerseits auf die Haupthöfe des Reichsgutes, andererseits auf die in den Schutz des Königs übertretenden Klöster. Kloster- und Klosterkirchenbau waren daher die größte Bauaufgabe der Karolingerzeit, der Städtebau trat daneben ganz zurück.

Die klösterlichen Bauherren aber benutzten gerne noch die Ruinen der Römerstädte als Steinbrüche; die Mönche von Auxerre sandten ihre Boten bis nach Marseille, um sich mit kostbarem Marmor zu versorgen, und Karl der Große ließ, um seine Pfalzkapelle in Aachen kaiserlich auszuschmükken, Säulen aus Marmor und rotem Porphyr sogar aus Rom und Ravenna heranschaffen. So kann man den weiteren Verfall vieler alter Städte feststellen. In Reims z. B. wurde einer der Türme der Ringmauer zur Kapelle umgebaut und ein römischer Triumphbogen in eine Festung verwandelt; Kaiser Ludwig der Fromme erlaubte dem Bischof sogar, einen Teil der Ringmauer abzureißen, um die Kathedrale wiederaufzubauen. Dasselbe geschah in Langres, in Beauvais, vielleicht in Amiens, wo man nur das Amphitheater als Kastell instand hielt, und noch 859 in Melun, zu einer Zeit, wo man anderswo längst begonnen hatte, wegen der Normannengefahr die Mauern wieder zur Verteidigung herzurichten.

Schon im Dezember 828 hatte Kaiser Ludwig die Grafen und Königsboten beauftragt festzustellen, wie viele freie, auf eigene Kosten ausgerüstete Männer sie ins Feld stellen könnten, und befohlen, die anderen zum Mauer- und Brückenbau oder zum Wachdienst in der Stadt oder an der Grenze zu verwenden, und noch einmal sah die Erweiterung eines Ediktes von 864 die Beteiligung der Umwohner jeder Stadt am Mauerbau vor. Allmählich lernten die Franken, die dem schnell beweglichen Gegner im offenen Felde nicht gewachsen waren, sich seiner zu erwehren, indem sie die Flüsse sperrten und sich in die Städte zurückzogen. König Karl der Kahle vollendete 869 die Befestigung der Brücke zu Pîtres, die die Seine sicherte; auch ließen er und sein Nachfolger in späteren Jahren das Kloster Saint-Denis und die am meisten bedrohten Städte Le Mans und Tours sowie viele weitere Klöster und Städte befestigen, darunter 885/886 die alte Königs- und Bischofsstadt Paris, die gleichwohl Kaiser Karl III. nicht selbst zu verteidigen wagte: Es war der tapfere Graf Odo, der 886 der normannischen Belagerung trotzte und damit einen epochemachenden Erfolg erzielte. Indem er nämlich die oberen Seinelande vor den Feinden beschützte und den Karolinger übertrumpfte, schuf er dem werdenden Frankreich nicht nur die künftige Hauptstadt, sondern auch das kommende nationale Königsgeschlecht. In Poitiers, Saintes, Tours, Angoulême und anderen Städten Aquitaniens erscheinen in späterer Zeit die Umgebungen im Umkreis von fünf römischen Meilen (= 11 km) als besondere Bezirke, die vielleicht zur Abwehr der Normannen geschaffen worden sind, derart, daß die waffenfähige Bevölkerung dieses Gebietes zusammen mit den Stadtbewohnern die Stadtmauern verteidigen mußte.

In Trier verschwand die antike Siedlungsstruktur endgültig, als man nach dem normannischen Überfall von 882 darauf verzichtete, die weit ausgedehnten Römermauern zu erneuern, und statt dessen die Kernsiedlung um den Dom herum ebenso wie die vor den Mauern gelegenen Klöster jedes einzeln mit Graben, Wall und Palisaden befestigte. Besonders gut sind wir über die Ummauerung der Stadt Worms unterrichtet. Worms gehörte zu den wenigen Städten des Reiches, die im 8. Jahrhundert ein lebhaftes Wachstum erlebten; es scheint hier zur Errichtung mehrerer neuer Kirchen gekommen zu sein: Offenbar besaß die Stadt als Tagungsort für Reichsversammlungen und als Sammelplatz für Heerfahrten gen Osten eine Bedeutung, die sie im 9. Jahrhundert wieder verlor, denn die im Jahre 790 abgebrannte Königspfalz wurde nicht wiederaufgebaut, und der König überließ seine Rechte in der Stadt dem Bischof. So war es denn, wie im benachbarten Mainz, der Bischof, der wegen der Normannen im Jahre 882 den Bau einer Mauer veranlaßte. Diese schloß sich nicht an die Römermauer an, sondern ging im Norden und an der Rheinseite über sie hinaus, während sie den Südteil der Römerstadt außerhalb liegen ließ. Zu den Bauarbeiten durfte der Bischof die Bewohner der umliegenden Dörfer im Süden bis zur

Grafschafts- und im Norden bis zur Bistumsgrenze heranziehen. Eine gleiche Ordnung galt in Mainz; noch im hohen Mittelalter waren zahlreiche Dörfer beiderseits des Rheins und der Mainmündung verpflichtet, festgesetzte Zahlen von Mauerzinnen instandzuhalten, wofür sie das Recht genossen, in der Stadt Schutz zu suchen und ohne Abgaben ihre Märkte zu benutzen.

Die Königs- und Bischofsburgen, die auf diese Weise im Maas- und Rheinlande entstanden und nach dem Willen mindestens Karls des Großen bewußte Erneuerungen antiker Stadtkultur darstellen sollten, fanden noch weit im Südosten, von wo aus der Grenzschutz gegen Avaren und Ungarn organisiert werden mußte, einen Vertreter in der neu zum Bischofssitz erhobenen Stadt Regensburg. Der spätere Bischof Arbeo von Freising beschrieb bereits im Jahre 760 die aus behauenen Steinen erbaute, feste Hauptstadt der Bayern als „uneinnehmbar, aus Quadersteinen erbaut, hochaufragend in der Größe ihrer Türme, reich an Brunnen. Ihren nördlichen Teil bespült die Donau mit ihrer Flut, die sich in ihrem Laufe hier nach Osten wendet". Die bayerischen Herzöge hatten sich zuvor die östliche Torburg der Römermauer als Residenz hergerichtet und die Grundstücke nördlich davon zur Pfalz ausgebaut; diese Bauwerke waren nun verfallen, so daß Karl der Große weiter stadteinwärts seit 788 eine neue Pfalz erbaute, in der sich die deutschen Karolinger seit der Mitte des 9. Jahrhunderts mit Vorliebe aufhielten. Lebhaft scheint in dieser Zeit die Stadt gewachsen zu sein, denn die Nachrichten über einen Stadtbrand von 891 lehren, daß es damals eine sehr dichte Bebauung mit Holzhäusern gegeben haben muß, und im Westen vor der Römermauer errichtete nicht nur Kaiser Arnulf beim Kloster St. Emmeram einen zweiten Königspalast, sondern es wuchs auch eine richtige, bereits von den Zeitgenossen so genannte Neustadt heran, die Herzog Arnulf von Bayern seit etwa 917 auch ummauern ließ: So entstand ganz am Ende der Karolingerzeit die, soweit wir wissen, früheste umfassende nachantike Stadtmauer Europas.

Sollte die Regensburger Neustadt etwas einmaliges gewesen sein? Daß dies wohl nicht der Fall war, darauf deutet der Umstand hin, daß sich in Gallien der Gebrauch des Wortes Burgus, von dem wir bereits wissen, daß er um 700 in Tours und Bourges bereits geläufig gewesen sein dürfte, weiter ausbreitete. Der Burgus war eine vor den Mauern der gallischen Mittelpunkt- oder Bischofsstädte gelegene offene Siedlung, wie ihrer viele sei es als Reste der alten, großflächigen, unbefestigten Römerstädte übriggeblieben, sei es schon in merowingischer Zeit bei den Heiligengräbern und Grabesbasiliken an den Ausfallstraßen neu entstanden waren und die man gewöhnlich als Suburbien zu bezeichnen pflegte. Der Begriff Burgus ist also von dem germanischen Wort Burg nach grammatischem Geschlecht und Bedeutung deutlich verschieden. Die Burgi von Tours und Bourges werden um die Mitte des 9. Jahrhunderts erwähnt; hinzu kommen um dieselbe Zeit der Burgus von Dijon, 863 der von Lyon, vor 879 der von Orléans und 924 diejenigen von Le Puy und Angers. Die Bezeichnung für solche vorstädtischen offenen Siedlungen breitete sich also aus im Becken der Loire und im angrenzenden Flußgebiet der Saône. Vielleicht waren fränkische Herren oder Pilger dafür verantwortlich, daß sich in Italien an dem Pilgerweg nach Rom, der Via Francigena, das Bestimmungswort Burgus in zwei Ortsnamen durchsetzte, nämlich seit 715 für den heute verschwundenen Vicus Wallari am Arno bei San Miniato, der nach dem Ortsheiligen nun Borgo San Genesio genannt wurde, und seit 830 für das antike Munizipium Fidentia bei Parma, das auf dieselbe Weise zu dem Namen Borgo San Donnino kam.

Die weitere Entwicklung der fränkischen Burgi im 10. und 11. Jahrhundert spricht dafür, daß das neue Wort in Aufnahme kam, weil sich viele Bewohner dieser Vorstädte von Handel und Handwerk ernährten und man sie deswegen von den gewöhnlichen Suburbien mit eher agrarischem Wirtschaftsleben unterscheiden wollte. Wenn der westfränkische König Karl der Kahle im Jahre 869 über die Güter in unmittelbarer Umgebung des Klosters Saint-Bénigne in Dijon „mit Markt und Burgus“ verfügte, so spricht dies deutlich den Burgus als Marktsiedlung an; der Markt im Burgus von Dijon wird 925 bereits als jeden Samstag stattfindender wöchentlicher Markt gekennzeichnet. Über den Burgus bei der Abtei Saint-Martin vor Tours ist bekannt, daß dort mit Wein und anderen Dingen Handel getrieben wurde, ohne daß ein Markt ausdrücklich genannt wird. Mit solchen westfränkischen, außerhalb römischer Stadtmauern entstandenen Vorstädten, in denen gewiß nicht nur, aber jedenfalls doch auch Marktleute, nämlich Handwerker und Fernhändler, lebten, ist nicht allein die Regensburger Neustadt zu vergleichen; hierher gehören auch die Friesensiedlungen, die in den rheinischen Bischofsstädten emporkamen und die nach allem, was wir über die Rolle der Friesen im nordeuropäischen Verkehrssystem wissen, Fernhändlersiedlungen gewesen sein müssen.

In Mainz bewohnten die Friesen „den besten Teil der Stadt“, nämlich die Rheinseite innerhalb der Römermauern, wo die Königsstraße durch das Stadttor hinausführte auf die von Kaiser Karl wieder instand gesetzte, freilich 813 abgebrannte und dann nie wieder hergestellte römische Rheinbrücke. Wegen der günstigen Lage am Hafen errichteten Kaufleute hier auch vor der Mauer Kornhäuser und Hofstätten, wie wir aus den Schenkungen wissen, die in den Jahren 791 und später ein gewisser Lantfrid dem Kloster Fulda machte: Da er seine Güter als selbsterworbenes, also weder ererbtes noch geliehenes freies Eigentum bezeichnete und unter anderem über Gold und Silber verfügte, ist mit Sicherheit anzunehmen, daß Lantfrid Fernhändler war. Nachdem die Normannen 886 die Friesensiedlung zerstört hatten, ließ der Erzbischof die erneuerte Mauer nach dem Rhein hin vorverlegen, um auch diese Hafensiedlung zu beschützen. Nicht viel jünger wird die Niederlassung der Friesen in Köln sein, die ebenso wie die Wormser außerhalb der Mauern lag: Offenbar waren die Friesen gezwungen, sich in den Suburbien anzusiedeln, weil die Ackerbauer, die den Boden der nur an der Rheinseite städtisch bebauten Römerstädte nutzten, nicht bereit waren, sich zugunsten der Fremden einzuschränken. Die Friesen vor Worms erneuerten im Jahre 873 die Befestigung ihres Wohnplatzes, und die bereits erwähnte bischöfliche Mauerbauordnung schreibt vor, daß sie „von dem Platz, der Friesen-Speyer heißt, bis hin zum Rhein" die neue Stadtmauer unterhalten sollten. Auch in Straßburg gab es vor den Mauern der Bischofsstadt eine Kaufmannssiedlung, die bereits am Ende des 8. Jahrhunderts als „neue Stadt" bezeichnet wurde. Die südlichste Niederlassung der Friesen befand sich neben einer solchen der Angelsachsen bei der St. Peterskirche vor Rom; von der der Angelsachsen wird uns zu Beginn des 9. Jahrhunderts bezeugt, daß sie „in deren Sprache Burgus" genannt wurde. Es dürfte sicher sein, daß Papst Leo IV. beide Pilger- und Kaufmannssiedlungen in den seit 847 aufgeführten Mauerring der neuen Leo-Stadt einbezogen hat.

Man kann diese Befunde wohl so erklären, daß sich in den befestigten Städten, als Burgen, vor allem die Herren und Krieger mit ihrem Gefolge und Gesinde niederließen, die die Mauer verteidigen sollten, und daß die freien Handwerker und Kaufleute, die in jenen ihre beste Kundschaft fanden, wenn sich ihnen binnen den Mauern kein Raum bot, eben außenvor siedelten, um sich wenigstens bei Gefahr mit ihrer beweglichen Habe aus dem Burgus in die Stadtburg zu retten. Wenn in Italien von derartigen Suburbien nicht die Rede ist, dann ist anzunehmen, daß die Stadtburgen hier groß genug waren, um Märkte und Marktleute binnen den Mauern unterzubringen. Im Norden dagegen war dafür nur in wenigen großen Stadtburgen wie Mainz und Köln genügend Platz vorhanden. Denn auch in Köln ist der Markt zu dieser Zeit noch nicht in der Rheinaue zu suchen, wo sich in römischer Zeit der Hafen vor der Mauer befunden hatte. Dieser Hafen wurde zwar nicht mehr benutzt; er war verlandet, und man begann, ihn zuzuschütten und das ganze Gelände aufzuhöhen, aber dies geschah noch nicht, um bebaubaren Stadtraum zu gewinnen, sondern nur, um Schutt abzuladen und zu beseitigen.

Im Nordosten des Frankenreiches, der zum anfangs städtelosen Teil Europas gehört hatte, konnten die wegen der Normannen befestigten Klöster und Bischofssitze die Funktion der Stadtburg übernehmen, um Suburbien ins Leben zu rufen. In dem Land zwischen Schelde und englischem Kanal, das später in der Entwicklung des Städtewesens eine so hervorragende Rolle spielen sollte, richteten die Normannen besonders schwere Verwüstungen an. So ging der alte Hafenplatz Quentowic zugrunde, dessen Nachfolger Montreuil weiter landeinwärts lag und im Jahre 896 ummauert wurde. Schon im ersten Viertel des 8. Jahrhunderts nennt uns ein Geschichtsschreiber, derselbe, der zum ersten Male den Namen Flandern gebraucht, ein Städtchen als Hauptort des Gaues dieses Namens, mit dem nur Brügge gemeint sein kann. Dieser Ortsname findet sich zuerst auf Münzen, die hier vor 877 geprägt wurden und sicher darauf hindeuten, daß sich bei dem kleinen Verwaltungszentrum Marktleute niedergelassen hatten. Ihre Siedlung lag im Schutz einer Burg, deren Inhaber der vom westfränkischen König wohl um 864 zur Verteidigung der Küste eingesetzte Truppenführer war, der sich nun Graf von Flandern nannte. Er stützte die Abwehr der Normannen und seine Herrschaft auf die Burgen in Brügge, Gent, Aardenburg und anderswo sowie auf eine Reihe von zunächst noch unbewohnten Fluchtburgen, die aus einer Ringmauer von 200 m Durchmesser mit vorgelegtem Wassergraben bestanden und vor 891 erbaut worden sind. Solche Burgen befanden sich in Bourbourg, Bergues (Sint-Winoksbergen), Veurne, Oudenburg, Oostburg, in Souburg und Middelburg auf Walcheren und in Bourgh auf Schouwen; ihre Lage ist im Grundriß mancher später daraus erwachsenen Städte noch heute zu erkennen. Während diese Grafenburgen, die als Land- und Wasserstraßensperren und als Fluchtburgen für die baupflichtigen Umwohner dienten, noch keine Marktleute anzulocken vermochten, ließen sich solche vor den Burgen von Brügge, Gent und Antwerpen nieder. In Brügge und Gent heißt die vor dem Burgtor gelegene Haupt- und Marktstraße der ersten Gewerbesiedlung noch heute die Oudburg, ein Name, der vermutlich zu erklären ist als „der alte Burgus“ (im Gegensatz zu den später entstandenen „neuen“ Wohnvierteln). Hier also waren es nicht alte Bischofsstädte, sondern junge Grafenburgen, die zugleich den Kern eines neuen Staates, nämlich der Grafschaft Flandern, bildeten, die imstande waren, Marktsiedlungen ins Leben zu rufen.

Welchen Anblick diese frühen Kaufmanns- und Marktsiedlungen damals geboten haben müssen, darüber sind wir neuerdings durch die Ergebnisse moderner Ausgrabungen einigermaßen gut unterrichtet. In Dorestad, dem endgültig im Jahre 863 von Normannen zerstörten und seitdem wüst gebliebenen Zentrum des friesischen Fernhandels, das südlich von Utrecht an der Gabelung von Rhein und Lek gelegen war, findet sich vor der Burg (in der zeitweilig vielleicht der Bischof des um 700 gegründeten Bistums Utrecht residierte) sowohl eine agrarische Siedlung, die die Gemeinde der Burgkirche gebildet haben könnte, als auch eine dem Flußufer zugewandte Siedlung, deren dicht nebeneinander stehenden Häuser eine „Hafenfront“ mit davor verlaufender Straße bildeten und deren Bewohner über eine eigene Kirche verfügten. Der Hafen bestand aus nahe beieinander liegenden, 8 bis 10 m breiten Landungsbrücken, die man als Erddämme zwischen Pfostenreihen errichtete und mit hölzernen Plattformen abdeckte; sie mögen sich über 1 bis 2 km Länge am Rheinufer hin ausgedehnt haben.

An der Niederelbe, da, wo die dem Hochufer folgende Fernstraße den kleinen Nebenfluß Alster überquerte, hatte seit Jahrhunderten eine unbewohnte Sperrburg gelegen, die im 8. Jahrhundert in slavischen Besitz gekommen war. An ihrer Stelle und über den Trümmern der Slavensiedlung errichtete der von Kaiser Ludwig zum Missionsbischof für Skandinavien erhobene, im flandrischen Kloster Corbie erzogene Mönch Ansgar seit 832 die Klosterburg Hamburg, eine annähernd quadratische, mit Graben, Wall und Palisade geschützte Festung, deren Areal bis zum Jahre 1803 als Domimmunität innerhalb der späteren Stadt Bestand gehabt hat. Im Schutze dieser Burg und vor ihrem einzigen Tore gründete Ansgar oder der ihm als Gerichts- und Kriegsherr vorgesetzte Graf alsbald eine Siedlung für seefahrende Kaufleute, die von den zeitgenössischen Quellen (hier wie anderswo) als vicus bezeichnet wird, eine Siedlung vergleichbar dem westfränkischen Burgus, für deren Typus sich heute weithin das Fachwort Wiek oder Wieksiedlung eingebürgert hat. Vielleicht kam dem Hamburger Wiek der Zuzug friesischer Kaufleute aus Dorestad zugute, deren Heimat im Jahre 834 zum ersten Mal von Normannen überfallen wurde. Am Fuß der Geest unterhalb der Burg erbaute man an einem Nebenarm der Alster eine 6 m breite und etwa 120 m lange Kaianlage aus Klobenhölzern; sie diente zugleich als Markt und wurde auf der Landseite von einer Zeile dichtstehender Häuser abgeschlossen, die die Kaufleute wohl als Getreide- und Warenspeicher benutzten. Wir wissen bereits, daß im Jahre 845 dänische Wikinger die Klosterburg und den Wiek völlig zerstörten und daß Hamburg dadurch seinen Bischofsstuhl für immer verlor; die Wieksiedlung indes, das ergeben die Bodenfunde, überlebte, wenn auch an weiteres Wachstum nicht mehr zu denken war. Ihre Nachfolge als Verkehrsknotenpunkt trat vielmehr der weiter im Norden an der Schlei und bereits auf dänischem Boden gelegene Wiek Haithabu an, der den Schutz dänischer Grenzfestungen genoß und im 10. Jahrhundert auf einem mit Wall und Graben umgebenen Areal von etwa 24 ha zur Handelsmetropole ganz Nordeuropas emporsteigen sollte.

Einen damit vergleichbaren Anblick boten die Orte, die Karl der Große im Jahre 805 zu Grenzübergangsplätzen für den fränkischen Handel mit den Slaven bestimmte und deren Reihe von Bardowick, Scheßel und Magdeburg an der Elbe über Erfurt in Thüringen sowie über Hallstadt und Forchheim am Obermain bis nach Regensburg, Premberg und Lorch an der Donau reichte. Zwei von ihnen, nämlich Erfurt und Regensburg, sind uns bereits als Bischofssitze bekannt, wie wir denn auch die schon genannten ersten deutschen Bischofsresidenzen zu den frühen, auch Fernhändler und Marktleute anziehenden Städten zu rechnen haben. Bemerkenswert unter ihnen ist die hessische Büraburg, eine bereits im frühen 8. Jahrhundert, als noch die Sachsen die fränkische Grenze bedrohten, mit steinerner Mauer und Türmen befestigte Höhenburg mit der ungewöhnlich großen Innenfläche von 8 ha, die zudem dicht bebaut und bewohnt gewesen zu sein scheint, eine richtige Burgstadt mit zweifellos nichtagrarischem Wirtschaftsleben. Ihre Bewohner siedelten, nachdem das kurzlebige Bistum (741/42 bis 746/47) abgezogen und die Sachsengefahr beseitigt war, im Laufe des 9. Jahrhunderts nach dem nur 3 km entfernten, aber verkehrsgünstig im Edertale gelegenen Kloster Fritzlar über, das von Bonifatius im Jahre 724 gegründet worden war, aber seit etwa 775/782 unter Königsschutz stand und zum Zentrum eines reichen Krongutbezirks mit eigener Königspfalz emporstieg. Dieser Herrschaftsmittelpunkt war offenbar auch als Marktstätte kräftig genug, um so etwas wie eine Siedlungsverlegung herbeizuführen und die Büraburg dem Verfall zu überantworten.

Auf den Britischen Inseln brachte das 8. Jahrhundert keine bedeutenden Veränderungen in der Entwicklung des Städtewesens mit sich. Da die Inseln von großen Kriegen verschont blieben, machte der Landesausbau Fortschritte, die auch das Wachstum des Fernhandels begünstigten. In Winchester, wo wir es mit dem Typus der ehemaligen Römerstadt mit zerfallendem Mauerring und agrarischem Wirtschaftsleben zu tun haben, kam zu den alten Haupthöfen des Königs und des Bischofs jetzt nicht nur ein dritter hinzu, dessen Herr den Status eines königlichen Gefolgsmannes (thegn) gehabt haben könnte, sondern es deutet sich als viertes Siedlungselement auch ein entstehender, im Zuge der Hauptdurchgangsstraße gelegener Straßenmarkt an. Aber der größte Teil des Geländes innerhalb der Ringmauer wurde weiterhin als Feld und Wiese genutzt, zur Stadt im ökonomischen Sinne stieg Winchester nicht empor. Das taten eher manche in günstiger Verkehrslage emporkommende Plätze ohne römische Vergangenheit wie Hamwih oder Southampton, der Hafen Winchesters und ganz Südenglands, wo sich in relativ dichter Bebauung eine Bevölkerung von niederem sozialen Status ansiedelte, die Fischfang, Gewerbe und Fernhandel betrieb und tätig genug war, um eine Münzstätte ins Leben zu rufen und zu erhalten. Einzig London war imstande, die beiden Rollen eines Zentrums königlicher Reiseherrschaft mit Bistum und eines Verkehrsknotenpunktes zu vereinigen, aber die Bebauung trug auch hier weiterhin den ländlichen Charakter, den wir aus Winchester kennen und den die vornehmen ländlichen Haupthöfe prägten.

Die Angriffe der Wikinger auf Britannien begannen um 787 von Norwegen her. Die Nordleute besetzten die Inselgruppen der Shetlands, der Orkneys und der Hebriden und wandten sich dann insbesondere gegen Irland, während die Dänen, die über die Nordsee kamen, vor allem die süd- und ostenglischen Küsten aufsuchten. Größere Ausmaße gewannen die Vorstöße erst nach 830; verstärkt setzten sie mit dem Jahre 850 ein, als ein Heer mit 350 Schiffen, das Canterbury geplündert hatte, in der Themsemündung überwinterte und mit einer auf Landnahme gerichteten Eroberung ganz

Englands begann. Es zeigte sich jetzt, daß die Mauern der Römerstädte keine Festungen waren und keine Städte beherbergten: Sie hielten den Feinden genauso wenig stand wie die offenen Siedlungen im Lande, und so fielen London 851 und 871/872, Winchester 860, York 866, Cambridge 875, Exeter 876, Gloucester 877 den Dänen in die Hände. Im Jahre 865 erschien die mächtigste je gesehene wikingische Streitmacht in England, das Große Heer, das unter einheitlicher Leitung operierte und bis 869 die drei nördlichen Königreiche des burgen- und schutzlosen Landes, nämlich Northumbria, Mercia und Ostangeln, zerstörte und hier alsbald zur bäuerlichen Ansiedlung schritt. Im Jahre 870 lagerte es bei Reading, um auch Wessex, das letzte unabhängige sächsische Königreich, zu vernichten. Da war es die ruhmreiche Leistung König Alfreds des Großen (871–899), dieses Schicksal von Wessex abgewandt und den Angriff der Dänen zum Stehen gebracht zu haben. Zunächst erkaufte er sich mit einem Tribut fünf Jahre Zeit, um die Verteidigung vorzubereiten, indem er Schanzen und Befestigungen errichtete, um darauf die Abwehr zu stützen, und indem er ein mobiles Feldheer aufstellte und selber Schiffe baute, um zum Gegenangriff fähig zu werden. Zum ersten Mal konnten die Angelsachsen 884/885 mit Rochester eine Bischofsstadt erfolgreich gegen die Wikinger verteidigen. Im nächsten Jahre glückte es, London zurückzuerobern, und nun war Alfred imstande, den Verlauf der Römerstraße von London zum oberen Severn und nach Chester als Grenze seines Reiches zu sichern. Seine Kinder und Nachfolger, König Edward von Wessex (900–924) und Königin Aethelflaed von Mercia (911–918), führten sein Werk, insbesondere den planmäßigen Burgenbau, fort. Im Jahre 910 besiegten sie die northumbrischen Dänen bei Tettenhall; nun konnten sie ihre Herrschaft über Ostangeln und die Midlands bis zum Humber ausdehnen. Die nördlichen Dänen dagegen mußten sich den aus Irland herüberkommenden Norwegern unterwerfen, die 919 in York ein neues Königreich errichteten.

Die Burgenbaupolitik Alfreds und seiner Kinder hat in der Geschichte des englischen Städtewesens Epoche gemacht. Je weiter die archäologischen Untersuchungen heute fortschreiten, um so deutlicher zeichnet sich ab, daß König Alfred einen über die Bedürfnisse seiner bedrängten eigenen Zeiten weit hinausgehenden Plan verfolgte. Denn er hat nicht nur London und andere Römerstädte, die auch die Dänen gern als Standlager benutzten, verteidigungsfähig gemacht, wie denn auch noch nach ihm die Römermauern von Chester (907) und Manchester (919) wieder instand gesetzt wurden; Alfred und seine Erben haben nicht nur, wie das auch im fränkischen Reich geschah, die Burgen zu Mittelpunkten von Bezirken gemacht, deren Bewohner jene gemeinsam erbauten und verteidigten, ein System, das uns aus einem Verzeichnis (dem Burghal Hidage) von dreißig südenglischen Orten genau bekannt ist: Es sieht vor, daß je vier Bauernhöfe für Unterhalt und Bemannung eines Wallabschnitts von 5 m Länge aufkommen mußten, und meldet, daß z. B. zu Southampton 150, zu Hastings 500, zu Exeter 734, zu Bath 1000, zu Oxford und Chichester 1500, zu Buckingham 1600, zu Winchester, Wallingford und Warwick 2400 Bauernhöfe gehörten – indes ging König Alfreds Absicht weit darüber hinaus, bloß Fluchtburgen mit Garnisonen zu schaffen, wie sich daraus ergibt, daß der König seine Burgen mit einem Straßennetz und Grundstücksplan ausstattete, die den Bau eines Marktes, einiger Kirchen und geordneter Kaufmanns- und Handwerkergassen vorsahen. Nur auf Grund einer solchen Planung konnte Königin Aethelflaed, nachdem sie den Bischofssitz Worcester befestigt hatte, dem Bischof die Hälfte der ihr zustehenden Einnahmen von Kaufgeschäften „auf Markt oder Straße" verleihen, um sich selbst nur den Zoll von Gütern, die man auf Wagen oder Saumpferden in die Stadt brachte, vorzubehalten. Es ist offensichtlich, daß zusammen mit der Befestigung auch der Markt neu angelegt worden war.

So wie seine Tochter wollte bereits Alfred Städte gründen. Wenn auch einige seiner Burgen später zugrunde gingen, so hielt doch in der Regel der Zuzug der erforderlichen Ansiedler viele Generationen lang an, so daß schließlich aus allen seinen Gründungen, die Bestand hatten, schon im 11. und 12. Jahrhundert richtige Städte mit administrativen und ökonomischen Mittelpunktfunktionen hervorgingen. Es war kein Zufall, daß sich von den zwölf hervorragenden Münzstätten, die uns ein Königsgesetz von etwa 927/935 nennt, allein zwei Drittel in Burgen befanden, die bereits das oben erwähnte Burgen- und Hufenverzeichnis kennt. In London könnte das Gebiet rund um die Bischofskirche St. Paul herum, im Westen der Römerstadt oder City, jetzt einen planmäßigen Stadtgrundriß erhalten haben, der den Kirchhof der Kathedrale zum Mittelpunkt von Handel und Verkehr machte. Ebenso schuf Alfred in Winchester, wo er um 892 die römischen Mauern reparieren ließ, den Straßenplan, der den Platz wieder zur Stadt machte; daß seine Maßnahmen erfolgreich waren und daß sich das Verhältnis der neuen Stadt zu dem alten Hafenplatz in Southampton nun änderte, ergibt sich aus der Einrichtung einer Münzwerkstatt. Fragt man danach, welche Vorbilder Alfred dazu angeregt haben könnten, in seinem Lande Städte zu gründen, so kommen wegen der Anlage von Marktplätzen schwerlich Gent und Brügge, eher schon Quentowic, Dorestad, Paris oder Verdun, am wahrscheinlichsten aber die Städte Italiens in Frage, Städte wie Mailand, Pavia, Piacenza, Pisa, Lucca, Perugia und Rom mit seinem angelsächsischen Burgus in der Leo-Stadt, wo es noch Erinnerungen an die rechtwinklig ausgelegten Straßennetze des Altertums gab und wo sich die gewiß zahlreichen Romfahrer unter Alfreds Beratern genau auskannten.

Eigenständige, den Wieken in Ostfranken vergleichbare Vorformen städtischen Lebens entwickelten die Wikinger sowohl in ihrer skandinavischen

Heimat wie auf den Britischen Inseln, wo sie zwar in der Regel nach bäuerlicher Ansiedlung strebten, aber doch den für ihre Fernverbindungen wichtigen Hafenplätzen notgedrungen besondere Aufmerksamkeit schenkten. Auf Irland breiteten sie sich entlang dem Shannon und der Süd- und Ostküste aus. Unter den Orten Limerick, Cork, Waterford, Wexford und Dublin, die ihnen als Häfen und Königssitze dienten, war zumindest Dublin seit 841 auch befestigt, denn sein wichtiger Hafen war zwischen Iren, Norwegern und Dänen heftig umstritten, wechselte mehrfach den Besitzer und stieg schließlich zum Hauptplatz der Wikinger in Irland auf, wo die Krieger ihre Beute an Sklaven, Gold und Silber austauschten und in den Handel brachten. Im mittelenglischen York (Jorwik), das sich seit etwa 900 in Händen von Wikingern befand, ist archäologisch (außer einem schon um 850 angelegten Glasschmelzofen) die Abteilung schmaler Grundstücke zwischen Flußufer und paralleler Straße nachzuweisen, die mit Wohnhäusern und Werkstätten bebaut waren und Hinweise auf Verarbeitung von Blei, Kupfer, Eisen und Edelmetallen bieten.

Derartige offene Siedlungen frühstädtischen Charakters, als deren Merkmale eine verhältnismäßig dichte Bebauung und eine auf den Gewerbebetrieb spezialisierte Wirtschaftsweise gelten können, waren in Skandinavien, wie oben berichtet worden ist, bereits in merowingischer Zeit entstanden; seit dem 8. Jahrhundert blühte Ribe in Jütland, wo die Seefahrer den Geestrand und die von Norden nach Sachsen führende Heerstraße erreichten, und seit dem Beginn des 9. Jahrhunderts folgte Haithabu, wo sich der jütische Heerweg zu Lande und der Seeweg von Westen nach Osten kreuzten, weil hier die Nordsee mit den Niederungen der Eider und Treene und die Ostsee mit der Schlei tief ins Festland einschnitten. Um das Jahr 808 zwang der Dänenkönig Göttrik, wohl zur Strafe für eine ungesetzliche Umgehung Haithabus, die Kaufleute von Reric im Slavenlande dazu, sich hier anzusiedeln. Bereits die ältesten ergrabenen Siedlungsschichten zeigen die uns aus York bekannten, durch Zäune gegeneinander abgegrenzten kleinen Grundstücke, die mit sehr verschiedenartigen Häusern bebaut waren und im Fundgut keine enge Spezialisierung auf bestimmte handwerkliche Arbeiten erkennen lassen. Während sich Haithabu zu einem Handelsplatz von europäischer Bedeutung entfaltete, dürften kleinere Handelsplätze, wo die Seefahrer Schutz suchen und übernachten konnten, an den Südküsten der dänischen Inseln bestanden haben. Sie stützten den bereits im Jahre 830/831 von dem fränkischen Missionar Ansgar aus Hamburg benutzten Seeweg über Öland und Gotland nach dem Kerngebiet Schwedens am Mälar, wo die alte Handwerkersiedlung Helgö ihre Blütezeit hinter sich hatte und von Birka abgelöst wurde, einem Platze, der archäologisch als dichtbesiedelte Stätte mit reich entwickeltem Handel und Handwerk erkennbar ist und wie Haithabu eine Schiffslände mit künstlicher Anlegebrücke besaß. Bischof

Rimbert von Hamburg-Bremen beschrieb den Ort als Vorstadt (vicus), der bei einer Burg (civitas) gelegen war; er erwähnt die hier ansässigen Kaufleute und einen königlichen Amtmann, so daß dem Platz neben ökonomischen auch administrative Zentralaufgaben zugekommen sein mögen. Eine ähnliche Siedlung mag am Ende des 9. Jahrhunderts westlich der Mündung des Oslofjords bei Tjølling in der Landschaft Vestfold bestanden haben; hier sucht man den in schriftlichen Quellen genannten Hafenplatz Sciringes heal mit der Königsgrablege Skiringssalr, wenn beide Namen dieselbe Stätte meinen. Das im fränkischen Reich so häufige Nebeneinander von Königs- oder Grafenburg und Fernhandelsmarkt ist, wie es scheint, auch dem wikingischen frühen Städtewesen zumindest in Einzelfällen vertraut gewesen.

Was die weiten städtelosen Räume Osteuropas anlangt, so setzte sich hier, ohne an dieser Stelle verfolgt werden zu müssen, das langsame Wachstum des Burgenwesens fort, von dessen Anfängen oben die Rede gewesen ist. Viele der im 10. und 11. Jahrhundert uns greifbar werdenden, von Handwerk, Fernhandel und wohl auch einem wöchentlichen Nahmarkt lebenden Siedlungen frühstädtischen Charakters mögen ihren Anfang bereits während der karolingischen Zeit genommen haben, deren Quellen nur selten einmal eine von ihnen erwähnen, so wie es bei dem bereits genannten, auch von Kaufleuten bewohnten Reric der Fall ist. Reric lag im Lande der Abotriten an der Südwestküste der Ostsee, vielleicht an der Trave, von wo aus man den fränkischen Grenzkontrollpunkt in Bardowick erreichen konnte und wo der erstarkende Teilstamm der Wagrier im Jahre 819 die Burg von Altlübeck errichtete. Ein Schwerpunkt slavischer Anfänge des Städtewesens zeichnet sich im Raume der Odermündung ab. Innere Kolonisation schuf hier – wie anderswo – eine Reihe von kleinräumigen Siedlungseinheiten, die sich seit dem 9. Jahrhundert immer häufiger mit zentralen Fluchtburgen ausrüsteten; viele von diesen begegnen uns später als Herrschaftsmittelpunkte und Burgstädte, wie sie für die westslavische Territorialorganisation allgemein typisch wurden. Eine solche Mittelpunktsburg entstand auf dem Schloßberg des späteren Stettin, wo Überreste von Flechtwandhütten aus der zweiten Hälfte des 8. Jahrhunderts den Ursprung der Urzelle der späteren Stadt bezeugen. Zwei Generationen später umgaben die Bewohner ihre Siedlung mit einem Holz-Erde-Wall, dessen Innenfläche von etwa 1 ha Größe sie dicht mit Häusern bebauten. Da eine Werkstatt für die Herstellung von Schmuck gefunden worden ist, kommt zu den erkennbaren Elementen einer ersten Urbanisierung wohl bereits die gewerbliche Entwicklung hinzu. Deutlicher tritt sie darin hervor, daß sich gegen Ende des 9. Jahrhunderts die ersten Ansiedler unterhalb der Burg am Ufer der Oder niederließen; es mögen Fischer, später dann auch Handwerker und Händler gewesen sein, doch spielte der Fernhandel hier noch keine Rolle: Das frühe Stettin stellt sich ganz ausgesprochen als wirtschaftliches und wohl auch politisches Zentrum eines slavischen Landes, einer Siedlungskammer, dar.

Anders steht es um die Siedlung Wolin, die auf der gleichnamigen Insel im Oderdelta gelegen ist, und zwar dort, wo die küstenparallele Fernstraße die Dievenow, den östlichen Mündungsarm der Oder, überquerte, weil hier einige kleine Schlickinseln schon im Frühmittelalter den Bau einer Brücke ermöglichten. Auf der anliegenden sandigen Anhöhe errichteten erste Ansiedler früh im 9. Jahrhundert ihre Häuser; sie bearbeiteten Glas, Leder und Bernstein und betrieben Bootsbau: Wir haben es von Anfang an mit einer Handwerkersiedlung zu tun, die nahe bei dem Flußübergang auch einen Marktplatz besaß. Erst die Enkel der Gründer haben, nachdem die ganze Anhöhe dicht bebaut war, eine Befestigung aus Holz und Erde errichtet, die die Siedlung im Halbkreis umgab und sich an beiden Enden an die Dievenow anlehnte. Spätestens von jetzt an haben wir zweifellos eine Stadt im ökonomischen Sinne vor uns. Noch im 9. Jahrhundert gründeten weitere Zuzüglinge an ihrer nördlichen Ausfallstraße vor dem Tore eine Vorstadt mit eigenem neuem Marktplatz, deren dicht zusammenstehende Häuser Werkstätten für die Bearbeitung von Eisen, Horn und Buntmetallen enthielten; ja bald nach 900 kündigte sich die Entstehung einer zweiten Vorstadt im Süden an. Wolin zeigte bereits jenes kräftige Wachstum, das hernach durch zwei weitere Jahrhunderte hindurch anhalten sollte.

Wie es scheint, ist Wolin niemals Landesmittelpunkt geworden, also niemals zu administrativer Zentralität gelangt; wir haben es also mit einem anderen Siedlungstypus zu tun als in Stettin, und zwar mit einem Typus, der im Slavenlande selten auftritt. Seine Ausbildung in Wolin dürfte mit der Lage der Stadt im Fernhandelsnetz der Zeit zusammenhängen, die ihr vielleicht von Anfang an die Rolle eines Hafens für den im Hinterland an der Warthe entstehenden frühpolnischen Staat zuwies. Staatsbildung bedeutet indes auch die Entstehung politischer Zentren; sie wird uns jedoch erst in der nächsten Periode des hohen Mittelalters deutlicher faßbar, wenn auch die Anfänge Posens etwa bis in die zweite Hälfte des 9. Jahrhunderts zurückreichen, als dort in der Nähe einer mit Holz-Erde-Wall befestigten Burg eine erste Siedlung, der Keim der späteren Stadt, entstand. Die bedeutendste westslavische Staatsbildung des 9. Jahrhunderts stellt das großmährische Reich dar, das sich seit etwa 840 vom Kernraum im Marchtal aus sowohl nach Böhmen wie ins Donaugebiet hin ausdehnte, unter Leitung tatkräftiger Fürsten zwischen ostfränkischem und byzantinischem Reich seine Selbständigkeit kühn behauptete, aber seit 894 wegen ungeregelter Thronfolge wieder zerfiel und im Jahre 905/906 von den Ungarn völlig zerstört wurde. Damit sanken auch die Anfänge seines Städtewesens dahin, die sich hier ebenfalls an die Zentralburgen der im Reiche aufgehenden Stammesverbände angeschlossen hatten, denn bei günstiger Ausstattung eines Territoriums mit Rohstoffen und bei günstiger Verkehrslage hatten sich bei ihnen vielfach Vorburgen mit handwerklich-händlerischen Funktionen herausgebildet. Merkwürdig ist, daß die Konzentration des Gewerbes bei den als Fürstensitze in Betracht kommenden Burgen von Staré Město (bei Göding) und Mikulčice an der March und von Nitra an der Nitra eine Mehrzahl von Gewerbeorten ins Leben rief, so daß wir es eher mit Siedlungskammern frühstädtischen Charakters als mit frühstädtischen Siedlungen an sich zu tun haben. Dies war in Nitra der Fall, dessen administrative Zentralität noch betont wurde, als dort im Jahre 880 ein Bischof seinen Sitz errichtete. Bei Staré Město ist das dezentralisiert besiedelte Areal samt Freiräumen schließlich sogar umwallt worden, wobei ein Innenraum von 250 ha Fläche entstand. Wir treffen auf ein Erscheinungsbild, das von den uns vertrauten Formen frühstädtischer Entwicklung so weit abweicht, daß es wohl nur als Ausdruck eines übermächtigen fürstlichen Willens erklärt werden kann.

Ein dritter Schwerpunkt frühstädtischer Entwicklungen in der slavischen Welt ist seit der Karolingerzeit in Nordosteuropa zu erkennen. Es waren vor allem schwedische Seefahrer, denen es jetzt gelang, unter Ausnutzung der gewaltigen Verschiebungen, die die persisch-islamische Expansion seit der Gründung Bagdads im politischen und wirtschaftlichen Leben Vorder- und Mittelasiens ausgelöst hatte, das nordeuropäische anglofriesische Verkehrssystem auch außerhalb des von den Sarazenen blockierten Mittelmeers mit dem Orient zu verbinden, indem sie den einst von Avaren und Slaven geschaffenen Sperrgürtel zwischen Ostsee und Schwarzem Meer durchbrachen. Obwohl nun Ungarn und Petschenegen in die Steppen nördlich und nordwestlich des Schwarzen Meeres vorstießen, öffneten sie den Wasserweg vom Finnischen Meerbusen über Wolchow und Dnjepr zum Schwarzen Meere, während gleichzeitig weiter östlich das Reich der Chazaren die Verbindung über die Wolga nach Mittelasien sicherte. Diesem Verkehrssystem verdankt die frühstädtische Siedlung Alt-Ladoga, gelegen am westlichen Ufer des Wolchow 12 km südlich von dessen Einmündung in den Ladoga-See, ihre Entstehung. Die ältesten Funde aus der zu dieser Zeit wohl noch nicht befestigten Siedlung reichen bis ins 8. Jahrhundert zurück und zeugen von einer aus Slaven, Balten, Finnen und Skandinaviern gemischten Bevölkerung, die verschiedene Gewerbe betrieb und Handelsbeziehungen nicht nur nach Westen, sondern auch zum Orient unterhielt, wie Funde arabischer Münzen verraten. Die Handelsverbindungen bildeten zweifellos eine wesentliche Voraussetzung dafür, daß eine skandinavische Dynastie in der zweiten Hälfte des 9. Jahrhunderts im Stromgebiet von Wolchow und Dnjepr einen großräumigen Herrschaftsverband errichten konnte, mit dem die Geschichte des russischen Reiches ihren Anfang nahm. Der Begründer Rurik scheint sich 862 in Alt-Ladoga aufgehalten zu haben, bevor er flußaufwärts nach Nowgorod übersiedelte. Unklar ist sein Verhältnis zu Askol'd und Dir, den Herren von Kiew, die im Jahre 860 eine Wikingerflotte nach Konstantinopel führten und den vergeblichen Versuch machten, diese reiche Stadt zu erobern. Vielleicht hat der aus der Umgebung Ruriks stammende Fürst Oleg ihre Herrschaft im Jahre 882 beseitigt und Kiew mit Nowgorod vereinigt. Oleg erneuerte später die Angriffe auf Konstantinopel an der Spitze eines Heeres, dessen Führer die Fürsten von Kiew, Černigov, Perejaslawl', Polock, Rostov, Ljubeč und anderen Städten waren; beim Friedensschluß von 907 kam es auch zu Abmachungen darüber, wie die Griechen die nach Konstantinopel kommenden russischen Kaufleute behandeln sollten: Die Ankömmlinge erhielten ein bestimmtes Quartier bei der Kirche des heiligen Mamas angewiesen und mußten sich dort in Listen eintragen lassen, wogegen der Kaiser ihnen die notwendigen Lebensmittel lieferte; die Stadt selber durften sie nur durch ein bestimmtes Stadttor und unter Aufsicht eines kaiserlichen Beamten betreten, und zwar unbewaffnet und in Gruppen von nicht mehr als fünfzig Mann. Von ihren Handelsgeschäften brauchten sie keinen Zoll zu zahlen. Das Abkommen wurde 911 zu einem Handelsvertrag erweitert, der griechischen Schiffern die Gleichberechtigung in Rußland zusicherte. Die russischen Städte, von denen wir in diesen Zusammenhängen zum ersten Mal erfahren, stellen sich uns in erster Linie als Sitze der Fürsten und ihrer kriegerischen Gefolgschaften dar, die von hier aus die umwohnenden slavischen Stämme beherrschten und beschatzten und mit den Tributgaben einen Fernhandel betrieben, der sich von Raub und Erpressung noch nicht allzu deutlich unterschied.

Nur wenig ist über das Städtewesen der Balkanhalbinsel während der Karolingerzeit zu melden. Die Ausbreitung und Landnahme der Slaven, die schon im 7. Jahrhundert die griechische Herrschaft auf die Küstenstädte beschränkt hatte, setzte sich fort, ohne daß das vom Bilderstreit geschwächte Kaisertum ihm wesentlich zu steuern vermochte. Griechische Binnenwanderung und Siedlungsverlegung hörten daher nicht auf. So mag jetzt die antike Inselhauptstadt Kerkyra gänzlich verödet sein, weil die Restbevölkerung auf die beiden 2 km nördlich davon gelegenen Bergeshöhen umzog und dort eine neue Stadt gründete, deren auf die beiden Bergköpfe bezüglicher Name Korypho (später italienisch 'Korfu') uns zum Jahre 968 erstmals genannt wird. Aus der Landschaft Arkadien wichen die Griechen nach Südwesten und zur Küste hin aus, und oberhalb der antiken, jetzt in Ruinen liegenden Stadt Kyparissia errichteten sie an steilem Bergeshange eine befestigte Fluchtsiedlung, die nach der Herkunft ihrer Bewohner nun den Landschaftsnamen Arkadia trug. Selbst das von seiner Verkehrslage begünstigte Korinth verlor im 8. Jahrhundert alle Bedeutung und hörte vielleicht überhaupt auf zu bestehen, denn an dem ökumenischen Konzil zu Nikaia von 787 nahm kein korinthischer Bischof teil, und die Zahl der Münzfunde aus dieser Zeit ist ungewöhnlich gering. Den ersten groß angelegten Versuch, die Slaven zurückzudrängen, unternahmen im Jahre 783 die Kaiserin Irene und ihr Feldherr Staurakios in Thessalien, Mittelgriechenland und auf der Peloponnes. Aber der Erfolg blieb unsicher, und auf der Peloponnes beantworteten die Slaven ihn 805 oder 807 mit einem energischen Versuch, die griechischen Küstenstädte zu erobern. Vor allem um Patras entbrannte ein erbitterter Kampf, denn gleichzeitig erschien eine arabische Flotte vor der Stadt, um den Hafen zu blockieren. Aber als es den Belagerten gelang, den Ring zu sprengen und die Slaven in die Flucht zu schlagen, da bedeutete dieser Sieg zugleich die Wende in der Slavennot, denn drei Tage darauf führte der Stratege von Korinth ein Entsatzheer heran, das die endgültige Unterwerfung der Slaven und ihre schließliche Bekehrung zum griechischen Christentum einleitete. Zum ersten Mal wird uns bei dieser Gelegenheit der Name Korinth wieder genannt; hier hatte der kaiserliche Militärbefehlshaber seinen Sitz, der an der Spitze des neugegründeten Wehrbezirks oder Themas Peloponnes stand. Wenn wir hören, daß die vor Patras besiegten Slaven gezwungen worden seien, Diener und Köche für durchreisende Gesandte und für Amtleute sowohl des Kaisers wie fremder Herren zu stellen, so gibt sich darin die Bedeutung der Schiffahrtsstraße zu erkennen, die die byzantinischen Städte in Unteritalien über Patras und Korinth mit der Hauptstadt am Bosporus verband. Nicht mehr die Slaven, sondern die Sarazenen bedrohten jetzt diese Route; während der Herrschaft des Kaisers Basileios I. (867–886) eroberten sie Patras, und da sie das Mittelmeer beherrschten, konnte der griechische Admiral Niketas Oryphas sie schließlich nur besiegen, indem er seine Schiffe bei Korinth zu Lande über den Isthmus schaffte.

Weitere Wehrbezirke oder Themen, die jedes für sich selbst, ohne auf kaiserliche Hilfe angewiesen zu sein, den benachbarten Slaven standhalten konnten, entstanden während des 9. Jahrhunderts in Makedonien mit der Hauptstadt Thessaloniki, in Mittelgriechenland mit dem Zentrum Theben oder Athen und in Epirus mit dem Zentrum Nikopolis. Weiter die Adria aufwärts schützten eigene Wehrbezirke um Dyrrhachium und Spalatum die Seestädte an der dalmatinischen Küste. Nur teilweise gelang es den Griechen, die Gefahren zu bannen, die von den Bulgaren als dem seit Ende des 7. Jahrhunderts führenden Volke unter den Slaven des Donaulandes ausgingen. Obwohl deren größter Herrscher Krum (802–814) sogar den Kaiser selbst zu besiegen und zu töten vermochte, gerieten die Bulgaren so vollständig unter den Einfluß der byzantinischen Kultur, daß sie sich seit 865 dem Christentum öffneten und in ihren Hauptstädten Pliska und (seit 893) Preslav dem Vorbild des griechischen Städtebaus nacheiferten. Wie andere Burgstädte des Landes waren diese Siedlungen in erster Linie Festungen mit den zur Versorgung des Heeres nötigen Werkstätten gewesen; als Hauptstädte aber wurden sie im monumentalen Stil antiker Quadersteinarchitektur mit

Mauern, Türmen, Wasserleitungen, Zisternen, Bädern, Palästen und Kirchen ausgestattet. Unter den stadtsässigen Gewerben entwickelte sich das der Steinmetzen auch in seiner Reliefkunst zu hoher Leistungsfähigkeit. Da Zar Symeon (893–927) sich erneut das bereits von Krum verfehlte Ziel steckte, Konstantinopel zu erobern und seiner Dynastie die Kaiserkrone zu sichern, kam indes Griechenland auch am Ende des 9. Jahrhunderts noch nicht zur Ruhe, zumal nun auch von Kreta aus die Angriffe arabischer Flotten auf die Städte am Ägäischen Meer einsetzten, von denen oben bereits die Rede war. Wenn die kaiserliche Verwaltung später in den Themen Makedonien 56, Hellas 79, Peloponnes 40, Nikopolis 12 und Dyrrhachium 24 Städte zählte, so kann es sich dabei in der Regel, namentlich bei den verkehrsungünstig fern der Küste gelegenen, nur um Dörfer und Kleinstädte mit agrarischem Wirtschaftsleben gehandelt haben, die lediglich für die kaiserliche Steuerverwaltung und, wenn sie noch Bischöfe beherbergten, für die Kirche zentralisierende Funktionen wahrnahmen.

So sind es vor allem die kriegerischen und gewalttätigen Zeitläufte, die dem europäischen Städtewesen während der Karolingerzeit bis weit in den Norden und Osten des Kontinents hinein sein einheitliches Gepräge geben. Die Städte der Zeit waren entweder Burgstädte, d. h. die besiedelte Fläche war zur Gänze ummauert, oder es waren zwar offene, aber im Schutz von und in unmittelbarer Verbindung mit Burgen angelegte Siedlungen, wie wir sie als Suburbien, Burgi, Vici überall in Europa kennengelernt haben. Es wäre nicht verwunderlich, wenn wir als Bewohner dieser Städte vor allem Fürsten, fürstliche Amtleute, Bischöfe und ihr kriegerisches oder klerikales Gefolge antreffen würden; allein bereits was wir über das Erscheinungsbild der Städte, nicht zuletzt aus archäologischen Fundstücken, wissen, belehrt uns darüber, daß in den ärmlich wirkenden, im Mittelmeergebiet roh aus Bruchstein aufgemauerten, im Norden aber aus Holz, Flechtwerk, Lehm und Reet errichteten Häusern auch arbeitende Menschen, namentlich Handwerker und Händler, gewohnt haben. Es liegt ein merkwürdiger Widerspruch darin, daß die Burgen und Burgstädte, die unentwegt im Belagerungszustand lebten, solche Menschen nicht nur, und sei es auch in offenen Vorstädten, an sich zogen, sondern daß trotz einer ununterbrochenen Folge von Eroberungen und Plünderungen diese Siedler sogar allmählich an Wohlstand und Einfluß gewannen. Da uns statistisch auswertbare Quellen fehlen, mit deren Hilfe sich der Widerspruch in den qualitativen Aussagen klären ließe, müssen wir annehmen, daß Krieg, Raub und Plünderung dem Gewerbe und Handel dieser frühen Zeit nicht so fernstanden, wie der moderne Betrachter anzunehmen pflegt, konnten doch die Krieger erbeutetes Gut in der Regel wohl nur dann verwerten, wenn sie es veräußerten und das vom Zufall Zugeteilte durch Tausch ihren Bedürfnissen anpaßten. Beutemachende Krieger waren es ja vor allem, die zugleich als Herren größeren

Grundbesitzes, der sie zum Ritterdienst befähigte, in den Burg- und Vorstädten jene Nachfrage am Markte geltend machten, für die die Handwerker produzierten und die Fernhändler ihre Waren heranschafften. Damit stellt sich uns die Aufgabe, diese Zusammenhänge näher zu untersuchen und eine Erklärung dafür zu finden, daß sich gerade im 8. und 9. Jahrhundert in Städten, die man vergleichsweise mit Recht lediglich als Vor- und Frühformen des eigentlichen europäischen Städtewesens zu betrachten pflegt, nun auch die Anfänge eines Bürgertums im wirtschaftlichen Sinne, nämlich eines nicht unmittelbar mit der Landwirtschaft verbundenen Erwerbsstandes, beobachten lassen.

Denn was wir bisher betrachtet haben, rechtfertigt keineswegs die Annahme, die frühen Städte der Zeit seien bereits imstande gewesen, Handel und Gewerbe in nennenswertem Grade auf sich zu konzentrieren, und die stadtsässigen Gewerbe seien den auf Dörfern und grundherrlichen Haupthöfen arbeitenden bereits an Leistungsfähigkeit überlegen gewesen. Im Gegenteil, es konnten in rein bäuerlicher Umgebung ansehnliche gewerbliche Betriebe entstehen, deren Inhaber uns, wo sie in Grundherrschaften eingegliedert waren, schon im 9. Jahrhundert als Lehnsträger begegnen. Lehnrecht aber galt grundsätzlich nur unter Freien. Diese Männer waren dem Grundherrn zu bemessenen Abgaben und Leistungen verpflichtet, konnten im übrigen aber über ihre Arbeitskraft, die Gewinne und das daraus durch Ersparnisse zu bildende und zur Ausweitung des Betriebes verwendbare Kapital frei verfügen. Die Saline in Reichenhall, die seit der Wende des 7. zum 8. Jahrhundert in der schriftlichen Überlieferung begegnet und den ganzen mittleren Donauraum mit Salz versorgte, bestand als Ansiedlung in karolingischer Zeit nur aus den Produktionsgebäuden und allenfalls einfachen Unterkünften für die Arbeiter; die eigentlichen Salzsieder, nämlich die Eigentümer der Salzpfannen, die auch das Salz verhandelten und die Handelsgewinne genossen, wohnten auf den über die ganze Gemarkung verstreuten Höfen, es müssen freie, dem Herzog von Bayern und später dem fränkischen König zum Wehrdienst verpflichtete Bauern (oder Händler mit Rückhalt an bäuerlichen Betrieben) gewesen sein, sofern sich nicht bereits fremde Kirchen und Klöster in ihre Güter eingekauft und dadurch Anteile an der Saline gewonnen hatten.

Wenn Grundherren solche bäuerlichen Gewerbestellen erwarben, so taten sie es gewiß in erster Linie, um ihren eigenen Bedarf zu decken, denn nicht nur Könige und Herzöge, sondern auch die Bischöfe und jene Klöster, deren Konvente 100 oder 200 oder noch mehr Mönche vornehmer Herkunft zählten, führten Großhaushalte, in denen täglich viele hundert Menschen zu versorgen waren. Große Klöster besaßen daher mehrere Back- und Brauhäuser (für die Mönche, für das Gästehaus, für die Pilgerherberge), dazu Mühle, Stampfe, Darre und Werkstätten für verschiedene Handwerker. Von dem in Nordfrankreich nahe der Somme gelegenen Kloster Corbie wissen wir, daß es im Jahre 822 auf dem Klosterhof 5 Schuhmacher, 1 Tuchwalker, 6 Grobschmiede, 2 Goldschmiede, 2 Schildmacher, 1 Pergamenter, 1 Schleifer, 3 Gießer, 4 Stellmacher gab, außer den Bäckern und Brauern, die für die Herberge arbeiteten. Vielfach deckten die Grundherren ihren Bedarf an gewerblichen Gütern auch dadurch, daß sie sich fertige Gebrauchsgegenstände von den hintersässigen Bauern als Zins liefern ließen. Besonders im Rhein- und Mosellande haben sie daraus ein ganzes System spezialisierter Gewerbehufen entwickelt, wobei sie auf die Verwertung örtlich anstehender oder anfallender Rohstoffe besondere Rücksicht nahmen. Karl der Große verlangte von seinen Krongutverwaltern, sie sollten stets tüchtige Handwerker, nämlich Grob- und Goldschmiede, Schuhmacher, Drechsler, Stellmacher, Schildmacher, Fischer, Falkner, Seifensieder, Brauer, Bäcker und Netzmacher, zur Hand haben. Textilarbeiter fehlten in dieser Aufzählung, denn wohl auf jedem Fronhof gab es eine Werkstatt, wo die von den abhängigen Bauernhöfen zu entsendenden Mägde und Frauen die gesamte Woll- und Leinenweberei vom Spinnen und Kämmen über das Weben und Walken bis hin zum Färben besorgten.

Angesichts einer so weitgehenden Spezialisierung des Gewerbes auf den Dörfern und Herrenhöfen kann man sich fragen, ob für ein stadtsässiges, auf einen freien Markt angewiesenes Gewerbe überhaupt noch genügend Raum blieb. Ganz außer Zweifel steht dies für die arabischen und byzantinischen Teile der Mittelmeerländer und ihre arbeitsteiligen Großstädte. Am besten sind wir über die Gewerbe der Reichshauptstadt Konstantinopel unterrichtet, weil Kaiser Leon VI. der Weise (886–912) für seinen Stadtrichter, den Eparchen, eine Sammlung der Rechtsnormen für diejenigen Gewerbe, die das Stadt- und Marktgericht am meisten beschäftigten, angelegt hat. An der Spitze steht das Gewerbe der Notare und Rechtslehrer, die jeder einen Schreiber beschäftigen durften, aber die Urkunden eigenhändig beglaubigen mußten. Es folgen die Gold- und Silberhändler, die auch Perlen, Edelsteine und Schmuck umsetzten, und die Geldleiher und Wechsler, die ihrerseits ambulante Gehilfen mit einem Geldsack auf die Märkte und Straßen entsandten; allen anderen Gewerbetreibenden war es untersagt, Münzen zu horten, und geboten, erspartes Geld bei ihrem Bankier zu hinterlegen. Von den Seidenstoffhändlern, die nicht zugleich Färber sein durften, trennte man die Händler, die aus Syrien und Bagdad importierte Stoffe vertrieben; die syrischen Importeure, die sich längstens drei Monate im Handelshof aufhalten durften, mußten ihre Waren allen Händlern gemeinsam anbieten, so daß jeder nach seiner Kaufkraft unter gleichen Bedingungen einkaufen konnte. Nur Syrer, die länger als zehn Jahre in Konstantinopel wohnten, durften sich am Einzelhandel beteiligen. Gemeinsamer Einkauf im Kaufhof und das Verbot, vor der Stadt den Anbietern entgegenzugehen, finden sich auch bei den Händlern mit Rohseide, den Leinenhändlern, den Fleischern und den Fischhändlern. Den Händlern und den Bearbeitern der Rohseide war es verboten, mit fremden Geldmitteln oder gar auf fremde Rechnung Seide einzukaufen; es gab unter ihnen Arme, die nicht direkt beim Importeur, sondern nur bei anderen Händlern einkaufen konnten. Die Seidenweber und Färber, die Purpurstoffe nur für das Kaiserhaus herstellen durften, beschäftigten Sklaven und Lohnarbeiter, deren Verkauf nach auswärts ihnen zum Schutz des Produktionsgeheimnisses untersagt war. Die Leineweber durften ihre Erzeugnisse nicht in der Werkstatt zum Verkauf ausbieten, sondern mußten sie auf den Schultern zum Markt tragen. Weiter nennt das Buch des Eparchen die Gewürzhändler, die Wachshändler und Kerzenmacher, die Seifenmacher, die Lebensmittelhändler, die alles verkaufen durften, was man mit der römischen Schnellwaage (und nicht mit der gleicharmigen Waage mit zwei Schalen) abwog, die Sattler, Gerber und Kürschner, die Schaf- und die Schweineschlachter, die Fischhändler, denen es verboten war, Fische einzusalzen und an Exporteure zu verkaufen, die Bäcker, die Weinschenken und die Viehmakler. Die Bäcker waren zugleich Müller, die nach antiker Sitte das Korn von Sklaven in Handmühlen oder von Tieren in Drehmühlen mahlen ließen; Wassermühlen werden nicht erwähnt. Wegen der Feuersgefahr durften die Bäcker die Brennstoffe nur im Freien oder in Steinhäusern lagern und keinen Ofen unter einem Wohnhaus betreiben. Als letztes erwähnt das Eparchenbuch die Tischler, Gipsformer, Marmorarbeiter, Schlosser, Maler und anderen Handwerker, die als Lohnwerker mit dem Werkzeug des Arbeitgebers dessen Materialien verarbeiteten und eine kontrahierte Arbeit nicht verlassen durften, solange der Arbeitgeber ihre Beschäftigung sicherte. Die Steinmetzen, die Mauern, Gewölbe und Kuppeln errichteten, hafteten zehn Jahre lang für den eventuellen Einsturz des Bauwerks. Da wichtige Gewerbe wie die der Schiffbauer und aller Arten von Metallarbeitern fehlen, kann die Aufzählung des Eparchenbuches schwerlich vollständig sein.

Aber auch für die übrigen christlichen Länder Europas braucht man die Existenz von Gewerbetreibenden am städtischen Markt nicht zu bezweifeln; im Gegenteil, die spärlichen Nachrichten sind um so aussagekräftiger, als das städtische Leben der Zeit ohnehin einen im Vergleich zur Grundherrschaft nur ganz verschwindenden Quellenbestand erzeugt und uns hinterlassen hat. Als stadtsässige Salzmacher dürfen wir uns die Leute von Comacchio denken, die Oberitalien mit ihrem Seesalz versorgten und früh den Neid der Venezianer erregten. Für Mainz sind uns Töpfer zum Jahre 881 schriftlich, für Duisburg zum 9. Jahrhundert archäologisch bezeugt. Wiederum in Mainz buk eine Frau im Jahre 870 am Festtage des heiligen Laurentius Brot zum Verkauf, während jedermann zur Kirche eilte; der Annalist teilt uns dies mit, weil sich der Heilige für die Mißachtung rächte, indem er das Brot im Ofen anbrennen ließ. So erfahren wir einmal von der Existenz handwerklicher Arbeit für den städtischen Markt, den wir uns als Wochen- oder gar täglichen Markt vorstellen dürfen. Ein westfränkisches Gesetz von 864, das falsches Maß und Gewicht unter Strafe stellt, setzt in Bischofsstädten, Kleinstädten und Marktorten allgemein Leute voraus, die pfennigweise Brot und Fleisch verkauften. Bei den Ausgrabungen in Dorestad sind so viele einfache, leicht gebrannte tönerne Webergewichte gefunden worden, daß man die Tuchherstellung für eines der wichtigsten in der Siedlung geübten Gewerbe halten muß. Stadtsässig werden schließlich auch viele Goldschmiede, Glockengießer und Steinmetzen gewesen sein, wenn ihnen auch ihre Heimatstadt allein keine kontinuierliche Beschäftigung bot und sie deswegen überall dort Arbeit annehmen mußten, wo ein Grundherr bereit war, den nötigen Aufwand zu treiben. Zu ihnen rechnen wir den Meister Wolvini, den Schöpfer der unter Erzbischof Angilbert II. (824–859) gefertigten, aus Goldblech getriebenen Verkleidung des Hochaltars von Sant'Ambrogio in Mailand, die als das bedeutendste Werk der frühmittelalterlichen Goldschmiedeplastik gilt; sein Name, den wir kennen, weil er sein Werk damit signiert hat, deutet auf alemannische Herkunft, sein Stil auf Ausbildung am karolingischen Hofe hin. Bereits hundert Jahre vorher hatte König Liutprand eine Lohnordnung für die italienischen Bauhandwerker erlassen, der zufolge die immer wieder die Arbeitsstätte wechselnden Arbeiter eine überlokale zunftmäßige Organisation besaßen. Mancher in der Stadt wohnende Handwerker mag den Verkauf seiner Produkte auch auf fremden Märkten betrieben haben; so könnte es sich erklären, daß der bereits erwähnte reiche Mainzer Lantfrid ein Grundstück am Rheinufer besaß, das offenbar mit Werkstätten bebaut war, und daß der Uferstreifen überhaupt „bei den Korn- oder Werkhäusern" hieß.

Denn was den europäischen Fernhandel anlangt, so haben Araber, Normannen und Ungarn ihn keineswegs zum Erliegen gebracht, sondern allenfalls ihn reduziert, vor allem aber seinen kriegerischen Charakter verstärkt. Fortgedauert hat auch die kommerzielle Unterlegenheit gegenüber der byzantinisch-islamischen Welt. Der Abstand wird sich sogar noch vergrößert haben, denn die syrischen und griechischen Kaufleute, die man früher im Frankenreiche hatte antreffen können, zogen sich nun von dort, ja auch aus Italien und Afrika zurück. Das letzte Zeugnis für die Anwesenheit griechischer Kaufleute in Südgallien stammt aus dem Jahre 921. Im Laufe des 9. Jahrhunderts gelang es nämlich den Arabern, die byzantinische Seeherrschaft und Handelsblockade im Mittelmeer zu brechen, die Inseln Kreta (823–828) und Sizilien (827–831) zu erobern und den Seeweg von Almería in Spanien über Kairouan in Afrika nach Ägypten zu öffnen; nun bildete sich die auf den Handel mit Sklaven spezialisierte Verbindung des fränkischen Reiches mit dem Orient über Spanien als Rückgrat des Mittelmeerhandels aus, an dem sich die italienischen Seestädte Amalfi, Gaëta, Bari und Venedig als Lieferanten von Salz und Getreide beteiligten. Die Salzhändler von Comacchio schlossen im Jahre 715 einen Handelsvertrag mit dem König der Langobarden ab, der ihnen den Handel auf dem Po mit jenen Waren erleichterte, die sie aus dem Osten heranführten: Gewürzen, Seidenstoffen, Juwelen. Im Verkehr des Frankenreiches mit Italien spielten weiterhin die auch aus Britannien herüberkommenden Pilger eine große Rolle, die die Reisekosten aus dem Erlös mitgeführter Waren deckten; die langobardischen Zöllner hatten daher Mühe, die zur Zollfreiheit berechtigten Reisenden von Kaufleuten zu unterscheiden. Um die Mitte des 8. Jahrhunderts ließ sich ein mit diesen Wegen vertrauter englischer Kaufmann in Marseille nieder.

Die Befriedung des Karolingerreiches ließ seit dem Ende des 8. Jahrhunderts den Fernhandel auf dem Rhein zwischen dem Elsaß und Friesland lebhaft aufblühen. In Mainz, von wo Verbindungen über Regensburg und die Donau in den Osten führten, waren bereits im 8. Jahrhundert orientalische Luxuswaren erhältlich. Dazu kam der Handel mit einheimischen Produkten wie Wein und Getreide, dessen Reichweite sich daran ablesen läßt, daß während der schweren Hungersnot von 850 die Mönche in Fulda über die Mainzer Getreidepreise genau Bescheid wußten. Besondere Anziehungskraft übte der kaiserliche Palast in Aachen auf die Fernhändler aus; zu Beginn des 9. Jahrhunderts gab es dort einen Hofmann, der sich besonders um die Behausungen der Händler zu kümmern hatte, die auf dem Markte oder anderswo ihre Waren feilboten. Die Eroberung Sachsens muß insbesondere dem Fernhandel Kölns nach Osten hin zugute gekommen sein. Seit 877 war die Äbtissin von Gandersheim berechtigt, von den zwischen Rhein und Elbe reisenden Kaufleuten einen Durchgangszoll zu erheben. Kaiser Karl verbot im Jahre 805 den Export von Waffen in die slavischen Länder und bestimmte, daß sich die nach Osten ziehenden Kaufleute an der Grenze in Bardowick, Schezla, Magdeburg, Erfurt, Hallstadt, Forchheim, Premberg, Regensburg oder Lorch kontrollieren lassen sollten. Der Handel des fränkischen Reiches mit England war so bedeutend, daß Karl der Große König Offa von Mercia unter Druck zu setzen versuchen konnte, indem er ihn untersagte; nach ihrer Versöhnung schlossen die beiden Herrscher im Jahre 796 einen Handelsvertrag, der sie zu gegenseitigem Schutz der fremden Händler verpflichtete. Schon damals exportierten die Engländer Mäntel, also verarbeitete Wollentuche, nach dem Kontinent. Von der Rheinmündung führten andererseits regelmäßig befahrene Wasserwege über Haithabu in die Ostsee bis nach Schweden, wo Birka im Mälarsee der Endpunkt war. Von Birka aus bestand über Oder, Weichsel, Düna und Newa Anschluß an den erneuerten Fernverkehr in Osteuropa. Denn wie bereits zur Sprache gekommen ist, stellten die schwedischen Wikinger im 9. Jahrhundert die Verbindung von der Ostsee zum Schwarzen und zum Kaspischen Meer über das baltisch-russische Gewässernetz wieder her, mittels deren nun byzantinische und orientalische Schmucksachen und Münzen und chinesische Seide nach Skandinavien gelangten. Im Jahre 911 schloß Fürst Oleg von Kiew den ersten Handelsvertrag mit dem griechischen Kaiser ab, um seinen Leuten, wenn sie Handels halber nach Konstantinopel kamen, dort Frieden und Sicherheit zu verschaffen.

So gering wir auch die Transportkapazitäten dieses den ganzen Kontinent umspannenden und zusammenfassenden Fernhandelssystems einzuschätzen haben, so groß ist doch seine historische Bedeutung. Denn es war imstande, sowohl ein unentbehrliches Produkt wie das keineswegs überall gewinnbare Salz als auch Luxusgüter wie Pelze, Seidenstoffe, Edelmetalle und Münzen überall in solchen Mengen anzubieten, daß die Grundherren ein Interesse daran haben mußten, aus ihren Fronhofswirtschaften die für den Ankauf nötigen überschüssigen Tauschprodukte zu gewinnen. An sich gehorchten diese grundherrlichen Wirtschaften mit ihrem ausgeklügelten System von Selbstversorgung der Arbeitskräfte, Arbeitsdiensten im Stall, auf dem Felde und in den Werkstätten sowie Zentralisierung von Naturalleistungen einer ausgesprochenen Tendenz zur geschlossenen Hauswirtschaft, die darauf zielte, den gesamten Kreislauf von der Produktion bis zur Konsumtion unter Ausschluß von Zwischenhändlern in den eigenen Grenzen zu organisieren, denn noch besser als die einzelnen Bauernhöfe konnte der arbeitsteilige Fronhofsbetrieb jedes nach dem Bedarf der Hausangehörigen notwendige Produkt von der Gewinnung des Rohstoffes bis zur Genußreife selbst erzeugen und ohne händlerische Hilfe in den Konsum überleiten, besser als einzelne Bauern vermochte er die unvermeidlichen Existenzrisiken einer von Mißernten, Viehseuchen, Feuer und Krieg bedrohten Gesellschaft aufzufangen. Zwei Gründe waren es, die verhinderten, daß sich diese Tendenz selbst in den größten Notzeiten des fränkischen Reiches je rein hätte verwirklichen können, nämlich einmal die Zwänge, die Krieg und Politik, und dann die Verführungen, die der Fernhandel auf die Grundherren ausübte. An Naturalien, wie sie die geschlossene Hauswirtschaft erzeugt, verschafft sich niemand mehr, als er in absehbarer Zeit vernünftigerweise verbrauchen kann, während der Bedarf an Macht, Prestige, Gold und Geld zu allen Zeiten unersättlich war. Besonders die kirchlichen Grundherren waren groß darin, die Macht des Christengottes, dem sie dienten, in prunkvollen Bauwerken und Gottesdiensten zur Schau zu stellen.

Vornehmlich solcher Bedarf an Prestige und Gold war es, der Sarazenen, Normannen und Ungarn immer wieder zu Angriffen auf das Abendland verführte, und neben den unermeßlichen Schäden, die ihre Kriegszüge anrichteten, hatten sie doch auch die Wirkung, die schlummernden, in Friedenszeiten im Kreislauf geschlossener Hauswirtschaften ungenutzt ruhenden Arbeitsreserven und thesaurierten Mittel wachzurufen und in Umlauf zu setzen. Denn was da an Sklaven, Silber und anderen Gütern erbeutet wurde, das setzten nicht nur Karl der Große, als ihm 795 der Schatz der Avaren in die Hände gefallen war, sondern auch die Nordleute alsbald wieder in Umlauf, genau so wie die von fränkischen und englischen Herrschern an die Wikinger abgeführten Tribute in der Regel nicht in Skandinavien aufgehäuft, sondern im Abendlande wieder in den Handel gegeben wurden, weil die Sieger damit Waffen und Prunkgewänder kauften, ihr Gefolge belohnten, Goldschmiede und Baumeister beschäftigten und weitere Arbeiter in Lohn und Brot setzten. Nur so ist es zu erklären, daß sich gerade in der Karolingerzeit, als der Verfall des antiken Städtewesens und Verkehrssystems seinen tiefsten Punkt erreichte, als die Landwirtschaft zur nahezu ausschließlichen Grundlage des Wirtschaftslebens wurde, als daher allein die Herrschaft über Land und Leute, die Grundherrschaft, die Basis aller Macht der Könige und Großen abzugeben vermochte und alle Kriege letztlich um Landnahme und Siedlungsraum geführt wurden: daß sich gerade in dieser Zeit die Anfänge eines Neuen deutlich herausbildeten, womit die Urbanisierung auch des bis dahin städtelosen Teils Europas in Gang kommen konnte. Denn es geschah nicht nur, daß die Söldnerheere der römischen Kaiser und die wandernden Heerhaufen der Germanen nun verschwanden und statt ihrer das ansässige Volk der Großbauern und Kleingrundherren wieder wehrfähig und wehrpflichtig wurde, sondern es geschah auch, was es noch nie zuvor gegeben hatte: Die Könige stellten den wehrpflichtigen landsässigen Kriegern ausdrücklich die Kaufleute als eigene Gruppe an die Seite, wenn es um Selbstausrüstung und Heerfolge ging. In der Überlieferung des 9. Jahrhunderts finden sich die ersten Zeugnisse dafür, daß derjenige Stand, der das künftige europäische Städtewesen und Bürgertum formieren sollte, die Verhältnisse hinter sich ließ, in denen er während des Altertums gelebt hatte.

Eine wichtige Voraussetzung für die bis ins 9. Jahrhundert hinein anhaltende Entfaltung des europäischen Fernhandels bildete der Umstand, daß neu erschlossene Silberminen im Revier von Melle bei Poitiers und in einem zweiten Revier unbekannter Lage die fränkische Wirtschaft hinreichend mit dem Münzmetall Silber versorgten. Goldmünzen kamen nur noch im byzantinischen Reich und im arabischen Kalifat in Umlauf. Nachdem sich die Päpste der Macht des Kaisers entzogen und unter fränkischen Schutz gestellt hatten, hörte auch in Rom im Jahre 776 die Prägung von Goldmünzen auf. Nachdem die fränkischen Könige Pippin 754/755 und Karl 793/794 die Zahl der Münzstätten drastisch reduziert und die Prägung wieder einer straffen Kontrolle unterworfen hatten, wurde die fränkische Währung mit ihren 1,7 g schweren Silberpfennigen, davon man 20 für einen Schilling und 240 auf das Pfund Silber rechnete, zur führenden Währung des Abendlandes und des friesischen Verkehrssystems, da sich auch König Offa von Mercia, der einzige selbständige Münzherr außerhalb des Reiches, dem neuen Münzfuß anpaßte. Der gewaltige Abfluß fränkischen Silbers nach Skandinavien im 9. Jahrhundert und, wie seit je, in die Mittelmeerländer, dazu das allmähliche Versiegen der Silberminen ließen freilich gegen Ende der karolingischen Zeit die Zahlungsmittel wieder knapp werden und das Münzwesen erneut in einen dem Fernhandel abträglichen Verfall geraten. Während das westfränkische Edikt von Pîtres im Jahre 864 nur neun zentrale Münzstätten zuließ, wurden bald darauf an über hundert Stätten in Westfranken und an weiteren 25 in Aquitanien, wenn auch nicht kontinuierlich, Münzen geprägt. Es begann nun die Zeit, wo der Betrieb einer Münzwerkstatt zum wichtigen Zeichen dafür wurde, daß an einem Orte überhaupt noch städtisches, kommerzielles, nichtagrarisches Wirtschaftsleben im Gange sein mochte.

Ein zweites und in der Regel mit der Münze verknüpftes Kennzeichen dafür war der Markt. Die Grundherren konnten nur dann das im Lande umlaufende Silber in ihre Hände bringen, um damit die Luxusgüter der Fernhändler zu erwerben, wenn sie einen Überschuß an Getreide, Vieh oder Wein gegen Silber verkauften oder ihren Bauern gestatteten, dies zu tun und dafür die Grundrente in Geld abzutragen. Die Umwandlung von bäuerlichen Naturalabgaben in Geldrenten tritt in den Quellen, die die großen Grundherrschaften dieser Zeit uns hinterlassen haben, einigermaßen deutlich hervor. Die Märkte für Getreide und Vieh waren in der Regel regionale Nahmärkte, auf denen Bauern und Herren die jährlichen Ertragsschwankungen ausglichen, während Wein bei günstigen Transportmöglichkeiten, wie wir gesehen haben, durchaus auch in den Fernhandel einging. Solche Nahmärkte waren seit je wohl überall vorhanden gewesen; auf sie bezog sich Karl der Große, als er seinen Amtleuten gebot zu verhindern, daß sich die Bauern von den Königshöfen, anstatt fleißig den Diensten zu obliegen, müßig auf den Märkten herumtrieben, und als er mit Zustimmung der Bischöfe Höchstpreise für Getreide und Brot festsetzte, die in Zeiten des Überflusses ebenso gelten sollten wie in Zeiten der Teuerung: eine Bestimmung, die er mit der Vorschrift verband, daß die Grundherren nur den Überschuß ihrer Fronhofswirtschaft verkaufen durften, nicht aber diejenigen Erträge, die nötig waren, um die Hintersassen zu ernähren. Umgekehrt zeigt die Befreiung von Waren, die ein Grundherr für den eigenen Verbrauch erworben hatte, vom Zoll, daß viele Fronhöfe auf den Marktkauf angewiesen waren, um sich eine ausreichende Versorgung zu sichern. Die Erhebung der dem König zustehenden Zölle ging eine enge Verbindung mit den Märkten ein, seit ein königliches Gebot vom Jahre 820 bestimmte, Zölle sollten nur noch auf Märkten, nicht aber mehr auf Brücken, Schiffsanlegern und Fernstraßen erhoben werden. Wer die Märkte mied, um den Zoll zu umgehen, der sollte bestraft werden. Ein zweiter Grund kam hinzu, um eine Konzentration aller Kaufgeschäfte auf den Markt zu bewirken: Nur wer in der Öffentlichkeit des Marktes und damit vor Zeugen kaufte, schützte sich vor der Gefahr, später von Dritten des Diebstahls der gekauften Sache oder der Hehlerei beschuldigt zu werden und gegenüber einer solchen Klage beim König keinen Rechtsschutz zu finden.

Der von der Befriedung des Reiches und der reichlichen Versorgung mit Silbergeld belebte Handel führte dazu, daß sich seit der zweiten Hälfte des 8. Jahrhunderts die Zahl der Märkte vermehrte: Grundherren begannen, an günstig gelegenen Stätten Marktplätze auszubauen, um sich und ihren Bauern den Absatz zu erleichtern und nebenher aus den Standgeldern der Händler einen Gewinn zu ziehen. Der Gewinn wuchs, wenn es ihnen gelang, den König zur Abtretung seines Zollrechtes zu bewegen. Denn das Recht, einen Markt zu bauen und abzuhalten, stand noch immer, wie schon in der römischen Zeit, allen Grundherren als Teil ihres Eigentums zu; nur das Zollrecht mußte man vom König erwerben, und dies geschah im fränkischen Reiche seit jeher, wenn der König einem Grundherrn für seine Güter die Immunität verlieh, also für sich und seinen Grafen unter anderem auch darauf verzichtete, auf einem etwa bestehenden grundherrlichen Markt den Zoll zu erheben. Seit 774 finden wir daher in königlichen Immunitätsprivilegien, wenn sie das Zubehör der gefreiten Grundherrschaft aufzählen, auch den Markt genannt. Ein Jahrhundert später hatte der Markt begonnen, den Grund und Boden, auf dem er stattfand, an Wert und Bedeutung zu übertreffen. Nun wurde er selber Gegenstand der Verleihung: Es war nicht mehr von dem und dem Gutshof oder Dorf mit seinem Markt, sondern von Dorf und Markt die Rede. Wir finden diesen Ausdruck zum ersten Mal im Jahre 866, als das Kloster Saint-Denis von König Ludwig dem Deutschen für sein Gut in Esslingen, wo die Fernstraße vom Elsaß nach Augsburg den Neckar kreuzte, Immunität gewährte: Bei dem Markt dachte man noch allein an das Zusammenströmen der Händler und Käufer am bestimmten Tage, das den ländlichen Charakter des Marktortes selber unberührt ließ. Seit der Mitte des 9. Jahrhunderts war das Netz der grundherrlichen Nahmärkte in manchen Teilen des Reiches bereits so dicht geworden, daß das Angebot an Standplätzen den Bedarf überstieg und die Gründung eines neuen Marktes die in der Nähe bereits bestehenden Märkte schädigte. In der Rechtsprechung des Königsgerichts, vor dem die Grund- und Marktherren ihre Streitigkeiten austrugen, bildete sich nun allmählich die Vorstellung aus, daß die Marktgründung einer vorherigen königlichen Konzession bedürfe, die nur bei erkennbarer Unschädlichkeit für Dritte gewährt werden durfte. Die Ausbildung dieses Verfahrens ist zuerst, und zwar bereits seit 830, in Aquitanien zu beobachten. Es hatte die sehr weitreichende Konsequenz, zunächst jeden neu errichteten Markt, schließlich aber die Märkte überhaupt mit dem König in Verbindung zu bringen, dem König ein besonderes Hoheitsrecht über sie zuzuschieben, vor allem, wenn die Grund- und Marktherren, um das königliche Zoll-, Münz- und Gerichtsrecht zu erlangen, zugleich Immunität für ihre Gründung erstrebten. Schon wenige Generationen später sollte sich zeigen, wie schwer es ihnen fallen würde, die Vorteile der Königsunmittelbarkeit sich zu reservieren und jenen vorzuenthalten, die sich als Handwerker oder Händler bei ihrem Markt ansiedelten. Daß sich aber solche Siedler bereits in karolingischer Zeit alsbald einfanden, das lehrt die Geschichte jener zahlreichen Stätten, die als Vororte von Bischofs- und Herrenburgen, als Burgi, Vici, Portus usw. in den Quellen erscheinen und deren Verbreitung wir zuvor beschrieben haben.

Diese Ansiedler mußten aus den Dörfern und von den Herrenhöfen kommen, denn so wenig, wie es nur in Städten Märkte gab, so wenig hatten sich Handel und Gewerbe bereits auf die wenigen Bischofsstädte konzentriert, die man im fränkischen Reiche findet. Nur im muslimischen Spanien und im byzantinischen Reich hatten Händler und Handwerker ihre Sitze so gut wie ausschließlich in den Städten, wo die Obrigkeit sie zu Verbänden zusammenfaßte, um sie zu besteuern und die Qualität der Arbeit zu überwachen. Nur für Konstantinopel wissen wir darüber genauer Bescheid, weil uns aus der Regierungszeit Kaiser Leons VI. (886–912) das oben schon vorgeführte Amtsbuch des Eparchen, des mit der Gewerbeaufsicht betrauten Beamten, erhalten ist. Danach waren die Handwerker jedes Verbandes auf ihr spezielles Gewerbe und den Handel mit bestimmten Waren beschränkt und angewiesen, ihre Verkaufstische jeweils an bestimmten Plätzen aufzustellen, um sich gegenseitig zu überwachen. Die fremden Kaufleute, die orientalische Stoffe, Gewürze, Farbwaren, Duftstoffe, Pelze in die Stadt brachten, durften sich nur unter Aufsicht und höchstens drei Monate lang in der Stadt aufhalten; sie sollten ihre Waren so schnell wie möglich verkaufen und dann die Stadt wieder verlassen, während es den städtischen Händlern untersagt war, Vorräte in der Absicht aufzuhäufen, um im Falle späterer Knappheit übermäßige Gewinne zu erzielen. Sie durften weder mit fremdem Kapital noch in fremdem Auftrag arbeiten und Ersparnisse nur beim Bankier ansammeln, wo der Eparch dies kontrollieren konnte. Die Mächtigen sorgten mit solchen Vorschriften dafür, daß man als Händler und Handwerker nicht reich werden konnte; wie sehr sie diese Leute, die für Geld arbeiten und darum feilschen mußten, verachteten, sehen wir daran, daß selbst den Notaren, die in den freien Künsten beschlagen sein und an mancherlei Zeremonien bei Hofe und im Hippodrom teilnehmen mußten, bei gewissen Verfehlungen zur Strafe Prügel auferlegt werden konnten. Ebenso ehrverletzend waren die Strafen des Scherens an Haar und Bart und der Deportation, die neben Ausschluß aus dem Gewerbe und Konfiskation der Waren den Händlern und Handwerkern drohten. Zu fast allen Gewerben wurden auch Sklaven zugelassen, wenn ihre Herren für sie bürgten und sie mit Betriebsmitteln ausstatteten. Die Sattler und gewiß auch andere waren dem

Hofe zu Frondiensten verpflichtet, die schwerlich angemessen bezahlt wurden; die Bäcker nahm das Gesetz von dieser Pflicht ausdrücklich aus, damit nicht etwa Mängel in der Brotversorgung das Volk beunruhigten. Die wirtschaftliche Abhängigkeit von den Vornehmen, Mächtigen, Reichen erkennt man daran, daß die Seidenstoffhändler es dem Eparchen melden mußten, wenn sie von ihnen, also offenbar aus gutsherrlichen Werkstätten, Stoffe für mehr als 10 Goldstücke kauften, daß ferner die Vornehmen für ihren Eigenbedarf zum Einkauf direkt beim Importeur zugelassen waren und damit die Händler umgehen konnten, und daß es den Seidenarbeitern untersagt werden mußte, auf Rechnung der Reichen einzukaufen oder zu produzieren. Wenn schon die soziale Stellung der selbständigen Marktleute so wenig angesehen und so schwer bedrückt war, wie mochte dann erst die Lage der Sklaven und Arbeiter sein, die nur bei ihnen Beschäftigung fanden, oder derjenigen Händler, die so arm waren, daß ihnen die Aufnahme in einen Gewerbeverband verwehrt blieb? Hier herrschte noch gänzlich die antike Verachtung der Arbeit, die zu der freien Eigentumsbildung und damit zur politischen Freiheit der mittelalterlichen abendländischen Marktleute in auffälligem Gegensatz steht.

Einen so streng geordneten und zugunsten der Vornehmen eingeengten Waren- und Arbeitsmarkt mag es denn auch allenfalls noch in Thessaloniki und Neapel gegeben haben; den Städten Italiens und des Frankenreiches waren diese Verhältnisse bereits fremd geworden. Erst als die Zahl der neu gegründeten Märkte zu vermehrten Streitigkeiten zwischen den Grund- und Marktherren geführt hatte, erließ König Karl der Kahle im Jahre 864 für das westfränkische Reich Vorschriften über die von Grafen und Bischöfen zu handhabende Marktaufsicht, und es ist bemerkenswert, daß bereits dieses in Pîtres gegebene Edikt die vier Bestandteile enthält, die jede spätere mittelalterliche Marktordnung auszeichneten, nämlich Kontrolle von Maß und Gewicht, Preisbestimmung, Warenprüfung und Beaufsichtigung der Handwerker. In den Bischofsstädten, und das wird auch für die ostfränkischen Städte im Rheinlande gelten, setzte das Edikt voraus, daß es nebeneinander unfreie Bäcker (und gewiß auch andere Handwerker), die für die Herren und Dienstleute der in der Stadt gelegenen Fronhöfe arbeiteten, und freie Handwerker gab, die ihre Erzeugnisse zum Verkauf ausstellten. Der Übergang von einer Gruppe in die andere aber war leicht möglich. Ein Freier, der Hofhandwerker wurde, gewann eine sichere, wenn vielleicht auch unzureichende Existenz mit einem Anspruch gegen den Herrn auf Unterhalt in Notzeiten; der Hofhandwerker aber, dessen Dienste und Abgaben bemessen, dessen Unfreiheit also fest begrenzt war und der daher über seine darüber hinausgehenden Kräfte und Mittel frei verfügen konnte, ein solcher Handwerker war trotz persönlicher Unfreiheit als gewerblicher Unternehmer frei: Obwohl mit vielleicht hohen Abgaben an den Herrn belastet, konnte er nach eigenem Ermessen auch für den Markt arbeiten. Aus der Klasse dieser persönlich unfreien, aber wirtschaftlich freien und selbständigen Männer hat sich zweifellos ein großer Teil der Marktsiedler des 9. Jahrhunderts zusammengesetzt.

Ein gleiches gilt von den Kaufleuten, die man ohnehin von den Handwerkern nicht unterschied, solange die periodischen jährlichen oder wöchentlichen Märkte überwogen, die vor allem von nicht ansässigen Marktleuten besucht wurden. Marktmann (mercator) war jeder, der hierher kam, um Geschäfte zu machen; wie die Waren entstanden waren, die er verkaufte, ob er sie (als Handwerker) selbst hergestellt oder ob er sie (als Kaufmann) von fremden Produzenten erworben hatte, das machte keinen Unterschied. Wir können indes vermuten, daß, wer am Markte reich wurde, sich mehr und mehr von der eigenen Handarbeit gelöst und auf den Handel mit Rohstoffen und fremden Produkten konzentriert haben wird. Die reichen Kaufleute aber waren die, welche jetzt als Gruppen hervorzutreten begannen.

Zuerst geschah dies natürlich in Italien. Im Jahre 751 erließ der Langobardenkönig Aistulf ein Gesetz, das die Pflicht der freien Männer regelte, sich selbst ihrem Vermögen entsprechend für den Kriegsfall mit Waffen zu versehen. Zunächst ist darin die Rede von den Grundbesitzern und der unterschiedlichen Größe ihrer Güter; dann aber kommen diejenigen, „die Handel treiben und vermögend sind: Die größeren, mächtigeren sollen Panzer, Pferde, Schild und Lanze haben“, so wie ein Landmann, der über sieben Gutshöfe gebot; „die ihnen nachstehen, sollen Pferde, Schild und Lanze haben“, so wie ein Landmann mit 40 Juchart Land, die geringsten aber sollten so, wie die armen Landleute, Köcher, Pfeile und Bogen führen. Gemeint waren zweifellos Berufskauf- und -marktleute, die kein liegendes, sondern nur bewegliches Kapital besaßen und deren wichtigstes Produktionsmittel das eigene Schiff war. So hatten die Salzhändler von Comacchio ihr Salz zunächst auf Schiffen verführt, die größeren, ritterlichen Grundbesitzern gehörten, aber nach jahrzehntelanger Akkumulation von Ersparnissen waren sie selbst Schiffseigner geworden und standen nun den Landbesitzern gleich. Ein auf ähnliche Weise reich gewordener Händler Fridulo in Lucca gründete bereits im 8. Jahrhundert eine Eigenkirche, so wie es die adligen Herren des Stadtgebietes damals auch zu tun pflegten. Hier war am Markte gewonnenes Geld in Grundbesitz angelegt worden; umgekehrt zeigt das um 830 verfaßte Testament des Dogen Giustiniano Partecipazio von Venedig, eines reichen Grundbesitzers, der aber auch Mittel im Seehandel angelegt hatte, wie akkumulierte Grundrente als Kapital in den Handel eingehen konnte. Der Doge verfügte nicht nur über Waren, Schmuckstücke und Bargeld, sondern auch über Kredite, über „auf Arbeit gegebenes Geld“, das, „wenn es heil von der Seereise zurückkommt“, einen Betrag von 1200 Pfund ausmachen werde. Offenbar hatte er Ersparnisse, Kapital, als stiller

Teilhaber einem aktiven Schiffshändler anvertraut, um am Gewinn der Seereise Anteil zu erlangen; man bezeichnete einen solchen Vertrag als Commenda, und es ist möglich, daß die italienischen Kaufleute, die im 8. Jahrhundert die Schiffahrt nach Osten wiederaufgenommen hatten, ihn wie so viele andere, mit Fachwörtern arabischer Herkunft bezeichnete Gebräuche von griechischen und syrischen Händlern abgelernt haben. Und wie die Leute von Comacchio zuerst auf fremden Schiffen gereist waren, so stellten sie, nachdem sie die ganze Lombardei ihrem Schiffshandel erschlossen hatten, ihre Fahrzeuge wiederum anderen Händlern zur Verfügung, so den Cremonesen, die sich erst im 9. Jahrhundert eigene Schiffe beschaffen konnten. Offenbar waren es Leute des Bischofs von Cremona, die ihrem Herrn zu gemessenen Diensten verpflichtet waren, im übrigen aber frei über ihre Arbeitskräfte und Rücklagen verfügen konnten, denn im Jahre 851 klagten sie vor dem Königsgericht in Pavia gegen den Bischof, der, nach ihrer Ansicht zu Unrecht, von ihren eigenen Schiffen Abgaben forderte, als ob sie ihm gehörten. Alle diese Kaufleute waren gemeint, als Kaiser Lothar I. im Jahre 846 auf Antrag Papst Leos IV. eine allgemeine Steuer ausschrieb, um die Ummauerung der Vorstadt bei St. Peter vor Rom zu ermöglichen; denn dazu sollten auch alle diejenigen beitragen, die zwar weder Lehen noch Allod, wohl aber Geldmittel besaßen.

Nur eine schwache Spur von der Überlegenheit der griechischen Kaufleute dieser Zeit hat sich in der Überlieferung erhalten: Es ist der Text des seit dem 10. Jahrhundert auch in Unteritalien in zahlreichen Handschriften weit verbreiteten griechischen, sogenannten rhodischen Seerechts, dessen Inhalt aus der Antike stammt, dem indes ein unbekannter Kompilator im 8. Jahrhundert, wenn nicht noch früher, seine endgültige Fassung verlieh. Wie es wohl auch der Brauch der oberitalienischen Schiffskaufleute tat, so unterschied dieses Recht zwischen den Funktionen des Reeders, des Befrachters und des Schiffers. Ferner enthielt es Normen über die Risikogemeinschaft der Frachtherren, über Darlehen und über gemeinschaftliches Eigentum an Schiffen und Waren. Vom Reichtum der griechischen Kaufleute selbst in den Mittelstädten des europäischen Festlandes, die mit einheimischen Farbstoffen und purpurgefärbten Tuchen handelten, zeugt die Nachricht, daß, als Kaiser Basileios I. im Jahre 880 in Unteritalien kämpfte und dabei auch peloponnesische Truppen einsetzte, die Kaufleute der Peloponnes ihm tausend mit Schabracken geschmückte Pferde und 100 Pfund baren Geldes übersandten, um vom Kriegsdienst befreit zu werden. Auch das griechische Reich kannte also die Wehrpflicht von Männern, deren Rüstung nicht aus liegendem, sondern aus beweglichem Vermögen bezahlt wurde. Ihre gewerbliche Beschäftigung war etwas so Gewöhnliches, daß sich ein regulärer Satz von fünf Goldstücken für die Befreiung eines reichen oder zweier armer Männer vom Wehrdienst herausbildete.

Eine vergleichbare Rolle spielten seit dem Ende des 8. Jahrhunderts die am Markte gewonnenen Vermögen auch im Kerngebiet des fränkischen Reiches zwischen Loire und Rhein. Unter den Mainzer Wohltätern des Klosters Fulda sind der uns bereits bekannte Lantfrid und ein Ehepaar Eggiheri und Wolfswint als Kaufleute kenntlich, weil ihre Schenkungen (aus den Jahren 791 und 813) aus Gold, Silber, beweglicher Habe, Warenvorräten und Knechten bestanden. Da Lantfrid auch über eigene Grundstücke verfügte, muß er ein freier Mann gewesen sein. Als Inhaber eines Speichergrundes am Hafen war er gewiß auch am Mainzer Getreidehandel beteiligt, und es werden daher nicht nur, vielleicht nicht einmal in erster Linie die großen Grundherren gemeint gewesen sein, als Kaiser Karl in den Jahren 806 und 809 Gesetze wider diejenigen erließ, die zur Erntezeit oder bereits vorher, also „auf dem Halme“ oder Stocke, Korn und Wein über den Eigenbedarf hinaus aufkauften, um dabei Spekulationsgewinne zu erzielen. Die Geldvermögen, deren Höhe sich im Gegensatz zum liegenden Vermögen leicht verheimlichen ließ, erregten alsbald das Interesse der stets Geldes bedürftigen Herrscher; da ihnen aber weder das Recht noch der Apparat zur Verfügung stand, um direkte Steuern zu erheben, blieb ihnen nur der Ausweg, ihre Münzhoheit für fiskalische Zwecke zu mißbrauchen. Als erster hat Kaiser Ludwig der Fromme ihn beschritten: Im Jahre 814, kurz nachdem er den Thron bestiegen hatte, gebot er, daß jedermann die zu Kaiser Karls Zeiten geprägten Pfennige bei den Münzstätten abzuliefern und gegen neue Pfennige umzutauschen habe; die alten Pfennige wurden verboten oder verrufen. Der Sinn der Maßnahme bestand darin, daß den Geldbesitzern beim Umtausch der Schlagschatz abgezogen wurde, um die Prägekosten zu dekken und dem König ein illegales Einkommen zu gewähren. Bis über das Ende des Mittelalters hinaus und alsbald von Städten, Parlamenten und Ständeversammlungen erbittert bekämpft, blieb der Unfug der Münzverrufung das einzige Mittel, das die Könige zur Hand hatten, um ohne Umstände an die kaufmännischen Vermögen heranzukommen. Aus ihrer Münzhoheit zogen sie den falschen Schluß, sie könnten ohne Zustimmung der Betroffenen den Münzfuß und die Höhe des Schlagschatzes beliebig festsetzen. Jede Münzverrufung ist daher ein sicheres Indiz dafür, daß der Marktverkehr die Bildung namhafter Geld- und Kapitalvermögen in Händen einer zahlreichen Gruppe von Marktleuten ermöglicht hatte. Auch das Kapital des fränkischen Kaufmannes wird wesentlich in seinen Schiffen gesteckt haben; im Jahre 841 konnte König Karl der Kahle 28 Schiffe von Marktleuten auf einmal, die von der Seinemündung nach Rouen verschlagen worden waren, für den Truppentransport beschlagnahmen. Bald darauf, im Jahre 860, mußte der König, um die an der Somme sitzenden Dänen zu befriedigen, eine Steuer nicht nur von den Kirchenschätzen und allen Bauernhufen, sondern auch von reichen und armen Kaufleuten erheben, „derart, daß auch deren Häuser und alle

Sachmittel geschätzt würden"; der Ertrag wird den König enttäuscht haben, denn 864 griff er abermals zum Mittel der Münzverrufung. Dagegen wurde die Normannensteuer von 866 wiederum nicht nur als Grund- und Kopfsteuer von den Bauern, sondern auch als Zehnt „von allem, was die Kaufleute erkennbar besaßen", eingetrieben. Es wäre verwunderlich, wenn der Steuerkraft der Marktleute nicht ein entsprechender politischer Einfluß gegenübergestanden hätte.

Dieser Einfluß wurde nicht dadurch begrenzt oder aufgehoben, daß viele Kaufleute persönlich unfrei waren. Seit 779, als sie für das Kloster Saint-Germain-des-Prés vor Paris zum ersten Mal genannt wurden, bis weit ins 10. Jahrhundet hinein hören wir von Kaufleuten der Grundherren, besonders der geistlichen, die deren eigene Leute waren, aber über besonderen händlerischen Sachverstand verfügten und diejenigen Marktgeschäfte im Auftrage verrichteten, für die ihre Herren, weil sie dem Eigenbedarf dienten, Zollfreiheit genossen. Aber wie alle Hörigen waren diese Männer über die bemessenen Dienste hinaus, die sie ihren Herren schuldeten, in ihrem Handeln frei; sie konnten zweifellos auf eigene Rechnung Geschäfte betreiben, für die ihnen freilich keine Zollfreiheit zustand, so daß sie dabei den freien Kaufleuten gleichstanden. Da der Dienstpflicht ein Anspruch auf Unterhalt gegenüberstand, waren diese unfreien Kaufleute zugleich gegen die Risiken des Fernhandels besser geschützt als die freien Kaufleute; so mag es sich erklären, daß zu Beginn des 9. Jahrhunderts ein Friese namens Ibbo in den Dienst des Klosters St. Maximin zu Trier eingetreten war und in dessen Auftrag Geschäfte abwickelte, die ihn sogar über See reisen ließen. Gewiß wird Ibbo kein mit einer Gewerbehufe ausgestatteter, also den Bauern und Hofhandwerkern gleichgestellter Höriger geworden sein, sondern sich nur zu einem in Wachs zu entrichtenden Anerkennungszins verpflichtet haben, der ihm den Schutz und Rückhalt des Klosters sicherte, ohne ihn in seiner Handlungsfreiheit einzuengen. Es waren solche Wachszinser, die etwa die Klöster St. Peter und St. Bavo in Gent an den Mittelrhein entsandten, um Wein einzukaufen, und deren sich die geistlichen Grundherren allgemein vor allem im Handel bedient haben werden.

Neben diesen von Grundherren abhängigen, von ihnen aber auch, was die Betriebsmittel anlangt, gestützten Kaufleuten hat es immer auch persönlich freie Fernhändler gegeben, Männer von der Art der beiden erwähnten Mainzer Kaufleute, über die wir freilich nur sehr wenig wissen. Dazu gehörten die Juden, die besonders in den alten Römerstädten des südlichen Gallien, des Rhônetales und des Rheinlandes bis hin nach Regensburg ansässig waren und eine wichtige Rolle im fränkischen Orienthandel spielten, denn um die Mitte des 9. Jahrhunderts berichtet ein arabischer Gewährsmann, daß jüdische Kaufleute die ganze Strecke vom Lande der Franken bis nach China bereisten, und zwar teils zur See, teils zu Lande. Insbesondere die Friesen, die seit der Mitte des 8. Jahrhunderts auf den Märkten von Saint-Denis und im 9. Jahrhundert in den rheinischen Städten anzutreffen sind, dürften, angesichts der geringen Verbreitung der Grundherrschaft in ihrer Heimat, freie, auf eigenen Schiffen und mit eigenen Waren reisende Fernhändler gewesen sein. In Friesland gibt es beiderseits der Emsmündung im Marschengebiet eine Reihe von Straßendörfern, deren Standort man bald zum Schutz gegen die Hochwasser zu langgestreckten Wurten erhöhte. Von diesen Orten ist für Hatzum und Groothusen die Gründung im 8., für die Kernsiedlung Emden die Entstehung im 9. Jahrhundert archäologisch gesichert. Die Straße auf den Wurten war an beiden Seiten mit so dicht nebeneinander stehenden Häusern bebaut, daß die Einwohner nur zum Teil von der Landwirtschaft gelebt haben können, dazu aber auf Erträge aus Handel und Handwerk angewiesen gewesen sein müssen. Dazu passen die Lage dieser Siedlungen an ehemaligen Meeresbuchten und landeinwärts führenden Prielen, die als Schiffahrtswege dienten, und der Umstand, daß das an der Ruhr gelegene, in Ostfriesland begüterte Kloster Werden von seinen Hintersassen an der unteren Ems Abgaben in Geld bezog, was voraussetzt, daß die Bauern irgendwo etwas verkaufen konnten. So liegt die Annahme nahe, daß in diesen teilagrarischen Siedlungen auch friesische Fernhändler wohnten und daß wir es mit Handelsmittelpunkten in der dicht bevölkerten Marsch zu tun haben, deren Einwohner Schutz und Rückhalt an einer Oberschicht von am Handel stark interessierten Großbauern fanden. Man kann von Bauernkaufleuten sprechen und daran denken, daß sich junge Leute einige Jahre lang als Händler betätigten und in der Fremde reisten, ehe sie den väterlichen Hof übernahmen, oder daß jüngere Söhne von den Höfen ausgesteuert wurden, um sich für immer in Gewerbe und Handel zu betätigen. Das gleiche wird für die Kaufleute des noch weitgehend städtelosen Nord- und Osteuropa gegolten haben. In Canterbury, das durch Münzstätte und Markt im 9. Jahrhundert als Handelsplatz gekennzeichnet ist, gab es eine Herrengilde, deren Mitglieder möglicherweise jüngere Männer aus Grundbesitzerfamilien waren, die sich im Fernhandel betätigten. Am Ende des 9. Jahrhunderts erhielt König Alfred der Große den Besuch eines Mannes namens Ottar aus dem norwegischen Halogaland, der ihm eine Beschreibung jener nördlichen Länder lieferte und von sich selber berichtete, er lebe zwar auf einem großbäuerlichen Hofe, beziehe aber auch ein Herreneinkommen aus den Naturaltributen der umwohnenden Lappen und aus großen Rentierherden. Da er dies alles nicht selbst verbrauchen konnte, so segelte er von Norwegen über Haithabu nach England, um es zu verkaufen. Dasselbe System von Tributherrschaft und Handel übertrugen die schwedischen Wikinger auf das osteuropäische Festland und den Verkehr mit Konstantinopel, und wenn sich bei Dunum in Ostfriesland das Grab eines um 800 mit seinen Waffen bestatteten Mannes gefunden hat, der hoch über der sonstigen Bewohnerschaft seines Ortes stand, so kann er diese Stellung wohl nur als Nutznießer weitgespannter Handelsbeziehungen gewonnen haben.

Der Einfluß dieser nordeuropäischen Händler und ihrer Gebräuche auf ihre Partner im Frankenreich war beträchtlich. Wir wissen von einem Handelsvertrag, den im Jahre 873 die Könige von Ostfranken und Dänemark abschlossen und der nach vorübergehender Unterbrechung den freien und sicheren Verkehr der beiderseitigen Kaufleute in dem anderen Lande wiederherstellte. Es ist auf diesen Verkehr zurückzuführen, daß die Kölner Marktleute die Mark zu 233,85 g, die sie später sowohl als Münz- wie als Krämer- und Handelsgewicht weit verbreiteten, aus dem skandinavischen Raum übernahmen, obwohl diese Gewichtseinheit nicht zu dem System der antiken und römischen Gewichte paßte, die die rheinischen Kaufleute bei den Flüssigkeitsmaßen für Öl und Wein durchaus beibehielten – während die Nordleute mit der gleicharmigen Schalenwaage zur Bemessung von Schwergut auch ein auf dem römischen Pfund zu 327,4 g beruhendes Handelsgewicht übernahmen, das dem mittelalterlichen Schiffspfund von 2½ Zentnern zu 112 Pfund zugrunde liegt. Die normannische Herrschaft über Westfriesland und Flandern, wo am Ende des 9. Jahrhunderts die Burgstadt Gent längere Zeit ihr Standquartier bildete, muß die Ausbreitung von Grundherrschaft und Lehnswesen spürbar gehemmt und die germanischen Traditionen der freien gewerblichen und händlerischen Arbeit ebenso deutlich gestärkt haben; es wird daher kein Zufall sein, daß wir im 10. Jahrhundert gerade hier zuerst auf die freie, nämlich die Freizügigkeit des Inhabers nicht beschneidende Form der Bodenleihe stoßen, die das Fundament des mittelalterlichen Stadtrechts im Gebiet des Lehnsstaates bilden sollte.

Für den Kaufmann, der mit seinen Waren oder mit barem Gelde in dem von äußeren und inneren Feinden bedrohten Abendland auf Reisen ging, war es eine Frage des Überlebens, vor solchen Gefahren den nötigen Schutz zu finden. In erster Linie verschaffte er ihn sich selbst, indem er sich bewaffnete und mit seinesgleichen zu Fahrtgemeinschaften zusammentat. Jeder Kaufmann mußte ein Schwert besitzen und es zu gebrauchen wissen; gerade in dieser für die mittelalterlichen Standesverhältnisse so wichtigen Hinsicht konnte es keinen Unterschied zwischen unfreien und freien Kaufleuten geben, mußten alle Kaufleute wie freie Männer auftreten. Die Schiffskaufleute der italienischen Städte schlossen sich für Fernfahrten zu Flotten zusammen, denen sie, gewiß unter Mitwirkung der Stadtherrschaft, einen gemeinsamen Führer bestellten; die Mitglieder der Fahrtgemeinschaft waren sich nach demselben Recht zu gegenseitigem Beistand verpflichtet, das sie auch als Bewohner derselben Stadt untereinander verband. Im Frankenreich wird es wenige, in Nord- und Osteuropa gar keine Städte gegeben haben, die volkreich genug waren, um größere Fahrtgemeinschaften oder Hansen, so die germanische Bezeichnung für solche Scharen, zusammenzubringen. Da mußten sich die Kaufleute mehrerer Städte oder einer Landschaft zusammentun, die untereinander kein dauerndes Band verknüpfte; sie ersetzten diesen Mangel, indem sie sich beim Aufbruch und für die Dauer der Reise gegenseitige Treueide leisteten, mit denen sie sich zu Schutz und Hilfe in jeder Lebenslage, zum Gehorsam gegen die gemeinsam gewählten Führer oder Älterleute und zu friedlichem Austrag etwa entstehender Streitigkeiten gemäß dem Schiedsspruch der Genossen verpflichteten. Es ist kein Wunder, daß die Ortsobrigkeiten die Ankunft einer solchen verschworenen Gruppe bewaffneter Fremder fürchteten, die ihre Macht leicht einmal dazu verwenden konnte, um einzukaufen, ohne zu bezahlen. Aber auch die karolingischen Herrscher fürchteten diese Schwurgemeinschaften oder Gilden ihrer Untertanen, die nur allzu leicht die gegenseitigen Treuepflichten über den Gehorsam stellen mochten, den sie ihrem König schuldig waren. Daher haben die Karolinger seit 779 immer neue Verbote gegen die Gilden erlassen, von denen sie nur Verbände zum Schutz gegen Feuer und Schiffbruch ausnehmen wollten, wenn diese bereit waren, den Umfang der Verpflichtungen mittels eigener Satzungen auf ein die Herrschaft nicht bedrohendes Maß zu beschränken. Von der Verpflichtung der Gildegenossen zu gegenseitiger Hilfe mußten Angriffe auf den König ausgenommen werden, wie sie der allgemeine Untertaneneid ohnehin jedem freien Manne verwehrte; jeder Gildegenosse sollte sich im Gildeeid die Treue gegenüber seinem König vorbehalten. Erfolg hatten diese Bestrebungen nicht, sie konnten ihn um so weniger haben, als im Laufe des 9. Jahrhunderts das Königtum immer vollständiger vor der Aufgabe versagte, das Land und seine Städte und Marktsiedlungen vor Normannen, Sarazenen und Ungarn zu schützen. Im Gegenteil, überall, wo die Ansiedlungen groß genug waren, mußten die Marktleute danach streben, ihre Gilden auch im Winter und in Zeiten der Ansässigkeit aufrechtzuerhalten, um damit den Schutz zu ersetzen, den die Könige und deren Grafen ihnen nicht mehr boten.

Für die verbotenen Schwurverbände schufen die Karolinger Ersatz, indem sie dem einzelnen Kaufmann auf Antrag den Königsschutz gewährten, kraft dessen jeder Angriff auf den Schützling als Angriff auf den König selbst betrachtet und von den königlichen Amtleuten entsprechend geahndet werden mußte. Mochte die Mehrzahl der Kaufleute, die den Verkehr auf den regionalen Nahmärkten unterhielten, mit dem Schutz der in diesen Bereichen allgegenwärtigen großen, namentlich kirchlichen Grundherren auslangen, den sie als Hörige von vornherein genossen oder als Freie gegen die Leistung eines Wachszinses erwerben konnten: Gerade für die kleine Gruppe der überregionalen und das Ausland besuchenden Fernhändler mußte der Königsschutz höchst wertvoll sein, weil er ihnen nicht nur überall innerhalb der Reichsgrenzen, von der Elbe bis zum Ebro, sondern auch darüber hinaus zugute kam, soweit die Herrscher ihn ihnen durch Handelsverträge – wir wissen von solchen mit England und mit Dänemark, für einreisende Fremde auch mit Venedig – sicherten. Solchen Königsschutz erwarben neben den christlichen im 9. Jahrhundert gewiß in größerer Zahl jüdische Fernhändler: auch sie als einzelne; nur im Falle von Lyon hat vielleicht einmal die ansässige Judengemeinde insgesamt den privilegierten Status erhalten, eine auffällige Erscheinung zu einer Zeit, wo christliche Gemeinden ohne ihren Herrn noch kaum irgendwo handlungsfähig waren. Die geschützten Kaufleute erlangten Freiheit von allen Lasten, die der König freien Männern aufzuerlegen berechtigt war; namentlich durften die königlichen Amtswalter ihre Saumpferde und Schiffe nicht für königliche Transporte beschlagnahmen noch sie selbst zum Heerdienst aufbieten oder von ihnen, ausgenommen in Quentowic und Dorestad sowie auf den Alpenstraßen, Zoll fordern. Dafür mußten die Kaufleute ihre Marktkenntnisse und Handelsverbindungen dem Palasthaushalt frei zur Verfügung stellen und jedes Jahr oder alle zwei Jahre im Mai den Palast in Person aufsuchen, um ihre Schutzurkunde vorzuweisen und dem König aus ihren Gewinnen Geschenke darzubringen. Die Königsunmittelbarkeit, die den letztinstanzlichen Zugang zum Königsgericht in kaufmännischen Rechtsstreitigkeiten einschloß, war den gräflichen und bischöflichen Stadt- und lokalen Gerichtsherren ein besonderer Dorn im Auge; insbesondere seinen Getreuen in Italien drohte der Herrscher an, er werde sie vor sich laden und wegen Anmaßung bestrafen, falls sie es wagten, den geschützten Kaufmann deswegen zu belästigen, weil er zu ihm, seinem Könige, gekommen sei. Hier kündigen sich, offenbar zunächst nur in Oberitalien, Konflikte zwischen den werdenden hochadligen Stadtherren und den Kaufleuten an, deren offener Ausbruch noch lange auf sich warten ließ.

Wir stoßen hier auf eine Folge davon, daß zwar die seit dem Jahre 774 aus Franken gebildete oder doch fränkisch beeinflußte Oberschicht des alten langobardischen Königreichs das Lehnswesen nach Italien brachte, daß aber die breiten Schichten der Bevölkerung die feudale Denkweise ablehnten und vor allem dann bekämpften, wenn die Herren Hoheitsrechte zum Gegenstand von Lehnsverträgen machen und nach fränkischer Weise wie Privateigentum behandeln, nämlich insbesondere auf ihre Kinder vererben und verteilen wollten. Denn nach alter römischer, auch von den Langobarden geteilter Auffassung gehörten die Hoheitsrechte dem Kaiser oder dem König, der sie nur durch Amtleute und über freie Männer ausüben, nicht aber erblich verleihen und das freie Volk damit mediatisieren durfte. Sich von Entscheidungen des Statthalters appellierend oder über den Statthalter hinweg mit der Bitte um Delegation eines Richters für den Einzelfall direkt an den Kaiser oder König zu wenden, hatte freien Männern nach römischem Recht immer freigestanden und widersprach nur dem Herrschaftsdenken des Feudaladels, der die ihm geliehenen Rechte nicht als befristeten und mit der

Pflicht, dem Lehnsherrn Rechenschaft abzulegen, verbundenen Amtsauftrag, sondern eben als Eigentum betrachtete und daher jede Durchbrechung oder Umgehung dieser Rechte als Angriff auf seine Person deutete.

Hinzu kommt, daß die freien Untertanen des Kaisers an der Wahl der Statthalter und Bischöfe beteiligt waren und damit ein Gemeinschaftsrecht besaßen, das keineswegs deswegen untergegangen war, weil sie es in wenig geordneten Formen und namentlich nicht durch bestimmte Organe ausübten. Denn die Räte der Dekurionen waren nun auch im griechischen Reich überall untergegangen, und die kaiserlichen Truppenführer, die in den von Langobarden, Sarazenen, Slaven und Bulgaren bedrohten Städten zu gebieten hatten, pflegten natürlich in ihren Urkunden allein ihre kaiserliche Autorität zu betonen, nicht aber ihre Abhängigkeit von den Beherrschten. Indes in den entlegenen Städten, die die kaiserlichen Heere nicht mehr zu schützen vermochten, wie in Cherson auf der Halbinsel Krim, sehen wir die Bewohner sich durchaus, geleitet von einem „Ersten" und einer Gruppe von „Vätern", selbst regieren, auch wenn Kaiser Theophilos (829–842) einmal einen Kommandeur dorthin entsandte, dem jene zu gehorchen haben sollten. Nicht viel anders ging es am Westrand des Reiches in Amalfi, Neapel und Gaëta zu. Bis zum Jahre 763 blieben die Neapolitaner dem Kaiser treu und gehorsam; in diesem Jahre jedoch erkannte der kaiserliche Amtmann, Herzog Stephan II., die Autorität des Papstes über sich an: Er ließ sich zum Bischof von Neapel wählen, um sich, ohne direkt mit ihr zu brechen, aus der kaiserlichen Herrschaft zu lösen und so seiner Stadt die tatsächliche Autonomie, der eigenen Familie aber den Anspruch auf das Herzogsamt zu sichern, so daß das Wahlrecht des Volkes auf bloße Akklamation zusammenschrumpfte und nur beim Erlöschen der Dynastie, das bis 840 zweimal eintrat, wiederauflebte. Dieselbe Entwicklung vollzog sich in Venedig: Hatten die Venezianer den kaiserlichen Amtmann (dux), den Dogen oder Herzog, zunächst vorbehaltlich der Bestätigung seitens des Exarchen und des Kaisers gewählt, so verzichteten sie im Jahre 726 darauf, den Konsens des Kaisers einzuholen, mit dem ganz Italien damals wegen des Bilderverbotes brach, und seit 742 verschmähten sie auch die Zustimmung des von den Langobarden bedrängten Exarchen in Ravenna; die auf Lebenszeit erwählten Dogen aber begannen, im Kampf gegen konkurrierende Große ein erbliches Stadtkönigtum zu erstreben, indem sie der Wahl eines Nachfolgers dadurch zuvorzukommen suchten, daß sie bei Lebzeiten den eigenen Sohn zum Mitregenten annahmen und seit 811 eine Leibgarde als Stütze ihrer Macht aus eigenen Mitteln unterhielten. Der Plan konnte schwerlich gelingen, dauerte doch selbst in der Hauptstadt Konstantinopel die Abhängigkeit der hier als Stadtherren gebietenden Kaiser wenn nicht von der Wahl, dann von der in Verhandlungen zu gewinnenden Zustimmung und Akklamation des Volkes fort.

Auch die Römer stellten nach dem Ausbruch des Bilderstreits die Beziehungen zum griechischen Kaiser ein; die Papstwahl von 731 war die letzte, zu der sie die Bestätigung des Erwählten vom Exarchen in Ravenna einholten. Zwanzig Jahre später unterwarfen sich die Päpste, die tatsächlichen Herren der Stadt Rom, der fränkischen Schutzherrschaft, ohne daß sich etwas daran änderte, daß die großen Familien, die mit ihrem Grundbesitz die Hauptstadt und die umliegenden kleinen Landstädte beherrschten, die Päpste erwählten. Die Priester, der hohe Klerus und die Führer der Miliz, unterstützt vom gesamten Heere, den ehrbaren Bürgern und der ganzen Versammlung des römischen Volkes, werden uns als Wähler genannt, und wenn sich die karolingischen Kaiser so, wie einst die griechischen, das Recht vorbehielten, den Erwählten zu bestätigen und damit bei Doppelwahlen zu entscheiden, so blieb ihnen damit doch nur der schwer zu verwirklichende Anspruch darauf, in den Streitigkeiten der Adelsparteien zu vermitteln. Den Bau der Mauer um die Vorstadt bei St. Peter begann Papst Leo IV. im Jahre 847 auf Verlangen des gesamten römischen Adels; nachdem Kaiser Lothar I. zugestimmt hatte, rief er die Getreuen der Kirche zusammen, und diese Versammlung beschloß darüber, wie die nötigen Arbeitsdienste aufgebracht werden sollten: Es ist offensichtlich, daß die Römer nur rechtlich, nicht aber tatsächlich auf die Mitwirkung des Kaisers an dem Mauerbau angewiesen waren. Nicht anders sah es in jenen Städten aus, wo der Herzog von Benevent, der Papst als Nachfolger des kaiserlichen Exarchen oder der seit 774 karolingische König von Italien formal die Gastalden, Grafen, Herzöge oder Fürsten der Städte einsetzte, d. h. ihre Wahl bestätigte und sie damit als Verwalter seiner Hoheitsrechte anerkannte: Überall ist mit Versammlungen einflußreicher Männer zu rechnen, mit denen zusammenzuwirken die Herrscher und ihre Vertreter gezwungen waren. Häufig treten Notare und Richter hervor, deren Familien auf Grund ihres Bildungsprivilegs immer wieder politisch begabte Männer hervorbrachten und auch die Bischofsstühle mit ihren Angehörigen besetzten. Man wird noch nicht von wählenden Gemeinden sprechen können, solange weder die Rechte und Pflichten der Mitgliedschaft noch diejenigen der Gesamtheit gegenüber dem König normiert waren, sondern alles vom freien Spiel der politischen Kräfte und den Umständen des Tages abhing, aber die gesellschaftlichen Verhältnisse, die man bei günstiger Gelegenheit und gegebenem Anlaß zur verfaßten Gemeinde fortbilden konnte, waren bereits vorhanden, wobei es eine Eigenart Italiens war und blieb, daß diese Gemeinde insofern niemals eine reine Stadtgemeinde wurde, als immer ein Teil ihrer Mitglieder auf dem Lande wohnte. Wie in römischer Zeit gehörte zur Stadt das von ihr beherrschte und wirtschaftlich genutzte Landgebiet hinzu, und soweit sie dort auch gemeinsames Eigentum an Allmende und Ödland besaß, war sie zumindest stets Subjekt von Zivilrechten geblieben.

Daß in den gesellschaftlichen Verhältnissen die späteren rechtlichen Möglichkeiten bereits keimhaft vorhanden waren, erkennt man daran, daß bereits 715 König Luitprand den Bewohnern von Comacchio als Gesamtheit bestimmte Vorrechte hatte verleihen können und daß schon vor 790 die Leute von Piacenza „durch eigenes Rechtsgebot" im Pfalzbezirk lebende Schützlinge des Königs auch gegen dessen Willen in ihre Mitte aufzunehmen pflegten.

Der Zusammenstoß der antiken Traditionen provinzialer und städtischer Selbstverwaltung mit der Herrschaftsweise der Franken läßt sich besonders gut in der Provinz Istrien beobachten, die im 7. und 8. Jahrhundert wegen ihrer Randlage unter byzantinischer Herrschaft nahezu selbständig geworden war. Der Kaiser setzte lediglich den Heermeister ein, während die Grundbesitzer die Justiz- und Finanzverwalter selber wählten. Als Istrien am Ende des 8. Jahrhunderts in die Gewalt der Franken kam, trat ein schroffer Wechsel ein: An die Stelle des Heermeisters trat ein Herzog Johannes, der die einheimischen Wahlbeamten durch ernannte eigene Anhänger ersetzte, das Eigentum der Gemeinden konfiszierte und nicht nur für sich, sondern auch für seine Verwandten Einkünfte forderte. Er faßte seine Macht nicht als öffentliches Amt auf, sondern als ein ihm persönlich eigenes Herrenrecht, und im gleichen Sinne gewährte er dem frankenfreundlichen Erzbischof von Grado und den Bischöfen die bei den Franken üblichen Immunitäten, ohne sich um die Nachteile zu kümmern, die dies für die (nach griechischem Recht kollektiv für die Steuern haftenden) Gemeinden bedeutete. Die Istrier, also ein auch ohne und gegen seinen Herrn handlungsfähiger Verband, erhoben deswegen Klage bei Kaiser Karl, und dieser entsandte drei Gewaltboten, die im Jahre 804 zu Risano die Bischöfe und die übrigen Vornehmen oder das Volk der Provinz der Istrier versammelten, um den Streit im Inquisitionsverfahren beizulegen. Der Herzog mußte auf alle nicht herkömmlichen Forderungen verzichten, nicht aber auch auf die Einsetzung der städtischen Beamten. Wir werden nicht fehlgehen, wenn wir annehmen, daß er diese als seine Vasallen betrachtete, daß aber die bisherigen Wähler und ihre Gemeindeverbände fortbestanden und nur auf eine Gelegenheit warteten, um die verlorenen Rechte zurückzugewinnen.

Auch im fränkischen Reich war die Verfassung des lokalen öffentlichen Lebens Territorial- und nicht Stadtverfassung: Innerhalb der Grafschaften besaßen die Städte keinerlei besondere Rechte. Auch wenn der Graf in der Stadt residierte und wenn einer der drei, vier oder sechs Dingstühle, an denen er regelmäßig Gericht zu halten hatte, in der Stadt stand, so versammelte sich hier doch zum Urteilen derselbe Grafschaftsadel, der auch die ländlichen Dingstühle besuchte – und dem neben den großen kirchlichen Grundherren mancher reiche Kaufmann angehört haben mag. Der im 9. Jahrhundert immer stärker werdende Zwang, die Befestigungen der alten Römerstädte zu erneuern und neue Fluchtburgen anzulegen, steigerte die

Einbindung der Städte in ihre ländliche Umgebung, wenn nämlich der König oder Graf das Landvolk baupflichtig machte und ihm dafür einen Anspruch auf Nutzung der Burg erteilte. In der allgemeinen Pflicht, die Burgen zu erbauen und zu verteidigen, lebte das Recht des wehrhaften Volksaufgebotes fort, während die karolingischen Herrscher für ihre Angriffs- und Eroberungskriege nur noch Berufskrieger in Gestalt ihrer mit Landgütern belehnten Vasallen heranzogen. Hier zeichnete sich eine soziale Schichtung ab, die auch in der Gerichtsverfassung ihre Spuren hinterließ: Seit den siebziger Jahren des 8. Jahrhunderts zog Karl der Große aus einer längeren Entwicklung den Schluß, indem er die Urteilsfindung in den Grafengerichten, die bisher genossenschaftliche Pflicht der Eingesessenen gewesen war, auf jeweils sieben Schöffen übertrug, die ihre Befugnisse nicht mehr in Vertretung des Gerichtsvolkes ausübten, sondern vom König herleiteten. Im 9. Jahrhundert gab es Schöffen überall im fränkischen Reich, in Gallien, wo sie nach römischem oder salischem Recht urteilten, und in Italien ebenso wie rechts des Rheines, wo die späteren deutschen Stämme, ausgenommen die Friesen, die Einrichtung übernahmen. Freilich gerade hier gibt es Gegenden, wo Schöffen selten erwähnt werden, wo sich also die freien Männer offenbar nicht aus der Urteilsfindung verdrängen ließen, sondern an der alten, die ganze Gerichtsgemeinde beteiligenden Gewohnheit dinggenossenschaftlicher Justiz festhielten. Wo sich aber das Schöffenamt einwurzelte, da schloß es nicht nur die Gemeinde, sondern auch den Grafen vom Urteilen aus. Der auf Prozeßleitung und Sanktion des Urteils beschränkte Graf trat nun als Gerichtsherr dem siebenköpfigen Schöffenkollegium gegenüber, das, wenn es ihm auch einen Amtseid leisten mußte, doch ein Organ der Gemeinde blieb. Denn König und Graf mußten die Schöffen aus den Eingesessenen nehmen und waren in ihrer Auswahl alles andere als frei, sondern gebunden an die Vorschläge, die ihnen die Großen oder die amtierenden Schöffen selber machten, sobald ein Platz auf der Schöffenbank neu zu besetzen war. Mit der vom König hergeleiteten Urteilerfunktion verbanden die vom Vertrauen der Gerichtsgemeinde getragenen Schöffen daher nahezu von selbst auch diejenigen eines kommunalen Leitungsorgans – sobald man eines solchen bedurfte.

Unter den Großen, die dem Grafen und dem König gegenüberstanden, spielten in den Städten die Bischöfe nach wie vor eine besondere Rolle, wenn sie auch die Grafenrechte, die sie mehrfach in der Merowingerzeit erworben hatten, und damit die Stadtherrschaft nun wieder verloren. In Trier etwa entzog um 753 König Pippin dem Bischof die usurpierten Rechte auf Münze, Zoll und Steuern und überwies sie dem Grafen als dem dafür zuständigen königlichen Amtmann. Die wachsende militärische Bedeutung der Städte als Burgen verstärkte im 9. Jahrhundert die Herrschaft der Grafen. Für das westfränkische Reich stellte König Karl der Kahle im Jahre 864 ausdrücklich fest, daß die Grafen und sonstigen königlichen Amtleute nicht nur in den Nebenstädten und auf den grundherrlichen Märkten, sondern auch in den Bischofsstädten für die Aufsicht über die im Zahlungsverkehr benutzten Münzen, über Maß und Gewicht und über die Qualität der zum Verkauf stehenden Lebensmittel zuständig waren und daß sie mit der Kontrolle vereidigte Aufseher beauftragen sollten, die sie gewiß aus den Reihen der jeweils zu überwachenden Handwerker nahmen. Aber wenn die Bischöfe auch formal auf ihre geistlichen Aufgaben beschränkt wurden, so waren sie doch, anders als die Grafen, dauernd in den Städten ansässig, und da sie dort in der Regel die größten Grundherren waren und in der Verwaltung des Kirchengutes und der Armenpflege mit den Städtern zusammenarbeiteten, so fanden sich in ihnen für alle Einwohner, die in wirtschaftlichen Notlagen materieller Hilfe und in Streitigkeiten mit den Grafen und anderen Großen politischen Schutzes und einflußreicher Fürsprache bedurften, die gegebenen Schutzherren.

Ihre Schutzgewalt hatten die Bischöfe vor allem gegenüber Klöstern und weltlichen Herren durchzusetzen, die ebenfalls Haupthöfe in den Städten besaßen. Neben den zur Grafschaftsgemeinde gehörigen Grundherren und kleinen Freien, unter denen wir uns auch Kaufleute und Handwerker vorzustellen haben, beherbergten die Städte die Hörigenverbände dieser Grundherren und häufig auch noch eine jüdische Gemeinde, deren führende Mitglieder unter Königsschutz stehende Fernhändler sein mochten. Papst Stephan III. (768–772) beschwerte sich bei König Karl darüber, daß die Juden in Narbonne erblichen Grundbesitz erwerben, ihre Äcker und Weinberge von Christen bestellen lassen und mit den Christen gemeinsam innerhalb und außerhalb der Stadt wohnen dürften. Es gab also in den Bischofsstädten eine Mehrzahl von Hof- und Gerichtsverbänden mit dem Charakter heterokephaler Gemeinden, die meistens über die Mauern hinaus in das Landgebiet übergriffen, aber keine Stadtgemeinde. Die Bischöfe konnten um so eher als deren Schutzherren auftreten, als nur sie, noch kaum aber andere geistliche Grundherren vom König die Immunität für die Güter ihrer Kirche erlangt hatten, die die Bewohner dieser Güter dem Zugriff des Grafen entzog. Nicht schon die Verleihung des Münz- und Marktrechtes, wie sie Kaiser Ludwig der Fromme zuerst dem Kloster Corvey an der Weser im Jahre 833 gewährte, sondern erst die Immunität entzog die wachsende Zahl der grundherrlichen Märkte der gräflichen Aufsicht. Die Immunitätsgemeinde indes konnte schwerlich einmal die ganze Stadt erfassen, da sie beschränkt blieb auf die Leute, die auf dem Grundbesitz des Bischofs lebten.

Aber der Zerfall der königlichen Gewalt, der die Grafen übermächtig werden ließ, führte seit dem Ende des 9. Jahrhunderts dazu, daß schwachen Königen daran gelegen war, die Bischöfe gegenüber den ungehorsamen

Stadtherren zu stärken. So gewährten König Zwentibold im Jahre 898 und König Ludwig IV. 902 dem Bischof von Trier die Grafenrechte in seiner Stadt: Es ist im ostfränkischen und später deutschen Reiche das erste Beispiel dieser Maßnahme, die den Stadtbezirk und seinen Schöffenstuhl aus der Grafschaft herauslöste und damit die Ausbildung eines rein städtischen, nur von Stadtbewohnern besetzten Schöffenkollegiums ermöglichte. Das Stadtvolk, worunter wir gewiß die Marktleute, sowohl Handwerker wie Fernhändler, mitzuverstehen haben, begann nun auch gewaltsam den Bischöfen und Stadtherren seinen Willen aufzuzwingen. Zu Beginn des 10. Jahrhunderts beschrieb Bischof Salomon von Konstanz den im Reiche herrschenden Unfrieden; dabei sprach er auch vom murrenden Stadtvolk und in den Städten tobendem Aufruhr, und in Straßburg mußte der König im Jahre 906 den Streit zwischen Bischof und Einwohnern schlichten. Wir erfahren nichts über die Ursachen dieser Konflikte und können nur vermuten, daß es Vorläufer der seit der zweiten Hälfte des 11. Jahrhunderts zahlreich aufflackernden städtischen Streitigkeiten waren, daß aber das im 10. Jahrhundert erneuerte deutsche Königtum ihnen bis dahin den jetzt angehäuften Zündstoff wieder zu entziehen vermochte.

In den Gebieten östlich des Rheins, in England und Skandinavien und überall in den weiten Landstrichen Osteuropas, wo jetzt Ansiedlungen mit nichtagrarischem Wirtschaftsleben entstanden, konnte von deren Herauslösung aus den königlichen Verwaltungsbezirken und von einer Gemeindebildung am Markte im allgemeinen noch viel weniger die Rede sein als in den Bischofsstädten des Rheinlandes und Westfrankens. Viele Burgen, die die Königsmacht sichern und das Land vor Normannen und Ungarn schützen sollten, waren zudem noch bloße Mittelpunkte von Königsgutbezirken und entbehrten jeden Ansatzes zur Marktbildung, so etwa die um 800 errichtete Burg Bamberg, die erstmals 906 auch in den schriftlichen Quellen erscheint; sie lag weit abseits von den Fernstraßen, die sich vielmehr in Hallstadt kreuzten und hier den im Jahre 805 bezeugten Handel mit den Slaven konzentrierten. In England, wo König Alfred der Große (871–899) damit begann, zur Abwehr der Dänengefahr ein System von Burgen zu errichten, dürfte damit die Einteilung des Landes in Grafschaften (shires) und Hundreds Hand in Hand gegangen sein; denn den Burgen wurden Landbezirke zugeordnet, deren Bewohner in ihren Versammlungen die vom königlichen Amtmann geforderten Dienste und Abgaben auf ihre Höfe und Grundstücke umlegten. Indes in der Bischofs-, Burg- und Marktstadt Canterbury gab es im 9. Jahrhundert, wie wir bereits wissen, eine Gilde, deren Mitglieder vermutlich Bedienstete oder jüngere Söhne von Grundbesitzern waren, die auch Liegenschaften in der Stadt besaßen und sich durch jene vielleicht am Fernhandel beteiligten; es ist die älteste in der englischen Überlieferung überhaupt bezeugte Gilde, und Gilden kommen am ehesten als Organisatoren einer vom Stadtherrn unabhängigen Tätigkeit der Stadtleute in Frage. In Schleswig amtierte gleichzeitig, gewiß als Vertreter des dänischen Königs, ein Stadtgraf (comes vici), im schwedischen Birka ein königlicher Vorsteher (praefectus), der Steuern und von den Kaufleuten eine Friedensabgabe einzog, die Verteidigung des Handelsplatzes leitete und der Gerichtsversammlung vorsaß. Das Friedensgeld der Kaufleute dürfte ihm zugestanden haben, weil er den in Fahrtgemeinschaften reisenden Fremden den Königsschutz verschaffte. Ein königlicher Amtmann dieser Art muß auch in Reric an der Küste des Abodritenlandes gesessen haben, denn man wußte sogar im fränkischen Reich, daß dieser Platz mit seinen Zollerträgen dem dänischen König große Vorteile gewährte.

Es mag sein, daß es vergleichbare, mit Erteilung des Königsschutzes an die Kaufleute und Erhebung korrespondierender Abgaben betraute Amtleute auch im fränkischen Reiche gab: falls nämlich die Funktionen der erst im Hochmittelalter bezeugten „Vorsteher der Kaufleute" in Paris, Valenciennes, Köln, der Wiekvögte und Wiekgrafen in Minden und Stade, der Hansegrafen in Lille, Dortmund und Regensburg auf die karolingische Zeit zurückgehen sollten. Wenn dem so wäre, dann dürften wir darin ebenso wie in der Übertragung der Grafschaft auf den Bischof in Trier und in der Entstehung der Gilde zu Canterbury erste Hinweise darauf sehen, daß am Ende der Karolingerzeit die Herauslösung der städtischen Mittelpunkte aus ihren Landgebieten in Gang kam, ein Vorgang, der gewissermaßen als Vorspiel zur Entstehung der mittelalterlichen Stadtgemeinde und ihres Bürgertums betrachtet werden könnte und dessen Motor wenn nicht politischer Einfluß, so doch Wirtschaftskraft und Marktmacht der Handwerker und Kaufleute gewesen sein mögen.

Wie immer es um den Einfluß der Kaufleute auf das Regiment der adligen und bischöflichen Gerichts- und Stadtherren stehen mochte: unverkennbar ist, daß sich in der Karolingerzeit ein Berufsstand freier und reicher Markt- und Kaufleute bildete, der wohl nur in Italien und in den rheinischen Bischofsstädten im wesentlichen stadtsässig war – die Städte des romanischen Südwesteuropa scheinen in der Entwicklung keine Rolle gespielt zu haben – , der aber im Kerngebiet des fränkischen Reiches und im Nord-Ostsee-Raum, einem Teil des noch immer städtelosen Europa, im wesentlichen noch landsässig war (mehr als dies kann der Begriff Bauernkaufmann nicht aussagen). Die Entstehung eines freien und wehrfähigen, auch, soweit der fränkische Königsschutz keine Ausnahmen schuf, kriegsdienst- und kriegssteuerpflichtigen Kaufmannsstandes in der Karolingerzeit ist um so bemerkenswerter, als im allgemeinen die Sozialgeschichte der Zeit von der im Lehnswesen kulminierenden Tendenz zur Verdinglichung der Freiheitsrechte beherrscht wird. Hatte einst der freie Mann eben deswegen, weil er persönlich frei war, auch seinem Grundbesitz den Charakter des lastenfreien Eigens aufgeprägt, so wurde seit langem und jetzt endgültig der Besitz von lastenfreiem Grund und Boden zur Grundlage und Voraussetzung auch der Freiheit der Person. Nur wer freies Grundeigentum besaß oder vom König geliehen erhielt, behauptete volles Recht in Heer und Gericht, mit der Folge, daß der landlose Mann, auch wenn er als Freier geboren war, die aktiven Freiheitsrechte einbüßte, daß er aus der Heeres- und Gerichtsgemeinde ausscheiden, und wenn er nicht ohne jede Verbindung zum Gemeinwesen bleiben wollte, sich einem Herrn anschließen mußte, um mittelbar als dessen Schutzgenosse daran teilzuhaben. Wir haben gesehen, daß viele Kaufleute, als grundsätzlich landlose Leute, diesen Weg gegangen sind. Wenn sie trotzdem nicht, wie so viele andere Freie, unter der Schutzherrschaft in die Hörigkeit abgesunken sind, so verdankten sie dies ihren besonderen, den Herren unentbehrlichen berufsspezifischen Kenntnissen und Fähigkeiten und dem, trotz seiner mobilen Form, beträchtlichen Reichtum, über den sie verfügten. Es war ein Reichtum, der nur noch die Entstehung günstiger politischer und sozialer Verhältnisse abzuwarten brauchte, um eine latent jedem in Geld- und Warenform bestehenden Reichtum eigene Fähigkeit zu entfalten, nämlich sich in Kapital zu verwandeln. Wenn das aber geschah, so war es vorbei mit der landsässigen Kaufmannschaft: Unaufhaltsam mußten dann die Städte Handel und Gewerbe an sich ziehen und in ihren Mauern konzentrieren, um so jene Identität von Städtewesen und Bürgertum herbeizuführen, die die Besonderheit der europäischen Stadt im hohen Mittelalter ausmachte.

III. DIE SÄCHSISCH-SALISCHE KAISERZEIT

Der Zeitraum des 10., 11. und frühen 12. Jahrhunderts, begrenzt von den Stichjahren 919 und 1120, umfaßt im eigentlichen Sinne die Entstehung der mittelalterlichen europäischen Stadt; an seinem Ende war in den führenden Landschaften der Begriff der von Gewerbe und Handel lebenden und sich unter königlicher oder vom König abgeleiteter Herrschaft selbst regierenden Stadt voll ausgebildet. Es ist zugleich der Zeitraum, in dem das deutsche Königtum nicht nur politisch den Kontinent anführte, sondern auch die Rechtsgeschichte der Stadt maßgeblich beeinflußte, weil es die städtereichsten Landschaften Europas, nämlich das Rheinland und Oberitalien, beherrschte. Es war die Macht der deutschen Könige und des deutschen Reiches, die mit dem Sieg über die Ungarn bei Augsburg im Jahre 955 die großen Völkerwanderungen endgültig beendete und das magyarische Nomadenvolk zwang, im Raum der mittleren Donau seßhaft zu werden, das Christentum anzunehmen und damit in den Kreis der europäischen Völker einzutreten. Im Zusammenspiel mit dem deutschen Königtum und der deutschen Kirche entstanden die Reiche der Tschechen und der Polen, die die westslavische Staatenwelt ordneten und die Kleinstämme zwischen Elbe und Oder der deutschen Herrschaft überließen. Das Erstarken der europäischen Mitte und des englischen Königtums beendete die skandinavische Völkerwanderung und bereitete die in der nächsten Periode verwirklichte Erschließung des Ostseeraumes für die deutsche Handelsherrschaft vor. Die Befriedung der europäischen Mitte schuf nicht nur dadurch die Voraussetzung für das Aufblühen des Städtewesens, daß der von Bauern, Handwerkern und Kaufleuten erarbeitete Reichtum nicht mehr immer wieder fremden Räubern und Beutemachern anheimfiel, sondern seinen Schöpfern zugute kam und sich in ihren Händen akkumulierte, sondern auch dadurch, daß es Italien in den befriedeten Großraum einband und damit den Städten des Mittelmeerraumes die Möglichkeit gab, die Seeherrschaft der Araber und Griechen zu brechen und im Verlauf der Kreuzzüge die eigene See- und Handelsmacht bis weit in die Levante vorzuschieben.

Schließlich ist eines der bewegenden Momente der Politik der sächsisch-salischen Kaiserzeit das Verhältnis zwischen Königtum und Kirche, zwischen weltlicher und geistlicher Gewalt, dessen Spannungen am Ende der Periode im Investiturstreit kulminierten. Das für die Stadtgeschichte wahrscheinlich wesentlichste Resultat dieser gewaltigen Auseinandersetzung war die Verflüssigung des bis dahin formstrengen, am äußerlich Sichtbaren haftenden Glaubens-, Geistes- und Rechtslebens. Es kam nun zur Aufsprengung des germanischen Begriffs vom Grundeigentum, der stets die Zusammenfassung aller an einem Grundstück überhaupt möglichen Befugnisse in einer Hand erstrebt hatte und unfähig war, zwischen Nutzung und Herrschaft zu unterscheiden, und damit wurde es möglich, die Hoheitsrechte aus den Befugnissen auszusondern und trotzdem ein Grundeigentum übrigzulassen, das man frei nennen konnte, weil es dem Inhaber ständische Freiheit vermittelte. Wir werden sehen, wieviel die Städte zu dieser gedanklichen Leistung beigetragen haben, denn die rechtliche Ordnung der von den Marktleuten geschaffenen neuen Gesellschaftsformen wäre nicht möglich gewesen, wenn man nicht endlich zwischen Bürgerfreiheit, gemeindlicher Hoheit und Stadtherrschaft zu unterscheiden gelernt hätte.

Eine Folge der Befriedung des Kontinents war der allmähliche Beginn eines Wachstums der Bevölkerung, das bis ins 14. Jahrhundert anhielt und am deutlichsten an der beständigen Rodung jungfräulichen Bodens in Wald und Marsch, an der unentwegten Neugründung von Höfen, Dörfern und Marktsiedlungen zu erkennen ist. Da noch niemand die Feuerstellen und die Menschen zählte, bleiben alle Zahlenangaben unsichere Schätzungen; am zuverlässigsten ist die Schätzung für England, weil dort König Wilhelm 1086 eine Beschreibung der Ritterlehen herstellen ließ, die auch über die mehr als hundert Burgstädte (boroughs) des Landes Auskunft gibt; danach ist mit 1,1 Millionen Einwohnern zu rechnen. Frankreich mag 12, Dänemark 1 Million gehabt haben. Die Lebensumstände waren weiterhin hart. Immer wieder kam es zu Mißernten und Hungerkatastrophen, wenn im 11. Jahrhundert auch seltener als zuvor, sei es weil die Produktivität der landwirtschaftlichen Arbeit stieg oder weil die verbesserte Vorratshaltung in den Städten und die Entfaltung des Getreidehandels im Ausgleich regionaler Erntedifferenzen nun mehr zu leisten vermochte als die kirchlichen Grundherrschaften, die noch allein in der Armenfürsorge tätig waren. Vielleicht stieg die Bevölkerung rascher als die Zahl der Arbeitsplätze auf dem Lande und in der Stadt. Im 11. Jahrhundert nahm die Zahl der Menschen zu, die sich auf der Suche nach Land und Arbeit in die Fremde begaben; es mag wohl hiermit zusammenhängen, daß während des ersten Kreuzzuges (1096–1099) über 300 000 Menschen ihre Heimat verließen, von denen freilich nicht mehr als 40 000 das heilige Land erreichten. Die meisten Kreuzfahrer stellten das Rhein-Maas-Gebiet und Südfrankreich, also Landschaften, deren Städtewesen besonders hoch entwickelt war. In Südfrankreichs und Italiens Städten errichteten die Kirchen Findelhäuser (Siena 832, Bergamo 982, Padua 1000, Montpellier 1070); von dem Mailänder Hause, das vielleicht schon im Jahre 787 gegründet worden war, berichtet der Geschichtsschreiber Landulf im 11. Jahrhundert, man habe dort mit gemieteten Ammen Säuglinge aufgezogen, deren Eltern dazu wegen Armut nicht imstande waren. Niemand weiß, ob sich die Eltern auf immer von diesen Kindern trennen wollten oder ob sie sie identifizierten und zu sich zurückholten, wenn die Aufzucht keine Arbeit und keine Kosten mehr machte, sondern im Wege der Kinderarbeit den Eltern einen Ertrag brachte.

Bevölkerungswachstum, Landesausbau und Siedlungsverdichtung hatten ein erhöhtes Verkehrsaufkommen zur Folge, das in vielen Landschaften, besonders denen, die zuvor arm an Städten oder städtelos gewesen waren, ein neues Wegenetz ins Leben rief. Die alten Fernwege, die gerne den Kämmen und Firsten der Mittelgebirge gefolgt waren, weil man die versumpften Täler fürchtete, konnten aufgegeben werden, seit die Talauen gerodet und entwässert und neue Flußübergänge zugänglich gemacht wurden. Hier, wo sich Land- und Wasserwege kreuzten, und überhaupt entlang den Fernwegen und in ihren Schnittpunkten lag der bevorzugte Standort für neue Marktsiedlungen und Städte, die die jetzt vom dichter werdenden Verkehr als Lücken empfundenen Zwischenräume zwischen den alten Bischofs- und Mittelpunktstädten ausfüllten.

Am wenigsten Raum für Neugründungen bot Italien, wo die verkehrsgünstig gelegenen Plätze seit alters mit Bischofsstädten oder einfachen Burgstädten besetzt waren. Der Landfriede stand freilich auf schwachen Füßen, solange Thronstreitigkeiten das Königtum in Oberitalien und die unentschiedene Konkurrenz zwischen Griechen und Sarazenen die Kaisermacht in Unteritalien schwächten. Es war kein Einzelfall, daß sich König Hugo von Italien, der im Jahre 942 die Sarazenen in ihrer Zwingburg Fraxinetum (Garde-Freinet) mit Hilfe der griechischen Flotte angriff, plötzlich mit den Feinden verbündete, um seinen Rivalen Berengar von Ivrea zu bekämpfen; unter diesen Umständen mußte man nicht nur die Seeherrschaft der Sarazenen in Fraxinetum bis 972, sondern auch bis 947 die Angriffe der Ungarn dulden. Erst seit sich der deutsche König Otto I. 951 die Königskrone und 962 die Kaiserkrone aufgesetzt und mit dieser die Schutzherrschaft über Rom und den Kirchenstaat ergriffen hatte, wurde man der äußeren Feinde Herr, am spätesten in Unteritalien, wohin die sizilischen Araber beständig ihre Beutezüge richteten, ohne freilich die griechische Stadtherrschaft und die langobardischen Fürstentümer zu zerstören. Im Jahre 982 scheiterte der Versuch Kaiser Ottos II., das Land zu befrieden; bei Cotrone erlag sein Heer den Truppen des Emirs von Sizilien. Aber zu Beginn des 11. Jahrhunderts organisierten Pisaner und Genuesen zur See und normannische Söldner, die sich von ihrem Auftraggeber, dem Herzog zu Neapel, gelöst und in der Burg Aversa selbständig gemacht hatten, zu Lande den Gegenangriff. Unter Führung Papst Benedikts VII. besiegten die Flotten von Pisa und Genua 1016 die Sarazenen; sie befreiten damit die Küsten Italiens und Sardiniens von der Fremdherrschaft und legten den Grund für ihre eigene Vormacht zur See. Die Normannen aber vertrieben bis nach

1060 nicht nur die Araber, sondern auch die Griechen aus Unteritalien und Sizilien und gründeten dort ein neues Herzogsreich, zu dessen Hauptstadt sie Palermo erhoben. Das Festland war nun befriedet, nicht aber das Meer, denn die Normannen wollten den Krieg gegen die Griechen auf die Balkanhalbinsel hinübertragen und gerieten damit in Gegensatz zu den Venezianern, für die die freie Durchfahrt durch die Straße von Otranto lebenswichtig war. Im Jahre 1082 stellten sie ihre Flotte in den Dienst Kaiser Alexios' I., der ihnen dafür die völlige Freiheit ihres Handels von allen Abgaben gewährte und so den Grundstein für ihre Kolonialmacht in der Levante legte.

Das glänzende Erscheinungsbild der oberitalienischen Städte lassen mancherlei Erwähnungen ihrer öffentlichen Gebäude, dann aber auch die zeitgenössischen Beschreibungen erkennen, die wir von Mailand und Bergamo besitzen. Vor den Mauern von Mailand, die noch immer dem antiken Verlauf folgten, lag ein Kranz von Kirchen, unter denen S. Ambrogio und S. Lorenzo die bekanntesten waren und deren Fülle den Reichtum der Stadt bezeugte. Seit das Land in Frieden lebte, erstickte der enge Mauerring nicht mehr den Atem des städtischen Lebens, denn die Städter erbauten immer mehr Häuser vor den Toren entlang den Ausfallstraßen und bei den Kirchen. Schon vor 970 schrieb Bischof Liudprand von Cremona die Nachricht nieder, daß man solche nicht ummauerten Siedlungen vor der Stadt als Burgi bezeichnete; die Bedeutung des uns immer wieder beschäftigenden Wortes Burgus ging also bereits in die des italienischen borgo, der Vorstadt, über. Offenbar ersetzte der Ausbau solcher Vorstädte die nicht mehr allzu häufigen Gelegenheiten, neue Städte zu gründen. Die Wohnhäuser waren meist kleine, ebenerdige Buden aus Holz mit Dächern aus Schindeln oder Stroh, doch gab es auch Häuser mit einem oder gar zwei Obergeschossen und Häuser aus Ziegelstein und mit Ziegeldach. Die dem Sonnenlicht geöffneten Stockwerksräume (solariate, Söller) gewährten den Bewohnern einen besonderen Komfort. Die Großbrände, von denen wir zu 1071, 1075, 1105 und 1106 erfahren, lassen indes vermuten, daß die Zahl der Holzhäuser ohne feuerfesten Kamin sehr hoch war. An Monumentalbauten besaß Mailand immer noch lediglich die antiken, darunter neben den Kirchen den Zirkus im Westen der Stadt, in dessen Ruinen der König wohl in den unruhigen Zeiten vor 955 ein Kloster gründete, das das Bauwerk und die vor den Mauern gelegene Arena verteidigen sollte. Als die Zeiten friedlich geworden waren, richteten die Mönche die Stufen der Arena zum Weinberg her. Unter den weltlichen Bauten war der größte zweifellos der erzbischöfliche Palast, den ein Tor im Norden mit der Kathedrale S. Tecla, ein anderes Tor mit dem Ziergarten oder Tierpark verband. Er hatte mindestens zwei Geschosse mit vielen, zum Teil beheizbaren Sälen und einer Badestube. Ansehnlich bot sich auch nicht weit davon entfernt die Herzogsburg mit der charakteristischen Laube oder Loggia dar. Der antike Kaiserpalast, der bei den Thermen gelegen hatte, scheint nicht mehr bestanden zu haben, da wir von einer Kirche S. Giorgio hören, die auf einem „der Palast" genannten Platz erbaut war; verschwunden war auch das Theater, nach dem ein nun offener Platz benannt wurde. Für den deutschen König und Kaiser gab es einen neuen Palast beim Kloster S. Ambrogio vor den Mauern. Die Straßen der Stadt waren eng und krumm, sie hatten sich den Wasserläufen und den antiken Ruinen angepaßt. Es gab viele freie Plätze und Gärten oder Parks innerhalb der Mauern, die man indes verkleinerte, um Raum für neue Wohnhäuser zu schaffen. Der alte Markt hieß immer noch, wie im Altertum, das Macellum, aber das Wirtschaftszentrum paßte sich den Veränderungen an: Wir hören von einem öffentlichen Markt bei der Münzstätte, um den herum Buden der wichtigsten Gewerbe entstanden waren und der um die Mitte des 10. Jahrhunderts Zentrum des täglichen Kaufhandels gewesen sein muß. Daneben war aber ein zweiter öffentlicher Markt entstanden, der häufig als Versammlungsplatz (assemblatorium) bezeichnet wird, wohl weil sich dort entweder das Volk (seit die Arena nicht mehr benutzbar war) oder dessen Erwählte zur Beratung versammelten. Der stolzeste Bau der Stadt blieb die Mauer, die im 11. Jahrhundert über 310 Türme zählte; sie standen so dicht beieinander, daß sich die Verteidiger von einem zum andern unterhalten konnten.

Bergamo dagegen, das im 10. Jahrhundert, solange seine Grafen aus der Familie der Giselbertiner das italische Pfalzgrafenamt verwalteten, zu überregionaler Bedeutung gekommen und 968 sogar, es ist der erste Fall dieser Art in Italien, ein kaiserliches Jahrmarktsprivileg erhalten hatte, um venezianische Fernhändler anzulocken, Bergamo dagegen war nach dem Verfall der Grafenmacht doch wieder nur noch eine kleine Landstadt. Als solche kennen wir sie aus der nach 1112 verfaßten Beschreibung des Moses de Brolo, der damals in Konstantinopel weilte, und das Heimweh eines Mannes, der lange in der fremden, lärmenden Großstadt gelebt hat, klingt spürbar an in den Worten über die ruhige Stadt auf ihrer Anhöhe, deren geräumige Plätze ebenso oft das Spiel der Bürgerkinder wie die Übungen der Kriegspferde sahen, die den ganzen Stolz der einfachen, kriegerischen Bürger ausmachten. Breit malte Moses die Lage der Vorstädte und benachbarten Dörfer aus. Merkwürdig ist, daß er die Bischofskirche und überhaupt die christlichen Einrichtungen nicht erwähnt und den Charakter der Stadt ganz aus ihrem heidnisch-antiken Ursprung heraus bestimmt; gewiß kommt darin nicht nur die Benutzung einer heute nicht mehr vorhandenen antiken Vorlage, sondern auch das geistige Klima von Konstantinopel zum Ausdruck, wo es immer und verstärkt wieder seit dem 9. Jahrhundert weltlich gebildete Laien gegeben hatte.

Nur selten erfahren wir etwas davon, daß auch die Kaufleute in diesen Städten mächtig waren, so einmal zum Jahre 924, als sich der Bischof von

Cremona beim König gegen die Gefahr versicherte, sie könnten den dem Bischof gehörigen Hafen mit seinen Abgaben an eine andere Stelle verlegen. Viele Bischofsstädte bauten damals Kaianlagen an den Flüssen und erlangten vom König das Recht, von deren Benutzern ein Ufergeld zu erheben. Im Mittelpunkt der Nachrichten über die Städte stehen fast überall die königlichen Pfalzen als Stützpunkte der staatlichen Gewalt. Die Ottonen gründeten ihre Regierung vor allem auf diejenigen in Pavia, dem alten Verwaltungsmittelpunkt des Königreichs Italien, der noch immer in dem spätrömischen Gebäudekomplex untergebracht war, in Ravenna, dem alten weltlichen Zentrum des Kirchenstaates, wo Otto I. einen Neubau errichtete, und in Rom, wo sich Otto I. in den Ruinen auf dem Palatin niederließ. Die Städte fürchteten diese steinernen Bauwerke wie Zwingburgen, obwohl auch die Könige bei städtischen Revolten (so in Pavia 1004, in Ravenna 1026, in Parma 1037) dort leicht in Gefahr gerieten, weil sie das Heer hatten im Feldlager vor der Stadt zurücklassen müssen. Gerade in so bedeutenden Städten wie Mailand, Ravenna, Verona lag daher die Pfalz bei einem Kloster vor den Mauern, und in Cremona oder Mantua wurde sie nun im Einvernehmen zwischen Städtern und König dorthin verlegt. Daher erregte es Aufsehen, als im Jahre 1024 die Pavesen die königslose Zeit nach dem Tode Heinrichs II. dazu benutzten, die Pfalz in ihren Mauern samt dem darin verwahrten Archiv zu zerstören. Sie waren stark genug, um König Konrad II. schließlich die Anerkennung dieses Zustandes abzutrotzen. Den Bürgern von Lucca, deren Unterstützung er gewinnen wollte, gestand König Heinrich IV. 1081 zu, daß sie seine Pfalz weder in der Stadt, wo einst ihr Standort gewesen war, noch vor der Stadt, wohin man sie später verlegt hatte, und in dem Burgus, der sich dort um sie gebildet hatte, wiederaufzubauen brauchten.

Was die Ausfüllung der Lücken im Netz der alten Mittelpunktstädte anlangt, so ist dafür in Italien, wie überall im Mittelmeerraum, aber nirgendwo so konsequent wie in Latium und Mittelitalien, die Konzentration der Besiedlung auf schützende Anhöhen, sei es auf isolierte Kuppen oder auf bloß einseitiger Wehrbauten bedürftige Bergnasen, typisch geworden. Um das Land mit Schutz- und Fliehburgen wegen der Ungarngefahr zu versehen, hatte König Berengar I. im Jahre 904 allen bauwilligen Grundherren das Befestigungsrecht gewährt. Besonders an den Fern- und Heerstraßen und bei Häfen und Märkten entstanden nun Burgen, deren Herren sich für die Baukosten schadlos hielten, indem sie für den Eintritt in die Burg und für die Benutzung der geschützten Landstraßen und Märkte von Reisenden und Händlern Abgaben erhoben. Als sichere Niederlagen für Kaufmannswaren erzeugten manche Burgen eigene Märkte. Mitten in der Toskana, dort, wo die Fernstraße für die fränkischen Pilger von Pavia und Lucca nach Siena und Rom führte, damals noch einer der alten Höhenwege, der die feuchten Niederungen des Elsatales mied, – wo diese Fernstraße auf einer Verbreiterung des Höhenrückens zwischen zwei nach Osten und Westen gekehrten, nach außen steil abfallenden Kuppen hindurchführte, errichtete zu Beginn des 10. Jahrhunderts der Bischof von Volterra eine solche die Straße schützende Turmburg, vor der die Breite des Firstweges Gelegenheit bot, einen Markt mit Siedlung anzulegen. Für die Pfarrkirche erwarb er Reliquien eines im Jahre 387 verstorbenen Bischofs von Modena, nach dem der Borgo den Namen San Gimignano erhielt. Die Burg stand auf der östlichen Kuppe; sie wurde 1354 in ein Dominikanerkloster umgewandelt, dessen Gebäude heute als Strafanstalt dienen. Ein breiter Graben, über den eine Brücke führte und an den noch immer die 1240 erbaute Kirche San Lorenzo „auf der Brücke" erinnert, trennte die Burg von der Marktsiedlung. Diese erhielt vor 998 eine eigene Mauer von 1100 m Länge, von der die beiden Tore, durch die die Fernstraße hinein- und herausführte, der Arco della Cancelleria im Norden und der Arco dei Becci im Süden, und das Tor für die Burgstraße, der Arco di Goro im Osten, noch heute aufrecht stehen. Vom Abschnittsgraben der Burg getrennt, lagen nun der befestigte Borgo und das Kastell des Bischofs einander gegenüber. Selten ist der Grundriß eines Stadtkerns aus dem 10. Jahrhundert nach einem Jahrtausend noch so deutlich zu erkennen wie an dieser Stelle. Nicht viel anders sind die Anfänge Venedigs, wo zu derselben Zeit, als die Turmburg von San Gimignano entstand, die Siedlung am Rialto ihre erste Mauer erhielt, oder diejenigen Genuas zu denken, wo im Jahre 952 der Vizegraf Ido die Burg und den Bischofssitz befestigte, vor denen die tiefer gelegene Marktsiedlung mit der alten Kathedrale als Burgus, Vorstadt, ungeschützt liegen blieb; die vor 300 Jahren von König Rothari entfestigte Stadt stieg damit zum Wehrzentrum der ständig von den Sarazenen bedrohten Küste auf.

Auch nach dem Ende der Ungarn- und Arabergefahr setzte sich die erzwungene oder freiwillige Umsiedlung der Bevölkerung aus den Bauernhöfen des offenen Landes in die Höhenburgen fort, weil sie den königlichen und grundherrlichen Machthabern bedeutende Vorteile gewährte. Die Siedlung in Kastellen, wie man diese Ackerbauerstädte nannte, mit der darin oder darüber liegenden Herrenburg, wurde nun besonders in Latium zur normalen Wohn- und Lebensweise. Im südlichen Latium konnte man viele römische und vorrömische Ringmauern wieder zu Kastellen herrichten, in der waldreichen Sabina dagegen kam es meist zu Neugründungen. Aus zehn Urkunden der Jahre 945 bis 1109 kennen wir die Aufträge geistlicher Grundherren an latinische Adlige oder ihre Verträge mit den Gemeinden der Ansiedler, um solche Kastelle anzulegen und das Innere sowie die Feldflur zu parzellieren. Als um die Mitte des 11. Jahrhunderts die Woge der Burggründungen auslief, gab es kein Stück Land mehr, das nicht Zubehör eines Kastells gewesen wäre. Südöstlich von Rom, in der Campagna und im Tal des Garigliano, dienten die Burgsiedlungen auch dazu, die Grenze gegen die Byzantiner und ihre Nachfolger, die Normannen, zu sichern. So schloß im Jahre 1109 Papst Paschalis II. einen Vertrag mit den Bewohnern seines Landgutes in Ninfa (südöstlich von Rom am Fuß der Monti Lepini gelegen) ab, der uns ein Ackerbauerstädtchen mit Markt, dreizehn Wassermühlen in der Umgebung und steinerner Stadtmauer zeigt, deren Abbruch der Stadtherr wünschte. Offenbar hatten die Kämpfe mit den Normannen, die 1080 in den Investiturstreit eingriffen und 1084 Rom eroberten und plünderten, hier und anderswo die Befestigung erforderlich gemacht, deren sich nun die Einwohner auch gegen den Herrn bedienen konnten. In der Campagna suchte vor allem der stadtrömische Adel Stützpunkte zu gewinnen, um auch von hier aus den Kampf um die Macht in Rom und über das Papsttum fortzusetzen. Die Päpste wiederum benutzten ihr Amt vor allem dazu, die Macht ihrer Familien zu bestärken, indem sie die mit ihnen verwandten Burgherren mit öffentlichen Rechten ausstatteten, so zuerst, soweit wir wissen, der Crescentier Papst Johannes XIII., der seiner Schwester, der Senatorin Stephania, die Steuererhebung und Gerichtsbarkeit in Palestrina überließ; die in römischen Ruinen eingerichtete Bergstadt bildete seither den Hauptstützpunkt der Crescentier und seit vor 1100 ihrer Nachfolger, der Colonna, außerhalb Roms. Der schon früh im 10. Jahrhundert mächtigen Familie des Senators Theophylact entstammte jener Graf Gregor, der wohl gegen Ende des Jahrhunderts auf der einstigen Akropolis des antiken Tusculum, am Hange der Albanerberge gegenüber von Palestrina, eine starke Höhenburg erbaute. Er und seine Nachfahren, die das Kastell zur Stadt ausbauten, führten seither den Beinamen Tusculanus.

Ähnliche Geschichten können von vielen anderen Bergkastellen erzählt werden; wir lassen sie beiseite und wenden uns der Stadt Rom zu, deren Macht und Ansehen im 10. Jahrhundert einen Tiefstand erreichten, solange die großen, in der Stadt und im Umlande bis hin nach Viterbo und Terracina begüterten Adelsfamilien, von denen wir zwei kennengelernt haben, sich in ihr das Regiment streitig machten. Als sich aber, nicht zuletzt mit Hilfe der aus Deutschland herbeigeholten Kaiser, die Päpste in der zweiten Hälfte des 11. Jahrhunderts aus diesen lokalen Verstrickungen befreiten, erlebte die Stadt einen ebenso raschen Anstieg ihrer Ausstrahlung, die nun wieder das ganze Abendland erfaßte. Die Zahl der Einwohner mag zu dieser Zeit wieder bis auf 35 000 angewachsen sein; die Wohnviertel lagen weiterhin in der Tiberebene, das wichtigste beiderseits der Tiberinsel, wo die erhalten gebliebenen steinernen Römerbrücken den Fluß passierbar machten, wo die Schiffsmühlen und die Tiberhäfen lagen und wo daher das Wirtschaftsleben sein Zentrum hatte. Weitere Siedlungskerne um das Pantheon herum und in Trastevere begannen seit dem Ende des 11. Jahrhunderts mit dem Zentrum zusammenzuwachsen. Eine Stadt für sich bildete der Burgus bei San Pietro mit den Ausländersiedlungen und einem eigenen Kaiserpalast. Es gab mehrere tägliche Märkte für Lebensmittel; einer von ihnen fand auf dem Kapitol statt. Sie dienten der Versorgung der Einwohner und der Pilger, der darüber hinausgehende Handelsverkehr blieb unerheblich. Die Wohnhäuser der einfachen Leute waren ebenerdige oder mit Obergeschoß versehene Bauten mit Schindel-, Stroh- oder Ziegeldach, viele bargen einen Laden, aus dem ein Handwerker durch das Fenster seine Erzeugnisse verkaufte. Vielfach hatte man die Portiken der antiken Ruinen durch Zwischenmauern unterteilt; die Kirchen und Klöster, denen sie gehörten, vermieteten die so entstandenen Räume als Lager oder Werkstätten. Nur wenige Straßen waren in städtischer Weise Haus an Haus bebaut; die meisten Häuser hatten einen Garten um sich und nutzten Grundstücke in der Feldmark, die bis zur Aurelianischen Mauer reichte. In ihr entstanden neue vorstädtische Siedlungskerne bei den großen Kirchen, die dort lagen (S. Giovanni in Laterano, S. Maria nuova am Kolosseum, S. Maria maggiore). In den Zeiten des Niedergangs kam der Kirchenbau ganz zum Stillstand. Erst die Erholung des Papsttums setzte ihn im letzten Drittel des 11. Jahrhunderts wieder in Gang. Es entstanden vor allem Pfarrkirchen in den Wohnvierteln; auffällig ist das starre Festhalten an der architektonischen Tradition, die sich dagegen sperrte, die nördlich der Alpen entstehende Gewölbetechnik des romanischen Stils zu übernehmen. Im 11. Jahrhundert traten auch die adligen Geschlechter als Bauherren auf; sie errichteten wehrhafte steinerne Türme zum Schutz ihrer Wohnsitze, die in den Kämpfen zwischen Papst und Kaiser von 1080 bis 1084 eine Rolle spielten. So erhoben sich auf dem Kapitol über den Ruinen des antiken Tabularium die Türme der Corsi, auf der Tiberinsel und im Marcellustheater die der Pierleoni, andere in Trastevere und verstreut in der Feldmark und auf deren unbewohnten Hügeln. Als Wehrburg dienten auch das antike Septizonium an der Südostecke des Palatin, dessen Interkolumnien man zugemauert hatte, und das Hadriansgrab (Castel S. Angelo) im Burgus von S. Pietro. Erhalten hat sich von den Geschlechtertürmen nur der untere Teil eines dem Baustil nach untypischen Bauwerks aus dem Beginn des 12. Jahrhunderts, das den Crescentiern zugeschrieben wird (Casa di Crescenzio in dem Wohnviertel am Tiber bei S. Maria in Cosmedin). Das Erscheinungsbild der weiträumigen, offenen Stadtlandschaft zeigt, daß wir es nicht mit einer bürgerlichen, sondern mit einer Stadt des Adels und des Klerus zu tun haben.

Auch in Unteritalien begegnen uns fast überall Städte, die von der Landwirtschaft lebten und deren Erscheinungsbild daher die Bauten der kirchlichen und weltlichen Grundherren und die Mauern bestimmten, Mauern, die erst der normannische Landfriede seit dem Ende des 11. Jahrhunderts überflüssig machte. Nur die Hafenstädte bildeten Ausnahmen von dieser Regel. Kaum Spuren hinterlassen hat die Stadtherrschaft der langobardischen Fürsten in Benevent, Capua und Salerno, die sich bis in die zweite Hälfte des

11. Jahrhunderts in der Defensive gegen Byzantiner und Normannen behaupteten. In dieser Zeit begann der Aufstieg Salernos als langobardischer Residenz und Grenzfestung gegen die Sarazenen, die von 882 bis 1028 die Bergfeste Agropoli am anderen Ende des Golfs von Salerno verteidigten; sie zwangen den Bischof dieser Stadt und die letzten Einwohner von Paestum, in das Kastell Capaccio zu flüchten. Die Trümmerstätte von Paestum diente nun als Steinbruch für Salerno; 28 antike Säulen des Tempels am Forum wurden im herzoglichen Marstall neben dem Dom (der heutigen Eingangshalle des Bischofspalastes) und an anderen Stellen wiederverwendet. Im Jahre 954 überführte Herzog Gisulf die einst in Paestum verehrten, nun wieder aufgefundenen Gebeine des Apostels Matthäus von Capaccio nach Salerno, der neuen Hauptstadt des Küstengebietes.

Wenig ist über das Erscheinungsbild bekannt, das die Städte Siziliens unter arabischer Herrschaft boten. Die muslimische Einwanderung, vor allem aus Nordafrika, hatte bäuerlichen Charakter, und die Landwirtschaft war es vor allem, die von der Eingliederung der Insel in den muslimischen Verkehrsraum profitierte. Die Gewerbe versorgten lediglich die lokalen Märkte und die Bedürfnisse der Machthaber, deren Hofhaltungen sich im 11. Jahrhundert vermehrten, je schwächer die Zentralgewalten in Afrika und im Lande wurden. Von Palermo, der von Griechen, Lombarden, Juden, Slaven, Berbern, Persern, Tataren und Negern bewohnten Hauptstadt, besitzen wir eine Beschreibung aus der Feder des reisenden Bagdader Kaufmanns Ibn Hauqal, der im 10. Jahrhundert die Insel besuchte. Ibn Hauqal fand dort hunderte von Moscheen, mehr, als er in irgendeiner anderen Stadt gesehen hatte, ausgenommen Corduba. Ebenso hoch war die Zahl der Lehrer, Schriftsteller und Rechtskenner, die Palermo zum glanzvollen Zentrum kulturellen Lebens machten. Den Hafen mit seinen Werften, die Werkstätten der Handwerker, die Häuser der reichen jüdischen, muslimischen und christlichen Kaufleute sah er in lebhafter Tätigkeit. Zahlreiche elegante Gebäude aus Stein, Marmor und Ziegeln erfüllten das alte, befestigte Zentrum der Stadt und die an Gärten und Brunnen reichen Vorstädte. Der Reisende tadelte aber auch die Schmutzigkeit des Volkes und den ausschweifenden Verzehr von Zwiebeln, der die Sinne betäube und den Verstand beschädige; trotzdem sei Palermo eine der bedeutendsten Städte der Welt, die außer von Bagdad von kaum einer anderen Stadt übertroffen werde. Moderne Schätzungen der Einwohnerzahl schwanken zwischen 100000 und 300000. Auch wenn wir die erste annehmen, muß Palermo volkreicher gewesen sein als alle christlichen Städte der Zeit, abgesehen von Konstantinopel. Daneben erlangten Agrigent als Zentrum der berberischen Besiedlung, Enna, Messina, Catania, Syracus, Mazara, der Fährhafen nach Afrika, und Marsala, das antike Lilybaeum, nur lokale Bedeutung.

Einen besonders ausgeprägt militärischen Charakter trug das Städtewesen der byzantinischen Provinzen in Unteritalien, da die vom Kaiser in Konstantinopel hierher entsandten Amtleute und Truppenteile nicht nur von der romanischen und katholischen Bevölkerung wie Fremdherrscher und Eroberer behandelt wurden, sondern sich auch beständig gegen die Araber von Sizilien, die langobardischen Fürsten in Benevent, dazu seit 961 gegen die deutschen Kaiser und seit 1017 gegen die Normannen verteidigen mußten. Obwohl die Griechen mit der Gründung der Themen Langobardia (891/92) und Calabrien (938/56) und der Errichtung des Katepanats (968/69) ihre Wehrkraft so weit verstärkten, daß sie die Nordgrenze ihres Gebietes von Siponto bis nach Lucera vorschieben konnten, mußten sie den angreifenden Gegnern doch immer wieder das flache Land preisgeben und sich darauf zurückziehen, die Städte und festen Plätze zu behaupten, die die sicherste Stütze ihrer Macht bildeten. Nachdem sie die großen Küstenstädte Siziliens längst den Sarazenen preisgegeben hatten, verteidigten sie noch bis 962 die Burg von Taormina und bis 965 die abseits gelegene Bergfeste Rometta im Hinterland von Messina. In Calabrien bewahren Gerace und andere Bergstädte die typische Gestalt solcher byzantinischen Festungen; der Bischof von Gerace konnte 1045 eine neue Kathedralkirche einweihen, deren Säulen aus den Tempeln des antiken Locri stammten. Da die Küsten nicht zu verteidigen waren, wurden alle Städte mit Ausnahme von Reggio und Crotone landeinwärts verlegt; zu Beginn des 11. Jahrhunderts bemerkte ein Chronist, von allen Städten Calabriens habe allein Rossano den arabischen Angreifern erfolgreich widerstanden. Auch in Lukanien und Apulien förderten die Byzantiner das Zusammensiedeln der Landbewohner in Kastellen; Neugründungen derartiger kleiner Burgstädte waren so häufig, daß sich ein Notar der Zeit sogar ein Muster für die dafür erforderliche, nach kaiserlicher Genehmigung erteilte Erlaubnis des Strategen oder Katepans hergerichtet hat. Als der Katepan im Jahre 1045 dem Richter Bisantius aus Bari die Grundsteuer der Gemeinde Folignano übertrug, erwähnte er die steuerpflichtigen Dorfleute, die das Kastell bewohnten, und diejenigen, die in Siedlungen vor der Stadt und auf den Feldern saßen. Wie die Ruinen des Kastron Merkurion (am Flusse Lao in Calabrien) ausweisen, können in den Kastellen häufig nicht mehr als 100 bis 200 Menschen gewohnt haben. Als 1015 der Stadtrichter (Turmarch) Ursulus und seine Angehörigen dem Kloster des heiligen Ananias bei Oriolo ihre Burg Petra samt Zubehör schenkten, taten sie dies nicht nur zur Sicherheit des im Angesicht des Meeres (gemeint war der Golf von Tarent) gelegenen Klosters, sondern auch, damit die Laien dort mit dem Abte Häuser bauten und die Vorburg als Zuflucht hätten, wenn die Heiden einfielen. Der Abt sollte in dem Kastell eine Kirche erbauen und dort Mönche versammeln, in deren Gemeinschaft der Vater des Schenkers aufgenommen werden wollte. Etwas größer mögen die Kastelle gewesen sein, in denen Bischofskirchen standen; das griechische

Wort für Kastell (kastron) und das lateinische für Bischofsstadt (civitas) wurden gleichbedeutend gebraucht, etwa in einer Urkunde des Katepans für Kloster Montecassino vom Jahre 1000, der zufolge das Kloster unter anderem in der Stadt Lesina die Überreste eines Gasthauses, in der Stadt Ascoli ein Haus mit Söller, in der Stadt Canosa und deren Alter Burg nahe bei der Kirche S. Eufemia eine Kirche S. Benedetto besaß. Die Alte Burg könnte eine befestigte Zitadelle innerhalb der Stadt gewesen sein, wie sie sonst nur in den großen Hafenstädten erwähnt werden. Innerhalb der kleinen Städte war der Raum so eng, daß man Häuser an die Innenseite der Mauer anbaute, ja sogar die Mauer überbaute und damit die Sicherheit der Stadtburg gefährdete. Zwischen 1017 und 1028 betrieb der Katepan Basilius Boioannes die Errichtung eines Festungsgürtels zum Schutz der nördlichen Grenzen, wo zunächst allein die Stadt Lucera als Stützpunkt zur Verfügung stand. Neben Troia und Dragonara, in denen er gleichzeitig Bistümer einrichtete, verdankte dem die Stadt Melfi ihren Ursprung.

Da die Byzantiner bis zum Ende des 11. Jahrhunderts die Seeherrschaft auf dem Adriatischen Meere behaupteten, unterblieb in Apulien trotz einzelner sarazenischer Plünderungszüge die für Calabrien typische Verödung der Küsten; die Hafenstädte Siponto, Barletta, Trani, Bari, Brindisi, Otranto blieben dauernd bestehen und erlebten sogar eine gewisse Blüte. So namentlich die Hauptstadt Bari, die noch 1023 einmal vergeblich von den Sarazenen belagert wurde und für die, als einzige griechische Stadt außer Konstantinopel, ein besonderer, für die Ordnung im Hafen und die Gerichtsbarkeit über die Seeleute zuständiger Amtmann (der Parathalassites) bezeugt ist. Der im Jahre 1011 an der Stelle, wo heute die Basilika des heiligen Nikolaus steht, errichtete Amtssitz des Katepans war eine umfangreiche Anlage mit einzelnen Grundstücken und mindestens drei Kirchen oder Kapellen; innerhalb der Stadtmauern sind neben der Bischofskirche 23 weitere Kirchen, Klöster und Kapellen nachweisbar, ferner Badehäuser, von denen auch für Neapel und Melfi die Rede ist und die für den byzantinischen Städtebau allgemein als typisch gelten dürfen. Außerdem ist mindestens ein Geschlechterturm bekannt, derjenige der Familie Melipezzi neben der Kirche S. Nicola „über dem alten Tor". Schwieriger war die Lage der Stadt Tarent, die um 928 den Sarazenen in die Hände fiel; die Feinde ermordeten die Einwohner oder verschleppten sie nach Afrika, und nun lag die Stätte im wesentlichen bis zum Wiederaufbau um 965 wüst. Hinfort trotzte sie den Angriffen der Araber und 982 auch dem des deutschen Kaisers, der freilich keine Flotte besaß. Seit 1042 stand sie in einer Reihe mit Otranto, Brindisi und Bari als Zentrum der byzantinischen Normannenabwehr. Das Kastell stand auf der Halbinsel zwischen Mar Grande und Mar Piccolo, dort, wo sich einst die Akropolis erhoben hatte und wo heute die Altstadt liegt. Innerhalb der Mauern war Raum für mindestens acht Kirchen und Klöster, darunter S. Pietro imperiale, das einzige bekannte griechische Kaiserkloster in Unteritalien. Der Hafen war seinem Schiffsverkehr nach bedeutungslos; auch Tarent war Landstadt, die Bevölkerung bestand im wesentlichen aus Griechen und assimilierte sich die wenigen langobardischen Einwohner. Der Erzbischof und der Kathedralklerus blieben trotzdem stets römisch-katholisch; griechisch-orthodoxe Kleriker begegnen uns nur als Pfarrer. Griechische Hoheit erkannten auch die unter eigenen erwählten oder erblichen Fürsten tatsächlich selbständigen Städte Amalfi, Neapel und Gaëta an.

Mit ganz Unteritalien gerieten alle diese Städte im 11. Jahrhundert in die Gewalt einer neuen Herrenschicht, nämlich seefahrender Abenteurer aus der französischen Normandie und ihrer Anführer, die zum ersten Mal als Söldner im Dienst des aufständischen Bürgers Melas aus Bari 1017 gegen die Griechen kämpften, gegen deren zum größten Teil aus schwedischen Wikingern rekrutiertes Heer sie allerdings im nächsten Jahre eine Niederlage erlitten. Seit 1027 trat eine Bande unter Führung des Rainulf Drengot in inneren Konflikten unter den Neapolitanern als Helfer auf; von dem siegreichen Herzog Sergius IV. ließ sich Rainulf 1029 oder 1030 mit der Grafschaft in der Stadt Aversa belohnen. Von hier ging die weitere Ausbreitung aus. 1060 fielen Reggio und Squillace in Calabrien den Normannen zu, und bald darauf enden die Nachrichten über Araber, die, wahrscheinlich als Kaufleute und Flüchtlinge, bis dahin hier und in anderen Städten Unteritaliens gelebt hatten. Von der See her nahmen die Normannen 1061 Messina und 1072 Palermo ein; gleichzeitig eroberten sie Apulien, und mit dem Fall von Bari 1071 ging die griechische Herrschaft in Italien zu Ende. 1086 fielen Agrigent und Syracus, und mit der Eroberung von Noto 1091 waren auch die Einnahme der Insel Sizilien und die dortige arabische Herrschaft beendet. Als letzte ergaben sich die Städte am Tyrrhenischen Meer: Amalfi 1073 und endgültig 1100, Neapel 1131, Gaëta 1140. Die Einigung und Befriedung des Landes und die mit dem ersten Kreuzzug seit 1096 endgültig gesicherte Seeherrschaft der oberitalienischen Städte begünstigten auch die Städte des normannischen Reiches; mit dem Kreuzzug begann die Blüte des Hafens von Messina als Etappe auf dem Seeweg nach Osten, und als die Normannen 1101 Palermo zu ihrer Hauptstadt machten, bedeutete dies auch hier den Anfang einer glanzvollen Epoche. Da die Normannen bei ihrer Expansion keine Ansiedlung von Bauern und Handwerkern betrieben, änderte sich im Leben der Städte zunächst wenig, zumal sie Griechen, Juden und Muslimen ihr Recht und ihre Religion ließen, obwohl sie die Muslime mit besonderen Steuern belegten und ihnen damit einen geringen Status zuwiesen, der viele dazu veranlaßte auszuwandern. Namentlich aus den Städten Siziliens wurden sie verdrängt, wo sich rasch wachsende Kolonien oberitalienischer Zuwanderer bildeten und die Verbreitung des Italienischen als Volkssprache beschleunigten und verstärkten. Die Moscheen verschwanden aus dem Stadtbilde.

Was die Normannen selber als Städtebauer leisten konnten, zeigt das Kastell Aversa, das Rainulf Drengot (gest. 1045) und seine Nachfolger zu einem planmäßig angelegten, ummauerten städtischen Herrschafts- und Siedlungszentrum ausbauten und zunächst mit zugewanderten Landsleuten, bald aber auch mit Menschen aus dem Umland besetzten. Nach 1050 bereits verlegte der zuständige Bischof aus der alten, 5 km entfernten Stadt Atella seinen Sitz in die neue Ansiedlung, in der der Graf mit dem Bau des Domes S. Paolo und der Doppelanlage der Stifter S. Lorenzo und S. Biagio als fürstlicher Grablege begann. Seit 1054 entstand eine steinerne Ringmauer, innerhalb deren es rasch eng wurde, denn bereits zu 1101 hören wir von mehrstöckigen Wohnhäusern und offenen Vorstädten vor den Mauern. Das normannisch-französische Aversa ist ein früher Vorläufer der planvollen Gründung großer, im Vergleich zu den damals weit verbreiteten ländlichen Burgstädten auffälliger „richtiger" Städte, die im wesentlichen erst die Entwicklung des Städtewesens im 12. und 13. Jahrhundert kennzeichnet.

Hat man schon, wenn man von Oberitalien her auf das griechische Städtewesen im Süden der Apenninhalbinsel blickt, den Eindruck des Abstiegs in eine dünn besiedelte Agrarlandschaft mit geringen Antrieben, um eine städtische Wirtschaftsweise auszubilden, so verstärkt sich dieser Eindruck, wenn man die Adria und das Ionische Meer überschreitet und die Balkanhalbinsel ins Auge faßt. Gewiß erlebte die Kaisermacht in Konstantinopel eine erstaunliche Renaissance, weil es überall von den stets griechisch gebliebenen Küstenstädten aus gelang, mit Hilfe der Wehr- und Verwaltungsorganisation der Themen das Bauerntum zu stabilisieren und das Wachstum des Großgrundbesitzes aufzuhalten; viele Themen besaßen eigene Flotten, und mit deren Hilfe war es nicht nur möglich, in der ersten Hälfte des 10. Jahrhundert die Seeherrschaft auf der Ägäis gegen die Araber zu sichern, sondern auch, ihnen im Jahre 961 die Insel Kreta wieder zu entreißen. Aber die Folge dieser Machtentfaltung war der Versuch, das bulgarische Reich zu zerstören und das küstenferne, schwer zugängliche Innere der Balkanhalbinsel zurückzugewinnen, und dies löste schwere, von 893 bis 927 und von 976 bis 1018 dauernde Kriege aus, die erst seit 1001 für Kaiser Basileios II. erfolgreich verliefen. Die Reichsgrenze rückte nun wieder bis zur Donau und Save vor, und jenseits von ihr unterwarfen sich die südslavischen Stammesfürstentümer zwischen Morava, Adria und Alpenrand einer lockeren griechischen Oberherrschaft, aber der Preis für diese Kraftanstrengung war ungeheuer: Das ohnehin dünnbesiedelte Land erlebte schon im 11. Jahrhundert einen erneuten Bevölkerungsrückgang, die Soldatengüter und das bäuerliche Kleineigentum lösten sich auf, ganze Dörfer, selbst agrarische Kastellstädte mit Bischofssitz, wurden wüst, und zwar insbesondere in

Thrakien und Makedonien, den wichtigsten, weil den beiden einzigen Großstädten mit überregionaler Bedeutung vorgelagerten Landschaften: Konstantinopel und Thessaloniki waren kaum sicherer als zuvor. Die Folge war eine Schwächung der Zentralgewalt, von der der grundbesitzende und vielfach stadtsässige Adel mit lediglich lokalen Interessen profitierte. Ohne diese Krise des Kaisertums wäre es unverständlich, daß tausend oder zweitausend normannische Ritter in dieser Zeit die Byzantiner aus Unteritalien vertreiben konnten und daß sich das Thema Dalmatien, dessen Stratege seinen Sitz in Zadar hatte, in eine Reihe selbständiger Stadtstaaten auflöste, die sich an Venedig, Kroatien und Ungarn anlehnen mußten, die Seeherrschaft aber den Venezianern überließen. Mit Venedig hatte schon Kaiser Basileios II. während des Bulgarenkrieges, im Jahre 992, zum Schutze Unteritaliens einen Vertrag geschlossen, der den Venezianern Handelsvorteile im Reiche zusicherte, damit sie bei Bedarf kaiserliche Truppen nach Italien transportierten. Im Jahre 1000 unternahm ihre Flotte unter dem Dogen Peter II. Orseolo den ersten Versuch, die unter kroatischen Druck geratenen dalmatinischen Städte an sich zu binden. Kurz nachdem die Normannen 1071 mit Bari die letzte byzantinische Bastion in Apulien erobert hatten, erlitt der Kaiser fern im Orient eine schwere Niederlage gegen die Seldschuken, in deren Gefolge ihm das ganze innere Kleinasien verlorenging. Die wirtschaftlichen Schwierigkeiten der Zentralgewalt stiegen nun ins Unermeßliche; man mußte den Getreidehandel verstaatlichen und die fünf Jahrhunderte lang behauptete Stabilität der Währung aufgeben. Im Jahre 1074 intervenierten die Venezianer erneut in Dalmatien; die Städte Split, Trogir, Zadar und Biograd mußten versprechen, nie mehr Normannen oder andere auswärtige Mächte um Hilfe anzurufen. Als 1081 die Normannen von Italien aus Dyrrhachium einnahmen, um weiterhin ganz Griechenland zu erobern, gelang es Kaiser Alexios I. nur mit Hilfe der Venezianer, sie aufzuhalten; zur Belohnung mußte er den Helfern das Recht zu zoll- und steuerfreiem Handel im ganzen Reiche, einschließlich der Hauptstadt, dazu das Recht, in Konstantinopel einen eigenen Hafen im Goldenen Horn und Läden für den Detailverkauf zu unterhalten, einräumen. Ähnlich weitgehende Handelsprivilegien erlangten 1111 die Pisaner. Auch konnte der Kaiser nicht mehr verhindern, daß sich nach 1070 der König von Kroatien, seit 1105 der König von Ungarn und seit 1115 der Doge von Venedig die Stadtherrschaft in Krk, Osor, Rab, Zadar und anderen Städten des nördlichen Dalmatien aneignete.

Es versteht sich, daß alle diese Umstände der Entstehung einer handel- und gewerbetreibenden Bevölkerung abträglich waren und daß daher das griechische Städtewesen kein Bürgertum im europäischen Sinne hervorbrachte. Den Schiffbau und die Reederei in der Hauptstadt und in den großen Flottenstützpunkten Lampsakos, Thessaloniki, Korinth, Kephallenia,

Dyrrhachion und auf den ägäischen Inseln beherrschten die Arsenale des Kaisers und seiner Themenkommandeure. Die Gewerbe der Hauptstadt und der größeren Städte waren wie früher in anstaltsartigen Verbänden organisiert und der Kontrolle des Eparchen in Konstantinopel unterworfen. Die meisten Städte freilich kamen ohne sie aus, da sie dem Typus der Kastell- oder Burgstadt mit agrarischem Wirtschaftsleben und zentralen Funktionen lediglich auf dem Gebiete der weltlichen und kirchlichen Verwaltung angehörten. Der Handelsvertrag mit Venedig von 1082 nennt als Märkte, die den Fremden zugänglich wurden, Demetrias (Volos) und Euripus (Negroponte) sowie Theben und Athen; weitere Plätze waren offenbar zunächst nicht interessant, und unter den spärlichen schriftlichen Nachrichten der Zeit findet sich immerhin die, daß die Bewohner von Larissa wie Landleute vom Ackerbau lebten. Zu den Gewerbestädten sind namentlich noch Korinth und Patras auf der Peloponnes zu rechnen; vor allem hier mögen die Schiffer, Purpurfischer oder -färber und Papiermacher ansässig gewesen sein, von denen wir um 950 erfahren, daß sie vom Heeresdienst befreit waren. Ausgrabungen in Korinth haben ergeben, daß die Stadt im 11. und 12. Jahrhundert gedieh, denn es wurden nicht nur ältere Bauwerke instand gesetzt und neuen Zwecken nutzbar gemacht, sondern man begann auch, den freien Platz über dem antiken Markt (der Agora) zu bebauen, eine Maßnahme, die die Stadt endgültig ihrer einstigen Monumentalität entkleidete. Um den arg verkleinerten Markt drängen sich nun Ladengeschäfte, ein Gasthaus und eine Schankhalle, ein Regierungsgebäude, Kirche und Kloster. An den von hier ausstrahlenden Straßen setzte sich die gewerbliche und Wohnbebauung fort, wobei man vielleicht reine Ladengeschäfte, reine Werkstätten und die sowohl der Produktion wie dem Verkauf dienenden Arbeitsstätten der Schuhmacher und Juweliere unterscheiden kann. Es gab ein Töpferviertel, Weinpressen, Badestuben und Unterkünfte für reisende Händler. Nur sehr wenig ist über die Wohnverhältnisse zu sagen, da im Zentrum der Stadt wohl nur wenige Menschen wohnten. Die hinter den Werkstätten gelegenen Räume entbehrten des Herdes und des Abtritts, da man offenbar im Freien auf offenen Feuerstellen kochte und öffentliche Latrinen benutzte. Östlich des Marktes und abseits von ihm erhoben sich die Kirche und die Residenz des Erzbischofs in den bescheidenen, damals in Griechenland im Kirchenbau üblichen Formen.

Aus keiner griechischen Stadt kennen wir einen Kirchenbau, der in seinen Ausmaßen dem noch im 6. Jahrhundert empfundenen Repräsentationsbedürfnis genügt hätte oder mit dem gleichzeitig in Mittel- und Westeuropa wirksamen Bauwillen des romanischen Baustils vergleichbar wäre. Den einzigen Großbau, der den einst von Kaiser Justinians I. Baumeistern entwikkelten Fünfkuppel-Grundriß fortführte, schufen vielmehr die Venezianer am äußersten Rande des Reiches; es ist der Kernbau des Domes S. Marco, den der Doge Domenico Contarini von 1063 bis 1095 errichten ließ, und zwar in typisch griechischer Raumgestaltung so, daß die verhältnismäßig flachen Kuppeln über der Vierung und den vier gleich großen Kreuzarmen wohl den Innenraum, nicht aber den Außenanblick des Bauwerks bestimmten. Erst im 13. Jahrhundert erhöhte man die Außenschalen über den Kuppeln so, daß der uns heute vertraute Umriß entstand. Im Vergleich zu dieser repräsentativen Palastkapelle tragen die erhalten gebliebenen Kirchen der Zeit in Athen, Tegea, Thessaloniki, Kastoria, ja selbst die wegen ihrer prächtigen Mosaikausstattung berühmten Klosterkirchen in Daphni bei Athen und Hosios Lukas in Böotien einen bescheidenen, um nicht zu sagen ärmlichen Charakter.

Nicht viel anders sah es noch im 10. Jahrhundert in den christlichen Ländern am westlichen Mittelmeer, von der Provence bis zur Gascogne und zur Iberischen Halbinsel hin, aus. Denn erst 972 fiel die Bergfeste von La Garde-Freinet, von der aus die Sarazenen die Westalpen und das Rhônetal bis hinauf nach Burgund bedroht und ausgeplündert hatten; erst jetzt konnten hier das Bevölkerungswachstum und der wirtschaftliche Aufschwung einsetzen, die in Oberitalien und im Rheinlande längst begonnen hatten. Die muslimische Seemacht litt unter der Auflösung der arabischen Zentralgewalten, besonders seit die in Nordafrika mächtigen Fatimiden ihren Sitz seit 973 von Kairouan (in Tunesien) an den Nil verlegten, wo sie die Palaststadt Kairo gründeten. Damit hatte die Macht der Sarazenen ihren Höhepunkt überschritten; seit der Wende des 10. Jahrhunderts befanden sie sich gegenüber den Christen erkennbar in der Defensive, und damit trat auch in der Siedlungs- und Städtegeschichte eine Zeitenwende ein, auch wenn der Sieg der Spanier über die Muslime noch nicht gesichert war. Um die Mitte des 11. Jahrhunderts verwüsteten zwar neu eingewanderte arabische Stämme (die Banū Hilāl) Tunesien und gründeten dort eine Reihe von Kleinstaaten, womit die arabische Herrschaft auf Sizilien ihren letzten Rückhalt an den Fatimiden verlor und die Insel seit 1061 an die Normannen verlorenging; zwar erlosch auf der Iberischen Halbinsel 1031 die Omaijadendynastie der Emire von Corduba, so daß die Macht auf ein halbes Dutzend von Kleinkönigen überging, die bald den christlichen Königen von León-Kastilien nicht mehr gewachsen waren: Auf breiter Front überschritten deren Heere nun den Duero bis zum Kastilischen Scheidegebirge, und 1085 überwanden sie selbst dieses Hindernis, und das Land am oberen Tajo mit den Städten Guadalajara und Toledo wurde wieder christlich, – aber die Kleinkönige von Zaragoza bis nach Sevilla hin, die nun den Christen tributpflichtig geworden waren, riefen in ihrer Not seit 1082 die Hilfe der Almoraviden an, einer muslimischen Reformbewegung und Dynastie, die 1070 Marrakesch gegründet und den Westen Nordafrikas politisch geeinigt hatte; deren Streitkräfte setzten nun nach Spanien über, beseitigten 1090 die Kleinkönige und eroberten bis 1095 den

Rest des muslimischen Spanien von Lissabon bis nach Murcia. Nur die Staaten von Valencia und Zaragoza blieben bestehen, freilich unter christlicher Oberherrschaft, die Rodrigo Díaz de Vivar, genannt El Cid, als Lehnsmann König Alfons' VI. von Kastilien bis zu seinem Tode im Jahre 1101 ausübte; dann fielen auch Valencia (1102), Zaragoza mit dem Ebrotal (1110) und die Balearen (1115/16) in die Gewalt der Almoraviden. Der erste Versuch Kastiliens, sich nach Osten bis zum Mittelmeer auszudehnen, war damit gescheitert. Der Zugang der Spanier zum Mittelmeer blieb weiterhin auf den Hafen von Barcelona, Kastilien auf die Möglichkeiten einer Binnenlandsherrschaft beschränkt. Erst am Ende der hier betrachteten Periode begann sich das Blatt erneut zu wenden, als König Alfons I. von Aragon den Muslimen endgültig Zaragoza und das Land am mittleren Ebro entriß.

Die kriegerische Geschichte dieser Zeiten und die fortdauernde muslimische Abriegelung vom Mittelmeer erklären es, daß das spanische Städtewesen des 10. Jahrhunderts auf den wenig siedlungsfreundlichen gebirgigen Norden und die noch nicht vollkommen befriedete Meseta beschränkt blieb und in vielen Hinsichten dem byzantinischen glich. Es wurde beherrscht von dem Typus der Stadtburgen und Burg- oder Kastellstädte, dessen Entstehung im 9. Jahrhundert wir bereits geschildert haben. Nur die Königs- und Bischofsstadt León entwickelte im 10. Jahrhundert bereits kaufmännische und gewerbliche Aktivitäten, nur hierher brachten Kaufleute aus dem muslimischen Süden Waren aus Andalusien und dem Orient. Daher gab es nicht nur innerhalb der Römermauern Häuser mit ständigen oder zeitweiligen Ladengeschäften, sondern auch vor den Mauern, außer mehreren Kirchen, einen Wochenmarkt: Offenbar fehlte für die große Zahl der Marktgäste auf der nur 19 ha großen Fläche der Innenstadt der nötige Raum. Alle anderen Städte waren Burgen mit agrarischem Wirtschaftsleben, ihre Bewohner Kleriker, Krieger und Bauern. Nur wo auch ein Bischof in ihnen saß, sprach man eigentlich von Städten (civitates); die sonst in nichts von ihnen verschiedenen Burgstädte hießen Kastelle (castella, castra) oder Nebenstädte (oppida). Ihre Mauern schützten einige Kirchen mit Nebengebäuden, die Wohnhäuser, die jedes einen eigenen Namen trugen, auch wohl den einen oder anderen wehrhaften Geschlechterturm; außerhalb lagen häufig ein Bauerndorf oder ein Kloster, denen die Burgstadt als Zuflucht diente. Die Grenze zur bloßen Schutzburg war fließend; auf der Höhe über Dörfern und Klöstern gelegene Burgen waren sehr zahlreich, und keineswegs jeder von ihnen eigneten zentrale Funktionen, die es rechtfertigten, sie als Neben- oder Burgstadt anzusehen.

Um den Wandel zu verstehen, der in Spanien im 11. Jahrhundert zu beobachten ist, müssen wir zunächst das Kernland des nordalpinen Verkehrsraumes und Städtewesens ins Auge fassen, zu dem sich in der karolingischen Zeit die Gebiete zwischen mittlerer Loire und Seinemündung im Westen und dem Rhein im Osten entwickelt hatten. Die Landschaften an der Loire, an der Seine mit ihren Nebenflüssen und im Norden am Kanal und an der Schelde gehörten zum Königreich Frankreich, der Osten dagegen, die Flußgebiete von Maas, Mosel und Rhein, zusammengefaßt im Herzogtum Lothringen, waren seit dem Bonner Vertrag von 921 Teil des deutschen Reiches. In Frankreich, wo das Versagen der Karolinger in der Abwehr der Normannen die Macht auf territoriale Grafen- und Fürstenhäuser hatte übergehen lassen, konkurrierten von 888 bis 987 karolingische und kapetingische Kandidaten um die Königskrone; unter Ausnutzung dieser Rivalität gelang es den deutschen Herrschern, Lothringen an sich zu ziehen, ohne daß daraus große Kriege entstanden wären. Die im 10. Jahrhundert errungene Befriedung des Abendlandes kam daher diesen Landschaften voll zugute. Geschichtlich betrachtet, gehörten sie zu dem einst römisch gewesenen Teil Europas, wo die Bischofsstädte ein weitmaschiges Netz alter Mittelpunktstädte bildeten, wo aber schon in karolingischer Zeit Kastellstädte, Königspfalzen, Grafen- und Klosterburgen begonnen hatten, die Zwischenräume zu füllen. Genau so wie die Bischofsstädte lockten nun diese Nebenstädte Händler und Handwerker an, riefen sie erste Siedlungen von Marktleuten ins Leben, Siedlungen, für die sich im romanischen Sprachgebiet vom Becken der Loire aus die Bezeichnung Burgus ausgebreitet hatte. Das Wachstum der Bevölkerung, die Rodung neuer Ackerflächen, gewiß auch eine für uns nicht mehr meßbare Zunahme der Produktivität der bäuerlichen Arbeit leisteten der Entwicklung der Burgi und Marktsiedlungen den stärksten Vorschub, denn sie setzten Ertragsüberschüsse und Menschen frei, die auf die Märkte drängten und den Marktverkehr belebten. Ausbau, und im rechtsrheinischen Deutschland, einem Teil des einst städtelosen Europa, die Neugründung von Marktsiedlungen prägen in West- und Mitteleuropa der Stadtgeschichte in der Periode der sächsisch-salischen Kaiserzeit den Stempel auf. Über ihre Einwohnerzahl ist nichts bekannt; man mag die der Burgi und Marktsiedlungen auf einige hundert, die der Bischofsstädte auf zwei-, drei-, viertausend schätzen.

Was die Entwicklung der Bischofsstädte anlangt, so findet sich weiterhin sehr häufig, daß innerhalb der und vor den Römermauern mehrere Kernsiedlungen grundherrlichen und städtischen Ursprungs nebeneinander bestanden, auch je für sich als Herrenhöfe eingezäunt oder befestigt waren, ohne noch eine bauliche Einheit zu bilden. Die herbeiströmenden neuen Siedler mußten vielmehr diesen Zustand erst allmählich verwirklichen, indem sie vor allem die Zwischenräume zwischen den alten Hofsiedlungen mit neuen Straßen und Häusern bebauten. So lagen in Tours am Südufer der Loire, durch ein weites Feld voneinander getrennt, im Osten die alte Römerstadt mitsamt Kathedrale, deren Mauern König Karl der Kahle von 875 bis 878 hatte erneuern lassen, und im Westen die Basilika des heiligen

Martin als Mittelpunkt eines jungen Burgus, der bereits in den Jahren 904 bis 915 eine Befestigung erhalten hatte und seither als Neues Kastell (castrum novum, Châteauneuf) bezeichnet wurde. Auf dem Felde zwischen beiden Städten erneuerte Bischof Theotolon 933 die Abtei Saint-Julien. Die von den Kirchen bewußt geförderten Pilgerfahrten zu den Reliquien der Heiligen Martin und Julien trugen viel dazu bei, daß sich für die Versorgung der Pilger tätige Händler und Handwerker ansiedelten, mit der Folge, daß die beiden Städte allmählich bei Saint-Julien baulich zusammenwuchsen. Auch rückte die Bebauung nach Norden an die Loire vor, seit man gegen 1034 eine Brücke über den Strom geschlagen hatte, die den Fernverkehr hier bündelte. Zusammen mit der etwa gleichzeitig zu Amboise gebauten Brücke war es die erste, die die mittlere Loire überquerte; ihr folgten noch im 11. Jahrhundert weitere in Orléans, Gien, Sully, Beaugency und Blois. Die verkehrsfördernde Wirkung solcher Brücken spielte seit dem 11. Jahrhundert an allen großen Strömen Europas eine stadtgeschichtlich wichtige Rolle.

In Poitiers, wo die Mauern und Türme der Römerstadt weiterhin zur Verteidigung benutzt wurden, bestand 988/996 ein Straßenmarkt unmittelbar vor dem südwestlichen Stadttor; obwohl die Römerstadt im Inneren nur locker bebaut war – denn dort war Raum für den Neubau mehrerer Kirchen, und wo wir von Hausverkäufen hören, gehörte zum Hause stets ein Gemüse- oder Weingarten –, war für den wachsenden Verkehr auf dem Wochenmarkt der günstigste Platz vor dem Tore, wo er für das Landvolk leicht erreichbar war. Vor den Mauern bestanden Ansiedlungen ferner bei dem Stift Saint-Hilaire, das vor 942 eine Mauer erhielt und damit Kastell wurde, und jenseits des Flusses Clain bei dem im 9. Jahrhundert zerstörten, aber 932/936 wiederaufgebauten Kloster Saint-Cyprien; diese offene Siedlung wird zu 990/1004 als Burgus bezeichnet: Es ist das erste Mal, daß die Quellen der Stadt diesen Begriff verwandten. Beide Vorstädte – auch das Kastell wird in der Mitte des 11. Jahrhunderts Burgus genannt – mögen ein vorwiegend landwirtschaftliches Gepräge getragen haben, aber 1078 erfahren wir von dem Kloster Saint-Cyprien, ihm gehöre die hier befindliche Pfarrkirche Saint-Saturnin mit ihrem Burgus, in dem Gerber wohnten. Im 11. Jahrhundert entstanden weitere solche Vorstädte bei Sainte-Radegonde und bei dem 1076 gegründeten Kloster Montierneuf, ferner ein neuer Wochenmarkt vor dem nordwestlichen Stadttor; der ältere Markt war zu dieser Zeit bereits auf allen Seiten umbaut, und die Händler hatten sich die Gewölbe des nahegelegenen römischen Amphitheaters als Lager hergerichtet, in denen sie ihre Waren stapelten. Die Grand'Rue in der Altstadt tritt als Standort von Waffenschmieden hervor; der Stahl von Poitiers war seit dem 11. Jahrhundert über Frankreichs Grenzen hinaus bekannt. Weitere Gewerbestraßen mögen sich entwickelt haben, sie werden indes erst in späterer Zeit erwähnt. Da von Jahrmärkten und Fernhandelsmessen nie die Rede ist, kann Poitiers als Muster einer alten Mittelpunktstadt betrachtet werden, deren Bedeutung sich auf die regionale Reichweite beschränkte. Die Häuser der Händler und Handwerker müssen wir uns als Bauten aus Holz, Lehm und Stroh vorstellen; noch im 12. Jahrhundert galten in den französischen und deutschen Städten steinerne Häuser als bemerkenswerte Ausnahmen. Nur die Kirchen und Kreuzgänge der geistlichen Grundherren, die Königspfalzen und die Häuser der Bischöfe und Grafen wurden jetzt regelmäßig bereits aus Stein erbaut.

Die topographischen Verhältnisse konnten es erfordern, daß die neuen Märkte weiter als in Poitiers von der alten Römer- und Bischofsstadt abrükken mußten, so in Besançon, wo die Civitas auf der Anhöhe in einer Schlinge des Doubs, der Burgus aber im Tal bei der Brücke lag, die hier über den Fluß führte, oder in Lyon, wo beide Siedlungen von der Saône getrennt wurden. In Verdun lag die Bischofsstadt hoch über der Maas, so daß der Felsabsturz sie von rückwärts her uneinnehmbar machte. Als sich ihrer im Jahre 984 König Lothar von Frankreich bemächtigt hatte, warfen sich die Deutschen in die Kaufmannssiedlung im Tale auf der anderen Seite der Maas, wo zwei Brücken die Verbindung zur Bischofsstadt herstellten. Diese Vorstadt war mit einer Mauer so gut wie eine Burgstadt befestigt und konnte nur mit schwerem Belagerungsgerät gestürmt werden. In Burgund nahm das Wort Burgus oder Burgum im 11. Jahrhundert geradezu die Bedeutung der kaufmännisch-gewerblichen Marktsiedlung und schließlich der Marktstraße an, was keineswegs überall im französischen Sprachraum der Fall war, da viele Burgi ein agrarisches Wirtschaftsleben beibehielten. Der Bedeutungswandel knüpfte offensichtlich an die Bauweise an, nämlich an die geschlossene Bebauung der als Markt dienenden Straße Haus an Haus, die den Marktort zugleich befestigte, so daß allenfalls noch der Straßenausgang am Ende der Bebauung bewehrt werden mußte. Denn das andere Ende des Marktes pflegte an den Mauergürtel der Bischofs- oder Nebenstadt anzustoßen oder führte zu ihm hin, und wie in Poitiers, so war in den Bischofsstädten selbst ganz allgemein für die neuen Märkte und ihren lebhaften Verkehr kein Raum. Es gab dort allenfalls die dem bescheidenen, saisonalen Leben der kirchlichen Grundherrschaften dienenden alten Märkte, die für freie Kaufleute und Handwerker keine Anziehungskraft besaßen, weil die Herren dort die Bannrechte geltend machten, die den Marktleuten sehr lästig waren und uns daher später noch beschäftigen werden.

Unter den Mittelpunktstädten mit überregionaler Bedeutung ragt Paris hervor, das seit der Wahl Hugo Capets zum König im Jahre 987 wieder (anstelle von Laon) zur Hauptstadt Frankreichs aufrückte. Rund um die Königs- und Bischofsstadt auf der Seineinsel lagen die alten Klöster mit ihren Befestigungen, vor denen offene agrarische, gewerbliche und Marktsiedlungen entstanden waren und weiterhin anwuchsen, weil die Klosterburgen ihnen im Notfall als Zufluchtsstätten zur Verfügung standen. Freies Feld trennte diese Burgi von einander; auch Paris bildete noch keine Gesamtstadt, sondern eine lose Anhäufung von Siedlungskernen. Zwei neue Kerne kamen im 11. Jahrhundert hinzu, denn König Heinrich I. erneuerte 1060 das von den Normannen zerstörte Kloster Saint-Martin-des-Champs, dessen Burgus noch lange sehr klein blieb, und die am Ende des 11. Jahrhunderts beginnende Blüte der Domschule, aus der im 12. Jahrhundert die erste Universität des Abendlandes hervorging, veranlaßte einen ihrer bekanntesten Lehrer, Guillaume de Champeaux, im Jahre 1108, sich zu der kleinen Kapelle Saint-Victor auf dem linken Ufer der Seine zurückzuziehen, wohin ihm etliche Schüler folgten und wo König Ludwig VI. 1116 eine Abtei gründete, die rasch zum Gelehrtenzentrum heranwuchs. Die Versorgung der zahlreichen kaufkräftigen Angehörigen des königlichen Hofes und seiner Besucher aus der Fremde belebte Gewerbe und Handel. Südlich der Stadtinsel entstand eine Kaufmannssiedlung am Kopf der Kleinen Brücke (Petit-Pont), für deren Zwecke die beiden uralten Kirchen Saint-Séverin und Saint-Julien vor 1080 Pfarrechte erhielten. Wichtiger aber war die Siedlung, die im Norden, am rechten Ufer der Seine entlang dem Schiffslandeplatz (der grève, dem Strande) zwischen den Kirchen Saint-Gervais und Saint-Merry entstand. Denn hier findet sich im 11. Jahrhundert der erste Markt von Paris, und hier legten die Kanoniker von Saint-Merry in planmäßiger Parzellierung ihres Stiftsgeländes einen neuen Stadtteil, einen Burgus, an. Etwas weiter flußabwärts, am Kopf der Großen Brücke (Grand-Pont, später Pont-au-Change, Wechslerbrücke) und im Schutze einer königlichen Turmburg (des Châtelet), ließen sich die Handwerker nieder, denen die Altstadt auf der Insel zu eng wurde, namentlich die Fleischer. Schon zu Beginn des 12. Jahrhunderts erhielt diese Gewerbesiedlung mit Saint-Jacques eine eigene Pfarrkirche. Wie die Kaufmannssiedlung im Süden, so blieb diese Vorstadt unbefestigt. Als Burgus wird sie erst im 12. Jahrhundert bezeichnet.

Eine Bischofsstadt von überregionaler Zentralität war auch Köln – oder sie wurde es wieder, seit König Heinrich I. Lothringen wieder ins Reich aufgenommen und Köln damit aus der Randlage befreit hatte, in die es im späten 9. Jahrhundert geraten war. Seit Ottos I. Bruder Brun Erzbischof von Köln (953–965) und Herzog von Lothringen war, verweilten die ottonischen Herrscher oft in der Stadt, wo es nun wieder neben der bischöflichen und deutlich von ihr getrennt eine Königspfalz gab. Die Zahl der von Brun noch einmal vermehrten Kultstätten machte die Stadt zum „heiligen Köln", und zumindest im 11. Jahrhundert war sie bereits im Bewußtsein der Zeitgenossen die größte Stadt Deutschlands, der nur wegen der kirchlichen Bedeutung noch Mainz an die Seite gestellt werden konnte. Innerhalb des weiten römischen Mauerrings wurde nun auch der westliche, als Allmende genutzte Teil allmählich wieder bebaut; schon früh mögen sich hier vor allem Handwerker niedergelassen, seit dem 11. Jahrhundert mag in der Pfarre St. Peter die Entwicklung zum späteren Weberviertel eingesetzt haben. Noch im 10. Jahrhundert setzte man zwei neue Frauenklöster, St. Maria im Kapitol und St. Cäcilia, und das Stift St. Columba in die Altstadt. Am Ende des 11. Jahrhunderts gab es in und vor der Stadt elf Stiftskirchen und zwei Benediktinerklöster (St. Martin in der Rheinvorstadt und St. Pantaleon vor der südwestlichen Mauerecke), zu denen größere zusammenhängende, mit Ringmauern in sich abgeschlossene und nur durch bestimmte Tore zugängliche Immunitäten gehörten: Höfe bei der Kirche mit Kreuzgang, Wirtschaftsgebäuden und teilweise auch noch Gärten beträchtlichen Umfangs, die der weltlichen Gerichtsbarkeit und der städtischen Besiedlung entzogen waren, ein, wenn auch mit geringeren Zahlen, für das Erscheinungsbild aller rheinischen Bischofsstädte typischer Befund. In der Nordwestecke der Römerstadt erhoben sich der Dom und neben ihm die Pfalzen des Königs und des Erzbischofs; an der Rheinseite, im Garten der Königspfalz, ließ Erzbischof Anno (gest. 1075) die Kirche S. Maria ad Gradus erbauen. Am Domhof auf der Südseite der Kathedrale, gegenüber der Königspfalz, stand das Haus der Schöffen, wo das Hochgericht seinen Sitz hatte; in der Nähe lag der zum Ausfechten der gerichtlichen Zweikämpfe bestimmte Kamphof. An dieses Zentrum herrschaftlicher Funktionen grenzte im Süden das Judenviertel, dessen Bewohner als Gläubiger Erzbischof Annos zum ersten Mal sicher bezeugt sind. Mitten in ihrem Wohnviertel erwarb am Ende des 11. oder im frühen 12. Jahrhundert die Bürgergemeinde der Altstadt ein Haus; als Bürgerhaus zu 1149 erstmals sicher bezeugt, bildete es den Kern des städtischen, gemeindlichen Verwaltungszentrums, das von demjenigen des Stadtherrn und seines Gerichtes deutlich abgesetzt war.

Während in und vor der Altstadt die alten Siedlungskerne allmählich zu einem zusammenhängenden Ganzen erwuchsen, machte sich das Bedürfnis nach einem leistungsfähigeren Marktplatz geltend, als ihn die Altstadt innerhalb der Römermauern besaß; dieser Markt war so klein, daß seine Lage nicht mehr bekannt ist und nur vermutungsweise nahe der Rheinfront im Judenviertel angenommen werden kann. Die Bedeutung des Rheines als Wasserweges verwies die Kölner bei der Suche nach einem geeigneten Platz notwendigerweise auf das Stromufer, wo die Verlandung und Zuschüttung des alten römischen Hafens und die Auffüllung des Ufergeländes über den einstigen Getreidespeichern den erforderlichen Raum verfügbar machte. Aus dem Tor in der Mitte der Römermauer, der Marspforte, führte noch immer die römische Brücke, die einst den Hafen überspannt hatte, zum Rheinufer hinüber, das man erst um die Mitte des 11. Jahrhunderts künstlich aufzuhöhen und zu verbreitern begann; diese Brücke teilte den viele 100 m langen, parallel zum Rheinufer gelegenen Markt in eine nördliche Hälfte, den späteren Alten Markt, und eine südliche, den späteren Heumarkt. Bereits 948 war diese Marktvorstadt von 25 ha Fläche mit Wall und Graben befestigt; es ist die älteste mittelalterliche Stadtbefestigung in Deutschland nach Regensburg (seit 917), von der wir Kunde besitzen. Erzbischof Brun (953–965) gründete an der Rheinseite des Alten Marktes die Abtei Groß-St. Martin mit der Pfarrkirche St. Brigiden; im 11. Jahrhundert verlegte einer seiner Nachfolger sein Münzatelier an die Brücke vor der Marspforte und errichtete südlich von ihr um 1075 als weitere Pfarrkirche Klein-St. Martin, ein Zeichen für rasches Wachstum der Einwohnerzahl, denn die südliche Rheinvorstadt und der Heumarkt entwickelten sich nun zum Schwerpunkt des kaufmännischen Lebens. Der Stadtteil um den Alten Markt blieb dagegen zurück; er trug im 12. Jahrhundert das Gepräge eines Wohnbezirks von Händlern und Kleinhändlern. Es ist bezeichnend, daß das Judenviertel hier bestehen blieb und der Verlagerung des Verkehrs auf den Heumarkt nicht mehr nachfolgte. In lockerer Bebauung griff der Aufschwung der Handels- und Gewerbestadt über das Rheinufer vor der Römermauer nach Süden und Norden hinaus; so entstanden die Vorstädte Oversburg und Niederich. Zusammen mit einer dritten Vorstadt im Westen bei St. Aposteln hat man sie 1106 mit Wall und Graben befestigt, so daß jetzt nur noch im Südwesten und im Nordwesten ein Teil der Römermauer zur Verteidigung benutzt werden mußte. Die geschützte Stadtfläche wuchs damit von 80 ha auf insgesamt 203 ha an.

So wie in Köln, nur in kleinerem Maßstab, verlief die Baugeschichte in allen großen Bischofsstädten. In Trier gründete der Erzbischof im Jahre 958 den neuen Hauptmarkt auf freiem Gelände im Westen der Domburg; sternförmig gingen von hier die neuen Straßen aus, die oft nach den Grundbesitzern benannt wurden, die dort ihre Felder und Gärten parzellierten und mit zum Vermieten bestimmten Häusern bebauten. Der Alte Markt an der weiterhin benutzten römischen Moselbrücke wurde jetzt bedeutungslos, denn die Handelsstadt Trier lag nicht an der Mosel, sondern war von ihr abgeriegelt durch das große Kloster St. Irminen und dessen Gärten, unter denen am Ufer besondere Fischer- und Schiffersiedlungen erwuchsen. Als Wirtschaftswasser für die sich allmählich ansammelnden Weber mußte man den Altbach in die Stadt umleiten. Dicht beim Hauptmarkt lag das Judenviertel. Die Stadt besaß bereits fünf Pfarrbezirke, als Erzbischof Bruno (1102–24) an ihrem Südrand, in der Mitte der alten römischen Stadt, zwischen den Ruinen der Kaiserthermen und der Barbarathermen, die beide zu Wehrburgen hergerichtet waren, eine neue Mauer aufführen ließ, so daß nur noch im Norden und an der Moselseite die Römermauern die Stadt zu beschützen brauchten. Wahrscheinlich brach man jetzt auch die großen Toranlagen der Römerzeit ab, mit Ausnahme der Porta Nigra im Norden; in ihre Räume ließ sich um 1028 ein aus Sizilien zugewanderter griechischer Asket namens Simeon von Erzbischof Poppo feierlich einschließen. Bald darauf begann Poppo, daneben die Gebäude für ein Kanonikerstift zu errichten, deren Reste noch heute, als älteste erhaltene derartige Anlage auf deutschem Boden, zu sehen sind, und nach Simeons Tode (1034) baute er das römische Stadttor zur Stiftskirche um, einer Doppelkirche, denn das Zwischengeschoß diente nun dem Gottesdienst der Laien und das obere dem der Kleriker. Bemerkenswert ist der sogenannte Frankenturm in der Dietrichstraße, der wohl aus dieser Zeit stammt, der feste Wohnturm einer Ministerialenfamilie, der an italienische Geschlechtertürme erinnert, wie es ihrer viele in den Bischofsstädten gegeben haben mag. In Trier saß ein weiteres Rittergeschlecht, das der „Herren von der Brücke", in den Barbarathermen an der Römerbrücke.

Gut unterrichtet sind wir auch über die Verhältnisse in Worms und Speyer. In Worms empfing der König schon im 10. Jahrhundert Abgaben von Kaufleuten und Handwerkern, insbesondere auch den Friesen, die einzuziehen er nebst der Nutzung der beim Dom gelegenen Kaiserpfalz dem Bischof der Stadt überließ; sein Gericht aber verwalteten von einer Burg an der Rheinseite der Stadt aus mächtige Grafen, deren Nachfahren später dem salischen Königshause angehörten. Obwohl sie darauf im Jahre 978 zugunsten des Bischofs verzichteten, war die Stadtherrschaft von 985 bis 1002 zwischen beiden dermaßen umkämpft, daß Teile der Bevölkerung den unsicheren Boden verließen und schließlich Bischof Burchard (1000–1025) sogar den Bischofshof befestigen mußte, um dem Gegner standhalten zu können. Die Urkunde über die Grafenrechte von 978 nennt als Teile der Stadt die alte, befestigte Mittelpunktstadt, eine wohl offene Vorstadt und ein Dorf, womit vermutlich eine Siedlung bei dem Stift St. Cyriacus vor den Mauern gemeint ist, die das Ziel eines lebhaften Pilgerverkehrs war und später Neuhausen hieß. Als der Graf endlich im Jahre 1002 auf seine Rechte und Güter verzichtete, ließ Bischof Burchard seine Burg sofort abbrechen und an der Stelle eine Stiftskirche St. Paulus errichten. Nun begann eine Blütezeit. Der Bischof baute eine Stadtmauer und eröffnete mehrere Großbaustellen für Kirchen, und für die sicher auch deswegen rasch wachsende Bevölkerung schuf er vier Pfarren bei der Domkirche und den neuen Stiftern. Die seit dem 10. Jahrhundert bezeugte Judengemeinde errichtete, wie aus der erhaltenen Stiftungsinschrift hervorgeht, 1034 ihre Synagoge, die älteste in Deutschland, die die Zeiten überdauert hat. In der Bischofsstadt Speyer führten die salischen Könige seit 1030 den mächtigen Dom, das größte im romanischen Stil entworfene Gotteshaus der Zeit, auf, dessen östliche, seit etwa 1083 entstandene Teile noch heute bestehen. Davor entstand im 10. Jahrhundert der langgestreckte Straßenmarkt einer Vorstadt, die 969 bereits ummauert war. Bemerkenswert ist die Gründung einer weiteren Neustadt, die Bischof Rüdiger Hutzmann (1073–1090) für die aus Mainz und Worms vertriebenen Juden anlegte, indem er den erforderlichen Grund und Boden ankaufte oder eintauschte, z. T. auch sich schenken ließ und mit Wallanlagen oder Hecken sicherte; das Ganze überließ er den Juden als Gemeinde gegen einen Zins und mit der Auflage, für die Befestigung, die mit der Stadtmauer nicht zusammenhing, fernerhin selbst aufzukommen. Eine ältere einheimische Judengemeinde bestand in der Bischofsstadt selber; hier wurde 1096, in der Neustadt 1104 je eine Synagoge eingeweiht. Als der Aufbruch der Kreuzfahrer 1096 in vielen rheinischen Städten Verfolgungen der Juden auslöste, fielen auch in Speyer einheimische Bürger und Bauern und Herren vom Lande über die Juden her; daß diese glimpflich davonkamen und nur elf Tote zu beklagen hatten, verdankten sie dem Bischof Johann (1090–1104), der sie mit Waffengewalt aus den Händen der Verfolger befreite und die Übeltäter bestrafen ließ.

Die Beispiele mögen genügen, um zu zeigen, wie viele verschiedenartige Siedlungsteile in und vor den Bischofsstädten bestanden und erst im Laufe der Zeit, wenn in den freien Räumen zwischen ihnen Plätze und Straßen abgesteckt und das Gelände in Hausgrundstücken parzelliert wurde, zu einer einheitlichen, städtisch bebauten Fläche zusammenwuchsen. Ähnliche Entwicklungen kamen nun aber auch vielerorts in Gang, wo man nicht an eine alte Mittelpunkt- und Bischofsstadt anknüpfen, sondern lediglich die Gunst der Verkehrslage und den geringen, freilich wachsenden Bedarf ländlicher Klöster, Stifter oder Herrensitze ausnutzen konnte. Ein für die Entstehung vieler französischer Städte dieser Art typisches Beispiel gewährt die Siedlung zu Vendôme. An der Stelle, wo die Fernstraße von Paris nach Tours, Poitiers und Bordeaux den Loir überquerte, stand im 10. Jahrhundert eine Grafenburg, die in wirtschaftlicher Hinsicht zunächst nichts weiter war als der Mittelpunkt einer adligen Grundherrschaft. Als aber Graf Gottfried Martell von Anjou die Grafschaft an sich zog (seit etwa 1032), gründete er dort ein Kloster La Trinité und gestattete die Anlage eines Burgus, der rasch städtischen Charakter annahm, weil sich Händler und Handwerker niederließen und einen Jahrmarkt samt Münzstätte mit Leben erfüllten. Die Burg zusammen mit ihrer Vorstadt bezeichnete man 1092 als Klein- oder Nebenstadt (oppidum); statt der Vielzahl großstädtischer Siedlungskerne haben wir es hier nur mit zweien, also mit einem klaren topographischen Dualismus zu tun. Ebenso begann Caen, die 1025 zuerst erwähnte spätere Hauptstadt des Herzogtums Normandie, ihre Geschichte als Haupthof und Zentrum einer herzoglichen Domäne in günstiger Lage, nämlich dort, wo wichtige Fernstraßen das Flüßchen Orne kreuzten. Daher entstand am Schiffslandeplatz ein Markt mit einer Ansiedlung, die im 11. Jahrhundert bereits als Burgus (bourg) bezeichnet wird. Die zweikernige Topographie bestand so lange, bis Herzog Wilhelm der Eroberer (1035–87) vor der Siedlung um 1059 zwei große Benediktinerklöster gründete. Auch ließ er das Stadtzentrum ummauern und auf der Anhöhe darüber eine mächtige Herrenburg errichten. Die Eroberung Englands im Jahre 1066 und ein Stadtbrand, der 1105 die benachbarte Bischofsstadt Bayeux zerstörte, begünstigten den Aufstieg der jungen Nebenstadt so sehr, daß die Könige-Herzöge hier einen

Palast erbauten und das Verwaltungszentrum des Herzogtums einrichteten, obwohl Rouen weiterhin Hauptstadt blieb. Unter den Funktionen als zentraler Ort standen die administrativen eindeutig an erster Stelle.

Im Vergleich zu Caen stellt das Städtchen Ardre, im Artois zwischen Boulogne-sur-Mer und Calais gelegen, das andere Extrem der Möglichkeiten dar. Der Ort gehörte einem ritterlichen Kleingrundherrn und Vasallen des Grafen von Guines und bestand wohl zunächst aus nicht mehr als einem Gasthause an der Fernhändlerstraße nach Calais und England, wo mancher Reisende noch einmal übernachtete, bevor er sich auf das letzte Stück Weges nach dem 20 km entfernten Fährhafen zu Calais begab. Im 11. Jahrhundert hatte dieser Verkehr einen solchen Umfang angenommen, daß sich nicht nur Landleute zu gewerblichen Zwecken bei dem Gasthause ansiedelten, sondern schließlich auch der Grundherr seinen Sitz dorthin verlegte. Er brach seine alte Behausung ab und errichtete hier ein Stauwerk mit Fischteich und Mühle und daneben eine Turmburg oder Motte, wie sie damals als ritterliche Wohnsitze allgemein üblich waren. Mit Genehmigung des Grafen machte er, wohl im Jahre 1069, aus dem Dorf eine Freiheit mit zwölf Baronen, einem Wochenmarkt und einem Schöffengericht, wie es die benachbarte Stadt Saint-Omer besaß, und 1078 ließ er für die Pfarrkirche, die er bereits zur Stiftskirche erweitert hatte, ein neues Kirchengebäude auf dem Markte erbauen. Gewiß ließ er das Ganze auch ummauern; wir erfahren davon erst zum Jahre 1117, als der Graf von Guines die Stadt seines zu mächtig gewordenen Vasallen zerstörte und dieser beim Wiederaufbau eine neue Mauer errichtete. Die auch weiterhin hauptsächlich von der Landwirtschaft lebende Kleinstadt inmitten der Nebenstädte Boulogne-sur-Mer, Calais und Saint-Omer – keine von diesen war Bischofs- oder alte Mittelpunktstadt – stellt in der Rangfolge der Städte so etwas wie die niedrigste, dritte Stufe dar, auf der für den Erwerb zentraler Funktionen in Verwaltung und Wirtschaft im Netz der alten Bischofsstädte und der Kastell- oder Nebenstädte nur noch ein sehr geringer Spielraum übrigblieb, ein Umstand, der die Siedlung für immer auf die Lebensformen einer Ackerbürgerstadt in engem lokalem Rahmen beschränkte.

Ein weiteres Beispiel für diesen Typus bietet Cateau-Cambrésis, eine 25 km östlich von Cambrai gelegene Besitzung des Bistums, die im 10. Jahrhundert ebenso wie die ganze Umgebung viel unter Raub und Plünderung zu leiden hatte – so umschreibt der Chronist die auf dem Lande herrschende Rechtsunsicherheit, die wegen mangelnder Wirksamkeit der Grafengerichte jedermann auf den Weg der Selbsthilfe verwies. Um dem abzuhelfen, also um die staatliche Durchdringung des Raumes zu fördern, faßte Bischof Erluin von Cambrai (995–1012) den Plan, an einer Stätte namens Vendelgais eine Burg zu bauen und eine starke Besatzung hineinzulegen, die das Land befrieden sollte. Dafür bedurfte er der Genehmigung des Königs als obersten Gerichts- und Gewaltherrn, die Kaiser Otto III. auch bereitwillig erteilte. Der staatliche Zweck wurde in der Tat erreicht; damit aber das bischöfliche Kastell (Cateau-Cambrésis, heute Le Cateau) sich dauernd erhielte, erwirkte der Bischof vom Kaiser auch noch das Recht, dort die königliche Gebotsgewalt und die gesamte öffentliche Verwaltung zu übernehmen, also an die Stelle des Grafen zu treten, der in seinem Amte versagt hatte, und einen Markt mit Zollhaus und Münzstätte anzulegen. Die Befriedung des Landes und seine fortschreitende Urbarmachung konnten wohl alsbald auch einen Marktort von lokaler Zentralität am Leben erhalten. Der topographische Dualismus und die führende Rolle der administrativen Zentralität bei der Stadtgründung sind unverkennbar.

Je weiter das 11. Jahrhundert fortschritt, um so eher ist mit der planmäßigen Gründung solcher neuen Siedlungen zu rechnen, obwohl die Spuren davon gering sind. In Huy an der Maas, wo der Bischof von Lüttich eine Burg mit der Stiftskirche Notre-Dame besaß, deren aus dem 11. Jahrhundert stammende, in Überresten erhaltene Krypta einen Neubau dieser Zeit voraussetzt, entstand jetzt auch ein Burgus, eine Kaufmanns- und Handwerkersiedlung, vielleicht an der Stelle eines älteren Dorfes oder Fronhofes, denn die Marktkirche St. Martin stammt offenbar aus viel älterer Zeit. Daß der Bischof hier planmäßig auf seinem Grund und Boden Markt und Straßen absteckte und Hausgrundstücke parzellierte, ergibt sich daraus, daß alle diese Grundstücke an der Straße dieselbe Breite von 6 m aufwiesen. Der Verlauf der ältesten Befestigung ist unbekannt, er kann aber aus dem Stadtgrundriß erschlossen werden. Im 10. und noch weit bis ins 11. Jahrhundert hinein kam der topographische Dualismus solcher Kleinstädte zufällig zustande, denn die Fürsten und Herren gründeten ihre Burgen nicht mit der Absicht, gewerbetreibende Siedler anzulocken, sondern um ihre Herrschaft und den Landfrieden zu sichern; die Händler und Handwerker kamen dann aus eigenem Antrieb, wenn sie sahen, daß eine solche Stätte ihnen Arbeits- und Verdienstmöglichkeiten bot. Aber in der zweiten Hälfte des 11. Jahrhunderts hatten die Herren in diesen Dingen so viele Erfahrungen gesammelt, daß sie zugleich auch die Gründung einer Marktsiedlung anstrebten, indem sie interessierten Marktleuten günstige rechtliche und finanzielle Bedingungen für die Niederlassung anboten. Jetzt fing man vereinzelt auch an, diese Siedlungen von vornherein als „neue Städte" zu bezeichnen. Die älteste Neustadt Europas in diesem Sinne ist Geraardsbergen (Grammont) an der Dender, einem Nebenfluß der Schelde, bis wohin Graf Balduin IV. um 1070 die Grenze seiner Grafschaft Flandern vorgeschoben hatte. Die Marktleute freilich schätzten den Standort anders ein als der Landesherr; trotz günstiger rechtlicher Bedingungen lockte er nämlich kaum Ansiedler an, so daß Graf Philipp von Elsaß (1168–91) die Gründung erneuern mußte und auch dann der Ort immer Kleinstadt geblieben ist.

Nicht zufällig begegnet uns ein Graf von Flandern als erster Begründer einer Neustadt, denn nirgendwo hatte man reichere Erfahrungen mit Marktsiedlungen bei Burgen gemacht, nirgendwo lagen die daraus entstandenen Städte dichter bei einander und nirgendwo sind sie als Gewerbe-, vor allem Tuchmacherstädte zu größerer Blüte gediehen als in der Grafschaft Flandern und in den angrenzenden Territorien Artois, Hennegau, Brabant, also in Ländern, die die Normannen im 9. Jahrhundert besonders schwer heimgesucht und die dabei ihr älteres Städtewesen fast völlig eingebüßt hatten; im Gebiet an der Schelde hatten nur Antwerpen, Gent, Tournai, Valenciennes, Cambrai und Arras, an der Maas außer Tiel, das um die Wende des 10. Jahrhunderts in Verfall geriet, nur Maastricht, Lüttich, Namur und Dinant jene Zeiten überlebt, viele von ihnen indes dermaßen geschwächt, daß eine Siedlungsverlegung, sei es um einige 100 m, sei es um mehrere Kilometer, einem Neuanfang gleichkommt. So wurde noch im 11. Jahrhundert Ename von Oudenaarde abgelöst, bevor sich das neue Städtewesen wieder fest im Lande verwurzelt hatte. In Gent z. B., wo der alte Hafenplatz am Zusammenfluß von Schelde und Leie im Schutz der befestigten Abtei St. Bavo gelegen hatte, tritt als neuer Stadtkern im 10. Jahrhundert ein Markt vor der Grafenburg am Übergang der Heerstraße über die Leie, weit oberhalb ihrer Einmündung in die Schelde, hervor. Beispiele für eine weitere Verlegung, meistens von Stätten, die nur auf Landwegen erreichbar waren, an Wasserstraßen, bieten die Ablösung von Thérouanne durch Saint-Omer, vom Lambres durch Douai, von Dorestad durch Tiel und von Tiel durch Utrecht und Deventer. Erst zu Beginn des 11. Jahrhunderts war der Landesausbau so weit fortgeschritten, daß der Landverkehr wieder an Bedeutung gewann; erst jetzt entstanden an den südlichen Nebenflüssen der Schelde die ersten Städte von Brabant, nämlich Löwen und Brüssel. Wir sahen bereits, wie seit dem Ende des 11. Jahrhunderts Klein- und Ackerbürgerstädte wie Geraardsbergen die Lücken im Netz dieser Nebenstädte zu schließen begannen. Erst jetzt fing auch der Aufschwung der Städte an der Küste (und des Seehandels) an, nämlich Aardenburgs, wo sich vor der Grafenburg und den Stiftern St. Bavo und St. Marien nun auch eine Kaufmannssiedlung bildete, vor allem aber Brügges, wohin Graf Robert der Friese (1071–93) den Sitz der Grafschaft verlegte, nachdem sein Vater Graf Balduin V. (1035–67) und er überhaupt erst einen Landweg durch das noch kaum kultivierte Hinterland geschaffen hatten. Zu diesem Zwecke hatten sie in Tourhout, Ypern, Meesen und Lille Burgen erbaut, Kanonikerstifter gegründet und Jahrmärkte angelegt, deren Termine sich mit denen in Brügge und Gent so ablösten, daß ein nahezu beständiger Marktverkehr gesichert war.

In fast allen diesen Städten ist die zweikernige Anlage erkennbar. Das älteste Bauelement war in der Regel die Burg, ein schwerer steinerner Wehrturm, dessen von Holz-Erde-Wall und Graben umgebener Hof die

Wohn- und Wirtschaftsgebäude für die Besatzung und oft auch eine Kapelle oder Stiftskirche aufnahm und den Umwohnern als Zuflucht diente; die hölzerne Befestigung der Bischofsburg in Cambrai hielt 953 sogar den Ungarn stand, denen man nur die offene Vorstadt preisgeben mußte. Die umwallte Fläche maß in Brügge 1,9 ha, in Gent, Löwen, Douai nahe an 5 ha. Vor dem Burgtor entstand dann das zweite Element: der Marktplatz mit anschließender Straße, an der die Wohnhäuser und Werkstätten der Händler und Handwerker standen, beides möglichst nahe am Schiffslandeplatz oder an der Furt oder Brücke, die das Gewässer überquerte. Das Wachstum dieser zum Teil immer noch mit Landwirtschaften verbundenen Siedlungen, ihre allmähliche Urbanisierung, kann man am besten an der Entwicklung der Pfarrbezirke und Pfarrkirchen erkennen. Zuerst mußten die Marktleute noch die oft weit entfernte Pfarrkirche aufsuchen, in deren Sprengel die Burg und der Markt gegründet worden waren; dann konnten sie sich eine eigene hölzerne Pfarrkirche bauen, und wenn die Stadt weiter wuchs, war bald nicht nur ein zweiter, größerer Marktplatz, sondern auch eine zweite, dritte, vierte Pfarrkirche für die Seelsorge an einer wachsenden Zahl von Einwohnern notwendig und erschwinglich. In Gent z. B. entstand die erste Pfarrkirche, heute St. Bavo, um 940, und bis um 1100 waren St. Nicolai und St. Jacobi auf dem rechten und St. Michaelis auf dem linken Ufer der Leie hinzugekommen.

Die Urbanisierung war abgeschlossen, wenn die Marktsiedler ihre Stadt mit einer eigenen Mauer umgaben, die die alte herrschaftliche Burg als Bollwerk einbeziehen konnte, wie in Brüssel und Tournai, oder sie außenvor liegen ließ, wie in Gent, oder sie vollständig ins Stadtinnere zog, wie in Lüttich, Namur, Maastricht. Der Mauerbau zeigte nicht nur äußerlich an, wie die Macht der Marktgemeinde begann, die des Burg- und Stadtherrn zu überflügeln, sie erforderte auch finanzielle und organisatorische Vorkehrungen, die in der Stadtverfassung Epoche machten. Schon im 10. Jahrhundert wurden nicht nur die Kaufleutesiedlungen vor den Bischofs- und Mittelpunktstädten Regensburg (917), Köln (vor 948), Verdun (985), Cambrai und Metz (vor 1000), sondern auch die der jungen Nebenstadt Namur (937) ummauert. Im 11. Jahrhundert folgten die der Bischofsstädte Lüttich (vor 1002), Utrecht, Mainz, Trier, Worms, Speyer, Straßburg und Augsburg; in Cambrai ließ Bischof Gerhard II. (1076–1092) nicht nur die ganz von der Stadt umfaßte Bischofsburg neu befestigen, sondern um 1090 unter tätiger Mitwirkung der Marktleute auch die bisher nur hölzern befestigte Stadt selbst mit einer steinernen Mauer umziehen, die er mit Gräben schützte und mit zahlreichen Türmen verstärkte. Gleichzeitig erhielten von den flandrischen Nebenstädten Saint-Omer (1042 verstärkt), Tournai, Douai, Arras, Valenciennes und Gent ihre erste Befestigung, während Brügge und Ypern erst im 12. Jahrhundert nachfolgten. Die geschützte Fläche betrug in Gent bereits 80 und in Brügge 70 ha. Da der Mauerring fast überall später erweitert wurde und die erste Befestigung selten bereits den kostspieligen Steinbau anwandte, sind davon kaum Überreste erhalten geblieben.

Man sieht, daß sich die neue Siedlungsform, die sich zwischen Loire und Rhein in dieser Zeit besonders reich entfaltete, sei es nun als Vorstadt und zusätzlicher Siedlungskern bei alten Mittelpunkt- und Bischofsstädten, sei es als zweites Element in jüngeren Burg- und Nebenstädten, im ersten Falle stets durch ökonomische Zentralität von regionaler, im zweiten Falle durch administrative und wirtschaftliche Zentralität von meist nur lokaler Bedeutung auszeichnet und daß sie anfangs überall noch einen stark landwirtschaftlichen Charakter trug, den sie keineswegs überall abgestreift hat. Es gab keinen Bruch zwischen ländlicher und städtischer Wirtschafts- und Lebensweise, sondern diese ging aus jener hervor, um sich schließlich in den großen Städten weitgehend von ihr zu lösen, in den späten und kleinen Städten aber immer mit ihr verknüpft zu bleiben. Wie wenig der Unterschied zwischen Dorf und Stadt am Anfang deutlich war, sieht man daran, daß Bezeichnungen, die auf bessere Rechtsstellung der Siedler abstellten, wie der Begriff „geschützte Stätte" (salvitas, sauveté), der sich seit der Mitte des 11. Jahrhunderts in Südwestfrankreich weit verbreitete, oder der Name „Neue Ansiedlung" (villa nova, Villeneuve) sowohl Marktsiedlungen wie Dörfer meinen konnten. Nur sehr langsam setzte sich für Marktsiedlungen mit vorwiegend oder gar ausschließlich städtischem Wirtschaftsleben in Frankreich der Ausdruck Burgus (bourg, faubourg) durch; auch Burgi konnten durchaus ländlichen Charakter tragen, aber je stärker sich die typisch städtische Lebensform der Händler und Handwerker verbreitete, um so eindeutiger verwandte man dieses Wort, um diese Siedlungen sowohl von den Dörfern und Fronhöfen wie von den Wehrburgen der Herren (castra, castella, châteaux) zu unterscheiden.

Eine ähnlich zweideutige Rolle wie villa/ville im Französischen spielte bei den germanischen Völkern das Wort Wiek, das als Grundwort von Ortsnamen namentlich in England und Deutschland häufig begegnet und ebenso gut landwirtschaftliche Siedlungen, namentlich Haupthöfe von Villikationen, wie Kaufmannssiedlungen bezeichnen konnte, wenn sie nur unbefestigt waren. Kaiser Otto I. bestätigte im Jahre 968 dem Bischof von Utrecht den Besitz des alten, jetzt als solcher verfallenen Fernhandelsplatzes Dorestad am Lek: nämlich in dem Dorfe Dorstat, das jetzt Wiek genannt wird. Deutlich gehen da die beiden Bedeutungen ineinander über; Wiek konnte einfach jede Häusergruppe heißen, gleich welcher Funktion. Ein sächsischer Grammatiker der Zeit übersetzte das Wort ins Lateinische als „Nebenstadt (vicus), wo Kaufleute wohnen". Wahrscheinlich wegen seiner Zweideutigkeit hat es sich als Begriff für die neuen Siedlungen mit langsam immer mehr als eigenartig hervortretendem städtischen Leben nicht durchgesetzt, sondern seit der zweiten Hälfte des 11. Jahrhunderts dem Wort Stadt Platz gemacht. Burg hieß jetzt nur noch die ritterliche Wehrburg, die oft auf steiler Bergeshöhe lag und nur einige Dutzend Bewohner zählte, nicht aber mehr die viele Hektar große Marktsiedlung mit ihren Scharen von Händlern, Hausbesitzern und Käufern, obwohl auch sie nun ummauert war. Die Gemeinsamkeit der Befestigung als Merkmal, das einst dem Germanen dasselbe Wort für die riesigen Römerstädte wie für die kleinste Wallburg brauchbar gemacht hatte, trat für den Beobachter zurück hinter den zahlreichen auffälligen Unterschieden, die nun Burg und Stadt von einander trennten. Erst später, und vermutlich von Burgund aus eingeführt, hat sich das Wort Burgus im französischen Sinne in Deutschland in der Ortsnamengebung, und nur in ihr, als gleichberechtigt durchgesetzt; das erste Zeugnis dafür ist der Name der 1120 gegründeten Stadt Freiburg.

Noch während sich die neue Siedlungsform und ihr Wirtschafts- und Gesellschaftsleben in den Landschaften zwischen Loire und Rhein entfaltete und schon bevor sich ein eindeutiger Unterschied zwischen ihr und der älteren Siedlungsweise herausgebildet hatte, begann sie nach allen Seiten hin auszustrahlen: nach Osten bis zur Elbe und Saale hin, über den Kanal nach England, über Burgund und die Loire hinaus nach Südfrankreich und Spanien. Dagegen zeigen sich so gut wie keine Spuren von ihr auf der Apenninhalbinsel, in deren Norden und Mitte das Netz alter Mittelpunkt- und Nebenstädte bereits so dicht geknüpft war, daß ihr Ausbau alle Kräfte des sich erneuernden gewerblichen Lebens in Anspruch nahm und kein Bedarf an Neugründungen aufkam, obwohl die Bezeichnung Burgus (borgo) für offene Ansiedlungen vor Städten oder bei Kirchen und Burgen vereinzelt vorkommt. Die italienischen Kastellstädte aber, so sehr auch ihr Grundriß mit dem Nebeneinander von Herrenburg und Ansiedlung der kleinen Leute an den topographischen Dualismus erinnert, sind mit den neuen Vor- und Nebenstädten Nordwesteuropas weder historisch noch sozialgeschichtlich vergleichbar, denn die Herren gründeten sie nicht aus ökonomischen, sondern aus militärischen Erwägungen, um nämlich die Pächter und Nutzer ihrer Landgüter vor Sarazenen, Griechen, Deutschen und Normannen zu beschützen, und die Ansiedler waren in erster Linie Landwirte, Wein- und Ölbauern, und nur sekundär in deren Versorgung tätige Handwerker und Händler.

Bereits in Südfrankreich, dem Land der okzitanischen Sprache, das unter der Herrschaft von Kronvasallen auch politisch vom Norden ganz unabhängig war, verbreitete sich die neue Siedlungsform nur zögernd, weil das Land außerhalb der Reichweite des nordeuropäischen und am äußersten Rande des auf die Levante hin orientierten mittelmeerischen Verkehrssystems lag und nach der vergleichsweise späten Befriedung seine wirtschaftliche Erholung allein von der Landwirtschaft erwarten konnte. Denn im Südosten, in der Provence und im Flußgebiet der Rhône, stellten nur der Landbau mit Getreide, Wein, Wolle, dazu die Salinen an der Küste mit ihrer Salzernte, in Aquitanien aber nahezu ausschließlich der Weinbau exportfähige Produkte her, und die Überschußerzeugung der Landwirtschaft setzte erst im 11. Jahrhundert allmählich und damit so spät ein, daß das Städtewesen erst hundert Jahre später spürbar davon profitierte. Gewiß entstanden in Arles bereits im Norden und Süden vor den Römermauern zwei Vorstädte mit kaufmännischem Leben, während sich auf der anderen Seite der Rhône bei der Burg der Herren von Beaux eine Ansiedlung von Bauern und Handwerkern bildete; gewiß vergrößerte sich in Marseille, wo im 10. Jahrhundert nur die Umgebung der Kathedrale bewohnt gewesen war, das Stadtgebiet um eine Händlersiedlung unten am Alten Hafen, aber überregionale Bedeutung gewannen diese Städte doch erst seit den Umwälzungen, die der erste Kreuzzug einleitete. Von Carcassonne, der auf einem Hügel 150 m hoch über dem Tal der Aude an der Fernstraße zum Atlantik gelegenen Bischofsstadt, sagt eine Urkunde des Stadtherrn, Graf Raimund Berengar von Barcelona, von 1067, sie sei rundherum von Vorstädten (burgi) umgeben. So gut wie nichts wissen wir über so große und alte Städte wie Toulouse und Bordeaux in dieser Zeit; es ist in ihnen mit einem lediglich lokalen Marktverkehr zu rechnen, wie er Mittelpunktstädten von Agrarlandschaften eigentümlich ist, und die Rekultivierung des flachen Landes nahm noch alle Hände der langsam wachsenden Bevölkerung in Anspruch.

Die geschützten Orte (salvitates), deren Gründung seit 1027 im Gebiet zwischen Garonne und Pyrenäen einsetzte und deren Bezeichnung hier den Begriff Burgus nicht Fuß fassen ließ, wuchsen nur selten zum Format neuer Neben- und Kleinstädte heran; daß man diese nördlich der Garonne als Burgi bezeichnete, erfahren wir zum ersten Mal zu 1048/50 von Saint-Jean an der Charente. Viele als Vorstädte oder Vorburgen begonnene Burgi kamen über den Umfang einer einzigen Straße nicht hinaus; oft entstanden sie nur deswegen, weil ein Grundherr den Sallandbetrieb aufgab und nun den zentralen Fronhof, soweit er nicht noch als Rentenhebestelle diente, aufsiedelte, um über den Markt seine Naturalien zu verwerten. Als Beispiel mag das Dorf Autvillars bei Bordeaux dienen, das der Grundherr Auger de Rions und mehrere andere Besitzer 1079 dem aus Corbie zugewanderten Heiligen Gerard schenkten, damit er dort im tiefen Walde ein Kloster gründete. Herzog Wilhelm VIII. stattete La Sauve-Majeure (Silva maior) nicht nur mit Immunität aus, sondern verlieh dem Gutsbezirk auch den Status eines kirchlichen Asyls mit Sicherheit (salvamentum) für alle Zuziehenden und erlaubte dem Kloster, darin einen Jahr- und Wochenmarkt einzurichten. Wie rasch sich nun Ansiedler einfanden, geht daraus hervor, daß man schon 1083 mit dem Bau einer Pfarrkirche begann. Als Wilhelm VIII. 1087 die Rechte bestätigte, erläuterte er, die Sicherheit solle allen Pilgern, die zum

Gebet, und allen Kaufleuten, die wegen des Marktes dorthin kämen, auf der An- und Abreise, während ihres Aufenthaltes aber allen Rittern, Bauern, Kaufleuten und jedermann, schließlich auch den Marktleuten (burgenses) gelten, die in diesem Burgus wohnten.

Neben dem Marktverkehr war es das Pilgerwesen, was das Gedeihen dieses wie vieler anderer alter und neuer Städte und Städtchen belebte. In noch höherem Maße als für Südwestfrankreich trifft dies für den abseits aller anderen großen Verkehrswege gelegenen Norden der Iberischen Halbinsel zu, den nur der seit dem 9. Jahrhundert aufblühende Kult der Jakobs-Reliquien von Compostela, der fern im Westen gelegenen Hauptstadt Galiciens, belebte. Auf den von den Pilgern begangenen Wegen, dazu zur See über den Hafen von Barcelona, setzte im 11. Jahrhundert eine lebhafte Einwanderung französischer Ansiedler aller Stände ein, darunter auch von Mönchen aus dem burgundischen Kloster Cluny, das erstmals 965 in Spanien eine Schenkung erhalten und noch im 10. Jahrhundert von S. Miguel de Cuxa aus einen klösterlichen Reformverband in Katalonien aufgebaut hatte. Mit diesen Einwanderern kam auch das Wort Burgus nach Spanien. Es begegnet uns zuerst in den katalonischen Städten Besalù 977 und Barcelona 989 als Bezeichnung für gewerbliche Ansiedlungen an den Ausfallstraßen vor den Toren, auf der Wanderung nach Westen dann 1063 in Jaca und später in León und Nordportugal. Während es sich in Kastilien und León nur vereinzelt findet, tritt es mit dem Ende des 11. Jahrhunderts häufig in Galicien auf: überall dort, wo sich französische Pilger und cluniazensische Mönche, französische Fernhändler, aber auch Handwerker und Händler aus Frankreich, Flandern, England, Deutschland aufhielten und niederließen. Nur wo sich diese Fremden oder Franken ansiedelten, verbreitete sich auch das Wort Burgensis, um die seßhaft gewordenen Marktleute zu bezeichnen. Die Spanier sagten barrio, wenn sie eine geschlossene Gruppe von Häusern meinten, und unterschieden dabei nicht zwischen Gruppen mit bäuerlichen und solchen mit gewerblichen Bewohnern; das Wort paßte daher auch auf einen Stadtteil, der eine Kirche als Mittelpunkt besaß, und auf die Vorstadt, die sich rings um eine vor den Stadtmauern erbaute Kirche legte, so daß die Bezeichnung später mit Burgus und Vicus abwechseln konnte.

In Barcelona wird bereits vier Jahre nach der letzten muslimischen Zerstörung von 985 eine Ansiedlung vor der Mauer als Burgus bezeichnet, die sich um den, wie auch in Nordwesteuropa bei den Bischofsstädten üblich, hierher verlegten neuen Markt gebildet hatte und die deswegen als Kaufmannssiedlung anzusehen ist. Sie mag eine Holz-Erde-Befestigung besessen haben, war aber gewiß nicht ummauert. Da ein nach Norden führendes Tor der Grafenburg als Marktpforte bezeichnet wurde, ist diese Vorstadt nördlich der Bischofsstadt zu suchen. Eine weitere Vorstadt im Westen wird

1015, eine dritte beim Frauenkloster San Pedro 1044 erwähnt; sie wird auch als Neustadt (villa nova) bezeichnet. Die alte Bischofsstadt war schließlich rundherum über die Mauern hinausgewachsen. Nichts deutet darauf hin, daß Gewerbe oder Fernhandel den Wiederaufstieg der Stadt im 11. Jahrhundert ausgelöst hätten; er war die Folge davon, daß eine auf Gartenbau mit Wein und Farbpflanzen spezialisierte Landwirtschaft sich in dem befriedeten Umlande hatte entfalten können. Im Jahre 997 besaß Besalù eine ebensolche Vorstadt, und bald nach Beginn des 11. Jahrhunderts gab es dergleichen auch vor den Toren von Gerona, Manresa, Cardona und anderen Städten. Cardona hatte seit 986 das Recht, Räuber, Fälscher und Kriminelle aufzunehmen, aber sie allein können die Vorstadt schwerlich bevölkert haben.

In Aragon und Navarra tritt die Entwicklung 1063 ins Licht der Quellen; zu diesem Jahre wird bei der königlichen Burg Jaca, die einen ländlichen Fronhof beschützte, bei dem König Ramiro I. ein Bistum eingerichtet hatte, auch eine Vorstadt erwähnt: Bei der Kathedrale hatten sich außer Klerikern und Bauern auch Händler, vor allem wohl jüdische Kaufleute, angesiedelt. König Sancho Ramírez verlieh ihnen 1063 das gleiche Recht wie allen Zuziehenden, weil er, wie die Urkunde sagt, die Burg oder das Dorf zur Mittelpunktstadt (civitas) erheben wollte. Bei dem neuen Markt, den man in dem Raum zwischen Burg und Kathedrale sucht, ließen sich vor allem fränkische Kaufleute nieder. Gegen 1100 bauten die Marktleute die erste Stadtmauer, vor der alsbald neue Vorstädte entstanden. Die Geschichte von Jaca entspricht genau derjenigen der Nebenstädte in Nordwesteuropa, wie sie besonders in Flandern so zahlreich waren. Von der Bischofsstadt Pamplona erfahren wir zuerst zu 1087, daß dort Markt gehalten wurde.

Der Pilgerweg führte von hier aus nach Logroño, einem königlichen Fronhof und Dorf am Ebro, wo bereits Markt gehalten wurde, bevor König Alfons VI. von Kastilien (1072–1109) dort eine Brücke über den Ebro erbaute und 1095 den Ansiedlern die persönliche Freiheit verhieß. Fränkische Marktleute bauten daraufhin den Ort zur Stadt mit zwei Hauptstraßen aus. Seit das Land vor den Sarazenen sicher war, führte der Pilgerweg weit südlich der kantabrischen Cordillere weiter über Nájera, wo vor dem hochgelegenen Kastell bei einem älteren Kloster eine Marktsiedlung entstanden war, die 1076 ihre königliche Freiheit erhielt, nach Burgos, einer Gruppe von Wehrtürmen, die die Kreuzung mit der nach Norden in die Hafenstädte Santander und Bilbao führenden Fernstraße sicherte. Die in dieser günstigen Lage schon früh angewachsene gewerbliche Siedlung, die bereits 912 Mittelpunktstadt (civitas) genannt worden war, besaß wohl damals schon eine Vorstadt vor den Mauern; 961 wird eine zweite, 972 eine dritte genannt, weitere, darunter eine speziell der fränkischen Kaufleute, bildeten sich im 11. Jahrhundert. Weiter westlich, an der Straße nach León, riefen im letzten Drittel des 11. Jahrhunderts die Äbte der neugegründeten Cluniazenserklöster Silos, Sahagún und Carrion Marktsiedlungen ins Leben, die sich mit fränkischen Siedlern füllten und die man als Burgi bezeichnete; die vor Sahagún wurde wohl schon vor 1100 ummauert, lockte aber weiterhin Zuzüglinge an, die im 12. Jahrhundert eine Vorstadt anbauten. In León selber, wo es längst einen neuen Markt vor den Mauern gab, begannen im 11. Jahrhundert zuziehende Marktleute, rund um ihn herum Häuser mit Verkaufsläden zu errichten; zu 1092 wird ferner eine Straße der Franken genannt, die auf eine neue Vorstadt in der Nähe jener Marktsiedlung hinweist.

Der französische Ursprung dieser neuen Siedlungsform für gewerbliches Leben ergibt sich daraus, daß sie sich ebenso wie die Bezeichnung Burgus nur im Bereich des Netzes der Pilgerwege findet, den anderen spanischen Landschaften sowohl an der kantabrischen Küste wie im Süden am Duero und jenseits dieses Stromes aber fremd blieb. Besonders hier im Süden, wo die christliche Besiedlung in den letzten Jahren des 11. Jahrhundets einsetzte, nahm das Städtewesen einen ganz anderen Charakter an, dessen agrarische und militärische Züge dem byzantinischen näherstehen als dem französisch-nordspanischen. Wer in diese Länder zog, der suchte Ackerland und eine Hofstätte, er kam nicht als Handwerker oder Kaufmann. In den Burgstädten setzten sich daher Krieger, Bauern und Viehzüchter fest, denn es waren die Bedürfnisse der Weidewirtschaft, die im Sommer die Wiesen der kantabrischen Cordillere und im Winter die Stoppelweiden der Meseta nutzte, und die Interessen der Viehhalter, die die Könige zur Eroberung des Landes veranlaßten. Die im Rhythmus der Jahreszeiten die Weidegründe wechselnde, sogenannte transhumante Wanderweidewirtschaft war das Rückgrat des ökonomischen Lebens auf dem spanischen Hochlande; nur wenige Städte, so das 1085 eingenommene Toledo, zogen auch mozarabische und fränkische Marktleute in ihre Mauern.

Die Geschichte der Britischen Inseln und ihres Städtewesens stand noch bis zum Jahre 1066 im Zeichen des vom 9. Jahrhundert ererbten angloskandinavischen Konfliktes. Es war eine große Leistung der Könige von Wessex, die auf Alfred den Großen folgten, daß es gelang, die angelsächsischen Stämme mit den Briten in Cornwall und den Dänen in Mittelostengland zum Kampf gegen die Norweger zu einigen, die von ihren Stützpunkten in Irland aus immer wieder versuchten, sich Schottland und Nordengland untertan zu machen; erst König Aethelstans Sieg bei Brunanburh 937 bannte die Gefahr eines von Dublin bis York reichenden wikingischen Einheitsstaates, und erst 954 löste sich die norwegische Machtbildung nördlich des Humber völlig auf. So konnte sich Schottland im 11. Jahrhundert zu einem anglokeltischen Staat entwickeln, in dem das englische Element allmählich das Übergewicht erlangte. Nach einer langen Friedenszeit zwischen 954 und 980 setzten neue dänische Angriffe ein, denen gegenüber König und Adel völlig versagten; so war das Volk schließlich bereit, eine dänische Herrschaft anzuerkennen. Dieses Ziel erreichte zunächst vorübergehend König Svein von Dänemark 1013, dann im Jahre 1016 für die Dauer von 26 Jahren König Knut der Große für sich und seine Söhne. Noch einmal im Jahre 1066 mußten die Engländer Erbansprüche seiner Nachfahren abwehren, ehe die Dynastie des Normannen Wilhelms des Eroberers den Wikingern endgültig den Zutritt zur britischen Insel verschloß. Bei aller kriegerischen und nautischen Begabung und trotz eines raffinierten dekorativen und dichterischen Ausdrucksvermögens gehörten die Skandinavier doch in ihren Denk- und Lebensformen einer entlegenen, zurückgebliebenen barbarischen Welt an, die nur wenig positive Beiträge zur Entwicklung des englischen Städtewesens zu liefern vermochte. Die Städte entfalteten sich weiterhin auf den angelsächsischen Grundlagen, die König Alfred der Große (871–899) und seine Nachfolger im frühen 10. Jahrhundert gelegt hatten.

62 Burgstädte nennen die Quellen des 10. Jahrhunderts, von denen 30 südlich der Themse im Königreich Wessex, die übrigen zwischen der Themse, dem Wash und den Flüssen Mersey und Irwell gelegen waren; nur York lag jenseits des Humber weit nach Norden vorgeschoben. Keine dieser Städte erreichte eine Größe von mehr als 5 ha, ausgenommen diejenigen, die sich innerhalb alter Römermauern niederließen und diese als Befestigung benutzten; da viele der kleinen ihre Existenz nur den militärischen Bedürfnissen dieser Zeit verdankten, haben etliche das Jahrhundert und das Ende der Bedrohungen nicht überlebt. Dafür entstanden andere Burgstädte neu, über deren Ursprung wir nichts wissen, weil ihr Dasein erst seit 1086 sicher bezeugt ist. Wenn wir uns daran erinnern, daß wir uns mit dem Übergang auf die britische Insel in das einst städtelose Europa begeben haben, wo die Römerstädte völlig untergegangen waren und die etwa erhaltenen Überreste ihrer Mauern nur noch als natürliche Geländehindernisse wirkten, so verstehen wir, daß der englische Sprachgebrauch im 11. Jahrhundert zwischen angelsächsisch burh (borough) und lateinisch civitas keinen Unterschied machte: Die auf dem Kontinent so augenfällige Verschiedenheit im Erscheinungsbilde zwischen den alten Bischofs- und Mittelpunktstädten mit ihrer Vielzahl von Siedlungskernen auf der einen Seite und den jüngeren Nebenstädten mit dem schlichten Nebeneinander von Wehrburg und Vorstadt auf der anderen war hier nicht gegeben. Mit den kontinentalen Mittelpunktstädten lassen sich in England nach Größe und Zentralität nur London, das im 11. Jahrhundert mindestens 10000, vielleicht sogar 18000 Einwohner hatte, und allenfalls noch Winchester und Exeter im Süden, Chester im Nordwesten und Norwich, Lincoln, York im Nordosten und Norden vergleichen, die um oder bis zu 5000 Einwohner gehabt haben könnten. Allen anderen Burgstädten, deren Einwohnerzahl bis auf einige hundert heruntergehen mochte, kam lediglich lokale Zentralität und damit der Charakter von Neben- und Kleinstädten zu. Denn in vielen

saßen königliche Amtleute, die die Abgaben aus den Grafschaften (shires) einzogen, und hier traten auch deren Gerichtsversammlungen zusammen. Nur wenige Grafschaften besaßen im 11. Jahrhundert mehrere Burgstädte; die Regel war, daß nur eine bestand, die dann auch der Grafschaft ihren Namen gab. Eine auffällig geringe Rolle spielte, wenn es um den Rang der englischen Burgstädte ging, das Vorhandensein oder Fehlen eines Bischofssitzes; es war dies eine Folge der schweren Schäden, die die Normannen den Kirchen verursacht hatten, und der sehr weitgehenden Abhängigkeit der Bischöfe vom englischen Königtum.

Einen tiefen geschichtlichen Einschnitt bewirkte der Krieg, in dessen Verlauf Herzog Wilhelm von der Normandie im Jahre 1066 die englische Krone und in mehrjährigen zerstörerischen Feldzügen auch das Land eroberte. Dabei scheinen die Burgstädte, deren Zahl inzwischen auf 78 angewachsen war und in den zwanzig Jahren nach 1066 weiter bis auf 112 anstieg, stärker gelitten zu haben als das flache Land. Exeter, Chester, Lincoln, York wurden teilweise dem Erdboden gleichgemacht, in allen Städten aber ließ Wilhelm einen Teil der Befestigung und die anliegenden Hausgrundstücke freilegen und einebnen, um Baugrund für die gewaltigen, zunächst meist hölzernen Turmburgen zu gewinnen, mit deren Hilfe er schließlich den englischen Widerstand erstickte. In Barnstaple, Wareham, Dorchester zerstörten seine Leute mehr als die Hälfte aller Häuser, in Cambridge ließen sie in einem einzigen Viertel 28 Häuser abreißen, um dieses Ziel zu erreichen. Im Domesday book, König Wilhelms großer Landesaufnahme von 1086, in der auch alle Städte mit Ausnahme von London und Winchester beschrieben sind, treten diese Verwüstungen deutlich hervor. In Norwich etwa, der nach London und York wohl größten Stadt des Landes, waren 540 Häuser gänzlich zerstört. Die Stadt lag an einer Brücke beiderseits des Flusses Wensum, mit dem Kern auf einem Hügel in der südlichen Hälfte; der Verlauf der alten Holz-Erde-Befestigung ist nicht bekannt, schloß aber gewiß einen Marktplatz ein, der bei einem Schiffslandeplatz vor der Brücke zu suchen ist. In der Nähe lagen wohl auch der Palast des Earl von East-Anglia und die Kirche St. Michael, die am Ende des 11. Jahrhunderts abgebrochen wurde. Als die Normannen die Stadt eroberten, zählte sie mindestens 25 Kirchen und 1340 Häuser. Die neuen Herren bauten sie völlig um, indem sie auf der Anhöhe im Zentrum 98 Häuser niederlegten, um dort ihre Zwingburg aufzurichten. Östlich davon erhielt das aus Thetford hierher verlegte Bistum seinen Bezirk, wo Bischof Herbert von Losinga 1096 den Grund für die riesige, 120 m lange Domkirche legte, und westlich von dem Kastell, wohl außerhalb der Stadtbefestigung, steckte man einen neuen Marktplatz ab. Infolge dieser Maßnahmen fiel die Zahl der steuerfähigen englischen Einwohner und Häuser von ehemals 1320 auf 665 zur Zeit des Domesday book ab; neben ihnen gab es 480 Kätner, die zu arm waren, um etwas zu bezahlen, 50 Häuser anderer Grundherren und 297 baufällige oder leerstehende Häuser. Aber bei dem neuen Markt hatten französische Zuzüglinge eine „französische Vorstadt" gegründet, die bereits 41 fränkische Marktleute (burgenses) und 83 andere Einwohner zählte; es ist das erste Mal, daß uns eine dem kontinentalen Muster entsprechende neue Marktsiedlung in England begegnet. Denn die Herrenschicht des Landes war seit 1066 normannisch und sprach französisch; die Knechte der Ritter, die ebenfalls häufig im Lande Fuß faßten und im Domesday book als fränkisch Geborene aufgeführt werden, blieben wegen ihrer geringen Zahl zwar für die Bevölkerungsgeschichte insgesamt, vielleicht aber doch nicht auch für die Stadtgeschichte bedeutungslos. Das Domesday book erlaubt uns, die Zahl der Stadtbewohner um 1086 auf mindestens 150000 oder ein Zehntel der Bevölkerung Englands zu bestimmen.

In London dürfte das Straßennetz insbesondere im Westteil des von den Römermauern umfaßten Gebietes von 130 ha Größe bereits von König Alfred oder seinem Sohn abgesteckt worden sein. Der Gang der Bebauung von Westen nach Osten und Nordosten zu und die wohl dem 11. Jahrhundert angehörende Entstehung der Teilgemeinden (wards) und Pfarrbezirke, deren Grenzen vielleicht erst im 12. Jahrhundert festgelegt worden sind, läßt sich nicht näher verfolgen; es gab schließlich an die hundert, freilich gewiß nicht sehr ansehnliche Pfarrkirchen in der Stadt, mit winzigen, im Durchschnitt nur 1 bis 2 ha großen Sprengeln. Im Westteil standen die Bischofskirche St. Paul und der königliche Palast, dessen genaue Lage unbekannt ist, da bereits Edward der Bekenner seinen Sitz nach außerhalb verlegte; hier befanden sich auch der Platz der Volksversammlung und das feste Haus der Älterleute, der führenden Männer unter den Großen der Stadt, an das der spätere Ortsname Aldermanbury erinnert. Zwischen den Häusern der kleinen Leute lagen regellos verstreut die besonders eingehegten Stadthäuser städtischer und ländlicher Grundbesitzer, die eigene kleine Burgen bildeten und in den Straßennamen manchmal bis heute weiterleben; so gehen Bassishaw Ward und Basingholl Street auf den Hag der Landgemeinde Basingstoke und Lothbury auf die Burg des Lotha und seiner Leute zurück. Das der Unübersichtlichkeit ihrer Gemengelage entsprechende Gewirr grundherrlicher Rechte wird die Ursache dafür gewesen sein, daß es den königlichen Kommissaren nicht gelang, eine Beschreibung der Stadt für das Domesday book herzustellen; keine kontinentale Mittelpunktstadt mit ihren wenigen großen Immunitäten läßt sich hiermit vergleichen. In der Mitte von London, wo zunächst vielleicht die älteste und dichteste Bebauung endete, legte man den großen Straßenmarkt (the West Cheap) an, der sich bei den kontinentalen Bischofsstädten in der Regel nur noch vor der Mauer unterbringen ließ. Noch jünger dürfte der Markt vor der Themsebrücke im Osten der Stadt (the East Cheap) sein. Um 1100 wuchs die Bebauung bereits über die Mauern hinaus, es gab Vorstädte vor den Toren, die, abgesehen von Straßenschranken am Ende der Häuserreihen, unbefestigt waren. Besonders interessant war das Themseufer vor der Römermauer, wo sich der Hafenverkehr abspielte. Seit dem 10. Jahrhundert verbreiterte man es in das Flußbett der Themse hinein, indem man hölzerne Spundwände baute und den Raum hinter ihnen mit dem in der Stadt anfallenden Schutt und Unrat verfüllte. Am raschesten förderte man den Vorbau beim Dowgate, wo das Bächlein Walbrook in die Themse mündete und wo sich der Umschlag der von Köln und Rouen herangeführten Weine konzentrierte. Am Dowgate befanden sich Töpferwerkstätten, die auf Handel mit dem Rheinland seit der Mitte des 11. Jahrhunderts hinweisen.

Wohl schon König Alfred hatte auch die Themsebrücke wiederhergestellt, ob als Neubau oder als Reparatur der alten römischen Brücke, ist genau so unbekannt wie die genaue Lage des Bauwerks an der Stelle der heutigen London Bridge oder etwas östlich von ihr. Den südlichen Brückenkopf bildete die Burgstadt Southwark. Norweger unter ihrem späteren König und Landesheiligen Olaf sollen 1014 die Brücke zerstört und die Stadt London den Dänen entrissen haben. Da es später sechs dem heiligen Olaf geweihte Kirchen in der Stadt gab, ist mit einer beträchtlichen Anzahl wikingischer Siedler im 11. Jahrhundert zu rechnen. Im Thronstreit zwischen König Edward dem Bekenner und Earl Godwine von Wessex spielte die Brücke eine wichtige Rolle, denn Godwine brachte Southwark, das zu Wessex gehörte, in seine Hand und führte seine Flotte unter der Brücke durch, und damit gewann er die Oberhand. König Wilhelm der Eroberer sicherte die Stadt gegen derartige Manöver und seine Herrschaft über sie, indem er dort, wo die Ringmauer an die Themse stieß, seine Turmburgen errichtete, stromabwärts den „Weißen Turm“ (the White Tower), dessen Baustoff, den weißen Kalkstein der Normandie, er von Caen herbeischaffen ließ, und Baynard's Castle am anderen Ende. Diese stolzen Steinbauten beherrschten das Bild der noch ganz aus Holz erbauten Stadt, die 1077 und 1087 samt ihrer Kathedrale verheerenden Stadtbränden zum Opfer fiel. Für die weitere Geschichte Londons war wichtig, daß König Edward der Bekenner, der die Abtei Westminster mit einer neuen Kirche geschmückt hatte, dorthin auch die Königshalle verlegte und daß König Wilhelm II. dieses Bauwerk 1097 in Stein erneuerte, denn deshalb ist das Königskloster Westminster und nicht unmittelbar die Stadt London zum Sitz der königlichen Zentralbehörden geworden.

Mit Canterbury, Chichester, Colchester, Exeter und Leicester gehört Winchester zu den Burgstädten, die sich in römischen Befestigungen bildeten und 40 bis 50 ha Fläche erreichten; Winchester war mit 55 ha unter ihnen die größte. Auch hier, wo wir es bis dahin nur mit einer Ansammlung ländlicher Herrenhöfe zu tun haben, begann die Geschichte der mittelalterlichen Stadt damit, daß König Alfred die Römermauern wieder instand setzen ließ, wozu wohl nur Reparaturen an der Mauerkrone erforderlich waren, und das innere, zum Bache Itchen hin abfallende Gelände mit einem neuen, gitterförmigen Straßennetz überzog. In der Mitte der Stadt, bei der alten Kathedralkirche, erhob sich der Königspalast, denn Alfred hatte Winchester zu seiner Residenz gemacht, und Hauptstadt blieb es, seit Wilhelm der Eroberer sich hier ebenso wie in London krönen ließ, neben dem neuen Reichszentrum bis ins 12. Jahrhundert. Von der Uferhöhe herabsteigend, besiedelten Zuzüglinge schon im 10. Jahrhundert das gesamte ummauerte Areal. Sie errichteten auf den bis dahin als Äcker und Wiesen genutzten Grundstücken giebelständige Pfostenhäuser (Häuser ohne Fundament und Schwellbalken) mit einem, später, als es in der Stadt eng wurde, auch traufständige Häuser mit zwei Stockwerken. Hinter den Häusern an der Wasserseite der Stadt lagen Gruben, deren Wasserfüllung Gerbern zur Lederbereitung (oder Spinnern als Flachsrotten) gedient haben können; da schon zum Jahre 990 eine Gerberstraße genannt wird, können wir hier den Einzug von Handwerkern in die Stadt und die Entstehung von Gewerbestraßen einmal genau verfolgen. Am Ende des 11. Jahrhunderts hörte die Benutzung der Wassergruben auf, und nun ließen sich hier Tuchscherer und Färber nieder. Außerdem hießen Straßen nach den Fleischern, Schildmachern, Gold- und Grobschmieden und Schuhmachern; offenbar entstanden sie entsprechend der Zunahme und Lokalisierung der Gewerbe. Ein königliches Einkünfteverzeichnis von etwa 1110, das nur ein Viertel der Stadt beschreibt, nennt fünfzehn verschiedene Gewerbe, deren Standort sich freilich nicht ausmachen läßt. In der Südostecke der Stadt erbaute sich auf zuvor landwirtschaftlich genutztem Boden der Bischof seine Residenz. Nach der Eroberung ließ König Wilhelm auf die Südwestecke der Stadtmauer seine Zwingburg setzen, eine aus Holz und Erde bestehende Turmburg mit steinerner Kapelle, die 1072 als im Kastell gelegen erwähnt wird; König Heinrich I. (1100–1135) hat dieses Kirchlein abgebrochen und auf der erhöhten Fläche einen steinernen Bergfried errichtet. Hauptbau der neuen Herrschaft aber wurde die Kathedrale, deren Fundamente Bischof Walkelin 1079 legte und deren Chor er 1093 weihte, ein Bauwerk von wahrhaft königlichen Ausmaßen und mit 160 m Länge eine der größten Kirchen des Abendlandes. Hinzu kam um 1110 ein neuer Palast beim Hause des Bischofs, eine geräumige Halle von 53 mal 26 m Größe, an deren südliches Ende man einen Querbau von 45 mal 11 m ansetzte; der Grundriß erinnert an den des Bischofspalastes in Reims. Schon früh im 11. Jahrhundert war die Fläche der alten Stadt voll besiedelt und ebenso dicht mit kleinen Pfarrkirchen besetzt wie in London. Nun entstanden Vorstädte vor den Toren; Winchester wuchs bis um die Mitte des 12. Jahrhunderts und war schließlich dreimal so groß wie einst die Römerstadt.

Einen vergleichbaren Anblick mögen die zahlreichen kleinen Burgstädte geboten haben, die, obwohl nur mit Graben, Wall und Palisaden befestigt, dennoch einen Versammlungs- und Marktplatz enthielten und vielfach bald mit Münzstätte und Zollhaus versehen wurden. Wie mühsam sich der Verkehr auf bestimmte Plätze konzentrierte, solange niemand dafür besondere bauliche Vorsorge traf, zeigt die Beschreibung des Hafenbetriebs am Flusse Stour, die 1023 entstand, als König Knut die Erträge des Zolls zu Sandwich dem Dom in Canterbury überwies: „Und ich gebe demselben Kloster für den Lebensunterhalt derselben Mönche den Hafen von Sandwich und alle Landungsabgaben und Zölle auf beiden Seiten des Flusses, mag das Land besitzen, wer wolle, von Peppeness bis Marfleet, so daß, wenn volle Flut und das Schiff flott ist, so weit als eine Spitzaxt vom Schiff auf das Land geworfen werden kann, die Priester von Christchurch die Abgaben empfangen sollen." Der später wichtige Hafenplatz Boston kommt im Domesday book noch gar nicht vor. Vielleicht im Zusammenhang mit administrativer Zentralität, die den Burgstädten mit Einführung der Grafschaftsverfassung zuwuchs, entwickelten sie sich zu Mittelpunkten eines zumindest lokalen Handels und Gewerbes, so daß die Männer, die sich auf Befehl des Königs und der Grundherren in ihnen niederließen, um sie zu verteidigen, nicht mehr nur von Landbau und Viehzucht zu leben brauchten. Unter König Aethelstan (925–939) sind 26, unter Edgar (957–975) bereits 60 Münzstätten in solchen Städten nachgewiesen, wovon nach der Menge der gefundenen Prägungen London (25%), York (10%), Lincoln, Winchester, Chester, Norwich, Exeter und Thetford die wichtigsten waren. Genaueres erfahren wir erst aus dem Domesday book, das freilich über gewerbetreibende Bewohner wenig sagt, weil sie entweder nicht voll oder nicht dem König abgabepflichtig waren. Es ist eine Ausnahme, wenn wir hören, daß in Bury St. Edmunds seit 1066 342 Häuser erbaut worden waren, in denen Bäcker, Brauer, Schneider, Waschfrauen, Schuhmacher, Gewandschneider, Köche, Lastträger und Handelsleute aller Art wohnten. Der Übergang zum Großdorf war fließend; so finden wir in den offenen Siedlungen Clare (Suffolk), Louth (Lincolnshire), Bradford (Yorkshire) und Pershore (Worcestershire) Gruppen neuer Ansiedler, die in enger Verbindung mit einem Markte standen und auch Marktleute (Burgenses) genannt werden, und in Ashwell (Hertfordshire) gab es 14 gleichartige Ansiedler neben 9 Kätnern. Über das bischöfliche Herrengut Hoxne in der Grafschaft Suffolk, das 5 km von dem Burgflecken (burgus) Eye entfernt lag, meldet das Domesday book, dort habe vor 1066 an allen Samstagen ein Markt stattgefunden, aber seit Wilhelm Malet in Eye seine Burg erbaut und in ihr ebenfalls samstags einen Markt veranstaltet habe, sei dieser darüber zugrunde gegangen und werde jetzt am Freitag gehalten. An Dorfmärkten wie dem in Hoxne, die auch sonst vorkommen, ließen sich keine Marktleute nieder. Die sechs ostenglischen Grafschaften Lincolnshire, Norfolk, Suffolk, Essex, Cambridgeshire und Huntingdonshire z. B. besaßen insgesamt 18 Boroughs, von denen nur fünf einen (erwähnenswerten) Markt besaßen; in Essex, Cambridgeshire und Huntingdonshire verzeichnet das Domesday book überhaupt keinen Markt, während die drei anderen Grafschaften auch noch 14 Märkte in Dörfern enthielten.

Nicht nur in Norwich, sondern auch in Nottingham und Northampton hatten die Normannen bei den alten Burgstädten neue Vorstädte gegründet und vornehmlich mit Franken besiedelt, von denen eine größere Zahl auch in Hereford, Shrewsbury, Southampton, Wallingford und York lebte. Neue Vorstädte entstanden auch bei mancher normannischen Ritterburg, so vor Tutbury in Staffordshire, wo 42 Gewerbetreibende vom Marktbetrieb lebten. Da die Normannen auf den Wällen der alten Burgstädte überall ihre zunächst hölzernen, beizeiten aber in Stein erneuerten Turm- und Zwingburgen aufführten, nahmen die Städte jetzt allgemein das uns vom Kontinent her vertraute Erscheinungsbild des dualistischen Grundrisses an, wo Herrenburg und ländlich-gewerbliche oder Marktsiedlung nebeneinander lagen. Hatte man bis dahin die Burgstädte, wenn man ihre administrative Zentralität und ihr marktnahes Wirtschaftsleben ins Auge faßte, oft als Portus, als Hafenmärkte mit Warenlagern und Umschlagplätze, bezeichnet, so begann nun dieses Bedeutungselement auch den Gebrauch des Wortes burh oder borough stärker zu bestimmen und den Zusammenhang mit der Befestigung zu überdecken. Borough bekam allmählich denselben Sinn wie französisch bourg oder deutsch Stadt.

In den deutschen Stammesgebieten östlich des Rheins, die einst ebenfalls zum städtelosen Teil des Kontinents gehört hatten, treffen wir auf sehr viel andere Verhältnisse als in England. Einmal deswegen, weil die hier im 8. und 9. Jahrhundert gegründeten Bischofssitze denjenigen im Rheinland und in Gallien bereits in gewisser Weise ähnlich geworden waren: Ihnen fehlte zwar die Kastellmauer, die jene von den Römern geerbt hatten, aber als Ansammlungen von Kathedrale, weiterer oder weiteren Stiftskirchen oder Klöstern, Königs- oder Herzogspfalz und Adelssitz oder Adelssitzen, die keine bauliche Einheit bildeten, sondern zwischen den genannten Siedlungselementen Freiflächen mit Gärten oder Ackerland umfaßten, glichen sie doch ganz den topographisch zersplitterten, vielkernigen Bischofs- und Mittelpunktstädten des Westens, die in England, mit Ausnahme Londons, Winchesters, Norwichs und weniger anderer Städte, völlig fehlten. Das Netz dieser Mittelpunktstädte war freilich noch sehr weitmaschig, aber die mit dem Ungarnsieg von 955 beginnende Friedenszeit, der die unaufhörlichen Grenzkriege gegen die Slaven im Osten und die Italienzüge der deutschen Herrscher keinen Abbruch taten, schuf die demographischen und wirtschaftlichen Voraussetzungen, um die Lücken zu schließen, und weitere

Umstände, die noch zu ergründen sind und von denen wir nur den Aufstieg Deutschlands zur führenden europäischen Macht bereits kennengelernt haben, sorgten dafür, daß neben dem König und den geistlichen und weltlichen Herren auch Kaufleute und Handwerker daran einen Anteil hatten, der die Gründung von Städten nicht nur mit politisch-kirchlichen, sondern auch mit wirtschaftlichen Zentralfunktionen ermöglichte. Die Ansiedlung von Marktleuten ist wie überall, so auch hier das eigentlich Neue, das die jungen deutschen Städte mit den älteren des Westens und Südens auf eine Stufe stellte. Das politisch führende Land Europas wurde auch ein reiches Land, seit die Macht des Staates es seinen Einwohnern erlaubte, die Früchte ihrer Arbeit in Frieden einzusammeln und zu akkumulieren. Dabei begünstigten die Umstände Niederdeutschland mehr als Oberdeutschland, denn in seinen großen Strömen, die Anschluß an das nordeuropäische Verkehrssystem besaßen, verfügte Niederdeutschland über Verkehrswege, die damals noch viel leistungsfähiger waren als die Landstraßen, die in Süddeutschland die Städte verbanden. Auch war das Herzogtum Sachsen das Stammland des Königshauses, das im 10. Jahrhundert das deutsche Reich begründete, und auch unter den salischen Königen blieb es bis in die zweite Hälfte des 11. Jahrhunderts in einer Stellung, die seinen Städten eine weitreichende administrative Zentralität sicherte.

Was die alten, aus karolingischer Zeit überkommenen Bischofsstädte anlangt, so mögen uns Bremen und Hamburg als Beispiele dienen. In Bremen erhob sich der Dom auf einer Düne über der Weser, an deren Fuß ein heute verschwundener Nebenarm des Stromes, die Balge, eine langgestreckte Insel bildete; auf ihr lag ein Fischer- und Schifferdorf, dessen Bewohner den Fährbetrieb im Zuge der vom Rhein zur Niederelbe führenden Heerstraße versahen. Das stromaufwärts geöffnete Ende der Balge diente als Hafen; hier war bereits im 9. Jahrhundert eine Kaufmannssiedlung mit Hafenmarkt (der Tiefer) entstanden, vergleichbar mit derjenigen am Hamburger Reichenstraßenfleet. Als viertes Siedlungselement lag auf der Düne vor dem Dom ein königlicher Herren- und Wirtschaftshof, dessen Verwaltung der König im Jahre 937 dem Erzbischof übertrug. Hier trafen sich seit langem die reisenden Kaufleute, wenn sie den Bewohnern der Herrensiedlungen ihre Waren anboten; im Jahre 965 erlangte Erzbischof Adaldag (937–988) von Kaiser Otto I. das Recht, hier auf königlichem Grund und Boden einen Marktplatz mit Zollhaus und Münzstätte zu erbauen, und um diesen herum entstand nun ein fünftes Siedlungselement: Hier ließen sich Händler und Handwerker nieder, die von der täglichen Nachfrage der wachsenden Bevölkerung lebten. Der Betrieb des Nahmarktes nahm einen Umfang an, daß es dem Erzbischof im Jahre 1035 ratsam erschien, sich von Kaiser Konrad II. das Recht, hier zweimal im Jahre den Fernhandelsmarkt abzuhalten, ausdrücklich bestätigen zu lassen. Die Marktsiedlung erbaute sich zwar eine eigene Pfarrkirche St. Viti (die heutige Liebfrauenkirche), aber bis 1200 keine Befestigung; befestigt war seit 994 lediglich der Dombezirk, in dem seit dem Brand der Kathedrale 1041 an der Errichtung des bis heute bestehenden romanischen Kirchengebäudes gearbeitet wurde. Die Agglomeration der fünf Siedlungsteile muß noch im frühen 12. Jahrhundert deutlich erkennbar gewesen sein, obwohl die freien Räume zwischen ihnen immer stärker von Neusiedlern zugebaut wurden.

Als Erzbischof Adaldag am ursprünglichen Sitz seines Bistums, in Hamburg, mit dem Wiederaufbau nach den Zerstörungen der Wikingerzeit begann, erneuerte er zunächst die Burg auf der Anhöhe mit dem Dom St. Marien und die darunter am Wasser gelegene Kaufmannssiedlung, in der man seit dieser Zeit Konstanz der Straßenführung und der Grundstücksgrenzen feststellen kann. Als drittes Siedlungselement kam ein Herrenhof hinzu, seit Kaiser Otto I. 966 seinem Markgrafen und Herzog von Sachsen, Hermann Billung, Hamburg zur Residenz angewiesen hatte. Nach neuen, katastrophalen Überfällen von Dänen und Wikingern in den Jahren 983 bis 1020 stockte die Entwicklung abermals, zumal sich Bischof und Herzog um die Vormacht am Orte stritten. Erst nachdem Kaiser Heinrich II. sie 1020 zum Frieden gezwungen hatte, konnte Erzbischof Unwan mit dem Neubau des Domes und mit der Ansammlung von Domklerikern und Einwohnern beginnen. Unwan ließ auch die erste alle Teilsiedlungen gemeinsam schützende Befestigung anlegen, einen Abschnittswall zwischen Alster und Hafenfleet, der den einzigen Zugang zu Lande von Osten her abriegelte. Zwischen dem neuen Stadttor und der Domburg erbaute sich sein Nachfolger Bezelin (1035–43) einen steinernen runden Wehrturm, der ihm zugleich als Palast diente; auch ließ er den Dom in Stein neu aufführen. Der Herzog antwortete darauf, indem er sich am anderen Ende der Stadt, denn so nannte man jetzt das ganze von dem Abschnittswall gesicherte Gelände, auf der Alsterseite ebenfalls einen steinernen Wehrturm baute. In dieser Zeit mag auch der Grund für einen neuen Marktplatz mit Handwerker- und Händlersiedlung und für die zugehörige Pfarrkirche St. Petri gelegt worden sein. Ein fünfter und letzter Siedlungsteil entstand, als der Herzog 1061 seine Turmburg aufließ und jenseits der Alster eine neue Burg anlegte, deren Ringwall zugleich als Deich diente und mit einer neuen Schiffslände am tiefen Fahrwasser der Alster versehen wurde. Die neue Burg sollte gewiß dem alten Hafen und der Kaufmannssiedlung Konkurrenz machen, die für die jetzt aufkommenden, tiefgehenden Seeschiffe nicht mehr ganz einfach zu erreichen waren, aber daraus ist nichts geworden, weil der Herzog immer noch nicht imstande war, die Stadt und das Hinterland vor den Slaven zu schützen. Er zog sich bald ganz aus ihr zurück.

Die für die Stadtentwicklung wichtigen Elemente waren in diesen beiden Fällen nicht die Dom- und Herrenburgen, sondern die Ansiedlungen der

Fernhändler und Marktleute. In Osnabrück, Münster, Paderborn, Minden, Hildesheim, Halberstadt wiederholte sich ein Vorgang, dessen Bedeutung in dieser Vervielfältigung hervortritt: Neben der älteren Kaufmannssiedlung, oft einer auf beiden Seiten Haus an Haus bebauten Marktstraße, erbauten neue Ansiedler nach dem Beginn des 11. Jahrhunderts eine zweite, topographisch selbständige Siedlung, in deren Mitte sie einen geräumigen Marktplatz legten und dessen Baubereich sie an unregelmäßig gefügten Gassen in Kleingrundstücke aufteilten, wie sie den Bedürfnissen ihrer auf die Versorgung des täglichen Marktes gerichteten Lebensweise entsprachen. Die kleinen Parzellen dieser Gewerbesiedlung heben sich deutlich von den tiefen, für zusätzliche Speichergebäude notwendigen Grundstükken der Fernhändlersiedlungen ab. Unter diesen wurden viele ältere, die keinen Anschluß an adlige oder kirchliche Verwaltungsmittelpunkte besaßen, jetzt verlassen. Wie in Flandern war die Frühzeit der Handelsplätze vorbei, deren Kennzeichen mangelnde Stabilität und häufige Siedlungsverlegung gewesen waren. Der Schwerpunkt des Gemeindelebens entstand bei dem neuen Markt, wo man eine eigene Kirche mit Pfarrechten für beide Siedlungsteile und das umgebende Land errichtete. Die kirchlichen Grundherren, die in Vertretung des Königs die Marktgründung leiteten, holten jetzt nicht mehr die Zustimmung des Königs ein, um Jahr- oder Wochenmärkte zu betreiben, sondern sprachen bloß noch vom Markte, um den wirtschaftlichen Kern einer Siedlungsgründung zu bezeichnen; sie rechneten darauf, mit den neuen Märkten den Absatz für die Erzeugnisse ihrer eigenen Fronhöfe zu erleichtern und die feineren Bedürfnisse ihrer Hofhaltung leichter befriedigen zu können. Die Händler und Handwerker konnten daher bald zum täglichen Verkauf auch außerhalb der Marktzeiten übergehen; die Bischöfe von Salzburg und Freising erlangten schon 996, der Würzburger dann 1030 das Recht zu täglichem Gewerbe- und Handelsbetrieb, wozu entweder feste Buden und Stände am Markt oder Ladengeschäfte in den Gassen gehörten. Die Bischofsstädte wurden Sitze eines tagtäglichen, im Wochen- und Jahrmarkt nur Höhepunkte erreichenden Kaufmannslebens. In Würzburg konnte man bereits im 11. Jahrhundert um die Domimmunität mit der Bischofspfalz und um die alte Kaufmannssiedlung mit der neuen Ufersiedlung eine gemeinsame Mauer ziehen, so daß auch äußerlich das Erscheinungsbild nun ganz dem der linksrheinischen Mittelpunktstädte mit ihren römischen Mauern glich.

Etwas Besonderes unter den rechtsrheinischen Städten stellt Regensburg dar, und zwar sowohl wegen der überregionalen Zentralität, die es aus der karolingischen Zeit ererbte, wo es fast so etwas wie eine königliche Residenzstadt gewesen war, als auch wegen der Geschlossenheit des Stadtbildes, die in auffälligem Gegensatz zur lockeren Streuung der Siedlungskerne in den anderen Bischofsstädten dieser Zeit steht. Sie war eine Folge davon, daß die bayerischen Herzöge und hernach die Karolinger wieder in die burgartig engen Mauern des römischen Kastells eingezogen waren, an die sich im Südwesten und Westen mit dem Kloster St. Emmeram und der neuen Königspfalz die bereits von Herzog Arnulf seit 917 ummauerte Neustadt angelehnt hatte. Das Innere des Kastells war, abgesehen von der Königspfalz im Osten, deren Kirche, die Alte Kapelle, noch heute besteht, der Kathedrale im Norden und den beiden reichsunmittelbaren Damenstiften Niedermünster und Obermünster in der Nordost- und der Südwestecke, immer noch weitgehend unbesiedeltes Gartenland. Man sieht dies daran, daß die zu den vier Römertoren führenden Hauptstraßen, die sich einst, um die Trümmer der antiken Großbauten im Zentrum zu umgehen, einen neuen Verlauf gesucht hatten, immer noch nicht ganz festlagen. Denn vielleicht seit 995, als Heinrich IV., der spätere Kaiser Heinrich II., Herzog von Bayern geworden war, verbaute man den Weg, der nach Norden zum Donautor führte, indem man den karolingischen Dom um ein Westwerk mit Atrium verlängerte, so daß die Straße nach Westen ausweichen mußte. Von hier führte ein weiterer Weg in die Nordwestecke des Kastells, wo vielleicht ein alter Mauerdurchbruch die Verbindung zum Markt in der Neustadt (der Kohlenmarkt ist hier seit 934 bezeugt) hinausführte, bevor man an dieser Stelle die Römermauer ganz abriß. In der Südostecke befand sich der Königshof; auch hier war die Mauer durchbrochen, und ein in der zweiten Hälfte des 11. Jahrhunderts als Steinbau aufgeführter mächtiger Wehrturm schützte das Tor und den Hof. Der Weg führte durch das Kastell nach Westen, verließ es mittels eines weiteren neu geschaffenen Tores und erreichte schließlich die Arnulfspfalz in der Neustadt vor St. Emmeram; auf ihn ist die Besiedlung der südlichen Altstadt ausgerichtet, die bis auf diese Zeit wüst gelegen hatte. Im Zentrum aber, an der Stelle der nun offenbar völlig eingeebneten Ruinen der römischen Kommandantur, befand sich ein freier Platz, auf dem der Pfalzgraf, als Vertreter des Königs und des Herzogs, Gericht zu halten pflegte. Seit der Mitte des 10. Jahrhunderts errichteten an ihm die Bischöfe von Passau, Augsburg, Eichstätt und Brixen ihre Stadtresidenzen, während die des Bamberger, Freisinger und Salzburger Bischofs nicht weit entfernt standen. Zusammen mit den Höfen bedeutender Äbte und weltlicher Großer verlieh diese Vertretung aller bayerischen Bischöfe der Stadt den Rang einer frühen Hauptstadt, womit nur Aachen in karolingischer Zeit, Pavia im 9. und 10. Jahrhundert und später, im 12. Jahrhundert, Paris zu vergleichen sind. Die weitreichende überregionale Zentralität dieser Hauptstadt erkennt man daran, daß nirgendwo so häufig wie hier der König die Großen des Reiches um sich versammelte. In der Neustadt im Westen, die, wie wir wissen, bereits ummauert war, lag nahe beim Donauhafen die Kaufmannssiedlung in Form einer beidseitig bebauten Straße, deren Verlauf von der Weißenlammgasse nach Westen bis heute erhalten ist. Südlich davon erstreckte sich bis zur Arnulfspfalz und zum Kloster St. Emmeram ein gewiß nur locker bebautes Areal mit etlichen Hausburgen grundherrlicher Familien, den Vorläufern der späteren Geschlechtertürme.

Wir besitzen eine Beschreibung der Stadt, wie sie um 1060 der Mönch Otloh von St. Emmeram vom Turme seiner Kirche aus dem Gastfreunde wies: „Sieh dort im Osten den großen Palast, da ist die Residenz der Kaiser, und dort erstreckt sich geräumig der Reichssaal, da entscheidet der Herzog als Vorsitzender der Versammlung und als Vornehmster öffentlich und privat über alle Anliegen der Stadtleute. Wenn der Kaiser im Palast residiert, weist er selbst den verschiedenen Stämmen und Städten das Recht, anderen verleiht er Rechte oder bessert bestehende. Hier obliegt man der Rechtspflege, hier gibt es Auskunft über Marktsachen und jederlei Wissenschaft. Rings um den Königshof herum liegen Männer- und Frauenklöster und die glanzvollen Stadthäuser sowohl der bayerischen wie auswärtiger (ostfränkischer) Bischöfe. Daher nennt man dieses ganze Gebiet im Osten, das sich von der Donau nach Süden bis zur Stadtgrenze erstreckt und voller Bauten des Reiches ist, den Königsgau. Und wenn du dort im Norden beginnend nach Westen gehst, wo du den aufwendigen, zum Gottesdienst erbauten Tempel siehst: das ist die Bischofskirche, zu deren Bistum nicht nur der Umfang der Stadt, sondern auch ein großer Teil Bayerns gehört. Von diesem Tempel aus weiter, hinter der Kirche St. Johannis, der sogenannten Taufkirche, siehst du der Donau zugewandt den Bischofshof, der sich von Norden nach Süden in die Länge erstreckt und ummauert ist. Und nun sieh weiter, im Süden, wo zwei Frauenklöster neben einander liegen; diese zweite Region der Stadt wird von Klerikern und ihren Dienstleuten und von den Werkleuten der Nonnen, darunter sind auch etliche Kaufleute, bewohnt, und man nennt sie den Pfaffengau ... Und von der Mauerecke, die du hier ganz nahe siehst, geht dieser ganze riesige Mauerbogen im Osten aus, er führt im Süden herum und erstreckt sich da im Westen und läuft auf der Nordseite an der Donau aus. Er ist zu Ehren und zum Kult des heiligen Märtyrers Emmeram, des Schutzherrn dieser Stätte, an die Stadt angebaut worden, und das ist die Neustadt, die Ratisbona heißt."

Für die Gründung neuer Mittelpunktstädte mit Bischofssitz war nur noch im Osten des Reiches Platz. In der Magdeburg, dem fränkischen Kastell auf dem Hochufer über der Elbe, von dem aus der fränkische Handel mit den Slaven kontrolliert worden war, gründete König Otto I. 937 als Hauskloster die Abtei St. Moritz; daneben ließ er einen neuen Palast errichten, dessen von byzantinischen Baumeistern geschaffene Formen bereits den kaiserlichen Anspruch verkündeten, den Otto seit 955 erhob. Etwa 500 m nördlich der Pfalz- und Klosterburg gründete er eine Kaufmannssiedlung mit Pfarrkirche (wohl St. Johannis), Markt (dem heutigen Altenmarkt), Münzstätte und Zollhaus; 941 übertrug er die Pfarrkirche, 965 die gesamte Marktsiedlung auf das Kloster St. Moritz. Früh begann man damit, die Marktsiedlung zu befestigen; schon unter Erzbischof Gero (1012–1023) wurde das Werk vollendet, so daß wir es dem Erscheinungsbilde nach nun mit einer richtigen Stadt zu tun haben – neben Würzburg dem einzigen Beispiel dieser Art, das sich so früh zwischen Rhein und Elbe feststellen läßt, denn die Regensburger Neustadt und der Hamburger Abschnittswall sind, als Befestigungen einer Vorstadt und einer Siedlungsagglomeration, nicht vergleichbar. Außer der Klosterburg und der Marktburg gab es als drittes die Burggrafenburg, dazu in der Umgebung eine Reihe grundherrlicher Turmburgen. Die Stätte Magdeburg war insgesamt also eine vielkernige, noch keineswegs baulich geschlossene Anlage. Daß ihr besondere Zentralität in Kaiser Ottos Reichsverwaltung zukommen sollte, ergibt sich daraus, daß Otto im Jahre 968 ein Erzbistum, das sechste im deutschen Reiche, für die Mission der Slaven zwischen Elbe und Oder errichten konnte, dem er das Magdeburger Kloster St. Moritz als Kathedrale und Residenz anwies und dem er die bereits 948 errichteten Bistümer Havelberg und Brandenburg sowie die neugegründeten Bistümer Meißen, Merseburg und Zeitz unterstellte.

Der Zeitzer Bischofsstuhl mußte im Jahre 1022 nach Naumburg zurückverlegt werden; hier leitete Bischof Kadaloh um 1030 eine Marktgründung ein, über die uns bemerkenswerte, später zu erörternde Nachrichten überkommen sind. An der Oberelbe hatte schon König Heinrich I. im Jahre 929 auf hohem Felsmassiv über einer Furt die Burg Meißen erbaut; in ihr errichtete Kaiser Otto neben dem Sitz des Markgrafen seit 968 an der Stelle des heutigen Domes die Kathedrale des neuen Bistums. Am Fuß des Burgberges lag bei der Furt eine Handwerkersiedlung, und südlich davon entstand vielleicht schon im 10. Jahrhundert ein Rastplatz für durchziehende Kaufleute, dessen Bedeutung groß genug gewesen sein muß, um die Markgrafen im 10. und zu Beginn des 11. Jahrhunderts zum Betrieb einer Münze zu veranlassen. Von dauernder Ansiedlung der Händler freilich erfahren wir noch nichts. – Ein ebenfalls mit Aufgaben der Slavenmission verbundenes Bistum gründete Kaiser Heinrich II. 1007 in seiner Pfalz Bamberg, gewiß in der Absicht, hier einen der Residenz seiner Herzogszeit in Regensburg gleichwertigen Mittelpunkt zu schaffen. Seiner Auffassung vom kaiserlichen Amt entsprach es sogar, daß man Bamberg mit der Hauptstadt Rom verglich. Die neue Bischofsstadt war vor allem Kirchenburg; gewiß hatte es schon unter der Pfalz an der Regnitz eine Gewerbesiedlung gegeben, aber da auch von den benachbarten karolingischen Handelsplätzen Hallstadt und Forchheim gar keine Rede mehr ist, mag man ihr keine größere Bedeutung beilegen. Erst unter Bischof Otto I. (1102–1139) wird auch der Bamberger Markt erwähnt, der in den Jahrzehnten zuvor neu entstanden sein wird.

Das seit der Gründung Bambergs nicht mehr enger geknüpfte Netz der deutschen Bischofsstädte reichte aber nicht aus, um den Bedarf des Landes an Mittelpunktstädten zu decken, den eine wachsende Bevölkerung bei fortschreitendem Landesausbau fühlbar machte. Anders als in Frankreich mit seiner schon seit langem großen Zahl von Nebenstädten bedurfte Deutschland weiterer Marktgründungen, um den Abstand zum Westen aufzuholen. Solche konnten anknüpfen an die regionalen Zentren der Krongutsverwaltung, an die Pfalzen und Königshöfe, die dem im Reisen regierenden Hofe als Stützpunkte seiner Tätigkeit dienten, sowie an die regionalen und lokalen Zentren der kirchlichen Grundherrschaften, denen auch die Anziehungskraft der Gottesdienste und Reliquien in den großen Kirchen zu Hilfe kam. Die Fluchtburgen der älteren Zeit verloren dagegen seit dem Ende der Ungarngefahr alle Bedeutung; so haben auch die Burgen, über deren Errichtung und Unterhaltung seitens der wehrpflichtigen Landbevölkerung der Reichstag zu Worms im Jahre 926 einen Beschluß gefaßt hatte und die in vielen Hinsichten an das Burgensystem König Alfreds in England erinnern, weder Gewerbesiedlungen noch Märkte ins Leben gerufen.

Aus einem Königshof in günstiger Lage, am Hellwege, der den Niederrhein mit der mittleren Weser verband, entstand Dortmund, wo neben einer älteren Burg und einem Grafensitz mit Dorf und Pfarrkirche, die beide nördlich und südlich abseits der Straße lagen, bereits in karolingischer Zeit der Mittelpunkt eines Reichsgutbezirks mit eigener Kirche, aus der das Stift St. Reinoldi hervorging, ganz an die Fernhandelsstraße herangeschoben worden war. Von 928 bis 1068 sind 27 Königsaufenthalte in Dortmund nachweisbar; unter Kaiser Heinrich II. war bis 1021 hier überhaupt der häufigste Aufenthaltsort des Herrschers. Gegenüber dem Königshof auf der anderen Seite der Fernstraße legte man im 10. Jahrhundert den Markt an, einen für die Zeit typischen rechteckigen Platz mit radialen Gassen für die Gewerbetreibenden, die bald über den örtlichen Bedarf hinaus Tuche und Metallwaren für den Fernhandel lieferten. Im Jahre 939 bestand bereits eine Holz-Erde-Befestigung, die eine Fläche von 11,5 ha umschloß; aber die Bebauung ging rasch darüber hinaus nach Westen, so daß eine erweiterte, angeblich von Kaiser Heinrich IV. geschaffene Befestigung bereits fast 20 ha zu schützen hatte. Unter den Ansiedlern befanden sich auch Juden, die 1096 zum ersten Mal erwähnt werden. Daß seit 1068 die Königsbesuche aufhörten, weil sich Sachsen dem salischen Herrscherhause entzog, und daß der Königshof in den Besitz des Erzbischofs von Köln überging, tat dem Wachstum der Stadt keinen Abbruch. Noch Heinrich V. hat sie 1114 erneut befestigt, aber seine Feinde haben diesen Wall bald wieder zerstört.

Im hessischen Fritzlar mit seinem alten, jetzt in ein Chorherrenstift umgewandelten Königskloster St. Peter, wo 919 der erste deutsche König gekrönt wurde, muß es bereits damals neben dem Kloster eine Königspfalz mit Wirtschaftshof gegeben haben, die vermutlich unmittelbar westlich davon auf dem Hochufer der Eder gelegen war. Der engere Immunitätsbezirk des

Stifts um den Unteren Friedhof, der Pfalzbezirk am Oberen Friedhof und der Königshof beiderseits der Straße „Im Fronhof" sind noch heute im Stadtgrundriß erkennbar. Seit dem ersten Viertel des 11. Jahrhunderts war in Fritzlar ein Münzatelier tätig; folglich muß regelmäßig Markt gehalten worden sein und eine Siedlung mit Marktleuten existiert haben, die zu dieser Zeit planmäßig gegründet worden sein mag. König Heinrich IV. hielt sich häufig in Fritzlar auf, um mit den aufständischen Sachsen zu verhandeln; deswegen legte der Gegenkönig Rudolf im Jahre 1079 Stift und Siedlung zum größten Teil in Schutt und Asche. Von dem Wiederaufbau nach 1085 rührt die heute noch vorhandene Marktanlage nördlich vor der Stiftsimmunität her, deren Holz-Erde-Befestigung mit Wall und Graben eine Fläche von 7 ha umschloß und deren Straßen von allen Seiten her auf den Markt ausgerichtet wurden. Der Erzbischof von Mainz, auf den Heinrich IV. die Königsrechte über den Ort übertrug, förderte den Wiederaufbau und das Gedeihen der Kaufmannssiedlung so energisch, daß schon 1118 hier die Reichssynode stattfinden konnte, die unter Vorsitz des Kardinals Kuno von Praeneste als päpstlichen Legaten den Kirchenbann über Kaiser Heinrich V. verkündete und von zahlreichen Bischöfen, Klerikern und Mönchen besucht wurde.

Während die Bauwerke des Dortmunder und des Fritzlarer Königshofes keine Spuren hinterlassen haben, sind die der Goslarer Pfalz zum Teil bis heute erhalten geblieben. In Goslar hatte sich neben einem Dorfe seit spätestens 968, als man die Silbererzvorkommen des Rammelsberges entdeckt hatte, eine Bergmannssiedlung gebildet, und bald darauf entstand daneben eine Marktsiedlung mit Kirche und Viereckplatz als neues Zentrum des Nahhandels; es ist der heutige Schuhhof, eine Anlage, wie wir sie in den sächsischen Bischofsstädten bereits angetroffen haben und wie sie außer in Dortmund auch in Bardowick, Halle und anderswo geschaffen worden ist. Der Bergsegen war es vermutlich, der Kaiser Heinrich II. dazu veranlaßte, die von Heinrich I. erbaute und in der Hunnenabwehr bewährte Pfalz Werla hierherzuverlegen; mit ihren drei Vorburgen auf 25 ha Fläche die größte Burganlage Sachsens, hatte dieses politische Zentrum dennoch niemals ökonomische Zentralität zu gewinnen und seßhafte Bewohner anzulocken vermocht. Der Ausbau der Goslarer Pfalz erreichte den Höhepunkt in den Jahren 1038–47 mit dem Bau des Palastes und der Errichtung der Stiftskirche St. Simon und Juda. Im Jahre 1073 waren Pfalz und Marktsiedlung bereits mit Wall und Palisaden befestigt; ein künstlicher Bach, der sie der Länge nach durchfloß, ergänzte die Plananlage. Die Stadt hörte aber nicht auf zu wachsen, und nun schuf man im Norden eine großzügige, um drei Parallelstraßen und die Kirche St. Jakobi angeordnete Erweiterung. Die Entwicklung endete 1108 mit der Abgrenzung eines vierten städtischen Kirchspiels. Noch heute läßt der Stadtgrundriß erkennen, wie man im

10. Jahrhundert, solange man mit einzelnen Ansiedlern rechnete, die Hausgrundstücke von Fall zu Fall auswies und sie schiefwinklig aneinandersetzte, damit sich die Straßen krümmten und die jeweils letzten Häuser den Blick hinaus ins freie Feld verstellten, und wie man dann, in Voraussicht größerer Zahlen von Zuzüglingen, ganze Straßenzüge und schließlich Stadtviertel zu planen anfing und nun den Straßen einen geraden Verlauf und den Grundstücken eine rechteckige Form anwies.

Diese auch anderswo nachweisbaren Plananlagen des 11. Jahrhunderts haben 10 bis höchstens 20 ha Fläche. Zu den vielen bemerkenswerten unter ihnen gehören Burg, Königsgut und Markt Nürnberg seit 1041, womit die Geschichte einer der großen europäischen Städte des Spätmittelalters begann; der Grund dafür war, daß nach Heinrich II. die Könige aufhörten, in den Bischöfen die zuverlässigen Träger des Reiches zu sehen, die sie im 10. Jahrhundert gewesen waren, und anfingen, gestützt auf unfreie Dienstleute, das Reichsgut zu direkt verwaltetem Reichsland auszubauen. So dienten Burg und Markt Nürnberg dazu, die Reichweite des nur wenige Jahrzehnte zuvor gegründeten Reichsbistums Bamberg zu beschränken; ihre zentrale Bedeutung stellten bereits die Kämpfe unter Beweis, die Kaiser Heinrich IV. und sein Sohn in der letzten Phase ihrer Auseinandersetzung 1105 um Nürnberg führten. Bei dieser Gelegenheit werden Burg und Marktsiedlung zum ersten Mal ausdrücklich erwähnt. Die Siedlung lag südlich des Burgfelsens; vielleicht ist eine geplante Anlage um Burgstraße und Rathausplatz mit Markt und einer Pfarrkirche St. Peter anzunehmen. In der Kirche bestattete man vor 1072 einen Eremiten Sebaldus, dessen wundertätiges Grab alsbald Wallfahrer anlockte und damit den Platz zusätzlich belebte.

Wie Bischofssitze und Königshöfe, so konnten auch Herzogs- und Grafenburgen, vor allem aber Stifts- und Klosterkirchen vor ihren Toren Märkte ins Leben rufen und Gewerbetreibende als Ansiedler herbeilocken. So etwa die Burg Dankwarderode, die seit dem 9. Jahrhundert von einem nach dem Burgherrn benannten Hörigendorf 'Brunos Wiek' begleitet war, bis zu Beginn des 10. Jahrhunderts auf der anderen Seite der Oker, um den Kohlmarkt herum, eine Ansiedlung von Handwerkern und Kaufleuten mit einer eigenen Kirche St. Ulrich entstand. Damit beginnt die Geschichte der eigentlichen Stadt, die den Namen Braunschweig übernahm. An die erste Einstraßenanlage schloß sich in einer zweiten Ausbauphase eine Marktanlage um den Eiermarkt mit einer Kapelle St. Jakobi an. Rechts der Oker kam 1031 die Pfarrkirche St. Magni hinzu; in der gleichen Zeit erhielt die schon zweimal vergrößerte Marktkirche St. Ulrich einen dreischiffigen Neubau, und nach 1068 errichtete der Stadtherr Graf Ekbert II., der zugleich Markgraf in Meißen war, auch eine Münzstätte. Anders und derjenigen im englischen Winchester vergleichbar war die Situation in Wien, wo sich schon in karolingischer Zeit in der Nordostecke des römischen Kastells eine Ansiedlung mit Turmburg, Kirche und Markt gebildet hatte, die auch den Donauhafen oberhalb der Mündung des Flüßchens Wien beschützte; dazu kamen, durch offenes Land von ihr getrennt, zwei agrarische Siedlungen. Seit 907 war der Platz in der Hand der Ungarn; nachdem der deutsche König die bayerische Ostmark eingerichtet hatte, die 996 zum ersten Mal Österreich genannt wird, kam er zwischen 991 und 1042 wieder unter deutsche Herrschaft. Wen der König zum Stadtherrn bestellte und wo dieser residierte, wissen wir nicht; jedenfalls entstand bald nach dem Jahre 1000 inmitten der alten Siedlungskerne eine Marktsiedlung, an die sich, noch bevor der Innenraum des Kastells voll ausgebaut war, Vorstädte vor den Toren an den Fernstraßen nach Ungarn, Italien und Bayern anschlossen. Die Größe der Burg reichte aus, um im Jahre 1042 Kaiser Heinrich III. und seinen Hoftag zu beherbergen.

Unter den Marktsiedlungen der geistlichen Stifter und Klöster entwickelten sich nur wenige so rasch wie Erfurt, das kirchliche und wirtschaftliche Zentrum Thüringens, dessen bebaute Fläche schon im 11. Jahrhundert einen Umfang von 60 ha erreichte. Bevor man 1066 die erste steinerne Stadtmauer erbaute, hatten vermutlich neu zugezogene Kaufleute rechts der Gera eine Marktsiedlung gegründet, während die alte Kirchenburg mit Vorstadt links der Gera auf dem und am Petersberg lag; daher muß auch die eine oder andere Gerabrücke mindestens bis ins 11. Jahrhundert zurückreichen. Meistens indes blieben es Kleinstädte, oder sie stiegen höchstens zur beschränkten Zentralität von Nebenstädten auf. Am besten unterrichtet sind wir über den vor 1045 entstandenen Markt vor dem Benediktinerkloster Allerheiligen in Schaffhausen, dessen Mönche seit 1050 an einer repräsentativen Kirche bauten und zweimal das eben Vollendete wieder abrissen, ehe von 1089 bis 1103 das heute noch stehende dreischiffige Münster entstand. Aus dieser Zeit stammt das Urbar des Klosters, in dem die Ansiedlung vor seinem Tore beschrieben wird. Es war eine einstraßige Anlage mit Schiffslände, wo auf 112 Hofstätten gewiß mehr als 500 Menschen wohnten, darunter Bäcker, Wein- und Bierschenken und andere Gewerbetreibende; auch gab es einen Markt mit Münze, Zoll und festen Verkaufsbänken. Ebenso gut kennen wir nur noch den Marktort Horhausen (heute: Marsberg) an der Diemel, durch deren Tal ein wichtiger Zweig des Hellweges vom Niederrhein nach Osten führte. Horhausen lag am Fuße und im Schutze der Reichsburg Eresburg, gehörte aber dem Kloster Corvey, dem schon König Ludwig IV. das Recht gegeben hatte, hier Markt, Zoll und Münze einzurichten. Der Ort gedieh als Mittelpunkt einer Grundherrschaft und eines kleinen Bergbaugebietes. Als Abt Erkenbert (1107–28) ihn schließlich beschrieb, besaß das Kloster dort einen Fronhof mit neun von hörigen Bauern bebauten Hufen Landes; neun weitere waren verpachtet, zwei zur Ausstattung zweier Pfarrkirchen verwandt und sieben zu Lehen an

Ritter ausgetan. Dazu kamen eine Mühle und 147 Hausstätten in der Marktsiedlung: 99, die unterschiedlich hohe Grundzinse (von 15½ bis zu 1 Schilling) zahlten, 31, die zu den Ritterlehen gehörten, 4, die ihren Grundzins an die dritte Pfarrkirche abführten, 5, deren Grundzins der Kirche in der Eresburg zustand, und 8, deren Zins der Dienstmann empfing, der den Markt verwaltete. Dieser Schultheiß bezog ferner die Abgaben von zwei Mühlen, von den Brot- und Gewandhändlern, von den Frauen, die Bier verkauften, von Schustern und Webern, von den Zuzüglingen und vom Zoll. Die Abgaben der Gewerbetreibenden waren zweifellos Standgelder für die Benutzung des Marktes. Mit 147 Häusern war die Siedlung größer, als damals jedes Dorf sein konnte, und angesichts ihres Markt- und Wirtschaftslebens konnten die Zeitgenossen sie um 1100 zweifellos mit dem damals aufkommenden Wort als Stadt bezeichnen.

Nachdem sich schon im Verlauf des 10. Jahrhunderts die meisten mit Großgrundbesitz ausgestatteten Kirchen zu Marktanlagen verholfen hatten, gingen die Gründer aufs Land hinaus. Die Marktrechtsurkunden des 11. Jahrhunderts sahen nur noch die Einrichtung von Jahr- und Wochenmärkten vor, weil die Standorte ebenso wenig wie die Masse der jüngeren bourgs und sauvetés in Frankreich die Voraussetzungen für einen täglichen Markt erfüllten. Aus demselben Grunde fehlt jetzt immer häufiger die früher regelmäßig mit dem Marktrecht verknüpfte Erlaubnis, eine Münzstätte zu betreiben, weil der Gründer bereits voraussah, daß er dabei keinen Gewinn machen würde. Mit der Errichtung dieser Märkte verfolgten die Grundherren, etwa Kloster Corvey 946 in Meppen, der Bischof von Osnabrück 952 in Wiedenbrück, das Magdeburger St. Moritzkloster 965 in Gittelde am Harz, die Reichsabtei Lorsch 956 in Bensheim, 965 in Wiesloch, 1000 in Weinheim und 1008 in Oppenheim, natürlich das Ziel, sich selbst und ihren Hörigen die Verwertung agrarischer Überschüsse zu erleichtern und in der Versorgung mit Handwerkserzeugnissen von den großen Mittelpunktstädten loszukommen. Wie mühsam die Aufgabe war, einen solchen Markt zu gründen, zeigen die Erfahrungen der Äbte von Reichenau, die 998 von Kaiser Otto III. das Recht erlangten, „in dem Dorfe Allensbach alles das durchzuführen, ins Werk zu setzen und zu erbauen, was sie für ihres und des Klosters Vorteil für nützlich halten, nämlich dort in jeder Woche am Donnerstag einen Markt zu veranstalten und zu jeder Zeit eine Münze reinsten Silbers . . . zu unterhalten“. Aber mangelhafte Fürsorge der Gründer ließ das Werk mißraten, und der Wirtschaftsverkehr konzentrierte sich wieder vor dem Kloster selber, auf der Insel Reichenau, wo er dem Konvent schließlich so lästig wurde, daß er von König Heinrich IV. 1065 jedermann den Aufenthalt dort verbieten ließ, ausgenommen die Fischer, Bäcker, Köche, Tuchwalker und Winzer, ohne die die Mönche nicht auskommen konnten. Für alles andere setzte man den verkommenen Markt in Allensbach wieder instand; Abt Eckehard gab ihm 1075 eine Ordnung, aus der hervorgeht, daß dort neben hörigen Weinbauern und Gärtnern Marktleute lebten und daß man den Besuch auswärtiger Kaufleute erwartete. Damit aber der Grund- und Marktherr auf seine Kosten kam, bestimmte der Abt, daß dreimal im Jahre je 14 Tage lang nur seine Weine und anderen Produkte verkauft werden durften: ein Fall der Anwendung der grundherrlichen Bannrechte, die uns noch ausführlich beschäftigen werden. Einen zweiten derartigen Markt gründete das Kloster im Jahre 1100 in Radolfzell, wo bei einem klösterlichen Fronhof seit 826 eine Einsiedlerzelle bestanden hatte. Hier steckte der Grundherr ein fast rechteckiges Areal von 160 mal 110 m ab, das er parzellierte und mit Wall und Graben schützte, so daß eine Kleinstadt von 1,7 ha Fläche entstand. Man sieht, wie sich seit der ersten Gründung von 998 die Zeiten geändert hatten: die Nachfrage nach Agrarerzeugnissen hatte in einem Jahrhundert so stark zugenommen, daß die einst gescheiterte Gründung nun erfolgreich war.

Um 1100 gab es in Deutschland gewiß bereits viele hundert gleichartige Wirtschaftsplätze nichtagrarischen Charakters, wenn auch nur wenige davon in der schriftlichen Überlieferung der Zeit vorkommen. Am Ende des 11. Jahrhunderts, vollends mit der Belebung des Verkehrs nach Südosten infolge des ersten Kreuzzuges, breiteten sie sich bis in die fernste Ostmark aus. Eine der frühesten Marktgründungen in Kärnten ging um 1090 vor sich. Gründer war Graf Engelbert von Spanheim, dessen Familie aus dem fränkischen Rheinlande stammte; er beauftragte einen rheinischen Kaufmann namens Volko mit dem Gründungsgeschäft und gab damit der Siedlung auch den Namen, denn nach dem Unternehmer heißt sie Völkermarkt. Die Siedlung füllte sich mit Tuchhändlern aus Flandern und Brabant und mit jüdischen Kaufleuten, die wegen der von den Kreuzfahrern veranstalteten Pogrome von 1096 aus den rheinischen Städten flohen.

Jenseits der Grenzen Englands und Deutschlands, im Norden, Osten und Südosten Europas, blieb das Städtewesen selbst noch hinter der Entwicklung im rechtsrheinischen Deutschland weit zurück. Der wichtigste Grund dafür war, daß diese Länder weiterhin dünn besiedelt blieben, so daß Landesausbau und agrarische Überschußerzeugung kaum Fortschritte machten, und daß die politische Organisation nur erst zögernd die kleinräumigen Stammesverfassungen überwand und nur langsam zur Ausbildung großräumiger Flächenstaaten mit monarchischer Spitze fortschritt. Ebenso sehr, wie der erste Umstand die Entwicklung des Handelsverkehrs hintanhalten und damit die Entstehung von Knotenpunkten mit ökonomischer Zentralität behindern mußte, so sehr hemmte der zweite Umstand die Ausbildung administrativer Zentren, zumal erst die Könige und Fürsten, die über Flächenstaaten herrschten, sowohl zur Legitimation ihrer Zwangsgewalt wie um des Gewinns schriftkundiger Helfer willen auf die Christianisierung ihrer

Länder angewiesen waren und damit jene Bischofssitze und Klöster gründeten, deren städtebildende Kraft in West- und Mitteleuropa seit langem am Werke war, die im Norden und Osten aber erst jetzt begann, ihre Wirkung zu entfalten. Der Aufstieg des Königtums ging langsamer vor sich als im Westen, weil ungeordnete dynastische oder Senioratserbrechte (Erbansprüche aller Söhne oder des Ältesten unter den Seitenverwandten) fast bei jedem Herrscherwechsel zu Thronstreitigkeiten führten, die dem adligen Partikularismus Tor und Tür öffneten. Dagegen setzte sich in den Führungsschichten Frankreichs, Englands und Deutschlands im 10. Jahrhundert die Einsicht in die Staatsräson überall so weit durch, daß man diese Quelle staatlicher Zerrüttung verstopfte, indem man zur Primogeniturerbfolge überging.

In der slavischen Welt hatten es nur Kroatien, Böhmen und das Kiewer Reich schon seit dem 9. Jahrhundert zur Ausbildung einer Dynastie, eines Königtums, gebracht; trotzdem gelang die Gründung eines Bistums in Prag erst um 975, in Kiew erst zwischen 988 und 1018 und im kroatischen Knin erst etwa um 1040. In Polen begann die Staatsbildung der Piasten mit den Herzog-Königen Mieszko I. (963–992) und Boleslav dem Tapferen (992–1025); Boleslav gründete im Jahre 1000 das Erzbistum Gnesen mit Suffraganen in Krakau, Breslau und Kolberg. In Ungarn errichtete Fürst Stephan (997–1038) aus der Dynastie der Arpaden im Jahre 1000 das Königtum und im nächsten Jahre das Erzbistum Gran. In Norwegen setzte Olaf der Heilige (1016–28) die Königsmacht und die Christianisierung durch, und 1029 gründete er das Bistum Drontheim. Die schwedischen Könige waren seit 1008 Christen, über die Anfänge des Bistums Sigtuna um 1060 sind aber Einzelheiten nicht bekannt. Nachdem der deutsche König und das Erzbistum Bremen 948 die Errichtung von Bistümern in Schleswig, Ribe und Aarhus eingeleitet hatten, begann die Gründung eigentlich dänischer Kirchen erst unter König Svend Estridson (1047–76) und mit der Erhebung von Lund zum Erzbistum im Jahre 1104. Feste kirchliche Mittelpunkte entstanden demnach in Nord- und Osteuropa erst im 11. Jahrhundert, also zwei Jahrhunderte später als in Sachsen und drei Jahrhunderte später als in Bayern. Alle anderen osteuropäischen Völker, die an ihrer Stammesverfassung und meist auch am Heidentum festhielten, haben es, seit sie von christlichen Monarchien umgeben waren, nie mehr zu selbständiger Staatenbildung gebracht, so die Finnen, Balten, Preußen und Serben, oder sie sind darüber sogar zugrunde gegangen, wie die Westslaven zwischen Kieler Förde, Elbe und Oder, die seit 918 unter deutsche Vorherrschaft geraten waren, jedoch ihre alte Freiheit in dem großen Aufstand von 983 wiederherstellten, oder der zwischen Griechen, Ungarn und Russen eingeklemmte Stammesverband der Petschenegen, der einst die Ungarn aus den Steppen nördlich des Schwarzen Meeres vertrieben hatte und im 10. Jahrhundert von der Donau bis zum Donez mächtig war, um die Mitte des 11. Jahrhunderts aber zerfiel.

Unter solchen Umständen lebte in der Welt der Wikinger eine besondere Form frühstädtischer Siedlungen fort, die in karolingischer Zeit auch südlich der Nordsee verbreitet gewesen war, jetzt hier aber unterging. Ihre Überreste konnten vielfach ausgegraben werden und zeigen, daß sie im Vergleich zu den Mittelpunkt- und Nebenstädten Englands und des Kontinents als einzellig zu bezeichnen sind: Es fehlten die Königs- und Bischofsburgen und sonstigen Sitze weltlicher und geistlicher Grundherren, aus denen sich die weiträumigen Stadtanlagen dieser Länder zusammensetzten; statt dessen gab es nur eine einzige, von kriegerischem Raub, vom Handel mit der Kriegsbeute und von Hilfsgewerben für Krieg, Schiffahrt und Handel lebende, regelmäßig befestigte Ansiedlung von wenigen Hektar Größe. Die westlichsten Plätze dieser Art waren die wikingischen Stützpunkte auf Irland: Limerick, Cork, Waterford, Wexford und Dublin. Unter ihnen war Dublin der bedeutendste; hier residierte vom Ende des 9. Jahrhunderts bis 1036 eine dänische Dynastie, deren Könige oft auch in den anderen Städten anerkannt waren und von 939 bis 980 sogar auf der britischen Insel in York herrschten; seit 1036 waren häufig irische Große Herren dieses Königreichs Dublin. Wikingische Seefahrer legten die Siedlung in der ersten Hälfte des 10. Jahrhunderts auf einer Anhöhe südlich der Stelle an, wo eine Furt und seit etwa 1000 eine hölzerne Brücke die Liffey passierbar machte. Zur Abwehr der Iren befestigten die Ansiedler eine Fläche von zunächst 12 ha mit einem von Palisaden gekrönten Erdwall, den sie mehrfach erweiterten und um 1100 durch eine Steinmauer ersetzten. Auch verstärkten sie von Anfang an das Ufer der Liffey mit holzgestützten Aufschüttungen, um es zum Hafen herzurichten; Münzfunde erweisen Handelsverkehr mit Chester auf der britischen Insel und mit Nordwestfrankreich, Walroßzähne, Bernstein und Gefäße aus Seifenstein solchen mit Skandinavien. Seit der zweiten Hälfte des 10. Jahrhunderts öffneten sich die Dubliner dem Christentum ihrer irischen Feinde; König Sigtrygg IV. reiste im Jahre 1028 als Pilger nach Rom und gründete um 1030 einen Bischofssitz in Dublin mit der Kathedrale Christ Church. Seit 997 war eine Münzwerkstatt tätig; andere öffentliche Gebäude gab es in der Stadt nicht, ebenso wenig ein planmäßig angelegtes Straßennetz; von den wenigen Hauptstraßen gingen offenbar radial die Grundstücke aus, die man mit niedrigen Zäunen aus Pfählen mit Flechtwerk gegen einander abgrenzte. Sie waren mit mehreren Häusern aus Holz und Lehm bebaut, deren größte Ausmaße von 8 mal 5 m erreichten und als Wohnhäuser mit Werkstätten dienten. Die Bewohner verarbeiteten Bernstein, Leder, Knochen (zu Kämmen), Kupfer und Blei und waren als Schiffbauer, Zimmerleute, Drechsler, Böttcher, Grobschmiede,Töpfer, Spinner, Weber, Fischer und Landwirte tätig. Dieselben Grundstücks-, Haus- und Gewerbeformen und dieselben Beweise für das vielfältige handwerkliche Können der Einwohner sind in der Wikingerstadt York ans Licht gekommen.

Die wahrscheinlich größte, gewiß aber am besten bekannte unter den skandinavischen frühstädtischen Siedlungen ist Haithabu an der Schlei, dessen Geschichte bereits im 9. Jahrhundert beginnt und dessen mächtiger, halbkreisförmiger Wall mit 24 ha großem Innenraum noch heute erhalten ist. Die offene Seite der Stadt stieß an das Noor, einen Teil der Schlei, den man als Hafen benutzte und mit einer Seebefestigung gesichert hatte. In das Noor mündete ein geradlinig kanalisierter Bach, der die Achse eines planmäßig geordneten Straßennetzes bildete. Die Wege verliefen parallel zu ihm oder senkrecht auf ihn zu, und alle Bauwerke beachteten streng die damit gegebenen Baufluchten. Genau so sorgfältig war das Gelände durch Flechtwerkzäune parzelliert. Alle Häuser waren aus Holz, die tragenden Elemente vorzugsweise aus Eichenholz, errichtet; gelegentlich konnte in ihnen ein Stallteil nachgewiesen werden, nie dagegen eine auf Spezialisierung hinweisende Werkstatt; die vorgefundenen Abfälle sprechen eher für eine breit gefächerte Produktion der Bewohner, von denen jeder die verschiedensten Materialien verarbeitete. An einer Stelle fand sich ein Ensemble von 42 kreuz- und scheibenförmigen Modeln für Spangen und Gewandschließen, das von der kunstvollen Treib- und Gießtechnik eines Metallarbeiters und seiner Fähigkeit, bestimmte Muster in Serien anzufertigen, Zeugnis ablegt. Als Hafen dienten weit in das offene Wasser vorgebaute Schiffsbrücken und palisadenförmige Uferbefestigungen, an denen man die Schiffe im Schwimmen, ohne sie auf den Strand ziehen zu müssen, be- und entladen konnte. Zweifellos war die Stadt nicht nur Umschlagplatz im Fernhandel, sondern auch Nahmarkt für die ländliche Umgebung, in der Rodung und Besiedlung ständig fortschritten. Die Lage der zu 965 und 988 erwähnten Bischofskirche ist nicht bekannt. Die dänische Eroberung vom Jahre 1000, die den Bischof vertrieb, leitete einen langsamen Niedergang ein, der in völliger Verödung endete, als 1066 die Wenden die Stadt zerstörten. Die Siedler zogen um auf die Nordseite der Schlei, wo es vielleicht schon eine schützende dänische Königsburg gab und wo später die Stadt Schleswig lag. Eine Zeitlang werden beide Siedlungen, die vergehende und die wachsende, neben einander bestanden haben, getrennt von der Schlei und dem Danewerk, der dänischen Grenzbefestigung über der Wasserscheide zwischen Nord- und Ostsee. Spätestens um 1050 erhob sich bei dem Königshof in Schleswig der Dom; am Rande der Domfreiheit ist die älteste Fernhandelssiedlung zu suchen, die noch im 11. Jahrhundert (spätestens um 1075) eine eigene Pfarrkirche mit dem Seefahrerpatrozinium des heiligen Nikolaus erhielt. Hier konnte man einen Hafen am tiefen Fahrwasser anlegen, wie ihn die neuen Seeschiffe brauchten, die jetzt als Frachtfahrer die wikingischen Langschiffe ablösten und die bei mehr als verdoppelter Kieltiefe den Hafen im flachen Haithabuer Noor nur noch schwer anlaufen konnten. Dieser Umstand mag wesentlich dabei mitgespielt haben, daß ein

Wiederaufbau in Haithabu nach 1066 nicht mehr in Frage kam. Östlich des Domes, im Bereich des späteren Marktplatzes von Schleswig, auf der höchstgelegenen Stelle des Geländes, legte man bei einer Feldsteinkirche einen Friedhof an, der bis in den Beginn des 13. Jahrhunderts hinein belegt worden ist.

Der Bremer Domherr Adam, der um 1070 die erste erhaltene Beschreibung der Länder an der Ostsee verfaßte, erzählt, daß es in Jütland trotz dünner Besiedlung „sehr große Städte" gebe, und er erwähnt die Straße, die von Schleswig über Ålborg und den Limfjord zur Insel Wendel führte, von wo man zu Schiff nach Norwegen reiste. Vielleicht begünstigte die im Flachland seltene Möglichkeit, Wassermühlen anzulegen, die Fördeorte in Jütland, an den Südküsten der dänischen Inseln und in Schonen; die schonischen lagen häufig 2 bis 5 km landeinwärts an damals schiffbaren Gewässern, und viele tragen Ortsnamen mit dem Grundwort købing, das auf die Funktion eines Handelsplatzes hinweist: Hier trafen die größeren Bauern und der Landadel zu bestimmten, festgelegten Zeiten mit durchreisenden Fernkaufleuten zusammen, um Handel zu treiben, wenn sie nicht selber einmal Schiffe ausrüsteten und sich als Bauernkaufleute und Fernhändler betätigten. Die Vielzahl günstiger Häfen hatte zur Folge, daß diese Plätze nicht immer, und wenn, dann nur eine geringe Zahl dauernd ansässiger Einwohner anzogen; auf Schonen ist keiner von ihnen je zur Stadt geworden, andere sind später wieder verlassen worden und heute nur als namenlose Ausgrabungsstätten bekannt, so der große Platz auf Lindholm Høje am Nordufer und Bejsebakken bei Ålborg südlich des Limfjord, Okholm bei Ribe, zwei Siedlungen beim Ringwall Aggersborg am Limfjord und Brovold auf Alsen. Ein solcher Handelsplatz oder Købing lag an der Südspitze der innersten Flensburger Förde bei der St. Johanniskirche, von wo aus man entsprechende Hafenplätze an der Westküste erreichen konnte. Größer als diese Kaufstätten waren die zentralen Orte im Binnenlande, die als Thingplätze, als Bischofssitze und als Marktorte bei Königshöfen bedeutsam waren. Dazu gehörten Århus, eine Siedlung mit 4 bis 5 ha Fläche innerhalb eines dem Haithabuer ähnlichen Halbkreiswalles, Viborg, offenbar nur ein größeres Dorf, das zu bestimmten Zeiten Vorteil aus dem in der Nähe abgehaltenen Landesthing zog, wo aber König Knut der Große (1016–35) Münzen prägen ließ, der Königssitz Roskilde auf Seeland, den Adam als „sehr große Bischofsstadt" bezeichnet, und Lund in Schonen, wo König Knut um 1020 bei der Landesthingstätte eine größere Siedlung mit Münzatelier gründete und König Svend 1060/61 einen Engländer als Bischof einsetzte; am Nordrande von Lund wurde seit 1100 die heutige steinerne Domkirche aufgeführt. Bischöfe saßen im 11. Jahrhundert, außer in Schleswig und Lund, auch in Ribe, Århus, Viborg, Børglum, Odense und Roskilde. Von diesen Orten ist nur Børglum nicht zur Stadt geworden; die anderen haben nicht vom Fernhandel oder vom Verkehr an den Gerichtstagen, sondern von dem Bistum den entscheidenden Anstoß zur späteren Stadtwerdung empfangen. Nur hier treffen wir einen dem kontinentalen vergleichbaren Dualismus der Siedlungskerne an, wobei freilich der Bischofssitz nicht die Keimzelle, sondern sekundäres Element ist.

In den dünn besiedelten Siedlungskammern an den Fjorden Norwegens gab es zwar neben einander Kultplätze, Thingversammlungen und Jahrmärkte als periodisch funktionierende Verwaltungszentren, aber es fehlte gänzlich an Spezialisten, die als Priester, Richter oder Kaufleute von den Bauernhöfen abkömmlich gewesen wären und sich dort hätten ansiedeln können. Als Kerne für nichtagrarische Siedlungen kamen daher allein Königs- und Bischofshöfe in Frage; nur sie konnten bewirken, daß sich die verschiedenen Zentralfunktionen an einem Orte bündelten und Kontinuität gewannen, wie umgekehrt ihre Herren der werdenden Städte bedurften, um darauf ihre weltliche und geistliche Macht zu stützen. Diese Entwicklung kam indes erst in der zweiten Hälfte des 11. Jahrhunderts in Gang, zuerst wohl in Drontheim, wo es neben einander die Thingstätte Frosta im inneren und die Kaufstätte Kaupang im äußeren Fjordbereich und dazu einen Herrensitz an der Einmündung des Nid (Nidar-os) in den Fjord gab. Die Könige Olaf Tryggvason (995–1000) und Olaf der Heilige (1015–30) vertrieben die Jarle von Nidaros aus der Herrschaft und begründeten am Flußhafen einen Marktort mit Königshof und Kirche. Der bereits 1031 heiliggesprochene Olaf, einer der bekanntesten und meistverehrten Heiligen Nordeuropas, wurde in der Kirche beigesetzt und machte den Ort seit der Mitte des 11. Jahrhunderts zum Ziel des Pilgerverkehrs. Spätere Könige fuhren fort, das Gelände am Nid für die Bebauung zu parzellieren und neue Königshöfe und Kirchen zu errichten; seit der Mitte des 11. Jahrhunderts ließen sie hier Münzen schlagen. Noch vor 1100 legten sie den Grundstein für die im romanischen Stil aufgeführte Kathedrale (die erst im 13. Jahrhundert und im gotischen Stil vollendet wurde). Um 1070 bezeichnete Adam von Bremen Drontheim als Bischofsstadt und Metropole mit Schiffsverbindungen nach Dänemark und Viken, der Landschaft am Oslofjord. Es ist nicht unwahrscheinlich, daß sich auch Handwerker ansiedelten und einen ständigen Markt ins Leben riefen, so daß wir es nun mit einer Stadt zu tun haben, freilich einer Stadt, der das auf dem Kontinent wichtige Merkmal der Befestigung fehlte. Dasselbe mag für Oslo und Bergen gelten, wo die Könige vor 1100 neue Bistümer einrichteten. In Bergen war dem Ufer des Fjords Vågen ein flacher Sandstrand von 25 bis 30 m Breite vorgelagert, den man um die Mitte des 11. Jahrhunderts mit Aufschüttungen zu überbrücken begann, um einen Hafen für schwimmende Schiffe zu gewinnen; es ist der Anfang der später berühmten Bergener Brücke, deren Gassen sich zum Zentrum des norwegischen Fernhandels entwickeln sollten. Späte Überlieferung berichtet von einer königlichen Stadtgründung um 1070, als bereits viele ausländische Kaufleute hierherkamen. Zuverlässige Zeugnisse für das Bestehen eines königlichen, kirchlichen und wirtschaftlichen Zentrums setzen erst unter König Eysteinn Magnússon (1103–23) ein. Eine ähnliche frühstädtische Entwicklung mag vor Beginn des 12. Jahrhunderts auch in Konghelle sowie in Borg (Sarpsborg in Østfold) und in Tønsberg (im Vestfold) beiderseits der Mündung des Oslofjord, auch bald nach 1100 in Stavanger eingesetzt haben.

Ganz unwahrscheinlich ist, daß es die schwedischen Handelsplätze in dieser Zeit zu einem städtischen Erscheinungsbilde und zu städtischen Lebensformen brachten; vermutlich blieben es Ansiedlungen von Bauern mit gewerblicher Nebentätigkeit, wo gelegentlich Fernhändler zusammentrafen. Marktplätze und Befestigungen sind nirgendwo nachgewiesen. Von Skara in Westgötaland berichtet Adam von Bremen, es sei im 11. Jahrhundert Bischofsstadt gewesen; nach dem bisher geborgenen archäologischen Fundgut erscheint dies als sehr übertrieben. Fernhandelsplätze waren Köpingsvik auf Öland und die Siedlung am Påviken (bei Västergarn, 30 km südlich von Visby), vielleicht auch Eketorp auf Gotland, das nach langer Unterbrechung am Ende des 10. Jahrhunderts erneut besiedelt wurde. In Köpingsvik befand sich ein Wohnplatz mit Hafen, wo auch Metall und Knochen verarbeitende Handwerker und ein Kalksteinschleifwerk ansässig waren. In der Ringmauer bei Eketorp schütteten neue Ansiedler die wüste Fläche hochwasserfrei auf und bebauten sie an radialen Gassen um einen zentralen Marktplatz. Vielleicht waren es schutzsuchende Bauern, die sich hier niederließen und in Verbindung mit der Heringsfischerei allmählich Gewerbe und Handel entwickelten, denn vor der Mauer entstand ein Handwerkerquartier mit Schmiedewerkstätten. Das Fundgut bezeugt Fernhandel mit der südlichen Ostseeküste; bemerkenswert ist die Menge von Ohrringen, Beschlägen für Riemen und Schwertscheiden und anderen Dingen slavischer Herkunft, bei denen unklar ist, ob sie importiert oder von slavischen Eroberern an Ort und Stelle hergestellt wurden. Ihre Blütezeit erlebte die rätselhafte Siedlung im 12. und 13. Jahrhundert. Der Grundriß der Siedlung am Påviken, einem der besten Naturhäfen auf Gotland, ist noch nicht bekannt. Verschiedene Handwerker waren hier ansässig; Funde an Münzen, Hacksilber und Gewichten aus Bronze und Blei zeugen von lebhaftem Fernhandel, der außer dem Eisen für die zahlreichen Schmieden des Platzes Buntmetalle, Bernstein, Glasgefäße und Mosaiksteine als Rohmaterialien für eine Glashütte herbeischaffte. Mit der Wende des 10. Jahrhunderts brechen die Funde ab, vielleicht weil nun der Aufstieg von Visby begann, dessen Stätte seit dem 11. Jahrhundert bewohnt worden ist; indes für ein städtisches Leben zu dieser Zeit fehlen doch noch die Beweise.

Im Zentrum des Königreichs Schweden am Mälarsee blieben die alten, auf Inseln vor dem Südufer gelegenen Verkehrszentren Helgö und Birka bis in diese Zeit hinein tätig. Die Werkstätten auf Helgö verarbeiteten importierte Edelmetalle, Bronze und Eisen für einen überregionalen Kundenkreis, wie tausende von Gußformen und Schmelztiegeln am Orte und die Verbreitung der Erzeugnisse rund um den Bottnischen und den Finnischen Meerbusen beweisen. In Birka wurde noch am Anfang des 10. Jahrhunderts eine neue Landungsbrücke gebaut, und Adam pries den Ort noch um 1070 als Bischofsstadt und Metropole Schwedens und als sicherste Stadt des Landes mit Schiffsverbindungen nach allen Küsten der Ostsee, aber der Platz war im Verfall begriffen und verlor auch seine politische Zentralität, und zwar an Sigtuna, eine Stätte am Skarven, dem nördlichen Seitenfjord des Mälar, dessen Südufer nun verödete. Das Zentrum Schwedens wanderte dorthin, wo sich der Exporthandel mit Uppland bündelte und wo daher schon König Olaf um das Jahr 1000 die erste und einzige, freilich nicht dauerhaft tätige Münzstätte Schwedens einrichtete. Die Bebauung des Platzes und die Anwesenheit von Handel und Handwerk sind seit dem 11. Jahrhundert nachweisbar, und seit etwa 1060 befand sich hier, in Sigtuna, auch der zentrale Bischofssitz Schwedens. In unmittelbarer Nähe lag ein Königshof, in weiterer Entfernung der immer noch tätige heidnische Kultmittelpunkt Uppsala. Seit dem Beginn des 11. Jahrhunderts unterhielt der König ferner an der Einmündung des Mälar in die Ostsee, im Bereich des heutigen Schlosses von Stockholm, eine Burg. Mehr als Ansätze zur Urbanisierung sind demnach für Sigtuna nicht feststellbar, auch wenn Adam um 1070 bereits von einer „sehr großen Bischofsstadt“ schwärmte.

Wie in Skandinavien, so setzte sich in den slavischen Ländern die Entwicklung fort, deren Anfänge sich bereits in der karolingischen Zeit beobachten ließen. Unter den vielen tausend Burgwallanlagen, die als Fluchtburgen und Herrensitze die Zentren kleinräumiger Siedlungsinseln in den unermeßlichen Ebenen Ostmittel- und Osteuropas bildeten, entwickelten sich diejenigen, deren Lage im Schnittpunkt wichtiger Fernstraßen sie zu Zentren weiterer Räume bestimmte, zu Ansiedlungen mit erkennbar nicht mehr rein agrarischem Wirtschaftsleben. Die Bedürfnisse und die Versorgung des Burgherrn und seiner Leute ließ vor solchen Burgen zunächst offene, später dann auch in die Befestigung als Vorburgen einbezogene Niederlassungen von Handwerkern entstehen, die offenbar unmittelbar vom Herrn mit Lebensmitteln, Rohstoffen und sonstigem Bedarf versehen wurden und umgekehrt den Herrn und seine kriegerischen Gefolgsleute unmittelbar mit ihren Produkten belieferten, ohne daß der Umsatz auf einem Markt und die Vermittlung von Kauf und Verkauf durch Händler dazwischengeschaltet gewesen wären. Denn Marktplätze sind in diesen Burgstädten in der Regel nicht vor dem Ende des 11. oder gar erst im 12. Jahrhundert nachweisbar. Darin besteht eine enge Verwandtschaft mit dem skandinavischen und ein scharfer Gegensatz zum alteuropäischen Städtewesen, das sich in dieser Zeit, wie wir gesehen haben, im deutschen Reich bis zur Elbe und Leitha ausdehnte. Das Hinzutreten einer Markt- und Kaufleutesiedlung als dritten Elements neben Herrenburg und Gewerbe- oder Dienstsiedlung läßt sich einigermaßen deutlich nur in Prag und Altlübeck beobachten.

Unter den Slavenstämmen in Böhmen und Mähren setzten sich im Verlauf des 10. Jahrhunderts die in Mittelböhmen siedelnden Tschechen als führende Macht durch, und damit begann der Aufstieg der Fürstenburg der Přemysliden in Prag zum politischen Zentrum des Landes. Hier lagen an einer wichtigen Furt der Moldau im Süden am rechten Ufer der Felskegel des Wyschehrad und im Norden am linken Ufer der Felsrücken des Hradschin, die beide zur Befestigung geeignet waren. Die böhmischen Herzöge residierten (bis 1140) auf dem Wyschehrad, wo Wratislav I. (1061–92), der seit 1085 die Königskrone trug, eine steinerne Burg mit einstöckigem Palast und mehreren Kirchen errichtete. Der Hradschin dagegen war seit der ersten Christianisierung des Landes zur Kirchenburg geworden; schon in der zweiten Hälfte des 9. Jahrhunderts hatte man hier eine Marienkapelle erbaut, um 915 folgte die dreischiffige Basilika St. Georg, zu der seit 973 ein Benediktinerinnenkloster gehörte, und von 926 bis 930 kam die Rundkirche St. Veit hinzu. Für die Herausbildung eines gesamtböhmischen Staatsbewußtseins erlangte der gewaltsame Tod Herzog Wenzels um 929/35 entscheidende Bedeutung, den die Přemysliden als Martyrium deuteten; bereits seit dem 10. Jahrhundert ist der Prager Wenzelskult bezeugt. Im Jahre 973 wurde der Hradschin zum Bischofssitz, zu dessen Ehren Wratislav I. einen neuen steinernen Dom, den romanischen Vorgängerbau des heutigen Veitsdoms, errichten ließ. Bei den beiden Burgen entstanden die üblichen Handwerker- und Dienstsiedlungen; schon für das 10. Jahrhundert ist auch die Anwesenheit reisender Fernhändler aus Krakau und Ungarn bezeugt, so daß mit einem Platz für Jahrmärkte zu rechnen ist, aber da es bisher keine Münzfunde gibt, ist es unwahrscheinlich, daß Kaufleute bereits fest ansässig geworden wären. Im Lande selbst benutzte man Stücke locker gewebten feinsten Tuches als Wertmesser, mit dessen Hilfe man die getauschten Güter verrechnete. Erst Herzog Wratislav, der spätere König, begann damit, deutsche Kaufleute anzusiedeln, so daß im letzten Drittel des 11. Jahrhunderts zu dem Komplex der Burgen und Dienstsiedlungen als drittes Element eine Markt- und Fernhändlersiedlung hinzutrat. Spätestens jetzt dürfte auch die jüdische Gemeinde entstanden sein, die zu einer der bedeutendsten im östlichen Europa aufsteigen sollte.

In Altlübeck leitete der Burgherr denselben Schritt seit 1090 ein. Der Platz an der Trave, 6 km unterhalb der heutigen Stadt Lübeck, gehört zu den Burgstädten an der Ostseeküste, die Anschluß an die nord- und osteuropäischen Wasserwege besaßen. Als Landesmittelpunkt war er Nachfolger der alten Hauptburg der Wagrier beim heutigen Oldenburg in Holstein, die zwar geschützt im Binnenlande, aber an einer sundartigen Seenkette gelegen und daher auch für Seeschiffe erreichbar war. Bis zu 18 m erheben sich noch heute die Außenböschungen der mächtigen Wallruine über diese seit langem verlandete Niederung. Die Anlage bestand aus einer rundovalen Kernburg mit vorgelagerter Vorburg auf einer Gesamtfläche von 4,5 ha; im Norden könnte sich eine weitere, schwächer befestigte Vorburgsiedlung angeschlossen haben. Es unterstreicht die Zentralität des Ortes, daß König Otto I. hier um 940/48 ein Bistum errichtete, dessen Bischöfe freilich seit 983 außer Landes residieren mußten. Der Standort der Bischofskirche ist nicht bekannt. Die Burg Altlübeck trat im 11. Jahrhundert als Sitz eines slavischen Stammeskönigtums hervor, wie es die ältere Zeit nicht gekannt hatte. Der in fränkische Zeit zurückreichende Burgwall scheint im Jahre 1002 ausgebessert worden zu sein; seitdem war er besiedelt, obwohl man Schwierigkeiten hatte, ihn nachhaltig trockenzulegen. Seit 1090/93 nahm Fürst Heinrich (1090–1127) einen weiteren Ausbau vor, in dessen Verlauf er nicht nur Wohngebäude für sich selbst und die Burgbesatzung und vielleicht eine Münzstätte, sondern auch im Zentrum des Burgwalls eine aus Feldsteinen erbaute Kirche aufführen ließ. Vor der Burg war bereits vorher eine Ansiedlung von Handwerkern entstanden, in der Drechsler, Böttcher, Knochen- und Lederarbeiter und Eisenschmiede nachgewiesen sind. Zur Zeit des Fürsten Heinrich aber und gewiß nicht ohne sein Zutun bildete sich auf dem gegenüberliegenden Ufer der Trave, also deutlich von der Handwerker- und Dienstsiedlung abgesetzt, nämlich dort, wo der von Bardowick und aus dem Herzogtum Sachsen herkommende Landweg an das Fahrwasser stieß, eine Kaufmannssiedlung, die möglicherweise sogar befestigt war. Seit dem Ende des 11. Jahrhunderts zeigte sich Altlübeck als eine mit Prag vergleichbare dreiteilige Burgstadtanlage mit einer Fläche von etwa 5,5 ha.

Ein Sonderfall unter den Seestädten und vielleicht auch deswegen schließlich nicht überlebensfähig war die schon seit dem 9. Jahrhundert befestigte Gewerbesiedlung Wolin, die jetzt die Blüte ihres Wirtschaftslebens durchlief: denn sie entbehrte auch weiterhin einer Herrenburg. Daher gehört sie insofern eher zur Gruppe der skandinavischen Frühstädte als zu den slavischen Burgstädten. Die Bebauung des Zentrums verdichtete sich so weit, daß die Gänge zwischen den Häusern verschwanden und die Gebäude Wand an Wand zusammenrückten. Nicht viel weniger dicht war die nördliche Vorstadt mit Werkstätten, Grubenhäusern, Räucherkammern für Fisch und Abfallgruben bebaut; hier wurden Eisen, Horn und Buntmetalle verarbeitet, und es liefen Münzen aus Haithabu um: Eine eigene Münzstätte besaß die Siedlung offenbar nicht. Der südlichen Vorstadt zugewandt, entstand vor der Stadt seit dem Beginn des 10. Jahrhunderts ein Kultplatz, der später auch einen Tempel erhielt. Seit der Mitte des 11. Jahrhunderts machten sich Anzeichen von Verfall bemerkbar, wohl weil der entstehende polnische Staat das Hinterland einengte; als bloße Fernhandelsstadt, ohne politische Zentralität, war Wolin auf die Dauer nicht entwicklungsfähig und dem benachbarten Stettin oder dem in ähnlich günstiger Lage an der Weichselmündung gelegenen Danzig unterlegen.

Danzigs Geschichte begann um 980, als ein vom polnischen Herrscher abhängiger Fürst auf einer Insel in der Einmündung der Mottlau in die Weichsel eine Burg anlegte, vor der er das südliche und westliche Ufer zum Hafenanleger ausbaute. Vor der Burg ließen sich Handwerker nieder; wenigstens neun Gewerbe: Goldschmiede, Gerber, Schuhmacher, Schmiede, Töpfer, Drechsler, Zimmerleute, Böttcher und Bootsbauer, sind nachgewiesen, ebenso ein begrenzter Fernhandel nach Osten (Kiew, Ruthenien) und Westen (Rheinland). Im Jahre 997 kam Bischof Adalbert von Prag mit Unterstützung des Herzogs von Polen hierher, um den Slaven und Preußen das Evangelium zu predigen. Auf kleinen Parzellen, auf 2 ha Fläche wurden über 200 Häuser gefunden, erhoben sich die manchmal mit Verkaufsläden ausgestatteten Wohn- und Gewerbehäuser. Im vierten Jahrzehnt des 11. Jahrhunderts begann ein gewisser Verfall, und viele Bodenparzellen änderten ihre Begrenzung. Erst zu Beginn des 12. Jahrhunderts waren die Verhältnisse so weit geordnet, daß die Grundstücksgrenzen dauerhaft bestanden. Von Markt und Münze erfahren wir nichts. Es ist daher unwahrscheinlich, daß in Danzig freie Marktleute und Händler dauernd ansässig waren.

Im Gegensatz zu den seenahen Plätzen spielten die Burgen des Binnenlandes im Fernhandel nur eine geringe Rolle. Im Elbe-Havel-Gebiet, wo die Fürstenburgen Havelberg und Brandenburg von 948 bis 983 Bischofssitze waren, wo aber im Jahre 983 die Flächenstaatsbildung plötzlich abbrach, bildeten sich zwar vielerorts gewerbliche Suburbien, aber keines von ihnen erreichte überlokale Bedeutung. Anders war es an der Oberelbe, wo die Deutschen im Jahre 929 die Burg Meißen gegründet hatten und sich auf ihr auch über das Jahr 983 hinweg behaupteten. Wir haben es hier nicht mit einer slavischen Burgstadt, sondern mit dem östlichsten Vorposten des westeuropäischen Städtewesens zu tun. Ungeklärt ist, ob die gewerblichen Vorburgsiedlungen zwischen Elbe und Oder und in Pommern in einem engeren organisatorischen Verhältnis zu den Fürstensitzen standen, derart, daß sie direkt zum Unterhalt eines Herrschaftssystems dienten, wie es zu dieser Zeit in den benachbarten Ländern Polen, Böhmen und Ungarn bestand, wo die Archäologen sich angewöhnt haben, von Dienstsiedlungen zu sprechen, wenn es um die Handwerkersiedlungen bei den Burgen geht. Denn hier kommen uns seit dem 11. Jahrhundert schriftliche Nachrichten über spezialisierte Handwerker als fürstliche Dienstleute und dazu eine Reihe von Ortsnamen, die deren Berufsbezeichnungen enthalten, zu Hilfe, um zu erhellen, daß solche Dienstsiedlungen typisch waren für die Verwaltung des Großgrundbesitzes jener Fürstenhäuser, die jetzt die ersten Flächenstaaten in Ostmitteleuropa gründeten: der Piasten in Großpolen an mittlerer Oder und Warthe, der Přemysliden in Böhmen und der Arpaden in Ungarn. Deren Burgen waren Mittelpunkte von Krongutbezirken mit abhängigen Dörfern, die zur Versorgung der Zentren und ihrer Besatzungen mit speziellen agrarischen und gewerblichen Erzeugnissen: Lebensmitteln, Waffen, Geräten und Kleidungsstücken, verpflichtet waren, und die Folge war, daß die Fürsten die wichtigsten gewerblichen Spezialisten in Ansiedlungen unmittelbar vor ihren Burgen konzentrierten.

Den Mittelpunkt des ersten polnischen Reiches bildete die bis ins 8. Jahrhundert zurückreichende Burg Gnesen, deren bis 10 m hohe Wälle eine Fläche von 0,8 ha beschützten. An sie lehnte sich eine fast ebenso große Vorburg an, vor der sich eine offene, locker bebaute Siedlung bildete. In der zweiten Hälfte des 10. Jahrhunderts errichtete Herzog Mieszko I. (963–992) in der Hauptburg eine Rundkirche St. Georg; sein Sohn Boleslav I. (992–1025) gründete im Jahre 1000 in Anwesenheit Kaiser Ottos III. das Erzbistum Gnesen, dessen Kathedrale er über dem Grabe des Preußenmissionars Adalbert an der Stelle eines heidnischen Heiligtums in der Vorburg errichtete. Die dabei aus der Vorburg verdrängten Bewohner wichen in die offene Siedlung aus, die nun auch mit Wällen und Palisaden befestigt wurde; an sie lehnte sich später eine weitere, alsbald ebenfalls umwallte Vorburg an, so daß der ganze Komplex schließlich bis zu 6 ha an Fläche erreichte. Im Osten und Süden schützte die Niederung des Bächleins Srawa die Burg; jenseits davon entstand auf einer Anhöhe seit dem 10. Jahrhundert eine offene Gewerbe- und Handelssiedlung, an deren Fernhandel Funde von angelsächsischen, deutschen, böhmischen und arabischen Münzen erinnern. Ein Marktplatz ist nicht nachgewiesen; eine eigene Münzstätte erhielt Gnesen erst nach 1138. Denn als im Jahre 1039 Herzog Břetislav von Böhmen die Burg eroberte und die Adalbert-Reliquien nach Prag entführte, verlor der Platz seine Stellung als Herrschaftsmittelpunkt an Krakau, die Hauptstadt von Kleinpolen.

Ähnliche Siedlungskomplexe, die sich aus den drei Elementen Burg, Vorburg und offene Gewerbe- oder Dienstsiedlung zusammensetzten, gab es in Stettin, das nun Wolin abzulösen begann, in Posen, Glogau, Breslau, Oppeln, Krakau, Sandomir, Kruschwitz und anderswo; es wuchs ein Netz von 50 bis 100 Burgen heran, dessen große Zentren 50 bis 70 km voneinander entfernt waren und in halber Distanz noch Raum für Nebenzentren ließen. In Oppeln ist eine Gewerbe- oder Dienstsiedlung mit rechtwinklig gekreuzten, holzbefestigten Straßen und 160 Häusern aufgedeckt worden, die 800 bis 1000 Bewohner beherbergt haben mag. Die Burgenorganisation schob sich vom Westen her, wo die zusammen mit Gnesen errichteten Bistümer

Kolberg, Posen, Breslau und Krakau lagen, allmählich nach Osten vor; erst um 1075 entstand das an der Weichsel gelegene Bistum Plock für das jenseits des Stromes gelegene Land Masowien. Die Fürsten Kasimir I. (1034–58) und Boleslav II. der Kühne (1058–81), der seit 1076 die Königskrone trug, verlegten das Staatszentrum von der Warthe nach Kleinpolen an der oberen Weichsel mit Krakau als neuer Hauptstadt, unter deren Burg, dem Wawel, nun eine Reihe von Vorburgen mit zahlreichen Kirchen entstand. Boleslav dem Kühnen gelang es auch, eine beständige Münzprägung in Gang zu setzen, nachdem ein erster Anlauf (in Gnesen?) seit 980 um 1010 wieder zum Erliegen gekommen war. Erst jetzt nahm das kommerzielle Leben in den Gewerbe- und Dienstsiedlungen allmählich zu, doch bleibt es merkwürdig, daß Marktplätze und Marktanlagen bisher ebenso wenig wie die seit dem 12. Jahrhundert als Stätten des Handels erwähnten Gasthäuser archäologisch nachgewiesen werden konnten. Die freie Warenproduktion für den Verkauf auf dem Markte konnte offenbar noch bis in den Anfang des 12. Jahrhunderts hinein nicht diejenige Intensität erlangen, die erforderlich gewesen wäre, um eigene Siedlungskerne ins Leben zu rufen. Märkte gehörten im binnenländischen Polen nicht zu den Siedlungselementen, aus denen sich die Burgstädte zusammensetzten. Dem entspricht es, daß die polnische Sprache das Wort gród, das eigentlich die Burg bezeichnete, auch dafür benutzte, den gesamten frühstädtischen Komplex zu benennen. Marktverkehr und marktgebundenes Gewerbe gehörten noch nicht zu dessen wesentlichen Merkmalen.

Dasselbe scheint in Ungarn der Fall gewesen zu sein. Was uns hier an frühen Städten begegnet, knüpft an die Burgen an, mit deren Hilfe König Stephan I. (997–1038) die Macht der Stämme und ihrer Großen brach und eine straffe Verwaltung der Krongüter und der im Burgbezirk ansässigen königlichen Leute organisierte, und zwar in enger Zusammenarbeit mit den Kirchen, die er in den Burgen derart ansässig machte, daß jeder Burgbezirk oder Komitat einem Erzdekanat entsprach. Der Schwerpunkt der Königsmacht lag im Westen des Reiches in dem großen Donauknie; hier erhoben sich die Residenz- und Bischofsstädte Gran, Stuhlweißenburg und Raab, und hier lag die Mehrzahl der Burgen, in denen bereits König Stephan I. weitere Bistümer und Stiftskirchen gründete, nämlich Fünfkirchen, Veszprém, Waitzen und Kalocsa. In der auf einem Felsen über der Donau gelegenen Burg Gran (Esztergom) hatte schon Stephans Vater Fürst Geza (970–997) neben einer Stephanskirche seinen Palast erbaut, und hier empfing Stephan am 1. Januar 1001 die Königskrone und richtete er das erste Erzbistum Ungarns ein, das noch vor 1010 in der Burg seine Kathedrale erhielt. Unter der Burg an der Donau befand sich auf erzbischöflichem Grund und Boden eine Gewerbe- oder Dienstsiedlung; einige 100 m flußabwärts ließen sich am Ende des 11. Jahrhunderts lombardische und wallonische

Zuzüglinge nieder, deren sich die Könige und die Großen als Bauhandwerker und Händler bedient haben mögen. Ob sich in der Residenz auch das Münzatelier befand, das der König seit 1001 unterhielt, ist unbekannt; die Gepräge dürften eher dem Geldverkehr der Großen für Viehkauf, Sold und Mitgift, den im übrigen die zahlreich umlaufenden byzantinischen Münzen befriedigten, als städtischem und gewerblichem Marktverkehr gedient haben. In Stuhlweißenburg (Székesfehérvár) gründete Stephan im Jahre 1018 als königliche Eigenkirche die Basilika St. Marien, die er als Krönungskirche, Schatzhaus und Hofkapelle nutzen wollte, denn sie verwahrte ähnlich wie die Klosterkirchen von Saint-Denis in Frankreich und von Westminster in England und wie der Dom zu Speyer in Deutschland die Reichskleinodien. In der darüber gelegenen Höhenburg bei der Kirche St. Peter dürfte Stephan auch einen Palast errichtet haben; befestigt wurde sie erst anläßlich des Aufstandes heidnischer Königsgegner im Jahre 1063. Seit der Kanonisierung König Stephans 1093 wurde die Marienkirche zum Wallfahrtsziel. Vor dem nördlichen und westlichen Burgtor entstanden an den Ausfallstraßen die notwendigen Gewerbesiedlungen, in denen vielleicht ebenso wie in Gran seit der zweiten Hälfte des 11. Jahrhunderts regelmäßige Wochenmärkte stattfanden. Zu Beginn des 12. Jahrhunderts mag die Stadt 3200 bis 3800 Einwohner gezählt haben. Ähnlich sahen die etwa fünfzig anderen Burgen aus, auf die Stephan seine Herrschaft stützte; es waren geräumige, auf Anhöhen gelegene Festungen mit Kirche, Palast und Lagerhäusern, vor denen sich dörfliche Vororte für die königlichen und kirchlichen Grundherrschaften bildeten. Im Rahmen eines königlichen Fronhofsverbandes entstanden auch die weitverstreuten Siedlungen bei den drei Donauübergängen von Buda und Pest; die Pester wird schon im 11. Jahrhundert als Hafensiedlung bezeichnet, und der Teilsiedlung Felhéviz am anderen Ufer verlieh König Geza I. (1074–77) einen Markt, der alsbald das Wachstum von Buda anregte.

Aus dem Kernraum westlich der Donau heraus breitete sich das ungarische Burgstadtwesen erst weiter nach Norden und Osten aus, nachdem eine lange Zeit voller Thronkämpfe und deutscher Einmischungen überstanden war und in Ladislaus I. (1077–95) und Koloman (1095–1116) wieder tatkräftige Herrscher ans Ruder gekommen waren. Unter ihnen erhöhte sich die Zahl der Komitatsburgen von 45 auf 72 und kam die kirchliche Organisation in zwölf Bistümern zum Abschluß. Die ungarische Besiedlung rückte nun gegen die Karpatenpässe von der Slovakei bis nach Siebenbürgen vor, deren Defilés man sichern mußte, um sie gegen die östlichen Reitervölker zu sperren. Gewiß hatte schon König Stephan unter diesem Gesichtspunkt die Kirchenburgen Preßburg und Neutra gegen die mährischen, Erlau gegen die polnisch-galizischen und Bihar (Großwardein) und Csanád gegen die siebenbürgischen Pässe vorgeschoben. Ladislaus drang bis nach Siebenbürgen vor; hier gründete er Weißenburg, dessen von sächsischen Bauhandwerkern um 1100 begonnene romanische Michaelskapelle heute das wichtigste Baudenkmal des hochmittelalterlichen Siebenbürgen bildet. Im Süden überschritt König Ladislaus die alte Landesgrenze auf der Wasserscheide zwischen Drau und Save, indem er sich nach dem Tode seines Schwagers König Zwojnimir von Kroatien die Landschaft Slavonien bis zur dalmatinischen Grenze hin unterwarf und sie in 15 Burgbezirke einteilte. Ohne auf den Erzbischof von Split als Primas von Kroatien und auf das erst um 1040 errichtete Bistum Knin Rücksicht zu nehmen, gründete er bei der kroatischen Burganlage auf dem Berge Grič bei Zagreb, die den Übergang der Fernstraßen nach Aquileja und Zadar über die Save sicherte, ein Bistum, das er dem Erzbischof von Gran unterstellte. Sein Nachfolger Koloman erwarb 1102 dazu die Herrschaft über das nördliche Dalmatien, kraft deren ihm 1105 die Städte Zadar, Trogir und Split die Huldigung leisteten; diese Seestädte vermochte das binnenländische Königtum allerdings nicht zu behaupten: Nach Kolomans Tode gingen sie alsbald (1118) an Venedig verloren, ohne spürbare Einflüsse Italiens auf das ungarische Städtewesen zu vermitteln. Es läßt sich vermuten, daß bei allen neuen Bischofs- und Grafenburgen agrarische und gewerbliche Dienstsiedlungen entstanden. Über Märkte erfahren wir nichts. Obwohl König Geza I. (1074–77), um jüdische Kaufleute fernzuhalten und die Sonntagsruhe zu sichern, in jedem der fünfzig Komitate Ungarns die Märkte am Samstag abzuhalten gebot und sogar Preise festsetzte, ist es unwahrscheinlich, daß schon im 11. Jahrhundert überall regelmäßige Wochenmärkte entstanden, zumal Juden erst infolge der vom ersten Kreuzzug veranlaßten Verfolgungen in größerer Zahl aus Böhmen und Deutschland nach Ungarn kamen. König Koloman unterstellte sie der Aufsicht der Bischöfe und gestattete ihnen nur, sich bei Bischofsburgen niederzulassen. Eher haben wir mit jährlichen Pferde- und Viehmärkten der Grundbesitzer und Krieger zu rechnen, deren strafrechtlichen Schutz König Ladislaus ausdrücklich regelte.

Seit sich die Ungarn gegen die Anhöhen der Karpaten vorschoben, gewannen sie genau so wie die Polen östlich der Weichsel an den Flüssen Wieprz und Wisloka eine gemeinsame Grenze mit dem russischen Reich von Kiew, das im übrigen durch weite städtelose Räume im Süden vom Schwarzen Meer und im Nordwesten von der Ostsee getrennt war. Die estnische Siedlung, die zu dieser Zeit an dem seit alters von Schiffern und Händlern benutzten natürlichen Hafen des späteren Reval entstand und von einer Höhenburg auf dem späteren Domberg beschützt wurde, besaß ebenso wenig wie die slavischen Dienstsiedlungen, mit denen sie verglichen werden kann, bereits einen Markt und damit städtisches Wirtschaftsleben. Betreten wir nun das russische Reich selber, so verstärkt sich bald der Eindruck nicht nur weiter Entfernung von Europa, sondern auch zunehmenden Zurückbleibens hinter oder Abweichens von der europäischen Entwicklung. Erreichte schon bei den westslavischen Völkern und den Ungarn der Landesausbau nicht die im Westen übliche Intensität und Bevölkerungszunahme, so verzichtete das russische Fürstentum völlig darauf, seine Macht auf Kolonisation und Ansiedlung von Königsleuten zu stützen; in dieser Hinsicht ist es mit keinem der abendländischen König- und Fürstentümer vergleichbar, sondern nur mit denen der Byzantiner und der Normannen, die den Griechen in Unteritalien nachfolgten. Statt dessen blieben die russischen Fürsten dabei, ihre Herrschaft auf ein System von Burgen zu gründen, von denen aus sie die Tribute der unterworfenen Slaven einzogen und das auf die Verkehrsachse von Novgorod nach Kiew ausgerichtete Handelssystem sicherten, mit dessen Hilfe sie das Gewonnene verwerteten. In seiner Schrift von 948/52 über die Verwaltung seines Reiches teilt der griechische Kaiser Konstantin VII. mit, die Großen und alle Russen pflegten alljährlich im November von Kiew auszuziehen, um diese Tribute einzutreiben, und erst im Frühjahr kehrten sie in ihre Hauptstadt zurück. In den Quellen des 11. Jahrhunderts treten die Tribut- und Verwaltungsbezirke hervor, die die Dynastie den zentralen Burgen und Handelsplätzen beigelegt hatte und an denen sie nun ihre Reichs- und Herrschaftsteilungen derart orientierte, daß dem Senior und Großfürsten stets Novgorod und Kiew reserviert blieben, innerhalb der Bezirksländer aber bald weitere Erbteilungen aufkamen – zu einer Zeit, wo man in Mittel- und Westeuropa längst zur Primogeniturerbfolge als sicherer Stütze der Staatseinheit übergegangen war.

Diese dem Abendlande fremde, weil nicht auf Landesausbau, sondern auf bloße Tributherrschaft gerichtete Staatsform verbündete sich mit einer ebenfalls dem Abendlande fremden Religiosität, als sich trotz längerer, aber wohl unergiebiger Kontakte zur deutschen Kirche Fürst Wladimir im Jahre 988 dazu entschloß, das griechisch-orthodoxe Christentum des byzantinischen Reiches anzunehmen. Es war eine unvermeidliche Entscheidung, zumal sich die Russen in dieser Zeit nur mit Mühe den Großmachtsbestrebungen des katholischen Polen widersetzten, ohne doch verhindern zu können, daß sich Fürst Boleslav I. im Jahre 1018 mit Unterstützung des deutschen Kaisers Heinrich II. vorübergehend in den Besitz von Kiew setzte und 1019 die Czerwiner Burgen an der Westgrenze Wolhyniens annektierte. Das einst als hellenistische Religion in die Welt eingetretene Christentum war in seinem Ursprungslande, dem griechischen Reiche, bereits vor einem halben Jahrtausend in einer so vollkommenen Symbiose mit der griechisch-römischen Kultur und Staatsform verwachsen, daß eine Fortbildung und Assimilation an die einfacheren Verhältnisse des Nordostens, vergleichbar mit derjenigen, die das lateinische Christentum im Frühmittelalter den romanisch-germanischen Nationen gestattet hatte, nicht mehr möglich war. Die Russen mußten eine auf komplizierten Grundlagen fertig ausgebildete Religion übernehmen, die sie sich selbst dann schwerlich hätten innerlich aneignen können, wenn sie das Griechische, die Sprache der christlichen Offenbarung, in derselben Weise als Kirchensprache übernommen hätten, wie es die Germanen einst mit dem Lateinischen getan hatten. Dies aber unterblieb. Man übernahm als Kirchensprache die altslavische Sprachform, die im 9. Jahrhundert die Slavenapostel Kyrill und Methodios geschaffen und mittels einer eigenen, dem Lautbestande des Slavischen angepaßten Buchstabenschrift fixiert hatten und die besonders in dem bis 1018 bestehenden Reich Bulgarien Pflege und Fortbildung gefunden hatte.

Aber nur ein verschwindend geringer Bruchteil der altchristlichen Literatur, um von den Werken der griechischen Philosophie, aus deren Gedanken die großen Glaubensstreitigkeiten des 4. bis 9. Jahrhunderts gelebt hatten, ganz zu schweigen, war ins Altkirchenslavische übersetzt worden und fand nun Aufnahme bei den Russen. Gerade zu der Zeit, als die Europäer im Westen begannen, sich das Christentum als eine über die Äußerlichkeiten des Glaubensvollzugs erhabene, an das Gewissen des Einzelnen appellierende Religion neu anzueignen, als in Frankreich die erste der für das Abendland kennzeichnend gewordenen Kirchenreformbewegungen ihren Lauf begann, um eine neue Auffassung von christlicher Askese zu verbreiten und schließlich im Investiturstreit eine neue Interpretation des Kirchen- und Staatszwecks anzuregen, gerade zu dieser Zeit schufen sich die Russen eine christliche Kirche, die von den antiken Wurzeln des Christentums nahezu völlig abgeschnitten war und daher gar nicht anders konnte, als sich in strengster Orthodoxie und Ritualtreue zu erschöpfen. Als die innere Entwicklung des römisch-katholischen Christentums im Jahre 1054 zum endgültigen Bruch zwischen römischer und griechischer Kirche führte, als am 16. Juli 1054 römische Legaten in Konstantinopel das Ende der Kirchengemeinschaft mit dem Patriarchat der Reichshauptstadt verkündeten, da konnte es nicht ausbleiben, daß auch die Kiewer Kirche in diese Abspaltung vom Abendlande und in die griechische Abwehr westlicher Auffassungen hineingezogen wurde. Wie schon den Griechen, so war es den Russen unmöglich, die Glaubenswahrheiten in der Weise in Frage zu stellen, aber auch in kontroverser Argumentation rational zu erfassen, wie es seit dem 11. Jahrhundert auf den Schulen des Abendlandes üblich wurde – nicht zuletzt deswegen, weil die Kirchenreform wesentliche Anstöße aus der Entfaltung eines Städtewesens empfing, von dem wir zunächst einmal zu fragen haben, wie weit es sich auch in Rußland auszubreiten vermochte.

Die Burgen, auf die die russischen Fürsten ihre Herrschaft stützten, treten uns in den altrussischen Chroniken als Stätten administrativer Zentralität von derselben Art entgegen wie in Polen: Es waren Sitze eines Fürsten oder fürstlichen Amtmannes samt seiner kriegerischen Gefolgschaft, die sich die zu ihrer Versorgung nötigen Ansiedlungen von Händlern und Handwerkern als Dienstsiedlungen zuordneten. Wie in Polen benutzte man das altslavische Wort Gorod (für Umzäunung, Befestigung, Burg), um diese Siedlungen zu bezeichnen. An derartigen Burgstädten werden uns für das 10. Jahrhundert 24 und für das 11. an die hundert namentlich genannt. Seit dem Beginn des 11. Jahrhunderts treten dann eigene Begriffe: posad oder podol für die Dienstsiedlung und detinec für die Herrenburg, auf, offenbar weil das gewerbliche Suburbium an Bedeutung gegenüber der herrschaftlichen Burg gewann und in den günstig gelegenen größeren Burgstädten eine wohlhabende Kaufmannschaft hervorbrachte, die es schließlich sogar zu gemeinsamen Handelshöfen in Konstantinopel und auf Gotland gebracht haben mag. Die allmähliche Herauslösung der Gewerbetreibenden aus der Landbevölkerung und ihre Konzentration bei den Burgen erreichte, wenn man von den überregionalen Herrschaftszentren Kiew und Novgorod absieht, nirgendwo vor dem 11. Jahrhundert diejenige Konzentration, die nötig gewesen wäre, um einen Marktverkehr ins Leben zu rufen und einen deutlichen Unterschied zum ländlichen Wirtschaftsleben anzuzeigen. Im Gegensatz zu den katholischen Ländern des Westens spielte die Errichtung von Bistümern bei der Förderung administrativer und ökonomischer Zentralität der Burgstädte eine so geringe Rolle, daß die Gründung der Bistümer sich kaum in den Quellen niederschlug und selbst für die Hauptstadt Kiew umstritten ist – sicher belegt ist die Existenz des Erzbischofs in Kiew erst für 1037. Gleich alt, nämlich auf die Christianisierung seit 988 zurückgehend, mögen die Bistümer des dicht bei Kiew gelegenen Belgorod und der nördlichen Hauptstadt Novgorod sein; nach der Eroberung von Juŕev (Dorpat) 1030 und der Errichtung fürstlicher Residenzen in Perejaslavl' und Černigov nach 1054 und in Turov um 1088 kamen weitere Bistümer hinzu. Es entsprach der byzantinischen und nicht der abendländischen Tradition, daß sie stets im Schatten des Fürstentums verharrten und kaum einen selbständigen Beitrag zur Entfaltung des Städtewesens lieferten.

Fremdartig im Vergleich zum Westen wirkt auf den Betrachter auch, was die ausgegrabenen Überreste der altrussischen Burgstädte von deren früher Geschichte erzählen. Die Hauptstadt des Reiches in Kiew erwuchs in der Ebene am westlichen Ufer des Dnjepr und auf der zerklüfteten, bis zu 70 und 80 m in steilen Hängen über die Niederung emporsteigenden Kante des Hochufers, wo indes nicht der nach allen Seiten abfallende Schloßberg, sondern der südlich davon gelegene Sporn des Altkiewer Berges, der im Südwesten einer Abschnittsbefestigung bedurfte, die älteste Fürstenresidenz trug. Die erste Befestigung sicherte auf der Spitze des Sporns eine Fläche von etwa 2 ha, die ein heidnisches Heiligtum und einen Fürstenhof nebst hölzernen Wohnhäusern und einer Schmiedewerkstatt beherbergte. Schon 945 gab es einen zweiten Fürstenhof vor dem Wall, neben einem Gräberfeld, das die militärisch-politische Zentralfunktion von Kiew deutlich zu erkennen gibt: Es enthält nämlich die mit reichen Beigaben an Waffen, Kleidung, Schmuck und Zaumzeug ausgestatteten hölzernen Kammergräber, in denen die Krieger der fürstlichen Gefolgschaft bestattet worden sind. Fürst Wladimir, der sich um 980 der Stadt bemächtigte, ließ die alte Befestigung einebnen und erbaute einen neuen Abschnittswall mit zwei Toren, der die geschützte Fläche auf 10 ha vergrößerte. Darin legte er zunächst eine heidnische Kultstätte an, die zweifellos als gesamtostslavisches Kultzentrum gedacht war, die er aber nach Annahme des Christentums (988) alsbald durch eine Kirche, die sogenannte Zehntkirche, ersetzte, einen von byzantinischen Werkmeistern errichteten, 996 vollendeten Steinbau, der zusammen mit drei ebenfalls steinernen, palastartigen Hofgebäuden das Zentrum der Burgsiedlung und den Anfang der russischen Monumentalarchitektur bildete. Die Steinbauweise hatte die Anlage von Werkstätten zur Herstellung des Baumaterials für Steinmetzen, Ziegler und Mosaizisten zur Folge, die sich innerhalb der Befestigung ausbreiteten; diese bestand aus Wall und Graben, nur die Tore waren aus Ziegeln aufgemauert.

Wladimirs Sohn Jaroslav (1019–54) nahm endgültig den Ausbau der Burgsiedlung zu einer Metropole in Angriff, die mit Konstantinopel wetteifern sollte: Er vergrößerte die Fläche erneut auf nun etwa 70 ha, die er mit einem 11–12 m hohen Holz-Erde-Wall befestigte und mit dem steinernen, von einer Kirche bekrönten „Goldenen Tor“ verzierte. Ein weiteres Tor hieß das Judentor; es weist auf die Existenz jüdischer Einwohner hin, die 1113 während der Unruhen nach dem Tode des verhaßten Fürsten Svjatopolk II. Opfer des Volkszornes wurden, weil sie für den Fürsten Geschäfte gemacht und namentlich das Salzmonopol in Händen gehabt hatten. Im Zentrum errichtete Jaroslav St. Sophia, die Kirche der heiligen Weisheit, die wie in Konstantinopel zum Zentrum des Herrscherkultes bestimmt war, nebst Bischofspalast und drei weiteren steinernen Kirchen, wie denn zur Nachahmung des Vorbildes die Vielzahl der Kirchen unentbehrlich war. Schon 1018 erfuhr man in Deutschland anläßlich der polnischen Eroberung der Stadt, sie beherberge 400 Kirchen. Die Bebauung mit Wohngebäuden, Klöstern und Kirchen füllte allmählich nicht nur das umwallte Gebiet aus, sondern ließ auch außenvor eine offene Siedlung von schließlich 40 ha Fläche entstehen. Schon seit dem 10. Jahrhundert aber hatten sich auch unter der Burg und am Dnjepr Ansiedler niedergelassen, die auf umzäunten Höfen von 0,25 bis 0,75 ha Größe jeweils drei bis vier Gebäude errichteten und Handel und Gewerbe betrieben. Bei so lockerer Bebauung und dauerhaftem, stabilem Bestande der Gehöftgrenzen und des Straßennetzes dehnte sich die besiedelte Fläche in der Niederung schließlich im frühen 12. Jahrhundert bis auf 180 ha aus. Die Lage der acht Märkte, deren Existenz den Deutschen 1018 vermeldet worden war, und der Münzstätte, die bald nach 988 ihre Arbeit aufgenommen hatte, ist nicht bekannt. Man schätzt die

Größe der Stadt in ihrer Blütezeit nach 1100 auf 360–380 ha Fläche und 35000–40000 Einwohner. Die Hochrechnung mag übertrieben sein, da es schwer denkbar ist, daß eine so große Stadt, die im damaligen Europa kaum ihresgleichen gehabt haben könnte, eine Stadt, die doppelt so groß gewesen wäre wie Paris oder Köln, weiter keine Spuren in der geschichtlichen Überlieferung hinterlassen haben sollte. Schon hier jedoch begegnet uns die lokkere Bebauung des unbefestigten Areals mit einzeln stehenden Häusern innerhalb von Gehöften, die für die russischen Städte in der Neuzeit typisch war und die Verwunderung der an die geschlossenen Häuserfronten ihrer eigenen Städte gewöhnten europäischen Reisenden erregte.

Eine ähnlich frühe und rasche Entwicklung erlebte nur die „Neue Burg" Novgorod, von der aus die Fürsten über Wolchow, Ladogasee und Newa den Schiffsverkehr mit Schweden und die Werbung warägischer Söldner aufrechterhielten. Um die nicht vor etwa 930 hierher verlegte oder neu gegründete, zu 983 erstmals erwähnte Burg am Westufer des Wolchow bildete sich rasch eine Reihe offener Siedlungen, die zunächst durch Gewässer und Sümpfe von einander getrennt waren, allmählich aber bei ständiger Aufhöhung des Geländes entlang einem Straßennetz, dessen auch aus Kiew und den westslavischen Burgstädten bekannte Befestigung mit Bohlenbelag man in immer neuen Lagen übereinanderschichtete, zu Gesamtflächen zusammenzuwachsen begannen. Dasselbe geschah im 11. Jahrhundert auf der Ostseite des Flusses in der später so genannten Handelsseite der Stadt, wo am Flußufer auch der Markt zu suchen ist und wo Fürst Jaroslav (1014–16) einen neuen Palast erbaute. Denn in der Burg dürfte seit 989 ein Bischof residiert haben, für den man eine große hölzerne Kathedrale mit dreizehn Kuppeln und, als diese abbrannte, von 1045 bis 1050 die steinerne Sophienkathedrale errichtete, die unmittelbar dem Vorbild in Konstantinopel nachgestaltet wurde. Die im allgemeinen bedeutend größer als in Kiew bemessenen Stadthöfe beherbergten eine Bevölkerung von Händlern und Gewerbeleuten, deren Hinterlassenschaft keinen Zweifel daran läßt, daß auch Novgorod bereits in der ersten Hälfte des 11. Jahrhunderts nicht nur politisches, sondern auch ökonomisches Zentrum von überregionaler Reichweite war.

Außer Pskov (Pleskau), der Grenzfestung gegen die Esten, deren offenes Suburbium schon am Ende des 10. Jahrhunderts etwa 30 ha Fläche bedeckte, aber erst im 11. Jahrhundert bei weiterem Wachstum ein Straßennetz mit Bohlenbefestigung erhielt, scheint keine weitere russische Burgstadt vor der Mitte des 11. Jahrhunderts vergleichbare wirtschaftliche Funktionen ausgebildet zu haben. Nach diesem Zeitpunkt gelang der Aufstieg etwa den fürstlich-bischöflichen Burgstädten Belgorod und Perejaslavl', die Kiew gegen Westen und Osten beschützten (Belgorod wuchs bis auf 70 ha Fläche heran), und Černigov an der Desna (von etwa gleicher Größe); die in der Zeit nach 1030 in Černigov errichtete Kathedrale der

Verklärung Christi ist als ältester russischer Kirchenbau erhalten geblieben. Hinzu kam ferner Smolensk am Oberlauf des Dnjepr, das wohl durch Zusammensiedlung aus mehreren vorher verstreuten Niederlassungen, insbesondere aus einem etwa 10 km entfernten, namenlosen Burgwall mit Suburbium von 2 und 16 ha Größe, als von Anfang an geplante Stadt im russischen Sinne mit holzgepflasterten Straßen entstand, in der der Großfürst 1101 den Bau der Hauptkirche Mariens Himmelfahrt begann. Alle anderen Burgstädte blieben auf der uns von den Westslaven her bekannten Entwicklungsstufe stehen, auf der die Burg mit ihrer Dienstsiedlung nicht über wenige Hektar Größe hinauskam, so Polozk an der Düna und Turov am Pripjet mit etwa 7 ha Fläche. Bei den meisten blieb die gewerbliche Spezialisierung so gering, daß die modernen Ausgräber sie zwar nicht mehr als bloße Burgen, aber doch auch noch nicht als Städte zu bezeichnen wagen. In den nordöstlichen Landesteilen an der oberen Wolga und der Oka, die erst jetzt von slavischen Einwanderern besiedelt wurden, gab es bald Ansiedlungen von Handwerkern wie Beloozero, Rostov, Suzdal', Murom, Staraja Rjazan' und Jaroslavl', die auch von Fernhändlern aufgesucht wurden, aber erst seit die Fürsten im Laufe des 11. und zu Beginn des 12. Jahrhunderts Burgen errichteten, die ihnen herrschaftliche Zentralität verliehen, ist es berechtigt, in ihnen Frühformen späterer Städte zu sehen. Für alle genannten Plätze gilt genau so wie für Kiew und Novgorod, daß weder im Stadtgrundriß, soweit wir ihn bis heute kennen, noch in den einheimischen erzählenden Quellen der Markt oder die Märkte eine Spur hinterlassen haben. Der freie gewerbliche Warenumsatz und die Bezahlung mit Münzen haben daher schwerlich in Rußland dieselbe Rolle gespielt wie im Abendlande. Neben dem tributären Güterverkehr, den die Herrenschicht im Export nach Konstantinopel und zur Ostsee verwertete, und dem herrschaftlich organisierten Tauschverkehr der Dienstsiedlungen kann ihm nur ein untergeordneter Platz zugekommen sein.

Ein Blick zurück auf das äußere Bild des Städtewesens in der sächsisch-salischen Epoche lehrt uns, daß sich zu dieser Zeit sechs typische Formen unterscheiden lassen.

Erstens die meistens in ältere Zeiten zurückreichenden Bischofs- und Mittelpunktstädte und die ihnen gleichstehenden Nebenstädte, die man vor allem in den romanischen Ländern, im deutschen Reiche, vereinzelt in England und im byzantinischen Reich findet. Für sie ist kennzeichnend der pluralistische, vielkernige Grundriß und meistens die noch aus römischer Zeit herstammende Stadtmauer, die einen Teil dieser Kerne, darunter stets die Kathedrale mit dem Bischofshof, niemals aber alle Siedlungszellen umfaßte. Kerne dieser Zellen waren die oft wehrhaft umhegten Haupthöfe großer geistlicher und weltlicher Grundherren: Könige, Bischöfe, Herzöge, Grafen, Äbte und Pröpste, aber auch die Märkte von Handwerkern und

Kaufleuten, die jene bedienten und deren wachsende Zahl vor allem dafür sorgte, daß die Zwischenräume zwischen jenen Kernen allmählich bebaut wurden und in einer zusammenhängenden Siedlungsfläche mit immer enger zusammenrückenden Häusern aufgingen, wie sie für Städte typisch ist. Der Anwachs griff überall über die Mauern hinaus und ließ bei älteren Kirchenburgen oder an den Ausfallstraßen Vorstädte entstehen, in die man gerne die vom wachsenden Verkehr erforderten neuen Marktplätze verlegte, sei es, daß im ummauerten Areal für sie kein Platz mehr zu finden war, sei es, daß man sie für das Landvolk und die zureisenden Fernhändler besonders leicht zugänglich machen wollte. Es waren Plätze nicht nur für Jahrmärkte, sondern bald auch für den wöchentlichen und täglichen Marktverkehr, dem stets eine Münzstätte zuarbeitete. Nur wenige neu gegründete Städte hatten, wie Aversa oder Magdeburg, die Chance, rasch in diese Gruppe führender Städte aufzusteigen.

Zweitens die zum Teil ebenfalls alten, in größerer Zahl aber auch neu gegründeten Burgstädte der Mittelmeerländer und Englands, die im wesentlichen aus einem einzigen Siedlungselement, nämlich der ummauerten Stadt in geschützter Berg- oder Flußlage, bestanden und in der Regel von der Landwirtschaft lebten, weil es gerade ihr Zweck war, der bäuerlichen Bevölkerung in den unsicheren Grenzgebieten zwischen Abendland und Muslimen beziehungsweise Wikingern ein gesichertes Wohnen zu ermöglichen. In Italien entstanden zahlreiche derartige Kastellstädte aus dem Zusammensiedeln einer zuvor verstreuten und ungeschützten Bevölkerung, gegenüber deren agrarischer Lebensweise die Marktleute eine untergeordnete Rolle spielten. Der Markt dieser Burgstädte hatte daher nur lokale Bedeutung, genauso wie der königliche Amtmann oder Vasall, der sie beherrschte, nur örtlicher Machthaber war. Aus der Gruppe dieser Städte sind nur wenige, wie etwa Genua, später zu überregionaler Bedeutung emporgestiegen.

Drittens die in der Regel jetzt neu entstehenden Marktsiedlungen oder bourgs, deren Verbreitungsgebiet vor allem Frankreich, Spanien, Deutschland und seit 1066 England geworden ist. Typisch ist für diese städtische Form der dualistische Grundriß, das Neben- und Miteinanderbestehen einer Königspfalz oder Herren-, auch Kirchenburg, die selbst noch keinen städtischen Charakter besaß, deren Bewohner aber den Ansiedlern als Beschützer und wichtige Kunden dienten, und einer Marktsiedlung vor dem Burgtor, wobei sich oft eine ältere Einstraßenanlage, deren zur Burg führende Hauptstraße zugleich den Marktverkehr aufnahm, und eine jüngere, um einen geplanten größeren Marktplatz herum angelegte Ausbausiedlung unterscheiden lassen. Im 11. Jahrhundert, als die Pfalzen und Burgen bereits alle mit solchen Suburbien versehen waren, gründeten die Herren Marktsiedlungen auch bei kleineren Fronhöfen und deren Dörfern, wobei

Fehlgründungen nicht ausblieben und der Markt nicht immer über die Funktion als dörflicher Jahrmarkt hinauskam. Es gab hier keine scharfe Grenze zwischen Dorf und Stadt. Die Anfänge waren besonders in Flandern und Norddeutschland oft mit Siedlungsverlegungen oder allmählicher Ablösung des zuerst gewählten Platzes durch einen jüngeren gekennzeichnet; die Gründung war eben immer ein unsicheres Unternehmen, und so kommt es, daß viele bourgs und Märkte immer Dörfer oder Kleinstädte geblieben sind (wie Ardre, Horhausen oder Allensbach), während andere, wie Caen, Jaca oder Nürnberg, den Aufstieg zu Nebenstädten oder gar regionalen Haupt- und Mittelpunktstädten schafften. Die Entwicklung dieses Städtetypus läßt besonders gut erkennen, wie man im Verlauf des 11. Jahrhunderts lernte, Marktanlagen zu planen: Das zufällige Wachstum der Siedlungen, wobei sich jeder Zuzügling sein Grundstück neu und so abstecken ließ, daß krumme und enge Gassen jedem Angreifer Hindernisse bereiteten, dieses Wachstum hörte auf, weil man nun sogleich für einige Dutzend Neusiedler rechteckige Grundstücke an gerade geführten Straßen abgrenzte und sogleich den Schutz von Wall und Graben für das Ganze vorsah. Denn bourgs und Märkte, denen es glückte, dauerhaft städtisches Leben zu entfalten, sind schließlich eher oder später ummauert worden und haben sich vom Schutz der Herrenburg unabhängig machen können. Spätestens seit der Gründung von Geraardsbergen 1070 war der Typus der Neustadt dem Abendlande geläufig. Er sollte in der folgenden Periode der europäischen Stadtgeschichte eine glänzende Rolle spielen.

Viertens die einzelligen, d. h. des Schutzes einer Römermauer oder Herrenburg entbehrenden und nur in gefährlichen Grenzlagen mit Wall und Palisade gesicherten, meistens aber offenen Handwerker- und Fernhändlersiedlungen der friesischen und skandinavischen, auch slavischen Seefahrer Nordeuropas, die es früher auch an der südlichen Nordseeküste gegeben hatte, die hier aber nun in der Regel von ihren Bewohnern zugunsten der neuen bourgs und Marktorte aufgegeben wurden: eine Folge oder der Ausdruck jener Existenzschwäche oder kaum entwickelten Verwurzelung der Siedler, die auch im Norden vielfach zum Untergang oder zur Verlegung dieser Frühstädte führte. Mochten sich auch viele von ihnen an die beschränkten Zentralfunktionen von Mühlenstätten und Thing- oder Kultplätzen anlehnen, so zogen sie doch sekundäre Siedlungselemente erst nachträglich an sich, wenn das einheimische Königtum erstarkte und Bistümer und Pfalzen oder gar Münzstätten bei ihnen errichtete. Zur Existenzschwäche dieser Frühstädte gehört hinzu, daß sich ihr Grundriß kaum dauerhaft in dem der späteren Stadt niedergeschlagen hat, ganz im Gegensatz zu dem der zuvor beschriebenen Stadttypen, der in der Regel bis in die Gegenwart oder doch bis an deren Schwelle Bestand hatte und darum meistens noch aus dem modernen Stadtplan herausgelesen werden kann. Daher kommt es, daß wir nichts darüber wissen, ob diese Siedlungen einen Marktplatz und regelmäßigen Marktverkehr besaßen. Da es sich fast immer um Hafenplätze handelt und der Bau von Landungsbrücken in ihnen allgemein verbreitet war, ist wahrscheinlich mit Großhandels-Marktverkehr auf ihnen, also mit Hafenmärkten zu rechnen, deren Betrieb eher der von Jahrmärkten als der eines typisch städtischen Wochen- oder Tagesmarktes für Lebensmittel gewesen sein wird. Wohl nur der Großhandelsmarkt konnte auch, bevor es einheimische Münzateliers gab, mit den im Lande umlaufenden ausländischen Münzen etwas anfangen oder im Tauschhandel funktionieren.

Fünftens die westslavischen und ungarischen Burgstädte, deren Topographie von der Burg des Herrn und seiner Gefolgschaft mit Vorburg oder Vorburgen und von der Dienstsiedlung bestimmt wird, die entweder in der Vorburg oder als offene Ansiedlung vor ihr gelegen war. Die erstarkende Königsmacht hat die Herrenburgen vielfach zu Residenzen oder Amtssitzen und zu Bischofssitzen ausgebaut und ganz vereinzelt, aber keineswegs bei jeder Burg, den Anfang mit einer Münzprägung gemacht, ohne daß dies die Entwicklung zur Stadt im wirtschaftlichen Sinne erkennbar beschleunigt hätte. Erst sehr spät und nur in Prag und Altlübeck trat zur Burg und Dienstsiedlung als drittes Siedlungselement eine Kaufmannssiedlung hinzu; sie wird einen Fernhandelsmarkt in Form des Hafenmarktes beim Schiffslandeplatz besessen haben, wie er wohl auch in Danzig bestand. Da der Siedlungsgrundriß ebenso wie in Skandinavien unstabil blieb und in der Regel in späterer Zeit stark verändert wurde, so daß aus dem modernen Stadtplan keine Rückschlüsse gezogen werden können, müssen wir es bei der Annahme bewenden lassen, daß Marktplätze für den alltäglichen Detailhandel den Burgstädten grundsätzlich fehlten.

Sechstens die russische Stadt. Sie bildet eine Sonderform der slavischen Burgstadt, insofern als einerseits bei den Fürstenstädten Kiew und Novgorod ein gigantisches Wachstum möglich war, während andererseits, im ostslavischen Normalfall, die geringe Zahl und Bedeutung der Bistümer und das auf Tributsammlung gegründete Wirtschaftssystem nur marktlose Burgstädte hervorbrachte, die eher mit großen Fronhofsanlagen als mit Kleinstädten im europäischen Sinne zu vergleichen sind. Ein halbes Dutzend von ihnen erhielt seit der Herrschaftsteilung von 1054 einen Fürstensitz und schlug nun ebenfalls den Wachstumspfad der alten Hauptstädte ein, deren Weiträumigkeit auch der nicht typisch städtischen Bebauung mit freistehenden Häusern innerhalb umzäunter Hofstätten zuzuschreiben ist. Stadtmauern und Münzateliers gehörten nicht zu ihrer Ausstattung.

Als gesamteuropäisches Phänomen, das allen genannten Stadttypen eigen ist, erweist sich die Konzentration von Handwerksbetrieben in den Städten. Es macht aber einen bemerkenswerten Unterschied zwischen den nord- und osteuropäischen Frühformen der Stadt und den westlichen Städten aus, daß nur in den Nachfolgestaaten des Karolingerreiches die gleichzeitige allmähliche Auflösung der grundherrschaftlichen Werkstätten in den Genizien auf den Fronhöfen und die Umwandlung bäuerlicher Abgaben in Form von Produkten des Hausgewerbes in Geldabgaben zu beobachten sind: Nur hier stellte es sich für die Grundherren als vorteilhaft heraus, in demselben Maß auf die Selbstversorgung aus der Arbeit wenig geübter bäuerlicher Teilzeithandwerker zu verzichten, wie es möglich wurde, den Bauern Zugang zum Markt zu verschaffen und alsdann von ihnen Geldabgaben zu verlangen, mit denen die Herren in den Städten die Qualitätsprodukte hochspezialisierter, erfahrener Vollzeitarbeiter einzukaufen vermochten. Es ist daher notwendig, daß wir die Entwicklung des städtischen Wirtschafts- und Gesellschaftslebens in denjenigen Ländern, die als Staaten dem karolingischen Reich nachfolgten oder doch dessen Kultur so eng verbunden waren wie England und die christlichen Königreiche der Iberischen Halbinsel, derjenigen in Nord- und Osteuropa gegenüberstellen, wo sich die einst städtelosen Länder jetzt lediglich mit Frühformen städtischen Lebens anfüllten, und wir müssen versuchen, den Inhalt und die Bedeutung dieses Unterschieds genauer zu erfassen.

Was das Europa mit alter städtischer Tradition anlangt, so scheint sich die erwähnte Umstellung am schnellsten in Nordfrankreich, im Rheinland und in Oberitalien vollzogen zu haben, also dort, wo die Städte am besten gediehen. In Mittelitalien zerstörte die Umsiedlung des Landvolkes in die neu gegründeten Kastellstädte im 10. Jahrhundert die Fronhofsverbände, deren Handwerker nun als persönlich freie, aber dem Grund- und Stadtherrn zu Diensten verpflichtete Leute in diesen Burgstädten saßen; nur ganz abseits gelegene Haupthöfe des Klosters Farfa und anderer Herren in der Sabina, in Friaul und anderen Rückzugsgebieten besaßen im 11. Jahrhundert noch Genizien. Kloster Farfa selber unterhielt um 1039/48 außer dem Backhause nur noch Werkstätten für Schneider, Schuster, Goldschmiede und Glaser, in denen möglicherweise nur noch entlohnte Kräfte bei Bedarf arbeiteten. In England war noch in der Mitte des 11. Jahrhunderts ein unbekannter Autor der Meinung, ein kluger Gutsverwalter (gerefa) müsse nicht nur das landwirtschaftliche Gerät, sondern auch Werkzeuge zum Spinnen, Weberbaum, Presse, Kamm, Weberschiff, Schere und Nadeln, und wenn er geschickte Arbeiter habe, solche für Mühlenbauer, Schuhmacher, Bleigießer und andere Handwerker bereithalten. Im Domesday book kommt dieses Personal nicht mehr ausdrücklich vor, es wird sich unter den Marktleuten (burgenses) verbergen, die König Wilhelms Kommissare nicht nur in den Burgstädten, sondern auch in mancherlei Großdörfern beim Herrenhause antrafen. Was das rechtsrheinische Deutschland betrifft, so erfahren wir, daß Graf Dodiko von Warburg, der um 1015/20 seinen Herrenhof in Warburg dem Bistum Paderborn schenkte, sein Genizium bei der Gelegenheit auflöste, denn er bestimmte, daß die dienstpflichtigen Frauen von der Pflicht befreit werden und von der Schenkung ausgenommen sein sollten. Wie Kloster Reichenau im Jahre 1065, so brauchten die Grundherren nur noch Hersteller von Lebensmitteln (Bäcker, Fischer, Köche, Winzer) und Tuchwalker, um die Naturalien und die rohen Tuche zu verarbeiten, die ihre Bauern ihnen ablieferten. Die hörigen Frauen des Klosters Münchweier arbeiteten um 1100 nicht mehr im Genizium, sondern holten vom Kloster eine Menge Wolle oder Leinen, die sie daheim spinnen und zu 7 Ellen Tuch verweben und dann ins Kloster zurückbringen mußten. Andere Klöster, aber auch der Königshof Brüggen an der Leine statteten ihre Bäcker, Fischer, Schüßler (Drechsler) mit Bauernhöfen aus, auf denen die Handwerker ihre Werkstatt selber unterhalten mußten. Als bäuerliche Abgaben erscheinen ferner z. B. beim Kloster Theres im Jahre 1094 gegerbte Häute und eiserne Hufbeschläge, beim Kloster Kitzingen Hufeisen, Bier, ein Wollenrock, beim Kloster Corvey Dachziegel, Tuche, Schüsseln und Zaumzeug für Saumtiere, aber von Frauenarbeit in Genizien ist keine Rede mehr. Auf der Königspfalz Tilleda am Harz sind die Überreste zweier Genizien ausgegraben worden, deren mit Webgewichten ausgestattete, stehende Webstühle über 40 Frauen beschäftigt haben mögen und bis ins 12. Jahrhundert hinein tätig waren, ehe sie der städtischen Konkurrenz erlagen. Die weit von den großen Städten entfernten Herrenhöfe waren eben die letzten, die sich ihrer Hofhandwerker entledigten; die stadtnahe oder gar in den Städten selber sitzenden Herren, namentlich die Bischöfe, hatten sich bereits früher von ihnen getrennt, weil Markthandwerker in Fülle zur Verfügung standen. Unter dem zahlreichen Gesinde, das der Erzbischof von Köln zu Beginn des 12. Jahrhunderts an seinem Hof verpflegte, werden daher nur noch ein Becherer, ein Böttcher, ein Schiffer und mehrere Bauarbeiter genannt, andere Handwerker brauchte der Hof nicht mehr.

Als die alten Mittelpunktstädte, die schon zu Beginn des 10. Jahrhunderts Markthandwerker beherbergten, zu wachsen, als ihre Vorstädte und die neu gegründeten bourgs und Marktorte Menschen vom Lande anzulokken und sich auszudehnen begannen, da fehlte es also nirgendwo an ländlichen Zuwanderern, die nicht nur imstande waren, ein Gewerbe zu betreiben, sondern auch, ihre Leistungsfähigkeit erheblich zu steigern, weil sie keine Landwirte mehr zu sein brauchten, sondern nur noch einen Garten und ein Schwein im Stalle hielten, im übrigen aber den täglichen Bedarf auf dem Markt einkauften. Der Markt befreite sie auch von der Last, ihre Rohstoffe selbst zu erzeugen, ja er bot sie ihnen in besserer Qualität, in reicherer Auswahl und in größeren Mengen an, als es irgendwo die örtlichen Vorkommen erlaubten, und außerdem erschlossen ihnen die von Fernhändlern besuchten Städte einen größeren und anspruchsvolleren Kundenkreis als die Pfalzen, Klöster und Herrenhöfe auf dem Lande. Es war eine

Situation, die die Handwerker dazu drängte, ihre Geräte und Verfahren technisch zu verbessern: Höher als jemals zuvor war die Prämie, die der Markt auf technischen Fortschritt setzte. Dies führte in erster Linie zur Konzentration der Wolltuchweberei auf die Städte. Denn Wolle zu Garn zu verspinnen, war schwieriger als Leinen oder Hanf, deren Verarbeitung daher viel länger bei den Bauernwirtschaften auf dem Lande verblieb. Die Weberei aber veränderte sich tiefgreifend, als man den alten Webstuhl, dessen senkrecht hängende Kettfäden man mit Tongewichten beschwerte, durch einen Webstuhl mit horizontalem Rahmen ersetzte, dessen Kettfäden an beiden Enden über Walzen liefen und mit Fußhebeln so gegeneinander versetzt werden konnten, daß der Weber das Schiffchen mühelos und rasch hindurchführen konnte. Dieses Gerät, das zum ersten Mal im Talmud-Kommentar des nordfranzösischen Rabbi Salomon Izhag Rashi (1040–1105) erwähnt wird, nahm mehr Raum ein und erforderte eine gewisse Investition von Geldmitteln, die es zur Verwendung im bäuerlichen Nebenverdienst ungeeignet machte. Auch trug es dazu bei, die Weberei, die vorher hauptsächlich Frauenarbeit gewesen war, zur Beschäftigung für spezialisierte männliche Arbeitskräfte zu machen. Vor allem aber konnte man damit feinere und längere Tuche herstellen als je zuvor; diese Neuerung ist der Grund dafür, daß die friesischen Weber und die flämischen Kaufleute seit der Mitte des 11. Jahrhunderts aufhörten, ihre Ware als Pallien zu bezeichnen, und statt dessen von Tuchen (panni) redeten. Für diese Tuche und ihre kunstvolle Fertigung lohnte es sich nun auch, als Rohstoff statt der einheimischen die feinere englische Wolle zu verwenden, obwohl dies höhere Kosten verursachte.

Eine schwere Arbeit war ferner die Verfeinerung des fertigen Gewebes beim Walker, Färber und Scherer; das Walken war schon immer Männersache gewesen und wurde es um so mehr, als man lernte, die Füße der Walker und ihre Muskelkraft zu ersetzen durch Stampfen, die man mit Wasserkraft antrieb. Von Walkmühlen hören wir zum ersten Mal zu 983, als eine am Flusse Serchio in der Toskana, und 1008, als eine weitere bei Mailand in Betrieb war. Am Ufer des Bisenzio bei Prato, wo wir gegen 1040 zuerst von der Schlammerde des Monteferrato hören, die sich besonders gut zum Walken eignete, bestand bereits 1108 eine Walkmühle. In der Provence waren seit dem Ende des 10. Jahrhunderts Walkmühlen an der Sorgue in Betrieb, die das Kapitel Notre-Dame des Doms in Avignon hatte kanalisieren lassen; als 1101 der Bau des Canal de Vaucluse konzessioniert wurde, war wiederum der Betrieb einer Walkmühle vorgesehen. Auch bei Grenoble um 1040/60 und bei Rouen nach 1080 werden Walkmühlen genannt, und sicher sollte eine solche errichtet werden, als die Mönche von Saint-Aubin bei Angers im Jahre 1082 dem unfreien Walker Rainer eine Hofstelle am Flußufer für 60 Schilling gegen Zins und Dienst verpachteten. Aus Deutschland und

England fehlt es an so frühen Zeugnissen. Die Leistungen der Färber verbesserten sich, wo ihnen das Beizmittel Alaun zur Verfügung stand, das man aus Ägypten importierte. Ein um 1070 in Trier entstandenes Gedicht über den „Wettstreit zwischen Schaf und Lein", das die verschiedenen Vorzüge von Woll- und Leinentuchen darlegt, läßt die seit einigen Generationen erreichten Fortschritte erkennen, wenn es die „brennend roten" Wolltuche Britanniens, die als Scharlachtuche von Stamford bereits auf dem Kontinent vertrieben wurden, die in zahlreichen Farben wechselnden Tuche aus Nordfrankreich, die blauen und grünen Tuche aus Flandern, die schwarzen des Rheinlandes, die roten aus Schwaben und die natur- oder mischfarbenen von der Donau, gemeint ist sicher Regensburg, aufzählt. Um diese Zeit beginnen auch die namentlichen Nennungen von Webern, etwa in einer Freisinger Tradition von 1078/98, unter deren Zeugen mit anderen Markt- oder Kaufleuten der Weber Vrowin erscheint. Bereits zu Beginn des 12. Jahrhunderts war es Gewohnheitsrecht in Newcastle-upon-Tyne, daß Marktleute nur dann, wenn sie im Burgus wohnten und burgenses wären, Wolle, Häute und anderes Kaufmannsgut außerhalb der Burgstadt einkaufen und Tuche zum Färben erwerben oder herstellen oder im Ausschnitt verkaufen dürften. Wohl nicht die Arbeiter des Textilgewerbes, sondern die führenden Unternehmer gehörten nun zu den angesehensten Männern ihrer Stadt.

Es ist nicht möglich, hier die Technikgeschichte des hohen Mittelalters ausführlich zu Worte kommen zu lassen; unumgänglich aber ist ein Blick auf das Metall- und das Baugewerbe. An der mittleren Maas, mit den Zentren Huy, Dinant, Namur und Lüttich, förderten die Kupfervorkommen im Condroz und eine Art von Tonerde, die sich vorzüglich dazu eignete, Schmelztiegel herzustellen, die Entstehung eines Kupfer- und Messinggewerbes, das sehr bald auf den Import von Rohstoffen angewiesen war, denn aus einer Kölner Zolliste von 1103 erfahren wir, daß Kaufleute aus Lüttich und Huy nicht nur auf den Kölner Märkten Kupfer aufkauften, sondern auch weiter nach Osten, nämlich nach Dortmund und sogar nach Sachsen reisten, wobei zweifellos die Kupfergruben Goslars und des Harzes ihr Ziel waren, so wie sie umgekehrt die an der Maas hergestellten Pfannen, Becken und Kessel bis nach Paris und ins Rheinland hinein absetzten. Erhalten ist uns einiges von dem, was die besten Meister an Kunstwerken hervorbrachten, etwa Renier und Godefroid von Huy, bei denen das Stift der Stadt ein Grabmal für Bischof Dietwin von Lüttich (gest. 1075) und das Lütticher Domkapitel um 1115 das bekannte Taufbecken von Notre-Dame in Auftrag gaben. Der Bronzeguß erlebte seit dem Ende des 10. Jahrhunderts eine Blüte, wie sie bis dahin nur in Konstantinopel möglich war. Nachdem ein Meister Berengar im Auftrag des Erzbischofs Willigis (975–1011) für das Marktportal des Mainzer Domes zwei schmucklose Türflügel aus Bronze in einem Stück gegossen hatte, errichtete um 1010 Bischof Bernward von Hildesheim (993–1022) eine Gießhütte, die den Reliefguß wiederbelebte; von ihren Werken sind die damals für das Kloster St. Michael bestimmten, jetzt im Dom befindlichen Türflügel und die nach dem Vorbilde der römischen Trajanssäule geformte Christussäule erhalten. Die Gießhütte könnte in Goslar fortbestanden und nicht nur die im Dom zu Merseburg befindliche Grabplatte des Gegenkönigs Rudolf von Schwaben von 1080, das älteste deutsche datierte Bildnisgrabmal, sondern auch zur Krönung des Gegenkönigs Hermann von Salm in Goslar im folgenden Jahre die Lehnen des Kaiserstuhles hergestellt haben, die heute in der dortigen Domvorhalle zu sehen sind. In Italien ist eine Gießhütte zuerst um die Wende des 11. zum 12. Jahrhundert in Verona am Portal von S. Zeno nachweisbar; hier übernahm man die in Byzanz übliche Technik des Gusses in einzelnen Platten, die auf hölzernen Türflügeln befestigt wurden und die man aus Importen kannte; erhalten sind die Portale des Doms zu Amalfi, der Kirche S. Paolo fuori le mura von Rom und des Michaelsheiligtums auf dem Monte Gargano, die Pantaleo di Mauro, Vorsteher der amalfitanischen Kaufmannsniederlassung in Konstantinopel, dort zwischen 1065/66 und 1076 von verschiedenen Meistern gießen ließ. Im frühen 12. Jahrhundert entstanden Großwerkstätten in Venedig, Melfi und Monte Cassino.

Noch wichtiger war, als Arbeitgeber, das Baugewerbe. Denn so gut wie alle Städte waren ständige Baustellen, und viel Geld, das die Bauern auf den Märkten erlösten und ihren Grundherren weiterreichten, wird als Tagelohn für Bauarbeiter wieder auf den städtischen Markt zurückgekehrt sein. Die größten Bauherren waren die Kirchen, die bald nirgendwo mehr mit den bescheidenen Stein- oder gar Holzbauten, die man im 9. oder frühen 10. Jahrhundert hatte errichten können, oder mit den aus spätrömischer Zeit ererbten, flachgedeckten oder allenfalls über schmalen Seitenschiffen tonnengewölbten Bauwerken zufrieden waren. Der um 1050 in Cluny gestorbene Mönch Radulfus Glaber beobachtete, wie seit dem dritten Jahre nach dem Jahr 1000 besonders in Italien und Gallien fast alle Kirchen, selbst die gut gebauten und keiner Erneuerung bedürftigen, neu aufgeführt wurden, weil die Gemeinden miteinander wetteiferten und sich jeder eine prächtigere Kirche als der Nachbar wünschte. Im 11. Jahrhundert entwickelte man die Kunst, auch die weiten Räume der Großkirchen mit Kreuzgewölben zu überspannen; führend waren die Meister des Kaiserdoms in Speyer, die um 1040/50 die Seitenschiffe und nach 1080 auch das riesige Mittelschiff überwölbten und damit den romanischen Baustil vollendeten, dessen Kirchenräumen die Abfolge der quadratischen Joche und die zugehörige Gliederung der Hochschiffswände durch die Dienste, die die Gurtbogen trugen, eine rhythmische Gliederung verlieh, wie sie den langgestreckten Sälen der nur in Rom zähe bewahrten alten Baukunst völlig fremd war. Mit dem

Bau einer der bedeutendsten Kathedralen Europas begann der zweite normannische Bischof von Durham, Wilhelm von St. Calais, im Jahre 1093; das Mittelschiff wurde um 1100 eingewölbt und enthält das älteste bekannte, technisch besonders kunstvolle Kreuzrippengewölbe der abendländischen Architektur. Erst jetzt vollendeten die Baumeister die Abkehr von der Antike, und zwar auch in der ganz originellen Schöpfung einer Bauplastik, die die Flächenkunst der Mosaizisten und Freskomaler ablöste und mit der plastischen Formung der Baumasse selbst die Vorbedingung für die Entstehung einer nur dem Abendlande eigenen Raumanschauung schuf.

Wer aber waren die Meister? Allein mit ungeschulten bäuerlichen Arbeitern kamen die Bauherren gewiß nicht mehr aus; zum ersten Mal hören wir von Fachleuten, wenn Erzbischof Heribert von Köln um 1010 „erfahrene Architekten von außerhalb der Landesgrenzen" für den Wiederaufbau der Deutzer Kirchen und König Heinrich IV. (1056–1106) „alle kundigen und tätigen Architekten" für seinen Dombau in Speyer heranzog. Das Domesday book kennt ein halbes Dutzend Zimmerleute als Hintersassen des Königs, die ebenso wie Waldin, der Ingenieur, und Radbell, der Techniker (artifex), den Bau von Festungen und Belagerungsmaschinen geleitet hatten. Einige von ihnen wurden sogar mit Rittergütern belehnt; darin kommt das hohe Ansehen der Männer, die etwa das Wölbungsproblem zu lösen vermochten, selbst in der Feudalgesellschaft deutlich zum Ausdruck. Ihr Selbstbewußtsein erkennen wir daran, daß sie in Italien begannen, sich auf ihren Werken zu nennen, so jener apulische Archidiakon und Steinmetz Acceptus, der von 1023 bis 1041 für die Kirchen S. Maria in Siponto und S. Maria maggiore in Monte S. Angelo Lesepulte (ambones) und für die Domkirche in Canosa eine Kanzel (pergamo) anfertigte. Der Steinmetz, der um die Mitte des 11. Jahrhunderts die neue romanische Klosterkirche zu Conques mit ihrer hervorragenden Portalplastik ausstattete, gab einem Engel im südlichen Querhaus eine Banderole in die Hände, auf der wir lesen: „Bernardus hat mich gefertigt." Wo immer aber die Meister einen Bauherrn fanden, da fanden auch zahlreiche Arbeiter ihr Brot. Der Mönch Richer von Saint-Remi bei Reims (gest. 998) erzählt einmal von ihnen, weil sich im Jahre 965 beim Bau der Burg in Mons fremde Kundschafter als Stein- und Kalkträger im Tagelohn verdingten; man gab ihnen Körbe, wie Saumtiere sie trugen, mit denen sie Zement und Steine transportierten, und nach vier Tagen, während derer sie mit den Steinmetzen und Maurern gespeist hatten, empfingen sie ihren Lohn und gingen davon.

Je mehr sich die stadtsässigen Gewerbe vervollkommneten, um so stärker traten sie als Abnehmer für den Fernhändler, der ihnen Lebensmittel und Rohstoffe lieferte, aber auch als Zulieferer hochwertiger Produkte für den Kaufmann hervor. Deutlich zeichnen sich nun die ersten Exportgewerbestädte, ja ganze Gewerbelandschaften ab, so etwa Flandern dank seiner

Tuchproduktion, der Mittelmaasraum mit seinem Buntmetallgewerbe, das Rheinland und Oberitalien mit einem Eisen-, insbesondere Waffengewerbe, dessen große Errungenschaft, das Kettenhemd, dazu führte, daß die Könige ihre Ritter nicht mehr nach Schilden, sondern nach Panzern zählten oder sie als Geharnischte bezeichneten, wie es bereits in dem Heergesetz Kaiser Ottos II. von 981 geschieht, das den Fürsten die Stärke der Mannschaften anzeigte, die sie nach Italien zu schicken hatten. Für den überregionalen Absatz begann seit dem 10. Jahrhundert auch der Weinbau an Rhein und Mosel zu produzieren, wo er damals die ersten dörflichen Märkte, die wir kennengelernt haben, ins Leben rief. Es waren aber nicht nur, ja vielleicht nicht einmal in erster Linie die Bedürfnisse der Handwerker, die den Fernhandel belebten, sondern auch diejenigen der Pilger, unter denen die großen Herren vielfach Waren oder Münzen wie Kaufleute mit sich führten, um aus deren Erlös die Reisekosten zu bestreiten. Wenn wir Adam von Bremen glauben dürfen, gab es nicht nur einen christlichen, sondern auch einen heidnischen religiösen Tourismus, denn Adam (um 1070) hatte erfahren, daß in dem an Gold und Pferden reichen Kurland die Häuser voll wären von Losschlägern, Auguren und Meistern der schwarzen Kunst, und daß Menschen aus aller Welt, vor allem Spanier und Griechen, dort Orakel einholten. An den Zollstätten des Königs von Italien vor den Alpenpässen waren die Rompilger wegen aller Waren, die sie als Reisevorrat mit sich führten, zollfrei. Der Erwerb wundertätiger Reliquien für die Stiftskirchen der Städte hat vielerorts den Reise- und Marktverkehr spürbar belebt. Für die Beherbergung (nicht die Beköstigung) der Pilger sorgte zunächst die freiwillige Gastlichkeit der Klöster, bis im 11. Jahrhundert in Italien und Spanien, seit der Mitte dieses Jahrhunderts auf den Alpenpässen fromme Stifter besondere Pilgerhospitäler begründeten. Da dauerte es nicht mehr lange, bis der Bedarf ein Beherbergungsgewerbe hervorrief; das erste kommerzielle Gasthaus, von dem wir Kunde haben, bestand im Jahre 1065 in Florenz.

Das europäische Fernhandelssystem beruhte auf den Grundlagen, die im Zeitalter der Karolinger gelegt worden waren. Die Italienpolitik der deutschen Könige, die 951 zur Vereinigung Oberitaliens und 1033 zur Vereinigung Burgunds mit Deutschland führte, verstärkte die früher allein durch das Rhônetal führende Verbindung zwischen dem nordeuropäischen und dem mittelmeerischen Verkehrsraum. Am Ende des 10. Jahrhunderts empfing die königliche Kammer zu Pavia von allen Leuten, die über die Alpen kamen, ausgenommen die Leute vom Volke der Angeln und Sachsen, die laut Handelsvertrag eine Pauschale entrichteten, den Zoll von Pferden, Sklaven, Tuchen aus Wolle, Leinen und Kanevas, Zinn und Schwertern, was damals wohl die wichtigsten Einfuhrgüter Italiens waren. Die italienischen Kaufleute selber gingen nicht nach Deutschland, sondern nach Burgund

und Frankreich, wo namentlich die Bewohner von Asti früh nachzuweisen sind; sie kamen wahrscheinlich bereits bis in die Tuchexportstädte im Norden des Landes, wohin sie umgekehrt die orientalischen Seidenstoffe und Gewürze brachten, die sie aus der Levante bezogen. Denn dies war die Hauptrichtung des italienischen Fernhandels, dessen führende Träger die Kaufleute von Gaëta, Salerno, Amalfi und Venedig waren. Schon Kaiser Otto I. legte besonderen Wert auf die Verbindung mit der immer noch byzantinischen Stadt Venedig, mit der er 967 einen Vertrag schloß, um ihren Handel mit seinem Königreich Italien zu stärken. Bereits im 10. Jahrhundert konnte man in Venedig und Amalfi, deren Kaufleute am Goldenen Horn gemeinsame Niederlassungen besaßen, die kostbarsten byzantinischen Stoffe kaufen, selbst solche, deren Ausfuhr in Konstantinopel offiziell verboten war. Auf Grund des Vertrages von 1082 brachten die Venezianer den Außenhandel des griechischen Reiches ganz in ihre Hand, während die Amalfitaner nach ihrer Unterwerfung unter die Normannen (1077) dort ihre Bewegungsfreiheit verloren.

Zusammen mit den Pisanern und den Genuesen handelten sie auch mit Nordafrika. Schon vor dem ersten Kreuzzug stießen die seefahrenden Kaufleute Italiens auch nach Syrien und Ägypten vor, wohin sie Getreide, Schiffsbauholz und Waffen brachten; 1072 ging es in einem Prozeß in Venedig um eine im Vorjahre zu Alexandria übernommene Ladung Alaun: Es ist das erste Mal, daß wir von diesem später bedeutenden Handelsgut hören. Die Unterstützung des ersten Kreuzzuges verschaffte den Italienern feste Niederlassungen in den Häfen Syriens und Palästinas. Den Genuesen schenkten die Kreuzfahrer, die 1098 Antiochia eroberten, die Kirche S. Giovanni in Acri mit dem davor gelegenen Platz, 30 Häusern, einem Fondaco und der gewöhnlichen Jurisdiktion. Unter dem Schutz und der Vorherrschaft der Genuesen regte sich nun auch die südfranzösische Kaufmannschaft. Die erste provenzalische Orientflotte, von der wir wissen, segelte 1108 von Saint-Gilles ab. Auch Marseille muß zu dieser Zeit schon wieder einen bedeutenden Seehandel besessen haben, ohne doch schon bis in die Levante vorzustoßen. Genuesen und Pisaner brachten seit den 1060er Jahren auch den bis dahin von Arabern und Juden besorgten Außenhandel Siziliens mit Nordafrika, wo vor allem Korn gegen Öl getauscht wurde, an sich. Eine einheimische Kaufmannschaft kam auf der Insel nicht empor, obwohl Messina infolge des ersten Kreuzzuges einen neuen Aufschwung nahm als Etappe besonders für französische und spanische Schiffe, die in das Heilige Land fuhren und den Kreuzfahrern Proviant und Pferde zuführten.

In Südwestfrankreich und auf der Iberischen Halbinsel waren es vor allem der aus älterer Zeit fortdauernde Sklavenhandel von Mitteleuropa nach Andalusien und der Pilgerverkehr nach Santiago de Compostela, der die Verbindung dieser Länder mit dem europäischen Verkehrssystem wiederherstellte. Im Jahre 949 machte Bischof Liutprand von Cremona dem Kaiser in Konstantinopel vier verschnittene Sklaven zum Geschenk, wie sie die Kaufleute von Verdun mit unermeßlichem Gewinn zurichteten und nach Spanien ausführten, und als König Otto I. von Deutschland 954 und 956 Gesandtschaften zum Emir von Corduba entsandte, dienten ihnen die Kaufleute Ermenhard und Dudo aus Verdun als Wegweiser. In der Königsstadt León verkauften im 10. Jahrhundert muslimische und jüdische Kaufleute Woll- und Seidenstoffe und Teppiche aus Andalusien, Griechenland und Persien und christliche Händler Waffen und Wollstoffe aus Frankreich. Im 11. Jahrhundert leitete die Befreiung des Mittelmeers aus der Gewalt der Sarazenen den Aufstieg Barcelonas ein. Im Jahre 1009 verstarb hier ein Kaufmann Robert, nachdem er die Waren, die er mit sich geführt hatte, nämlich 14 Tuche in verschiedenen Farben, dem Domkapitel vermacht hatte; sein Bruder, der nach Barcelona kam, um die Erbschaft einzuziehen, der aber die Stiftung anerkennen mußte und versprach, die schriftliche Zustimmung der Witwe und der Kinder beizubringen, dieser Bruder führte den damals nur im Poitou und in Flandern verbreiteten Namen Trutbald, so daß wahrscheinlich Robert ein flämischer Kaufmann oder Pilger war und flämische Tuche mit sich führte. Ein Zolltarif des Königs Sancho Ramírez von Navarra (1076–94) erwähnt Wolltuche aus Flandern und Seidengewebe aus Konstantinopel und belegt damit nicht nur Fernhandelsbeziehungen bis ins byzantinische Reich, sondern auch die Ausstrahlungen des seit Jahrzehnten im Entstehen begriffenen Gewerbebezirks in Nordwesteuropa. Seit wann Kaufleute aus Barcelona nach auswärts Handel trieben, ist nicht bekannt; eigene Schiffe scheinen sie noch lange nicht besessen zu haben, denn als Graf Ramón Berenguer III. 1115 die Insel Minorca angreifen wollte, warb er dafür die Flotte der Pisaner an. Zu 1056 sind Wallfahrer aus Lüttich in Compostela bezeugt, und auf dem Wege dahin waren gewiß auch die Schleswiger, die 1118/20 Zeugen eines Wunders wurden, das der heilige Ägidius in seiner Stadt Saint-Gilles wirkte. Eine spanische Schiffahrt im Atlantik bestand noch nicht. Das nordeuropäische Verkehrssystem reichte zunächst nur bis nach La Rochelle, von wo die Kaufleute Englands und Flanderns die Weine des Aunis und Poitou importierten. Der Aufschwung des Weinhandels von Bordeaux nach Norden begann erst im 12. Jahrhundert.

Der Fernhandel der Gewerbestädte in Flandern und an der mittleren Maas, dessen allmähliche Wiederbelebung im 10. Jahrhundert an der Verbreitung ihrer Münzen abzulesen ist, richtete sich in erster Linie auf den Nordseeraum, den ihm einst die Friesen erschlossen hatten. Darüber, wie es auf ihren Märkten zuging, unterrichtet uns der im Jahre 1036 von den geistlichen Stadtherren mit Zustimmung des Grafen von Flandern erneuerte Zolltarif von Arras. In ihm spielen die Hauptrolle die aus der näheren und weiteren Umgebung – ausdrücklich genannt werden flämischer und englischer Käse – herangeführten Lebensmittel: verschiedene Sorten von Seefisch und Walfleisch, Korn, Früchte, Wein, Salz, Schinken, Schmalz, Salzfleisch, Honig und Öl, dann aber auch die Rohstoffe, die die städtischen Handwerker veredelten: Wolle und Garne für die Weber, Pottasche und Waid für die Färber, verschiedene gegerbte und ungegerbte Tierhäute für Schuhmacher und Sattler, Stangeneisen und Stahl in Bunden für Grobschmiede, Messer- und Waffenschmiede, an lebenden Tieren Pferde und Esel für Transportzwecke und Kühe, Schafe, Ziegen und Schweine für die Fleischer. Der Zoll war vor allem ein Einfuhr- und Verbrauchszoll; über den Export der aus den Rohstoffen in der Stadt hergestellten Waren bestimmt der Tarif nur ganz allgemein: „Wenn jemand in ein fremdes Land Handel treibt, aber den Handel in dieser Stadt ausdenkt, und wenn ein Käufer in dieser Stadt den Handel abschließt und den Preis bezahlt, dann gibt er den halben Zoll“, wobei offenbar der einheimische oder der fremde Exporteur gemeint ist. Zu den Exportwaren gehörten gewiß die „Tuche und großen Marktsachen“, die nicht näher erklärt, aber zusammen mit Silberbarren und -münzen an der Spitze des Tarifs genannt werden, und die merkwürdig zusammengesetzte Gruppe der drei Güter, für die niemand Zollfreiheit beanspruchen konnte, nämlich Gold, eine Ziege und einen männlichen oder weiblichen Sklaven.

Vermittler des Fernhandels waren außer den einheimischen Kaufleuten die Fernhändler Kölns und der friesischen Städte nördlich des Rheins; die von Tiel, Utrecht und Köln betrieben den Handel einerseits nach England und andererseits rheinaufwärts, diejenigen von Köln, Utrecht, Deventer, Staveren, Groningen und Emden den nach Sachsen, Dänemark, Norwegen und über Haithabu-Schleswig in die Ostsee. Die überragende Stellung Kölns, die sich auf die Entfaltung eigener Exportgewerbe stützte, ist von der weiten Verbreitung Kölner Pfennige in den Schatzfunden des Ostseeraumes abzulesen. Aus einem Vergleich der Kaufleute von Lüttich und Huy mit dem Erzbischof von Köln über dessen Zollrecht aus dem Jahre 1103 erfahren wir, daß die Händler ihre Waren entweder auf eigenen oder fremden Schiffen oder auf Karren und Tragtieren in diese Stadt brachten; „wenn ein Reiter Ware mit einem Strick an den Sattel gebunden hat, schuldet er 2 Pfennige, vom Quersack aber nichts“. Sie verkauften in Köln, zur Zeit der Jahrmärkte auch als Detaillisten, Zinn, Wolle, Speck, Fette, Leinen- und Wollentuche und erwarben Kupfer, Pferde, Rinder und Schweine; um Kupfer zu erhalten, reisten sie auch weiter nach Dortmund und nach Sachsen, und auf der Durchreise, wenn sie ihre Waren nicht auspackten oder umluden, genossen sie Zollfreiheit. Aus einem ins 11. Jahrhundert gehörigen Zolltarif von Koblenz geht hervor, daß Kaufleute aus Huy, Dinant, Namur und Lüttich an der Maas, aus Flandern, Antwerpen, Zaltbommel, Heerrewaarden, Tiel, Utrecht, Deventer, Duisburg, Neuss, Deutz, Köln und Bonn mit ihren Schiffen und den Produkten ihrer Lande rheinaufwärts fuhren, um Wein zu erwerben, während vom Oberrhein her die von Bingen, Mainz, Lorch, Worms, Speyer, Straßburg, Konstanz, Zürich, vom Main her die von Regensburg und Würzburg, von der Mosel her die von Trier, Metz und Toul vor allem mit Wein flußabwärts fuhren. Es war gewiß dem Aufschwung dieses Weinhandels zu verdanken, daß Erzbischof Bezelin von Bremen (1035–1043) die regelmäßige Beköstigung seiner Domherren mit Wein einführen konnte, obwohl dies, wie der zu den Begünstigten gehörige Geschichtsschreiber Adam bemerkt, wider die Natur des sächsischen Landes ging.

Wein war auch eines der wichtigsten Güter, die Kaufleute vom Rhein und von der Seine nach London importierten. Bezeugt ist, daß dort Händler aus Rouen, der Normandie, Frankreich und Flandern sowie Kaufleute aus Deutschland, speziell aus Huy, Lüttich und Nivelles, verkehrten und mit Holz, Fisch, Tüchern aus Seide, Wolle und Leinen, Korduanleder, Gewürzen, Butter, Käse, Wachs und Wein Handel trieben. Über Chester und Bristol führten englische Kaufleute vor allem Sklaven nach Irland aus; was sie dagegen auf den Kontinent versandt haben könnten außer der Wolle, die freilich ebenso wenig irgendwo erwähnt wird wie das Zinn von Cornwall, bleibt uns verborgen: Dies ist eines der größten Rätsel der frühen europäischen Handelsgeschichte, denn wie der umfangreiche Münzumlauf und die gewaltigen Tribute, die besonders im 10. Jahrhundert die Wikinger dem Lande abpreßten, beweisen, muß der englische Export ausgereicht haben, um neben allem anderen auch noch die Einfuhr großer Mengen von Silber möglich zu machen. Die Tribut- und Handelsbeziehungen zu Dänemark und Norwegen begründeten den Aufschwung der nördlichen Städte von Dublin bis nach York und Norwich hin.

Wichtiger aber war, daß den Friesen folgend nun auch flämische Kaufleute über die Nordsee nach Haithabu und dessen Nachfolger, dem Handelsplatz Schleswig, vorstießen, um ihren Exportwaren die Ostsee zu erschließen, was nur mit Überquerung der jütischen Halbinsel möglich war, solange Wikinger die Passage durch Skagerrak und Kattegat und Slaven den Weg von der Elbe zur Trave versperrten. An der Besiedlung Schleswigs seit dem Ende des 11. Jahrhunderts waren aber außer Flamen und Friesen auch schon Zuzüglinge aus Soest, Dortmund und Köln beteiligt, gewiß Genossen derjenigen Fernhändler, die seit 1090 ihre Häuser bei der Burg Altlübeck errichteten, ohne doch den Schleswigern bereits ernsthaft Konkurrenz machen zu können. Sie sicherten schließlich auch die Einbeziehung Norwegens in das System des Fernhandels mit Massenwaren; um die Wende des 11. Jahrhunderts kam die Fischproduktion auf den Lofoten und Vesterålen in großem Umfang in Gang und damit der Export von Stockfisch und Kabeljau nach Britannien und Deutschland im Austausch gegen Korn und

Tuche, wofür sich der Hafen von Bergen als der geeignete Umschlags- und Stapelplatz erwies.

Mit dem Ostseeraum betraten die Kaufleute jenes einst städtelose und jetzt zwar mit Burgstädten gewerblichen Charakters besetzte, aber in den ländlichen und staatlichen Verhältnissen vom Westen grundverschiedene Europa, das sich von Skandinavien über Polen bis in den Donauraum und nach Rußland erstreckte. Schon das Erscheinungsbild der frühen Burgstädte hatte uns verraten, daß ein Markt für sie in der Regel nicht typisch war und nur in den ausnahmsweise großen Zentren wie Wolin, Prag, Novgorod und Kiew existiert haben mag. Hinzu kommt, daß diese Städte keinerlei dem westlichen vergleichbares Exportgewerbe hervorbrachten, denn die sogenannten Kiewer Ostereier, kleine, buntglasierte Eier und Klappern aus Ton, die in der Umgebung von Kiew angefertigt wurden, und die aus wolhynischem Schiefer gefertigten Ovručer Spinnwirteln, die seit der zweiten Hälfte des 10. Jahrhunderts in Großpolen Verbreitung fanden, sind mit den gewerblichen Produkten weder des griechisch-arabischen noch des abendländischen Fernhandels der Zeit vergleichbar. Im schwedischen Birka und in Eketorp sind zwar große Mengen slavischer Keramik und anderer Güter entdeckt worden, es ist aber ungeklärt, ob sie als Handelsgut dorthin gelangt sind oder als Beutegut oder gar als Produkt an Ort und Stelle tätiger slavischer Handwerker. So ist es am wahrscheinlichsten, daß die in den Vorburgen und Dienstsiedlungen der Burgstädte ansässigen Handwerker trotz sehr weit getriebener Spezialisierung im wesentlichen für die auf den Burgen lebenden Herren und Krieger, nicht aber für die Versorgung weiterer, auf Märkte angewiesener Bevölkerungskreise gearbeitet haben.

Dasselbe gilt wohl für den Handel, der sich zwar auf den Hauptrouten und deren See- und Flußhäfen konzentrierte und gewiß auch intensivierte, aber weite Räume im Binnenlande nur in großer Verdünnung erreichte. Er lag wohl nur im Binnenlande in den Händen slavischer Kaufleute; den eigentlichen Fernhandel mit den auswärtigen Gewerbezentren hatten auf der Ostsee die Schweden und ihre in Novgorod ansässig gewordenen, im Laufe der Zeit slavisierten Landsleute, auf dem Schwarzen Meer die Russen von Kiew und die Griechen, auf dem Kaspischen Meer und der Wolga Muslime und Juden in Händen. Erst im Laufe des 11. Jahrhunderts begannen von Westen her auch Deutsche, sich daran zu beteiligen. Was sie über See exportierten oder an Elbe und Saale slavischen Händlern abkauften, waren Sklaven, Pelzwerk, Wachs, Honig und Pferde, also Rohstoffe und Urprodukte, die wohl vor allem die Fürsten und Burgherren in den Handel brachten, nachdem sie sie von den unterworfenen Bauern als Tribut erpreßt oder im Kriege bei ihren Feinden erbeutet hatten. Die Fürsten und ihre Amtleute und Beauftragten zählten gewiß in allen slavischen Landen mit zu den ersten aller Kaufleute. Was sie dagegen von den Fremden erwerben wollten, waren außer Salz nur hochwertige Rohstoffe wie Gold, Silber, Zinn, Kupfer, Blei und Messing und luxuriöse Fertigwaren wie Schmuck, Münzen, Waffen, Sättel und Zaumzeug, Seiden- und Brokatstoffe, feine Wolltuche, gläserne Gefäße und Perlen, Gewürze und Wein. Nach allem ist es unwahrscheinlich, daß sich bei den Burgstädten bereits vor dem Ende des 11. Jahrhunderts, wo es für Prag und Altlübeck nachweisbar wird, Fernhändler ständig und dauerhaft niedergelassen haben könnten. Solange der Markt als Vermittler einer hinreichend starken lokalen Nachfrage fehlte, waren dafür die Voraussetzungen nicht gegeben.

Das von den schwedischen Wikingern getragene Verkehrssystem, das die Ostsee einerseits über Haithabu mit dem ökonomischen Zentrum Nordwesteuropas und andererseits über die russischen Ströme mit Konstantinopel und dem islamischen Mittel- und Vorderasien verknüpfte und dessen Zentrum Birka im Mälar war, erlebte seine Blütezeit im 10. Jahrhundert, in der gleichen Zeit, als über Wolin und die Oder zum ersten Male auch Polen in das Fernhandelssystem einbezogen wurde. Wir wissen nicht, wie viele Orientwaren möglicherweise auf diesem Wege in die Länder an der Nordsee gelangt sind, denn die einzige Spur dieses Handels sind die arabischen Münzen aus Turkestan und dem Reich von Bagdad, die damals in Schweden in den Boden gelangt sind. Ereignisse im vorderen Orient und die Zerstörung des Chazarenreiches durch die Russen, die in der zweiten Hälfte des 10. Jahrhunderts den Wolgaweg unpassierbar machte, zerrissen dieses Verkehrssystem. Nach 1008 ist kein arabischer Dirhem mehr nach Europa gelangt, die Blüte Birkas war geknickt, und Schweden schied aus dem Fernhandel aus, mit der Folge, daß dieses Land als eines der letzten in Europa noch im 12. Jahrhundert einer gefestigten Monarchie und eines namhaften Städtewesens entbehrte. In den Bodenfunden treten deutsche und englische Münzen an die Stelle der arabischen, und nach ihrem Zeugnis gewann der Fernverkehr ein neues Zentrum auf der Insel Gotland, von wo aus er die dänischen und schwedischen Küsten überall dort, wo die wohlhabende Landbevölkerung Landesprodukte zulieferte und Importwaren abnahm, mit einem Netz von Anschlußmärkten überzog: Es sind die Køpinge, von denen oben die Rede war. Auf der anderen Seite erreichte er die slavisch-baltische Ostseeküste und Rußland, dessen Rohprodukte nun gänzlich den Ausfall der Orientwaren ersetzten. Um 1070 beschrieb Adam von Bremen zum ersten Mal das nun voll eingespielte neue Verkehrssystem: Von Schleswig-Haithabu liefen die Schiffe ins Slavenland aus und weiter nach Preußen und Griechenland, nach Schweden und Bornholm, dem berühmtesten dänischen Hafen und zuverlässigen Stützpunkt für den Verkehr mit Barbaren und Griechen; von Birka (über Gotland wußte Adam noch nichts), wo dänische, norwegische, slavische, preußische und russische Schiffskaufleute zusammenkamen, erreichte man in fünf Tagen Rußland und schließlich

Novgorod; an Rußland grenzte das von den Preußen bewohnte Samland, und die hier verhandelten Pelze gelangten im Austausch gegen Wolltuch nach Deutschland. Gemeint sind sicher die hoch wertvollen Tuche aus Flandern; diejenigen aus der erst nach der Mitte des 11. Jahrhunderts gegründeten Stadt Ypern sind schon zu Beginn des 12. Jahrhunderts in Novgorod bezeugt, wohin zunächst seit dem 10. Jahrhundert vor allem englische Tuche gelangt waren. An der Odermündung, fährt Adam fort, liege der Hafenplatz Iumne, den man mit Wolin zu identifizieren pflegt; Iumne sei von Hamburg aus sowohl zu Lande als auch, über Oldenburg und Schleswig, zur See erreichbar, ein Treffpunkt reisender Barbaren, Griechen und Sachsen, der über die Oder Verbindung mit Mähren, Ungarn und den Petschenegen an der unteren Donau, mit Samland und den Preußen sowie mit Novgorod und Kiew habe, der Nachahmerin der glänzenden Weltstadt Konstantinopel.

Erst hier, wo es mit dem italienischen Fernhandel zusammentraf, fand das schwedisch-, später gotländisch-russische Verkehrssystem seinen äußersten Endpunkt. Als Fürst Igor von Kiew im Jahre 944 den Friedens- und Handelsvertrag mit dem griechischen Kaiser erneuerte, umfaßte seine Gesandtschaft außer den Vertretern der Fürsten 26 Kaufleute. Der Vertrag, der übrigens auch die griechische Herrschaft über Cherson und die anderen Städte auf der Krim und an der Mündung des Asovschen Meeres sicherte, wiederholte die Bestimmungen von 911. Er sah vor, daß die Russen vor der Hauptstadt Quartier bei der Kirche Hagios Mamas und nach Vorlage einer Namensliste Unterhalt für einen Monat empfangen sollten, „zuerst die von der Stadt Kiew, sodann die von Černigov und Perejaslavl'". Von dort durften sie nur unbewaffnet und in Gruppen zu fünfzig Mann unter dem Schutz eines kaiserlichen Aufsehers durch ein bestimmtes Tor tageweise in die Stadt kommen, um Handel zu treiben. Sie durften nur für höchstens 50 Goldstücke Seide kaufen und mußten die Tuche zur Kontrolle dem Aufseher vorlegen, der sie plombierte. Bei der Abreise lieferte der Kaiser ihnen den für die Rückreise nötigen Proviant und Schiffsbedarf; dafür war es ihnen untersagt, beim heiligen Mamas oder an der Mündung des Dnjepr zu überwintern, vielmehr sollten alle im Herbst nach Rußland zurückkehren. Die russische Überlieferung des Vertrages hat die Namen der 26 Kaufleute aufbewahrt, und sie sollen hier einen Ehrenplatz erhalten: Aduń, Adulb, Ingivlad, Uleb, Frutan, Gomol, Kuci, Emig, Turbrid, Fursten, Bruny, Roald, Gunastr, Frasten, Ingeld, Turbern, Mony, Ruald, Sveń, Stir, Aldan, Tilij, Apubkar, Sveń, Vuzlev und Sinko Borič.

Auch die von der Südküste der Ostsee und von der deutschen Ostgrenze ausgehenden Fernwege führten letzten Endes nach Kiew und Konstantinopel. Im 10. Jahrhundert benutzte der Handel vor allem die Straße von Prag über Krakau nach Kiew; nach einem Bericht, den der spanische Jude und Sklavenhändler Ibrahim Ibn Jakub um 970 verfaßte, war Prag damals das auch von Russen, Slaven und Ungarn aufgesuchte Zentrum des europäischen Sklavenhandels sowie namhafter Erzeuger von Sätteln, Zaumzeug und Schilden. Einer der Gründe, weshalb Bischof Adalbert von Prag im Jahre 999 sein Bistum aufgab, um in Polen und Preußen zu missionieren, war der Kummer über einen jüdischen Kaufmann, der dort Sklaven aufkaufte. In Leitmeritz wurde noch 1057 ein Zoll auf Sklaven erhoben, und als zollpflichtig werden uns Griechen und Juden genannt: Der byzantinische Händler vom Südosten und der jüdische vom Westen her scheinen sich hier die Hand gereicht zu haben. Die wachsende Bedeutung der Straße von Magdeburg nach Posen und Gnesen ergibt sich daraus, daß man für sie in der Zeit um 1100 bei der kleinen Burgstadt Spandau, die immerhin bereits 1000 Einwohner gezählt haben mag, sämtliche Wasserarme der Havel mit einer Holzbrücke überspannte.

Seit aber Ungarn christlich und Bulgarien (im Jahre 1018) wieder griechisch geworden war, gewann die Donaustraße an Gewicht und mit ihr die Kaufmannschaft der Stadt Regensburg, deren hervorragende Stellung aus der Verbreitung der Regensburger Pfennige in Osteuropa abzulesen ist. Der burgundische Mönch Radulfus Glaber beobachtete, daß mit dem Beginn des 11. Jahrhunderts die Jerusalempilger anfingen, statt der Mittelmeerroute den Landweg durch Ungarn zu benutzen, den im Jahre 1096 auch die ersten Kreuzfahrer einschlugen. Mit ihm war wohl auch der reiche Mainzer Kaufmann Liutefred, offenbar ein erfahrener Levantehändler, vertraut, den König Otto I. 949 mit einer Botschaft nach Konstantinopel sandte, auch wenn er bei dieser Gelegenheit zusammen mit Bischof Liutprand von Cremona den Seeweg einschlug. Von Ibrahim Ibn Jakub wissen wir, daß um 970 in Mainz arabische Dirhems aus Samarkand und indische Gewürze auf dem Markte anzutreffen waren. In Regensburg wohnte andererseits um 1000 eine Griechin Maza, die damals zwei Unfreie verschenkte, und Fürst Svjatoslav von Kiew trug sich 969 mit dem Plan, seine Residenz in die damals noch bulgarische Burgstadt Perejaslavec an der Wurzel des Donaudeltas zu verlegen und dort ein Fernhandelszentrum zu errichten, wo Gold, Seide, Wein und Früchte aus Griechenland, Silber und Pferde aus Ungarn und Böhmen, Felle, Wachs, Honig und Sklaven aus Rußland zusammenströmen sollten. Wäre der Plan gelungen, so hätte er die ökonomische Entmachtung Konstantinopels bedeutet und den italienischen Vorstoß in die Levante ins Leere laufen lassen.

Der Entfaltung des Marktverkehrs und eines so weit ausgreifenden Fernhandels war es gewiß sehr förderlich, daß sich im 10. Jahrhundert die Geldversorgung gewaltig verbesserte, als 968 bei Goslar, 984 in den Vogesen und 1028 im Schwarzwald der Silberbergbau begann. Je mehr Geld umlief, je vollständiger man vom Tauschhandel zum Kauf gegen Zahlung übergehen konnte, desto klarer mußten sich angemessene Preise für alle Güter herausbilden und damit den Kaufmann zum Rechnen veranlassen: Der Handel mußte beginnen, allmählich den abenteuerlichen und riskanten Charakter abzustreifen, der ihm in dieser Zeit freilich immer noch überwiegend zukam. Europa war auf diesem Gebiet im Vergleich zur muslimischen Welt und zu Byzanz ganz rückständig, wie man vor allem daran sieht, daß die Münzstätten, seit die Karolinger die Silberwährung eingeführt hatten, nur noch Silberpfennige und deren Teilstücke, halbe und Viertelpfennige, prägten, wenn sie es nicht dem Publikum überließen, diese Stückelung durch Zerbrechen oder Zerschneiden der Münzen selbst herzustellen. Alles gemünzte Geld war also Scheidemünze und für die Bedürfnisse der zinszahlenden Bauern auf den Fronhöfen sowie des Kleingewerbes und seiner Kundschaft auf dem Wochenmarkt bestimmt. Für größere Zahlungen und Werttransporte, wie sie der Fernhandel vornahm, mußte man ungemünztes, in Barren gegossenes Silber und ihm gleichstehende, abwägbare Mengen verschiedenster ganzer oder zerbrochener Münzen und Schmuckstücke benutzen, die die Archäologen heute als Hacksilber bezeichnen. Das als Wertmesser abgewogene Silber aber steht der im Tauschhandel eingesetzten Ware noch sehr nahe und war zu rationaler Preisbildung weniger gut geeignet als das abzählbare Münzgeld. Über solches verfügten dagegen die Araber, Griechen und Sarazenen, deren Staaten fortfuhren, auch Goldmünzen zu prägen, und davon liefen auch viele, vermutlich als Erlöse aus dem Sklavenhandel, bei den Christen um, denn Gold war im Abendland zwar rar, aber als Ware nicht unerschwinglich: Wir sahen, daß es 1036 in Arras zu den von jeder Zollbefreiung ausgenommenen Gütern gehörte. Die langobardischen Fürsten von Salerno, Capua und Amalfi und die Dogen von Gaeta, Neapel und Sorrent begannen sogar im 10. Jahrhundert, den sizilischen Tarì nachzuprägen, und ebenso stellte die Münze der Grafen von Barcelona seit vor 1035 Nachahmungen des andalusischen Golddirhem her, die sogenannten Maravedìs, die der Fernhandel wohl hier an der Grenze des Abendlandes, nicht aber in dessen Kernländern verwenden konnte, weil sie für die hier erzielbaren geringen Umsätze im täglichen Kleinhandel zu wertvoll waren. Es war weniger der Mangel an Gold als die Schwäche der Märkte, die im Abendlande die Goldprägung verhinderte.

Auf dem vergleichsweise bescheidenen Niveau, das der europäische Handel unter diesen Umständen erreichen konnte, löste indes die Erschließung neuer Silbervorkommen, namentlich der sehr reichen des Rammelsberges bei Goslar, eine spürbare monetäre Belebung aus. Waren vor 918 im ostfränkischen Reich nur die Münzateliers in Regensburg und Mainz aktiv, so kamen bereits vor 936 Magdeburg, bald darauf Köln, 983 die Maasstädte und schließlich zahlreiche andere Städte hinzu, so daß zu Beginn des 11. Jahrhunderts in Deutschland über 80 Münzstätten tätig waren. Erst jetzt konnte der kommerzielle Geldumlauf in Deutschland richtig einsetzen und den Tauschverkehr oder Ersatzwährungen wie Pfeffer und Tuche verdrängen. Wie es scheint, hat Goslar ganz Europa mit Silber versorgt, am wenigsten noch den Südwesten und Süden, wo freilich auch der Geldbedarf am geringsten war: In den christlichen Königreichen Spaniens gab es im 10., in Asturien und León auch noch im 11. Jahrhundert keinerlei Prägung, während die Könige von Navarra, Aragon und Kastilien erst um 1030 und nur mit Kupfer- oder Silber-Kupfer-Prägungen den Anfang machten. In Italien aber stellte die Münzwerkstatt zu Rom unter Papst Benedikt VII. (975–983) ihre Tätigkeit ein, offensichtlich deswegen, weil die Stadt kein hinreichend potentes Marktleben besaß, denn in ganz Latium kam nun der Pfennig von Pavia in Umlauf, eine Folge der wirtschaftlichen Überlegenheit Oberitaliens, dessen Städte nicht nur im Handel, sondern auch auf Grund ihrer Dienstleistungen für die deutschen Könige und deren Heere einen lebhaften Zufluß Goslarer Silbers erzielten.

Gewiß war es auch deutsches Silber, das seit dem 10. Jahrhundert – es war bereits davon die Rede, daß wir nur vermuten können, dies sei als Kaufpreis für englische Wolle geschehen – in großen Mengen auf die britische Insel strömte und, wie in Deutschland, viele neue Märkte und Münzstätten ins Leben rief. Es war der schier unglaubliche Reichtum Englands an Silbergeld, der im 11. Jahrhundert die Angriffe, Beutezüge und Eroberungen der Dänen und Normannen auslöste und in großen Mengen nach Skandinavien abströmte, wo bereits über 50 000 englische Münzen der Jahre 990 bis 1051 gefunden worden sind. Von 1012 bis 1051 erhoben die englischen Könige Steuern, um die Feinde abzufinden; dies und die Genauigkeit, mit der das Domesday book von 1086 für alle Lehen und Güter Geldwerte (die wohl üblichen Geldpachten entsprachen) anzugeben weiß, erwecken den Eindruck, es sei in England bereits nicht nur die Schicht der Grundherren, sondern auch jeder Bauer Steuerzahler und damit Teilnehmer am Marktverkehr in den alten und neuen boroughs des Landes gewesen. Im Rheinland wird es nicht viel anders gewesen sein; die Kirche von Utrecht konnte schon 996 einen Ritter Frethebald anstatt mit Land mit einer jährlichen Rente von 12 Pfund Pfennigen aus ihrer Kasse belehnen und damit dem Geldwesen einen Einfluß auf das Gebiet der Lehnsbeziehungen eröffnen, der erst zwei Jahrhunderte später seine volle Wirkung tun sollte. Die friesischen Pelzhändler von Utrecht, Tiel und anderen Städten brachten deutsche Münzen in Mengen nach Skandinavien und Mittelosteuropa, wo die Könige im 11. Jahrhundert erste Versuche mit eigenen Prägungen machen konnten. Seit etwa 1025 begann die Goslarer Produktion zurückzugehen und damit nicht nur zur politischen Schwäche der salischen Herrscher, sondern auch zu einer wirtschaftlichen Rezession beizutragen, die wir daran erkennen, daß die Herzöge von Bayern 1047 die Prägung einstellten, daß der friesische

Handel und sein Zentrum in Tiel rückläufig wurden und den Silbermangel bis nach England und Skandinavien trugen und daß die Münzateliers von Polen bis nach Italien und Frankreich den Silbergehalt der Münzen senkten und damit eine Inflation erzeugten, die für sie der einzige Ausweg aus der Klemme zwischen wachsendem Geldbedarf des Handels und abnehmendem Silberaufkommen war. Unerklärt ist bisher, warum gleichzeitig auch in Byzanz, Syrien und Ägypten der Edelmetallgehalt der Münzen sank.

So kam es in der sächsisch-salischen Zeit zu einer vollkommenen Einbeziehung Deutschlands in den Kreis der Länder mit kommerziellem Geldverkehr. Skandinavien und Osteuropa jedoch wurden von dieser Entwicklung noch nicht erreicht. Obwohl die Rohstoffexporte zu einem mächtigen Zustrom von Silbermünzen führten, behandelten die Kaufleute diese Münzen hier weiterhin wie ungemünztes Silber als Ware, und nur in Pommern und Böhmen kann man den Übergang von seiner Verwendung als Hacksilber im Tausch zur kommerziellen Benutzung als abzählbares Geld in den Anfängen beobachten. Die in Polen geborgenen Münzschätze zeigen, daß die Prägungen der Herzöge Mieszko I. (gest. 992) und Boleslav I. (992–1025) keinen Einfluß auf den Geldumlauf im Lande erlangt und die Gewichtsgeldwirtschaft nicht verdrängt haben; wie in Skandinavien und der Kiewer Rus dauerte sie hier das ganze 11. Jahrhundert hindurch fort. Bedenkt man den Effekt an Rechenhaftigkeit oder Rationalität, den der Übergang zum kommerziellen Geldverkehr mit abzählender Benutzung der Münzen ausgelöst haben muß, so ist hier ein Zusammenhang mit der vergleichsweise geringen Entwicklung des Städtewesens und damit zu erkennen, daß Nord- und Osteuropa noch keine Berufskaufleute kannten, so wie es sie seit der Spätantike bei den romanischen Völkern und in verwandelter Form im Karolingerreich gegeben hatte und jetzt auch in den großen Städten der westlichen Länder gab.

Man hat sich daran gewöhnt, die auf Bauernhöfen – sei es des flachen Landes, sei es der frühstädtischen Siedlungen – ansässigen Saisonhändler Skandinaviens und besonders Gotlands als Bauernkaufleute zu bezeichnen, weil sie als heranwachsende Hoferben oder deren jüngere Brüder an einer Bauernwirtschaft ihren Rückhalt hatten und nach den Fernreisen etlicher Sommer wieder in sie zurückkehren konnten: Fernreisen, wie sie die Wikinger seit dem 9. Jahrhundert unternommen hatten, um die Welt zu sehen und mit Beute beladen in die Heimat zurückzukehren, die sich aber jetzt, wo überall die Könige erstarkten und den Landfrieden schützten, immer mehr auf Tausch- und Kaufgeschäfte richten mußten. Die Inschriften der in Dänemark und Schweden aufgestellten Runensteine lassen diesen Übergang vom kriegerischen Wikinger zum Bauernkaufmann und dem Christentum aufgeschlossenen Kauffahrer erkennen. Die unterschiedliche natürliche Ausstattung der Landschaften ermöglichte den Großbauern einen Tauschhandel mit Erzeugnissen der Jagd, des Fischfangs, der Erzgewinnung und des Handwerks, aus dessen Gewinnen sie von den Fremden Importwaren übernahmen und verteilten. Dabei konnten einzelne reich und mächtig werden und als Häuptlinge oder Große eine umfangreichere Produktion organisieren, wie etwa der Norweger Torolf Kvedulfson, der um 1000 vom König die Steuererhebung bei den Lappen übernahm: Er war Bauer und Kaufmann zugleich und entsandte seine Leute, um Kabeljau und Hering zu fangen, Robben zu jagen, Vogeleier zu sammeln und Pelze aufzukaufen; von Zeit zu Zeit aber befrachtete er ein Schiff und sandte es nach England, wo er die Ladung verkaufte und für den Erlös Tuche, Getreide oder Honig als Rückfracht einhandelte. Die Fülle der Münzschätze Schwedens und Gotlands, die häufig in oder unter Häusern vergraben worden sind, legen uns die Vermutung nahe, daß die Bauernkaufleute die Erde als natürlichen Tresor benutzten, denn manche Schätze sind zu späterer Zeit ergänzt worden, und ebenso erfolgten bei Bedarf sicherlich Entnahmen: eine Art der Kassenhaltung, die sich der Berufskaufmann Westeuropas nicht mehr leisten konnte. Die gotländischen Schatzfunde, die für die Zeit gegen Ende des 11. Jahrhunderts an Zahl abnehmen, an Umfang aber anwachsen, weisen auf eine Konzentration des bis dahin in einem weiten Kreis von Bauernkaufleuten umlaufenden Silbers in den Händen eines engeren Kreises von besonders reichen Händlern hin, die nun wohl auf dem Wege zur Berufskaufmannschaft und Stadtsässigkeit waren. Mit den Bauernkaufleuten Skandinaviens und nicht mit den westlichen Berufskaufleuten sind die Angehörigen der grundbesitzenden burgstädtischen Aristokratie zu vergleichen, die wir uns als einheimische Träger des Fernhandels in den slavischen Ländern vorzustellen haben und die ein ganz anderes Leben führten als die deutschen Kaufleute, die am Ende des 11. Jahrhunderts in Prag und Altlübeck regelrechte Kaufmannssiedlungen gründeten. Viele friesische Fernhändler mögen der Lebensweise nach ebenfalls Bauernkaufleute gewesen sein; dies kann erklären, warum die Friesen seit dem 11. Jahrhundert der stadtsässigen Kaufmannschaft gewichen und aus dem Fernhandel ausgeschieden sind. Es besteht ein auffälliger Unterschied zwischen Nord- und Osteuropa auf der einen Seite, wo die Oberschicht der Großbauern und adligen Grundbesitzer die Kaufmannschaft stellte, und Deutschland und Westeuropa auf der anderen Seite, wo sich gerade diese Kreise vom Handel fernhielten und ihn den Marktleuten einschließlich des stadtsässigen niederen Adels überließen.

Freilich darf man sich weder die Betriebsweise dieser berufsmäßigen Markt- und Kaufleute noch die volkswirtschaftliche Bedeutung ihrer Arbeit als im großen und ganzen besonders eindrucksvoll vorstellen. Der gesamtwirtschaftliche Effekt des Fernhandels und der Märkte kann nur als gering beurteilt werden. Es waren zwar jedermann die jahreszeitlichen Preisschwankungen für Agrarprodukte bekannt, aber das bedeutet nicht, daß die Preise überall einen Ausgleich zwischen Angebot und Nachfrage herbeigeführt hätten. Keine Hungersnot veranlaßte die Geschichtsschreiber des 10. Jahrhunderts, die darüber berichten, eine davon ausgelöste Teuerung zu erwähnen, und den Mönchen von St. Gallen geschah es einmal, daß sie zwar Geld hatten, dafür aber nichts kaufen konnten, weil es nichts zu kaufen gab: Mit den Taschen voller Münzen mußten sie in der Nachbarschaft betteln gehen. Im 11. Jahrhundert finden sich erste Anspielungen auf die Preise in Zeiten der Hungersnot, offenbar erlangte nun allmählich der Getreidepreis eine reelle Bedeutung. Aber auch bei Luxusgütern blieben die Möglichkeiten der reichen Leute, Geld auszugeben, gering. Noch um 1100 mußte der Abt von Saint-Vincent in Le Mans, um sich einen Mantel aus Grauwerk zu beschaffen, den er der Frau des Forstmeisters Hamelin schenken wollte, einen Mönch mit Hamelins Diener nach Falaise senden, wo er ihn für 9 Pfund Pfennige erwerben konnte. Bei solchen Verhältnissen mußte der Handel einen stark aleatorischen Charakter mit geringer Berechenbarkeit und hohem Risiko des Erfolges tragen. Weder im Handel noch im Handwerk gab es bereits eine Trennung der leitenden von der ausführenden Arbeit, und damit hängt zusammen, daß selbst die großen Fernhändler Italiens, im Gegensatz zu ihren jüdischen und arabischen Konkurrenten, nicht lesen und schreiben konnten: Dazu fehlte der Antrieb, solange noch jeder Kaufmann sein eigener Spediteur, Reeder, Stauervize und Kapitän sein mußte. Die gewerbliche Produktion war niemals eine Quelle des Reichtums für die Arbeiter selber; als Handwerker kam nur empor, wer in den Handel mit den Rohstoffen seines Gewerbes übergreifen oder den Absatz der Fertigwaren im großen organisieren konnte. Insbesondere wird die Lage derer, die mit handwerklichen und händlerischen Kenntnissen vom Lande in die Städte zuwanderten, nicht rosig gewesen sein, denn soweit sie nicht vom Grundherrn oder vom Vater eine Abfindung für ihren Anspruch auf Unterhalt erhalten hatten, die ihnen den geschäftlichen Neubeginn erleichterte, mußten sie als Lohnarbeiter anfangen, vielleicht im Dienste eines Kaufmanns, der ihnen Rohstoffe zur Verarbeitung im Tagelohn lieferte und mit dem veredelten Produkt selber Handel trieb. Es ist bemerkenswert, daß trotzdem kein Unternehmer Großwerkstätten mit Lohnarbeitern errichtete, sondern daß man durch Arbeitszerlegung in nacheinander geschaltete und durch Berufsteilung in parallel geschaltete Produktionsschritte eine Spezialisierung der Betriebe erreichte, die die Familienhaushalte als Rahmen der Arbeitsorganisation bewahrte, ein Effekt, der gewiß auf politische Entscheidungen zurückgeht und nur zu erreichen war, weil die Handwerker Verbände gründeten und mit ihrer Hilfe Einfluß auf die Stadtverwaltung nahmen.

Der gewöhnliche Fernhändler aber war vom Handwerker insofern wenig unterschieden, als er Fern- und Einzelhandel selbst besorgte. Auf dem

Markte stand er mit seinen aus der Ferne herbeigeschafften Gütern neben dem ansässigen Marktmann, der eigene Erzeugnisse feilhielt, und verkaufte sie wie dieser um Pfennigbeträge an jeden Kunden. Was er an Gütern bewegte, war in absoluten Zahlen gemessen bescheiden; damit sich seine Arbeit und das Risiko des Fernhandels lohnten, kamen nur kostbare Waren für ihn in Betracht, und da er bei mengenmäßig geringem Umsatz und wenigen Abschlüssen einen hohen Gewinn erzielen mußte, konnte er nur zu hohen Preisen anbieten, die wiederum nur für wenige Kunden erschwinglich waren. Daher fiel der kleine Mann als Kunde aus, und der Händler konnte nur so lange am Orte verweilen, bis die bemessene Kaufkraft der reichen Leute abgeschöpft war und er sich für den Besuch des nächsten Marktes oder für die Heimreise ausrüsten mußte. – Aber es zeigen sich doch nun auch die ersten Großkaufleute, die mit Gehilfen arbeiteten und größere Reichtümer gewannen als die gewöhnlichen, auf den Märkten stehenden Fernhändler. Die Londoner verboten bereits im 11. Jahrhundert den fremden Kaufleuten den Einzelhandel; sie durften Corduanleder nicht unter dem Dutzend, Gewürze nicht unter 25 Pfund und Tuche nur ballenweise verkaufen und keine Waren mit Arbeiten veredeln, die die einheimischen Marktleute zu verrichten gewohnt waren. Den Farbstoff Waid durften sie nicht einmal in die Stadt bringen, sondern mußten ihn direkt am Hafenkai veräußern. Deutlich zielten diese Normen darauf, den Handel der Fremden als Großhandel vom Betrieb des Detaillisten zu trennen, der den Londoner Bürgern vorbehalten werden sollte. Solche Großhändler aber waren gewiß auch die Juden, die 1044 in Galizien, während sie zu Markte standen, um 1700 Pfund Seide, 30 Stück Wolltuch und 40 Stück Leinwand beraubt wurden, oder jene Kaufleute, von denen ein vor 1060 entstandener angelsächsischer Text sagt, ein Kaufmann, der so emporkam, daß er dreimal vermöge eigener Geschäftskraft übers offene Meer fuhr, pflege denselben Rang zu bekleiden wie die Männer, die dem König oder einem Ealdorman als Ritter dienten. Der Mönch Aelfric (gest. 1025), der als Grammatiker in Winchester lebte, läßt in einem Lehrtext einen Kaufmann auftreten, der sich rühmte, dem König, dem Ealdorman, den Reichen und dem ganzen Volk von Nutzen zu sein, weil er in seinem Schiff und mit seinen Waren Reisen unternehme und kostbare Dinge wie Purpur, Seide, Edelsteine, Gold, gefärbte Stoffe, Farben, Wein, Öl, Elfenbein, Messing, Kupfer, Zinn, Schwefel, Glas kaufe, die in England nicht heimisch seien, und sie trotz der Gefahren des Meeres und des Schiffbruchs herüberbringe und versuche, sie für mehr zu verkaufen, als er dafür bezahlt habe, damit er einen Gewinn habe und Weib und Sohn unterhalten könne.

Reiche und mächtige Männer waren auch Maurus und sein Sohn in Amalfi, jener Pantaleo, der zwischen 1065 und 1076 mehrere Kirchen mit byzantinischen Bronzetoren versah und in Antiochia und im Heiligen

Lande Spitäler unterhielt. In Rom gab es Kaufleute, die Salinen bei Ostia und Grundstücke und Weingärten in der Sabina besaßen und ebenso hoch über den kleinen Marktleuten und reisenden Händlern standen, wie die neuen Leute, die seit der Mitte des 11. Jahrhunderts mit dem Reformpapsttum emporkamen, die Pierleoni, Boveschi und Frangipane, darunter Männer, die bereits in der Finanzierung der hohen Politik Erfahrungen sammelten und imstande waren, anderen Kredite zu gewähren. Wenn venezianische Schiffe schon im 10. Jahrhundert einen Schreiber unter der Mannschaft hatten, so gewiß deswegen, weil die an Bord befindlichen Agenten solcher Unternehmer verpflichtet waren, über ihre Geschäfte schriftliche Rechnungen zu führen – nur von den Kaufleuten von Novgorod haben wir eine vergleichbar frühe Nachricht über den Schriftgebrauch, weil Urkunden, die sie seit der Mitte des 11. Jahrhunderts auf Birkenrinde geschrieben haben, im Boden erhalten geblieben sind.

Aus Venedig aber stammt, nach dem oben erwähnten ersten Hinweis von etwa 830, das älteste europäische Zeugnis – es entstand im Jahre 1072 – über den Gebrauch der vorher schon bei Arabern und Griechen und später im ganzen Abendland verbreiteten Form der Handelsgesellschaft oder Commenda, in der sich ein daheim seßhaft bleibender Kapitalist und ein reisender Kaufmann derart zusammentaten, daß jener eine Summe Geldes zur Verfügung stellte, mit der dieser Waren einkaufte, in der Fremde eine Rückfracht erwarb und nach der Heimkehr den etwaigen Gewinn nach dem ausgemachten Schlüssel mit dem Kapitalisten teilte, diesem aber allein das Risiko des Verlustes überließ. Gewiß waren ähnliche Vertragsverhältnisse gemeint, wenn ein englisches Königsgesetz von 1109/18 sagt: „Haben sich Männer verbunden, so daß sie ihr Geld gemeinsam angelegt haben, und wollen sie diese Gemeinschaft oder Teilhaberschaft auflösen, so sollen sie alles, was sie in Gemeinschaft haben, beibringen, damit es in Gegenwart von Zeugen geteilt werde, so daß sie, wenn dies notwendig sein sollte, auf Reliquien schwören können, daß sie mehr nicht besitzen. Und man lasse sie den Profit und Gewinn richtig unter sich teilen und übereinstimmend mit der Verabredung, die sie zwischen sich getroffen haben." Deutlich unterscheiden sich diese kommerziellen, auf Gewinn zielenden Kreditgeschäfte von den Konsumtionskrediten, die vor allem von Juden und Klöstern gewährt wurden und die im Jahre 1096 viele Kreuzfahrer in Anspruch nehmen mußten, um die Reisekosten aufzubringen. Wie sehr die Grundherren diese Kreditgeber fürchteten, zeigt die im 11. Jahrhundert einsetzende Diffamierung der Wucherer; solche meinten die Mönche von Conques, die in der Mitte des 11. Jahrhunderts ein Kapitell ihrer Kirche mit dem Bilde eines Mannes verzierten, der den Geldsack um den Hals tragend der verdienten Strafe entgegengeht. Dergleichen hatte nichts zu tun mit den kaufmännischen Darlehen, die manchem mittellosen Anfänger zum Erfolg verhalfen, so jenem Godric, der, als Kind armer Bauersleute in Lincolnshire um 1100 geboren, mit zufällig gefundenem schiffbrüchigem Gut einen Hausierhandel auf dem Lande, dann die Kaufmannschaft auf städtischen Märkten begann und schließlich als seefahrender Kaufmann mit anderen Handelsgesellschaft und Partenreederei einging, ehe er sein Leben als Jerusalempilger und Einsiedler in Finchale bei Durham beendete.

Die Partenreederei, d. h. die Aneignung eines Schiffes an mehrere Eigentümer, war eines der althergekommenen Mittel, um die Risiken der Seefahrt und des Aufenthaltes in fremden Häfen für den einzelnen zu mindern; sie führte leicht zu einer Risiko-Vergesellschaftung auch mit den Befrachtern, die sich an einer Reise beteiligten. Das altnordische Seerecht etwa kannte eine solche Fahrtgemeinschaft, in der der Schiffseigner als Steuermann das Schiff führte, während die mit kleinen Anteilen beteiligten Befrachter an Bord die Arbeit von Matrosen verrichteten. War das Ziel der Fahrt in der Fremde erreicht, so leisteten sich die Genossen den erforderlichen Beistand, wenn einer von ihnen in Rechtshändel verwickelt wurde und Eideshelfer oder Bürgen brauchte, die er in der Heimat im Kreise seiner Blutsverwandten gefunden hätte. Nach angelsächsischem Recht hatten die Gildebrüder dem in der Fremde ohne Verwandte dastehenden Genossen, der einen Totschlag begangen hatte und sich aus der Gefahr der Blutrache auslösen wollte, mit der Hälfte des Wergeldes zu Hilfe zu kommen, also an die Stelle der Gesippen zu treten, und in Dänemark legten sich die Gilden selber derartige Verpflichtungen auf. Sie einzuhalten mochten die Genossen sich gegenseitig oder ihrem Anführer eidlich geloben. Dieser Akt verlieh der Fahrtgemeinschaft einen religiösen Charakter, der Heiden und Juden aus den christlichen Genossenschaften ausschloß – und umgekehrt. Es könnte eine Besonderheit der von Heiden und Christen verschiedener Konfession befahrenen Ostsee gewesen sein, daß die christlichen Fahrtgemeinschaften an den immer wieder besuchten Handelsplätzen auf eigene Kosten Pfarrkirchen errichteten. Nach Adam von Bremen hatte vor 1070 ein Kaufmann mit Unterstützung des Königs von Dänemark eine solche Kirche im heidnischen Kurland erbaut. Nicht viel jünger ist die St. Olafskirche, die die Gotländer in ihrem Handelshof zu Novgorod unterhielten, und wenn in den Knotenpunkten des Verkehrsnetzes russische, skandinavische und deutsche Fahrtgemeinschaften nebeneinander ihre Kirchen bauten, so könnte dies die Vielzahl kleiner Pfarrkirchen erklären, die ein typisches Kennzeichen der Fernhändlersiedlungen Skandinaviens ist. So besaßen später die daraus hervorgegangenen Städte Drontheim 15, Roskilde 14, Viborg 13, Lund 20 und Visby 15 Kirchen, also weitaus mehr, als die ansässige Bevölkerung selbst genutzt haben kann.

Wenn die Waräger von Kiew nach Konstantinopel fuhren, taten sich viele derartige Schiffe zu einer einzigen Fahrtgemeinschaft zusammen, der der

Fürst einen Führer verordnet haben wird, denn der Handelsvertrag von 944 sah vor, daß die Kaufleute im griechischen Reich eine fürstliche Urkunde über die Zahl der Schiffe mit sich führen sollten, um nicht als Feinde behandelt zu werden. Die Byzantiner unterwarfen die russische Fahrtgemeinschaft so, wie es in den orientalischen Staaten bereits allgemein üblich geworden war, einer strengen Aufsicht, indem sie sie in gemeinsamen Quartieren unterbrachten. Im Jahre 992 übertrugen sie dieses System auf die Venezianer, die sich verpflichten mußten, auf den Transport von Waren zu verzichten, die Amalfitanern, Juden, Kaufleuten aus Bari und anderswoher gehörten, und ihre Schiffe für kaiserliche Transporte, insbesondere Truppentransporte nach Süditalien, bereitzuhalten. Was die Venezianer 1082 für die Ausstattung ihres Quartiers durchsetzen konnten, mußten die Griechen 1112 auch den Pisanern und vermutlich ebenso den Amalfitanern gewähren (die Genuesen folgten erst 1155); es wurde vorbildlich für die Ausstattung, die die Italiener in den Häfen der Kreuzfahrerstaaten in Anspruch nahmen. Alle diese Fahrtgemeinschaften und Flotten standen unter Führung des Dogen der Heimatstadt.

In Nordwesteuropa war die Zahl der Kaufleute geringer, es gab keine Fahrtgemeinschaften, die an Stärke den russischen oder italienischen vergleichbar waren, daher brauchten die Könige sie nicht so strenge wie in Konstantinopel zu kontrollieren, und entsprechend dürftig sind die Nachrichten über sie. Die Londoner Zollordnung stellte ausdrücklich fest, daß die Fremden überall in der Stadt in einem Bürgerhause Quartier, freilich nicht auch das dem Bürger zustehende Recht des Detailverkaufs beanspruchen dürften, aber wie in Konstantinopel üblich, befristete sie die Dauer des Aufenthaltes: Ein Fremder durfte nicht länger als vierzig Tage in London verweilen, es sei denn, daß er erkrankte oder von einem Bürger eine Schuld nicht eintreiben könne, weil Sheriff und Richter ihm das Recht verweigerten. Was er nach vierzig Tagen an Waren nicht verkauft hatte, konnte er allerdings bei seinem Quartierswirt bis zu seiner nächsten Ankunft hinterlegen; wenn er dies tat, begann alsdann die Vierzigtagesfrist sogleich mit seiner Ankunft zu laufen; andernfalls konnte sie, wenn seine Waren später eintrafen als er selbst, bis zu deren Ankunft ausgesetzt werden. Wenn die Kaufleute also überhaupt in Gruppen oder zu Flotten vereinigt in London eintrafen, so können diese nicht so groß gewesen sein, daß man darin eine Gefahr für die öffentliche Ordnung hätte erblicken und durch Verordnungen abwenden müssen. Als König Edward der Bekenner (1043–66) den Kaufleuten von Rouen Zollerleichterungen und einen eigenen Landeplatz am Dowgate (einen ersten zaghaften Ansatz zur Quartiersbildung) gewährte, begünstigte er die Männer, die zu ihrer Kaufmannsgilde gehörten; später nannten die Londoner die Zusammenschlüsse fremder Kaufleute in ihrer Stadt Hansen. Deutsche Kaufleute als in London anwesende Gemeinschaft werden bereits in den Gesetzen König Ethelreds II. (978–1016) erwähnt: Die „Händler des Reiches“, die mit eigenen Schiffen nach London kamen, waren guter Berechtigungen würdig und vielleicht schon von der Aufenthaltsbeschränkung ausgenommen, da sie später zu Weihnachten und zu Ostern bestimmte Abgaben entrichteten, was nicht nur die Existenz einer Genossenschaft, sondern auch deren Anwesenheit im Winter beweist, wenn die Schiffahrt ruhte. Mit Schiffen kamen gewiß vor allem die Kölner, Tieler und anderen Händler aus dem Rheinland; von ihnen unterschied man die Kaufleute aus dem Maaslande, von Huy, Lüttich und Nivelles, „die über Land zogen“, d. h. nach Brügge, Antwerpen und anderen Häfen, von wo aus sie auf fremden Schiffen nach London kamen. Als Fahrtgemeinschaften traten gewiß auch die Handelsleute von Lüttich und Huy in Köln auf, als sie sich 1103 über die Verletzung ihrer Zollrechte beschwerten, bei einer Gelegenheit, als auch ihr Stadtherr, der Bischof von Lüttich, in Köln weilte und ihr Begehren unterstützen konnte.

Obwohl die Londoner die Kaufleute des deutschen Reiches oder des Kaisers als eine einzige Gruppe behandelten, erfahren wir konkret nur von der Existenz von Fahrtgemeinschaften einzelner Städte. Es waren die Nachbarn, denen man vertraute, nicht Fremde, die sich für die gefährlichen Fernreisen zusammentaten, wo sich einer für den anderen derart einsetzen mußte, wie es sonst nur Blutsverwandte für einander taten. Überlokale, landschaftliche Fahrtgemeinschaften gab es gewiß nur noch unter Bauernkaufleuten in städtelosen Gebieten; Adam von Bremen erzählt zu etwa 1040 von edlen Männern aus Friesland, die sich als Eidgenossen zu einer Schiffsreise von der Weser aus vereinigten, um die Grenzen des Nordmeeres zu erforschen, und die wir uns nur als reiche Herdenbesitzer vorstellen können, die es gewohnt waren, in Fahrtgemeinschaften Handel über See zu betreiben. Die Fernkaufleute hatten sich seit karolingischer Zeit unter den Schutz des Königs stellen können, mit der Wirkung, daß sie nur vor dem König verklagt werden konnten. In den großen Bischofs- und Kaufmannsstädten wie Regensburg, Mainz, Köln, Tiel stieg die Zahl der vom König beschützten Kaufleute im 10. Jahrhundert so weit an, daß sie aufhörten, sich einzeln um den Königsschutz zu bewerben; sie taten dies jetzt gemeinsam derart, daß der König seinen Schutz allen in der Stadt ansässigen Kaufleuten allgemein verlieh und daß nun jeder Händler seiner teilhaftig wurde, den der königliche Amtmann und die Kaufleute in ihre Fahrtgemeinschaft oder Gilde aufnahmen. Wann die Kaufmannsgilden der rheinischen Bischofsstädte diese Verfassung erlangt haben, wissen wir nicht, denn wir erfahren davon nur dann, wenn der König sie auf die Kaufmannschaften der im 10. Jahrhundert aufblühenden sächsischen Städte übertrug. Dies geschah unseres Wissens zum ersten Mal im Jahre 965, als Kaiser Otto I. auf Bitten Erzbischof Adaldags von Bremen den Händlern, die den Ort Bremen bewohnten, seinen Schutz und die Rechte von Kaufleuten der anderen königlichen Städte verlieh.

Im gleichen Jahre bestellte der König den Erzbischof von Magdeburg zu seinem Amtmann, der unter anderem den Königsschutz und die königliche Gerichtsbarkeit über die unter ihm ansässigen jüdischen und christlichen Kaufleute ausüben sollte. Gewiß war die Magdeburger Gilde oder Fahrtgemeinschaft damals bereits eine rechtsfähige Genossenschaft, denn zehn Jahre später adressierte Kaiser Otto II. die Bestätigung der allgemeinen Verkehrsfreiheit, die ihnen sein Vater gewährt hatte, direkt an sie: Sie waren danach überall im Reiche von den Zöllen und Abgaben befreit, die die Kaufleute sonst für den Genuß des Königsschutzes entrichten mußten, ausgenommen in Mainz, Köln, Tiel und Bardowick. Als König Otto III. im Jahre 990 die Äbtissin von Gandersheim zu seinem Amtmann über die Marktsiedlung bei dem Stift bestellte, verfügte er, daß für die den Markt besuchenden und für die am Markte wohnenden Kaufleute dasselbe Recht gelten sollte, das die Kaufleute sonst in Dortmund und anderen Königsstädten genossen. Dem Quedlinburger Markt gewährte er vier Jahre darauf dieselben Rechte, die seine Vorgänger den Marktorten Köln, Mainz und Magdeburg verliehen hatten. Das Recht der Kaufleute des Königshofs Dortmund wurde vorbildlich für die Kaufleute zahlreicher sächsischer Klostermärkte, so desjenigen beim Kloster Helmarshausen, derer des Klosters Herford in Rheine und Salzuflen und derer, die Kloster Corvey in Horhausen (Marsberg), Padberg, Höxter, Volkmarsen, Beverungen und Freren gründete. Wo sich der König als Schützer und Richter der Kaufleute nicht durch hohe Kirchenfürsten vertreten ließ, waren die Grafen oder geringe, lediglich als Steuereinnehmer bezeichnete Amtleute dafür zuständig, denn die Abgaben, die der König als Gegenleistung für seine Dienste von den Kaufleuten erhielt, stellten einen gewiß nicht geringen Teil seiner Einkünfte dar.

Die älteste Gilde oder Fahrtgemeinschaft, über die wir genauer unterrichtet sind, ist die von Tiel am Niederrhein, von der uns der nach 1021/25 verstorbene Mönch Albert von Metz, der lange im Bistum Utrecht gelebt hatte, verschiedentlich berichtet, so zum Jahre 1006, als eine feindliche Flotte in den Rhein einlief und den Hafenplatz verwüstete, weil die Leute, die entlang den Ufern des Flusses Waal wohnten, die Flucht ergriffen und nach Kaufmannsart alle Habe außer dem Gelde im Stich ließen. Als um 1018 Graf Dirk III. von Holland seine Grenzen gegen das Bistum Utrecht vorschob und am Rhein eine Zwingburg erbaute, riefen die Kaufleute von Tiel den König als ihren Schutzherrn zu Hilfe: Wenn er sie nicht vor den Rechtswidrigkeiten des Grafen schütze, könnten weder sie zum Handeltreiben nach der Insel Britannien gelangen noch die Britannier zu ihnen, und deswegen würden dem Könige die Zölle nicht in gebührender Höhe zukommen. Daß sie nicht die ordentlichen Landgerichte anerkannten, sondern einem eigenen königlichen Amtmann das Kaufmannsrecht der großen Städte wiesen, legte Albert ihnen als Zuchtlosigkeit und willkürliche Abweichung vom Gesetz aus, und er wunderte sich darüber, daß der Kaiser ihnen dies mit seiner Urkunde erlaubt haben sollte. Er diskreditierte das summarische Verfahren im Marktgericht als Mißbrauch des Reinigungseides, die Einengung der kirchlichen Rüge in Ehebruchsachen, vor allem aber die Trink- und Tischgemeinschaft der Gilde, deren hergebrachten, Frieden und Eintracht stiftenden Charakter er völlig mißverstand, indem er behauptete, wer dort besonders laute, schimpfliche, Gelächter erregende Reden führe, der trage das größte Lob davon, und zu bestimmten Terminen, vor allem an hohen Festtagen, ergäben sie sich einer gewissermaßen zeremoniellen Trunkenheit. Immerhin erfahren wir bei der Gelegenheit, daß die Gilde für gemeinsame Ausgaben Geld zusammenlegte und daraus nicht nur die Gelage bezahlte, sondern auch den Mitgliedern Darlehen gegen Zins gewährte.

Aus den Jahren 1050 bis 1070 stammen die ältesten überlieferten Gildestatuten. Es sind die der Fahrtgemeinschaft von Valenciennes im Hennegau, deren wirtschaftlicher Hauptzweck es war, die Tucherzeugung zu organisieren und die dafür erforderliche englische Wolle herbeizuschaffen. Sie bedrohten jeden Gildebruder, der unbewaffnet, nämlich ohne Rock aus Eisen und Bogen mit zwölf Pfeilen, zu auswärtigen Märkten aufbrach, mit 12 Pfennigen Strafe, die die anderen an der Fahrt teilnehmenden Brüder unter sich verteilten. Von Kaufleuten der Stadt, die nicht in die Gilde eintreten wollten, forderte diese eine (als Hanse bezeichnete) Abgabe dafür, daß sie sie als Konkurrenten auf auswärtigen Märkten tolerierte. Wenig später erwähnt für England das Domesday book die Bürger von Winchester, die ihre Gilde zu trinken pflegten; in Huntingdon gab es eine Kaufmannsgilde, von deren großartigem und berühmtem Festtag die Rede ist, und in Beverley und York gab es nach 1100 Bruderschaften, deren Aufgaben sich unter anderem auf die Fortbildung des Stadtrechtes erstreckten. Sie werden dänischen Ursprungs gewesen sein, ebenso wie die freilich flämisch beeinflußte Kaufmannsgilde in Schleswig, die dem König von Dänemark für seinen Schutz nach einem Privileg König Erichs (1095–1103) jährlich eine bestimmte Zahl von Marderfellen lieferte.

In derselben Zeit, am Ende des 11. Jahrhunderts, entstanden die Statuten der Gilde von Saint-Omer, die mit der Vorschrift beginnen, ein Kaufmann aus der Stadt oder Vorstadt, der nicht in die Gilde eintreten wolle, könne von ihr keine Hilfe verlangen, wenn er auf der Reise angegriffen oder zum Zweikampf herausgefordert werde oder seine Sachen verliere; gegenseitiger Beistand in der Fremde war die erste Aufgabe der Gilde als Fahrtgemeinschaft. Auf die Gefahren der Fernreise bezieht sich wohl auch die Vorschrift, daß ein Schuldner vier Bürgen zu stellen habe, „damit, wenn einer von ihnen überlebt, dieser vollkommene Bürgschaft für das leiste, wofür alle Bürgen gewesen sind". Die Reisenden waren natürlich bewaffnet, und die Gilde setzte fest, daß sie bei der Ankunft in einer Stadt die Waffen bei den Torwachen ablegen sollten, bis ihr Wirt oder jemand anders für ihre Friedlichkeit bürgte. Nichtmitglieder mußten, die Mitglieder sollten Gildebrüdern gestatten, in von ihnen angebahnte Kaufverträge miteinzutreten, wenn sie vor dem Abschluß dazukamen. Ausführlich regeln die Statuten die Ordnung beim zweitägigen Gildegelage, und wer sie verletzte, der unterlag der Strafgewalt der Gildevorsteher, wie mit dem Burggrafen als ordentlichem Richter ausgemacht worden war. Die Gilde unterstützte Brüder, die erkrankten, und ihre Frauen, während sie außer Landes weilten. Sie war rechts- und geschäftsfähig, denn sie besaß eine Halle, in der die Vorsteher amtierten und sich die Brüder zum Gelage versammelten, und sie besaß eine gemeinsame Kasse, in die die Eintrittsgelder neuer Mitglieder und die von den Vorstehern verhängten Bußen flossen; aus ihr deckten die Vorsteher nicht nur die Kosten für das Gelage, sondern auch andere gemeinnützige Auslagen: So erhielten die Torhüter, die die Stadttore bewachten, während die Bürger beim Gelage oder auf Versammlungen weilten, jeder 1 Lot Silbers, ebenso der Küster, der die Glocke läutete, um die Brüder zu versammeln, und der Notar, der den Vorstehern diente. Wenn aber das Gelage beendet und alle Auslagen bezahlt waren, so sollte das, was etwa übrigblieb, dem gemeinen Nutzen zugewendet werden, nämlich dem Unterhalt der Wege, Tore und Befestigungen, so sehr identifizierte sich die Gilde mit der Bürgerschaft und der Stadt schlechthin. Es ist möglich, daß Kaufmannsgilden es waren, die insbesondere die Kosten für die ausdrücklich als Marktkirchen bezeichneten Pfarrkirchen trugen, die später in vielen Städten anzutreffen sind.

Von keiner der städtischen Fahrtgemeinschaften wird uns so, wie Adam von Bremen es für die friesischen Nordmeerfahrer tut, bezeugt, daß es Schwurgemeinschaften oder Eidgenossenschaften gewesen wären, deren Fähigkeit, sich selbst Recht zu setzen, darauf beruht hätte, daß jeder Genosse allen anderen bei seinem Eide versprach, sich den Beschlüssen der Gemeinschaft und bei Streit mit einem Genossen deren Urteil zu unterwerfen. Diese autogene Fähigkeit, Recht zu schaffen, diese mit der Gemeinschaftsbildung aus dem Nichts entstehende Autonomie hatte, wie wir wissen, schon in karolingischer Zeit dazu geführt, daß die Könige derartige Verschwörungen von Genossen untersagten, und bei der engen Verbindung, in der die Kaufleute im 10. Jahrhundert in ganz Europa zum Königtum standen, ist anzunehmen, daß diese Verbote beachtet wurden. Daher ist es wahrscheinlicher, daß sich die Kaufleute, die sich in den Königsschutz begaben, durch einen Huldigungs- und Treueeid an ihren König banden, in dem sie ihm und dem von ihm bestellten Amtmann Gehorsam, Gerichtsfolge und Leistung der vereinbarten Abgaben gelobten. Diesen Eid leistete zwar jeder Kaufmann persönlich, aber nicht mehr einzeln, sondern nur noch gemeinsam mit den anderen Kaufleuten seiner Stadt oder Marktsiedlung oder Gilde, denn wie wir sahen, pflegten die Könige ihren Schutz nicht mehr einzelnen Interessenten, sondern nur noch deren Verbänden zu gewähren, meist zugleich mit Bestimmung des Bischofs oder Abtes, der ihnen in seiner Vertretung den Schutz gewähren sollte. Die Fahrtgemeinschaften und Gilden wären demnach nicht Gemeinschaften von unter sich Verschworenen, sondern Gefolgschaften von Männern gewesen, die demselben Herrn einen Treueid geleistet hatten, und dieser Treueid wäre eine Form des Untertaneneides gewesen, der – im Gegensatz zum oströmischen Reich, wo die Gehorsamspflicht des Untertanen seit jeher auf allgemeinem Gesetz beruhte – den aus persönlichen Beziehungen und ineinander verschränkten subjektiven Rechten, aus den verschiedensten Pflichten und Befugnissen der Könige, Fürsten, Amtleute, Ritter, Kaufleute, Kleriker, Bauern zusammengesetzten Staaten des Abendlandes immer noch unentbehrlich war. Wie der Untertanen- und der Lehnseid, so muß der Gildeeid ein Treueeid nach abendländischem Verständnis gewesen sein, insofern als ihm ein Treueversprechen des Herrn gegenüberstand, das die in der Nachfolge des Karolingerreiches stehenden Königreiche jetzt in das Zeremoniell der Königskrönung eingefügt hatten, als Ausdruck der Ansicht, der König übe ein ihm von Gott und vom Volke anvertrautes Amt aus und könne bei Verletzung der Amtspflichten oder für ungerechte Befehle weder Treue noch Gehorsam von den Untertanen verlangen. Der treulose oder rechtsbrüchige König setzte selber das Treueversprechen seiner Leute außer Kraft. Je stärker sich aber das Lehnswesen vom einstigen westfränkischen Reiche ausgehend verbreitete – wiederum müssen wir hier einen grundlegenden Unterschied zwischen den Kernräumen des Abendlandes und den von seinem Feudalismus nicht erreichten Randgebieten im Mittelmeerraum, im Osten und im Norden ins Auge fassen –, je mehr Menschen durch ihre Grundherren mediatisiert, also von der unmittelbaren Verbindung zum König abgeschnitten wurden oder ihm als Freie nur noch auf Grund eines Lehnsverhältnisses gehorchten, desto mehr mußten die Kaufleute in ihren Gilden und die Marktsiedler in den Königsstädten zu den einzigen normalen Untertanen werden, die die Herrscher noch besaßen. Wir werden auf die Folgen dieses Vorganges alsbald zurückzukommen haben.

Die Fahrtgemeinschaften oder Kaufmannsgilden stellten also in der Stadtverfassung, so wie sie aus dem frühen Mittelalter überkommen war, keinen Fremdkörper dar, sondern fügten sich nahtlos in sie ein. Denn ihr Kennzeichen war ja das Zusammenwirken der Stadtherrschaft mit dem Volke gewesen; ein Teil des Volkes waren aber eben auch die Marktleute und Fernhändler, und Vertreter des königlichen Stadtherrn war auch der örtliche Schutzherr einer Marktsiedlung. Ebenso wie in den früheren Jahrhunderten des Mittelalters blieb jetzt, auf der Höhe dieses Zeitraumes, der König, oder welchen Titel immer das souveräne Oberhaupt eines Flächenstaates führte, oberster Herr seiner Städte – allein schon deswegen notwendigerweise, weil er der oberste Heerführer seines Volkes und Landes war und weil die Städte als Burgen die Grundlage für dessen Verteidigung und für alle militärischen Operationen bildeten. Es macht daher für die städtische Verfassungsgeschichte einen fundamentalen Unterschied aus, daß nur im oströmischen Reich und bei den romanischen Völkern diese oberste, souveräne Stellung des Königtums als grundsätzlich einzigen Trägers der grundsätzlich unveräußerlichen Hoheitsrechte in der Rechtsüberzeugung der Völker als Erbe der Antike fest verankert war, während die Könige der Kelten, Germanen und Slaven ihre Flächenstaaten erst aus autonomen, insoweit also auch souveränen kleineren Verbänden zusammensetzten und in deren Oberhäuptern: Kleinkönigen, Herzögen, Earls, Jarlen, noch lange gefährliche Konkurrenten hatten, so daß es kein vorgegebenes Einvernehmen über königliche Hoheitsrechte gab und alle königlichen Befugnisse, solange jene noch Reste davon behaupteten, als veräußerlich gelten mußten. Daher, und weil die unklaren germanischen Auffassungen die romanischen Völker im Frühmittelalter aufs stärkste beeinflußt hatten, kommt es, daß die Stadtherrschaft in ihren Formen und Befugnissen entwicklungsfähig war und uns zunächst beschäftigen muß, ehe wir uns dem ihr gegenüberstehenden Volke zuwenden. Seit Jahrhunderten war, wie wir gesehen haben, der Kaiser oder König bei der Einsetzung des Burgkommandanten und des Bischofs in seinen Städten nicht mehr frei gewesen; er hatte ein Wahlrecht des Volkes aus dem ganzen Stadtbezirk anerkennen müssen, ohne daß sich bereits feste Normen für dieses Miteinander ausgebildet hatten; vielmehr war es dem Spiel der Kräfte und dem politischen Geschick der Beteiligten überlassen geblieben, ob der Souverän den Wählern seine Kandidaten aufzwingen konnte oder ob seine Ernennung bloß noch die Anerkennung des von den Wählern Präsentierten bedeutete. In demselben Reich waren die verschiedensten Verhältnisse gegeben, je nachdem, wie weit die einzelnen Herrscher persönlich den Aufgaben ihres Amtes gewachsen waren und wie weit ihr Arm über die Hauptstädte oder die Zentren ihres Reichsgutbesitzes hinaus bis in die Randgebiete ihres Staates reichte.

Der Kreis der Wähler war aber nicht auf die Städte beschränkt gewesen, denn zumindest die alten Mittelpunkt- und Bischofsstädte, dann aber auch alle als Fluchtburgen und Zentren der örtlichen Landesverteidigung neu entstandenen Burgstädte waren Zentren von Territorien, und gerade in England, Skandinavien und Osteuropa, wo sich die Herrscherhäuser gegen das konkurrierende Klein- und Vizekönigtum regionaler und lokaler Dynastien erst noch durchsetzen mußten, diente die Gründung von Burgen, die sich oft als Kerne städtischer Siedlungen bewährten, gerade dem Zwecke, das umgebende flache Land zu beherrschen. Es kann demnach von einer Stadtherrschaft im genauen Wortsinne zunächst noch gar nicht die Rede sein, sondern nur von Reichs-, Bezirks- oder Territorialherrschaften des Königs und seiner Amtleute. Eine der Voraussetzungen dafür, daß daraus eine Stadtherrschaft im eigentlichen Sinne entstehen konnte, erfüllte sich, wenn der Herrscher die Stadt als Verwaltungs- oder Gerichtsbezirk aus ihrer Umgebung herauslöste und wenn er seine Vertretung auf dem Lande und in der Stadt verschiedenen Amtleuten übertrug. Wo dieser Schritt getan wurde, sollte er in der Regel unübersehbare Folgen haben, insofern als er die Entstehung von Stadtgemeinden überhaupt erst ermöglichte. Denn die hergekommene formlose Mitwirkung des Volkes an der Verwaltung und Rechtspflege bedeutete ja überall, daß die großen Grundbesitzer des Landgebietes den Ton angaben und die Bewohner der zunächst meist ganz unbedeutenden Marktsiedlungen majorisierten, so daß eine von den Interessen der Fernhändler und Marktleute beherrschte Gemeinde gar nicht entstehen konnte. Faßt man diese Ausgangslage der Entwicklung ins Auge, so stellt sich der Vorgang auf den ersten Blick als völlig rätselhaft heraus. Denn wer sollte ihn in Gang setzen, solange die Marktleute den ländlichen Grundbesitzern unterlegen waren, die jetzt das Waffenmonopol der Ritterschaft und das Herrschaftsmonopol des Adels ausbildeten? Der Herrscher konnte daran kein Interesse haben, da ihm ja die Stadtburgen gerade als Landesmittelpunkte sowohl zur Beherrschung der eigenen Untertanen wie zur Abwehr äußerer Feinde unentbehrlich waren, und daher kann es uns nicht verwundern, daß wir in Europa eine Reihe von Staaten vorfinden, die die Ausbildung der Stadtgemeinde nicht mitgemacht, sondern den in der Spätantike und im frühen Mittelalter erreichten Verfassungszustand auf die Dauer bewahrt haben. Es wäre demnach erforderlich, die einzelnen Staaten daraufhin zu betrachten, ob, und wenn ja, unter welchen Umständen sie eine Stadtherrschaft im eigentlichen Sinne des Wortes hervorgebracht haben.

Rein erhalten blieb die tradierte Verfassung im byzantinischen Reich. Als Ganzes bildete es geradezu das Landgebiet der Hauptstadt Konstantinopel, deren Bevölkerung allein den Kaiser „wählte“. Die Wählerparteien formierten sich dabei unter Führung der im Palast seßhaften Verwaltungsstäbe und der Senatoren, die zugleich die Spitzen der Reichsverwaltung stellten und den Kaiser als höfische Gesellschaft umgaben; seit der zweiten Hälfte des 11. Jahrhunderts kamen der Patriarch und die zur Synode versammelten Bischöfe als weitere potente Gruppe hinzu. Diese Parteien wußten ihrerseits die Massen des Stadtvolkes, die teilweise von ihnen abhängig waren, hinter sich zu bringen. Der erfolgreiche Kandidat hatte daher zu Beginn seiner Regierung seine Anhänger mit Würden und Ämtern zu belohnen und die Günstlinge des abgetretenen Herrschers und der Gegenkandidaten daraus zu verdrängen. Das gesellschaftliche Interesse an dieser Umverteilung war so stark, daß es niemandem, auch nicht den Herrscherhäusern, gelang, die Ämter von Rechts wegen erblich zu machen: Der Kaiser vergab sie weiterhin nur auf eine bestimmte Zahl von Jahren. Da die einflußreichen senatorischen und sonstigen Beamten- und Offiziersfamilien in der Hauptstadt die Renten ihres Großgrundbesitzes verzehrten, blieb es bei der wirtschaftlichen und politischen Unterordnung der Hauptstadt unter die Interessen der landbesitzenden Aristokratie und bei der staatlichen Reglementierung von Gewerbe und Handel, über die der Eparch der Hauptstadt so strenge wachte, daß sich kein politisch selbständiges Bürgertum ausbilden konnte und die Korporationen der Gewerbetreibenden, zu denen seit je auch Unfreie zugelassen wurden, in Verfall gerieten. Es mag hiermit zusammenhängen, daß sich für die tatsächliche Mitwirkung von Adel und Volk an der Wahl, Regierung und gelegentlichen Absetzung der Kaiser niemals klar formulierte Normen ausgebildet haben; es gab weder Wahlkapitulationen noch Herrschaftsverträge, wie sie sich im Westen jetzt zu entwickeln begannen, da man bei der Fiktion stehenblieb, die akklamative Anerkennung von Senat, Heer und Volk im Hippodrom übertrage dem Kaiser deswegen das Imperium, weil aus ihr der Wille Gottes spreche: Die Wähler faßten keinen eigenen Entschluß, sondern galten als Organe des göttlichen Willens und dienten nur der Erkenntnis von der Göttlichkeit des zur Macht Erhobenen. Weder die Akklamation noch kirchliche Salbung und Krönung konnten daher Verfassungsrang erreichen. Die im 9. Jahrhundert im westfränkischen Reich eingetretene und jetzt für das Abendland vorbildlich werdende Auffassung, daß die Wähler und der die Salbung gewährende Bischof die Eignung des Erwählten zu prüfen und ihn auf die Erfüllung bestimmter Amtspflichten festzulegen hätten, diese Auffassung blieb den Griechen immer fremd.

Über die byzantinischen Provinzialstädte sind wir außerordentlich schlecht, am wenigsten dürftig noch betreffend Unteritalien, unterrichtet. Die Macht der Amtleute, die dort den Kaiser vertraten, beruhte von Rechts wegen allein auf ihrer kaiserlichen Ernennung. Der Sache nach war diese, wie seit je, käuflich; das Strategenamt, also die Stadtherrschaft in den regionalen Mittelpunktstädten, blieb daher den Vornehmen und Reichen vorbehalten, deren Lebensplan in der Regel immer noch darauf zielte, im kaiserlichen Dienst einige Jahre lang Reichtümer zu sammeln, um dann in die Kaiserstadt selbst überzusiedeln und dort im Glanz des weltstädtischen Gesellschaftslebens die Renten des gewonnenen Vermögens zu verzehren. Der zu 1028/29 erwähnte Katepan Christophoros zu Bari kam vielleicht aus Thessaloniki, denn er wird in der Stiftungsinschrift der dortigen Marienkirche im Schmiedeviertel (Panagia Chalkeon) erwähnt. Basilius von Crommyda, Gepanzerter und Erster Befehlshaber des kaiserlichen Trosses, der eine Zeitlang in Bari für den Kaiser gekämpft hatte, verkaufte im Jahre 1032 das Haus, das er dort zur Belohnung erhalten hatte, weil er in seine

Heimatstadt Konstantinopel zurückkehren wollte. An die Spitze der gewöhnlichen Burgstädte stellte der Kaiser seine Turmarchen. In Unteritalien stammten sie meistens aus dem Lande selbst, und zwar oft aus Familien, die dem Kaiser immer wieder Amtleute stellten. Für Tarent sind in dem Zeitraum von 1028 bis 1061 zehn Turmarchen bezeugt; davon waren vier im Jahre 1033 neben einander tätig. Da sich nur einer unter ihnen lateinisch unterschrieb, während sich die anderen alle des Griechischen bedienten, mögen sie dem Stadtvolk, soweit es nach langobardischem Recht lebte und von dem Kaiser seine Gastalden als eigene Richter empfing, als Fremdlinge gegenübergestanden haben. Auf jeden Fall aber gehörten sie zur Klasse der Archonten oder Großgrundbesitzer, deren Aufstieg den Kaisern immer mehr zu schaffen machte. Denn die Aristokraten, die sich die höheren Chargen im Heere und in der Verwaltung sicherten, mußten ihren Gewinn in Land anlegen, da die streng regulierten städtischen Gewerbe weder Spielraum noch Anreiz für private Initiativen und Investitionen boten. So begannen die hohen Beamten und die Landbesitzer zu einer Schicht mit gemeinsamen Interessen zu verschmelzen, da die Grundbesitzer durch Ämterkauf am Ansehen und an den gesellschaftlichen Beziehungen der Amtleute, diese aber durch Landerwerb an deren Reichtum Anteil gewinnen wollten.

Damit begann eine für das Reich bedrohliche Entwicklung, denn mit dem Lande kauften die Reichen die Bauern, die es bearbeiteten und dem Kaiser Wehrdienst und Steuern schuldeten. Dieser Wehrbauernmiliz hatte das Reich es zu verdanken gehabt, daß es sich einst hatte gegen Araber und Slaven behaupten können und daß es unter Kaiser Basileios II. (976–1025) die Macht auf der Balkanhalbinsel zurückgewinnen konnte. Die Kaiser bekämpften daher die Mediatisierung der Bauern und das Bestreben der Mächtigen (dynataì) oder Herrschenden (árchontes), Großgrundbesitz zusammenzukaufen, wobei sie das Recht auf ihrer Seite hatten, denn die Immunität des Westens war den Oströmern unbekannt geblieben, so daß die Steuererheber des Kaisers von Rechts wegen auch die abhängigen Bauern als unmittelbare kaiserliche Untertanen bewahrten. Die Gewalt der Mächtigen mochte darüber freilich hinweggehen und war offenbar imstande, sich auch den Marktverkehr auf den Dörfern und in den kleinen Burgstädten unterzuordnen, wie eine gegen solche Übergriffe gerichtete Verordnung Basileios' II. zu erkennen gibt, die der Kaiser nach der Rückkehr aus Kleinasien am 1. Januar 996 erließ und in der es unter anderem heißt, die Kaufleute verließen die an bestimmten Plätzen seit alters bestehenden Märkte und eröffneten bei anderen Marktherren einen Markt: Dies sollte nur erlaubt sein, wenn sich sämtliche Kaufleute eines Marktes, einheimische und zureisende, darüber einigten und wenn es ohne Druck von irgendeiner Seite geschehe. Die Interessen des Großgrundbesitzes überwanden nicht nur diejenigen der doch wohl in erster Linie stadtsässigen Gewerbetreibenden, sondern auch die der Zentralgewalt, denn die von den Großgrundbesitzern als ihren Wählern abhängigen Kaiser gaben seit Basileios' II. Tode ihren Widerstand auf. Die Grundherren konnten nun Steuerbefreiungen erlangen, die die Rechte der kaiserlichen Beamten und „Stadtherren" immer weiter einengten. Schließlich verschwanden die Strategen, die im 10. Jahrhundert das Rückgrat der Militärverwaltung gebildet hatten, und was von ihren Verwaltungsbezirken übrigblieb, übernahmen Beamte mit dem Titel eines Herzogs (dux), die nun ganz vom Land- und Stadtadel abhängig wurden.

Denn die Verschmelzung der Beamtenschaft mit der grundbesitzenden Aristokratie hatte eine landschaftliche Einwurzelung der Amtleute zur Folge, die ihre Bindung an die Zentralgewalt immer mehr lockerte und es den Kaisern erschwerte, sie zu versetzen und abzuberufen. Schon im Jahre 921 zettelte Fürst Landulf I. von Benevent einen Aufstand an mit dem Ziel, den offenbar einheimischen Strategen Ursileon zu beseitigen; in diesem Zusammenhang bewarb sich Landulf selbst beim Kaiser um die Ernennung zum Strategen. Aus den einheimischen Archonten aber pflegte der Kaiser wohl stets die städtischen Turmarchen zu nehmen, deren schließlich jede größere Stadt einen besaß. Die als seine Wähler in Betracht kommenden großen Familien treten im 11. Jahrhundert zuerst hervor; in Bari erregte Meles 1009 und 1017 Aufstände gegen die Griechen, und die Bürger von Bari, die sich 1051 zunächst dem aus ihrer eigenen Stadt stammenden Strategen Argyros widersetzten, weil er mit den Normannen verbündet war, verehrten ihn doch wenig später nicht nur als Vertreter des Kaisers, sondern auch als ihren Senior, als angestammten Stadtherrn mit eigenem, vielleicht aus einer Wahl seitens der Großen hervorgegangenen Herrschaftsanspruch. Man sieht, wie die Abhängigkeit der Amtleute vom Kaiser verlorenging; daß dieser schließlich weder Kleinasien gegen die Türken noch Unteritalien gegen die Normannen verteidigen konnte, war davon die Folge. In ähnlichen Bahnen dürfte die Entwicklung in den Städten auf der Balkanhalbinsel verlaufen sein, über die wir so gut wie nichts wissen, da keines ihrer Archive die Zeit überdauert hat und keine unter ihnen einen Geschichtsschreiber fand: Stadtchroniken sind der byzantinischen Literatur so gut wie unbekannt, da die meisten Historiker in der Hauptstadt lebten und allein die Geschicke der Kaiser als Gegenstand von Interesse betrachteten. Im Vergleich zu den Taten des göttlichen Weltbeherrschers galt ihnen alles andere Menschenwerk als unbeachtlich.

Viel rascher als in den Kernländern des Reiches, wo die Städte nie aus der Unterordnung unter die Grundbesitzinteressen ihres Landbezirks herauskamen, vollzog sich die Entwicklung zur gewählten und nur noch formal vom Kaiser abhängigen Stadtherrschaft in den fernen Seestädten am Tyrrhenischen Meere und an der nördlichen Adria, die schon im 7. Jahrhundert, infolge der langobardischen und slavischen Landnahme, ihr eigenes

Landgebiet verloren hatten; weil sie deswegen niemals von landsässigen Wehrbauern, sondern nur von ihren Flotten verteidigt worden waren, konnte sie jetzt auch kein Interesse ländlicher Großgrundbesitzer bedrohen oder einengen. In Venedig, Gaëta und Neapel waren die Herzöge (duces, Dogen) bereits im 9. Jahrhundert einheimische Wahlbeamte geworden, die nur noch pro forma die kaiserliche Bestätigung einholten. In Gaëta war das höchste Amt seit Docibilis I. (867–906) dessen Nachkommen vorbehalten, die seit 944 den Titel eines Dux oder Dogen führten. Als in Neapel der Doge Sergius sein Amt erblich zu machen versuchte, erhoben sich um 1030 die Großen gegen ihn, um ihre Freiheit zu verteidigen; sie zwangen ihm ein ihrer Huldigung entsprechendes Gelöbnis der Amtspflichten ab, demzufolge er „allen edlen Neapolitanern und allen Leuten aus dem Mittelstande und (überhaupt) allen Leuten, die in Neapel wohnen und verweilen", die Freiheit ihrer Personen und das Recht auf Eigentum und freien Handel garantierte und versprach, die Freiheiten der Kaufleute zu erhalten und „ohne den Rat einer großen Zahl neapolitanischer Edler" weder neue Abgaben einzuführen noch über Krieg und Frieden zu entscheiden. In Amalfi standen zunächst jährlich neu gewählte Grafen an der Spitze, die jedoch bald auf Lebenszeit eingesetzt wurden und ihr Amt auch vererben konnten; 957/58 nahmen sie den Titel Dux an, nicht ohne sich weiterhin um byzantinische Hoftitel zu bemühen, da sie ja keineswegs aus dem Reiche ausscheiden wollten. Die Dogen von Venedig bedienten sich der Kooptation eines Sohnes ins Amt, um dieses tatsächlich erblich zu machen, und der Besetzung aller Bistümer und hohen kirchlichen Ämter mit Verwandten, um dafür die Zustimmung des Volkes zu gewinnen, dessen Ansichten der Klerus bestimmte; es konnte sich freilich nur mit Beifall oder tumultuarischem Widerstand zu dem äußern, was die Großen beschlossen. Volksaufstände beendeten 976 die Macht der Familie Candiano, die sieben Dogen gestellt hatte, und 1032 die der Orseolo, die Venedigs Herrschaft über Dalmatien und die Adria begründet und der Stadt drei Dogen gestellt hatten; in diesem Jahre entzog das Volk dem Dogen das Recht, sich den eigenen Sohn zum Koadjutor zu kooptieren. Tatsächlich war der Doge längst souverän, aber niemand dachte daran, den Kaiser in Konstantinopel zu ausdrücklichem Verzicht auf die höchste Autorität über Venedig zu bewegen.

Die dalmatinischen Städte genossen den Vorteil, daß sich, als die Kaisermacht im 11. Jahrhundert abzunehmen begann, zwei auswärtige Machthaber um die Stadtherrschaft bewarben, die sie zum eignen Nutzen gegeneinander ausspielen konnten. Zum letzten Mal erfahren wir zum Jahre 971, daß der Kaiser einen Strategen nach Zadar entsandte, dem die Städte des Kvarner von Osor bis nach Split unterstanden; unmerklich trat an seine Stelle der Prior, das Stadtoberhaupt von Zadar, dem der Kaiser den Ehrentitel „Prokonsul von Dalmatien" verlieh, bis er in der Zeit nach 1030 zum Strategen,

1067/69 sogar zum Katepan erhöht wurde. So blieb der Anschein der byzantinischen Herrschaft erhalten, obwohl der Katepan außerhalb von Zadar völlig machtlos war. Das Vakuum zu füllen versuchte zunächst, seit dem Beginn des 9. Jahrhunderts, der Fürst und spätere König von Kroatien, ohne mehr als eine Tributpflicht zu gewinnen. Erfolgreicher war seit dem Ende des 10. Jahrhunderts der Doge von Venedig, der es, ohne einen ausdrücklichen Auftrag vom Kaiser zu erhalten, ganz allmählich erreichte, daß ihn Osor, Krk, Rab und andere Städte als Stadtherrn anerkannten. Dann aber traten im Jahre 1091 die Könige von Ungarn das Erbe der Fürsten von Kroatien an, und 1105 begann Koloman damit, sich die Städte zu unterwerfen. Da er keine Flotte besaß, konnte er sein Ziel schließlich nur in Verhandlungen erreichen, und so kam es zu einer Reihe von Verträgen, in denen wir die ersten genau dokumentierten Annehmungen eines Stadtherrn vor uns haben, die die europäische Geschichte kennt. In der weiteren Entwicklung der Bürgerfreiheit sollten solche Annehmungen eine hervorragende Rolle spielen als echte Herrschaftsverträge, die die Rechte und Pflichten des Herrn genau festlegten und ihn damit als einen dem Recht unterworfenen, an den Vertragsnormen kontrollierbaren Amtmann erwiesen, auch wenn er den Königstitel trug und sich einen erblichen Anspruch auf die Stadtherrschaft beilegte.

König Koloman zog zunächst mit Heeresmacht gegen Zadar, ging aber darauf ein, daß Bischof Johannes von Trogir den Unterwerfungsvertrag vermittelte. Dann wandte er sich gegen Trogir, dessen Bewohner ihm die Tore öffneten, nachdem er ihnen den Frieden, die Beendigung der alten Tributpflicht und die Bewahrung ihrer Rechte beschworen hatte, nämlich den Bischof und gewiß auch den Prior zu wählen und den Prior als an das Stadtrecht gebundenen Richter zu behalten. Um den Grafen oder Gespan, der den König als Stadtherrn vertreten sollte, und den Bischof auszustatten, stellten die Bürger einen Teil der von den Fremden entrichteten Hafenzölle zur Verfügung. Vor allem aber gelobte der König, das Grundrecht auf Eigentum zu respektieren: Er verpflichtete sich, bei einem Aufenthalt in der Stadt das Haus eines Bürgers nur mit dessen Zustimmung zu betreten. Hierauf begann er, die Metropole Split zu belagern. Sechzig Jahre später beschrieb der Archidiakon Thomas in seiner Stadtgeschichte, was nun geschah: „Da berieten die Spliter sich unter einander und schickten ihren Erzbischof Crescentius zu König Koloman mit der Bitte um Frieden. Dieser empfing ihn gnädig und gewährte alles, worum die Spliter für den Friedensvertrag gebeten hatten. Nachdem man alles aufgeschrieben hatte, was bei den Verhandlungen festgelegt worden war, schwor der König mit seinen Vornehmen, alle Bestimmungen treu einzuhalten. Am nächsten Tage schworen die Spliter, zuerst die Vornehmen, dann die weniger Vornehmen und schließlich die ganze Volksmenge, daß sie Koloman, seinen Nachfolgern und dem Königreich Ungarn auf immer untertan und treu bleiben würden. Daraufhin zog der König in die Stadt ein und wurde von Klerus und Volk höchst ehrenvoll empfangen.“ Nach den Inseln des Kvarner entsandte der König unterdes eine Flotte, deren Führer, der Ban Ugra, gleichartige Verträge mit den Bürgern von Rab und gewiß auch von Osor und Krk abschloß.

Anschließend kehrte König Koloman nach Zadar zurück, wo sich die dalmatinischen Bischöfe zur Synode versammelt hatten. Ihnen leistete der König, zusammen mit den Bischöfen und Gespanen Ungarns, einen ähnlichen Sicherheitseid wie zuvor den Städten: Er bestätigte das alte Recht von Klerus und Volk jeder Stadt, den Bischof zu wählen, und das Recht der Mitbischöfe, den Gewählten in sein Amt einzusetzen; nur die vorherige Bestätigung des Gewählten behielt er sich vor und damit ein Vetorecht, das die alte Freiheit der byzantinischen Zeit immerhin fühlbar einschränkte, ebenso wie die Stationierung von Truppen unter dem Befehl königlicher Gespane oder Grafen, einen Gewaltakt, den die Bürger dem König nicht verziehen. Die Spliter mußten seinen Kriegern den östlichen Turm der Stadtmauer, d. h. des alten Diokletianspalastes, übergeben, so daß sie sich gegen ihren neuen Stadtherrn nicht mehr verteidigen konnten. Immerhin aber war die Stadtherrschaft damit institutionalisiert, denn der Treueid der Spliter galt nicht nur den Königen, sondern auch dem Königreich, und damit war die Unveräußerlichkeit der zu ihr gehörigen Hoheitsrechte anerkannt. Niemals konnten sie Eigentum der königlichen Grafen und zu deren persönlichem und vererblichem Recht mehr werden. Als König Koloman im Jahre 1114 gestorben war und der Doge von Venedig erneut versuchte, sich zum Stadtherrn in Dalmatien aufzuwerfen, kam es zum Abschluß weiterer derartiger Herrschaftsverträge, zwischen dem Gespan Kledin und den Bürgern von Zadar, zwischen dem Dogen Ordelaf Falieri und Bischof und Bürgern von Rab, dann zwischen dem Dogen und den Bürgern von Zadar. Der Doge setzte dabei zwar die Abschaffung des städtischen Wahlamtes des Priors durch, an dessen Stelle der von ihm ernannte Graf trat, was eine gewaltige Verstärkung der Stadtherrschaft bedeutete, da sie sich von den Bürgern unabhängig machte, aber die vertragliche Institutionalisierung streifte sie damit nicht ab. Die Dogen waren selber Oberhäupter einer Stadtrepublik und brauchten daher die Institutionalisierung nicht zu bestreiten, wie es die Könige tun mußten, wenn sie den Anspruch durchsetzen wollten, ihre Herrschaft nicht vom Volke, sondern von Gott empfangen zu haben, einen Anspruch, auf dem ihre Befugnis beruhte, sich die Krone anzueignen und sie zu vererben.

Besonders auffällig tritt die Herrschaft des ländlichen Adels, der selber oft genug Herr kleiner Kastellstädte war, über die Mittelpunktstadt in Rom hervor, weil die Großen das Recht, das Volk bei der Bischofswahl anzuführen, dazu benutzten, das höchste Amt der Christenheit den Interessen ihrer Familienpolitik nutzbar zu machen, ohne daß der griechische oder der deutsche Kaiser sie ernsthaft daran hätte hindern können. Zu Beginn des 10. Jahrhunderts hatten Theophylakt und Theodora, nach ihnen ihre Tochter Marozia, die den Markgrafen Alberich von Spoleto heiratete, und schließlich deren Sprößling Alberich II. die Stadtherrschaft inne; Alberich II. nahm den Titel „Fürst und Senator der Römer" an und erstrebte offenbar eine königsgleiche Stellung, ja letzten Endes die Wiedervereinigung der weltlichen und geistlichen Gewalt, denn kurz vor seinem Tode ließ er 954 seinen Sohn Oktavian zum Papst (Johann XII.) designieren. Dieser konnte sich jedoch gegenüber den Rivalen aus der römischen Ritterschaft schließlich nur behaupten, indem er den deutschen König Otto I. zu Hilfe rief und 961 zur Kaiserwürde erhöhte. Otto und seinen Nachfolgern waren indes stets nur kurzfristige, auch von Otto III., der als einziger deutscher Kaiser eine Pfalz in Rom errichtete, nicht zum Erfolg geführte Eingriffe in die Herrschaft und die Machtkämpfe des römischen Adels möglich, nicht aber die Begründung einer eigenen Stadtherrschaft. Unter den Großen stieg nun das Haus der Grafen von Tusculum aus der Nachkommenschaft Theophylakts und Alberichs im Kampf gegen die in der Sabina begüterten Creszentier empor und besetzte den päpstlichen Stuhl mit seinen Mitgliedern. Erst Kaiser Heinrich III. und die Kirchenreformer beendeten 1046 deren Macht. Damit hörte auch die einst von Theophylakt und Alberich geschaffene Gerichtsverfassung des „römischen Gerichtstages" (placitum Romanum) auf zu bestehen, die die sieben Richter des lateranensischen Palastes gezwungen hatte, in der Gerichtsversammlung mit dem Stadtadel zusammenzuwirken; seit der Mitte des 11. Jahrhunderts zogen die Päpste die Gerichtsbarkeit wieder an sich, um sie in die neue Behördenorganisation der römischen Kurie einzugliedern. Zu deren Errichtung gehörte auch, daß die Päpste seit Leo IX. (1049–54) bestrebt waren, durch Berufung auswärtiger Kleriker an den römischen Hof die Macht der einheimischen Kardinäle und ihrer Familieninteressen zu brechen, aber ein rascher Erfolg und damit ein problemloser Übergang der Stadtherrschaft auf den Papst blieb dieser Politik versagt. So oft ungeschickte Päpste oder auswärtige Feinde die Macht des römischen Bischofs über die Stadt verminderten, waren die adligen Interessen wieder lebendig und versuchten, die verlorene Position zurückzugewinnen. Erst im 15. Jahrhundert sind sie endgültig zu Untertanen des Papstes im Kirchenstaat herabgesunken.

Eine eigentümliche Form der Stadtherrschaft entstand in den normannischen Staaten in Nordfrankreich, England und Unteritalien sowie in den Reichen der Iberischen Halbinsel (mit Ausnahme Kataloniens). Obwohl die Herzöge der Normandie seit 911 Vasallen des Königs von Frankreich waren und das fränkische Lehnswesen übernahmen, gelang es ihnen doch überall, ebenso wie den spanischen Königen, die Lehnsorganisation auf das Heerwesen zu beschränken und zu verhindern, daß auch die Ämter und mit ihnen die zur Grafschaft gehörige Stadtherrschaft zu Lehen wurden. In der Normandie mögen der nüchterne, auf Geldgewinn gerichtete Sinn der Herzöge und der Umstand, daß viel Geld im Lande umlief, dazu beigetragen haben, daß die belehnten Grafen für die Erhebung der herzoglichen Einnahmen rechenschaftspflichtig blieben oder sie doch gegen regelmäßige Zahlungen in Pacht nehmen mußten, wenn der Herzog damit nicht einen richtigen Amtmann mit dem Titel eines Vizegrafen (vicomte) betraute. Die normannischen Herren, die in Unteritalien Fuß faßten, konnten, obwohl sie ihre Gefolgsleute, um sie für weiteren Kriegsdienst tauglich zu machen, mit Lehen belohnen mußten, doch die byzantinische Stadtbezirksverwaltung und auf Sizilien die arabische Finanzverwaltung übernehmen; möglicherweise geht auf ihre Reichsgründung das Amt des Baiulus zurück, der den König vor allem als Strafrichter in den Städten mit zugehörigem Bezirk vertrat.

In England griffen die Normannen seit 1066 auf ältere angelsächsische Verwaltungseinrichtungen zurück, die zu bewahren ihnen schon deswegen geboten war, weil sie ihr Königtum als legitimen Erben des angelsächsischen darstellen wollten und mußten. Die Geschichte der angelsächsischen Einrichtungen ist nicht besonders gut erkennbar. Die königliche Verwaltung hatte an die der königlichen Grundherrschaft angeknüpft, derart, daß die Amtleute (reeves) der königlichen Haupthöfe nicht nur die Einkünfte einzogen, die der König außerhalb der Domäne von den freien Männern der Umgebung zu fordern hatte, sondern auch das königliche Friedensgebot vollstreckten und das Gericht abhielten, das die freien Männer als Urteilsfinder aufbot und die Friedensbrüche bestrafte. Aus diesen Anfängen entwickelten sich die Verwaltungs- und Gerichtsbezirke der Hundreds. Ihre Gerichte tagten in den Burgsiedlungen, sofern der König solche in ihnen angelegt hatte, aber es gab auch Burgstädte, in denen kein Gericht saß, wie denn das Hundred noch nirgendwo ein bloß burg- oder marktstädtischer Gerichtsbezirk war. Eine besondere Verwaltung, für die der König einen Hafenplatz-Amtmann (port-reeve) einsetzte, besaßen die Burgstädte jedoch deswegen, weil ihre Bewohner, im Gegensatz zu den Dorfleuten des offenen Landes, eine besondere, vom König auferlegte Last zu tragen hatten: Sie mußten für sich selbst oder für ihre Grund- oder Lehnsherren, deren jeder in der Stadt meist mehrere Grundstücke besaß, den Burgwall instand halten; davon waren auch die Lehnsmannen von Kirchen, die im übrigen etwa Immunität besaßen, nicht befreit, ein Umstand, der für die Gemeindebildung nicht unwichtig war. Die Befestigungshoheit lag seit alters ausschließlich beim König; wohl nur in England konnte es damals geschehen, daß ein Bischof, der seine Residenz befestigen wollte, den König aufforderte, dies zu tun, so wie es der Bischof von Worcester vor 918 tat.

Da die Könige seit dem Ende des 9. Jahrhunderts das Burgensystem, auf dem die Landesverteidigung beruhte, derart mit der neuen Einteilung in Grafschaften (shires) verknüpft hatten, daß jede Grafschaft eine Burg zum Mittelpunkt erhielt, gab es ferner die Grafschaftsgerichte, die unter dem Vorsitz des Bischofs und des Earls zweimal im Jahre alle Freien zur Urteilsfindung versammelten. Bald aber ersetzte der König die sehr selbständigen, wenig botmäßigen hochadligen Ealdormen durch seine Amtleute (reeves) in den Grafschaften, die Sheriffs (shire-reeves). Deren Gericht scheint insbesondere für den Schutz des Königsfriedens zuständig geworden zu sein, den nun namentlich die Burgen mit ihrem Landbezirk genossen. Später aber schützte diesen Frieden, wie vor allem aus den Gesetzen König Edgars (959–975) hervorgeht, ein selbständiges Burggericht, das im Verhältnis zur Grafschaft dem Hundred entsprach. Das Sonderrecht der Befestigung, zu dem dann Markt- und Münzrecht hinzukamen, lag also der Bildung besonderer städtischer Gerichtsbezirke zugrunde, die die Stadt vom flachen Lande unterschieden. Das Verhältnis der Hundreds und Burggerichte zum Grafengericht ist unerkennbar. Der erste sicher bezeugte Sheriff von London namens Ulf (1042–44) erscheint später (1044–46) als port-reeve und ist möglicherweise identisch mit dem gleichzeitigen port-reeve Wulfgar; man vermutet, daß er auch für die ganz künstlich gebildete Grafschaft Middlesex zuständig war, die wohl überhaupt als Landgebiet der auf der Grenze mehrerer alter Königreiche gelegenen wichtigsten Stadt des Reiches gebildet worden war. Möglicherweise gehört in ihre Vorgeschichte die aus Edlen und Gemeinfreien bestehende, von den „zu London gehörigen Bischöfen und Amtleuten (reeves)“ geführte Friedensgilde, der bereits König Aethelstan (925–939) eine Ordnung gegeben hatte und deren Tätigkeit weit über die Grenzen des Londoner Bistums und der Grafschaft Middlesex hinausgegriffen hatte.

Daß die Herauslösung der Städte aus den Grafschaften, die mit der Bildung der Hundreds und Burggerichte begonnen hatte, ihr Ziel nicht erreichte, ist die Folge davon, daß sich König Wilhelm der Eroberer und seine Söhne der Institution der Sheriffs und ihrer Territorialverwaltung bedienten, um der Selbständigkeit der Kronvasallen Fesseln anzulegen. Strenge achteten die Könige darauf, sich das Befestigungsrecht vorzubehalten. Zwar konnten auch die Barone auf ihrem Grundbesitz Burgen errichten und mit Menschen besiedeln, denen sie dafür Vorzugsrechte gewährten, wie es namentlich Wilhelm FitzOsbern tat, der 1066 das an der Walliser Grenze gelegene Earldom Hereford als Lehen erhielt und dort nicht nur die Burgstadt Hereford um eine neue Marktanlage erweiterte, sondern auch eine Reihe von Burgen zum Schutz der Grenze errichtete. Da aber hier, in den Markgrafschaften, Stadt- und Grundherrschaft in der Hand der Kronvasallen zusammenfielen, war dies ein Grund mehr dafür, daß der König den Burgenbau an seinen besonderen Auftrag band. Im Binnenlande fehlten die strategischen Umstände, die an den Grenzen diese für das Königtum nicht unbedenkliche Lösung erzwangen; Wilhelm verhinderte hier die Entstehung einer hochadligen Stadtherrschaft, indem er die Grafschaften nur formal als Lehen austat, derart, daß der gräfliche Kronvasall lediglich ein Drittel der Einkünfte als Rente erhielt, ohne in der Grafschaft regieren zu dürfen: Denn mit der Verwaltung und der Erhebung der Einkünfte beauftragte er einen Sheriff als Amtmann, dem er die Stellung des normannischen Vizegrafen anwies. Die Sheriffs mußten die Revenuen pachten, und sie wurden nicht mit Amtsgütern belehnt, sondern machten sich mit dem bezahlt, was sie über die Pachtsumme hinaus an Einnahmen aus den Untertanen herausholen konnten. So machte der König es ihnen unmöglich, sich das Amt zu appropriieren und es zu vererben, auch wenn er immer wieder Sheriffs aus denselben Familien berief. Die Verselbständigung der Burgstädte aber verhinderte der König, indem er auch deren port-reeves den Sheriffs unterstellte. Die Pachtsumme, die der port-reeve zuvor für die Erhebung der königlichen Burgwerksabgaben entrichtet hatte, wurde nun ein Teil der Pacht, die der Sheriff für die ganze Grafschaft erlegte, und dafür erhielt er die Befugnis, den port-reeve zu ernennen.

Besondere Verhältnisse bestanden weiterhin in London, der einzigen Stadt im Lande, deren Bürgern König Wilhelm die Anerkennung seines Königtums und die Huldigung mit der eigenen Anerkennung ihrer hergekommenen Rechte und Besitzungen vergolten hatte; die an Bischof, port-reeve und Bürger der Stadt adressierte schriftliche Zusage des Königs ist die älteste Königsurkunde, die sich im Stadtarchiv erhalten hat. Da es um 1100 neben dem Sheriff einen besonderen königlichen Richter in London gab, lag der Schwerpunkt der Aufgaben des Sheriffs wohl auf der Finanzverwaltung; die Besatzung des Tower jedoch, die letzten Endes dem König die Herrschaft über die Stadt sicherte, stand unter dem Befehl wechselnder Kronvasallen, so daß die Amtsverwaltung des Sheriffs von dem militärischen Lehnssystem getrennt blieb. In den Grafschaften hatten der König und sein Amtmann eine starke Stellung, weil die Kronlehen als Streubesitz ausgewiesen waren, so daß selbst die größten Lehnsmannen in keiner einzelnen Grafschaft eine Übermacht gewannen. Von den Neustädten der Marken abgesehen, konnten daher Grundherrschaft und Stadtherrschaft niemals zusammenfallen; und da der Sheriff sogar die Hintersassen und Lehnsleute zum Burgwerk aufbieten konnte, waren auch die in Burgstädten lebenden Unfreien niemals vollständig mediatisiert. Der Sheriff zog nicht nur die Einkünfte aus den königlichen Domänen und den Gerichten der Hundreds und Burgstädte ein, er bot nicht nur in Stadt und Land die freien Männer zur Landwehr auf, sondern er erlangte auch die oberste Gerichtsherrschaft über die verlehnten Hundredgerichte und über die Burgstadtgerichte, weil der König von allen freien Männern Klagen gegen die Lords und port-reeves, die diese Gerichte abhielten, entgegennahm, wenn diese Gerichtsherren ihnen das Recht verweigerten; der König aber befahl ihnen, entweder unverzüglich dem Kläger sein Recht werden zu lassen oder zu dulden, daß der Sheriff der betreffenden Grafschaft dies von ihnen erzwingen oder es sogar selbst tun werde. Diese Drohung wirkte kräftig darauf hin, Streitsachen aus den Lehns- und Burggerichten in die Grafschaftsgerichte zu ziehen, zumal die königlichen Befehlsschreiben (writs) dem Sheriff zunächst einen großen Ermessensspielraum ließen, den er zum eigenen Vorteil ausnutzen konnte.

Das Ergebnis dieser Politik war eine Stärkung des Grafschaftsgerichts, die das Ausscheiden der Stadtbezirke hintanhielt und den Sheriff zum Stadtherrn machte, soweit dieses Wort auf einen Amtmann überhaupt paßt, der lediglich den König vertrat und ohne eigenes Herrschaftsrecht dastand. Da alle freien Grundbesitzer aus Stadt und Land im Grafschaftsgericht vertreten waren, dieses also auch den Gemeinwillen der Grafschaft repräsentieren konnte, bereitete die königliche Politik schon jetzt die spätere Umwandlung der Grafschaft in einen Kommunalverband vor, der in der Regel die Städte einschloß: eine so nirgendwo in Europa entstandene Institution, die viele Eigenarten der englischen Insel und ihrer Geschichte erklärt. König Wilhelm verstärkte noch ihren Effekt, daß weder belehnte noch beamtete „Stadtherren" die freien Grundbesitzer mediatisieren konnten, indem er im Jahre 1086 von allen Grundeigentümern einen Treueid forderte, der nicht nur die Lehnstreue, die die Aftervasallen ihren Lords schuldeten, zugunsten des königlichen Oberlehnsherrn einschränkte, sondern auch Eidgenossenschaften der Kaufleute und Bürger entwertete und überflüssig machte. Eine autonome Rechtsbildung war hiernach den Burg- und Hundredgerichten nur noch auf bedeutungslosen Randgebieten des gesellschaftlichen Lebens möglich; ja nicht einmal die Grafschaften hatten gegenüber der immer dichter werdenden königlichen Rechtsweisung durch Writs eine Chance, eigene Landrechte auszubilden. Wenn das Königtum auf dem unter König Wilhelm und seinen Söhnen eingeschlagenen Weg beharrlich fortschritt, so mußte eher oder später die „Gemeinde ganz Englands" alle Sonderrechtsbildungen in sich aufsaugen.

Wenn auf der Iberischen Halbinsel das Königtum – im Gebiet der Pyrenäen kann freilich nur von einem stark zersplitterten Kleinkönigtum die Rede sein – seine Stadtherrschaft im wesentlichen ungebrochen behauptete und eine Herauslösung der Städte aus den Grafschaften nur ausnahmsweise zuzulassen brauchte, so lag dies hier an der beständig das Land bedrohenden Sarazenengefahr, deren Abwehr und schließliche Überwindung ein kräftiges Heerkönigtum erforderte. Außer in Katalonien trat daher nirgendwo die Feudalisierung der Ämter ein, die dem Hochadel die Ausbildung erblicher Stadtherrschaften ermöglicht hätte, vielmehr blieben die lokalen Vertreter des Königs dessen frei ernennbare und absetzbare Amtleute, die unfähig waren, die freien Ritter und Bauern zu mediatisieren. Es gab nur wenige Städte, die der Herrschaft eines geistlichen Grund- und Stadtherrn unterstanden, wie Santiago, Sahagún, Lugo, Orense und Silos, und sie alle lagen in den nördlichen, seit alters christianisierten und von den Muslimen kaum bedroht gewesenen Gebirgen, und sie genossen lediglich eine beschränkte Immunität, die die Einwohner weder der Wehrhoheit noch der Gerichtsbarkeit des Königs völlig entzog und seinen Beamten den Zutritt nicht vollständig verwehrte. Seit aber die Spanier von hier aus gegen den Duero und über ihn hinaus bis gegen die Sierren von Gredos und Guadarrama vordrangen, betraten sie unbesiedeltes, herrenloses Land, als dessen Grundherrn sie allein den König anerkannten, denn nur der König, als letzte und nicht weiter anfechtbare Instanz, konnte den wilden Siedlern, die sich den Boden aneigneten, indem sie ihn bearbeiteten, das okkupierte Eigentum auch rechtlich garantieren. Erst wenn das Land gesichert war, begann die Bildung von Großgrundbesitz, und wenn die Grundherrschaften auch bereits im 11. Jahrhundert viel Kleineigentum aufsogen, so blieben doch zahlreiche freie Landleute übrig, denen die königlichen Burgen und Städte als Fluchtburgen dienten, ohne daß sie gezwungen waren, in ihnen auch zu wohnen, um ihre Freiheit zu bewahren, wie es jetzt in Frankreich und Deutschland nötig wurde, wo die Grundherren auf dem Lande und als Marktgründer immer weiter um sich griffen.

In Spanien dagegen ging die Anlage von Marktsiedlungen und Burgstädten auch im Bereich des Pilgerstraßennetzes nicht spontan oder unter adliger Führung vor sich, sondern gelenkt von der Siedlungspolitik des Königs als größten Grundherrn im Lande. Vollends die kriegerischen Bauern und Viehzüchter, die die Hochebenen jenseits des Duero eroberten und besiedelten, schufen einen Typus der Stadt, wie es ihn sonst nirgendwo in Europa gab. Das Recht, nach dem sie sich den Boden aneigneten und den Wehrdienst auferlegten, legalisierte König Alfons VI. von León und Kastilien im Jahre 1076 in Gestalt eines Privilegs für die Stadt Sepulveda; wie die meisten spanischen Fueros, so ist auch dieses Recht kein Stadtrecht im engen Sinne, sondern ein Stadt- und Landrecht, das nicht nur viele andere Stadtbezirke an der kastilischen Maurengrenze übernahmen, sondern das seit König Alfons I. von Aragon (1109–34) auch an der aragonesischen Grenze im Ebrotal Verbreitung fand. Da es Land im Überfluß gab, während Menschen fehlten, unterblieb die Aufteilung in königliche Lehen, es genügte ein Recht für jedermann, Boden zu okkupieren. Die Siedler brauchten nicht an königlichen Kriegen in der Ferne teilzunehmen, mußten aber auf Befehl ihrer Gemeinde zu deren Schutz bereitstehen. Ihre Burgstadt erhielt zwar einen vom König ernannten Grafen als Stadtherrn, aber seinen Grundbesitz mußte dieser sich wie alle Siedler selbst erwerben, und niemals wurde er

Grundherr der Siedler, weder in der Stadt noch auf dem Lande, und niemals gelang es ihm, die freien stadt- oder landsässigen Siedler und ihre Gemeinden in der Weise zu mediatisieren, daß die Appellation vom Stadtgericht an das königliche Hofgericht abgeschnitten worden wäre. Die Stadtgemeinden waren zugleich Landgemeinden; sie und ihre bald entstehenden Räte waren keine Organe des Stadtherrn, sondern autonome, vom König mit dem Fuero anerkannte Einheiten, und ihr Interesse an diesem Zustand war eine unzerbrechliche Stütze der königlichen Stadtherrschaft.

Was Skandinavien, die westslavischen Länder und Ungarn anlangt, so sind unsere Nachrichten über die Verfassung der allmählich erst geschaffenen Königtümer und über die Helfer oder Volksschichten, auf deren Interessen sich die Könige stützten, so dürftig, daß sich über die Organisation der Herrschaft in den Gewerbesiedlungen und Burgen nur Vermutungen aufstellen lassen. Da diese Länder weder das Lehnrecht noch die Grundherrschaft und ihr Hofrecht kannten oder rezipierten, fehlte den gewiß vorhandenen Bestrebungen der örtlich mächtigen Geschlechter die Möglichkeit, sich angestammte oder vom König übertragene Herrschaft auf legale Weise erblich anzueignen. Nirgendwo hätten die Könige die älteren Stammesverbände zerschlagen und sich deren führende Männer unterordnen können, wenn sie sich nicht durch Amtleute hätten in den Mittelpunkt- und Burgstädten vertreten lassen können und wenn sie nicht über Mittel verfügt hätten, ihre Amtleute in Botmäßigkeit zu erhalten. Nur für Norwegen gibt es Hinweise darauf, daß schon um 1100 eine rechtliche Verselbständigung der Städte eintrat: Die Existenz eines Amtmannes (gjaldkere) in Nidaros ist erstmals einigermaßen sicher einem königlichen Gebot von 1103/07 zu entnehmen; er wird seinesgleichen in Tønsberg, Oslo, Bergen gehabt haben und konnte seine Stadt um so eher zu einer Stütze der Königsmacht ausbauen, wenn er dort einem eigenen Stadtgericht (byting, mót) vorstand, wo dann alsbald auch ein besonderes Recht (bjarkøy rett) gewiesen wurde. Beides wird erwähnt in einer angeblich zwischen König Olaf dem Heiligen (1016–28) und den Isländern getroffenen Übereinkunft, die vermutlich Verhältnisse aus der Zeit ihrer Niederschrift um 1083 widerspiegelt. Die Ausgliederung der wichtigen Städte aus den Landthingbezirken konnte wohl nur das Königtum rechtmäßig herbeiführen und politisch durchsetzen. Die königliche Stadtherrschaft schmälerte sie nicht.

Die Könige von Dänemark und Norwegen werden bei ihren Maßnahmen das Vorbild der normannischen Vizegrafen, insbesondere der vor ihren Augen amtierenden englischen Sheriffs, befolgt haben; den Königen von Polen, Böhmen und Ungarn stand dagegen wohl nichts anderes als eine kriegerische Gefolgschaft zur Verfügung, die sich von Söldnern nur dadurch unterschied, daß der Herr sie nicht mit Geld bezahlte, sondern mit Beuteanteilen und mit Naturalleistungen und Diensten, die die in der Burgstadt ansässigen Handwerker und die im Burgbezirk lebenden Bauern aufbringen mußten. Die Absicht und Notwendigkeit, das arbeitende Volk zu diesem Zwecke zu unterdrücken und auszubeuten, mag einer der Gründe gewesen sein, die die Gefolgschaften überhaupt zusammenführten und an der Existenz einer königlichen Oberherrschaft ein Interesse empfinden ließen. Nur ein Könіgtum nämlich konnte die Kämpfe zwischen den einzelnen Burgherren nebst deren Anhang um die Abgrenzung ihrer Machtbereiche beenden und ihnen ein geschütztes Recht auf Ausnutzung ihrer Untertanen geben. Bei längerer Seßhaftigkeit freilich mußte die über die Burgen verteilte Großgefolgschaft zerfallen in adlige Geschlechter mit eigenem Grundbesitz. In Böhmen zeigen sich daher schon im 10. Jahrhundert Spuren eines Lehnswesens. Darauf reagierte Fürst Bretislav I. (1034–55) mit einer Neuorganisation der Burgbezirke, die nun vor allem Krongutbezirke bildeten; man spricht heute von einer Kastellaneiverfassung, die sich auch in Schlesien und Kleinpolen ausbildete. Von einer Herauslösung der Burgmittelpunkte aus den Landgebieten, die sie ja gerade beherrschen sollten, und von einer Stadtherrschaft im eigentlichen Sinne zeigt sich keine Spur.

Auf vergleichsweise sehr früher Entwicklungsstufe blieb die fürstliche Stadtherrschaft im russischen Reich von Kiew stehen, weil die sehr großen Burgstadtbezirke offenbar keinen Zusammenhang mit älteren slavischen Stammesgebieten hatten, sondern diesen von vornherein oktroyiert worden waren, um die Tributherrschaft der Dynastie und ihrer Großgefolgschaft zu sichern. Obwohl sich die Herrenschicht nicht gegen die Unterworfenen abschloß, bestanden doch bis ins 11. Jahrhundert hinein enge Beziehungen zum Herkunftsland Skandinavien und zu den verwandten normannischen Staatsbildungen in England und Frankreich; die Großgefolgschaft mochte sich immer noch in Rußland fremd fühlen und bewahrte daher einen engen Zusammenhang in sich selbst, und so unterblieb die Aufteilung der Burgstadtbezirke und die Einführung der Kastellaneiverfassung. Die Dynastie und ihre Anhänger stützten ihre Herrschaft weiterhin auf den Besitz der großen zentralen Handelsplätze; an ihm orientierten sich auch die nach dem Tode Vladimirs des Heiligen im Jahre 1015 einsetzenden Versuche dynastischer Herrschaftsteilungen, für die Jaroslav der Weise (1019–54), um den Zusammenhalt des Ganzen zu sichern, eine sehr komplizierte Senioratserbfolge einführte: Die Städte wurden nach ihrem politischen und dem wirtschaftlichen Wert ihres Landgebietes geordnet und auf die männlichen Mitglieder des Fürstenhauses so verteilt, daß bei jedem Todesfall der nächstjüngere Fürst in die besser dotierte Herrschaft aufrückte. Dem Senior und Großfürsten reservierte Jaroslav, der vielleicht als erster diesen Titel geführt hat, die zwei alten Bezirke Kiew und Novgorod, die Eckpfeiler des gesamten Herrschaftssystems. Da sich die Fürstensippe rasch vermehrte, so daß weitere Erbteilungen innerhalb der Bezirksländer erforderlich wurden, änderte auch die allmähliche Vermehrung der Zahl der Burgstädte nichts daran, daß als Stadtherr überall, ausgenommen in Novgorod, der erbberechtigte Fürst selber auftrat. Novgorod war bis in die zweite Hälfte des 11. Jahrhunderts ein Nebenland von Kiew, dessen Fürst auch sein Stadtherr war. Verließ er die Stadt, so ließ er als Vertreter einen „Eingesetzten" (posadnik) zurück, in der Regel einen Verwandten, also eine Person mit Fürstenrang, aber auch einmal einen loyalen Angehörigen der Hocharistokratie, der dieselben Aufgaben und Befugnisse hatte wie er selbst und dessen Auftrag erlosch, wenn er zurückkehrte. Es gab keinen Posadnik neben oder unter dem Fürsten. Ebenso war der Gebrauch in den anderen Bezirksländern. Unter diesen Umständen konnte sich ein Ämterwesen nicht entwickeln. Die Fürsten pflegten Steuereinnehmer, Richter und militärische Befehlshaber ebenso wie den Statthalter in Novgorod stets nur für deren Person zu ernennen, so daß sich ein Recht der fürstlichen Stellvertretung, das sei es dem Amtsrecht des byzantinischen Reiches oder der Normannenstaaten, sei es dem Lehnrecht des fränkischen Reiches entsprochen hätte, weder im allgemeinen noch speziell für die Ausübung der Stadtherrschaft entwickeln konnte. Da zudem eine Herauslösung der Burgstädte aus den Landgebieten der Staatsräson des russischen Reiches diametral widersprochen hätte und folglich unterbleiben mußte, beginnen die tief eingreifenden Unterschiede zwischen der russischen und den verschiedenen Formen der europäischen Stadtverfassung nun deutlicher hervorzutreten. Wir werden alsbald Anlaß haben, auf sie zurückzukommen.

Da in den bisher betrachteten Ländern die Souveräne ihre Stadtherrschaft entweder durch Amtleute oder in eigener Person ausübten, so ergibt sich, daß das eigentliche Verbreitungsgebiet einer vom König delegierten Stadtherrschaft über einen aus der Organisation des flachen Landes herausgelösten Stadtbezirk in den Nachfolgestaaten des karolingischen Reiches lag, wo sich einst der König in den lokalen Gerichten, nach Zurückdrängung der bischöflichen Befugnisse, schließlich nur noch von weltlichen Amtleuten, den Grafen, hatte vertreten lassen. Die Städte waren seither derart in die Grafschaft integriert, daß sie keinerlei Sonderrechte, sondern nur einen jener Dingstühle oder Gerichtsorte besaßen, an denen der Graf regelmäßig Gericht halten, d. h. das Volk in Gestalt der freien Grundbesitzer oder der Schöffen um sich versammeln, Klagen anhören und sich von der Versammlung die Urteile weisen lassen mußte, deren Vollstreckung ihm oblag. Allenfalls hatte er in den großen Fernhandelsstädten unter dem Grafen besondere Amtleute eingesetzt mit der Aufgabe, den in den Königsschutz aufgenommenen Kaufleuten diesen Schutz zu gewähren und dafür von ihnen die Gegengaben, seien es Geschenke, seien es Gebühren oder Zölle, entgegenzunehmen. Seit alters aber hatte es im fränkischen Reiche nicht nur Großgrundbesitz, sondern auch das Institut der Immunität gegeben, das die Verwaltungsmacht des Grafen von einer Grundherrschaft fernhielt und damit dem Grundherrn die Chance bot, selbst eine grafengleiche Stellung zu erwerben, und seit dem 8. Jahrhundert hatten die Herrscher die Ausbildung des Lehnrechtes gefördert, zunächst nur in der Absicht, das Heerwesen und die Versorgung von Reiterkriegern zu regulieren, dann aber auch in der Hoffnung, die Übertragung des Amtsgutes auf die Grafen nach Lehnrecht werde deren Königstreue bestärken – eine Hoffnung, die sich in den Wirren der Königskriege und Reichsteilungen des 9. Jahrhunderts freilich nicht bewährt hatte, denn die Grafen behandelten nun das Amt als Zubehör des Gutes, und mit der Aneignung und Vererbung des Gutes setzten sie auch die Appropriation des Amtes durch. Erbliche Aneignung staatlicher Hoheitsrechte an den Inhaber eines Amtes – weder mit römischen noch mit modernen Denkweisen oder Worten läßt sich ein solcher, für sie innerlich widersprüchlicher Vorgang beschreiben noch gar eine Verfassung schildern, die darauf aufbaute, und für jeden Historiker, der das europäische Mittelalter zu verstehen sucht, bedarf es einer langen und qualvollen Einübung in eine fremde Gedankenwelt, bis er sich darin zurechtfindet. Erblichkeit der Grafschaft schloß aber das Recht des Grafen ein, sie im Erbgang sowohl räumlich wie sachlich (in Teilrechte wie hohe und niedere Gerichtsbarkeit, Markt-, Zoll- oder Münzrecht) aufzuteilen, solche Teile als Mitgiften für Töchter und zur Ausstattung von Kirchen zu verwenden, sie als Lehen auszutun oder sogar zu verkaufen, auch zu dulden, daß sie verfielen oder Usurpatoren zur Beute wurden, sofern er, was seit dem Verfall der Karolingerdynastie die Regel war, den König zwingen konnte, all dem zuzustimmen.

Die Erblichkeit der Grafschaften ist eine der beiden Ursachen, die die Verselbständigung der einzelnen Dingstühle und damit die Herauslösung der Städte als eigener Gerichtsbezirke aus den Grafschaften ermöglichten und in Gang setzten; die andere ist die Immunität, denn auf der mit Immunität begabten Grundherrschaft beruht die Stadtherrschaft vieler Bischöfe in alten Mittelpunktstädten und die Markt- und Stadtherrschaft nicht nur der bischöflichen, sondern auch der zahlreichen Stiftskirchen und Klöster, die auf eigenem Grund und Boden Marktsiedlungen und Gewerbeorte gründeten. Gewährte der König einem (geistlichen) Grundherrn das Markt- und Münzrecht, so entzog er damit den entstehenden Marktort nicht völlig der gräflichen Aufsicht; wollte der Grundherr dieses Ziel erreichen, so mußte er zusätzlich vom König die Immunität erlangen und alsdann einen Vogt einsetzen, der die immunen Gebiete als Richter verwaltete. In keinem anderen europäischen Lande konnte die für das fränkische Reich und seine Nachfolgestaaten Frankreich, Deutschland und Reichsitalien so typische Verbindung von Grundherrschaft und Stadtherrschaft entstehen, die hier der Machtkampf zwischen Königtum, Laienadel und Kirchen ins Leben rief und die das von allen Seiten anerkannte Institut der

Immunität legitimierte. Man pflegt diese – und nur diese – Konstellation von Machtverhältnissen und Rechtsüberzeugungen, die es so aus Gründen, die wir darzulegen versucht haben, weder in den Normannenstaaten noch in Spanien gab, um von Nord-, Ost- und Südosteuropa ganz zu schweigen – sie pflegt man als Feudalismus im eigentlichen Sinne zu bezeichnen.

Ein unmittelbarer Zusammenhang zwischen der Ausbreitung des Feudalismus und der Entstehung eines auf Exportgewerbe und Fernhandel fußenden städtischen Wirtschaftslebens gerade in Frankreich, Deutschland und Reichsitalien besteht nicht. Insofern können wir die räumliche Koinzidenz als Zufall betrachten. Ohne diesen Zufall freilich hätte der wirtschaftliche Aufschwung der Städte das typisch europäische Städtewesen nicht hervorbringen können. Die Akkumulation städtischer Vermögen und der Verkehr auf dem Markte bedurften nämlich einer rechtlichen Sicherung des Eigentums und der Verträge, der persönlichen Freiheit und des gemeindlichen Zusammenschlusses, die zuvor nicht einmal das römische Rechtsdenken und Justizwesen hatte zustande bringen können, einer Rechtssicherheit, wie sie nur der europäische Feudalismus und das empfindliche Ehr- und Rechtsgefühl seiner adligen Träger in durchaus eigennütziger Absicht zu schaffen vermochten. Fragten wir zuvor, wer die Herauslösung der Städte aus den Grafschaften in Gang gesetzt habe, ohne die keine europäische Stadtgemeinde entstanden wäre, so sehen wir nun, daß das treibende Element der Feudaladel war. Das europäische Städtewesen war bereits in vielen Hinsichten ein Jahrtausend alt; als ein Städtewesen, das auf einem freien, gewerblich tätigen Bürgertum beruhte, ist es, wie wir sehen werden, eine Schöpfung des fränkischen Feudalismus.

Der Zerfall der königlichen Stadtherrschaft in Kleinstsprengel, die den Städten eigene Gerichtsbezirke bescherten, war in Frankreich schon zu Beginn des 10. Jahrhunderts im wesentlichen abgeschlossen. Der König war nun selber Stadtherr nur noch in der Krondomäne, die sich von der mittleren Loire über die mittlere Seine bis zur unteren Aisne erstreckte; überall sonst vertraten ihn die mit den Grafenrechten belehnten Kronvasallen, die sich ihrerseits, wenn sie mehrere Grafschaften besaßen, von belehnten Vizegrafen vertreten ließen. In den großen Mittelpunkt- und Nebenstädten, auf die sie ihre Macht stützten, hatten diese Herren die Grafenrechte und damit die Stadtherrschaft selbst in der Hand behalten; in den Kleinstädten und auf dem Lande, wo die neuen bourgs gegründet wurden, hatten sie sie in der Regel an Aftervasallen (die seigneurs justiciers) weitergegeben, die sich indes in ihrem Besitz nur behaupten konnten, wenn sie sich als Herren einer starken Ritterburg (als châtelains) ein einigermaßen geschlossenes Kleinterritorium rings um die Burg herum zu schaffen vermochten. Denn alle Landgerichtsbezirke unterlagen gleichzeitig der Durchbrechung durch die kirchlichen Immunitäten, deren geistliche Herren den Landrichter vom Betreten ihrer Güter ausschlossen und damit selber Grafenrechte erlangen konnten. Die Vorgänge sind im einzelnen ganz unübersichtlich, weil die Grafen ihre Rechte nicht nur territorial, sondern auch sachlich aufsplitterten, in Teilrechte, die sie einzeln an verschiedene Empfänger veräußerten. Nur ganz selten einmal haben sich Urkunden erhalten, die solche Verfügungen erkennbar machen. So verlieh König Karl der Einfältige im Jahre 900 dem Bischof von Autun das Münzrecht, das bis dahin der Graf ausgeübt hatte, und König Rudolf II. von Burgund trat 924 dem Bischof von Le Puy in Erweiterung seiner Immunität die Herrschafts- und Besitzrechte über die Bischofsstadt ab, die bis dahin dem (jetzt anderweitig entschädigten) Grafen gehört hatten: nämlich den ganzen Burgus bei der Kathedrale mit Markt, Zoll, Münze und Grafengericht und mit dem Grundeigentum und den Hausgrundstücken der Marktsiedler, die der Graf dort besessen hatte. Der Erzbischof von Reims erhielt 940 alle Grafenrechte nebst dem Münzrecht, konnte aber erst zu Beginn des 11. Jahrhunderts die Grafen von Vermandois dazu bewegen, endgültig darauf zu verzichten.

Aber nur wenige Bischöfe waren im Erwerb der Grafenrechte so erfolgreich, daß sie in die Reihe der Kronvasallen aufstiegen. Bis zum Beginn des 12. Jahrhunderts glückte dies außer dem Erzbischof von Reims nur den Bischöfen von Langres, Châlons-sur-Marne, Laon, Noyon, Beauvais und Tournai sowie den Äbten von Corbie und Saint-Riquier. Namentlich im Kampf um das Münzrecht waren, im Gegensatz zu Deutschland, die Fürsten und Grafen erfolgreicher als die Bischöfe; besonders in Süd- und Westfrankreich hinderten sie die Bischöfe daran, die wahren Herren des Münzwesens zu werden. Im ganzen ergab sich, daß in größeren Städten häufig sowohl der gräfliche Kronvasall als auch kleinere Landgerichtsherren und mit Immunität begabte Grundherren die Stadtherrschaft miteinander teilten, so in Marseille, wo der Vizegraf in der Niederstadt und der Bischof in der Oberstadt gebot, in Limoges, wo der Graf die alte Bischofsstadt, der Vizegraf und der Abt von Saint-Martial die Vorstadt besaßen, in Périgueux, wo der Graf in der Bischofsstadt und das Kloster in der Vorstadt Le Puy-Saint-Front Herr war, in Tours, wo in der Bischofsstadt der Graf und in der Neustadt bei Saint-Martin der König herrschte, oder in Caën, wo dem Herzog der ältere und dem Abt von Saint-Étienne der jüngere Burgus gehörte. In Amiens konkurrierten Bischof, Graf und Abt von Corbie untereinander und mit ihren Vasallen, dem bischöflichen Vizedominus (vidame) und den Vizegrafen, um die Herrschaft, in die sich um 1085 mehrere Träger des Grafentitels teilten. Die Aufspaltung der Stadtherrschaft bedeutete Aufspaltung der Städter in verschiedene Gerichtsgemeinden; sie vertiefte sich, wenn die Kronvasallen für sich den Untertaneneid von den freien Männern einforderten, den der König nicht mehr durchzusetzen vermochte.

In der Geschichte der Stadtherrschaft trat insofern zu Beginn des 11. Jahrhunderts eine Wende ein, als der König und die Kronvasallen nun ein Mittel fanden, um der weiteren Zersplitterung der Herrschaft entgegenzuwirken. Sie hörten auf, Verwaltungsaufgaben zu Lehen auszutun, und erneuerten die Verwaltung durch rechenschaftspflichtige Amtleute, die sie als prévôts bezeichneten und vorzugsweise den nichtadligen Stadtleuten entnahmen, die schon ihrem Stande nach kein Recht hatten, sich die Möglichkeiten feudaler Appropriation der Hoheitsrechte zunutze zu machen. Es war eine Folge des emporkommenden städtischen Wirtschaftslebens und seines Münzwesens, daß es nun hinreichend reiche Marktleute gab, um die stadtherrlichen Einkünfte auf Jahresfrist zu verpachten. Mit der Einsetzung solcher nicht belehnten, absetzbaren Amtleute begannen die Grafen von Anjou und von Blois-Touraine in der Zeit um 1000; nachdem Graf Otto von Paris, der Bruder König Hugos, 1032 ohne Kinder verstorben war, übernahm sein Großneffe König Heinrich I. selber das Grafenamt in der Hauptstadt: Er vereinigte die Stadtgrafschaft mit der Krone, um sie von dem im Châtelet in der nördlichen Vorstadt residierenden prévôt ausüben zu lassen. Ganz besonders erfolgreich in der Einführung der Amtsverfassung waren die Grafen Balduin IV. (988–1035) und V. (1035–67) von Flandern, in deren Gebiet es keine einzige alte Mittelpunkt- und Bischofsstadt, sondern nur im Schutze gräflicher Burgen entstandene und jetzt prächtig gedeihende Markt- und Kaufmannssiedlungen gab; schließlich war ganz Flandern, mit Ausnahme einiger verlehnter Herrschaften wie Boulogne, Guines, Saint-Pol, Hesdin, Béthune im Westen und Süden und Aalst und Dendermonde in Reichsflandern, in Kastellaneien oder Burggrafschaften eingeteilt, derart, daß der Burggraf, der als Amtmann die gräfliche Burg hütete, nicht nur das Lehnsaufgebot führte und die gräflichen Domänen verwaltete, sondern auch selbst oder durch einen vom Grafen bestellten Richter (amman, écoutête, schout) mit den vom Grafen vereidigten Schöffen das für Burgstadt und Umland zuständige Landgericht abhielt. Die im 10. Jahrhundert entstehenden Kaufmannssiedlungen waren gleich den Dörfern diesen Landgerichten eingeordnet, aber das Landgericht geriet rasch unter die Vorherrschaft der Städter, die die meisten Schöffen stellten, wenn die Grafen ihnen nicht sogar, seit dem Ende des 11. Jahrhunderts, eigene, aus der Kastellanei herausgelöste Schöffengerichte zubilligten.

Aber die Existenz reicher Kaufleute war nicht der einzige Grund dafür, daß in Frankreich nun eine neue Form der Stadtverwaltung eingeführt werden konnte. Hinzu kam der Umstand, daß die Verlehnung der Ämter und Hoheitsrechte dank einer bis in die römische Kaiserzeit zurückreichenden staatlichen Tradition den landrechtlichen Charakter des Königtums und dessen Obereigentum an allen Hoheitsrechten niemals in Vergessenheit geraten ließ – ganz im Gegensatz zu Deutschland, dessen Königtum jünger war als die regionale und lokale Adelsmacht, dessen Grafen und Stadtherren daher aus eigenem Recht herrschten und einen Anspruch darauf hatten, zur Verstärkung dieses Eigenrechtes vom König mit seiner Stellvertretung in ihrem Machtgebiet beauftragt zu werden. Es war der große Vorteil des lehnrechtlichen Denkens, der lehnrechtlichen Interpretation der Machtverhältnisse, daß es diese Konkurrenz nicht zugunsten einer der beiden Parteien zu entscheiden brauchte, sondern beiden Recht geben, beiden ein unwiderrufliches, weil vererbliches und damit eigentumsartiges Recht auf Herrschaft zusprechen konnte: das Recht des Lehnsherrn und das des Lehnsträgers. Daher kommt es, daß zu einer Zeit, als in Frankreich die Lehnsträger die Amtsverwaltung in den fragmentierten Land- und Stadtgrafschaften einführen konnten, in Deutschland das Lehnswesen überhaupt erst richtig Fuß faßte und die Territorialisierung der Hoheitsrechte schließlich nicht mehr widerrufen werden konnte.

Das deutsche Königtum hat bis über die Mitte des 11. Jahrhunderts hinaus erfolgreich versucht, die Adelsmacht zu bekämpfen und eine staatliche Ausübung der Hoheitsrechte durchzusetzen. Es war erfolgreich, solange es sich dabei auf die Unterstützung der Bischöfe und der Äbte der im Königsschutz stehenden Reichsklöster verlassen konnte. Obwohl auch sie dort, wo sich ihr Grundbesitz konzentrierte, einen Anspruch darauf hatten, den König zu vertreten, gab der König ihrem Anspruch lieber statt als dem eines weltlichen Herrn, weil sie auf Grund ihrer kirchlichen Erziehung mit den im Kirchenrecht beschlossenen Staatsvorstellungen antiker Herkunft vertraut waren, weil sie keine Dynastien bilden konnten und weil sie des Königsschutzes bedurften, um das Kirchengut gegen die im Eigenkirchen- und Vogteirecht begründeten Herrschaftsansprüche der weltlichen Großen zu verteidigen. Insbesondere mußte den Herrschern daran liegen, die Bischofsstädte, denen als Mittelpunktburgen in strategisch wichtiger Lage eine Schlüsselfunktion zukam, dem Zugriff der Herzöge und Grafen zu entziehen. Daher hatten bereits die Könige Zwentibold und Ludwig IV., wie wir wissen, den gräflichen Dingstuhl in der Stadt Trier aus der Grafschaft herausgenommen und auf den Erzbischof übertragen. Zu einem unbekannten Zeitpunkt vor 962 verfügte König Otto I. dasselbe für Köln, mit der Folge, daß der Graf seinen Sitz aus der Stadt hinausverlegte und man aufhörte, seine Grafschaft als Kölngau zu bezeichnen. Andere Bischöfe erlangten die Grafenrechte in Anlehnung an die ihnen für den Grundbesitz ihrer Kirche in der Stadt zustehende Immunität, der sie auch fremden Grundbesitz unterwarfen. Den ersten bekannten Fall stellt die Verleihung der Einkünfte aus der Grafschaft innerhalb der Stadt Toul dar, die König Heinrich I. 927 dem dortigen Bischof gewährte. Dem Bischof von Straßburg bestätigte Kaiser Otto II. 982 die Immunität derart, daß kein Herzog oder Graf in der Stadt oder in der Vorstadt Gericht halten durfte. Zunächst kamen nur die Bischofsstädte in den Genuß dieser Sonderstellung; seit aber Otto I. im

Jahre 946 dem Kloster Corvey Markt und Gericht in Meppen und Otto III. 990 der Äbtissin von Gandersheim dieselben Rechte für Gandersheim verliehen hatte, wurden auch immer mehr Nebenstädte und neu gegründete Marktsiedlungen der Herausnahme aus der Grafschaft und der Ausstattung mit eigenem Gericht teilhaftig. Erstmals in Köln 1032, in Mainz um 1050, in Augsburg 1067 sind uns besondere Amtsträger bezeugt, die die bischöflichen Stadtherren damit beauftragten, das Stadtgericht zu halten.

Welche Befugnisse die Grafenrechte im einzelnen enthielten, berichtet uns ein Weistum, das zwischen 1047 und 1067 in Dinant entstand, wo der Graf von Namur als Vertreter des Königs über Freie und deren Güter, daneben teils als Grund- und Eigenkirchenherr über sechs Kirchen, teils als Vogt von fünf auswärtigen Klöstern zu gebieten hatte. Die Stadt mit ihrer Feldmark bildete einen eigenen Gerichtsbezirk, in dem dem Grafen alle öffentlichen Straßen, Gewässer und Bodenflächen, die nicht in Privatbesitz standen, derart „gehörten", daß niemand davon etwas ohne seine Erlaubnis in Besitz nehmen durfte. Ebenso standen ihm Münze und Markt und die Aufsicht über die Gewerbe und über Maß und Gewicht und schließlich die Gerichtsbarkeit zu, deretwegen alle Einwohner dreimal jährlich sein echtes Ding besuchen mußten. Mit diesen Rechten waren Einkünfte verbunden, die vor allem aus dem Zollrecht und der Befugnis, den Lokalhandel zu reglementieren und zu konzessionieren, herrührten. Diese Rechte konnten auch voneinander getrennt werden und zu verschiedenen Zeiten auf den geistlichen Immunitätsherrn übergehen. Als König Ludwig IV. 902 dem Erzbischof von Trier die Grafenrechte übertrug, schloß er Münze und Zoll mit in die Verleihung ein; dem Bischof von Lüttich, zu dessen Immunität Maastricht gehörte, gewährte er 908 mit Zustimmung des Grafen das Zoll- und Münzrecht, König Otto I. und seine Nachfolger haben dann einem der Reichsbischöfe nach dem anderen das Münzrecht ausdrücklich verliehen. Als der Bischof von Cambrai 941 von König Otto I. mit der Immunität auch den Zoll und die Münze in seiner Stadt erhielt, besaß der Graf dort noch die Hälfte der hohen Gerichtsbarkeit; diese gräfliche Hälfte übertrug der König erst 948 auf den Bischof, so daß die Stadt nun ganz aus der Grafschaft im Kamerichgau herausgelöst war.

In der Bischofsstadt Worms rivalisierte der Bischof lange Zeit in ähnlicher Weise mit einem Herrengeschlecht, das nicht nur die Grafschaft im Wormsgau besaß, sondern auch einen Herzog von Lothringen gestellt hatte; es war die mit dem Königshaus der Ottonen verwandte Dynastie der Salier, die im Jahre 1024 selbst auf den Thron gelangte. Aus einer Königsurkunde von 979 erfahren wir, daß die Grafenrechte bis dahin nur zu zwei Dritteln dem Bischof übertragen waren; ein Drittel hatte noch der König in seiner Verfügung, und er hatte es dem Grafen Otto überlassen. Otto ließ sich nun dazu bestimmen, darauf zu verzichten, aber bald reute ihn der Verzicht, und von dem befestigten Haupthof seiner Grundherrschaft aus, über den er in Worms verfügte, machte er seine Ansprüche mit Gewalt geltend. Er zerstörte die Stadtmauer, so daß sich die Städter seiner nicht erwehren konnten, und plünderte sie dermaßen aus, daß sie die Stadt in Scharen verließen. Erst Bischof Burchard (1000–1025) nahm den Kampf gegen ihn auf, indem er den Bischofshof als Gegenburg befestigte, dann aber im Jahre 1002 die Königswahl für seine Zwecke ausnutzte: Er unterstützte die Kandidatur Herzog Heinrichs von Bayern nur gegen die Zusage, der Bewerber werde als König den Rechtszustand von 979 wiederherstellen. Tatsächlich erreichte König Heinrich II. noch im gleichen Jahre von Graf Otto den Verzicht auf seine Ansprüche, wofür er ihn mit dem Königshof Bruchsal entschädigte. Burchard ließ sofort die Zwingburg der Salier in Worms zerstören und an ihrer Stelle das Stift St. Paul erbauen, das er mit der Inschrift „Eine Kirche wegen der Freiheit der Bischofsstadt“ verzierte.

Die Bischöfe konnten freilich die weltlichen Rechte der Grafen, namentlich die mit Blutvergießen verbundene schwere Strafgerichtsbarkeit und das Kriegsaufgebot, nicht selbst wahrnehmen; deswegen waren sie schon im 9. Jahrhundert verpflichtet worden, für ihre Immunitätsbezirke Vögte zu bestellen, und wo sie nun die Grafschaft für den städtischen Dingstuhl erlangten, ernannten sie dafür einen Stadt- oder Burggrafen, dessen Amt sie häufig mit der Vogtei über ihre innerstädtischen Immunitäten verschmolzen. Wo eine förmliche Übertragung der Grafschaft unterblieb und die bischöfliche Stadtherrschaft aus der allmählichen Steigerung der Immunität hervorging, war es Aufgabe des Vogtes, das Stadtgericht im Namen des Bischofs zu hegen. Da nun die Bischöfe ihre Burggrafen und Vögte mit diesem Amte zu belehnen pflegten, so machten diese Herren ihre Befugnisse überall erblich und nutzten sie zum Vorteil der eigenen Dynastie. Die Folge waren neue Kämpfe um die Stadtherrschaft; wie einst der Bischof den Gaugrafen aus der Stadt verdrängt hatte, so drohte nun er von seinem unbotmäßigen Vasallen verdrängt zu werden. Im Streit zwischen dem Bischof von Verdun und seinen Vögten stifteten die Herzöge von Lothringen in den Jahren 1039–44 einen Vergleich, der sich als sehr dauerhaft erwies und uns zeigt, worum sich der Konflikt drehte: Der Vogt sollte nur dreimal jährlich zu den echten Dingen in die Stadt kommen und gemeinsam mit Schöffen und Ministerialen Gericht halten; von den Strafgeldern, die dort eingezogen wurden, sollte er zunächst seine Quartiers- und Kostgelder abziehen, um von dem Rest ein Drittel zu behalten und zwei Drittel dem Bischof als seinem Gerichtsherrn abzuliefern. Zu den etwa erforderlichen zusätzlichen oder gebotenen Gerichtstagen sollte der Vogt gar nicht in die Stadt kommen, sondern die Ministerialen sollten sein Drittel der Gefälle für ihn aufbewahren. Wenn aber der Dompropst über Totschlagsühne und vergossenes Blut und anderes Unrecht ohne Mithilfe des Vogtes richten, d. h. wenn er mit eigenen

Machtmitteln die Täter überwältigen und vor sein Gericht bringen konnte, dann sollte der Vogt von den Strafgeldern gar nichts erhalten. Wenn die geistlichen Gerichtsherren einmal wegen drohender Gewalttaten den Vogt zu Hilfe riefen, dann durfte er von ihren Untertanen, weil er sie beschützte, seine Beköstigung verlangen; reiste er aber ungefragt und in eigenen Angelegenheiten durch die Stadt, so durfte er von den Gütern der Kirchen und der Städter nichts verlangen, sondern mußte auf eigene Kosten leben. Die Vögte benutzten also ihre Dienstpflichten dazu, die Güter der Gerichtsherren und der Städter auszuplündern, indem sie möglichst lange in der Stadt verweilten und möglichst viele Dinge vor ihr Gericht zogen.

Dem Bischof von Toul standen seit 927 alle Abgaben zu, die der Graf in der Stadt zu erheben hatte; es gelang ihm bald, auch die Erhebung dieser Einkünfte und die Ernennung des mit ihr betrauten Grafen in die Hand zu bekommen. Als Graf Arnulf, der seine Untertanen habgierig bedrückt hatte, im Jahre 1069 darüber zu Fall kam, ließ Bischof Udo von den Ältesten der Diözese die Rechte und Pflichten des Grafen genau feststellen, ehe er einen neuen Grafen einsetzte. In Cambrai besaß der Burggraf ein festes Haus innerhalb der Stadtburg, nämlich im Vorhof der Kathedrale dicht bei der Bischofspfalz; von hier aus verhöhnte sein Gefolge seinen Lehnsherrn, indem es die Burg und die Städter ausplünderte, so lange, bis Bischof Lietbert um 1065 imstande war, den Burggrafen Hugo zum Verzicht auf alle Lehen innerhalb der Stadt zu bewegen. Ein Vierteljahrhundert lang erfreuten sich nun die Bischöfe der vollen und unbestrittenen Stadtherrschaft. Aber wieder konnten sie nicht umhin, die Burggrafschaft als Lehn auszutun; sie betrauten damit einen Vitztum (vicedominus), der seine Pflichten ebenso schlecht erfüllte wie zuvor der Burggraf. Die Blütezeit der Bischofsmacht endete 1092, als eine Doppelwahl ein bis 1116 währendes Schisma auslöste. In dieser Zeit führte der Vitztum mit seinen Rittern als sein eigener Herr in den bischöflichen Gebäuden ein üppiges Leben, und 1103 erkannte er Graf Robert von Flandern als seinen Lehnsherrn an, den Kaiser Heinrich IV. mit der Verleihung der Burggrafschaft im großen Investiturstreit auf seine Seite zu ziehen versuchte. Erst 1127 nahm er den Bischof wieder als seinen Lehnsherrn an.

An diesen und vielen ähnlichen Vorfällen kann man sehen, daß in Deutschland weder den Königen noch den von ihnen bevollmächtigten Stadtherren die Möglichkeit gegeben war, durch Einsetzung von Amtleuten die Feudalisierung der Stadtherrschaft zu unterbinden. Sie konnten lediglich versuchen, die freien Burggrafen und Vögte durch Unfreie zu ersetzen, die nur beschränkt rechtsfähig waren und deswegen leichter in Botmäßigkeit zu erhalten sein mochten als jene. Der Einsatz solcher unfreien Dienstleute oder Ministerialen lag in den Bischofsstädten besonders nahe, weil sich hier die Stadtherrschaft – genau so wie die Marktherrschaft in neugegründeten Marktsiedlungen – an die immunen Haupthöfe der stadtherrlichen Grundherrschaft anlehnte, die der Herr ohnehin von seinen Dienstleuten verwalten ließ, wo daher Burggrafschaft und Vogtei leicht miteinander verschmelzen konnten. So kommt es, daß wir in Dinant, Verdun, Toul und vielen anderen Städten Stadtherren finden, die ihre öffentliche Gewalt von unfreien Meiern und Schöffen aus der Ministerialität wahrnehmen ließen, sobald und soweit sie den Burggrafen oder Vogt aus der Stadt verdrängen konnten. Aber gerade den in Treue bewährten Dienstleuten konnte der Stadtherr die Belohnung mit einem Dienstgut nicht lange vorenthalten; sobald jedoch die Ministerialen ihre Dienstgüter und ihr Amt erblich zu machen verstanden, trat eine Angleichung des Hofrechtsverhältnisses an Lehnrecht und Vasallität ein, die den Gehorsam und die Zuverlässigkeit dieser Männer genau so fragwürdig machte wie die der freien Vasallen.

Nicht viel wirksamer war der Brauch, den vom Bischof ernannten Stadtgrafen oder Vogt wegen des Empfangs der Amtsgewalt (des Bannes) wieder an den König zu verweisen, wie es seit 1026 allmählich üblich wurde, je genauer man zwischen der Gerichtsgewalt, die der Vogt üben, und den Gefällen, die der Stadtherr genießen sollte, unterschied. Der bischöfliche Stadtherr konnte nun den Vogt dem König lediglich zur Bannleihe präsentieren; die Amtsgewalt übertrug erst der König, aber das reichte nicht aus, um dem Vogt dem Charakter eines Amtmannes aufzuprägen, weil es weder Absetzbarkeit noch Rechenschaftspflicht begründete. Immerhin behielt damit der König einen Anteil an der Bestellung des Stadtrichters, der für die Reichsunmittelbarkeit der Gerichtsunterworfenen nicht unerheblich war: Er minderte die Gefahr, daß die freien Bewohner der Markt- und Kaufmannssiedlungen, die nun demselben Richter unterstanden wie die unfreien Leute des Stadtherrn, in dessen Grundherrschaft oder Immunität hineingezogen wurden. Daß sich die im Königsschutz stehenden Markt- und Kaufleute dem König mit einem direkten Treue- oder Untertaneneid verpflichteten, können wir nur vermuten, nicht aber beweisen, denn in Deutschland war der Untertaneneid gänzlich in der Huldigung als einem Teil der Königswahl aufgegangen, und damit hatte er die Kraft, den Amtscharakter der Stadtherrschaft wie aller adligen Zwischengewalten sichtbar zu machen, verloren. Wir wissen bereits, warum der Amtsgedanke in Deutschland nicht so leicht heimisch werden konnte wie in Frankreich; es war hier erst der Investiturstreit, der das Verständnis für die Natur der bischöflichen Rechte und für den Unterschied zwischen kirchlichen, in der Bischofsweihe begründeten Befugnissen einerseits, im Auftrage des Königs verwalteten Hoheitsrechten (regalia) andererseits schärfte. Erst zu Beginn des 12. Jahrhunderts einigte man sich darüber, daß zu den Regalien namentlich die Rechte gehörten, die den Bischöfen in den Städten an Zöllen, Münzen, Meiern und Schöffen, Burggrafschaften und Vogteien zustünden. Mit dieser Erkenntnis war nun zwar die Voraussetzung geschaffen, um den Begriff rechenschaftspflichtiger Auftragsverwaltung zu entwickeln, aber darüber hatten die Könige den Kampf gegen Fürsten und Päpste verloren, und 1122 legte das Wormser Konkordat Regeln für die Investitur der Bischöfe fest, die es den Reichsfürsten erlaubten, darauf ebenfalls die Normen des deutschen, der Königsmacht abträglichen Lehnrechtes anzuwenden.

Auch im Königreich Italien, das von 880 bis 961 von einheimischen Königen regiert wurde, seither aber in Personalunion mit der deutschen Krone verbunden war, lag die Stellvertretung des Königs zunächst bei den Grafen, die seit der Zeit Karls des Großen an die Stelle der langobardischen Gastalden getreten waren. Bis in die Mitte des 10. Jahrhunderts gelang es den Königen, den Charakter der Grafschaft als eines widerrufbaren Amtes und der Grafen als absetzbarer Amtleute zu behaupten. Erst die deutschen Herrscher, die nur selten im Lande weilten und daher den Lokalgewalten kaum noch in den Arm zu fallen vermochten, mußten hinnehmen, daß sich die Grafen ihre Ämter erblich aneigneten. Nur indem sie ihnen bei jeder sich bietenden Möglichkeit Rechte entzogen und diese auf die Bischöfe übertrugen, konnten sie der Gefahr begegnen, die daraus für die Königsmacht erwuchs. Die Folge war, daß die Grafschaften im Erbgang aufgeteilt wurden, daß die geschwächten Erben manchen Großgrundbesitzern nicht mehr gewachsen waren und deren grafengleiche Gerichtsbarkeit anerkennen mußten und daß in der Poebene, wo sich das Städtewesen besonders rasch entwickelte, die Grafschaften schließlich ganz verschwanden. In Parma z. B. machte eine Familie mit dem Leitnamen Bernhard die Grafschaft erblich und teilte sie zuletzt unter mehrere nebeneinander stehende Grafen auf, die nicht verhindern konnten, daß andere Familien wie die Attonen und die Obertenge, die anfangs als Grundbesitzer gräfliche Untertanen gewesen waren, von ihren Stammsitzen in den Apenninen aus Kirchen- und Königsgut im Flachland übernahmen, es durch Kolonisation vermehrten und schließlich einer usurpierten Immunität und grafengleichen Gewalt unterstellten. Ein gleichartiges Territorium schuf sich der Bischof von Parma, der schon 879 von König Karlmann die Gerichtshoheit innerhalb der Stadtmauern und 928 von König Hugo die Grafenrechte über die immunitätsgeschützten Güter seiner Kirchen in Parma und Borgo San Donnino empfangen hatte; Kaiser Otto I. erstreckte diese Befugnisse 962 auf die Vorstadt, König Otto III. 989 auf Orte, die bis zu 15 km von der Stadt entfernt lagen, Kaiser Konrad II. 1027 auf alle Burgen innerhalb des Bistums. So war die Grafengewalt bereits weitgehend geschwächt, als die gräfliche Familie um 1029/36 ausstarb. Diese Gelegenheit benutzte Kaiser Konrad II., um die Grafenrechte innerhalb der Diözese dem Bischof von Parma und außerhalb davon einem entfernt mit den Attonen und dem Hause Canossa verwandten Grafen Arduin zu übergeben, unter dessen Erben sie sich immer mehr in Teilrechte auflösten, um schließlich ganz zu verschwinden: Nach 1100 gab es in Parma und Umgebung keine Grafen mehr. Nur in den Randgebieten der Poebene, in Toskana, Piemont, Ivrea, Friaul, wo das Städtewesen langsamer vorankam, behaupteten sich die Grafschaften; Graf Siegfried von Lucca brachte es mit Unterstützung Ottos I. zu großem Reichtum an Grundbesitz, zu vielen Vasallen und zur Akkumulation mehrerer Grafschaften, und seine Nachfahren, die von Kaiser Konrad II. den Markgrafentitel empfingen, erhielten sich bis 1081 in der Stadtherrschaft über Lucca und Pisa.

In demselben Maß, wie sich die Grafschaften auflösten, stieg in den Städten der Einfluß der von den Herrschern unterstützten Bischöfe. Die Könige übertrugen ihnen, um die Macht des gräflichen und grafengleichen Adels zu brechen, das noch vorhandene Königs- und Grafengut, d. h. den Königshof ihrer Stadt samt Mauern, Toren, Brücken, Plätzen und Ländereien, darunter z. B. in Parma die zu Wehrbauten gewordenen Ruinen der Arena und des Theaters, sie übertrugen ihnen die in Italien sehr ausgeprägten und mit wachsendem Geldumlauf immer wertvoller werdenden königlichen Einnahmen aus Heeresaufgebot, Steuer und Zoll und schließlich auch die Grafschaft oder gräfliche Gerichtshoheit. Bis hierher sind die italienischen Verhältnisse durchaus mit den französischen und deutschen vergleichbar; namentlich wären in Italien mit seinen zahlreichen besonders alten und kleinen Bistümern die ärmlich ausgestatteten Bischöfe noch viel weniger als nördlich der Alpen ohne die kaiserlichen Zuwendungen jemals in der Lage gewesen, an eine Stadtherrschaft auch nur denken zu können. Südlich des Arno hatte sich die fränkische Grafschaft bis in die Sabina im Gebiet von Rieti ausgebreitet; als sie hier samt der päpstlich-kaiserlichen Zentralgewalt im 11. Jahrhundert der Auflösung verfiel, waren es nicht die Bischöfe, sondern die Grundherren der neu entstandenen Kastellstädte, die sich die Gerichtsrechte aneigneten und damit zu voller Stadtherrschaft emporstiegen, bis sie wenigstens teilweise seit der zweiten Hälfte des 11. Jahrhunderts vom Reformpapsttum aus dieser Stellung wieder verdrängt wurden. Um die armen Bischöfe aus der Abhängigkeit von den Kastellherren zu befreien, haben die Päpste sogar um 1050/60 das Bistum Terni bei Rom, das bloß vier kleine Kastellstädte zu versorgen hatte, wegen zu geringer Einkünfte aufgehoben und die Bistümer Sezze und Priverno wohl aus demselben Grunde mit Terracina zusammengelegt.

Aber auch in Oberitalien erlangten die Bischöfe keine Stadtherrschaft von der Art, wie wir sie nördlich der Alpen antreffen. Sie leiteten nämlich nur einen Teil ihrer Rechte und Vollmachten vom König her; der größere Teil kam ihnen aus ihrer Grundherrschaft zu, die indes in Italien Herrschaft nicht wesentlich über unfreie Bauern und Handwerker, sondern über freie Pächter und Vasallen war. Von ihnen und von den Freien, über die sie die Grafenrechte ausübten, waren die italienischen Bischöfe in viel stärkerem

Maße abhängig als die deutschen von ihren Untertanen. Ihre Vasallen wirkten an den Verwaltungsmaßnahmen mit und brachten den größten Teil der von ihnen verwalteten Güter schließlich als Lehen oder Erbe an sich; vor allem aber behielten sie die Schöffenämter des Grafengerichtes in der Hand, und gerade in der Zeit, wo die zerteilte Gerichtshoheit in der Stadt vielfach auf den Bischof, im Landgebiet aber auf weltliche Immunitätsherren überging, bezeichneten sich die unter Aufsicht des Gerichtsherrn aus dem grundherrlichen Adel gewählten Schöffen betont als Richter des Königs oder der Königspfalz. Sie führten also ihre Amtsbefugnis nicht auf den Gerichtsherrn, sondern auf den König zurück und ließen deswegen neben sich weder im bischöflichen noch in anderen Immunitätsbezirken eigene Richter aufkommen. So verhinderten sie, daß der territorialen und sachlichen Aufsplitterung der Grafenrechte ein Zerfall des Grafengerichtes in eine Mehrzahl von Gerichtsherrschaften gefolgt wäre, wie er für Frankreich und Deutschland typisch war. Das Grafengericht ging vielmehr als Schöffenkolleg ohne Bruch in das städtische, ebenso in der Stadt wie im Umlande tätige Gericht über, an dessen Existenz gerade die in der Stadt tonangebenden Männer interessiert waren, weil sie auf dem Lande sei es als Eigentümer, sei es als Pächter und Vasallen begütert waren. Nicht mehr das flache Land beherrschte die Stadt, sondern umgekehrt: Die Stadt ordnete sich ihr Landgebiet unter.

Das Bestehen einer gegenüber den Herrschaftsteilungen nahezu unempfindlichen Stadt- und Gerichtsgemeinde macht die Eigenart der italienischen Stadtherrschaft aus. Sie erklärt sich zweifellos aus der Bewahrung antiker Traditionen von staatlicher Herrschaft und klarer Trennung zwischen Hoheits- und Privatrechten; daran scheiterte die von außen, im 9. Jahrhundert von den Karolingern und jetzt von den deutschen Königen, hereingetragene Feudalisierung. Ein vom deutschen König mit Hoheitsrechten ausgestatteter Bischof mußte bei dieser Denkweise immer Anstoß erregen und wurde nur hingenommen, solange man seiner bedurfte, um die Macht der weltlichen Kronvasallen zu brechen. Gegenüber der Herrschsucht der reichstreuen Markgrafen von Toskana kam der Bischof von Volterra empor, weil der Kleinadel es vorzog, sich seiner Lehnsherrschaft zu unterwerfen, um derjenigen des Markgrafen zu entgehen; seine wachsende Lehnsmannschaft machte nun die Bischofsburg bei San Gimignano zum Zentrum eines neuen, sich von Volterra loslösenden städtischen Territoriums. Um den Eigenwillen der Markgräfin Beatrix (1052–76) zu dämpfen, löste Kaiser Heinrich III. 1055 die Stadt Florenz, die uns hier zum ersten Mal begegnet und deren Bürger ihn gegen die Stadtherrin unterstützt hatten, aus der Grafschaft heraus und machte sie reichsunmittelbar. Die Gefahr, unter die Herrschaft ihres Bischofs zu geraten, bannten die Florentiner, indem sie ihn 1068 wegen Simonie stürzten und den Nachfolger zwangen, sich auf seine geistlichen Aufgaben zu beschränken. Seit der Mitte des 11. Jahrhunderts wehrte sich überall ein neu erwachtes religiöses Gefühl der Italiener gegen die in der bischöflichen Stadtherrschaft und ihrem Königsdienst gelegene Vermischung der geistlichen mit weltlichen Aufgaben. Die Reichsbischöfe deutscher Prägung verloren rasch an Autorität; die Reformkräfte aber kamen aus der Gemeinde, und wo sie den Bischof dazu zwingen konnten, seiner weltlichen Macht zu entsagen, da waren sie auch imstande, diese Aufgaben sofort selbst zu übernehmen.

Während in solchen Städten, wo Reichsbischöfe die Grafen- und Königsrechte in ihrer Hand konzentriert hatten, die Bürgerschaft im Investiturstreit in der Regel mit dem Papsttum verbündet war, trat in Toskana der umgekehrte Fall ein, weil die Markgräfinnen Beatrix und Mathilde (1076–1115) von König Heinrich IV. abfielen, um im Bunde mit den Päpsten ihre eigene Stellung zu erhöhen. Gegen sie verband sich Heinrich IV. im Jahre 1081 mit den Bürgern von Pisa und Lucca; den Pisanern sagte er zu, er werde einen Markgrafen in Zukunft nur noch mit ihrer Zustimmung ernennen. Obwohl sich Mathilde 1099 mit den Lucchesen aussöhnte, konnte sie in der Stadt ebenso wenig wieder Fuß fassen wie in Florenz, und so, wie der König gegenüber den Lucchesen darauf verzichtete, in ihrer Stadt eine Pfalz zu erbauen, so mußte Mathilde hinfort außerhalb von Florenz residieren. So befreiten sich die Bürger von ihren Herren, indem sie sie gegen einander ausspielten, und die markgräfliche Stadtherrschaft in Toskana endete zu derselben Zeit wie nördlich der Apenninen die bischöfliche. Ebenso wie in England und Frankreich, jedoch anders als in Deutschland gingen nun in Italien die stadtherrlichen Funktionen auf Amtleute über. Aber es war nicht mehr der König oder der Graf, der als Stadtherr den Übergang einleitete, sondern die Stadtgemeinde stand bereit, um die Aufgabe selbst in die Hand zu nehmen. Diese Stadtgemeinde war nicht mehr, wie in den Städten Dalmatiens, die einst vom römischen Staat konstituierte bloße Summe der Einwohner des Stadtgebietes; sie hatte als erste in Europa aus der Verschmelzung widersprüchlicher Interessen eine einheitliche Rechtspersönlichkeit gewonnen, in der die stolzeste Schöpfung des europäischen Bürgertums besteht und deren Beschreibung wir uns nun zuwenden müssen.

Der Überblick über die Formen der Stadtherrschaft läßt bereits erkennen, daß zwischen ihnen und der Verfassung des Stadtvolkes ein enger Zusammenhang besteht. Weder im byzantinischen Reich noch in Ostmittel- und Osteuropa hatten wir eine Herauslösung der städtischen Mittelpunkte aus der Herrschaft der Fürsten oder ihrer Statthalter über das zugehörige Landgebiet feststellen können; dem entspricht es, daß auch keine besondere Beziehung des Stadtvolkes zum „Stadtherrn“ entstand. Nur der einzelne, nicht aber alle zusammen standen in einem Rechtsverhältnis zu ihm. In den dalmatinischen Städten dagegen hatten wir bereits auf den Stadtherrn bezogene Gemeinden angetroffen: Zwar mußte jeder einzelne Bürger dem Herrn den Untertaneneid leisten, aber doch nur mit allen anderen zusammen, so daß der Bezug auf den gleichen Herrn indirekt auch die Bürger unter sich verband und von anderen Menschen unterschied. In der Normandie, in England und Spanien bestanden gleichartige Gemeinden, wenn auch nicht auf das jeweilige Stadtvolk beschränkt, sondern Städter und Landleute einander gleichstellend, wobei der politische Wille des Königtums eine ausschlaggebende Rolle spielte, insofern als er den Feudalismus auf das Heerwesen beschränkte, von der Ämterordnung und Vertretung des Herrschers dagegen fernhielt. Frankreich und Deutschland sind die Länder der Stadtherrschaft im engeren Sinne, denn nur hier trat die Herauslösung der Städte aus den Grafschaften unter belehnten, in Frankreich schließlich beamteten Verwaltern ein, denen ein ständisch geschichtetes, teilweise unfreies Stadtvolk unter eigenen Herren gegenüberstand, während wir nur in Reichsitalien städtische, das Landgebiet beherrschende Bürgerschaften finden, die bereits unter gräflicher oder bischöflicher Stadtherrschaft einen eigenen politischen Willen geltend machen konnten. Reichsitalien, wo das Stadtvolk eine früh errungene Stellung auszubauen und zu sichern hatte, dann Frankreich und Deutschland, wo es zuvor noch seine ständische Einheit erkämpfen mußte, werden uns im folgenden besonders beschäftigen. Denn die Kämpfe, die die Städter mit ihren Herren ausfechten mußten, sind es gewesen, die die Gemeindebildung beschleunigt oder gar erzwungen haben; Gemeindebildung aber bedeutet in letzter, keineswegs überall erreichter Vollendung, daß die Bürger nicht nur indirekt als freie Untertanen desselben Herrn einander gleichstanden, sondern sich auch direkt aus freiem Willen untereinander in einem Rechtsverhältnis verbanden.

Wer aber war das Stadtvolk? Zu ihm gehörte keineswegs jeder, der in der Stadt wohnte. Wie aus der karolingischen und noch älterer Zeit hergekommen, verstand man zunächst unter Bürgern nur diejenigen, die auf die Einsetzung der Bischöfe und der Vertreter des Königs, der Grafen, Strategen, Sheriffs usw., Einfluß nehmen konnten. Solche Mitwirkung der Großen eines Bistums oder eines weltlichen Bezirks war seit der Spätantike im römischen Reich üblich geworden, und Westgoten und Franken hatten es beibehalten. Von einem Wahlrecht kann man nicht sprechen, weil das Verfahren nicht rechtlich geordnet oder geregelt worden war und alle Möglichkeiten, von der Einsetzung durch die Großen, der der Herrscher nur noch eine formale Bestätigung folgen lassen konnte, bis zur Einsetzung durch den Herrscher, der die Großen nur noch zu akklamieren brauchten, offenließ. Offen blieb auch, wer zum Kreise der Großen oder Herrenbürger dazugehörte. Schwerlich, weil wegen Armut nicht von ihrer Arbeit abkömmlich, werden Handwerker und Händler darunter gewesen sein, denn Reichtum war die unerläßliche Voraussetzung für jede politische Tätigkeit. So kommen nur

Grundbesitzer hohen Ranges bis herab zu den Lehnsrittern und Schöffen in Betracht. Ihnen mochten allenfalls einzelne besonders reiche Kaufleute gleichkommen, etwa jener Liutefred aus Mainz, der dem König im Jahre 949 als Gesandter diente, oder jene englischen Kaufleute, die dreimal vermöge eigener Geschäftskraft übers Meer gefahren waren und daher den Rang der Dienstritter genossen. Als Grundbesitzer waren die Herrenbürger der Wirtschaftsweise nach Rentner und dem Berufe nach Richter, Schöffen, Guts- und herrschaftliche Verwalter, Krieger, Ritter, ritterliche Vasallen und als solche Berater des Lehnsherrn, sei es des Königs oder des Stadtherrn. Gegen Ende des 11. Jahrhunderts mochten sich in den deutschen Städten auch bereits Unfreie unter sie mischen, wenn sie als Ministerialen im Dienst des Stadtherrn zu großem Dienstgut, Reichtum und Einfluß kamen. Die Ministerialität ist eine rein deutsche Erscheinung; in den romanischen Ländern entsprach ihr der Aufstieg armer Freier zu ritterlicher Lebensart.

Während in Deutschland, England, Nordfrankreich die Ritter vornehmlich auf ihren Landgütern lebten und dort Herrenburgen errichteten, saßen sie in Oberitalien und wohl auch in Südfrankreich in großer Zahl in den Städten, um von dort aus ihren Grundbesitz zu nutzen. Ein Grund für die Stadtsässigkeit der ritterlichen Geschlechter in diesen Ländern waren zweifellos die zusätzlichen Erwerbschancen, die ihnen hier die Märkte und der Handel boten. Die Ritter waren oder wurden zwar nicht oder nicht regelmäßig selbst Kaufleute, obwohl der Übergang von dem einem zum anderen Beruf sich unmerklich vollzog, wenn ein Geschlecht seinen Grundbesitz durch Erbteilung oder Verlehnung so weit minderte, daß die Rente keine ritterliche Lebensführung mehr zuließ, wohl aber beteiligten sie sich als Schiffsbesitzer oder als Kommendatare oder Kommanditisten am Fernhandel, als Darleiher auf Seegefahr, die die eigentliche Arbeit des reisenden Händlers anderen überließen und selbst nur an der Planung und an Risiko und Gewinn beteiligt waren. Den Städten des Nordens, deren Märkte noch keine dem mittelmeerischen Levantehandel vergleichbaren Gewinnchancen boten, blieben die freien ritterlichen Vasallen fern, ihnen fehlte diese Vereinigung zweier Erwerbssphären samt der darauf zugeschnittenen Vertragsform der Commenda; soweit sie später ritterliche Geschlechter besaßen, entstammten diese in den alten deutschen Städten meist der Ministerialität oder in Frankreich neureichen Emporkömmlingen, mit der Folge, daß die typische Adelsethik der ritterlichen Dichtung den kaufmännischen Gelderwerb verachtete und ständisch diskriminierte: eine Auffassung, die im Mittelmeerraum nie richtig Fuß fassen konnte.

Ihr entsprach es aber, daß man in Frankreich für die Marktleute, die sich so deutlich von den Herrenbürgern (cives) unterschieden, einer besonderen Bezeichnung bedurfte, sobald man sich des Unterschiedes bewußt wurde. Weil sich die Händler und Handwerker am auffälligsten bei den neuen

Märkten in den Vorstädten (burgi) der alten Bischofs- und Mittelpunktstädte und vor den Herrenburgen der Neben- und Kleinstädte niederließen, während die Herrenbürger in den Städten (civitates) und deren Herrenburgen saßen, kam für sie seit dem Ende des 10. Jahrhunderts der Ausdruck Bürger (burgensis) in Gebrauch, und zwar zuerst in denjenigen französischen Landschaften an der Loire bis hin zur oberen Rhône, wo zuvor schon das Wort burgus für die offene Marktsiedlung üblich geworden war. Er findet sich dann einerseits um 1058 in Barcelona und 1063 in Jaca, andererseits 1066 in Huy, 1083 in Cambrai, nach 1100 in Saint-Omer, 1111 in Arras. In Deutschland kam es zwar, wie wir gesehen haben, in der zweiten Hälfte des 11. Jahrhunderts zur Ablösung des Begriffs Stadt von dem Burg-Begriff, aber merkwürdigerweise nicht zur entsprechenden Wortbildung „Städter" für die Marktleute; vielmehr übernahm die lateinische Verwaltungssprache zuerst in Mainz 1099, dann in dem berühmten Freibrief für die neu gegründete Stadt Freiburg im Breisgau 1120 den Ausdruck burgensis, der dann als Lehnwort ins Deutsche einging. Nach England gelangte er mit den erobernden Normannen; im Domesday book bezeichnet er die Bewohner der Burgstädte, und zwar nicht hinsichtlich ihres Rechtsstandes, denn der war noch höchst ungleich, sondern hinsichtlich ihrer Wohnstätte und der dort in der Regel vorherrschenden Lebensweise. Diese Regel galt noch längst nicht überall, denn burgenses wohnten auch an Plätzen, die keinen Markt besaßen, und konnten ebenso gut noch Grundbesitzer wie deren unfreie Dienstbauern oder Kätner sein. Aber der Begriff hatte die Tendenz, die Wirtschaftsmenschen zu bezeichnen, die im Schweiß des Angesichts und mit schmutzigen Händen ihr Brot verdienten, die mit dem Gelde rechnen und sparsam umgehen mußten, die daher zur Arbeit ein anderes Verhältnis hatten als der verschwenderische Grundherr, dem der Fleiß seiner Bauern immer wieder ersetzte, was er für Krieg, Politik und Prachtentfaltung aufwendete. Trotzdem mögen sie in den städtischen Volksversammlungen nicht ohne Gewicht gewesen sein. Was nämlich die Herrenbürger entschieden, das mußten sie öffentlich behandeln, und sei es auch nur, damit jedermann es wissen und sich danach richten konnte, und da mag die formlose Zustimmung oder der formlose Widerstand des Volkes durchaus seine Bedeutung gehabt haben. Dabei ging es vor allem um die Wahl des Oberhauptes.

Der Spielraum der Herrenbürger war um so größer, je weiter der Herrscher entfernt war, je weniger er sie gegen äußere Feinde verteidigen konnte und je schwächer seine Stadtherrschaft war; eingeengt wurde er dadurch, daß nur Große für die Ernennung in Betracht kamen, daß gewisse Familien oder Dynastien schwer übergangen werden konnten und daß die Kandidaten die Entscheidung der Wähler mit Versprechungen über ihre Amtsführung, namentlich über Verpachtung oder Verleihung des Amtsgutes, und den Willen des Herrschers mit ähnlichen Zusagen und Geschenken bis hin zum Ämterkauf beeinflussen konnten. Der Einfluß der Bürger äußerte sich am deutlichsten beim Wechsel der Herrschaft, wenn der neue Stadtherr ihrer Anerkennung und Huldigung bedurfte; die Zeitgenossen pflegten da gern von einer Wahl zu sprechen. Als im Jahre 1016 Edmund und Knut nach der englischen Krone strebten, da gingen die meisten Großen des Reiches nach Southampton, um Knut als Herrn anzunehmen, aber „alle Ratgeber, die in London weilten, und die Bürger wählten Edmund zum König". Während des Thronstreits zwischen König Edward und Earl Godwin waren es die Bürger von London, die 1052 Edward zum Friedensschluß zwangen. Aus gutem Grunde verzichtete daher Wilhelm der Eroberer nach der Schlacht bei Hastings darauf, die Londoner mit Gewalt zu unterwerfen; im Gegenteil, er honorierte ihre freiwillige Anerkennung seines Königtums und ihre Huldigung sogar mit dem typischen Herrschergelöbnis: Er seinerseits erkannte die Rechte der Herrenbürger und die Erblichkeit ihres Eigentums an. Als im Jahre 989 Erzbischof Adalbero von Reims starb, der ein wichtiger Helfer König Hugos im Kampf gegen die Thronansprüche der letzten Karolinger gewesen war, forderte der König von den Herrenbürgern von Reims den Treueid darauf, daß sie die Stadt in seiner Oberherrschaft erhalten wollten; dafür gewährte er ihnen das Recht, in freier Wahl den neuen Erzbischof und Stadtherrn zu bestimmen. Als sich dann der Karolinger Arnulf bei ihm um das Bistum bewarb und dafür zur kapetingischen Partei überzutreten versprach, legte Hugo, seinem Versprechen getreu, diese Bitte den Bürgern zur Entscheidung vor: Unter seinem Vorsitz wogen sie das Für und Wider ab, um sich schließlich für Arnulf zu erklären. Hier ist es offensichtlich, daß unser Gewährsmann, der Reimser Mönch Richer, auch den Klerus der Bischofsstadt zu den Herrenbürgern rechnete, der nach Kirchenrecht bei der Wahl nicht übergangen werden konnte.

Wie in Reims, so waren fast überall die Bischofswahlen zugleich Wahlen des Stadtherrn. In Cambrai kam es 1092 zu Doppelwahl und Schisma, weil die Mehrzahl des Klerus auf der einen, die Herrenbürger und die in der Domimmunität ansässigen Vasallen auf der anderen Seite eigene Kandidaten erhoben; im Jahre 1103 wählten sich die Bürger sogar eigenmächtig einen Burggrafen, während Kaiser Heinrich IV. mit dem Amt den Grafen von Flandern belehnte. Auch in der Blütezeit der sächsisch-salischen Königsmacht und Kirchherrschaft, als die königliche Investitur der entscheidende Akt bei der Bischofserhebung wurde, mag der Einfluß der Wähler nicht völlig erloschen sein, obwohl die Quellen nichts davon berichten. Die Großen und Herrenbürger jedenfalls betrachteten es als Unrecht, wenn sie übergangen wurden; daher tötete im Jahre 1066 Burggraf Dietrich den Erzbischof Kuno von Trier, weil sich dieser ohne Wahl hatte in die Herrschaft einsetzen lassen. Besonders in Italien, wo die Könige im 10. Jahrhundert keinen gesicherten Einfluß auf die Bistumsbesetzungen gehabt hatten, führten spätere

Versuche, dem Stadtadel Fremde als Bischöfe und Stadtherren zu oktroyieren, zu dessen Widerstand und schließlich zu dem großen Aufstand der Vasallen von 1035/37, der Kaiser Konrad II. zum Nachgeben zwang. Es ist unwahrscheinlich, daß Handwerker und Kaufleute auf diese und andere politische Entscheidungen der Herrenbürger Einfluß nehmen konnten. Es gab aber indirekte Wege, auf denen sich ein solcher Einfluß durchaus hervortun und die Herrenbürger dazu veranlassen konnte, auf die Interessen der gewerblich tätigen Bürger Rücksicht zu nehmen.

Die Ausbildung besonderer städtischer Gerichtsbezirke, die Herausnahme der Städte aus den Grafschaften, die Verselbständigung der städtischen Dingstühle und die dem gleichstehende Gründung von Märkten mit eigenem Marktgericht, oder wo dies unterblieb wie in Italien, die Vorherrschaft stadtsässiger Schöffen- und Richtergeschlechter in den Grafengerichten mußten im Laufe der Zeit zu Spannungen zwischen den Stadtherren und den Marktleuten führen, weil der Stadtherr nicht verhindern konnte, ja es vielleicht zunächst sogar fördern wollte, daß sich das alte, in den Grafschaften geltende Landrecht und das Stadtrecht auseinanderentwickelten. Denn so wie jeder König, Herzog oder Graf, so war auch der Stadtherr in den romanisch-germanischen Ländern Richter lediglich im Sinne des Gerichtshalters: Er selber oder der Vogt, von dem er sich vertreten lassen konnte, in bestimmten Fällen sogar vertreten lassen mußte, berief und eröffnete das Gericht, erteilte den Parteien das Wort, erfragte und verkündete das Urteil und vollstreckte es; seine Aufgabe und Befugnis war es indes nicht, das Urteil selber zu finden. Dies mußte er der versammelten Gerichtsgemeinde oder deren Repräsentanten, den Schöffen, überlassen, die dem Wortwechsel der Parteien zuhörten und, wenn die Sache zur Entscheidung reif war, vom Richter, dem das Gericht abhaltenden Stadt- oder Marktherrn oder Vogt, aufgefordert wurden, das Urteil zu finden. Nirgendwo in Europa gab es damals geschriebene Rechte, und nach welchem Gesetz ein Streitfall zu entscheiden war, dessen wurde man sich nur bewußt, wenn der Streitfall vorlag und die Schöffen über das Gesetz berieten. Die Gesellschaft konnte daher kaum bemerken, ja nicht einmal die Schöffen, die den Argumenten der Kaufleute nachgaben, brauchten sich darüber klar zu sein, daß sie Kaufmannsrecht an die Stelle von Landrecht setzten, weil die allmählich sich ausprägenden Besonderheiten des Stadt- und Marktlebens zu einer ebenso allmählich das Gesetz verändernden Interpretation des Landrechts, ja selbst zur Formulierung von Gesetzen führten, die in den Landgerichten noch nie gebraucht worden waren – bis sich schließlich herausstellte, daß manche nach Landrecht begründeten Ansprüche vor dem Stadt- oder Marktgericht nicht mehr durchzusetzen waren.

Wer weiterhin nach Landrecht lebte, betrachtete das in der Stadt gebrauchte Sonderrecht der Kaufleute als deren Privileg; Privilegien aber verstoßen gegen ein Grundgebot aller wahren Justiz: gegen die Gleichheit aller Rechtsunterworfenen vor dem Gesetz. Daß man im Mittelalter daran keinen Anstoß nahm, ja auf das Privilegieren geradezu angewiesen war, um bei dem allgemeinen Glauben an die Unveränderlichkeit des von Gott vorgegebenen Rechtes überhaupt eine den gesellschaftlichen Notwendigkeiten genügende Fortbildung des Rechts zu ermöglichen, das hängt mit der noch unausgebildeten Gesetzgebungstechnik und dem noch ganz formlosen, jeden Begriff von Gesetzgebung ausschließenden Zusammenwirken der Könige mit ihren Reichsversammlungen zusammen. Der Preis, den man dafür zahlen mußte, war die Errichtung von Rechtsschranken zwischen den Ständen des Volkes: Der hörige Bauer, der freie Grundbesitzer auf dem Lande, der Kleriker und eben auch der Marktmann und Städter lebten nach verschiedenen Rechten, und jeder Stand mußte dazu neigen, sein eigenes für das richtige Recht und das der anderen für ein Privileg und damit für vorläufiges, widerrufliches und letzten Endes zweifelhaftes Recht zu halten. Da nun aber die Stadtherren selbst über Großgrundbesitz auf dem Lande und über adlige Gefolgsleute und Vasallen, die auf dem Lande oder vom Landbesitz lebten, verfügten, so gerieten sie in Interessenkonflikte, die sie veranlassen mochten, manchem von der Marktgemeinde oder deren Schöffen gewiesenen Urteil die Verkündung und Vollstreckung zu verweigern. Die daraus entstehenden Konflikte begannen im 11. Jahrhundert zuzunehmen und alsbald in heftige Kämpfe auszumünden.

Besonders früh, weil bereits in dem von den Karolingern gewährten Königsschutz begründet, machten sich die Widersprüche zwischen Land- und Marktrecht auf dem Gebiet des Prozesses und des Beweises geltend. Schon vor 935 bestimmten englische Königsgesetze, daß jeder Käufer einer beweglichen Sache den Verkäufer benennen müsse, wenn ein Dritter ihn wegen Diebstahls verklagte; Käufe über dem Wert von 20 Pfennigen sollten nur in einer Stadt unter Zeugnis des Marktrichters oder anderer wahrhafter Männer, oder auf dem Lande in der Volksversammlung abgeschlossen werden. Demnach verlor der Eigentümer gestohlener oder verlorener Sachen seinen Anspruch auf Herausgabe, wenn er es versäumte, auf dem Markte nach ihnen zu suchen; Verkauf im Geheimen oder außerhalb des Marktes hob dagegen sein Recht nicht auf, denn dort nachzuforschen mutete man ihm nicht zu. Das Bedürfnis des Verkehrs auf dem Markt erforderte demnach eine Beschränkung des landrechtlichen Eigentumsrechtes, die mancher Bestohlene für ungerecht gehalten haben wird, die aber wiederum jedermann nötigte, den zollpflichtigen Markt zu benutzen.

Insbesondere lag den Markt- und Kaufleuten daran, nach dem Vorbild der jüdischen Händler von der Pflicht befreit zu werden, im Zivilprozeß den Beweis im Zweikampf zu erbringen, wozu nach Landrecht jedermann, wenn eine Behauptung gegen die andere stand, verurteilt werden konnte.

Wir erfahren bereits aus dem Bericht Alberts von Metz über die Kaufleute in Tiel, welchen Unwillen es auf dem Lande erregte, daß sich die Kaufleute kraft kaiserlichen Privilegs mit Eiden entlasten konnten, wo sie nach Landrecht hätten das Risiko des Zweikampfes laufen müssen. Die herrschaftliche Auffassung dazu kennen wir von Bischof Burchard von Worms, der seinen Hofleuten den Beweiseid wegen Geldschulden nur mit Zustimmung des Gläubigers gestattete und sie sonst auf den Zweikampf verwies, um Meineide auszuschließen. Als König Heinrich IV. im Jahre 1081 im Streit mit der Markgräfin Mathilde von Toskana, der Stadtherrin von Lucca und Pisa und wichtigsten Stütze Papst Gregors VII. im Investiturstreit, die Hilfe der Bürgerschaften beider Städte zu gewinnen suchte, gewährte er ihnen als Preis dafür Privilegien, aus denen wir erkennen können, welche Landrechtssätze ihnen besonders lästig waren: Lucchesen und Pisaner wollten von der Pflicht befreit werden, das Eigentum an Landgütern im Zweikampf zu beweisen, wenn sie den Vorbesitzer oder einen über dreißigjährigen Besitz nachweisen konnten; die Pisaner speziell wollten sich wegen Grundbesitzes oder eines Verbrechens von jeder Klage mit zwölf Eideshelfern ohne Kampf reinigen, außer wenn sie wegen Tötung, schwerer Verwundung oder Verletzung der königlichen Ehre beklagt wurden, „und Männern, die gerüstet sind zur Seefahrt, werden wir nicht die Reise untersagen, wenn sie sie nicht absichtlich unternehmen wegen einer gegen sie erhobenen Klage, und wenn wir einen von ihnen beschuldigen, daß er sich deswegen ausrüste, damit er der Gerechtigkeit entgehen könne, so werden wir ihm gestatten, sich mit seinem Eide zu verteidigen“. Die Interessen der Fernhändler, die ihre Mittel in eine Schiffsausrüstung investiert hatten, wurden geschützt gegen diejenigen ihrer Gläubiger, denen das strenge Landrecht erlaubte, auch wegen geringfügiger Forderungen den Kaufmann zu arrestieren und um seinen Gewinn zu bringen. „Und wenn einer von ihnen auf der Reise ist, werden wir nicht seine Ehefrau (für ihn) in Haft nehmen.“ Ferner bestätigte der König ihnen generell „die Gewohnheiten betreffend das Meer, die sie haben“, also das See- und Seehandelsrecht mit seinen Vorschriften über Seedarlehen, Handelsgesellschaften, Partenreederei, Frachtverträge usw., die seit dem Altertum im Mittelmeer unter allen Völkern gebräuchlich waren und uns als rhodisches Seerecht bekannt sind, die aber im langobardischen Volks- und toskanischen Landrecht gar keine Parallele hatten. Schließlich beseitigte der König das allen mittelalterlichen Landrechten eigene Strandrecht, dem zufolge schiffbrüchige, an Land geschwemmte Güter dem Herrn des Strandes oder dem Finder gehörten: „Auch haben wir hinzugefügt, daß, wenn ein Schiff gescheitert ist von Gaëta bis nach Luni, niemand es wagen soll, die Güter der Pisaner zu rauben oder anzutasten.“

Derselbe Konflikt zwischen altem Landrecht und neuem Marktrecht begegnet uns in Spanien. Es war von den Kaufleuten und Bürgern im Grafengericht gewiesenes Recht, das noch im 11. Jahrhundert in den Gewohnheiten (usatges) der Stadt Barcelona niedergelegt wurde, und es war germanisch-westgotisches Recht der außergerichtlichen Selbsthilfe, das ihre Weistümer außer Kraft setzten, wenn sie etwa bestimmten, der Graf habe den Frieden auf den Landstraßen und Seewegen nicht nur an den paar Wochentagen, die die Kirche unter den Schutz der Gottesfrieden zu stellen pflegte, sondern Tag für Tag und Nacht für Nacht zu sichern, damit jedermann, er sei Ritter oder Fußgänger, Markthandwerker oder Kaufmann, mit seinen Sachen sicher darauf reisen könne, oder wenn Graf Ramón von Galicien im Jahre 1095 jedermann verbot, Marktleute und Einwohner der Stadt Santiago eigenmächtig zu pfänden oder zu berauben.

Besonders viel Streit mochte es um die persönliche Freiheit der Stadtleute geben, die vom Lande in die wachsenden Bischofs- und Herrenstädte und in die neu gegründeten Marktsiedlungen zogen. Denn die Grundherren, deren Hintersassen sie gewesen waren, ließen sie zwar vornehmlich deswegen ziehen, weil bei rascher Zunahme der Bevölkerung bald mehr Menschen auf ihren Gütern lebten, als zu deren Bearbeitung nötig war, und weil sie die überflüssigen Esser, für deren Unterhalt sie aufkommen mußten, loswerden wollten; allein sie waren darum doch nicht gesonnen, auf jeden Gewinn aus ihrer Arbeitskraft zu verzichten, zumal dann, wenn sie sie, um sie zur Übersiedlung zu bewegen, mit einer Abfindung ausstatteten. So entstand das Problem der Leibeigenschaft: Es gab nun Menschen, die unfrei, die einem Herrn hörig waren, obwohl dieser ihnen keinen Bauernhof geliehen hatte und sie auch nicht auf seinem Herrenhof als Dienstboten, Handwerker oder Ministerialen beschäftigte, Menschen, die ihrem Herrn durch keinerlei dingliches Band mehr, sondern nur noch persönlich, mit ihrem Leibe, verpflichtet waren. Im Jahre 1077 schenkte Herr Galeran de Breteuil dem Kloster Marmoutier alle seine Unfreien zu Nottonville derart, „daß, wer immer von ihren Nachkommen, er sei Mann oder Frau, anderswohin umzieht, es sei in die Nähe oder in die Ferne, in ein Dorf, eine Marktsiedlung, eine Burgstadt oder eine Bischofsstadt, dort nichtsdestoweniger den Mönchen durch dasselbe Band der Knechtschaft vereinigt bleibe“. Sobald aber Leibeigene am Markte Fuß gefaßt hatten und wirtschaftlich selbständig geworden waren, gab es keinen ökonomischen Grund, und sobald sie den Schutz ihrer Person und ihrer Habe vom Stadtherrn und dessen Gericht empfingen, auch keinen rechtlichen Anlaß mehr, um den Anspruch der vielleicht weit entfernt sitzenden und keine Gegenleistung mehr erbringenden Leibherren zu rechtfertigen, dem zufolge sie einen Teil des Ertrages ihrer Arbeit an sie abliefern sollten. Da die Stadtherren einerseits selber Leibherren waren und andere Leibherren ihnen als Vasallen dienten, andererseits aber an der Zuwanderung in ihre Städte interessiert waren, damit die Einnahmen aus Zoll und Gericht anwuchsen, eröffnete sich ein fataler Interessenkonflikt, der immer wieder die höchsten Gerichte, nämlich die Königshöfe mit ihren fürstlichen Urteilern, beschäftigte, und die Art, wie die Herren ihn lösten, mußte für das Schicksal der Städte zur Lebensfrage werden.

Das Problem hatte mehrere Seiten. Zunächst einmal gab es in jeder alten Bischofs- und Mittelpunktstadt selbst Fronhöfe mit unfreiem Herrengesinde: solche des Bischofs, der Stifte und Klöster, des Königs und des Grafen. Auf diesen Fronhöfen gab es Gewerbeanlagen: Mühlen, Backhäuser und Schenken, die in erster Linie der Hofgenossenschaft, dann aber allen Ortsangesessenen dienten. Je mehr Benutzer, desto höher der Gewinn der Hofesherren; daher zwangen diese ihre Hörigen, nur die Anlagen des eigenen Hofes zu benutzen. Allein der Stadtherr konnte dank der Banngewalt, die er als Vertreter des Königs besaß, auch fremde Hintersassen und sogar die freien Marktleute seinem Zwangsrecht unterwerfen; wir kennen bereits die darauf hinwirkende Neigung der Stadtherren, ihre Grafschaft über die Freien mit der Vogtei über Unfreie in einer und derselben Gerichtsbarkeit zusammenzufassen. Als Gegenleistung stellte der Stadtherr seine Gewerbeanlagen nun auch jedermann zur Verfügung. In den Bischofsstädten des Rhein- und Mosellandes und Burgunds war das wichtigste Recht der Weinbann, wie wir ihn bereits aus Allensbach vom Jahre 1075 kennen; er erlaubte zu bestimmten Zeiten nur den Ausschank bischöflichen Wachstums und war eine Konsequenz des Tavernenbannes, nach dem allein der Bischof Schenken betreiben oder anderen Städtern den Betrieb gestatten durfte. Ebenso verarbeiteten Mühle, Backhaus, Fleischhaus nur die Brotfrucht und das Schlachtvieh des Stadtherrn, ohne dessen Erlaubnis daher kein Bäcker oder Fleischer einen eigenen Betrieb eröffnen durfte. Die mit ottonischen Privilegien versehenen Bischöfe versuchten also, den vom König verliehenen öffentlichen Markt ihren grundherrlichen Belangen dienstbar zu machen, gleich als ob auch dessen freie Benutzer und Anwohner ihre Hintersassen gewesen wären. Dasselbe Ziel erstrebten die Grafen; in Dinant mußte jeder, der einen Herd zum Bierbrauen errichtete, dem Dienstmann des gräflichen Stadtherrn 5 Schillinge bezahlen, bevor er darin ein Feuer entzündete, und wer aus dem Fenster Brot verkaufte, mußte ihm ebenso dafür seinen Teil bezahlen wie der, der es auf dem Markte tat und dafür an drei Samstagen im Mai je ein Brot abgab. Noch viel vollständiger gelang die Unterwerfung der Freien natürlich solchen Marktherren, die einen Markt auf ihrem eigenen Grund und Boden angelegt hatten und daher dessen Bewohner auch in persönlicher Abhängigkeit erhalten konnten. Es ist klar, daß den nach wirtschaftlicher Selbständigkeit strebenden Händlern und Kaufleuten der Bischof, der seine in Vertretung des Königs ausgeübte öffentliche Gewalt dazu benutzte, um sich als Grundherrn einen Vorteil zu verschaffen, nur als grober Missetäter erscheinen konnte und als Verletzer des Königsschutzes, dessen sich die freien unter ihnen erfreuten. Die vielleicht schon vor 1107 formulierten Rechte der Marktstädte Cardiff in Glamorgan und Tewkesbury in Gloucestershire, von denen alsbald die Rede sein wird und die auf das Recht französischer Marktgründungen zurückgehen, formulierten als erste den Erfolg dieser Bestrebungen: Wer sich in ihnen niederließ, den befreite der Grundherr von allen hofrechtlichen Diensten für den Gewerbebetrieb; er durfte nach Belieben walken und färben, brauen und backen und Hand- oder Pferdemühlen besitzen.

Zu den ansässigen Unfreien kamen die vom Lande oder aus städtischen Haupthöfen abziehenden Zuwanderer hinzu. Der Herr, der sie entließ, behielt sich von ihnen einen Leib- oder Kopfzins vor; dem Bischof von Cambrai etwa sollte jeder Hörige, der sich außerhalb der Diözese aufhielt, 2 Pfennige zahlen. Denselben Kopfzins setzte Bischof Burchard von Worms im Jahre 1016 für die Hörigen des vor den Toren seiner Bischofsstadt Worms gelegenen Klosters Nonnenmünster fest, nun aber mit dem Zusatz, daß sie dafür von jedem Arbeitsdienst befreit sein sollten; und wie in Cambrai wurde die Todfallgebühr auf 12 Pfennige festgelegt und dafür volles Erbrecht gewährt, sofern beide Ehegatten dem Hofverbande angehörten. Besonders seit der zweiten Hälfte des 11. Jahrhunderts fand das Recht der Kopfzinspflicht oder Zensualität, das dem Hörigen zwar keine persönliche Freiheit, wohl aber Freizügigkeit, die für sein wirtschaftliches Fortkommen unentbehrliche Mobilität, und die volle Verfügung über seine Arbeitskraft und -zeit gewährte, weite Verbreitung. In Regensburg bezeichnete man die Rechtsstellung der dem Kloster St. Emmeram Zinspflichtigen im Jahre 1084/85 geradezu als Stadtrecht, gleich als ob die Mehrzahl der Stadtbewohner nach ihr zu leben pflegte; wenig jüngere Regensburger Urkunden sprechen von „freier Dienstbarkeit" oder Leibeigenschaft, nämlich einer Unfreiheit, die den Mann im Gegensatz zur bäuerlichen Hörigkeit zu keinerlei Fron- und Arbeitsdiensten verpflichtete, so daß er nur aus eigenem Antrieb und zum eigenen Vorteil zu arbeiten brauchte.

Wie vorteilhaft der Zensualenstatus sein und warum man ihn mit dem Bürger- oder Stadtrecht gleichsetzen konnte, das lehrt uns das Zollweistum aus Arras vom Jahre 1036. Die Stadt bestand aus der alten Bischofsstadt und dem Burgus bei der Abtei St. Vaast, die sich beiderseits des Flüßchens Crinchon gegenüberlagen. Stadtherr war, als Lehnsmann des französischen Königs, der Graf von Flandern, dessen Burggraf in der Stadt residierte. Aber von den Grafenrechten war das Zollrecht in einem Bezirk von 30 km im Umkreis um die Stadt an die Abtei St. Vaast gelangt, derart, daß von allen Kaufgeschäften, die jemand auf Plätzen innerhalb der Bannmeile abschloß, der Zoll dem Kloster zustand: Davon ausgenommen war lediglich die Domvorhalle, in der die Händler zollfrei verkaufen konnten, und den auf dem Straßenmarkt zwischen der Brücke und dem Dom erhobenen Zoll mußte das Kloster mit dem Bischof teilen. Dann aber heißt es: Alle Zinsleute des Doms St. Marien und des Klosters, die innerhalb der Bannmeile wohnten und Marktleute seien, sowohl Kleriker wie Laien, seien zollfrei, wenn sie unter einander Geschäfte machten. Jüngere Zusätze hatten die Zollfreiheit bereits auf Zinsleute beschränkt, die in der Stadt wohnten, und so mußte die Vorschrift bewirken, daß jeder nach Arras zuziehende Handwerker oder Händler den Status des Zinsmannes bloß um der Zollfreiheit willen erstreben mußte. Um den Andrang, der die Grundherren: den Abt, den Bischof, die Domherren, den Burggrafen, sowohl der frondienstbaren Leute wie der Zolleinnahmen zu berauben drohte, zu dämpfen, vereinbarten sie folgende Regeln: Wenn der Zöllner die Zollfreiheit eines Marktmannes bezweifelte, so mußte dieser seinen Stand als Zinsmann mit sechs Männern oder Frauen der mütterlichen Verwandtschaft als Eideshelfern beweisen; maßgeblich war die Abstammung von einer Mutter, die bereits Zensuale gewesen war. Ein Mann gleich welches Grund- oder Leibherrn, der sich freiwillig dem Dom oder dem Kloster als Zinsmann ergab, sollte trotzdem sein Leben lang zollpflichtig bleiben, ebenso eine freie Frau und ihre zur Zeit der Ergebung bereits lebenden Erben; erst die nach der Ergebung geborenen Erben sollten in den Genuß der Zollfreiheit kommen.

Die Belastung mit dem Kopfzins, die die Handlungsfreiheit der Zinsleute in keiner Weise einengte, war gegenüber der damit erkauften Ersparnis am Zoll ökonomisch so vorteilhaft, daß ebenso, wie wir es ein halbes Jahrhundert später aus Regensburg erfahren, sogar ständisch freie Frauen deswegen auf ihre Freiheit verzichteten. So kamen die Stadtherren auf den Gedanken, den von keinem Leibherrn in Anspruch genommenen Marktleuten die Vorteile des Marktes nur unter der Bedingung zu gewähren, daß sie sich ihrer stadtherrlichen Zensualität unterwarfen. In Arras machte der Burggraf an allen Männern, die von außerhalb des Bannbezirks kamen, dieses Fremdenrecht (albinagium, droit d'aubaine) geltend. In Dinant und Toul „gehörte" jeder zuziehende Fremde dem Grafen, wessen Mann er auch früher gewesen sein mochte; welches immer ihr Stand und ihre leibherrlichen Verpflichtungen wären: wenn sie sich in der Stadt niederließen, brauchten sie nur noch vor dem Gericht des Grafen zu Recht zu stehen. Der bischöfliche Graf in Toul verlangte von jedem mit dem Zins säumig werdenden Fremdling die Kopfsteuer, d. h. er drohte ihn wie seinen Leibeigenen zu behandeln. So konnte der Kopfzins geradezu als Zeichen für die Freiheit von jeder Leibherrschaft und für die Zugehörigkeit zur stadtherrlichen Gerichtsgemeinde gelten.

Zwischen den meist geistlichen stadtsässigen Grundherren und den Stadt- und Marktherren ergab sich ein weiterer Konflikt, wenn die Stadtherren im Besitz des Zollrechts verblieben (was in Arras nicht der Fall war). Denn der Umstand, daß die Stadt mit ihrem Markt ständig Gelegenheit bot, im Handel oder Handwerk Geld zu verdienen, hatte seit jeher die Herren immer wieder dazu bewogen, ihre Sklaven und Hörigen nicht im eigenen Hause oder auf dem Herrenhof als Arbeiter und Dienstleute zu beschäftigen, sondern sie als Rentenfonds auszunutzen, d. h. sie als Handwerker oder Kleinhändler anzulernen und dann gegen Leib- oder Kopfzins in der Stadt auf eigene Rechnung, also als wirtschaftlich selbständige Unternehmer, dem Erwerb nachgehen zu lassen. Wie bereits in der Antike, so verfuhren so noch immer die Mächtigen in Konstantinopel und im byzantinischen Reiche, die ihre Sklaven auch mit Betriebsmitteln ausstatteten, wie wir aus dem Buch des Eparchen wissen, und in Rußland fuhren sie damit fort bis zur Bauernbefreiung von 1862. Um so auffälliger ist der Umstand, daß sich jetzt in Frankreich und Deutschland eine andere Rechtsauffassung geltend machte, die uns zuerst in den Satzungen des Bischofs Burchard von Worms von 1024/25 begegnet, wonach der Bischof seine Hörigen entweder als Ministerialen im eigenen Dienst als Ritter beschäftigen oder ihnen gegen Entrichtung des Kopfzinses (und eines zusätzlichen Lösegeldes für den Heerdienst) gestatten mußte, die drei echten jährlichen Gerichtstage des Stadtherrn zu besuchen und zu dienen, wem sie wollten. Was hier zunächst für die Ministerialen formuliert wurde, aber natürlich auch für die unfreien Handwerker galt, war der Grundsatz: Hörige stehen entweder im Dienst eines Herrn – dann unterliegen sie dessen Hofrecht und sind vom Marktverkehr ausgeschlossen, oder sie sind trotz Unfreiheit (in Form der Zensualität) wirtschaftlich selbständig und aus dem Gesinde des Fronhofes ausgeschieden – dann unterstehen sie dem öffentlichen Gericht und sind wie die zu demselben Gericht gehörigen freien Marktleute verpflichtet, Zoll und Steuer zu entrichten.

Denn dies war der Kern des Konfliktes: Auf dem städtischen Markt konkurrierten hofhörige und freie Handwerker, und da waren die Freien benachteiligt, wenn sie alleine die öffentlichen Lasten, z. B. die Kosten für Mauer- und Straßenbau und für die Marktpolizei, tragen mußten, weil sich, wenn der Steuererheber kam, die Hofhandwerker in den Herrenhof zurückzogen und ihre Herren auf dessen Immunität pochten. Es war also die Existenz der Immunität, was die Verhältnisse der Spätantike, die in Griechenland und Unteritalien fortdauerten und in Oberitalien stark nachwirkten, von denen im fränkischen Reich und dessen Nachfolgestaaten Frankreich und Deutschland unterschied. Hinter dem Konflikt zwischen Hof- und Stadtherrn stand ein solcher zwischen unfreien und freien Handwerkern, und dieser Konflikt wog so schwer, daß die Herren ihn schließlich, zum ersten, aber nicht zum letzten Mal im Jahre 1101, bis vor das Königsgericht trugen. Dieses entschied auf Antrag der Domherren von Speyer: „Wenn einer ihrer unfreien Diener, der an der Wohnung und dem täglichen Speisetisch eines Domkanonikers teilnimmt, einen Verstoß gegen das Recht der

Bürger begeht, darf er nicht so wie andere Bürger auf Befehl des Marktrichters auf den Markt und vor das königliche Gericht geladen werden, sondern der Marktrichter des Bischofs muß in den Domkreuzgang vor den Domdekan gehen und dort für sich und den Verletzten Genugtuung fordern und annehmen", er mußte also das Hofgericht der Domimmunität anrufen. „Hält aber einer der Domherren einen anderen Unfreien so in der Stadt, daß sich dieser weder seiner Wohnung noch seiner täglichen Speisung bedient", hat der Herr ihn also wirtschaftlich selbständig gemacht, „so soll dieser dem gemeinen Recht der Bürger unterliegen." Ebenso entschied König Heinrich V. 1107 für die Kanoniker von Lüttich und 1109 für die von Maastricht: „Verbricht ein Dienstmann, der im Hause eines Domherrn lebt, etwas in der Stadt, so unterliegt er nicht dem Marktgericht, er wäre denn öffentlicher Marktmann." Und das Stadtrecht von Valenciennes, das der Stadtherr, Graf Balduin von Hennegau, im Jahre 1114 mit seinen Vasallen und Bürgern vereinbarte, setzte fest, daß Unfreie vom Lande, wenn sie zu Markte gingen, nicht dem Gericht ihres Eigenherrn, sondern dem stadtherrlichen Gericht unterstehen sollten; ließ der Herr sie in die Stadt übersiedeln, so hatte er nur noch den Kopfzins nach Zensualenrecht von ihnen zu fordern, es sei denn, der Herr wäre selber stadtsässig und sie lebten als Dienstboten in seinem Hause.

Es braucht uns nicht zu verwundern, daß der von Fürsten beratene König die erwähnten, dem Fortkommen des wirtschaftlich selbständigen und freien Bürgertums außerordentlich förderlichen, auch wohl in hohem Grade sachgerechten und damit schlechthin gerechten Entscheidungen treffen konnte, ohne daß die Bürger mit ihren Argumenten als Partei vor ihm erschienen. Denn als Stadtherren waren die Fürsten Herren sowohl über freie wie über unfreie Städter, die sie gerne einem und demselben Gericht unterwarfen; ihr Interesse war daher auf beiden Seiten vertreten, und sie hatten sich längst dafür entschieden, der gewinnträchtigen Rolle als Markt- und Stadtherren vor der hergekommenen, aber im Ertrage stagnierenden als Grundherren den Vorzug zu geben. Wer nämlich als Grundherr eine Marktsiedlung erst anlegte, der hatte natürlich einer Anzahl seiner eigenen Hörigen den Übertritt in die wirtschaftliche Selbständigkeit und rechtliche Freiheit, sei es mit oder ohne Zinspflicht, für das eine Mal gestatten müssen, und er mußte sie auch allen ferneren fremden Zuziehenden anbieten, wollte er überhaupt Marktleute finden, die bereit waren, den riskanten Schritt in die Selbständigkeit zu tun. Bereits im Jahre 1007 erklärte der Graf von Anjou, als er auf seinem Allod ein Kloster mit Vorstadt gründete, um es der Abtei Beaulieu zu schenken: „Niemand, der in diesem Burgus wohnt, soll jemals mit dem Makel der Unfreiheit belegt werden, sondern alle seine Bewohner sollen frei sein." Die Erlösung aus jeder Hörigkeit und Leibherrschaft gehörte seither zu jenen Freiheiten, mit denen die Gründer von Bourgs und Sauvetés ihre Marktsiedlungen auszustatten pflegten. Französische Händler und Handwerker trugen sie einerseits über die Pyrenäen bis nach Galicien und Portugal und andererseits nach Norden, denn Herzog Wilhelm von der Normandie griff sie auf, als er zum Schutz der Südostgrenze seines Landes die Burgstadt Breteuil-sur-Iton gründete. Als aber Graf Balduin VI. von Flandern (1067–1070), wiederum vorwiegend um der Sicherung seiner Grenze willen, in ansonsten wenig einladender Lage auf seinem Eigengut Geraardsbergen eine Burgstadt gründen wollte, lobte er besonders weitgehende Freiheiten aus: Wer in der Burgstadt ein Grundstück erwarb, sollte es als freier Mann, also ohne Verpflichtungen gegenüber dem Grundherrn, besitzen und auch wieder veräußern können, wenn er die Stadt verlassen wollte, wenn er nur zuvor etwaige Schulden bezahlt hätte.

Denselben Regeln folgte der Abt von Reichenau, als er 1075 den Markt zu Allensbach erneuerte und seinen dort ansässigen Bauern mit Ausnahme der Winzer und Gärtner gestattete, in den Stand der freien Marktleute überzutreten: In einem förmlichen Rechtsgeschäft entließ er sie aus dem Hofverband, um den Gründungszweck zu erreichen. Unter den oberdeutschen und burgundischen Bischöfen, deren Bestreben, sich den Markt ihrer Bischofsstadt für ihre grundherrlichen Interessen gefügig zu machen, wir bereits kennengelernt haben, gab als erster der Bischof von Lausanne dem Widerstand der Marktleute nach, indem er um 1100 wenigstens dem Markt in der Vorstadt gewährte, was die Kaufleute wünschten: Er verzichtete auf Gebühren für Marktstände und Lebensmittelanlagen, die er hier gar nicht mehr unterhielt, er gestattete den Bürgern, Tuche ellenweise zum Verkauf auszuschneiden und Warentische auf der Straße aufzustellen (nachdem ihnen zuvor nur die schmale Fensterauslage erlaubt gewesen war); weiter durften sie auch während des Wochenmarktes Läden und Werkstätten offenhalten (zuvor mußten sie zugunsten des Marktverkehrs geschlossen bleiben) und die zureisenden Fernhändler beherbergen (denn der Bischof unterhielt hier kein Hospital mehr), wofür ihnen der halbe Gewinn aus dem Verkauf der Waren zustand, die die Fremden bei ihnen lagerten. Er selber kam dabei auf seine Kosten, weil er den Marktzoll von den Fremden erhielt (die Bürger befreite er davon) und weil er die kostspielige Verwaltung mit eigenen Ministerialen einstellte und mit ihr die Bürger selbst beauftragte: eine damals noch ganz vereinzelte, aber zukunftsträchtige Neuerung, für die es vielleicht in Köln und anderen großen Städten, von denen uns keine Quellen überkommen sind, bereits Vorbilder gab.

Unter dem Druck der Marktleute gaben die bischöflichen Stadtherren am Oberrhein noch in einem weiteren Punkt nach: Sie hatten nämlich auch versucht, die dem Hofrecht eigentümlichen Heirats- und Sterbfallabgaben, die in Cambrai für den Hofverband der Kathedrale seit dem Ende des

10. Jahrhunderts auf je 12 Pfennige für Mann und Weib fixiert worden waren, auch den freien und den unter andere Leibherren gehörigen Stadtbewohnern aufzuerlegen, zumal immer mehr Mischehen zwischen Angehörigen verschiedener Hofverbände und Freien eintraten, wenn etwa ein bischöflicher Eigenmann eine freie oder aus fremder Leibherrschaft stammende Frau im Zensualenstande heiratete. Der Zweck der Maßnahmen bestand darin, dem Stadtherrn immer dann, wenn Unfreie aus seinem Hofverband hinausheirateten oder ihr Vermögen einem Erben hinterließen, den Zugriff auf einen Teil dieses Vermögens zu eröffnen. Die ökonomisch selbständig gewordenen Marktleute dagegen, die sich diese Vermögen in hartem Tagewerk und auf gefahrvollen Fernreisen erarbeitet und erspart hatten, mußten darin eine unverdiente Enteignung und ein schweres Unrecht erblicken. In Poitiers, wo die Stadtgrafen und Herzöge von Aquitanien unumschränkte Stadtherren waren und auch die kirchlichen Immunitätsbezirke fest in ihrer Gewalt hatten, genossen alle Einwohner das Zensualenrecht (als serfs coutumiers); erst Graf Wilhelm VII. (1086–1126) verbesserte es, indem er allen Einwohnern und künftig Zuziehenden versprach, ihnen weder bei der Verheiratung ihrer Töchter nach auswärts in fremde Hörigenverbände hinein noch bei der Verfügung über ihre Erbschaft weiterhin Beschränkungen aufzuerlegen.

Was Deutschland anlangt, so erfahren wir nun zum ersten Mal, daß die Marktleute nicht nur imstande waren, ihre Interessen selbst zu vertreten, sondern daß sie auch das Recht geltend zu machen wußten, ihren bischöflichen Stadtherrn vor dem Königsgericht zu verklagen. Im Jahre 1111 nämlich gewährte Kaiser Heinrich V. allen Einwohnern der Stadt Speyer auf Rat und Fürsprache der Reichsfürsten hin das uneingeschränkte, freie Erb- und Verfügungsrecht über ihren Besitz, und er verbot sowohl dem Bischof wie den Leib- und Zinsherren der Zugezogenen, diese unheilvollen und verwerflichen Abgaben, die man Buteile nannte und die die ganze Stadt in Armut gestürzt hätten, fernerhin zu erheben. Drei Jahre später führten die Wormser beim Kaiser bittere Klagen über die Lasten, die die Herren ihnen bei Abschluß von Mischehen oder Ausheiraten und im Todesfalle auferlegten, und wiederum verfügte der Kaiser die vollständige Abschaffung dieser Lasten, die einst gerechtfertigt waren, wo der Grundherr seine Leute mit Gütern ausgestattet hatte, die ihm infolge solcher Ehen entfremdet wurden, und die dann bis zu zwei Dritteln des Besitzes erfaßten, die aber bei selbst erarbeiteten Gütern offenbares Unrecht waren und einer Enteignung gleichkamen. Man versteht, daß darüber die ganze Stadt verarmte, da der Stadtherr die konfiszierten Vermögensteile zweifellos weitgehend dem städtischen Wirtschaftsleben entzog. Obwohl der Bischof von Speyer dulden mußte, daß die Einwohner ihr Privileg inschriftlich in goldenen Buchstaben über dem Portal des Domes anbrachten, war der Rechtsstreit damit nicht entschieden, denn königliche Privilegien waren widerruflich, und diese haben noch 1184 Kaiser Friedrich I. beschäftigt, stellten diese königlichen Verfügungen doch tiefe Eingriffe in das Herrenrecht dar: An ihnen scheiterte nicht nur der Versuch der Stadtherren, die gesamte Bürgerschaft in ihre Hörigkeit hineinzuziehen, sondern sie bestätigten umgekehrt auch allen unfreien, aber wirtschaftlich selbständigen Einwohnern die Gleichstellung mit den altfreien Kaufleuten, denn nur diese waren, weil sie seit alters im Königsschutz standen, berechtigt, ihren Stadtherrn vor dem König zu verklagen. Nur der König konnte nämlich entscheiden, wenn das Recht, das er seinen Stadtherren zugewiesen hatte, mit demjenigen kollidierte, das die Kaufleute von ihm empfangen hatten. Hier spann sich – unter politischen Umständen, die wir noch kennenlernen werden – eine unmittelbare, vom bischöflichen Stadtherrn nicht mehr abzuschneidende Beziehung zwischen den Bürgerschaften und dem König an, die der deutschen Geschichte vielleicht eine ganz neue Richtung hätte weisen können, wenn nicht das Königtum im Verlauf des sogenannten Investiturstreites der Fürstenmacht erlegen wäre. Erst das Wormser Konkordat beendete im Jahre 1122 die von den Sachsenkaisern begründete Abhängigkeit der Bischöfe vom König, die die Stadtherren im Status der Amtleute erhalten und die Königsunmittelbarkeit der ihnen unterstellten Städter bewahrt hatte. Noch im Spätmittelalter erinnerte an sie der besondere Status der Bischofsstädte Köln, Mainz, Worms, Speyer, Straßburg, Basel und Regensburg als Freier Reichsstädte.

Wenn sich die vom Lande Zuziehenden oft nur schwer einer neue Unfreiheit stiftenden persönlichen Unterwerfung unter den Stadtherrn entziehen konnten, so lag das auch daran, daß sie vielfach gezwungen waren, das Grundstück für Haus, Werkstatt und Ladengeschäft gerade von ihm als dem größten Grundbesitzer in der Stadt zur Leihe zu nehmen. In den rheinischen und burgundischen Bischofsstädten, wo die stadtherrlichen Bannrechte in besonders auffälliger Weise um sich griffen, saßen die Eingewanderten zweifellos zum großen Teil auf Kirchenland, was allein schon Anlaß geben mußte, ihre persönliche Abhängigkeit vom Grundherrn zu präsumieren und die Forderung entsprechender Abgaben zu begründen. War bereits die freie Verwertung des selbsterworbenen Vermögens für die Marktleute so unentbehrlich, daß sie dem herrschaftlichen Anspruch auf Ausheirats- und Erbabgaben nach Kräften entgegentreten mußten, so war für sie noch viel dringlicher die Ausbildung eines freien Bodenrechts, weil vor allem am herrschaftlichen Boden die Vermutung ihrer Unfreiheit hing. Daher kommt es, daß der Stadtherr von Geraardsbergen 1067/70 die Freiheit der Ansiedler davon abhängig machte, daß sie ein ihnen erblich eigenes Grundstück in der Stadt erwarben. Ein solches Bodenrecht aber kam der Aufhebung der Grundherrschaft gleich, und daher ist anzunehmen, daß sich die Herren darauf nicht freiwillig, sondern nur unter dem Druck der Marktleute einließen. Kampflos gaben sie gewiß nur nach, wenn sie auf eigenem Grund und Boden Märkte gründen und Ansiedler gewinnen wollten, die zu anderen Bedingungen nicht zu haben waren. Ihre eigentliche Interessenlage indes erkennen wir daran, daß das Kloster Marmoutier zwischen 1032 und 1084 dem Bertrand l'Agneau die Erlaubnis, von einem seiner Hörigen ein Haus im Burgus zu kaufen, nur unter der Bedingung erteilte, daß er seinerseits in die klösterliche Hörigkeit eintrat: Anstatt den Boden freizugeben, d. h. ihn frei veräußerlich zu machen, forderten die Mönche von dem Erwerber die Aufgabe der persönlichen Freiheit. So dürfen wir vermuten, daß in den alten Städten, deren Kaufleute sich auf den Königsschutz berufen konnten, mancher alteingesessene Grundherr seiner einst landrechtlich sicher begründeten Befugnisse in einer Weise entkleidet worden ist, die ihm nur als Unrecht und Enteignung erscheinen konnte – sobald sich unter den Schöffen und Richtern der Stadtgerichte die Rechtsmeinung durchgesetzt hatte, daß gewerblich genutzte städtische Grundstücke keinem Herrenrecht unterliegen dürften. Wir können zwei Entwicklungen dieser Rechtsauffassung unterscheiden.

In den alten Bischofsstädten begann es damit, daß die Grundherren in ihren Hofrechten den Bereich innerhalb der Stadt vom Außenbereich absonderten und für ihn eigentümliche Bedingungen schufen. Bischof Burchard von Worms etwa unterschied im Jahre 1024/25 innerhalb der Grundherrschaft seiner Domkirche die Bauernhöfe auf dem Lande, die arbeitsdienstpflichtig waren, von den Hausgrundstücken in der Stadt, deren Zins- und sonstige Pflichten er mit den Inhabern vertraglich vereinbarte; vor allem verlangte er, daß der Mann darauf ein Wohnhaus errichtete, und wenn er dieses Haus verkaufte, durfte der Grundherr ihm das Grundstück entziehen. Damit war bereits zugegeben, daß der Mann persönlich frei bleiben sollte, insofern als er ohne Widerspruch des Grundherrn jederzeit wieder abziehen und dabei über sein auf dem Grundstück investiertes Vermögen frei verfügen konnte. In der Kölner Rheinvorstadt, wo der Erzbischof zunächst der größte Grundherr war, mußte der Mann freilich nicht nur in das Haus, sondern auch in das Grundstück selber investieren, denn wie wir gesehen haben, waren hier kostspielige Maßnahmen erforderlich, um die Bauplätze aufzuhöhen und trockenzulegen. Daher konnte der Erzbischof nur dann Ansiedler gewinnen, wenn er ihnen ein Bodenrecht gewährte, das ihnen den freien Genuß dieser Aufwendungen sicherte. Als Erzbischof Warin am 25. Oktober 980 der Kirche der elftausend Jungfrauen und Martyrerinnen vor den Mauern der Stadt Köln neue Mittel für Bau und Beleuchtung ihrer Kirche zur Verfügung stellte, waren darunter auch die Zinse von zehn Baugrundstücken am Rheinufer, die bis zu 6 Schilling betragen konnten, die tatsächlich aber derzeit nur 1 oder ½ Schilling ausmachten: offenbar ein frei ausgehandelter Zins, der den Leihenehmer nicht persönlich an den Grundherrn band, sondern ihm erlaubte, seine Investitionen jederzeit wieder zu veräußern, der also die Entwicklung des Bodenrechts hin zur freien Erbleihe nicht behinderte. Um sie mußten die Kaufleute besonders nachdrücklich kämpfen. Denn der Grundherr, der immer noch hoffte, die Grundzinse einmal bis auf 6 Schilling anheben zu können, konnte natürlich das freie Zinsrecht nur an die Person des einzelnen Vertragspartners gebunden, also unveräußerlich und unvererblich, gewähren. Im Gegensatz zu den anderen alten Städten des deutschen Südens und Südwestens verstanden es in Köln die Kaufleute, im Verlauf des 11. und bis zum Anfang des 12. Jahrhunderts ihren Anspruch erfolgreich durchzufechten, daß der Beliehene als der wahre Verfügungsberechtigte, also als Quasi-Eigentümer, der Leiheherr dagegen nur noch als rentenbezugsberechtigter Realgläubiger anerkannt wurde. Sie erreichten die neue, dem Volleigentum denkbar nahestehende Form der städtischen Bodenleihe zu Erbzins (einem Zins, den der Leiheherr auch im Falle der Veräußerung und Vererbung nicht mehr erhöhen durfte) in verschiedenen Schritten, unter denen sie den wichtigsten mit der Zusage der sogenannten Vorheuer erkauften: Der Erzbischof bewilligte ihnen den freien Verkauf des Grundstücks zu dem einmal festgesetzten Zins, erhielt aber dafür hinfort bei jedem Besitzwechsel einen Jahresbetrag des Zinses doppelt. In dieser Form, mit dem Draufgeld der Vorheuer für jeden Fall des Besitzwechsels bei im übrigen ganz freier Verfügungsmacht des Leihenehmers, haben die Kaufleute das Kölner Bodenrecht im 12. Jahrhundert über die westfälischen Städte in den hansischen Siedlungsraum eingeführt und dort bis ins Baltikum verbreitet.

Eine zweite Entwicklungslinie erfassen wir mit einer Schenkung, die Markgraf Arnold von Flandern am 8. Juli 941 der Abtei Blandijnsberg in Gent zuwandte, denn sie umfaßte unter anderem „den Zins, den man von den Hausstätten erhebt, die im Hafenmarkt zu Gent vom Flusse Schelde an bis zum Lauf des Flusses Leie gelegen sind". Es war ein Arealzins, der genau so wenig wie der Kölner Grundzins den Schuldner persönlich erfaßte, ein Zins, der ihn nicht zum Zensualen machte: Mehr als diese Abgabe hatte der Grundherr von den Marktgrundstücken und den Marktleuten nicht zu fordern. Offenbar hatten ihm in der von den Normannen verwüsteten Stadt die ersten neuen Ansiedler eine freie (ihre persönliche Freiheit und Freizügigkeit nicht einschränkende) Bodenleihe abringen können, weil der Grundherr in dem menschenleeren Lande keinen Spielraum für Verhandlungen besaß. Die Form der Grundstücke erinnert an die Bodenaufteilung in den Hafenplätzen der Skandinavier ebenso wie in Dorestad und Hamburg. Die flämische, gewiß durch Zuwanderung von Dänen in ihrem Freiheitsgefühl bestärkte Kaufmannschaft, die längst an selbstverantwortliches Handeln gewöhnt war und allenfalls den Königsschutz suchte, auf den Schutz kleiner örtlicher Grundherren aber verächtlich herabsah, hebelte die Grundherrschaft aus: Gewiß schon vor 1120 war sie imstande, aus ihren reichen Handelsgewinnen den Grundzins gänzlich abzulösen, denn von einem Zinsrecht des Stadtherrn in Gent ist in anderen Quellen nie mehr die Rede. Die flämische freie Zinsleihe, die wir als Gründerleihe bezeichnen, weil sie zunächst nur den an einer Marktgründung interessierten Herren abzuhandeln war, ist das Vorbild der städtischen freien Zinsverhältnisse in Nordwesteuropa geworden. Sie begegnet uns wieder, als um 1030 Bischof Kadaloh von Naumburg die in Großjena an der Unstrut ansässigen Kaufleute dazu bewegen wollte, nach Naumburg überzusiedeln: „Wegen der freiwilligen Zusage, das Ihre zu verlassen und hierherzuziehen", bewilligte er ihnen, „daß jeder die Zäune mit Grundstücken, die er bewohnt, zu ewigem Recht zinsfrei besitzen und die Erlaubnis haben soll, damit zu machen, was er will, jedoch unter dem Gesetz, daß sie das Recht aller Kaufleute unserer Gegend mir bekennen und später meinen Nachfolgern nach Sitte aller Handeltreibenden freimütig gehorchen." Da sich der Bischof in Naumburg als königlicher Amtmann betrachtete, suchte er Kaiser Konrad II. auf, damit dieser, der oberste Grundherr der Stadt, seine Zusage an die Kaufleute als natürliches Recht der Völker bestätigte; der Kaiser tat es und fügte noch „die Immunität, nach jeder Richtung fortzureisen und zurückzukehren", also die der Grundherrschaft völlig fremde uneingeschränkte Freizügigkeit, hinzu.

Indem der Bischof den Grundzins nicht nur als vererblichen und wirtschaftlich unerheblichen Rekognitionszins (Zeichen der Anerkennung seiner Grundherrschaft) bewilligte, sondern auf seine Erhebung sogleich völlig verzichtete, verfügte er die völlige Beseitigung der Grundherrschaft in Naumburg. Auch verzichtete er darauf, mit jedem Ansiedler einzeln die Leihe auszuhandeln, wie es in Worms und Köln noch üblich war: Er setzte von vornherein ein Gemeinderecht fest. Man merkt seiner Urkunde das Ungewöhnliche dieser Entscheidung an: Für den Zustand, den er damit herbeiführte, fehlten ihm noch die Begriffe, denn damit beschränkte er seine Stadtherrschaft ganz auf die Hoheitsrechte, die damals noch niemand begrifflich vom Grundeigentum unterscheiden konnte. Es war ja erst der Investiturstreit, der am Ende des 11. Jahrhunderts dem Abendlande zu der Erkenntnis verhalf, daß der König, und nur er, als Organ des damit neu entdeckten Staates, auch über fremden Grundbesitz seine Hoheit ausübe, ohne daß dies das (privatrechtliche) Grundeigentum einschränkte, einer Erkenntnis, die endlich, im Verlauf des 12. Jahrhunderts, das Streben der Grundherren nach Immunität beendete und damit den Eckstein des feudalen Rechtsdenkens aus dem alten Gebäude der fränkisch beeinflußten Verfassungen herausbrach. Wie die Vorgänge in Naumburg um 1030 zeigen, waren es die Kaufleute, die damals bereits darauf drängten, daß Grundeigentum und Hoheitsrechte auseinandertraten, daß die Herren begriffen, sie könnten jenes durchaus aufgeben, ohne damit auf diese zu verzichten, und daß letztlich ein neues Staatsverständnis an die Stelle des alten Rechtsdenkens treten sollte; freilich ohne die mächtige Unterstützung der Reformgruppen in der Kirche, die aus ganz anderen Gründen daran interessiert waren, die althergekommene und durch Immunität legalisierte Einheit von Grundherrschaft und Hoheit zu sprengen, wären sie damit wohl schwerlich auf die Dauer erfolgreich gewesen. Ähnliche Vorgänge wie in Naumburg, von denen freilich keine Urkunde mehr Zeugnis gibt, müssen sich in Braunschweig, wo später keinerlei herrschaftliche Grundzinse, sondern nur noch die Rekognitionszinse der freien erblichen Bodenleihe nachzuweisen sind, und in Erfurt ereignet haben, wo im Jahre 1108 der freie Grundzins voll ausgebildet bezeugt ist als diejenige „Freiheit und Gerechtigkeit, nach der" der Stadtherr „jedem freien Manne jedes beliebige Hausgrundstück daselbst zur Nutzung" zu überlassen pflegte und die er, weil er sie Laien jeglicher Herkunft und jeden Standes gewährte, auch Geistlichen nicht versagen konnte.

Auf der anderen Seite breitete sich das freie flämische Bodenrecht über Frankreich nach Spanien, Oberdeutschland und England aus. Für Rouen und Caen ist das Recht der Bürger, ihre Grundstücke frei zu vererben und zu veräußern, zwar erst zur Zeit des Herzog-Königs Heinrich I. (1100–1135) bezeugt, aber zweifellos schon im 11. Jahrhundert ausgebildet worden. In der Pariser Kaufmannssiedlung rechts der Seine ist es mit Sicherheit bereits vorauszusetzen. In West- und Südwestfrankreich gehörte es regelmäßig zu den Freiheiten, mit denen die Gründer von Marktsiedlungen ihre bourgs und sauvetés ausstatteten. Jenseits der Pyrenäen garantierten Graf Borrell von Barcelona 986 jedem Ansiedler in der Burgstadt Cardona und König Sancho Ramírez von Aragon in der neu gegründeten Stadt Jaca ein solches freies Bodenrecht; in Jaca enthob der König die Bauern seines eigenen Fronhofes allen Beschränkungen ihrer persönlichen Freiheit und gewährte ihnen freies Eigentum an allen Grundstücken, die sie erwarben, wenn nicht binnen Jahr und Tag ein Grundherr seine Rechte daran nachwies. Im Königreich León ging wegen des Bedarfs der Duerolande an Neusiedlern das Obereigentum der Grundherren offenbar ebenso früh und ebenso rasch verloren wie in Italien; jedenfalls beschloß die Reichsversammlung zu León bereits im Jahre 1017 oder 1020, daß jeder, der das Erbgut von Hörigen der Kirchen, des Königs oder weltlicher Herren kaufe, sowohl das Land wie den Kaufpreis an den Grundherrn verlieren sollte – falls dieser, ist zu ergänzen, beizeiten davon erfuhr und Klage erhob. Bei der Fülle an kultivierbarem Ödland bestand in Spanien überall die Vermutung, daß der König Grundherr sei, wenn nichts anderes erwiesen werden konnte.

Von Frankreich her kam das neue Bodenrecht nach Oberdeutschland in die erste als unbefestigte Marktsiedlung gegründete „Burg", die Herzog Konrad von Zähringen 1120 im Breisgau anlegte: Jedem Kaufmanne, der sich an seinem Markte in Freiburg ansiedeln wollte, bot er ein Grundstück zum Zins von 1 Schilling mit dem Recht der freien Vererbung und Veräußerung an: „Wenn sich einer in einen Mangel am Notwendigsten verstrickt, so mag er seinen Besitz verkaufen, an wen er will. Der Käufer aber entrichte von dem Grundstück den festgesetzten Zins."

In England bestanden, wie immer, so auch auf dem Gebiet des Bodenrechts eigentümliche Verhältnisse. In angelsächsischer Zeit hatte die Königsmacht es nirgendwo geduldet, daß der adlige Stadtherr einer Burgstadt zugleich deren einziger Grundherr wurde; wohl aber gab es Städte wie Oxford und Wallingford, in denen der König der einzige Grundherr war und alle Hausstättenbesitzer als freie Männer vom Markthandel lebten: Sie hatten die Hausstätten gegen einen Grundzins empfangen, den der König für alle einheitlich festgesetzt hatte; sie konnten die Grundstücke vererben und, wie es scheint, meist sogar ohne königliche Erlaubnis verkaufen und schuldeten dem König außerdem nur solche Leistungen, zu denen sich alle freien Männer mit der Huldigung verpflichtet hatten, wie Wehrdienst, Zölle und dem ganzen Lande auferlegte Steuern. Wir treffen hier also bereits ein freies Grundbesitzrecht an, wie es in späteren Jahrhunderten für die englischen Städte (als burgage tenure) typisch war. Im 11. Jahrhundert genoß wohl in den großen Städten bereits die Mehrheit der Angesessenen dieses Recht. Viele andere aber, und besonders viele in den kleinen Burgstädten, waren Hintersassen von Grundherren; sie aber mußten nicht nur den Grundzins und die Leistungen abtragen, die ihre Herren für die an sie ausgetanen Grundstücke, gleich allen anderen Freien, dem König schuldeten, sondern auch die typischen, unfrei machenden grundherrlichen Lasten wie Frondienste, Sterbfall, Heiratsgebühren und Abzugsgelder. Und schließlich gab es auch noch Lehngut in den Städten, dessen Inhaber dem König zu Ritterdiensten verpflichtet, sicher übrigens trotzdem auch Kaufleute waren, eben jene, die im Fernhandel mit eigenen Mitteln so erfolgreich waren, daß man ihnen den Ritterstand zuerkannte. Daraus, daß jemand dem König den Grundzins und die sonstigen Königsrechte (customs) entrichtete, ging also nichts über seine sonstigen Belastungen und seinen Stand hervor; der Grundzins war noch nicht das Zeichen der Freiheit, zu dem er sich auf dem Kontinent mit der Ausbildung der Gründerleihe entwickelte, das Borough noch nicht der Sitz einer Gemeinde privilegierter Bürger, die ihre Grundstücke nach einheitlichem, vom Landrecht verschiedenen „Stadtrecht" besessen hätten.

Diese Gemeinde kam vielmehr erst mit den normannischen Eroberern ins Land, die nach 1066 insbesondere in den westlichen und nördlichen Grenzmarken neue Burgstädte gründeten und mit französischen Einwanderern besiedelten. Hier duldete König Wilhelm wegen der besonderen militärischen Bedürfnisse den Zusammenfall von Grund- und Stadtherrschaft, und daher waren die Stadtherren in derselben Situation wie auf dem Kontinent: Um Ansiedler zu gewinnen, mußten sie die grundherrlichen Lasten so weit reduzieren, daß es dem Verzicht auf die Grundherrschaft gefährlich nahekam. Das mit der kontinentalen Gründerleihe vergleichbare, dem späteren englischen Stadtrecht eigene freie Grundbesitzrecht (burgage tenure) ist für uns zuerst nachweisbar in den Angaben des Domesday book über Hereford, Shrewsbury und Rhuddlan in den Walliser Marken und über die französischen Vorstädte von York, Norwich, Wallingford und Southampton. Als Vorbild diente den Herren dabei das Recht des von ihrem König in der Normandie gegründeten Burgus Breteuil-sur-Iton, das im Wortlaut nicht überliefert ist, aber offensichtlich das Recht der freien Gründerleihe bereits übernommen hatte. Es war das erbliche und nur mit einem ein für allemal fixierten Rekognitionszins belastete eigentumsähnliche Besitzrecht, das weder mit Lehnsdiensten noch mit Arbeitsverpflichtungen, noch mit den landrechtlichen Beschränkungen des Verkaufs vereinbar war, denen in den alten angelsächsischen Burgstädten eine erhebliche Gruppe von Einwohnern regelmäßig unterlag. Das typische Freizinsgut war die städtische Hausstätte, deren Inhaber nicht mehr (nur) von der Landwirtschaft leben, sondern Handel und Gewerbe betreiben sollten; über die Kolonisationsstadt Tutbury (Staffordshire) meldet das Domesday book: „Im Burgus beim Kastell sind 42 Männer, die bloß von ihrem Markthandel leben." Die frühe Überlieferung dieses Rechtes ist unsicher, da die Herren keine Gründungsurkunden ausgestellt haben. Eine der ältesten Aufzeichnungen (aus dem 12. Jahrhundert) betrifft Cardiff in Glamorgan und Tewkesbury in Gloucestershire und könnte Normen enthalten, die noch auf Robert Fitz-Hamon, den im Jahre 1107 verstorbenen Stifter der Abteikirche in Tewkesbury, zurückgingen; sie sind typisch für die Rechtsverhältnisse in den französischen Gründungsstädten Englands: Für sein Hausgrundstück (burgagium) zahlte der Bürger jährlich 12 Pfennige zur Abgeltung aller grundherrlichen Verpflichtungen einschließlich Heerfahrt, Sterbfall und Heiratskonsens; er konnte sein Grundstück, wenn er es selbst gekauft hatte, frei, und wenn er es ererbt hatte, mit Beachtung eines Vorkaufsrechts seiner Erben veräußern; er konnte deswegen nur im Stadtgericht belangt werden, und er war, wie wir bereits wissen, keinerlei hofrechtliche Dienste für den Gewerbebetrieb schuldig. Nicht nur allen englischen, sondern auch den kontinentalen Städten waren später diese fundamentalen Garantien des freien Bodenrechts und der persönlichen Freiheit der Stelleninhaber gemeinsam; der gerade in dieser Hinsicht bestehende Gegensatz der alten angelsächsischen Burgstädte zu den neugegründeten französischen war ein Problem, das erst noch zu lösen war, ehe das neue Recht allgemeines Recht werden konnte.

Unterschiedliche Interessen einerseits bei den Markt- und Kaufleuten, wie ferner bei allen Geldbenutzern, und andererseits bei den Stadtherren gab es auch, ja vielleicht sogar vor allem in der Münzpolitik. Sie sind hier sogar besonders deutlich erkennbar, weil überall dort, wo die Kaufleute als Schutzbefohlene der Könige in unmittelbarer Beziehung zur Stadtherrschaft standen, eine am Gemeinwohl und am volkswirtschaftlichen Nutzen orientierte Münzpolitik zu beobachten ist, während dort, wo Kronvasallen oder erfolgreich nach Selbständigkeit strebende Amtleute den König als Stadtherrn vertraten, deren fiskalisches Interesse obsiegte und den Münzbetrieb ohne Rücksicht auf den Schaden für die Gesamtheit zur herrschaftlichen Einnahmequelle degradierte. Dies war möglich, weil das gemünzte Silber immer wieder, wenn die Münzen abgegriffen oder zerbrochen waren, zur Erneuerung in die Münzateliers zurückkehren mußte, ein Vorgang, den die Münzherren freilich nur dann wirksam zu kontrollieren vermochten, wenn sie das Marktrecht mit dem Marktbann besaßen; dieses Recht war wie das Münzrecht selber ein Teil der Grafenrechte und wurde häufig von diesen losgelöst und gesondert übertragen und erworben. Stadtherren, die Markt- und Münzrecht besaßen, konnten die Erneuerung der Münzen mit Hilfe des bereits in der Karolingerzeit entdeckten Kunstgriffs der Münzverrufung beschleunigen, der alle Geldbesitzer nötigte, ihre Pfennige in die Münzstätten zu tragen, damit sie dort eingeschmolzen und abermals ausgeprägt wurden. Jede Umprägung aber eröffnete dem Stadt- und Münzherrn eine Einnahmequelle, weil die Geldbesitzer den Münzmeister entlohnen mußten und man diesen Lohn, den sogenannten Schlagschatz, höher anzusetzen pflegte, als es die Betriebskosten rechtfertigten. Den Überschuß mußten die Münzmeister als Münzgewinn an die Herrschaft abführen. Der Schaden für die Geldbesitzer entstand nun daraus, daß man diese Unkosten nicht offen als solche auswies, sondern sie in einer Differenz zwischen Nennwert und Metallwert der Münzen versteckte. Der Münzmeister wurde angewiesen, aus einem Pfund Silber nicht die einst von Karl dem Großen gesetzlich vorgeschriebenen 240 Pfennige zu 1,7 kg Gewicht zu prägen, sondern 264 oder 276, so daß die Münzen entweder bei unverändertem Feingehalt (Korn) ein geringeres Gewicht oder bei unverändertem Gewicht (Schrot) einen geringeren Silbergehalt besaßen als zuvor. In beiden Fällen erhielt der Geldbesitzer zwar gleich viele Pfennige, aber weniger Silber zurück, als er vorher in die Münze getragen hatte. Da Schrot und Korn den Münzfuß ausmachen, dieser aber seit Karl dem Großen gesetzlich festgelegt war, so konnten die Münzherren das Recht, ihn zu ihrem Vorteil und zum Schaden der Geldbesitzer zu verändern, nur als königliches Privileg erlangen, das sie von der Bindung an das Gesetz befreite, und an diesen Privilegien sowie aus der Analyse der erhalten gebliebenen Münzen läßt sich der Verlauf der Konflikte zwischen Marktleuten und Stadtherren ziemlich genau erkennen.

Solange die Könige das Münzgesetz Karls des Großen ausführten, befolgten alle Münzateliers des Reiches den gleichen Münzfuß und benutzten sie alle die gleichen Prägestempel, so daß man den Münzen nicht ansah, wo sie geprägt worden waren: Der Kaufmann konnte die an einem Ort erworbenen Pfennige überall im Reiche auf jedem Markte wieder in Zahlung geben, und damit bildeten diese Pfennige die ideale, seinen Bedürfnissen voll entsprechende Fernhandelswährung. Dieses Münzsystem, das dem Staate kaum Gewinn brachte, sondern eher Kosten verursachte, die er um des Gemeinnutzens willen zu tragen hatte, bestand seit der Antike im byzantinischen Reich, im Abendland aber, wo Karl der Große es im Jahre 794 wiederhergestellt hatte, nur noch in Italien und im 10. Jahrhundert auch noch in Deutschland. Das griechische Kaisertum, das jetzt den Höhepunkt seiner Macht und Weltgeltung erstieg und sich des dienenden Zwecks des Münzwesens deutlich bewußt war, hatte angesichts uneingeschränkter administrativer Kompetenzen und so lange, wie die Reichshauptstadt ihre Schlüsselrolle im Handel zwischen dem vorderen Orient und Europa behauptete, keine Schwierigkeiten, sein Geldwesen gesund zu erhalten – gewiß freilich nicht so sehr unter dem Druck der Kaufmannschaft als vielmehr der staatstragenden Grundbesitzerschicht, die sich in erster Linie der im Lande umlaufenden Goldmünzen bediente. Unter Kaiser Konstantin IX. Monomachos (1042–55) schritt man zu einer streng kontrollierten Entwertung des Nomisma und zur Schaffung einer zweiten, leichteren Goldmünze, des Tetarteron, um dem Geldbedarf der zahlenmäßig wachsenden Oberschicht, aber wohl auch des expandierenden Großhandels zu genügen. Nebenher lief die Einschränkung der Silberprägung und die allmähliche Entwertung der Silbermünze, des seit 720 ausgeprägten Miliaresion, das zusammen mit dem Kupfergeld, dem Follis, im täglichen Marktverkehr des Einzelhandels Verwendung fand, denn seit sich am Ende des 10. Jahrhunderts die zentralasiatischen Minen erschöpften, begann das Silber rar zu werden; um 1090/92 stellte man die Silberausmünzung gänzlich ein. Die schwere Niederlage, die die Griechen im Jahre 1071 gegenüber den Seldschuken erlitten, und die mühsame Abwehr der Normannen beendeten die Periode des griechischen Glanzes; die Kaiser mußten nicht nur 1082 den Venezianern den griechischen Handel ausliefern, sondern auch die Goldmünze so gründlich entwerten, daß sie nach Überwindung der Krise nur mit einem neuen Gepräge, dem Hyperperos, wieder eine Goldmünze von internationalem Ansehen in Umlauf zu bringen vermochten.

Erstaunlicher mag man finden, daß sich auch im Königreich Italien das alte und verkehrsfreundliche Münzwesen bis ins 12. Jahrhundert erhielt, denn eine straffe Kontrolle war hier seit 951 nicht mehr gesichert, da nun deutsche Fürsten die Königskrone trugen und sich nur selten im Lande aufhielten. Indes dies führte zu einer so raschen Zersplitterung der mit der Stadtherrschaft verbundenen Grafschaften, daß den Kronvasallen die Macht fehlte, um entgegen den Interessen des geldbenutzenden Publikums den fiskalischen Mißbrauch des Münzwesens in Gang zu setzen. Die Interessengemeinschaft der kleinen niederadligen Grundbesitzer mit den Markt- und Kaufleuten erwies sich als stärker. Einfluß der Herrenbürger auf das Münzwesen bezeugt bereits die Urkunde, in der König Lothar (948–50) dem Bischof von Mantua das Münzrecht erteilte und den freien Umlauf seiner Münzen in den Städten Mantua, Verona und Brescia unter der Bedingung vorschrieb, daß der Bischof den Münzfuß (Silbergehalt und Münzgewicht) „gemäß dem Belieben und der Vereinbarung der Bürger (civium) dieser Städte" festsetzte. Dank der Kontrolle der Geldbenutzer blieb es bei einer begrenzten Zahl von Münzstätten: in Mailand, Pavia, Verona, Treviso, Venedig, Lucca, und einer Kontinuität der Münzergeschlechter in diesen Städten, die dafür sorgten, daß die Prägung mit einem und demselben kaiserlichen Stempel selbst dann überall beibehalten wurde, wenn es einmal einem Grafenhause gelang, eine neue Münzwerkstatt zu eröffnen. Den Stadtherren und Grafen fiel zwar der gesetzlich zulässige Münzgewinn aus dem Schlagschatz zu, es gelang ihnen aber nicht, die Münzhoheit, d. h. die Verfügung über den Münzfuß und das Münzbild oder Gepräge, an sich zu bringen. Unter diesen Umständen muß der herrschaftliche Gewinn dort, wo so wenig Geld umlief wie in Rom, so gering gewesen sein, daß Papst Benedikt VII. (975–983), wie wir sahen, darauf verzichtete, sie weiter zu betreiben. Wie streng die von absetzbaren Amtleuten als Kammermeistern geleitete königliche Kammer zu Pavia, die bis 1024 in dem alten römischen Prätorium und jetzigen Kaiserpalast residierte, das Münzwesen kontrollierte, können wir einem nach 1004 bearbeiteten Memorandum des Kammermeisters Gisulf entnehmen, dem zufolge die Münzen von Genossenschaften edler und reicher Meister, in Pavia waren es neun, in Mailand vier, geleitet wurden, die zusammen mit dem Kammermeister die Arbeiter in den Werkstätten beaufsichtigten, für die Einhaltung des Münzfußes sorgten und Münzfälscher verfolgten und bestraften. Dem König stand als Münzgewinn aus jeder der beiden Münzen lediglich ein jährliches Fixum von 12 Pfund Pfennigen und das Eintrittsgeld zu, das neue Mitglieder der Meistergenossenschaft in Höhe von drei Unzen Gold entrichteten. Die Münzmeister waren also berechtigt und imstande, den Münzbetrieb auf eigene Rechnung gewissermaßen wie Pächter zu führen, und ihr eigenes Interesse als Geldbesitzer und Unternehmer sorgte dafür, daß das Münzwesen seinen gemeinnützigen Charakter behielt. Dem Stande und der Interessenlage nach gehörten sie nicht dem Lehnsadel, sondern dem Stadtvolk an.

Ganz anders lagen die Verhältnisse in Deutschland. Wenn hier das Königtum während des 10. Jahrhunderts die Einheitlichkeit des Münzfußes und des Stempels erhalten konnte, so lag dies wohl in erster Linie daran, daß ihm das Silber des Rammelsberges zu Goslar gehörte und daß es selber daher der größte und reichste Münzherr im Lande war. Hinzu kam, daß die

Könige zwar seit der Mitte des 10. Jahrhunderts das Münzrecht an Stadtherren zu verleihen begannen, daß sie damit aber fast nur Bischöfe und Äbte der Reichskirche bewidmeten, die bis in die Mitte des 11. Jahrhunderts einigermaßen zuverlässige Amtleute blieben und die königliche Kontrolle der Münze duldeten. Die königlichen Münzstätten in Magdeburg, wo man seit Heinrich I. (919–36) die sogenannten Sachsenpfennige prägte, und später in Köln blieben die bedeutendsten Münzen des Reiches; unter Kaiserin Adelheid und Otto III., dessen Vormund sie von 991 bis 995 war, begann in Magdeburg die Ausgabe der sogenannten Otto-Adelheid-Pfennige, die die Münzer vierzig Jahre lang unverändert durchhielten. Die Kölner Pfennige behaupteten bis ins 12. Jahrhundert hinein ein Gewicht nicht unter 1,4 g und einen Feingehalt von 92% Silber; die Kölner Münze lag damit an der Spitze der europäischen Werkstätten, und den Interessen der Kaufleute war auf das beste gedient. Wir wissen nicht, inwieweit sie als Schutzbefohlene des Königs auf ihn und seine Amtleute Einfluß nehmen konnten, um dieses hervorragende Ergebnis zu erzielen. Münzmeister und Münzarbeiter entstammten dem unfreien Hofverbande der örtlichen Königs- oder Bischofspfalz oder Abtei; da der Herr ihnen Haus, Gerät und Unterhalt stellte, um dafür den gesamten Ertrag an sich zu nehmen, sind sie mit den reichen Münzergenossenschaften Italiens nicht zu vergleichen und können noch nicht als Vertreter der Interessen der Markt- und Kaufleute gelten.

Nachdem die Könige von Wessex in der ersten Hälfte des 10. Jahrhunderts die politische Einheit Englands wiederhergestellt hatten, schufen sie ein einheitliches Münzsystem unter einer zentralen Kontrolle, deren Strenge nur mit der der griechischen Kaiser vergleichbar ist. Bereits König Aethelstan (925 bis um 935) gebot, daß eine einzige Münze über ganz England hin sein und daß Münzer nur in den Hafenmarktsiedlungen (portus) und Burgstädten tätig sein sollten: und zwar in Canterbury sieben, von denen der König vier, der Erzbischof zwei und der Abt von St. Austins einen bestellte, in Rochester zwei königliche und ein bischöflicher, in London acht, in Winchester sechs, in Lewes zwei, in Hastings und Chichester je einer, in Southampton, Wareham, Exeter und Shaftesbury je zwei, in allen anderen Burgstädten je einer. Alle diese Münzmeister, die wohl allein der König ernannte, prägten mit gleichen Stempeln, die der König in Londoner oder anderen Werkstätten in der erforderlichen Anzahl einheitlich für das ganze Land herstellen ließ. Schon für die Zeit, bevor das Domesday book die Vorschrift, jeder Münzmeister müsse sich den Prägestempel aus London holen, ausdrücklich festhielt, verraten uns die im Boden vergrabenen Münzschätze, daß tatsächlich nach ihr verfahren wurde. Die wenigen geistlichen Herren, die das Münzrecht erlangten – außer den Erzbischöfen von Canterbury und York waren das nur noch der Bischof von Durham und der Abt von Bury St. Edmunds –, gewannen daher keinerlei Einfluß auf Münzfuß und Gepräge, sondern mußten mit dem bloßen Ertrag aus dem Schlagschatz zufrieden sein.

Dieses für die Marktleute auch deswegen, weil sich der König aller Manipulationen des Münzfußes enthielt, höchst günstige Geldsystem hatte nur den einen Nachteil, daß die Herrscher ihre Leitungsgewalt seit 973 dazu benutzten, im Wege der Münzverrufung die Geldvermögen im Lande zu besteuern. Nachdem König Eadgar damit den Anfang gemacht hatte, folgten sich die Verrufungen zuerst alle sechs bis acht, seit 1040 aber schon alle zwei Jahre. Jedesmal gab der König an alle Münzwerkstätten neue, mit Zusatzzeichen im Münzbilde variierte Stempel aus, und da die Münzschatzfunde tatsächlich im wesentlichen nur Münzen des gleichen Schlages enthalten (auch festländische Münzen waren im Lande kaum im Umlauf), sieht man, daß er jedesmal die vollständige Umschmelzung des Münzbestandes durchsetzen konnte. Man vermutet, daß die Krone dabei erhebliche Gewinne machte, daß sie etwa für vier alte nur drei neue Pfennige zurückgab und damit ein Viertel allen Silbers einbehielt, wovon freilich die Prägekosten abzuziehen waren. Das Domesday book berichtet über die Münze zu Hereford, zur Zeit König Edwards (1042–66) seien dort sieben Münzer gewesen; „einer von ihnen war der Münzer des Bischofs. Wenn die Münze erneuert wird, gab jeder von ihnen 18 Schilling für den Empfang der Stempel, und von dem Tage an, da sie (aus London) zurückkehrten, gab ihrer jeder einen Monat lang dem König 20 Schilling, und ebenso hatte der Bischof von seinem Münzer 20 Schilling. Wenn der König in die Bischofsstadt kam, machten ihm die Münzer so viel an Pfennigen, wie er wollte, nämlich aus dem Silber des Königs. Und diese sieben hatten sein Gericht (über Münzvergehen). Wenn ein Münzer starb, erhielt der König 20 Schilling vom Erbfall", die Stellen waren also offenbar bereits erblich geworden, so daß die Münzer wohl nun eine privilegierte Genossenschaft bildeten. Auch arbeiteten sie jetzt als freie Unternehmer auf eigene Rechnung; sonst hätte die Verpflichtung, für den anwesenden König umsonst tätig zu werden, keinen Sinn gehabt.

Es ist kein Wunder, daß Wilhelm der Eroberer und seine Erben dieses lukrative System unverändert fortführten. Seine ökonomischen Auswirkungen sind unklar. Es ist möglich, daß die Verrufungen die Entfaltung von Handel und Gewerbe behindert haben. Indes nicht die einflußlosen Marktleute und Münzer, sondern die adligen Grundherren, die schon im 11. Jahrhundert nach Ausweis des Domesday book ihre Güter und Renten durchgehend in Geld bewerteten und mit Geldrechnung und Geldbesitz voll vertraut waren, zwangen den König dazu, nicht nur den Feingehalt der Münzen unverändert hoch (bei 95%) zu erhalten (darauf könnte die Bezeichnung des englischen Pfennigs als sterling, gleich stark oder solide, zurückgehen), sondern auch die einer Besteuerung gleichkommenden willkürlichen Verrufungen zu beschränken. In den Burgstädten, das Domesday book berichtet es von Lincoln und Huntingdon, hatte man bereits Wilhelm dem Eroberer eine zusätzliche Grundsteuer bewilligt, um den König zum Verzicht auf eine Münzverrufung zu bewegen, und daraus drohte eine regelmäßige Steuer (monetagium) zu werden. Daher mußte König Heinrich I. bei seiner Krönung im Jahre 1100 den Baronen versprechen, die „gemeine Münzsteuer" abzuschaffen, „die in den Städten und Grafschaften genommen wurde und zur Zeit König Edwards noch nicht bestand".

Den Königen in Frankreich und seit dem Ende des 10. Jahrhunderts in Deutschland fehlte die Macht, um das Münzrecht der Krone ebenso konsequent zu behaupten oder, wenn sie es veräußerten, ebenso strenge zu kontrollieren. In Frankreich waren die Grafen bereits in karolingischer Zeit Münzherren geworden, jedoch zunächst noch an den königlichen Münzfuß und Stempel gebunden gewesen, aber seit dem Ende des 9. Jahrhunderts konnten die Könige diese Bindung nicht mehr erzwingen. Um 882/884 machte das Kloster Corbie mit eigenmächtiger, illegaler Veränderung des Stempels den Anfang, und andere folgten nach: Die Grafen von Auxerrre entfernten den Namen des Königs, während die von Anjou bis ins 12. Jahrhundert unverändert im Namen des längst (877) verstorbenen Königs Karl münzten. Graf Wilhelm der Jüngere von Mâcon und Auvergne (918–926) setzte als erster seinen eigenen Namen neben den des Königs, und zwischen 936 und 948 gaben Graf Hugo von Lyon und Herzog Wilhelm von der Normandie als Graf von Rouen zum ersten Mal Pfennige nur noch im eigenen Namen heraus. Schon 911 hatte König Karl der Einfältige diesen Mißbrauch legalisieren müssen, indem er dem Bischof Stephan von Cambrai erlaubte, auf dessen Erbgut Liesdorf an der Saar eine Burg anzulegen, einen Markt zu halten und Münzen mit selbst gestaltetem Stempel zu prägen. Dasselbe Recht gewährte er 919 den Klöstern Saint-Martin in Tours und Prüm. So übernahmen im 10. und 11. Jahrhundert überall die großen Kronvasallen entweder direkt als Grafen oder indirekt als Laienäbte oder durch Bischöfe, die sie ernannten und kontrollierten, die bestehenden Münzstätten, und niemand verwehrte es ihnen, nun auch den Münzfuß zu ihren Gunsten zu verändern, d. h. den Silbergehalt Schritt um Schritt zu senken. Zu Beginn des 12. Jahrhunderts schwankten daher die Gewichte der nominell einheitlichen Pfennige bereits zwischen 0,7 und 1,4 g; schwere Pfennige wie die von Le Mans und Toulouse mit einem Feingehalt von bis zu 83% Silber standen den leichten Pfennigen von Anjou, der Touraine, Melgueil gegenüber, und die Gepräge des Bischofs von Le Puy mit nur noch 19% Silbergehalt waren schon auf den Wert von Viertelpfennigen abgesunken. Für den Fernhändler, der Barrensilber oder gute Pfennige in derart entwertetes Geld umschmelzen lassen oder umtauschen mußte, war das wahrhaftig ein schlechtes Geschäft. Seit dem Ende des 11. Jahrhunderts war daher jeder Verkäufer genötigt, die Herkunft der Pfennige, mit denen er bezahlt werden wollte, genau anzugeben, und wenn man es stets bevorzugte, in alten Pfennigen bezahlt zu werden, so zeigt sich, was die Geldbenutzer von den neuen, immer wertloser werdenden Münzen hielten. Es ist nicht zweifelhaft, daß die Münzherren, die kraft ihrer Marktherrschaft jede fremde Münze vom Verkehr ausschließen konnten, alsbald auch vor dem Unfug der Münzverrufungen nicht mehr zurückschreckten. Während die Grundherren als Sparer auf fremde, schwere Pfennige mit hohem Feingehalt ausweichen konnten, war jeder Kaufmann im Verkehr auf offenem Markte den Machenschaften der Grafen schutzlos ausgesetzt und mußte entweder dem Münzer den wie eine Steuer wirkenden Schlagschatz oder dem Wechsler die Gebühren für den Umtausch seiner Pfennige in die auf dem Markte allein zugelassenen Münzen entrichten. So rief die Regionalisierung des Münzwesens einen neuen Beruf ins Leben, den des Wechslers, der vielfach zunächst ein Vorrecht der Münzer blieb, da sie ja durch den Umtausch der Münzen um ihren Verdienst aus dem Schlagschatz gebracht wurden.

Die Auflösung des Karolingerreiches hatte östlich des Rheins nur dem Herzog von Bayern ein vom König unabhängiges Münzrecht zufallen lassen, das er in Regensburg und seit Herzog Arnulf I. (911–914) im eigenen Namen ausübte. Die Könige des sächsischen Hauses konnten den mit dem Goslarer Silber gespeisten Neuaufbau des deutschen Münzwesens, wie wir sahen, ungestört vorantreiben, denn seit sie damit begannen, das Münzrecht aus der Hand zu geben, zogen sie als Empfänger Bischöfe und Äbte den Grafen vor. Anders als dem König von Frankreich gelang es ihnen, den Grafen das Münzrecht vorzuenthalten und dank ihrer Befugnis, die Bischöfe und Äbte der Reichskirchen zu bestimmen, die Einheit des deutschen Münzwesens zum Vorteil des Kaufmanns zu bewahren. Noch in Verleihungen des Münzrechts an die Abteien Echternach, Nienburg, Lorsch und Reichenau zwischen 992 und 1000 schrieben sie vor, daß die benutzten Münzstempel mit denen der königlichen Münzen übereinstimmen müßten. Es bedeutete bereits ein erstes, freilich dem Kaufmann noch erträgliches Zurückweichen des Königs, wenn dieser 993 und 996 anläßlich der Vergabe des Markt- und Münzrechtes an den Abt zu Selz im Elsaß und an den Bischof von Freising nur noch vorschrieb, daß die Münzer die in Straßburg und Speyer beziehungsweise in Regensburg üblichen Stempel benutzen müßten, so daß ihre Pfennige, ohne umgeschmolzen oder umgetauscht zu werden, wenigstens in diesen Nachbarstädten verwendet werden konnten. Dieser wirtschaftlich vernünftigen Regelung stand aber das Interesse der Münzherren entgegen, denen der Schlagschatz von den auswärtigen Pfennigen entging. Sie begannen daher zunächst illegal, ihre eigenen Stempel mit Beizeichen zu versehen, die ihre Pfennige von den fremden unterschieden und es ihrem Marktaufseher erlaubten, Besitzer fremder Pfennige zum Umtausch und damit zur Entrichtung des Schlagschatzes zu nötigen. Gewiß zum Ärgernis der Kaufleute gab der König zum ersten Mal im Jahre 973 dem Druck eines Münzherrn nach, diesen Unfug zu legalisieren: als Kaiser Otto II. dem Erzbischof von Trier erlaubte, in Ivoy und Longuion Münzen mit einem besonderen Stempel zu prägen.

Damit war der Damm gebrochen. Im Jahre 1029 gewährte Kaiser Konrad II. dem Bischof von Freising, der bisher hatte den Regensburger Stempel benutzen müssen, das Recht, mit eigenem Stempel zu prägen. Die Kaufleute, die nun gezwungen werden konnten, ihre Regensburger Pfennige in solche der Ortsmünze umzuwechseln, hatten entweder keine Gelegenheit, bei ihrem königlichen Schutzherrn dagegen Einspruch zu erheben, oder ihr Protest blieb erfolglos. Die alte, enge Verbindung des Königs zu seinen Kaufleuten begann sich zu lösen, im Konflikt zwischen dem Gemeinnutzen der Marktleute und dem fiskalischen Interesse der Münz- und Stadtherren begannen die Herrscher, für die Bischöfe Partei zu ergreifen, von denen seit dem Anfang des 11. Jahrhunderts immer mehr zum eigenen Schlage, wie man die Benutzung besonderer Stempel nannte, übergingen. Aber noch waren sie des Königs Amtleute, die wenigstens den gesetzlichen Münzfuß innehielten, und ihre Münzateliers waren die im ganzen maßgeblichen: Nach den im Boden bewahrten Fundstücken zu schließen, stellten die königlichen und bischöflichen Münzwerkstätten in Magdeburg, Goslar, Köln und Regensburg die meisten Pfennige her, und nach ihnen übertrafen noch die zu Mainz, Worms, Deventer, Tiel, Speyer, Würzburg, Andernach, Dortmund, Straßburg und Soest sowie einer Gruppe ostfriesischer Orte alle anderen, auch die im 11. Jahrhundert neu errichteten, weit an Bedeutung; nur zwei davon, nämlich die Regensburger und die ostfriesischen, unterstanden weltlichen Münzherren. Es hatte daher – vorerst noch – wenig auf sich, daß schon zwischen 1047 und 1067 dem Grafen von Namur in Dinant nicht nur das Recht, mit eigenem Stempel zu prägen („Hammer und Amboß, Münze und Münzer, das Schlagen und die Inschrift der Münzen sind Sache des Grafen“), sondern auch die mit Änderung des Stempels ermöglichte Münzverrufung zustand. Viel schlimmer war, daß während der Minderjährigkeit König Heinrichs IV. (1056–1065) und seit dem Ausbruch des Investiturstreites (1075) die Reichstreue der Bischöfe und Äbte zu wanken begann, daß sie aufhörten, Amtleute des Königs sein zu wollen, und statt dessen wie die weltlichen Herren einer Herrschaft aus eigenem Recht zustrebten. Gegen ihre Begehrlichkeit konnte der König nun auch den einheitlichen Münzfuß im Reiche nicht mehr verteidigen. Gewiß zum Entsetzen der Kaufleute, die jedoch durch rechtswidrige Münzverschlechterungen vielfach darauf vorbereitet waren, gestattete König Heinrich IV. 1061 einem Münzherrn zum ersten Male, Münzen nach eigenem Fuß zu prägen und damit die Pfennige gemäß dem eigenen fiskalischen Interesse beliebig zu verschlechtern, als er dem Bischof von Augsburg erlaubte, 30 Pfennige mehr als nach Regensburger

Münzfuß zulässig aus dem Pfund Silber auszubringen, diese leichten Pfennige aber trotzdem mit dem Regensburger Stempel zu schlagen. Mit dem Ende des 11. Jahrhunderts hörte die königliche Kontrolle des Münzwesens völlig auf, und wie hundert Jahre früher schon in Frankreich, so setzte sich die für den Handel kostspielige Regionalisierung des Münzwesens nun auch in Deutschland überall durch. Wenn die Speyerer Münze von 1039 bis etwa 1120 vierundzwanzigmal ihren Stempel veränderte, so legt dies den Verdacht nahe, daß selbst Münzverrufungen in mehrjährigem Rhythmus üblich wurden. Darunter litten nicht nur die Kaufleute, sondern alle Geldbenutzer. Es war der Klerus seiner eigenen Kirche, der im Jahre 1104 den Bischof Otbert von Lüttich vor der Metropolitansynode wegen Simonie und Veränderung der Münze verklagte, „weil er zum gemeinen Schaden aller Kirchen dieser Provinz die gesetzlichen Münzen so oft verrufen und gemindert, und was noch schlimmer ist, ihrer Entwertung zugestimmt hat“.

Griechenland, Italien, Frankreich, England und Deutschland waren im 10. Jahrhundert die einzigen Länder Europas mit geordnetem Münzwesen. Auf der Iberischen Halbinsel teilte Katalonien auch in diesen Dingen die Geschicke der französischen Grafschaften; die christlichen Königreiche Spaniens hatten noch bis um 1100 am Umlauf französischer und arabischer Münzen genug, ohne selbst Münzateliers zu eröffnen. Die Könige Nord- und Osteuropas begannen überall unmittelbar nach der Annahme des Christentums mit eigenen Prägungen, aber offenbar mehr um der staatlichen Repräsentation und der fiskalischen Vorteile willen als aus ökonomischen Bedürfnissen ihrer vergleichsweise unterentwickelten Länder heraus; fast überall erlitt daher die Münzausgabe langjährige Unterbrechungen, ehe die wachsenden Bedürfnisse der Märkte allmählich die regelmäßige Silberzufuhr und Prägung sicherten. Dies war in Böhmen seit Herzog Boleslav I. (929–967/73) um 955, in Ungarn seit König Stephan I. (997–1038) um 1001, in Dänemark seit König Knut dem Großen (1018–35), in Norwegen seit König Harald Hardråde (1046–66) der Fall. Den fiskalischen Zweck erreichten nur die rasch zu kräftiger Herrschermacht gelangenden Fürsten von Böhmen und Ungarn, die die Regensburger Münze nachahmten, und das Königreich Dänemark, das englischem Vorbilde folgte. Sie begannen nicht nur alsbald, den Feingehalt der Münzen bei gleichbleibendem Nennwert herabzusetzen, sondern auch fast gleichzeitig (in Böhmen unter König Vratislav II. 1061–92, König seit 1085, in Ungarn unter Salomon 1063–74, in Dänemark unter König Harald Hen 1075), nach westlichem Muster die umlaufende Münze in regelmäßigen Abständen zu verrufen. In Böhmen geschah dies seit 1118 sogar alle sechs Monate!

Während diese Länder bis zum Beginn des 12. Jahrhunderts den Anschluß an die Kernländer des Abendlandes erreichten, blieben Polen, Schweden und Rußland auch im Geldwesen eine Welt für sich. Schweden blieb ohne eigene Prägung. Das Reich von Kiew aber, wo man seit dem Ende des 10. Jahrhunderts Münzen schlug, befolgte das Vorbild der griechischen und arabischen Goldmünzen und Dirhems. In Polen setzten die dauerhafte Silberprägung erst unter Herzog Boleslav II. (1058–79, König seit 1076) und die regelmäßigen Verrufungen unter Boleslav III. (1102–38) ein, es gelang den Fürsten indes nicht, damit den Geldumlauf im Lande zu bestimmen, denn wie die Münzschatzfunde mit ihren zerbrochenen und zerhackten Silberstücken zeigen, dauerte in Polen ebenso wie in Skandinavien und im Kiewer Reich der Gewichtsgeldverkehr fort, der die Geldmengen nicht durch Abzählen, sondern mit der Waage bestimmte. Damit mußten nicht nur Wechselzwang und Münzverrufung ihr Ziel verfehlen, sondern auch statt rational bemessener Zölle die herkömmlichen, mehr oder weniger verpflichtenden Geschenke der Händler an die Fürsten weiterhin in Übung bleiben. Der Abstand dieser Länder zum Westen entspricht dem, der im Erscheinungsbild der städtischen Siedlungen und im gewerblichen Leben bereits zutage getreten ist.

Kehren wir in die Kernländer des mittelalterlichen Europa zurück, so fehlte es, wie sich nunmehr gezeigt hat, dort nirgendwo an Anlässen, aus denen sich Streitigkeiten zwischen Stadtherrn und Stadtvolk entzünden konnten. Nimmt man zu den erwähnten Problemen des Prozesses, der Leibeigenschaft, des Bodenrechts und der Münzpolitik noch hinzu, wie viele Gelegenheiten der Stadtherr und seine Richter und Dienstleute fanden, um den Marktleuten mit Hemmnissen im Verkehr und im Rechtsleben immer wieder Schmiergelder abzupressen, und wie sich dies alles mit persönlichen und politischen Rivalitäten zwischen den Geschlechtern des stadtherrlichen Anhangs und denen der Kaufleute und Fernhändler verquicken konnte, so ist es kein Wunder, daß zögernd im 10., immer mehr sich verdichtend und überstürzend im 11. Jahrhundert eine Folge von Konflikten die Städte erschütterte, deren Betrachtung wir uns nun zuwenden müssen. Denn erst in diesen Kämpfen sind die Stadtbewohner, die zu Beginn des 10. Jahrhunderts noch verschiedenen Ständen und ständisch geschiedenen Gerichtsgemeinden angehörten, zu jener Interessengemeinschaft zusammengewachsen, die vom Edelfreien und Ritter bis zum Kleriker und herab bis zum letzten Handwerker allen Städtern das Bewußtsein vermittelte, einer Gemeinschaft anzugehören, vor deren Naturwüchsigkeit und Unentbehrlichkeit alle ständischen Unterschiede und Konflikte in den Hintergrund treten müßten.

Das führende Land auf diesem Wege und in diesen Streitigkeiten war das Königreich Italien, dessen Städte dabeiwaren, Griechen und Arabern den gewinnbringenden Levantehandel zu entwinden und daraus einen Reichtum zu schöpfen, der nicht nur ihren Gewerben zu höchster Blüte verhalf, sondern auch den führenden Familien die Mittel in die Hand gab, um den politischen Kampf gegen den mächtigsten Herrn in ganz Europa, nämlich den deutschen König und römischen Kaiser, und gegen den mit ihm verbündeten Feudaladel aufzunehmen. Es war aber nicht nur der Reichtum, der die Städte Italiens dazu befähigte, dem europäischen Bürgertum bei seinem Aufstieg voranzugehen. Hinzu kommt, daß Italien einst das Kernland des römischen Reiches gewesen war und dem Feudalismus, dessen sich die Städte entledigen mußten, auch eine Erinnerung an die wahre Ordnung des staatlichen Lebens, der man wieder zuzustreben hatte, entgegensetzte, die, mochte sie auch noch so stark von kirchlichen Bildungsidealen verdunkelt sein, doch die Kraft besaß, gerade im Verlaufe jener Kämpfe und von ihnen angestachelt und angeregt, die alte Klarheit wiederzugewinnen. War die mit dem Namen Clunys verbundene Kirchenreform, die ebenfalls eine Reaktion auf die Übel des Feudalismus darstellte, noch dem französischen landsässigen Adel und einer sich erneuernden Religiosität, einer tieferen und wahreren Auffassung des Evangeliums entsprungen, so regte sich in Italien jetzt zum ersten Male auch ein profaner Reformwille, und dieser hatte seinen Sitz nun in der Stadt.

In Italien lagen viele Dinge anders als nördlich der Alpen. Dem vergleichenden Betrachter fällt besonders ins Auge, daß die Überwindung der Leibeigenschaft und die Ausbildung des freien Bodenrechts, die nördlich der Alpen ein so dringliches Anliegen der Markt- und Kaufleute bildeten, in Italien keine Rolle spielten. Reichsitalien gehörte insofern ebenso wie Südfrankreich, Unteritalien und das byzantinische Reich zu einer anderen Welt als der Norden, einer Welt, in der die antike Trennung zwischen staatlichen Hoheitsrechten und privaten Befugnissen entweder nie verlorengegangen oder doch von der feudalen Vermischung beider (in Gestalt des Herrschaftseigentums der Großen und seiner öffentlichen Anerkennung als Immunität) nur vorübergehend in den Hintergrund gedrängt worden war. Sklaverei, Unfreiheit, Leibeigenschaft waren hier privat- und vermögensrechtliche Verhältnisse ohne politische Bedeutung geblieben; sie hatten ihren Grund in der ökonomischen Abhängigkeit der Armen von Patronen, die zugleich Fürsorger und Arbeitgeber waren, also letzten Endes in Zahlungsunfähigkeit und Schuldknechtschaft, und konnten deswegen, sobald es in einer aufblühenden städtischen Wirtschaft Arbeits- und Verdienstmöglichkeiten gab, genau so leicht wieder rückgängig gemacht werden, wenn nämlich die eigenen Leute ihre Schulden bezahlen und sich freikaufen konnten. Sobald der Markt funktionierte, mußte sich herausstellen, daß freie Arbeit, die den Herrn nur den Arbeitslohn kostete, billiger war als unfreie, die ihm den Unterhalt des Mannes auch in Zeiten, wo keine Arbeit da war, aufbürdete und ihm, wenn er keine Immunität genoß, noch nicht einmal Steuervorteile brachte. Wir sahen bereits, daß dort, wo sich leibeigene Handwerker nicht in die Steuerfreiheit der herrschaftlichen Immunität zurückziehen konnten, der unfreien Arbeit am Markte jener Steuervorteil fehlte, der in den rheinischen Bischofsstädten und anderswo nördlich der Alpen die freien Marktleute gegen sie aufbrachte und schließlich ihren Ausschluß vom Markte erzwang. Sobald der Markt funktionierte, war hier auch niemand mehr an Landleihe, sei es adliger nach Lehnrecht oder bäuerlicher nach Hofrecht, mit ihren zahlreichen Verpflichtungen auch für den Herrn interessiert; den Herren des Bodens lag nicht an Treue und Dienst der Vasallen und Bauern, sondern an Geldeinkünften, und die erzielten sie, wenn sie die Leihen beendeten und durch Pachtverhältnisse ersetzten, ein Übergang, den zu vollziehen um so leichter war, als das römische Recht, das als Volks- oder Stammesrecht der Romanen und des Klerus in Katalonien, Südfrankreich und Reichsitalien stets unvergessen in Geltung geblieben war, die dafür notwendigen Rechts- und Geschäftsformen kannte und auch den fränkischen und langobardischen Grund- und Lehnsherren zur Verfügung stellte, sobald sie deren Vorteile erkannten. Auf diese Weise hatten sich die persönliche Freiheit und das freie Bodenrecht in Italien bereits durchgesetzt, bevor die großen Kämpfe des Stadtvolkes mit der Stadtherrschaft begannen. Die Marktleute und Städter, die in Italien die städtische Kommune schufen, brauchten dies nicht mehr deswegen zu tun, um sich ihre persönliche Freiheit zu erringen. Diese Freiheit war nur noch nördlich der Alpen ein Ziel der kommunalen Bewegung.

So treffen wir denn in Unteritalien, bis wohin sich der Feudalismus nie ausgebreitet hatte, sobald mit dem 11. Jahrhundert die urkundliche Überlieferung einsetzt, einen zahlreichen, in den Quellen auch so bezeichneten Mittelstand (mediocres, mediani) von Handwerkern, Kaufleuten und Schiffern an, die ein eigenes Haus in der Stadt und Grundstücke für den landwirtschaftlichen Nebenerwerb vor den Mauern besaßen; es war das gewerblich tätige Bürgertum, das in solchen Gütern seine Ersparnisse anlegte und dessen Interessen in Gegensatz zu denen der grundbesitzenden Kriegerkaste langobardischer Herkunft im Landesinneren standen (die sogenannten antibyzantinischen Revolten in Apulien, die zu Beginn des 11. Jahrhunderts in den Unternehmungen des Meles von Bari kulminierten, gingen darauf zurück). Es waren diese Interessen freier gewerblicher Kleineigentümer des Mittelstandes, die in gleicher Weise in allen Städten des griechischen Reiches vorauszusetzen sind, auf die der Doge von Neapel um 1030 Rücksicht nahm, wenn er gelobte, die persönliche Freiheit seiner Untertanen, ihr Recht auf Eigentum und den freien Handel zu garantieren, oder der Stadtherr von Trogir, wenn er sich 1105 verpflichtete, bei einem Aufenthalt in der Stadt das Haus eines Bürgers nur mit dessen Zustimmung zu betreten. Die dahinterstehenden römisch-spätantiken Rechtsgedanken über den Inhalt des Eigentums und die Reichweite des Eigentümerwillens drängten seit dem Ende des 10. Jahrhunderts auch in Oberitalien den von den Franken eingeführten Feudalismus wieder zurück. Um 996–1002 beklagten sich die Kronvasallen bei Kaiser Otto III., sie könnten von ihren Unfreien die Arbeitsdienste nicht mehr erlangen, weil sie es zu oft versäumt hätten, ihren Anspruch darauf kontinuierlich durchzusetzen. Es fällt schwer, sich vorzustellen, daß dies auf dem Lande in einer funktionierenden Grundherrschaft hätte möglich gewesen sein können; eher ist an Unfreie zu denken, die der Herr hatte in die Stadt abziehen lassen und deren Arbeitskraft er dort als Rentenfonds nützen wollte, denn solche Leute konnten sich leicht durch einen Ortswechsel seinem Zugriff entziehen.

Jedenfalls galt hier der Grundsatz, daß das Herrenrecht verjährte, wenn der Herr nur ein Jahr lang versäumte, es auszuüben, denn die Dienste waren eine Holschuld, die der Mann nicht unaufgefordert zu leisten brauchte. Das Gesetz Ottos III. sah als Abhilfe vor, daß alle Unfreien alljährlich am 1. Dezember einen Rekognitionszins von 1 Pfennig von sich aus ihrem Herrn zu zahlen und auf diese Weise ihre Unfreiheit als erbliche Last (Söhne und Töchter sollten mit dem fünfundzwanzigsten Lebensjahre zinspflichtig werden) selbst aufrechtzuerhalten hätten – wir brauchen keinen Gedanken daran zu verschwenden, daß dieses Gesetz das Pergament nicht wert war, auf dem es geschrieben stand, da niemand die Mittel besaß, um es gegen den Willen der Betroffenen durchzusetzen. Am 20. September 998 beklagte der Kaiser, daß die Bischöfe und Äbte das ihnen anvertraute Reichsgut, anstatt es an Ritter als Lehen auszutun, in Zeit- oder Erbpacht vergeben hatten, so daß der König, wenn er sie zum Reichsdienst aufbot, von ihnen keine Lehnskrieger mehr zugeführt erhielt; der Kaiser wollte dem steuern, indem er den Bestand solcher Pachten an die Lebenszeit des Veräußerers band, damit wenigstens der Nachfolger wieder über die Güter als Lehnsherr verfügen könnte. Im Jahre 1022 erklärte Papst Benedikt VIII. auf dem Konzil zu Pavia, die Kirche verarme, weil Kleriker, die aus dem Stande der Kirchenhörigen stammten, und andere Kirchenknechte freie Frauen heirateten, so daß die Kinder, dem Stande der Mutter folgend, die Freiheit erlangten, wie es nach weltlichem Recht üblich war: Denn alles, was diese Frauen ihren Kindern vererbten, sei Kirchenbesitz, auch wenn fälschlich käuflicher Erwerb behauptet und der angebliche Vorbesitzer benannt werde. Der Papst bedrohte Parteien und Richter, die dem Vorschub leisteten, mit Kirchenstrafen; Kaiser Heinrich II. fügte dem die weltliche Strafverfolgung hinzu und ergänzte: „Knechten der Kirche, so wie unseren eigenen, steht es frei und soll es freistehen, etwas zu erwerben, aber niemals soll es ihnen erlaubt sein, aus der Hand eines freien Mannes irgendwelche schriftlichen Erwerbstitel zu erhalten." Man sah wohl nie einen Gesetzgeber, der der unaufhaltsamen sozialen Entwicklung seiner Zeit hilfloser gegenübergestanden hätte. Die feudale und grundherrschaftliche Stände- und Bodenordnung Reichsitaliens befand sich erkennbar in voller Auflösung, weil alle Welt zu den freien Verkehrsformen des römischen Rechts zurückkehrte, und weder Papst noch Kaiser waren imstande, dem zu steuern.

Papst Benedikt VIII. hatte in Pavia seine Verteidigung der kirchlichen Hörigkeit mit bösen Angriffen auf die Richter und Notare verknüpft, an deren römischer Rechtsauffassung von Freiheit und Eigentum seine Absichten zerschellten: „Die Richter, welche nicht Recht sprechen, sondern sich jüdisch benehmen, sollen zur Strafe dafür, daß sie Klerikerkinder dem Gesinde der Kirche entziehen, nach Recht und Gesetz die Würde des Amtes verlieren . . . Der Richter oder Notar, der solche verbotenen Urkunden ausfertigt und irgendetwas als von den Knechten der Kirche gekauften oder aus irgendeines Freien Freigebigkeit stammenden Besitz von Kirchenknechten gegen Geld zu betiteln wagt, soll gebannt werden.“ Kein Wunder, daß sich die bedrohten Richter in die Grundlagen ihrer Rechtsüberzeugung vertieften und der Wiederentdeckung der seit einem halben Jahrtausend in Italien vergessenen Gesetze und Sammlungen Kaiser Justinians I. den Weg bereiteten. Wie die Einführung der dreißigjährigen Verjährungsfrist in Pisa, die König Heinrich IV. im Jahre 1081, wie wir hörten, auf Antrag der Pisaner genehmigte, beweist, stand das römische Recht auch als Hilfsmittel zur Verfügung, wenn es darum ging, das Kaufmannsrecht fortzubilden und Streitigkeiten zu entscheiden, die in der frühmittelalterlichen Agrar- und Feudalgesellschaft gar nicht hatten auftreten können. Denn dieses Recht war einst in einer Gesellschaft mit Markt- und Geldverkehr entstanden und darauf eingerichtet, kaufmännische Verhältnisse zu beurteilen und schriftliche Beweismittel zu würdigen, die die Beweiseide und Zweikämpfe des germanischen Rechts bei steigender Bildung und Kultur überflüssig machen konnten. Es waren die Bedürfnisse der städtischen Gesellschaften, ihres Grundstücks- und Wohnungsmarktes und ihrer kaufmännischen Berufe, die im Jahre 1045 in Konstantinopel und später in Bologna eine Rechtsschule ins Leben riefen, wo man die Anwendung dieses Rechts lehrte. Welche bedeutenden Folgen dies wegen der Sicherung der Beweise für alle irgend relevanten Geschäfte schon im 12. Jahrhundert haben sollte, ist leicht zu ermessen, schrieb doch das römische Recht allen Berufskaufleuten vor, Geschäftsbücher zu führen.

Der Umstand, daß in Italien die Bemessung der Gerichtskosten auf 10% des Streitwertes, die Kaiser Zeno im Jahre 487 eingeführt hatte, stets weit verbreitet war, spricht dafür, daß es hier eine seit Jahrhunderten kaum oder jedenfalls nicht für längere Zeit unterbrochene Tradition autonomer Pflege römischen Rechts in den Stadtgerichten gegeben hatte. Die romanische Bevölkerung Italiens hatte zweifellos niemals ein germanisches Justizverfahren mit Beweisen durch Eid und Zweikampf als „Justiz“ ansehen können; daher hatten Langobarden und Franken für sie das römische Verfahrensrecht bestehen lassen müssen, um es allmählich selbst zu übernehmen. Langsam, aber sicher hatte sich der langobardische in einen römischen Prozeß verwandelt, und als die Pisaner 1081 deswegen den König anriefen, hatten Parteieid und Zweikampf gewiß nur noch eine hilfsweise Geltung, wenn ein rationaler richterlicher Würdigung zugänglicher Beweis mit Urkunden oder Zeugen nicht zu erbringen war. Von privaten Schreibern aufgesetzte Urkunden hatten längst ihre antike Beweiskraft verloren, wenn nicht das Stadtgericht an der Beurkundung mitwirkte, was die Parteien oft nur erreichen konnten, indem sie vor Gericht einen Scheinprozeß um den Vertragsgegenstand führten, um ein Urteil darüber zu erzielen. Dieses umständliche Verfahren kam im 11. Jahrhundert außer Gebrauch, seit die Gerichte und Stadtbehörden den Notar selbst verpflichteten, alle für die Gültigkeit eines Vertrages und der Urkunde erforderlichen Bedingungen zu prüfen und zu verbürgen. Damit schuf man die Voraussetzung dafür, daß die Notare zu Trägern öffentlichen Glaubens und eines Privaturkundenwesens werden konnten, das die Anforderungen der Stadt ebenso an die Sicherheit wie an die Leichtigkeit des Rechtsverkehrs in hervorragender Weise erfüllte.

In Nordeuropa, wo man das Kaufmanns- und Handelsrecht aus den germanischen Stammes- und Landrechten entwickeln mußte, gelang es nur deswegen, Vergleichbares zu leisten, weil die das Stadt- oder Marktgericht abhaltenden Stadtherren in den Gerichtsgemeinden Männer vorfanden und als sachkundige Urteiler heranzogen, die selber Markthändler und Kaufleute waren, Männer, die sich in Fahrtgemeinschaften und Kaufmannsgilden selbständig organisierten und Führer besaßen, die auch als Illiteraten imstande waren, das Verkehrsrecht fortzubilden. Sie waren gemeint, wenn die deutschen Könige 1038 und 1042 den Kaufleuten von Quedlinburg das Recht zusprachen, so wie die von Goslar und Magdeburg unter sich über alles zu urteilen, was den Handel mit Lebensmitteln betreffe, oder wenn der Abt von Reichenau den Ansiedlern, die er nach Allensbach locken wollte, zusagte, die Kaufleute selbst sollten bei Streitigkeiten unter sich oder mit Fremden die Urteile, und zwar nur solche finden, die den Kaufleuten von Konstanz, von Basel und von überallher seit alters gestattet seien: gestattet nämlich von ihrem Schutzherrn, dem König, der allein, wenn auch mit Bindung an das Weistum der Großen des Reiches, befugt war, ihnen den Gebrauch eines von den deutschen Stammes- und Landrechten abweichenden Marktrechtes zu erlauben, als Privileg, wie man eben solche Maßnahmen zur Fortbildung des Rechtes damals zu nennen pflegte. Und im Gegensatz zum römischen Recht, das vor jeder Einengung der Handlungsbefugnisse des Individuums, damit aber auch vor jeder Beschränkung seiner Haftung zurückgeschreckt war und daher keinen Weg gefunden hatte, um die für weitausgreifende Handelsgesellschaften unentbehrlichen Formen solidarischer Haftung und stellvertretender Geschäftsführung auszubilden, im Gegensatz dazu verfügten die germanischen Rechte mit ihren Erben- und Gütergemeinschaften über Rechtsgedanken, die es ihren Kaufmannsgilden erlaubten, das Handelsrecht mühelos den neuen Bedürfnissen anzupassen.

Den Italienern, die aus dem Altertum über die römische und aus langobardischem Erbe über die germanische Tradition verfügten, fiel die Aufgabe zu, beides miteinander zu verschmelzen und seit dem 12. Jahrhundert in der bürgerlich-städtischen Rechtsfortbildung die europäische Führung zu übernehmen.

Wir haben gesehen, welch zahlreiche Interessenkonflikte zwischen Stadtherrschaft und Gemeinde gegeben waren in einer Zeit, wo sich in den Städten ein gewerbliches und soziales Leben neuer Art entfaltete und von den Lebensformen auf dem Lande zunächst unmerklich, dann aber immer deutlicher zu unterscheiden begann. Zweierlei brauchten nun die Gemeinden, um sich in diesen Konflikten zu behaupten: einen durch Beschluß feststellbaren Gemeinwillen und eine Führerschaft, die diesen Willen vollstrecken konnte. In der Karolingerzeit ließ sich nur erst in vereinzelten Fällen, und nicht zufällig in Italien (in Comacchio und Piacenza), in Istrien und den randständigen Gemeinden des byzantinischen Reiches, ein selbständiges Gemeindehandeln unabhängig von oder gar im Konflikt mit dem Stadtherrn feststellen; im Frankenreich gab es damals nur erst einen unsicheren Hinweis auf eine Rechtssubjektivität der jüdischen Gemeinde in Lyon. Erst in den beiden Jahrhunderten der sächsisch-salischen Kaiserzeit, also grob gesprochen in dem Zeitraum von 920 bis 1120, vollzog sich in den führenden Städten Europas eine Entwicklung, die von dem aus der Spätantike hergekommenen und bereits mehrfach beschriebenen formlosen, im Kreise der Beteiligten flüssigen und in friedlichen Zeiten immer wieder aussetzenden Gemeinschaftshandeln zu organisierter Willensbildung und zur Vollstrekkung dieses Willens durch eigene gemeindliche Organe hinführte. In der anfänglichen Phase der Formlosigkeit war es Sache des von außen der Stadt vorgesetzten Stadtherrn, den Willen der Gemeinde, soweit er es für erforderlich hielt, zu ermitteln und zu verwirklichen; die Gemeinde hatte zwar einen formlosen Einfluß auf die Bestimmung seiner Person, aus dem sich unter günstigen Umständen sogar ein Wahlrecht entwickeln konnte, aber seine Autorität, seine Befehls- oder Banngewalt, empfing der Stadtherr allein vom Kaiser oder König. Sofern er den Gemeinwillen vollstreckte, geschah dies aus tatsächlichen, politischen, nicht aus rechtlichen Gründen; wenn er also überhaupt als Organ der Gemeinde gelten konnte, dann war die Gemeinde zunächst sowohl heterokephal wie heteronom: Nicht sie selbst, sondern der König gab ihr den Stadtherrn und das Gesetz. Das Fernziel der bürgerlichen Interessen mußte demnach sein, Autokephalie und Autonomie zu erringen, also selbst darüber zu bestimmen, wer die höchste staatliche Gewalt in der Stadt ausüben und an welches Recht dieses Oberhaupt dabei gebunden sein sollte. In die sächsisch-salische Kaiserzeit fällt die erste Hälfte dieser Entwicklung: Die führenden Städte erwarben sich in dieser Zeit die Fähigkeit, ihre Angelegenheiten unabhängig vom Stadtherrn mit Hilfe wechselnder, noch nicht strenge verfaßter Führungsgruppen selbst zu verwalten, ohne jedoch bereits rational geordnete Beschlußverfahren auszubilden. Die zweite Hälfte der Entwicklung, nämlich die Einrichtung bestimmter Institutionen und Ämter innerhalb der nun auch von Rechts wegen organisierten oder verfaßten Gemeinde, begann bald nach 1120 und füllte die beiden Jahrhunderte der staufischen und nachstaufischen Zeit, grob gesprochen den Zeitraum von 1120 bis 1320, aus.

Daß sich ein paar hundert oder auch tausend Menschen als Glieder einer und derselben Gemeinde fühlten, war keine Selbstverständlichkeit. Es war schon davon die Rede, daß es anfangs auf dem Boden der Stadt nicht eine einzige, sondern mehrere Kleingemeinden unter verschiedenen Herren gab und daß der vom Stadtherrn geleitete Verband der freien Grundbesitzer und Marktleute nur einer neben meist mehreren hofrechtlichen Verbänden unter Leitung immuner Grundherren war. Die Menschen, die sich von diesen Verbänden und Herrschaften zunächst wirtschaftlich zu emanzipieren begannen, suchten gesellschaftlichen Halt nicht sofort an dem Großverband einer Gesamtgemeinde, sondern schlossen sich zu anderen Kleinverbänden zusammen. In den Kreisen der Grundbesitzer, der Männer mit Halm und Ar, mochten es nun edelfreie Allodialbesitzer einst bäuerlicher Herkunft oder freie Besitzer von Lehngut oder gar unfreie Besitzer herrschaftlicher Dienstgüter gewesen sein, setzte sich die Bildung von Geschlechtern durch, wie sie überall in der Feudalgesellschaft entstanden, um den Grundbesitz auch im Erbgang über Generationen hinweg zusammenzuhalten und durch Heirat untereinander sowie durch Kauf und Lehnserwerb zu vermehren. Seit die Städte infolge des Zustroms vom Lande wuchsen und die Nachfrage nach marktnahen Grundstücken zunahm, begannen der Wert und die Ertragskraft des Grundbesitzes der Geschlechter zu steigen; es lohnte sich immer häufiger, landwirtschaftlich genutzten Besitz zu parzellieren und an Gewerbetreibende zu veräußern, auch wenn man dabei mit geringen Geldzinsen zufrieden sein und den Erwerbern ein freies Bodenrecht gewähren mußte. Wenn die Geschlechter den Zuzüglingen auch mit Darlehen zu Hilfe kamen, um als Kommendatare ersparte Gelder in Gewerbe und Fernhandel anzulegen, so entstanden weitere Abhängigkeiten, die dazu führten, daß die Geschlechter im einfachen Volke über Gruppen und Parteien von Gefolgsleuten geboten, die ihnen beim Kampf um die Macht in der Volksversammlung und in der Stadt zu Hilfe kamen. Feste Stütze für ihre Machtzusammenballung und ihre Herrschaft über Zinsleute und Klienten waren die steinernen Turmhäuser, die sie in den Städten errichteten und deren Überreste uns als Merkmale der städtischen Topographie bereits bekannt sind. Die zu Geschlechtern verbundenen Grundbesitzer bildeten die natürliche Führungsgruppe in der Stadt, weil ihr Einkommen an Grundrenten und Kommanditgewinnen sie vom Zwang zu regelmäßiger Arbeit befreite; sie waren vom Hause abkömmlich und frei, um politische und militärische Aufgaben zu übernehmen. Daher stellten sie die (freien und unfreien) Helfer, deren der Stadtherr in Verwaltung und Gericht bedurfte, sie dienten ihm als Richter, Vögte, Schöffen, Zöllner, Münzmeister und Bewaffnete und strebten dem entsprechend eine ritterliche Lebensführung an, und weil der Stadtherr sie mit Amtsgewalt ausstattete, was in Frankreich, Deutschland, Italien im Wege der Belehnung vor sich ging, waren die Geschlechter durch enge Bande der Feudalgesellschaft und deren königlicher Spitze verbunden. Es mußten harte Konflikte mit den Stadt- und Lehnsherren aufflammen, wenn diese Bindungen aufbrechen und die Geschlechter mit dem armen, sippenlosen, arbeitenden Stadtvolk gemeinsame Sache machen sollten.

Dem gemeinen Volke, das von seinen Werkstätten und Fernhändlerreisen unabkömmlich war, weil es von seiner Hände Arbeit lebte, lag eine andere Form der Gemeinschaftsbildung nahe. Über die Entstehung seiner Handwerkerverbände ist wenig bekannt. Für Italien und das byzantinische Reich mag in manchen Fällen eine Herkunft aus der Spätantike möglich gewesen sein, in der solche Verbände nur auf kaiserlichen Befehl und für staatliche Zwecke errichtet worden waren. Von der Art waren die Berufsverbände in Konstantinopel, über die der Eparch eine strenge Aufsicht übte: Er erließ die Gebote, nach denen sie sich zu richten hatten, sprach die Zulassung freier und unfreier Interessenten zu den Gewerben aus, beaufsichtigte den Abschluß von Werkverträgen und die Preisbildung und ernannte die Vorsteher, die ihm als Organe für seine Polizei- und Kontrollaufgaben dienten. Eine so strenge staatliche Herrschaft über die Handwerker und Einzelhändler gab es im Abendlande nicht mehr. Ob die im 8. Jahrhundert bezeugte Organisation der italienischen Bauhandwerker noch bestand, wissen wir nicht. In Rom existierten Vereine der Tiberschiffer, der Rinderzüchter, der Salzmacher, die eher Interessenverbände von Unternehmern darstellten als Zünfte von Schiffbauern, Hirten oder Salzwerkern. Der Prior der Schiffergilde wird schon 978 erwähnt; im Jahre 1115 schloß sein Verband einen Vertrag mit der Abtei Farfa, darin er deren Rechte auf Nutzung des Tiberhafens in Corese anerkannte; offenbar hatte er zuvor versucht, das grundherrschaftliche Transportsystem des Klosters aus der Tiberfahrt zu verdrängen. Der Verband besaß in Rom, in Orte und in Corese Lagerhäuser; an der Spitze standen nebeneinander der Prior, den die Transportunternehmer, und der Patronus, den die kleinen, selbst ihre Schiffe führenden Reeder wählten. Ob diese Verbände auf freiwilligem Zusammenschluß beruhten und vom Staate ein Monopol erlangt hatten, das Nichtmitglieder von ihren Gewerben ausschloß, ist nicht erkennbar.

Dies war dagegen der Fall bei den Fischern, Gerbern, Schiffern und Seifenmachern in Pavia, die dort einst der König zur Versorgung des Hofes und der Kammer zusammengeschlossen hatte, die ihm im 10. Jahrhundert aber Abgaben dafür leisteten, daß er allen anderen Städtern untersagte, die öffentlichen Gewässer für Transport und Fischfang zu nutzen oder die Gewerbe der Gerber und Seifenmacher auszuüben. Zu Beginn des 11. Jahrhunderts fügte der Kammermeister zur Beschreibung ihrer Rechte hinzu: „Dies sollt ihr wissen, daß wegen aller dieser Dienstämter kein Mann deren Dienst ausüben darf außer denen, die Dienstleute sind. Und wenn es ein anderer Mann ausüben sollte, so muß er den Bann büßen in die Kammer des Königs und schwören, daß er es nicht wieder tun werde. Und die Männer, die diesen Dienstämtern angehören, . . . dürfen keinen Gerichtstag ansetzen oder abhalten, es sei denn vor dem König oder dem Kammermeister." Seit der König nicht mehr in Pavia residierte, sondern nur noch gelegentlich von jenseits der Alpen ins Land kam, lockerte sich die staatliche Aufsicht über die Verbände; Gerber und Seifenmacher unterstanden bereits eigenen, gewiß von ihnen selbst erwählten Amtsmeistern, der Kammermeister war beim Gericht über Verstöße gegen ihre Rechte und Normen an ihre Mitwirkung gebunden, sie waren aber offenbar bereits fähig, ihre Angelegenheiten auch ohne ihn zu ordnen. Wenn ihre Zusammenschlüsse einst vom König angeordnet worden waren, so waren sie doch jetzt im Begriff, eine kräftige Selbstverwaltung zu entwickeln. Rechtliche Beauftragung seitens der Herrschaft und freier Zusammenschluß mit Anteil an der Verwaltung waren eben keine Gegensätze, sondern ergänzten einander.

Ein freiwilliger Zusammenschluß, dessen Mitglieder sich selbst an die verabredeten Normen banden, ohne ein obrigkeitliches Gebot zu erwirken, ist erstmals für die Schuhmacher in Ferrara aus dem Jahre 1112 bezeugt: „Und wir alle, die wir hier versammelt sind im Namen des Herrn, versprechen, jeden einzelnen von unseren Brüdern zu besuchen, wenn er krank ist . . . Und am Tage, da ein Mann oder eine Frau gestorben wäre, wollen wir sie zur Kirche geleiten und ehrenvoll bestatten, und jeder von uns Brüdern soll für des Toten Seele bei der Messe einen Veroneser Pfennig opfern und . . . zwei Veroneser Pfennige für die Kirchenlichter beisteuern. Und wenn einer von den Brüdern wegen irgendeiner Unachtsamkeit das Lichtergeld nicht gäbe oder kranke Brüder nicht besuchte oder am Sterbetage die Gabe für die Seele eines Bruders nicht entrichtete, gebe er sechs Veroneser Pfennige zur Buße." Gegenseitige Sorge für das Seelenheil war der Hauptzweck der Vereinigung, wie es dem von den Kirchenreformen entwickelten neuen religiösen Bewußtsein der kleinen Leute entsprach. Kein ausdrückliches eidliches Gelöbnis, wohl aber der dem entsprechende religiöse Ernst trug die Selbstverpflichtung zum Gehorsam gegenüber der gemeinsam errichteten Satzung, die uns hier zum ersten Mal als Rechtsquelle begegnet und bei der Betrachtung der Stadtgemeinden wiederbegegnen wird: Sie bedurfte keines Herrengebotes! Dann aber setzten sich die Brüder auch Normen für das geschäftliche Leben: „Und wenn einer einen Schuster hat und einer von den Brüdern ihn abwerben will, soll er 20 Schilling bezahlen, und wegen Lehrjungen, die mit einem Meister verbunden sind, soll er 20 Schillinge von Verona zur Buße geben. Und wenn jemand sein Grundstück einem von den Brüdern bis zu einer bestimmten Zeit übergeben und er den Preis nicht bezahlen will, soll er in der Gewalt der anderen Brüder sein. Und wenn er es unter den Brüdern nicht bessern will, sollen sie mit ihm bis zum Gericht gehen . . .“ Ferner schrieben sie vor, „daß kein Schuhmacher es wage, Leder oder Felle von irgendwem zu kaufen, es sei denn gegerbt“. Auch gab es bereits eine Tendenz, das Amt zu schließen: „Und wenn ein Bruder gestorben ist, und eine Tochter bleibt zurück und nimmt einen Schuhmacher zum Mann, so soll er dessen Werkbank haben, wenn er in unserem Verbande ist. Und wenn er nicht in unserem Verbande ist, soll es im Ermessen des Vorstehers liegen.“ Verbandsfremden die Ausübung des Gewerbes zu untersagen, dazu war der Verband nicht berechtigt; denn diese Befugnis konnte er sich nicht selbst beilegen, sondern nur aus der stadtherrlichen Gewalt empfangen.

In Frankreich sind die ersten zuverlässig belegten Zünfte die untereinander konkurrierenden Verbände der Zu-Wasser-Händler in Paris und Rouen um 1100, in Deutschland ist es der Verband der Fischhändler in Worms 1106; nicht viel jünger sind die ersten Belege aus England für Oxford, Huntingdon, Winchester, London, Lincoln. Die Entstehung dieser Zünfte mag sowohl auf obrigkeitliches Gebot wie auf freiwilligen Zusammenschluß, in England auch auf das Gebot einer älteren Kaufmannsgilde zurückgehen. In Paris mag eine Organisation ähnlich der in Pavia bestanden haben, denn Bäcker, Goldschmiede, Schlosser, Trödler und Schuhmacher unterstanden dort im 13. Jahrhundert dem Kämmerer und anderen Krondignitären, die freilich die Gewerbeaufsicht nicht mehr persönlich ausübten, im 10. und 11. Jahrhundert aber noch für die Versorgung des Hofes zuständig gewesen sein könnten. In anderen Städten wird der Stadtherr, der seine Aufsicht über Maß, Gewicht und Qualität der Waren nur mit Hilfe sachkundiger Berater aus den einzelnen Gewerben ausüben konnte, die Handwerker zum Zusammenschluß veranlaßt haben, um ihre Mitwirkung am Gericht zu regulieren. Denn seit die Handwerker am Markt seßhaft wurden, beschränkte sich die Kontrolle nicht mehr auf das fertige Produkt, das auf dem Markte angeboten wurde, sondern erfaßte bereits die Herstellung in den Werkstätten und setzte für sie Normen, die auch der Besteuerung der Handwerker in Naturalien zugute kamen. In Dinant sind solche Verbände der Bäcker, Brauer und sonstigen Lebensmittelgewerbe schon für das 11. Jahrhundert bezeugt, denn 1096 veräußerte der Stadtherr „den Zins samt den Standplätzen, die die Angehörigen eines jeden Amtes, die von ihren käuflichen Waren leben, auf dem Markte innehaben“. In den rheinischen und burgundischen Bischofsstädten, wo der

Stadtherr zugleich bedeutender Grundherr war und den Markt seinen grundherrlichen Interessen dienstbar zu machen versuchte, konnte er bei der Organisation der Gewerbetreibenden auch an seine Aufsicht über Taverne, Back- und Schlachthaus anknüpfen, um dann mit Hilfe seiner Hoheitsrechte die Gewerbeaufsicht über die ganze Stadt auszudehnen.

Die Wormser Fischhändler, deren Rechte der Stadtherr im Jahre 1106 bestätigte, stellen sich als Verband dar, dem als ganzem das Recht, mit Fischen zu handeln, übertragen worden war; es sollte für immer bei der Zahl der 23 zur Zeit Berechtigten bleiben, derart, daß sich die Stellen vererbten, beim Fehlen eines Erben aber der Stadtherr mit gemeinsamem Rate der Stadtleute den Nachfolger benennen sollte. Wer selber Fische fing, der durfte sie auch verkaufen, aber nur die Fischhändler waren befugt, Fische zum Wiederverkauf anzukaufen. Sie mußten, damit dieses Privileg nicht verfiel, alljährlich in der Fastenzeit dem Burggrafen einen und dem Schultheißen als Marktrichter zwei Lachse darbringen. In Frankreich und Deutschland mußten die Handwerker gleichen Berufes, soweit sie unfrei waren, bei der Zunftbildung die Pflichten gegenüber den Genossen mit denen gegenüber ihren Grund- oder Leibherren vereinbaren. Es ist klar, welchem von beiden sie im Falle eines Konflikts den Vorrang geben mußten: Auf die Dauer hat die Möglichkeit der Zunftbildung die Befreiung der hörigen Handwerker und die Anerkennung ihrer vollen Rechtspersönlichkeit zweifellos erheblich beschleunigt. Ein allgemeines politisches Mandat zu beanspruchen, lag den Gewerbeverbänden offensichtlich noch ganz fern. In allen ihr eigenes Gewerbe betreffenden Fragen jedoch konnten der Stadtherr und die Geschlechter sie bei der Ausübung ihrer Macht kaum noch übergehen.

Die Art und Weise, wie sich die Fürsorge der Gemeinde für das Allgemeinwohl ihrer Stadt entfaltete und durch das Medium einer unorganisierten Volksversammlung äußerte, läßt sich deutlich ablesen von den Vorgängen, die sich in den randständigen und darum zu selbständigem Handeln gezwungenen Städten des byzantinischen Reiches abspielten und uns wegen ihres Einflusses auf die Einsetzung des Stadtherrn bereits beschäftigt haben. Die Verfassung der griechischen Binnenlandsstädte ist uns nur aus Unteritalien etwas näher bekannt, und da zeigt sich, daß Stadtgemeinden zunächst nur als agrarische Nachbarschaftsgemeinden existierten, die sich so, wie es Dorfgemeinden auch taten, mit der Verwaltung des Gemeindelandes im weitesten Sinne befaßten. In den Bereich der Nachbarschaftsangelegenheiten fällt nämlich, allgemein gesprochen, auch der Abschluß von Ansiedlungsverträgen, wie sie uns früher in Latium und auf der Iberischen Halbinsel begegnet sind, und ferner, wenn sich die Siedlung zur Stadt entwickelte, sehr bald auch das öffentliche Bauwesen mit Wall oder Mauer und Graben, mit Markt und Hafen als wichtigsten Aufgaben, wie bereits für Cremona und andere italienische Städte, für Flandern und für die Judenstadt in Speyer berichtet worden ist. Derartige Nachbarschaftsdinge bildeten das einzige Interesse, das alle grundbesitzenden Städter miteinander gemein hatten und ohne staatlichen Eingriff in eigener, gemeinsamer Tätigkeit wahrnehmen konnten.

Kern dieser Gemeinden waren in Unteritalien vermutlich aus Erbengemeinschaften entstandene bäuerliche Familiengemeinden, die als gemeinsam um einen Brunnen oder eine Zisterne herum wohnende Eigentümer von Grundstücken, Bewässerungsanlagen, Mühlen, Eigenkirchen, Feldern, Weingärten und Stadthäusern noch im 11. Jahrhundert zahlreich begegnen; die Stabilität dieser Verbände beruhte darauf, daß ihre Mitglieder untereinander Vorkaufsrechte besaßen und daher noch in der ersten Hälfte des 11. Jahrhunderts das Eindringen fremder Käufer vielfach verhindern konnten. Gegenüber dem Staate waren diese Gemeinden auch als Ganzes steuerpflichtig. Wir besitzen noch die Quittung, die der Katepan in Bari im August 1016 dem Cinnamus Calligraphus über die Jahressteuer des Kastellstädtchens Pelagianum bei Otranto in Höhe von 36 Goldstücken ausgestellt hat und die uns zeigt, daß die Gemeinde imstande war, in eigener Verwaltung die Steuer von ihren Mitgliedern einzuziehen. Im Laufe des 11. Jahrhunderts vollzog sich dann der Übergang von der Verwandtengemeinde, die immer mehr fremde Mitglieder aufnahm, zur bloßen Besitzergemeinde und deren Vereinigung mit oder Aufsaugung durch Kastellstadtgemeinden, die sich um Wachtürme und Burgen gruppierten. Die Burgleute (kastrénoi, synkastrénoi) waren nun die gemeinsamen Besitzer, die über die Gemeindegüter verfügten, gemeinsam bei Abtswahlen in den Eigenklöstern intervenierten und als Zeugen in Urkunden auftraten.

Hier machte sich nun auch eine erste Organisation bemerkbar. In Nachbarschafts- und Steuerangelegenheiten konnte sich eine Gemeinde durch ihre Notabeln (boni homines) vertreten lassen; im Jahre 992 traten in Polignano der Vorsteher der Scholen, der Turmarch, der erwählte Bischof, drei Gastalden und dreißig amtlose Honoratioren „als Ernannte und in Vertretung aller Männer, die in der Stadt Polignano wohnen, sowohl der großen und der mittleren wie des ganzes Volkes“, als Handelnde auf, die dem Kloster S. Benedicti gewisse Grundstücke derart übertrugen, daß der Abt sie nutzen, das Eigentum aber bei der Stadt bleiben und von ernannten Rektoren oder Vögten verwaltet werden sollte. Das Kloster S. Nicolai in Monopoli besaß im Mai 1054 einen Schutzbrief aller Einwohner der Stadt, wonach die Einwohner es von der Pflicht befreit hatten, zu den Lasten beizutragen, die der Staat ihrer Burgstadt auferlegen würde; hier war es also noch die Volksversammlung, die über die von den Großen vorbereiteten Verwaltungsmaßnahmen entschied und nicht daran dachte, die Entscheidung einem Organ zu delegieren. Die Vertretung der Stadt durch Vornehme war offenbar noch keine dauerhafte Institution, sondern beschränkte sich auf einzelne Aufträge, nach deren Abwicklung sie wieder erlosch, um bei anderer Gelegenheit erneuert, aber auch anders zusammengesetzt zu werden. Weder die Ausbildung von Geschlechtern der Vornehmen noch die Ausweitung der Kompetenzen über Nachbarschafts- und Steuersachen hinaus läßt sich erkennen; wir sehen nur, daß die Vornehmen denselben Schichten angehörten, aus denen der Kaiser und der Katepan ihre Amtleute nahmen, und daß Marktleute unter ihnen kaum zu finden waren. Größerer politischer Spielraum eröffnete sich ihnen nur vorübergehend während des Zerfalls der griechischen Herrschaft, als die Städte einzeln mit den Normannen wegen der Übergabe verhandelten und damit Aufgaben wahrnahmen, die die kaiserlichen Amtleute nicht mehr erfüllen konnten. So widersetzte sich in Bari 1051 die regierende Bürgerpartei dem Einzug des Katepans Argyros, den sie bereits nicht mehr nur als kaiserlichen Amtmann, sondern auch als angestammten und ihrer Anerkennung bedürftigen Stadtherrn betrachtete. Erst 1071 und als letzte griechische Stadt unterwarf sich Bari den Normannen, und diese mußten zunächst die Freiheiten, deren sich die Städte bemächtigt hatten, respektieren. Noch zu Beginn des 12. Jahrhunderts bildete Bari eine Art freier Stadt innerhalb des Herzogtums Apulien, die sich den Patrizier Grimoaldo Alferanites als eigenen Fürsten an die Spitze stellte.

Für die Verfassung der griechischen Binnenlandsstädte war es typisch, daß eine gemeindliche Selbstverwaltung über die Nachbarschaftsdinge hinaus nicht möglich war. Die Führungsgruppen dieser meist kleinen Agrostädte waren nicht reich und mächtig genug, um diese Grenzen zu sprengen, es mußte ihnen aber auch nach der gesamten kulturellen und staatlichen Tradition ihres Landes der Wille dazu fehlen, die Macht der Stadtherrschaft zu brechen. So wie die kaiserlichen Amtleute nirgends zur Appropriation der Stadtherrschaft fortschreiten konnten oder wollten, so fehlte den Gemeinden jeder Antrieb, ihre Rechte und Freiheiten im Kampf gegen sie zu erweitern, denn kein Sieg konnte ihnen einen Erfolg bringen, solange Zusagen des Amtmanns seine Nachfolger nicht banden und das Recht nicht änderten. Denn dazu war nur der Kaiser befugt, und er war zu mächtig, als daß eine einzelne Stadt gegen ihn hätte antreten können. Im griechischen Reiche herrschte weder ein Kaiser noch ein „Stadtherr“ persönlich, sondern das althergekommene und unabänderliche Gesetz; die Gemeinden konnten den kaiserlichen Amtleuten daher nichts abringen, was diese selber nicht besaßen. Als der Katepan von Bari im Dezember 1046 dem Richter Bisantius wegen treuer, dem Kaiser erwiesener Dienste die Burgstadt Foliano mit dem Recht der Steuererhebung, Rechtspflege und Kolonisierung überwies, geschah dies mit dem ausdrücklichen Hinweis darauf, daß weder der Richter noch sonst jemand die Steuergesetze ändern und den Einwohnern neue Pflichten auferlegen dürfe. Wie die Unauflöslichkeit des Reichsbürgerrechtes die Entstehung von Stadtbürgerrechten, so verhinderte die Unverbrüchlichkeit des Reichsgesetzes die Entstehung von städtischer Autonomie und Stadtrecht. So wenig wie das spätrömische vermochte das byzantinische Rechtsdenken Ansätze zur Entwicklung einer Korporationstheorie auszubilden, wie der lateinische Westen sie in der dinggenossenschaftlichen Form der Justiz besaß, die dem Herrn die Urteilsfindung nahm, um sie dem Verbande der Gerichtsgenossen zu übertragen, eine unvergleichlich wirksame Garantie der autonomen Rechtsbildung und zugleich genossenschaftlicher und körperschaftlicher Organisation. Das justinianische und byzantinische Recht stand dem Verbands- und Gemeindeleben des Abendlandes ganz fremd gegenüber, und es waren, von seinem Standpunkt aus gesehen, ganz fragwürdige Denkmittel, mit denen die italienischen Juristen es im 12. und 13. Jahrhundert der westlichen Praxis angepaßt haben. Wenn wir hier auf die Anfänge jener Entwicklung stoßen, in deren Verlauf der Osten und der Westen schließlich weit auseinanderführende Wege beschritten, so liegt ein Grund dafür nicht in der Rückständigkeit, sondern gerade in der bewundernswerten Vollkommenheit, zu der sich das römisch-byzantinische Rechtsdenken entfaltet hatte. Mit Recht durften die Griechen annehmen, daß der aus barbarischen Ursprüngen heranwachsende Westen ihnen ein Lehrmeister nicht sein könne.

Ebenso erfolgreich wie die Baresen verteidigten die Geschlechter von Amalfi und Neapel ihre bei der Herzogswahl bereits in den politischen Bereich ausgedehnten Gemeinderechte. Erst im Jahre 1100 beendete Graf Roger I. von Apulien die Selbständigkeit der Amalfitaner; die der Neapolitaner gar vermochte erst König Roger II. von 1131 bis 1137 zu brechen. Die Beneventaner retteten in zahlreichen Aufständen gegen Kaiser Heinrich III., normannische Grafen und einheimische Fürsten ihre Selbständigkeit, indem sie 1049 den Papst als Stadtherrn annahmen, während das Fürstentum Benevent selbst in die Hände der Normannen fiel. Die Geschlechter – mit einer Beteiligung von Marktleuten an den Vorgängen ist nicht zu rechnen – errichteten 1015 und 1041 Eidgenossenschaften, 1051 dagegen eine herrschaftliche Gemeinde, indem sie dem Papst den Treueid schworen; ihr Bürgereid war hinfort zugleich Huldigungseid, der die Selbständigkeit der Adelsgemeinde kaum noch einschränkte. Da die Adelsgemeinde das Volk von der Herrschaft ausschloß, kann die Eidgenossenschaft der Beneventaner nicht eigentlich in den Hauptstrom der europäischen Stadtgeschichte eingeordnet werden. Dasselbe gilt wohl auch von Rom, obwohl in den Berichten über die Kämpfe der Adelsparteien um die Macht in der Stadt und die Besetzung des päpstlichen Stuhles immer wieder auch das Volk einmal in Erscheinung tritt. Es bildete offenbar eine in zwölf Stadtbezirke (rioni) gegliederte und von zwölf Decarcones geführte Miliz; in dieser Gliederung nahm das Volk an der Synode von 963 teil, die unter dem Vorsitz Kaiser Ottos I. Papst Johannes XII. absetzte, und als sich 1118/19 die

Nachricht verbreitete, die kaiserfreundliche Adelspartei der Frangipani habe Papst Gelasius II. entführt, erhoben sich „die zwölf Rioni von Rom“ und die Leute von Trastevere und von der Insel unter Führung der Großen, um ihr Oberhaupt zu befreien. In der Blütezeit der römischen Adelsherrschaft von etwa 940 bis 1050 gelang es, wie wir gehört haben, dem Stadtadel auch, die päpstliche Gerichtsbarkeit zu kontrollieren, da die sieben Richter des Lateranspalastes inmitten einer Adelsversammlung Gericht halten mußten. Es handelte sich hier tatsächlich um ein Adelsgericht, nicht um ein Gericht des gesamten Stadtvolkes. Von der Justiz für die kleinen Leute freilich erfahren wir gar nichts.

Bloße Nachbarschaftsgemeinden, die jedoch schon als Vertragspartner der Gründungsverträge rechtsfähig waren, blieben den latinischen Kastellstädten eigentümlich, die nördlich von Rom, in der Sabina, im 10. Jahrhundert in die Grafschaftsverfassung eingegliedert waren, derart, daß ihre Richter und Notabeln den Umstand in den Grafengerichten bildeten. Als sich diese um 1010/1020 auflösten, traten gleichartige Versammlungen unter dem Vorsitz eines stadtherrlichen Amtmanns an die Stelle, die denen byzantinischen Typs in den südlichen Städten der Funktion nach glichen. Die Verfassung dieser kleinen Städte blieb streng herrschaftlich; es gab keine Entscheidungen der Volks- und Gerichtsversammlungen, die der Stadtherr nicht kontrolliert hätte. Als Notabeln, die die Willensbildung der Versammlungen leiteten, begegnen uns die Richter und Notare der Städte und die in den Kreis der Wohlhabenden aufgestiegenen bäuerlichen und gewerbetreibenden Einwohner und Hintersassen des Stadtherrn. Dieser war berechtigt, von ihnen auch Kriegsdienst zu verlangen: Während das gewöhnliche Volk ihm zu Arbeitsdiensten verpflichtet war, leisteten die Großen Wehrdienst zu Pferde. Die Äbte von Farfa und Subiaco begannen im 11. Jahrhundert damit, die Krieger aus der lokalen Aristokratie mit günstigen Landpachten und schließlich sogar mit Lehnsgütern zu belohnen, um damit die Zahl ihrer Kriegsleute zu vermehren; sie gehörten zu den letzten, die in Europa noch den fränkischen Feudalismus rezipiert haben. In der Handwerkerhierarchie dieser Landstädte kam den Eisenschmieden eine hervorgehobene Stellung zu; überall beteiligten sie sich am Landesausbau und am Mühlenbau und stiegen sie in den Kreis der wohlhabenden Leute (boni homines) auf. Zusammen mit den Bauhandwerkern bildeten sie das wichtigste freie Gewerbe. Am Ende des 11. Jahrhunderts zerfiel die Bevölkerung der Kastellstädte in die führende Schicht der Reiterkrieger (milites) und in das gewöhnliche Stadtvolk der zu Fuß Dienenden (villani, pedites). Über den Umfang der gemeindlichen Selbstverwaltung unterrichtet uns der Vertrag, den Papst Paschalis II. als Stadtherr im Jahre 1109 mit den Einwohnern von Ninfa abschloß. Diese verpflichteten sich, den Treueid zu leisten und die üblichen Dienste und grundherrlichen Abgaben, darunter solche von auswärtigen Besuchern des Marktes, zu erbringen; der Bürgereid dieser Städte war also, entsprechend ihrer streng herrschaftlichen Verfassung, ein Huldigungseid. Ferner mußten sie sich dem herrschaftlichen Mühlenbann unterwerfen; der Stadtherr verfügte über eine Mühle in der Stadt und zwölf weitere in der Umgebung, und sie mußten versprechen, wenn der Papst es verlangte, die steinerne Stadtmauer abzureißen. Offenbar hatten die Normannenkämpfe des späten 11. Jahrhunderts die Einwohner dazu veranlaßt, in Selbsthilfe und ohne Mitwirkung des Herrn eine Gemeinde zum Zwecke des Mauerbaus zu bilden, eine Maßnahme, die den entscheidenden Schritt von der Nachbarschaftsgemeinde grundherrschaftlichen Charakters zur politischen Gemeinde städtischer Art darstellte und die der Vertrag mit dem Stadtherrn legalisierte, da er die Einwohnerversammlung als rechts- und beschlußfähiges Gremium anerkannte.

Damit war den Bewohnern einer unbedeutenden latinischen Landstadt derselbe Status zugestanden, den, soweit unsere unvollständige Erkenntnis reicht, nach den Einwohnern von Comacchio im Jahre 715 als nächste die Genuesen gewonnen hatten: Denn im Jahre 958 verliehen die Könige Berengar II. und Adalbert der Genossenschaft der Großgrundbesitzer oder Geschlechter in Genua das Recht, die Gerichtsbarkeit in der Stadt auszuüben, nebst Unantastbarkeit des Haus- und Grundbesitzes eines jeden Einwohners. Der Akt setzt die Existenz einer rechtsfähigen Gemeinde voraus, ohne einer herrschaftlichen Spitze oder handelnder gemeindlicher Organe zu gedenken; offenbar hatte die Gemeinde solche als Institutionen noch nicht ausgebildet, sondern nur vorübergehend zu dem Zweck eingesetzt, das Privileg zu erwerben. Vertrauensmann der Volksversammlung gegenüber den Stadtherren war der Bischof, dessen Amtleute gemeinsam mit den bewährten Männern (boni homines) der Stadt die Gerichtsbarkeit handhabten. Im Jahre 1056 erreichte die Gemeinde die endgültige Entmachtung des Stadtherrn, indem sie vom Markgrafen Alberto Malaspina den Eid auf Einhaltung des von ihr gewiesenen Gewohnheitsrechtes erzwang. Über die Anfänge der Organbildung berichtet der genuesische Staatsmann Caffaro, der erste nicht dem Klerus angehörige Geschichtsschreiber Europas: Im Jahre 1097 seien päpstliche Legaten nach Genua gekommen, die das Volk in der Kathedrale versammelten und den Kreuzzug predigten; viele Große der Stadt hätten daraufhin das Kreuz genommen und gemeinsam zwölf Galeen und ein kleines Schiff für die Heerfahrt ausgerüstet. Die Krieger bildeten auf der Reise eine Heeresversammlung (parlamentum), die den als Konsul bezeichneten Führer wählte und die wichtigen strategischen Entscheidungen durch ihren einstimmigen Zuruf billigte. Die Willensbildung erfolgte also noch ganz formlos im Kreise der Großen, bei dem in erster Linie an die Häupter der grundbesitzenden, aber auch in Reederei und Seeraub engagierten ritterlichen Geschlechter zu denken ist. Da das Volk ihre Beschlüsse durch Akklamation billigen oder dagegen tumultuierend verwerfen konnte, ohne auf den Inhalt wirklich Einfluß zu haben, bestand kein Bedürfnis, die Formlosigkeit des Verfahrens zu überwinden. Alles, was so geschah, rechnete man der Gemeinde als einem Ganzen zu.

Vielleicht war die längere Abwesenheit so vieler Großer der Grund dafür, daß, wie Caffaro weiter erzählt, die Daheimgebliebenen 1099 ein für drei Jahre gültiges Friedensbündnis errichteten und an die Spitze der damit gegründeten Gesellschaft (compagna) sechs Konsuln stellten, die die Gerichtsbarkeit und andere Gemeinschaftsaufgaben zu besorgen hatten. Die Friedensgesellschaft wurde seit 1102 regelmäßig auf vier Jahre mit vier Konsuln erneuert. Vor 1099 waren Friedensgesellschaften der Großen mit Konsuln zur Unterbrechung der innerstädtischen Fehden offenbar nur vereinzelt und vorübergehend errichtet worden, wenn der Seekrieg gemeinsame Anstrengungen aller Geschlechter erforderte; seit 1099 wurde daraus eine dauernde Institution. Caffaro sagt nichts darüber, ob die Compagna alle Einwohner zum Beitritt zwang, womit sie eindeutig eine stadtherrliche Befugnis okkupiert und den entscheidenden Schritt zur politischen, autokephalen Gemeinde getan hätte, oder ob der Beitritt freiwillig erfolgte, und auch nichts darüber, ob es eine Schwurgemeinschaft war, die von jedem Beitretenden eidlich eine Unterwerfung unter die Gemeinschaftsbeschlüsse verlangte und sich damit auch als autonome Rechtsquelle konstituiert hätte; wir hätten es in diesem Falle mit einem genossenschaftlichen Bürgereid zu tun, der schwerlich noch einen Treuvorbehalt zugunsten irgendeiner Stadtherrschaft enthalten haben kann. Die für die erste Phase der Gemeindebildung typische Formlosigkeit der Beschlußverfahren und die damit verbundene Unbestimmtheit der Tragweite des Gemeinschaftshandelns tritt in Caffaros Bericht mit aller Deutlichkeit hervor. Bemerkenswert ist ferner der starke kirchliche Einfluß auf die Entstehung der Friedensgesellschaft. Die Gemeinde knüpfte bei ihrer Konstituierung an die Friedensideale an, die die Kirchenreformer seit dem Ende des 10. Jahrhunderts zuerst in Südfrankreich propagiert hatten und die die dorthin Handel treibenden Genuesen seit langem in sich aufgenommen hatten.

In Venedig und den dalmatinischen Städten ging die Usurpation der Stadtherrschaft durch die Gemeinde genau so unmerklich, aber auf andere Weise vor sich. Sie war vollendet, als die Gemeinden aufhörten, für die von ihnen gewählten Vorsteher, in Venedig den Dogen und in Dalmatien den Prior, die kaiserliche Bevollmächtigung einzuholen, und als sich die Kaiser dies ohne Widerspruch gefallen ließen. Von diesem Zeitpunkt an waren die Gemeinden autokephal, ein Zustand, den freilich nur die Venezianer dauerhaft bewahrten, während sich die dalmatinischen Städte seit 1102 wieder einer erblichen Stadtherrschaft unterwerfen mußten. Die Willensbildung der Gemeinden vollzog sich in der uns bekannten formlosen Weise in den

Volksversammlungen und in einer nicht fest abgegrenzten Führungsgruppe. Die Institutionalisierung von Gemeindeorganen trat nur in Venedig ein, und zwar seit 1032. Denn die wenigen großen Geschlechter, die sich beim Volke um die Wahl eines der Ihren zum Dogen bewerben konnten, weil sie reich genug waren, um die Kosten für das Verwaltungspersonal, den Unterhalt von Söldnern und die Ausrüstung einer Flotte zu tragen, – diese Geschlechter strebten danach, das Amt erblich zu machen, indem der regierende Herr zu Lebzeiten mit formaler Zustimmung des versammelten Volkes seinen Sohn zum Mitregenten annahm und die Bischofs- und Pfarrkirchen mit Verwandten besetzte, da dem Klerus bei der Meinungsbildung in der Volksversammlung eine führende Rolle zukam; es waren nämlich nur die aus den Reihen der Geschlechter stammenden Bischöfe und Richter befugt, in der Volksversammlung zu reden und Beschlüsse zu formulieren, denen das Volk nur, wie üblich, mit Zuruf zustimmen oder im Tumult widersprechen konnte. Seit der Doge Pietro Orseolo zu Beginn des 11. Jahrhunderts Venedigs Herrschaft über das Adriatische Meer begründet hatte, mußten die Dogen wegen der hohen Kosten dieser Politik immer häufiger mit finanziellen Forderungen an die Geschlechter und die frondienstpflichtigen Handwerker herantreten; daher kam es seit 1026 zu einer Reihe von Tumulten und dem Sturz mehrerer Dogen, bis das Volk 1032 Domenico Flabanico zum Stadtherrn erwählte und ihm und seinen Nachfolgern für immer das Recht benahm, den eigenen Sohn zum Mitregenten einzusetzen und auf diese Weise eine Erbfolge in dem Amte herbeizuführen. Statt dessen beschloß man, dem Dogen zur Erledigung der Staatsgeschäfte zwei Berater beizugeben, die die Bürger alljährlich erwählen sollten, und zwar diejenigen jeder Stadthälfte beiderseits des Canal grande je einen. Diese Räte, deren Zahl man im Laufe der Zeit erhöhte, bildeten später den sogenannten kleinen oder herzoglichen Rat; mit ihrer Hilfe gelang es der Gemeinde und in der Sache deren führenden Geschlechtern, die Macht des selbstgewählten Stadtherrn zunehmend unter ihre Kontrolle zu bringen.

In den Städten Dalmatiens, denen mit dem Landgebiet die Gruppe der Großgrundbesitzer und adligen Krieger fehlte, bildete sich eine der italienischen vergleichbare ständische Differenzierung erst im 11. Jahrhundert und nur in Ansätzen aus. Auch machte sich die von den Kirchenreformern erregte religiöse Bewegung, die zur Gemeindebildung in Italien und Frankreich so viel beitrug, in Dalmatien nicht mehr bemerkbar. Das während des Verfalls der Stadtherrschaft im 10. Jahrhundert ausgebildete Wahlamt des Priors, das nur den vornehmsten Familien, in Zadar und ansatzweise in Split sogar nur einem einzigen Geschlecht zugänglich war, hatten sich die Gemeinden weder gegen den Stadtherrn noch in innerstädtischen Geschlechterfehden erkämpfen müssen. So vollzog sich die Willensbildung zunächst in der Volksversammlung aller Stadtbewohner, die 1018 in Krk, Rab,

Beli auf Osor und Osor, 1074 in Split, Trogir, Biograd und Zadar bezeugt ist, ohne daß eine abgrenzbare führende Gruppe in ihr hervortrat. Erst seit dem Ende des 11. Jahrhunderts hoben sich die Familien, die die Politik bestimmten und den Kreis der Wohlhabenden bildeten, deutlicher vom Volke ab. Zu ihnen gehörten die Großen (maiores), die von den kleinen Leuten unterschieden und in den Zeugenlisten der Urkunden immer wieder mit Namen genannt werden. Sie stellten die Bischöfe und die nun häufig zu zweit amtierenden Prioren und Richter, und gegenüber ihren Führungsgremien begann die Volksversammlung an Gewicht zu verlieren.

Die Herrschaftsverträge, die die Gemeinden 1105 mit König Koloman von Ungarn und seit 1115 mit dem Dogen von Venedig abschlossen, minderten die Autokephalie insofern, als die Gemeinden Bischöfe und an die Stelle der Prioren gesetzte Grafen weiterhin erwählten, diese aber ihre Amtsgewalt vom Stadtherrn empfingen; die Autonomie der Gemeinden erkannten die Stadtherren an. Der Doge stützte sich dabei nicht auf die alte Oligarchie, die die Prioren gestellt hatte, sondern auf neu emporkommende Familien, die vermutlich stärker als jene vom Handel lebten und der Volksversammlung neue Bedeutung verliehen, bei der die Grafenwahl lag. Der Herrschaftsvertrag der Raber mit dem Dogen von 1115 zwang zugleich alle Einwohner, die damit geschaffene Verfassung anzuerkennen oder auf den Schutz der Stadt zu verzichten; es entstand also eine herrschaftliche Gemeinde, deren Bürgereid, wenn es einen solchen gab – bezeugt ist er nicht –, Treueid sowohl gegenüber dem Stadtherrn wie gegenüber der Gemeinde gewesen sein muß. Denn die politischen Gemeinden in den Städten waren nicht im Kampf, sondern im Einvernehmen mit den Stadtherren errichtet worden. Die Gemeinde brauchte daher auch der Stadtherrschaft keine eigenen Organe entgegenzusetzen, solange ihre erwählten Häupter zugleich vom Stadtherrn autorisiert wurden. Das älteste sichere Zeugnis für die Existenz einer solchen herrschaftlichen Kommune ist der Beschluß, in dem Bischof, Graf und ganze Gemeinde von Rab im Jahre 1118 die durch Vertrag mit dem Dogen Ordelaf Falieri von Venedig festgelegte Verfassung bezeugten. Im Vergleich mit Genua ist zu erkennen, wie der Zwang zu friedlicher Einigung mit einem außerhalb der Stadt stehenden Herrn die Entstehung bestimmter Rechtsformen für die Gemeindeverfassung begünstigte.

Diese günstige Situation war in noch viel höherem Grade in Reichsitalien und in den von hier aus beeinflußten Randgebieten des Kirchenstaates gegeben, wo ökonomisch und politisch ungewöhnlich potente Gruppen von Stadtbewohnern einer wegen des Rückhalts am sächsisch-salischen Kaisertum besonders mächtigen Stadtherrschaft gegenüberstanden. Rascher als in allen anderen europäischen Ländern schritt hier die soziale Differenzierung fort. Die Quellen sprechen zwar noch sehr lange schlechthin von Bürgern, wenn die Städter handelnd auftraten, wie etwa in Mantua, wo König Lothar

(948–50) ihnen die Kontrolle der bischöflichen Münze zuerkannte, oder in Mailand, wo die Bürger 1037 Kaiser Konrad II. aus der Stadt aussperrten und ihren Bischof verteidigten. Viel mehr erfahren wir auch noch nicht, wenn die Urkunden von großen, mittleren und geringen Bürgern sprechen, denn diese bis weit nach Unteritalien hin verbreitete Einteilung leitet sich von den alten langobardischen Gesetzen ab, die das Volk zum Zwecke der militärischen Selbstausrüstung in drei Klassen eingeteilt hatten. Aber gelegentlich erfahren wir mehr, so etwa aus dem satirischen Sittenspiegel, den Bischof Rater von Verona um 935 verfaßte. Darin kommen neben den ausführlich behandelten Kaufleuten auch die Handwerker vor, sie aber so kurz, daß man aus Raters geringem Interesse an ihnen wohl auf die damals noch gegebene Bedeutungslosigkeit dieser Gruppe schließen kann. Viele von ihnen mochten noch Unfreie oder Zensualen sein, denn überall gab es noch grundherrliche Höfe in den Städten, deren Hufner sowohl gewerbliche Rohstoffe wie Wolle, Flachs oder Eisen für die Hofhandwerker als auch Fertigwaren wie Tuche, Beile und Sensen zinsten; indes wir sahen bereits, wie rasch diese Abhängigkeiten im Laufe des 10. Jahrhunderts zerfielen, und da dies geschah, ohne politische Konflikte auszulösen, müssen wir annehmen, daß sowohl die Herren wie ihre Leute diese Bindungen als Privatrechtsverhältnisse betrachteten, die sich in Pachten umwandeln oder im vertraglichen Wege ablösen ließen. Wenn einer Schenkung des Bischofs Johannes von Modena an das Kloster S. Pietro im Jahre 998 außer Klerus und Rittern auch das Volk zustimmte, so muß mit diesem Begriff die gewerbliche Bevölkerung der Stadt gemeint sein, die sich im Jahre 1037 in Parma bereits zusammen mit den Grundbesitzern am Angriff auf Kaiser Konrad II. beteiligte. Besonders gut zeigt der Bericht des Kammermeisters Gisulf über die Handwerker von Pavia, unter welchen Umständen Gewerbetreibende zu wirtschaftlichem Wohlstand und politischem Einfluß aufsteigen konnten. Wie in den kleinen latinischen Kastellstädten traten die Erfolgreichen in die Kreise der wohlhabenden Leute (boni homines) ein, wenn sie über den Handel mit Rohstoffen oder Fertigwaren zu Vermögen kamen, so wie es die Eisenhüttenleute aus dem Scalvetal bei Bergamo taten, denen Kaiser Heinrich III. 1047 Zollfreiheit für ihren Handel in Oberitalien bis hin zum Apennin gewährte. Die Kaufmannschaft, von deren politischem Gewicht bereits der 924 unternommene Versuch der Cremonesen zeugt, den unter bischöflicher Nutzung stehenden Stadthafen aufzuheben und an anderer Stelle einen neuen zu erbauen, – die Kaufmannschaft freilich ergänzte sich nicht nur aus dem Handwerkerstande, sondern auch aus der Gruppe der Grundbesitzer, deren Geschlechter infolge des im langobardischen Erbrecht herrschenden Prinzips der Realteilung allmählich verarmen mußten, wenn sie nicht entweder neue Güter zu erwerben oder ersparte Einkünfte aus ihren Grundrenten im Handel anzulegen verstanden, eine Möglichkeit, von der nicht nur niederadlige, sondern gelegentlich auch und sogar hochadlige Familienzweige Gebrauch machten.

Eine zweite, besonders einflußreiche Gruppe unter den Städtern bildeten die Richter und Notare, jene häufig hervorgegangen aus den Familien, die im 9. Jahrhundert die Schöffen der Grafengerichte gestellt hatten und mit dem Familienerbe den Anspruch auf den Königsdienst in den Stadtgerichten übernahmen, diese seit alters in zunftartigen Verbänden (scholae) organisiert und wohl insbesondere Träger der römisch-kanonischen Rechtskenntnisse, mit denen sie seit je der Provinzialenbevölkerung gedient hatten, deren Nützlichkeit aber jetzt, wie wir sahen, auch den nach langobardischem oder fränkischem Recht lebenden Großen offenbar wurde, wenn sie begannen, sich ihre Lehen anzueignen und ihre Geldmittel in Reederei und Fernhandel anzulegen. Auch Richter und Juristen konnten in die Schicht der Großen (maiores) oder rechtschaffenen Männer (boni homines) aufsteigen, wenn sie in ihrem Beruf zu Reichtum kamen und Allodialgrundbesitzer oder Lehnsleute wurden. In Lucca erwarben sie seit dem 9. Jahrhundert Grundstücke in der Umgebung des Domes, die sie mit vornehmen Häusern bebauten; der Bischof, der sich zunächst dieser Einkreisung zu widersetzen suchte, wurde bald von ihnen abhängig, weil sie ihre Söhne mit Stellen im Dom- und in den Stiftskapiteln versorgten, und schließlich selbst aus ihren Kreisen genommen. Da ihr Einfluß auf die bischöfliche Verwaltung erheblich größer war als auf die der weltlichen Stadtherren, mag vor allem ihr Interesse die Verdrängung der alten gräflichen und markgräflichen Herren aus den Städten schon früh im 10. Jahrhundert erklären. Sie unterhielten die Rechtsschulen in Ravenna und Pavia, den Sitzen der höchsten Gerichte Oberitaliens in alter und neuerer Zeit, und standen hinter dem Beschluß der Gemeinde in Bologna von 1088, für die Ausbildung ihrer Syndiker, Defensoren, Notare und Advokaten eine höhere Schule mit städtisch besoldeten Lehrern zu gründen. Vermutlich im Kreise dieser Lehrer entstand in den letzten Jahren des 11. Jahrhunderts die kritische Rezension der justinianischen Digesten, die als ›Bologneser Textfassung‹ (littera Bononiensis) der allgemein zugrunde gelegte Schultext des europäischen Privatrechts werden sollte. Die Ausbildung erstreckte sich ferner auf die Kunst, Schriftstücke für den Verkehr der Behörden und Gerichte zu diktieren (ars dictandi), die zuvor in den Klosterschulen ein Teil des Sprachunterrichts gewesen war, bevor sie sich um 1100 verselbständigte, eine Folge der vorangegangenen Entwicklung außerkirchlicher pragmatischer Schriftlichkeit und Versachlichung des Rechtslebens. Um die Geltung des ersten Lehrbuchs der neuen Kunst, das der Mönch Alberich von Montecassino verfaßt hatte, als sich der Investiturstreit auf dem Höhepunkt befand, gab es um 1115–20 in Bologna einen heftigen Richtungsstreit zwischen Adalbert, dem vermutlich laikalen Lehrer eines privaten Schülervereins, und dem Domherrn Hugo, denn die in der gelehrten Kultur des benediktinischen Hauptklosters entstandene neue Briefkunst fand erst in der Stadt und in der Nachbarschaft des neuen Rechtsstudiums ihr eigentliches Wirkungsfeld, wo sie den Söhnen der alten Richter- und Notarsfamilien neue Möglichkeiten des Fortkommens und Einkommens in Kanzlei und Notariatsbüro verschaffte.

Als dritte Gruppe traten seit dem Ende des 10. Jahrhunderts die Ritter hervor, die wohl zuvor im wesentlichen die Schicht der Groß- oder Herrenbürger ausmachten, hatten doch die Städte seit jeher militärische Aufgaben gehabt, und die Herrenbürger waren die Nachfahren jener Freien und Heermannen, von denen die Könige seit je die Heerfolge eingefordert hatten. Ihr späteres Hervortreten als eigene Gruppe hängt damit zusammen, daß ihre Zahl bedeutend zunahm und daß sie sich den Bischöfen als Vasallen ergaben. Denn ihre Güter bildeten die Lehen, über deren rechtswidrige Appropriation und Vererbung die Markgrafen und Bischöfe am Ende des 10. Jahrhunderts bei König Otto III. Klage führten, weil sie nun wie Eigengut im Erbgang der Realteilung und damit dem Zerfall unterlagen und damit Raum für den Aufstieg neuer Leute schufen, die, wie Bischof Rater von Verona um 935 berichtete, häufig von geringen Bauern oder Handwerkern abstammten und im Solddienst des Königs und der Kronvasallen im Laufe mehrerer Generationen in den Adel emporstiegen. Andere mochten freie Grundbesitzer gewesen sein, die die Herrschaft des Bischofs derjenigen der großen weltlichen Dynasten vorzogen und deswegen nicht nur in die bischöfliche Vasallität eintraten, sondern auch in die Städte einwanderten, wo sie sich an Verwaltung, Handel und Gewerbe beteiligen konnten. In der mailändischen Chronistik begegnen sie als Lehnsritter seit dem Ende des 10. Jahrhunderts gegliedert in Hauptleute (capitanei) und Lehnsleute (valvassores). In Modena wurden sie 998 vom Klerus und vom Stadtvolk, in Cremona wenig später von den Bürgern (cives) und den Leuten der Vorstadt (suburbani) unterschieden: Überall formierte sich in der ersten Hälfte des 11. Jahrhunderts der Stadtadel aus freien, heerdienst- oder steuerpflichtigen Grundbesitzern und Pächtern von Kirchengut und aus Rittern, die wegen ihres Lehngutes zum Wehrdienst verpflichtet waren. Sie alle besaßen Güter auf dem Lande und hielten sich nur zeitweilig in den Städten auf; indes der Eintritt in die stadtherrliche Vasallität verschaffte ihnen eine genossenschaftliche Organisation in Gestalt des versammelten Lehnshofes, an dessen Entscheidungen der Lehnsherr in allen dem Lehnsrecht unterliegenden Streitigkeiten gebunden war; so verwandelte die adlige Führungsschicht das Verhältnis der Gemeinde zum Stadtherrn in ein Lehnsverhältnis, das ihr ein Recht der Zustimmung und Mitsprache sicherte, von dem die Bischöfe und die sie unterstützenden Könige die Stadtherrschaft vergebens zu befreien suchten, etwa indem sie den Städten Bischöfe oktroyierten, die nicht der einheimischen Führungsschicht entstammten. Deswegen kam es 1035–37 zu zahlreichen Aufständen der Valvassoren, die Kaiser Konrad II. schließlich zwangen, nachzugeben und den Lehnsmannen sowohl das Erbrecht an ihren Gütern, das die Stadtherren ihnen bis dahin verweigert hatten, als auch die Behandlung aller Lehnsstreitigkeiten in einem mit Vasallen besetzten Lehnsgericht zuzugestehen, womit ihre genossenschaftliche Organisation die gesetzliche Anerkennung fand. Damit war der Stand fertig ausgebildet, der namentlich den kleineren Städten nun seinen Stempel aufprägte; wir erinnern uns der zu Beginn des 12. Jahrhunderts verfaßten Beschreibung der Stadt Bergamo, die den Besitz von Schlachtrossen als höchsten Stolz einer unverwöhnten kriegerischen Bürgerschaft rühmte.

Die auf formlosen, vom Grafen und Bischof geleiteten Volksversammlungen ausgeübte traditionelle Selbstverwaltung der Städter hatte in Italien wie überall ihren ersten Gegenstand in den nachbarschaftlichen Angelegenheiten. Das Wort communis hatte im 10. Jahrhundert noch ganz die Bedeutung von Gemeineigentum, ehe es seit dem 11. Jahrhundert auch gemeinsame Anliegen schlechthin und die Gesamtheit der darüber in öffentlicher Versammlung beschließenden Stadtleute bezeichnete. Der Fortschritt zur politischen Gemeinde knüpfte an das traditionelle Recht der Bischofs- und Pfarrerwahl an, das den Bischof längst zum Gemeindeorgan gemacht und ihm die Verwaltung der Allmenden und der Kirchengüter unter Mitwirkung und Kontrolle der Volksversammlung anvertraut hatte: In der bekannten ungeordneten, tumultuarischen Weise billigte oder verwarf das Volk, was der Bischof darüber verfügte. Es gab keine Trennung des Kirchengutes vom Gemeindegut, mit der Folge, daß bei Sedisvakanzen nicht das Domkapitel, sondern die Stadtgemeinde die bischöflichen Tafelgüter in Verwahrung nahm. Die Urkunden vermelden daher, wenn der Bischof über Güter verfügte, wenn er Äbte und Pfarrer ernannte und investierte oder neue Pfarren und Klöster gründete, stets die Zustimmung der Gemeinde in ihrer jeweiligen Gliederung, so in Modena 998 als Klerus, Ritter und Volk; in derselben Stadt beschlossen bei Sedisvakanz des Bistums im Jahre 1099 allein Klerus und Volk, die baufällige Kirche S. Gemigniano neu zu errichten. In Parma führte der Versuch des Bischofs, mit Rückhalt am König eigenmächtig über die Allmende zu verfügen, 1037 zur Rebellion der Städter, die die Stadttore schlossen, um den ritterlichen Anhang der Stadtherren auszusperren, ehe sie den in der Bischofsburg sitzenden König angriffen. Nachdem das Aufgebot der ländlichen Ritter den König befreit hatte, ließ dieser daher die Stadtmauer abreißen, was voraussetzt, daß er deren Errichtung und Verteidigung bereits den Kompetenzen der Gemeinde zurechnete. Denn da der Bischof von vornherein nicht nur vom König eingesetzter Herr, sondern auch vom Volke gewählter Exponent der Gemeinde gewesen war, so wuchsen die Kompetenzen der Volksversammlung in demselben Maße, wie die Könige die Befugnisse der Bischöfe steigerten und zu voller Stadtherrschaft erhöhten.

Die Teilhabe der Gemeinde am Privilegienstand des Stadtherrn war so selbstverständlich, daß kein Bruch in der Entwicklung eintrat, wenn der König den Bischof umging und die Städter direkt privilegierte, wie es zuerst Berengar II. und Adalbert im Jahre 958 zugunsten der Genuesen taten oder Papst Benedikt VII., als er 981 der Stadt Ferrara die Hälfte des auf dem Po erhobenen Zolls übertrug: Hier war der Bischof durchaus noch beteiligt, denn wir hören, daß viele Städter ihn nach Rom begleiteten, um das Privileg zu erwerben. Als Otto III. im Jahre 996 den Cremonesen bestimmte Wald- und Weidenutzungen und das Recht, Handel zu treiben, gewährte, geschah dies jedoch bereits gegen den Willen des Bischofs, war es ein erster Versuch, für die Gemeinde Reichsunmittelbarkeit und Autonomie zu erlangen, ein Versuch, der daran scheiterte, daß der Bischof ältere Rechte an den Allmenden nachweisen und das Königsgericht dazu bewegen konnte, das Privileg zu widerrufen. Stark war die Stellung der Städter auch gegenüber den weltlichen Stadtherren, etwa in der Zeit des Gegenkönigtums des Arduin von Ivrea (1003–1014), wo sie die Gefolgsleute der rivalisierenden Herrscher gegeneinander ausspielen konnten, bis Kaiser Heinrich II. endlich die Ordnung wiederherstellte, oder wenn die Minderjährigkeit eines Erben die Dynastie schwächte, wie es seit 1052 in den Grafschaften der Markgräfin Mathilde von Canossa der Fall war. Nachhaltig erweiterte der Valvassorenaufstand von 1035–37, der das deutsche Herrschaftssystem in Italien bis in die Grundfesten erschütterte, die Mitregierung des Volkes und seiner nun fest etablierten Führungsschicht und die politische Kompetenz der Gemeinde.

Führend in dieser Entwicklung war die Stadt Mailand, deren Erzbischof Aribert (1018–45), ein Mann von hohen politischen Gaben, die seit dem Zerfall der Grafschaft vom König mit seiner Vertretung beauftragten Capitane und die Ritterschaft unter seiner Lehnshoheit zusammenführte, dann aber auch noch Mittel und Wege fand, um die innerstädtischen Interessenkonflikte zu gemeinsamer Abwehr der Herrschaftsansprüche Kaiser Konrads II. zu überwinden. Denn es erhoben sich nicht nur 1035–37 die Lehnsritter gegen die Bedrückungen, die ihnen der Erzbischof und die Hauptherren zufügten, sondern von 1040 bis 1044 auch die in Handel und Gewerbe tätigen Bürger gegen die Ritterschaft, die sie aus der Stadt vertrieben und deren Belagerung sie erfolgreich trotzten. Hier erhob sich zum ersten Mal der nichtadlige Teil der freien Stadtbevölkerung, um im Kampf gegen den Adel Anteil an der Stadtregierung zu gewinnen, und damit begann die kommunale Bewegung. Im Jahre 1038 war noch Erzbischof Aribert imstande, zur Verteidigung der Stadt gegen den Kaiser alle Schichten vom Bauern bis zum Ritter, vom Armen bis zum Reichen zu einigen. Das Aufgebot einer städtischen Miliz Seite an Seite mit den Rittern bedeutete die Lösung der städtischen Wehrverfassung von dem Lehnssystem und mußte die aufstrebenden gewerblichen Schichten dazu ermutigen, auch auf anderen Gebieten bei den Entscheidungen der Volksversammlung gleiches Recht mit der ritterlichen Führungsschicht zu erstreben. Ihr Gerechtigkeitsgefühl stärkte die kirchliche Reformbewegung, die sich gegen die korrumpierende Verflechtung der Kirche mit Königtum, Lehnswesen und Adelsherrschaft wandte und die Menschen zum Frieden untereinander aufrief, damit sie gemeinsam gegen diese Gegner kämpften. Erzbischof Aribert stiftete der Mailänder Miliz und dem Fußvolk des Bürgerheeres als Feldzeichen den ersten Fahnenwagen (carroccio), ein eindeutig religiöses Symbol, das die Stadtgemeinden bald allgemein übernahmen; jahrhundertelang blieb es ein Charakteristikum des Bürgerheeres, dessen religiöse Weihe die Entschlossenheit der Männer und ihr Vertrauen auf den Sieg stärkte. Die religiöse Volksbewegung gegen den beweibten und mit der Verschleuderung von Kirchengut seine Wahl erkaufenden Klerus, der ihre Gegner den Spitznamen Pataria anhängten, hat nicht nur in Mailand, sondern überall in Oberitalien die alten Herrschaftsverhältnisse zerbrochen, denn sie nahm ein von keinem Stadtherrn mehr abgeleitetes, sondern allein in ihrer religiösen Überzeugung begründetes Recht der Gewaltanwendung gegen ihre Gegner in Anspruch, das die ordentliche Gerichtsbarkeit außer Kraft setzte. Besonders klar traten diese Züge hervor, als die Mailänder in dem Ritter Erlembald einen Führer (1063–1075) fanden, der das Volk und die Stadt regierte, als ob er legitimer Stadtherr gewesen wäre; er nannte sich Bannerträger der römischen Kirche und residierte in einem Hause, das der um 1100 schreibende Priester Landulf als zur Pfalz gehörig bezeichnete, dort also, wo die rechtmäßige Reichsverwaltung hätte ihren Sitz haben müssen.

Wie in Mailand seit 1071, so führte in vielen anderen Städten der Parteienstreit zwischen kaisertreuen Vasallen und kirchentreuen Marktleuten zum Schisma: Es gab einen vom König und einen vom Papst bestätigten Bischof, und deren Konkurrenz schuf ein Machtvakuum, das niemand anders als das Stadtvolk ausfüllen konnte. Nun reiften die Erfahrungen heran, die die Bürger in Jahrhunderten latenter Teilnahme am öffentlichen Leben im Schatten des Bischofs gesammelt hatten. Spätestens als während des dritten Italienzuges Kaiser Heinrichs IV. im Jahre 1090/91 die Königsmacht endgültig zusammenbrach, setzten sich überall die Bischöfe der Reformpartei durch, und die Stadtgemeinden gewannen auch nach außen hin die volle Handlungsfreiheit, als sich 1092 die Bürger von Mailand, Lodi, Cremona und Piacenza gemeinsam gegen den Kaiser verschworen und damit den ersten Städtebund der europäischen Geschichte aufrichteten. Um Kirche und Staat von einander zu trennen, entsagten die Reformbischöfe freiwillig der Stadtherrschaft und übertrugen ihre weltlichen Rechte friedlich auf die Gemeinden. Dieser Übergang der Herrschaft auf die Volksversammlung war ein Erfolg, der dem Bürgertum nur in Italien zuteil wurde, wie man auch nur in Italien das Ziel erreichte, das der Investiturstreit sonst überall verfehlte: Die Bischöfe entsagten aller weltlichen Macht und zogen sich auf ihre geistlichen Amtspflichten zurück. Das aber war hier (und außerhalb Italiens vielleicht noch in den alten Römerstädten der Provence, des Languedoc und Kataloniens) nur deshalb möglich, weil in den Rittern und im Stande der Richter und Notare Männer vorhanden waren, die seit langem in der Stadtverwaltung tätig waren und sie jetzt auch ohne Hilfe des Bischofs fortführen konnten. Dies taten sie auch weiterhin als Sprecher in der Volksversammlung ohne formellen Amtsauftrag; die Gemeinde rechtskräftig binden konnte nur, was sie vom Volk beschließen zu lassen vermochten. Hatten die Bürger einst die Entscheidungen des Bischofs über das Gemeindeland lediglich kontrolliert, so wurden sie nun selbst und als Gesamtheit Subjekt des Eigentumsrechtes; daher konnte in Parma unter Bischof Everardo (1072–85) „das ganze Volk" dem Bonizo Strutio Land übertragen, und sehr rasch erstreckte sich dieses Recht als Obereigentum der Gemeinde über allen städtischen Grundbesitz, soweit die „rechtschaffenen Männer" der Stadt den Herren in ihren Hof- und Hochgerichten das Recht wiesen. Indem man die fränkischen Leiheverhältnisse in römischrechtliche Pachten umdeutete, setzte sich überall die Befreiung des Bodens und seiner Nutzer aus der alten Unfreiheit durch. In Mailand traf noch 1098 und 1100 der Erzbischof wichtige Entscheidungen „mit gemeinem Rate der ganzen Stadt", im Jahre 1105 aber errichtete die Bürgerschaft bereits einen Jahrmarkt, ohne die Mitwirkung des einstigen Stadtherrn einzufordern.

Der Bischof hielt sich um so länger an der Spitze seiner Stadt, je schwerer sich die Ritterschaft und die Marktleute über die Beilegung ihrer Interessenkonflikte einigen und damit die kommunale Bewegung zum Ziel führen konnten. In Piacenza kam es noch 1090 zu einem Streit zwischen dem stadtsässigen Fußvolk der Gewerbetreibenden, die sich auf der Piazza di Sant' Antonio versammelten und dem vom Papst eingesetzten Reformbischof Bonizo von Sutri anhingen, auf der einen Seite und andererseits den Rittern, die dem Kaiser und dessen simonistischem Bischof als ihrem Lehnsherrn die Treue hielten und sich auf ihre Landgüter zurückzogen, um von dort aus die Stadt auszuhungern. In Bologna und Ferrara, wo der Papst Landesherr war, gab es ähnliche Konflikte zwischen dem Volk, das seit 1096 den reformerischen gegenüber den kaiserlichen Bischöfen zum Erfolg verhalf, und den Rittern der Markgräfin Mathilde, die in Bologna vom Kaiser, in Ferrara vom Papste als Stadtherrin eingesetzt worden war. Die Selbständigkeitsbestrebungen der Städter in Ferrara führten 1101 zum Zusammenstoß mit der Markgräfin, die die Stadt belagerte und zum Teil zerstörte. Erst nach Mathildes Tode war der Ausgleich zwischen Volk und Rittern und der Aufbau der Selbstverwaltung möglich, nun freilich auch dringlich, da Kaiser und Papst um den Besitz der Mathildischen Güter stritten und nur das geschlossene Auftreten der Gemeinden deren Interessen wahren konnte. Auch in Florenz müssen Ritter und Bürger jetzt eine handlungsfähige Kommune errichtet haben, da die Stadt sofort mit eigenen militärischen Unternehmungen in die Kämpfe eingriff, um die Burgen der Kronvasallen im Lande zu brechen, auf die sich Kaiser Heinrich V. stützte. In Bologna dagegen trat die Gemeinde unter den Schutz des Kaisers, nachdem der Rechtslehrer Irnerius im Kaisergericht zu Govérnolo das Vorgehen der Kommune gegen die Markgräfin verteidigt und die Anerkennung der Kommune erwirkt hatte.

In Parma bildete die Wahl des Reformbischofs Bernhard im Jahre 1104 durch die „großen und geringen Bürger" einen Wendepunkt, denn sie bedeutete wohl die endgültige Aufnahme der Handwerker und Kleinhändler in die bis dahin von den Grundbesitzern und Kaufleuten getragene Bürgergemeinde. Die „großen Bürger" holten den von Markgräfin Mathilde designierten Bischof am 3. August in die Stadt ein, damit eine Volksversammlung im Dom ihn ausdrücklich anerkennte. Eine kaisertreue Partei aus dem niederen Volke und einige Vornehme rebellierten dagegen und verhinderten so zunächst die auf Einstimmigkeit angewiesene Beschlußfassung, aber als Mathilde Truppen vor die Stadt legte, akzeptierte das ganze Volk die von den „großen Bürgern" vollzogene Wahl. Bischof Bernhard seinerseits konnte als Mann der Kirchenreform nicht mehr markgräflicher Amtmann oder kaiserlicher Graf sein; ausdrücklich erkannte er die Volksversammlung als Inhaberin der Hochgerichtsbarkeit an, indem er 1108 bei ihr die Gemeinde Borgo San Donnino verklagte, die gegen die Herrschaft der Kirche von Parma rebellierte. Seither schlossen sich auch die Hauptherren (capitanei) und Ritter der bischöflichen Lehnskurie der Bürgergemeinde an, um mit deren Grundbesitzern und Marktleuten die Kommune oder das souveräne Volk im weitesten Sinne zu bilden; der Übergang war abgeschlossen, als der Besitz von Borgo San Donnino und anderen Orten 1119/20 die Stadt in Kriege mit Piacenza und Cremona verwickelte, der Bischof nun aber das Lehnsaufgebot seiner Ritter unter den Oberbefehl der Bürgerschaft stellte. So verschmolzen Ritter und Bürger zu einer Gemeinde, die mit dem Recht über Krieg und Frieden die volle Souveränität besaß.

In dieser ganzen Zeit ermächtigte die Volksversammlung nur fallweise einzelne ihrer Sprecher dazu, die Gemeinde in einer alle verbindenden Weise zu vertreten, wie es die Städter, ohne daß wir die Formen kennen, schon immer getan hatten, so etwa die Bürger von Pavia, die während der Vakanz des Reiches im Jahre 1024 die Königspfalz in ihrer Stadt zerstörten und nach der Wahl Konrads II. Gesandte nach Konstanz schickten, um sich zu entschuldigen – ohne etwas zu erreichen, denn der König versagte ihnen den Frieden und verwarf ihre Behauptung, die Pfalz sei nicht Königsgut, sondern Gemeindeeigentum gewesen (wie bei Sedisvakanz des Bistums das Bischofsgut). Die Bevollmächtigung der Männer, die als Organe des Gemeinwillens für alle Städter verbindlich Rechtsgeschäfte und Verträge abschließen konnten, mußte, je häufiger sie erforderlich wurde, die Ausarbeitung eindeutiger Formen der Gemeindeverfassung beschleunigen. Schon wegen der Beschlußfassung der Gemeinde mußte geklärt werden, ob es bei der alten Regel bleiben sollte, daß sich nur, wer persönlich an einer Abstimmung teilnahm, dadurch selber binden konnte und daß der Beschluß erst Gültigkeit erlangte, wenn ihm alle, auch eine etwa widerstrebende Minderheit und die zufällig Abwesenden, zugestimmt hatten, ob also die Gemeinde nur „samt und sonders" beschließen konnte, oder ob die Mehrheit der Versammlung die Gesamtheit der Bürger repräsentierte. Auch mußte geklärt werden, wer überhaupt zur Bürgerschaft dazugehörte; vielfach mag dies im Wege des Bürgereides geschehen sein, da ja die Kommunalbewegung zugleich religiöse Bewegung und somit legitimiert war, von ihren Mitgliedern die bedingte Selbstverfluchung zu verlangen, auf der die Macht des Eides beruht. Alsdann kam nur, wer eidlich gelobte, den Beschlüssen der Volksversammlung zu gehorchen, zum Leumund des Glaubensgenossen und in den Genuß des Bürgerrechts. Wo man diesen Weg beschritt, eröffnete sich die Gemeinde eine von stadtherrlicher Verleihung unabhängige Quelle rechtmäßiger Herrschaft über ihre Glieder, die ihren Wahlen und Beschlüssen und damit dem Streben nach Autokephalie und Autonomie einen Rechtsgrund von unüberbietbarer Souveränität verlieh. Waren so die rechtlichen Grundlagen für die Gültigkeit der Volksbeschlüsse gelegt, so mußte man weiter auf die völlige Scheidung der privaten Rechtssphäre der Mitglieder von der öffentlichen des Verbandes drängen und erkennen, daß nur bestimmte, von der Volksversammlung nach Regeln bezeichnete Personen legitimiert wären, die Gemeinde zu verpflichten und zu berechtigen. Für die fallweise ernannten Organe übernahm man den Titel Konsul, der sich als Bezeichnung für einen städtischen Funktionär aus antiker Zeit augenscheinlich in Ravenna, Rom, Gaëta, Neapel lebendig erhalten hatte. In Norditalien findet sich die erste Erwähnung städtischer Konsuln in einer bischöflichen Urkunde für Asti vom Jahre 1095.

Eines der ersten Zeugnisse dafür, daß die Volksversammlung Organe für bestimmte Aufgaben erwählte, findet sich in dem Privileg Heinrichs IV. für die Pisaner von 1081. Darin versprach der König, wegen der Abgrenzung der Allmende gegen das Königsgut die Entscheidung von zwölf Männern anzuerkennen, die die Gemeinde erwählen sollte, und keinen Markgrafen nach Toskana zu entsenden ohne die Zustimmung von zwölf Pisanern, die in einer bei klingenden Glocken berufenen Volksversammlung erwählt worden seien. Die klingenden Glocken sollten den Beschluß für jeden Bürger verbindlich machen, denn niemand konnte bei Einhaltung dieser Formalität seine Abwesenheit damit entschuldigen, daß er nicht geladen worden sei; damit legte sich die Gemeinheit der Versammelten das Recht bei, für die Gemeinheit aller Bürger zu sprechen und sie rechtmäßig zu repräsentieren. Die Urkunden zeigen, wie seit dem letzten Jahrzehnt des 11. Jahrhunderts die rechtschaffenen Männer, die seit alters als Beisitzer dem Stadtgericht angehörten, immer wieder von den Bürgern dazu ausersehen wurden, Verträge abzuschließen und Verwaltungsakte vorzunehmen. Nur für einen bestimmten Zweck vom Volke erwählt waren etwa die sieben Männer, durch deren Hand im Jahre 1118 die Bewohner von Cremona eine Burg und einen Herrenhof verliehen. Den Titel Konsul legten die Genuesen solchen erwählten Vertretern zuerst 1099 bei, als sie ihre erste Friedensgesellschaft gründeten. Von Konsuln in Mailand hören wir zuerst 1117, in Parma nach 1119, in Bologna 1123, in Piacenza 1126, in Cremona 1127. Damit begann die Ausbildung eines ständigen Organs des Volkswillens mit allgemeiner Zuständigkeit, von der man lediglich, dem Aufruf der Kirchenreformer zur Trennung des Kirchenvermögens vom staatlichen und kommunalen folgend, die Kirchpflegschaft abtrennte. In Modena setzte das Volk dafür bereits 1106 ein Gremium von Heiltumswächtern ein, das aus sechs Rittern und zwölf Bürgern bestand. Um die gleiche Zeit und noch vor dem Konsulat bildete sich in Parma eine Behörde für die Verwaltung des liegenden und beweglichen Vermögens der Stadtgemeinde. Überall spürt man hinter den Vorgängen die Gedankenarbeit der schulmäßig gebildeten Juristen.

Vollends autokephal mußten die Gemeinden in dem Augenblick werden, wo sie den von ihnen erwählten Beamten auch die Einberufung und Leitung der Volksversammlung übertrugen, eine Funktion, in der sich die Unentbehrlichkeit des gräflichen oder bischöflichen Stadtherrn am längsten behauptete. Soweit wir wissen, wurde dieser letzte Schritt erst nach 1120 getan, als die kommunale Bewegung in den Städten schon ausgelaufen war. Denn diese hatte ihren Zweck erfüllt, als der nichtadlige Teil der Stadtbevölkerung, dessen kraftvollstes Element vermutlich die Marktleute waren, Anteil an der Stadtregierung gewonnen und den ständischen Gegensatz zwischen Ritterschaft und Stadtvolk überbrückt hatte. Die Kommune, die vermutlich alle Städter zum Beitritt und zu eidlichem Gehorsamsgelöbnis zwang, war das Mittel, um diesen ständischen Gegensatz zu versöhnen und den Stadtfrieden gegenüber allen Einwohnern durchzusetzen. Aus der Verschmelzung der Gruppen ging eine neue Führungsschicht hervor, die „Konsulatsaristokratie“, die den alten Stadtadel der Herrenbürger und angesehene Familien der nichtadligen grundbesitzenden und Handel treibenden Bevölkerung umfaßte. Sie stellte der Gemeinde die Konsuln, die den Gemeinwillen ausführten, und übernahm im 12. Jahrhundert den weiteren Ausbau der Stadtverfassung, in der die Volksversammlung an Bedeutung verlor. In sozialgeschichtlicher Hinsicht stellte die kommunale Bewegung keine Revolution dar, sondern eine Transformation der feudalen Welt, die sich nun der neu entstandenen städtischen Lebensform anpaßte: Ihr den Stadtfrieden noch jahrhundertelang immer wieder gefährdendes Fortleben in den Städten ist ein wesentliches Merkmal europäischen städtischen Gemeinschaftslebens im späteren Mittelalter. Revolutionäre Züge aber trug die kommunale Bewegung in rechtsgeschichtlicher Hinsicht, insofern als sie mit den städtischen Schwurverbänden Rechtsquellen schuf, die ihre Autorität nicht mehr von Königtum und Stadtherrschaft ableiteten, sondern ihr Daseinsrecht gerade aus der Notwendigkeit bezogen, den infolge des Investiturstreits und der Kämpfe zwischen kaiserlicher und päpstlicher Partei eingetretenen Wegfall der Stadtherrschaft zu kompensieren. Sie sprengten den längst vom Feudalismus durchlöcherten allgemeinen Untertanenverband, denn sie ersetzten den Huldigungseid aller freien Königswähler durch den Bürgereid der lokalen Verbände. Die Wegstrecke, die die italienische Gemeindeverfassung in der sächsisch-salischen Zeit zurücklegte, läßt sich daran erkennen, daß an ihrem Ende das Wort Kommune nicht nur die Gesamtheit der öffentlich versammelten Bürger, sondern speziell auch deren Schwurgemeinschaft bezeichnete und daß Bürger (civis) nicht mehr der (einflußreiche) freie Einwohner, der Herrenbürger heißt, sondern jeder Angehörige des Schwurverbandes ohne Ansehung seines Standes oder Berufs.

Auch nördlich der Alpen war der Motor der Gemeindebildung das Bestreben der Stadtbewohner, ihre den Stadtfrieden gefährdenden ständischen Interessenkonflikte zu überwinden und dem gemeinsamen Interesse aller Stadtbewohner, gleich welchen Standes, unterzuordnen und gleichzeitig die Willkür des Stadtherrn abzuwehren, wo immer dieser sich darüber hinwegsetzte, daß er in Gericht und Volksversammlung an das Weistum und die Zustimmung seiner Untertanen gebunden war. Im übrigen bestanden aber wesentliche Unterschiede zu Italien. Weil die Städte kleiner und ärmer waren als die italienischen, übten sie auf den Adel nicht die südlich der Alpen bestehende Anziehungskraft aus: Die Ritter blieben auf ihren Landgütern sitzen, mit Ausnahme der wenigen, die die Stadtherren als Helfer bei der Stadtverwaltung heranzogen. Die mächtigste und dem Stadtherrn im Streit am ehesten gewachsene Klasse der Feudalgesellschaft blieb also den Städten fern; daher fehlte den Gemeinden der Antrieb, ihre etwa gewonnene Autonomie über die Grenzen der Feldmark hinaus auszudehnen und sich die ganze Grafschaft zu unterwerfen, aus der die Stadtherren sie, wie wir sahen, herauslösten. Daher setzten sich in Frankreich und Deutschland die Städte als Rechtsbezirke dinglicher und persönlicher Freiheit viel stärker vom Lande ab als in Italien. Innerhalb der Städte aber kam es nicht darauf an, die Ritterschaft in den Verband der freien Marktleute einzuschmelzen, sondern durch Auflösung oder Zurückdrängung der hofrechtlichen

Verbände zunächst einmal die ständische Einheit der Kaufleute und Handwerker herzustellen. Die Marktleute aber waren den von der Ritterschaft unterstützten Königen und Stadtherren weit stärker unterlegen als in Italien, wo sie es mit einer ausländischen, im Lande nicht verwurzelten Dynastie zu tun hatten und schließlich auch die Ritterschaft auf ihre Seite ziehen konnten; es konnte daher gar nicht in dem Ausmaß wie dort gelingen, die Stadtherrschaft zu entmachten und ihre Befugnisse auf die Gemeinde überzuleiten. Die Entwicklungen in Frankreich und Deutschland traten dabei seit dem Investiturstreit immer weiter auseinander. Denn während die deutschen Könige seither die Mediatisierung der Bürger durch die Bischöfe, die bis dahin ihre Amtleute gewesen waren, dulden mußten, gelang es dem König von Frankreich, sich als höchste Instanz auch über den weltlichen Stadtherren zu behaupten und namentlich die kommunale Bewegung seiner Kontrolle zu unterwerfen: ein nicht unerheblicher erster Schritt auf dem Wege, der zur Wiederherstellung des vom Feudalismus zersetzten allgemeinen Untertanenverbandes führen sollte.

Wie wir insbesondere der ›Westfränkischen Geschichte‹ entnehmen können, die der Mönch Richer zwischen 995 und 998 im Kloster Saint-Rémi bei Reims verfaßte, gab es in den französischen Städten eine Gruppe von Herrenbürgern (cives), die das Schicksal ihrer Städte und des gewöhnlichen Stadtvolkes (vulgus) der Händler, Handwerker und Arbeiter bestimmten. Es gab sie nicht nur in den Bischofsstädten, sondern auch in den Nebenstädten, und da Richer ihnen gelegentlich, so für Noyon und Verdun, die Leute der Vorstadt (suburbani) an die Seite stellt, sie selbst aber stets von den Rittern (milites) und Burghütern (castrenses) unterscheidet, die in der stadtherrlichen Turmburg innerhalb der Ringmauer saßen, so können wir in ihnen die Geschlechter, die wehrfähigen und wehrpflichtigen freien Grundbesitzer der Stadt und ihrer Feldmark, erkennen, denen gelegentlich bereits die großen Kaufleute aus den Vorstädten gleichkamen, hinter denen aber das arbeitende Stadtvolk als lediglich passiv und duldend an den Vorgängen beteiligt völlig zurücktrat. Die Herrenbürger begegnen uns als Bischofswähler; wir kennen sie als solche bereits aus den Vorgängen zu Reims im Jahre 989, von denen oben erzählt worden ist. Die Bürger zu Laon hatten zwei Jahre vorher ihrem Bischof die Treue aufgesagt, weil er ihnen offenbar entgegen älteren Zusagen die Grundzinse erhöht hatte. Ihre Stellungnahme gab häufig den Ausschlag, wenn die Erbfolge im Geschlecht des Stadtherrn strittig war und mehrere Anwärter auf die Stadtherrschaft einander bekämpften; dann verteidigten sie ihre Stadt gegen den einen und öffneten sie dem anderen, um ihn als Herrn anzunehmen, nachdem sie in gemeinsamer Beratung entschieden hatten, wer den besseren Rechtsanspruch besaß. Der neue Herr forderte von ihnen und vom Stadtvolk und sie leisteten ihm Mann für Mann, aber alle gemeinsam einen Huldigungseid, der sie zu einer

Eidgenossenschaft, wenn auch einer heterokephalen, und zu einem Fragment des zerfallenen königlichen Untertanenverbandes zusammenfaßte. Weil auch das Stadtvolk der Gemeinde der auf den Stadtherrn vereidigten Männer angehörte, gewährte der Stadtherr seinen Schutz auch denjenigen, die als Zuwanderer einer Leibherrschaft unterstanden; nachdem die Herren vieler neu gegründeter bourgs und sauvetés damit vorangegangen waren, folgten die Herren der alten Mittelpunktstädte nach: In Poitiers gewährte Graf Wilhelm VII. (1086–1126) allen Einwohnern freie Eheschließung und freie Verfügung über den Nachlaß sowie Freiheit von Verhaftung für jeden Angeklagten, der Bürgen zu stellen vermochte. So gliederte der Herr die Zensualen der Gemeinde ein, das Zinsverhältnis verlor seine öffentliche, politische Bedeutung und sank zur privaten Verpflichtung herab. Häufiger als in Deutschland aber blieben die Doppel- und Mehrfachstädte bestehen, in denen Altstadt und Vorstadt oder Vorstädte verschiedene Herren besaßen. Hier kam es nicht zur Vereinigung der minderfreien Burgusleute mit der freien Stadtgemeinde, sondern es bildeten sich in jeder Teilstadt eigene Gemeinden mit durchaus unterschiedlichen Rechten und Pflichten. Die Bezeichnung der Burgus-Leute als Bürger (burgenses) kam, wie wir wissen, seit dem Ende des 10. Jahrhunderts in West- und Mittelfrankreich in Gebrauch.

Wie aus Richers Erzählungen hervorgeht, genossen die Städter im 10. Jahrhundert, solange die Herrschaft des Königs und der Kronvasallen vielfach noch auf schwachen Füßen stand, einen erheblichen politischen Spielraum, der weit über die Befugnisse einer bloßen Nachbarschaftsgemeinde hinausreichte. Das Kommune waren wie in Italien die allen Einwohnern gemeinsamen Grundflächen und Ressourcen, deren Nutzung sie regelten und aus deren Erträgen sie gemeinsame Aufgaben wie den Bau von Mauern, Brükken, Markthallen und Kirchen bestritten; es war die Folge der Untätigkeit der Stadtherren, insbesondere der weltlichen, die sich anderen Lebenszwecken als der Verwaltung ihrer Städte widmeten, daß ihnen die Administration von der Verpachtung des Bodens bis zur Markt- und Gewerbeaufsicht hin entglitt und den Bürgern, unter ihnen einer Elite kundiger und rechtschaffener Männer, zufiel. Sehr häufig waren es die Schöffen, die aus den Geschlechtern und reichen Kaufmannsfamilien genommenen Männer, die dem Stadtherrn als Urteilsweiser im Stadtgericht dienten, denen auch die gemeindlichen Verwaltungsaufgaben überlassen blieben, oder es finden sich besonders darauf vereidigte Geschworene. Als der Grundherr von Ardres im Artois um 1069/78 seinen Sitz zur Stadt erhob, gab er dieser eine Verfassung nach dem Vorbild von Saint-Omer: Fortan regierte ein zwölfköpfiges Schöffenkolleg die aus den Rittern der Herrenburg, den grundbesitzenden Bürgern und dem armen Volk bestehende Gemeinde. In West- und Südfrankreich erscheinen rechtschaffene oder verständige Männer (boni oder prudentes homines) in dieser Rolle; der Ursprung ihrer Befugnisse bleibt für uns im Dunkeln, weil die Stadtherren die Übernahme gemeindlicher und öffentlicher Aufgaben stillschweigend duldeten, ohne daß die Gemeinde darum in spektakulären Aktionen kämpfen oder gar einen Schwurverband wider den Herrn begründen mußte.

In den Landschaften südlich der Loire und beiderseits der Rhône gab es keine kommunale Bewegung. Die Stadtverfassung blieb hier der Form nach streng herrschaftlich in dem Sinne, daß zwar der Herr in die althergekommene und schließlich selbständig ausgeübte Mitwirkung des Stadtvolkes in Nachbarschaftsangelegenheiten, im Gericht und bei der Bischofswahl nicht weiter eingriff, ohne aber doch eine autonome und autokephale, ihre Organe selbst bestimmende Gemeinde aufkommen zu lassen. Den Bürgern verblieb neben der dem Stadtherrn geleisteten Huldigung kein Raum für einen selbständigen Bürgereid und eine darauf begründete besondere Gehorsamspflicht gegenüber der Gemeinde. Die Bürger gehorchten dem Gebot der Schöffen und rechtschaffenen Männer, weil der Stadtherr es ihnen befahl, nicht weil sie sich etwa freiwillig dazu verpflichtet hätten. Eine solche herrschaftliche Gemeinde bildeten auch die Einwohner von Redon, wo die Stadtherrschaft zwischen dem Grafen der Bretagne und dem Kloster Saint-Sauveur geteilt war; als gegen 1062 die Mönche meinten, die ihnen als Marktherren zustehenden Abgaben der Stadt seien ihnen verkürzt worden, mußten sie deswegen vor dem Grafen gegen „das Volk der ganzen Stadt" Klage erheben, denn das Volk haftete dafür als Ganzes, als Gemeinde, und legte auch als solche Widerspruch ein, „um nicht (dem Kloster) steuerpflichtig zu werden". Das Grafengericht gab den Mönchen Recht und erlegte ihnen auf, hinfort durch einen eigenen Zöllner erheben zu lassen, was ihnen zustünde. Zuvor hatte offenbar die Gemeinde den Zoll erhoben und nur, was sie für überschüssig hielt, an die Mönche abgeführt; trotzdem war von Organen der Gemeinde in dem Prozeß keine Rede. Man erkennt bereits den Kern des Streits um die Gemeindebildung in Frankreich: Wenn die Herren sie hintanhalten und das Volk an den Status der Heterokephalie fesseln wollten, so mußten sie selbst als einziges legales Organ der Volksversammlung die immer umfangreicher werdenden Verwaltungsaufgaben übernehmen; scheuten sie aber die damit verbundenen Mühen und Kosten, wollten sie die Arbeitslast und die Spesen auf die rechtschaffenen Männer der Stadt abwälzen, dann mußten sie auch dulden, daß diese als Organe der Gemeinde die Autokephalie zu sichern suchten und die Herren mit einer fixierten Rente aus ihren selbstverwalteten Einkünften abfanden.

Denn im 11. Jahrhundert fielen unter den Begriff der Kommune auch bereits die Steuern, deren die Stadt für ihre Zwecke bedurfte und über deren Erhebung die Volksversammlung beschloß; wir hören von „Friedenskommunen", wenn Mittel erforderlich waren, um das adlige Fehdewesen zu dämpfen, und sehen daran, daß der französischen Kommunalbewegung zumindest indirekt die von der Kirche zu demselben Zweck ins Leben gerufene Gottesfriedensbewegung und damit letzten Endes die vertiefte religiöse Empfindsamkeit des Volkes zugute kam, des Volkes, das nicht mehr nur Objekt der von der Adelskirche besorgten Heilsverwaltung war, sondern sich die christlichen Lehren innerlich aneignete und nun das eigensüchtige, letzten Endes an einer Kriegerethik und einem Ehrenkodex heidnischen Ursprungs ausgerichtete Verhalten der Ritter und Priester an dem Worte des Evangeliums maß. Von der kirchlichen Reformbewegung erfaßte Grafen und Bischöfe bedrohten seit dem letzten Viertel des 10. Jahrhunderts die Räuber und Friedensbrecher, namentlich alle Übergriffe gegen das Kirchengut und das arbeitende Volk der Bauern und Gewerbetreibenden, mit Kirchenstrafen, und schon um 975 zwang Bischof Wido von Le Puy den Rittern und Bauern ein eidliches Gelübde auf die Einhaltung des Friedensgebotes ab. Die Verbindung des (kirchlichen oder weltlichen) Herrengebotes mit der eidlichen Selbstverpflichtung der Untertanen gab der Geltung dieser Friedensgebote einen doppelten Rechtsgrund, der formal in den Stadtkommunen wiederholt wurde.

Als deren Heimat erweisen sich die Landschaften nördlich der Loire, und unter den Gebieten, wo sich hier die Kommunalbewegung entfaltete, wurde die Picardie von diesen religiösen Strömungen am stärksten erfaßt. Hier regten sich – wir erfahren von Vorfällen in Cambrai, Arras, Laon zwischen 1010 und 1025 – im Volke soziale und religiöse Bedürfnisse, die der in den Feudalismus verstrickte Klerus meistens kurzerhand für häretisch erklärte. Im Jahre 1021 schlossen die Gemeinden von Corbie und Arras unter sich einen Friedens- und Defensivbund ab; in derselben Zeit trugen die in Amiens geprägten Münzen die Inschrift PAX (Frieden). Der Abt von Corbie und der Bischof von Arras hatten das Friedensbündnis anfangs gefördert; bald aber traten sie und andere geistliche Stadtherren der damit verbundenen Stärkung der Gemeinden feindlich entgegen, weil sie den Bürgereid, der für weltliche Zwecke und ohne kirchliche Aufsicht geleistet wurde, als Sakrileg verwarfen und davon eine Schwächung ihrer geistlichen und weltlichen Vorrechte befürchteten. Sehr schnell nämlich erkannten der König und die Fürsten, die die weltliche Gerichtsbarkeit handhabten und Friedensbrecher härter als die Kirche strafen konnten, die Chancen, die die Erweiterung des vom Volke gewünschten Friedensschutzes für die Festigung ihrer Herrschaft und die Wiederbelebung eines allgemeinen Untertanenverbandes boten. Da, wo sie diesem Ziele nutzbar gemacht werden konnte, waren sie bereit, auch die kommunale Bewegung zu fördern. Denn diese Bewegung hatte die Tendenz, die Grafen und letzten Endes den König als obersten Lehnsherrn zum Schiedsrichter zwischen den Gemeinden und deren unmittelbaren Stadtherren zu erheben.

Es ist eine Besonderheit des Volksglaubens an die Macht und Heiligkeit der Könige, der das französische Volk unter allen europäischen Nationen auszeichnete, daß die Herkunft aller Hoheitsrechte und Zwangsgewalten von der Krone in Frankreich niemals in Vergessenheit geraten war und deren Verleihung an die Dynastien der Vasallen dem Rechtsgrunde nach immer als widerruflich erscheinen ließ. Es lag darin wohl auch eine Nachwirkung römischer Rechtsgedanken, von denen zu dieser Zeit niemand mehr etwas wußte, die aber im 13. Jahrhundert wiederentdeckt werden sollten und die Position der Krone weiter stärkten: Denn wegen der festen Überzeugung, daß alle hoheitliche Gewalt dem römischen Volke und dessen Organ, dem Kaiser, zukomme, hatte sich bei den alten Juristen nie eine Anerkennung gemeindlicher Autonomie ausbilden können. Dem Kaiser stand die einheitliche Masse der Untertanen gegenüber, die untereinander nach Privatrecht Verträge schließen, aber niemals mittels freiwilliger eidlicher Gehorsamsversprechen ihren Verbänden eine hoheitliche Gewalt gegenüber ihren Mitgliedern beilegen konnten; dergleichen mochte tatsächlich vorkommen, aber einen Rechtsgrund erhielt diese Gewalt stets nur dadurch, daß man eine ausdrückliche Verleihung des Staates an die Gemeinde in einem Kaisergesetz vornahm. In scharfem Gegensatz dazu stand das germanische Rechtsdenken, das sich seit der Völkerwanderung auch bei den Romanen verbreitet hatte und, wie wir sahen, zu dieser Zeit in Italien triumphierte, ein Denken, das den Rechtsgrund aller Herrschaft letzten Endes in dem Huldigungseid der Untertanen sah und damit beliebig viele nicht auseinander, sondern unmittelbar aus dem Volkswillen verschieden weit reichender Verbände abgeleitete Zwischengewalten zwischen Königtum und Individuum nicht nur duldete, sondern geradezu hervorbrachte. Für die französische Kommunalbewegung ist dagegen eine zur altrömischen vermittelnde Auffassung kennzeichnend geworden: Auch da, wo die Gemeinden ihre Kompetenzen im Kampf gegen den Stadtherrn erweiterten und diesen mit Gewalt dazu zu zwingen versuchten, ihre rechtliche Existenz anzuerkennen, auch da erstrebten sie regelmäßig seine verbindliche Zulassung, seine Rechtskraft gewährende Bestätigung und Bekräftigung ihrer aus freiem Entschluß auf eidliche Selbstverpflichtung begründeten Gemeinde.

Aus der besonderen Staatsauffassung des französischen Volkes ist es zu erklären, daß in Frankreich, und nur hier, am Ende des 11. Jahrhunderts der Brauch aufkam, die Gemeindebildung durch Schwurgemeinschaft vom Stadtherrn mit Kommuneprivilegien bestätigen zu lassen. Wenn der König oder ein Stadtherr den Bürgern einer Stadt die Kommune konfirmierte oder konzedierte, so erteilte er ihnen die Erlaubnis, einen Verband zu errichten, indem sie sich untereinander und gegenseitig bei ihrem Eide zusammenschlossen. Von der Verfassung der Gemeinde, von der Willensbildung und den Organen, die den Gemeinwillen ausführen sollten, ist nie die

Rede, es verstand sich von selbst, daß die Schöffen oder Geschworenen, denen die Gemeinden ihr Vertrauen schenkten und die Ausführung ihres Willens überließen, zugleich Organe des Stadtherrn sein konnten und sollten. Den Bürgern kam es nicht darauf an, die herkömmlichen Formen ihres Gemeinschaftslebens fortzubilden, ihnen ging es stets nur um die Zulassung eines Bürgereides als autonomer Rechtsquelle, der mit dem Huldigungseid und der Treue, die die Bürger ihrem Herrn schuldeten, wohl nur mittels eines Treuvorbehalts vereinbart werden konnte. Da Kommuneprivilegien erst seit 1128, als König Ludwig VI. für die Bürger von Laon urkundete, erhalten sind, ist der Gang der Entwicklung im einzelnen nicht zu erkennen. Aber die Verknüpfung von Treueiden mit Treuvorbehalten zugunsten eines Dritten war seit dem 9. Jahrhundert im Lehnswesen so weit verbreitet, daß ihre Übertragung auf den Bürgereid (mit Vorbehalt zugunsten des Stadtherrn) keine Schwierigkeiten bereitet haben kann.

Als Voraussetzung für die Begründung der Gemeinde auf einen Bürgereid mag man die Entstehung städtischen Wirtschaftslebens mit ansässigen Handwerkern und Kaufleuten betrachten; in Cambrai kam es allerdings bereits 958, als im wesentlichen noch die grundbesitzenden Geschlechter die Bürgerschaft bildeten, zu einer Verschwörung gegen Bischof Berengar, der „das Volk" nach Willkür plagte und mißhandelte: Als der Bischof zum Königshof verreist war, kamen sämtliche Bürger, wie von einem Willen beseelt (so berichtet uns ein Chronist um 1040/50), zusammen und verpflichteten sich untereinander bei ihren Eiden, dem Bischof bei der Rückkehr die Stadt zu versperren. Die frühen Kommunen entstanden fast alle in den Landschaften zwischen Somme und Loire, wo es keine den flämischen vergleichbaren Gewerbestädte gab, sondern vornehmlich Städte mit Lokalmarktfunktionen innerhalb einer agrarischen Umgebung. Die erste bildete sich im Jahre 1070 in Le Mans, denn der Stadt und der Grafschaft Maine hatte sich vor sieben Jahren Herzog Wilhelm von der Normandie bemächtigt, der sie hart mit Steuern bedrückte. Deswegen erhob sich das Stadtvolk der Handwerker und Arbeiter, deren Vorfahren noch grundherrliche Hintersassen auf dem Lande gewesen waren, die jetzt aber auf eigene Rechnung für den Markt arbeiteten und gewiß noch vielfach als Zensualen mit leibherrlichen Abgaben belastet waren. Sie waren es, die den gemeinsamen Eid und die Kommune errichteten und die Vornehmen mit dem Klerus wider ihren Willen zwangen, sich anzuschließen. Aber die ärmlichen Gewerbe der Handwerker konnten den Mangel einer reichen Kaufmannschaft und ihrer Machtmittel nicht ausgleichen; das Aufgebot der Kommune unterlag, obwohl das Landvolk es unterstützte, den Lehnsrittern, und als Herzog Wilhelm 1073 in die Stadt kam, um die Ergebung der Großen entgegenzunehmen, war vom Volke keine Rede mehr. Wilhelm nahm von den Herrenbürgern Treueide entgegen, stellte also die herrschaftlich verfaßte Gemeinde wieder her, und garantierte ihr die Einhaltung ihres althergebrachten Rechtes.

In den Städten der Picardie dagegen, wo sich die gewaltsamen Kommunegründungen in den Bischofsstädten Saint-Quentin um 1080, Beauvais um 1090, Noyon 1108/09, Laon 1112–28, Soissons 1115–18, Amiens 1117 zutrugen, war die Kommune keine Angelegenheit des Stadtvolkes, sondern jener Kreise, die den Handel beherrschten und damit die Preise für Gewerbeprodukte auf den städtischen Märkten bestimmten, Kreise also der Großen unter den Marktleuten (burgenses), die sich von dem Zustrom ländlicher Zuwanderer in ihrer Stellung als Führungsschicht bedroht fühlten und sich deswegen mit Rittern aus der Umgebung der Grafen, mit den Häuptern aus der Verwaltung der bischöflichen Immunitäten und den erfolgreichsten Handwerkern verbündeten, um die Stadtverwaltung in die Hand zu bekommen. Die Einzelheiten sind uns nur unzulänglich bekannt, am besten noch für Laon, wo geistliche und weltliche Grundherren saßen, die im Weinhandel reich geworden waren und mit ihrem Bischof haderten, dessen Autorität unter seinem zweifelhaften Ruf litt. Seine vorübergehende Abwesenheit im Jahre 1111 nutzten Klerus, Ritter und Kaufleute aus, um sich mit gemeinsamen Eiden gegen ihn zu verbünden; als er anfängliche Zusagen im nächsten Jahre zurücknahm, griffen sie zur Gewalt: Es brach eine Revolte aus, die den Bischof, die Äbtissin von Saint-Jean-des-Vignes und viele Bürger rivalisierender Gruppierungen das Leben kostete. Von der Zerrüttung aller Autorität profitierten vor allem die Großen vom Lande, besonders Thomas de Marle, Herr der 25 km entfernten Kleinstadt Coucy; zweimal, 1114 und 1128, mußten die Bürger den König anrufen, um die Anerkennung seiner und anderer Ansprüche zu vermeiden, wobei man das Wort Kommune umging und statt dessen vom Friedensbund sprach. Das Eingreifen des Königs ist uns auch für Noyon bezeugt, wo der Bischof mit Rat des Klerus, der Ritter und der Marktleute (burgenses) eine Gemeinde mit von ihm autorisiertem Bürgereid errichtete und vom König bestätigen ließ, aber wir erfahren nicht, auf wessen Betreiben er handelte und ob die Vorgänge friedlich verliefen.

In Amiens ging die Gemeinde auf Friedenseide zurück, die der Bischof förderte, denn er suchte das Bündnis mit der Gemeinde, um sich einerseits gegen den Grafen, den bereits erwähnten Thomas de Marle, andererseits gegen seine eigenen Burggrafen und Vitztume zu verteidigen, die ihre Ämter appropriiert hatten und ihn aus der Stadtherrschaft verdrängen wollten. Als sich der Bischof gegen 1114 dazu entschloß, für sich und seinen Anhang, die „geschworenen Bürger", den Schutz des Königs zu erwerben, erhoben sich Graf Thomas und seine Vasallen gegen ihn und den König, während sich ein Teil des Stadtvolkes neutral verhielt. Erst nach längeren Kämpfen siegte König Ludwig VI.; er entzog Thomas die Grafschaft und erlaubte

1117 die Errichtung der Kommune. Wie später noch häufiger, war der König an Erfolgen der Kommunen gegenüber fremden Stadtherren interessiert, weil diese Gemeinden seinen Schutz suchten, während er dort, wo er selber Stadtherr war, es ablehnte, die Gemeindebildung zu fördern. Überall in den Städten der Picardie waren es nur die Wohlhabenden und Mächtigen, die den Bürgereid leisteten und sich ins Bürgerbuch einschreiben ließen und auf die sich nun die Bezeichnung als Bürger (civis, burgensis) einengte. Da nur, wer ein Grundstück in der Stadt erwerben und den Genuß der von der Gemeinde erstrittenen Vorrechte mit schwerem Eintrittsgeld erkaufen konnte, zum Bürgerrecht gelangte, ist vermutlich nur die Hälfte der Einwohnerschaften in den Bürgerstand aufgestiegen. Die Bürgerschaft aber duldete, daß die ihr entstammenden Schöffen, die ebenso als Urteiler im Stadtgericht Amtleute des Stadtherrn waren, wie sie zugleich als Vertrauensleute der Gemeinde die Stadt verwalteten, sich in ihrem Kreise nicht mehr durch Bürgerwahlen, sondern durch Kooptation ergänzten. So wurden die Schöffenämter und die Stadtregierung erblich in den Familien, die den Markt, die Münze und den Handel mit Tuchen, Eisen, Waid, Wein als den wichtigsten Landesprodukten beherrschten und über die Geldmittel verfügten, um den Stadtfrieden durchzusetzen und die ehrenamtlichen Verwaltungsaufgaben zu übernehmen.

So gut wie nichts wissen wir über die Gemeindebildung in der Grafschaft Flandern mit ihren zahlreichen jungen und vornehmlich von Markt- und Kaufleuten bewohnten Städten. Offenbar haben die Grafen nie versucht, die Entwicklung zu unterbinden, sondern stets die Verwaltungsarbeit und wohl auch die finanziellen Leistungen der reichen Kaufleute so hoch geschätzt, daß die Einwohnergenossenschaften in friedlichem Einvernehmen mit ihnen ihre Kompetenzen und ihre Vertretung und Leitung durch eigene, aus den Burggrafschaften ausgeschiedene Schöffenkollegien in der zweiten Hälfte des 11. Jahrhunderts bis zur Errichtung der Kommune und des Bürgereides vorantreiben konnten. In Gent lösten sie in dieser Zeit als Gemeinde den Anspruch der Abteien St. Peter und St. Bavo auf den Grundzins ab; die Abscheidung der Stadt von der Grundherrschaft, die einst mit der Einführung der freien Gründerleihe begonnen hatte, kam zum Abschluß, indem die Gemeinde selber als Eigentümerin des Bodens an die Stelle des Grundherrn trat. Die Einwohner der Marktsiedlungen überließen die Führung ihrer gemeinsamen Geschäfte den tüchtigsten Männern (meliores) aus ihrer Mitte, und diese waren es offenbar, die beim Grafen die Einrichtung besonderer, rein städtischer Schöffengerichte betrieben, deren Schöffen sie natürlich selbst stellten. Die Schöffen waren in erster Linie Vertrauensmänner der Gemeinde, die Grafen aber waren trotzdem oder vielleicht gerade deswegen bereit, sie zugleich zu Urteilsfindern in ihren stadtherrlichen Gerichten zu bestellen. Die Bürger empfanden kein Bedürfnis nach besonderen Vertretern der Gemeindeinteressen neben oder gegenüber ihnen; so erlangten die Schöffen die Funktion des einzigen Gemeindeorgans, obwohl sie gleichzeitig Amtleute des Stadtherrn waren. Die Kaufmannsgilden, die im 11. Jahrhundert begonnen hatten, neben den eigenen auch gemeindliche Interessen wahrzunehmen, hatten neben den Schöffenkollegien keinen Spielraum mehr, um eine Führungsrolle auszubilden. Vermutlich hat Graf Robert II. zwischen 1096 und 1111 die Eidgenossenschaften der Bürger von Aire an der Leie und von Arras anerkannt und ihnen die Gründung städtischer Schöffengerichte bewilligt. Dasselbe erreichten noch vor 1120 die Bürger von Ypern und wahrscheinlich auch die von Gent.

Wie die Gemeindegründung im Einvernehmen zwischen Stadtherrn und Gemeinde vor sich gehen konnte, darüber unterrichtet uns der sogenannte Friedebrief von Valenciennes in der benachbarten Grafschaft Hennegau, die seit 1049 in Personalunion mit der Grafschaft Flandern verbunden gewesen war. Den Frieden errichteten und beschworen Graf Balduin II. und seine Ehefrau Jolante und die Barone, Edlen, Ritter und Bürger der Grafschaft, es war also ein Gesetz der Grafschaft, dem jedoch alle Bürger von Valenciennes, also die Gemeinde, zugestimmt hatten, und der Graf als Stadtherr nahm „von allen innerhalb der Stadt und des Friedensbezirks sowie von allen, die innerhalb der Stadt und des Friedensbezirks wohnen", den Treueid darauf entgegen, „daß sie den genannten Frieden mit allen zugesetzten Bedingungen ewig und unverletzlich beobachten würden". Der Bürgereid war also kein Kommuneeid, der die Bürger gegenseitig verpflichtet hätte, sondern ein Herreneid, wie es der Lehnseid der gräflichen Vasallen auch war; indes der Herreneid verpflichtete die Bürger nicht zu willkürlichem, sondern zu gesetzlichem Gehorsam, und das Gesetz hatten die Bürger sich selbst gegeben. Wir haben es mit einer zwar heterokephalen, aber gleichwohl autonomen Gemeinde zu tun. Der Stadtfriede sollte auf ewig gelten, d. h. er sollte das Landrecht, welches Fehde und rechtliche Selbsthilfe zuließ, grundsätzlich abändern. Sechzehn Friedensgeschworene sollten unter dem Vorsitz des gräflichen Richters das Stadt- und Friedensgericht bilden und die Stadt regieren, denn wenn sich Lärm und Tumult in der Stadt erhob, so sollten sie die Glocken läuten und die bewaffneten Bürger an den Tatort führen, um den Frieden wiederherzustellen. Von der Pflicht, ihrem Gebot zu folgen, waren nur „die, die zu der Stunde wirklich damit beschäftigt sind, das Brot aus dem Ofen zu ziehen oder die Getränke aus Korn zu brauen", befreit, denn sie konnten die Feuerstellen nicht verlassen. Die Organschaft der Friedensgeschworenen wurde ausdrücklich gesichert, indem man ihre Amtshandlungen von ihren Privatgeschäften unterschied: „Was für Gebote auch immer von den Friedensgeschworenen ausgehen, es sei wegen Zerstörung von Häusern oder Vollstreckung irgendeines anderen Urteils: deswegen darf niemand beschuldigt werden, noch dürfen deswegen Fehden oder Feindschaften oder Hinterhalte anheben, weil es ein Werk des Richters und des Fürsten ist." Man war offenbar noch nicht imstande, die Organschaft anders als durch Ableitung von der Stadtherrschaft zu begründen.

Aber auch um die Zwangsgewalt der Gemeinde auf alle grundbesitzenden Einwohner auszudehnen, um alle erbgesessenen Städter zur Leistung des Friedens- und Bürgereides zu zwingen, bedurfte die Gemeinde der Herrschaft, denn die als Eidgenossenschaften begründeten Kommunen mußten stets Verbände der freiwillig Beitretenden, der Reichen und Wohlhabenden, bleiben, da sie aus sich heraus und von Rechts wegen (allenfalls in gewaltsamer Usurpation, die aber kein Recht begründen konnte) niemanden zum Beitritt zwingen konnten. Nur der vom König autorisierte Gesetzgeber vermochte dagegen die Gemeinde zum Territorialverband zu erklären, so daß jeder, der sich ihr nicht unterwerfen wollte, auswandern mußte: „Sobald ein Kind das fünfzehnte Jahr anrührt, muß es, wenn es aufgefordert wird, schwören, den Frieden der Stadt getreulich zu wahren. Wenn es sich aber weigert, ihn zu beschwören, so gebe man ihm einen Tag und eine Nacht als Bedenkfrist. Will es dann schwören, so bleibe es in Frieden. Wenn aber nicht, so verlasse es ganz und gar die Stadt, und (sein Erbe) werde von Grund auf zerstört . . ." Anders als in Italien, wo die Gemeinden von der Selbstauflösung der Königsmacht und Stadtherrschaft profitierten und die Hoheitsrechte deswegen, oft sogar, ohne Gewalt anzuwenden, an sich zu ziehen vermochten, waren im Norden die Gemeinden darauf angewiesen, die Ausübung hoheitlichen Zwanges, die sie dem Stadtherrn nicht nehmen konnten, im Einvernehmen mit ihm an das Gesetz zu binden. Wo sie dies so, wie in Flandern und Hennegau, mit eigenem Einfluß auf die Gesetzgebung erreichten, war es nicht nötig, die Stadtherrschaft zu beseitigen. Der Friedebrief von Valenciennes nämlich bestimmte, daß im Konfliktsfalle die Interessen der Gemeinde denen des Herrn vorgehen sollten, solange nur die Einkünfte des Grafen nicht verkürzt wurden: Freiwerdende Stellen im Kollegium der Schöffen und Friedensgeschworenen sollten zwar im Einvernehmen zwischen Graf und Kollegium besetzt werden, „wenn aber der Graf den Friedensgeschworenen nicht zustimmen will, dann dürfen die genannten Geschworenen mit den Männern von dem Stadtfrieden", also mit Zustimmung der Bürgerversammlung, „ohne sich irgendwie zu vergehen, den (gräflichen) Amtmann bestimmen und einsetzen". Übernahme des Schöffenamtes aber war eine Ehrenpflicht, die die Gemeinde ihren reichen Mitgliedern oktroyierte: „Wer zum Amtmann oder Friedensgeschworenen rechtmäßig erwählt worden ist, der habe einen Tag und eine Nacht, um zu beraten, ob er die genannte Wahl annehmen oder zurückweisen will. Wenn er der Wahl zustimmt, bediene er sich des ihm auferlegten Amtes gerecht gemäß Gott und dem wahren Gewissen" (er war also an Weisungen der

Wähler nicht gebunden). „Wenn er aber ablehnt und nicht zustimmt, so zahle er zur Buße 100 Schilling, oder andernfalls werde sein eigenes Haus zum öffentlichen Gut eingezogen und von Grund auf zerstört."

Mit der Grafschaft Hennegau haben wir bereits den Boden des deutschen Reiches betreten, das von der kommunalen Bewegung nur in seinem westlichen, an Frankreich angrenzenden Herzogtum Lothringen erreicht worden ist. Denn nur die alten Bischofsstädte an Maas, Rhein und Mosel besaßen eine der westeuropäischen vergleichbare Gesellschaftsordnung: Nur hier gab es grundbesitzende Geschlechter und die ihnen angehörenden Herrenbürger neben den Mitgliedern der freien Marktgemeinden und den Angehörigen herrschaftlicher Hofverbände. In den jungen Städten östlich des Rheins dagegen fehlten die Geschlechter, hier gewannen früh die Marktgemeinden und die innerhalb der Gruppe der Gewerbetreibenden führenden Kaufleute einen Einfluß, den ihnen wohl der Stadtherr und die im Verwaltungsdienst der geistlichen und weltlichen Grundherren beschäftigten Unfreien oder Ministerialen, nicht aber eine dem Markte fernstehende Gruppe freier Grundbesitzer streitig machte. Gemeindebildung bedeutete Herauslösung der Herrenbürger, der zum Teil aus der Unfreiheit stammenden Marktleute und der hofhörigen Ministerialen und Handwerker aus ihren alten, regelmäßig über die Stadtmauern weit hinaus ins flache Land ausgreifenden Grafschafts- oder Hofverbänden und Verschmelzung aller derer, die in der Stadt wohnten und arbeiteten, zu einem einheitlichen, die allen als Einwohnern gemeinsamen Interessen verfolgenden Verbande, eine Entwicklung, in der nur die Judengemeinden seit dem Ende des 11. Jahrhunderts keinen Raum mehr fanden: Es war auch eine Folge der religiösen Bewegungen, die nun das Abendland und namentlich die Städte erfaßten, daß sie aus der christlichen Gemeinde ausgegrenzt wurden. Wir haben bereits geschildert, wieviel die Ausbildung der Stadtherrschaft dazu beitrug, daß die Beziehungen der in der Stadt sitzenden Gerichts- und Hofgenossen zu den außerhalb verbleibenden abrissen, daß sich die Untertanen und Hintersassen desselben Gerichtsherrn binnen und vor der Stadt getrennte Verbände schufen, aber damit verschwand noch nicht die ständische Trennung zwischen freien Grundbesitzern und Marktleuten und unfreien Ministerialen und Handwerkern in der Stadt; ihre Aufhebung war die eigentliche Leistung der sich selbst formierenden Gemeinde, und was sie vorantrieb, war hier wie überall der Gegensatz der Interessen zwischen Stadtherrn und Gemeinde, dessen vielfältige Gegenstände uns bereits bekannt sind.

Besonders bemerkenswert, auch als deutsche Eigentümlichkeit, ist der Aufstieg der Ministerialität. Bereits im 10. Jahrhundert ließen sich der Bischof von Freising und der Abt von St. Emmeram in Regensburg bei wichtigen Rechtsgeschäften von unfreien Männern, die in ihrem Dienst zu Reichtum gelangt waren, beraten, aber erst in der zweiten Hälfte des

11. Jahrhunderts treten die unfreien Träger der stadtherrlichen Verwaltung in den Bischofsstädten und manchen rasch gedeihenden klösterlichen Marktsiedlungen als wichtige Gruppe der werdenden Stadtgemeinden hervor. Das beachtliche, zweifellos auch durch Beteiligung am Marktverkehr und Fernhandel gewonnene Vermögen eines Kölner Ministerialengeschlechts lernen wir aus einer Urkunde Erzbischof Annos von Köln von 1061 kennen, wonach die Familie 10 Pfund Goldes aufbringen konnte, um das wegen einer Straftat konfiszierte Vermögen eines ihrer Mitglieder auszulösen; das Vermögen bestand aus drei Häusern, die jährlich 10 Mark Silber als Zins eintrugen. Ministerialen bekleideten nicht nur die stadtherrlichen Hofämter des Vitztum, Seneschalls, Marschalls, Kämmerers, sondern auch die städtischen Ämter des Burggrafen, Zöllners, Münzmeisters und oft genug auch der Schöffen. In Dinant hatte der Graf von Namur um 1047/64 die Wahrnehmung der vom König stammenden Hoheitsrechte über die freien und zinspflichtigen Einwohner auf unfreie Leute übertragen, als Schöffen ließ er die unfreien Münzerhausgenossen amtieren: Es ist offensichtlich, daß der unfreie Stand der Amtleute den hoheitlichen Charakter ihrer Funktionen nicht berührte und daß dies die Verschmelzung der unfreien Stadtbewohner mit den freien sehr erleichterte. Ministerialen waren auch die 1108 zuerst erwähnten Schöffen von Saint-Trond, von denen jeder der beiden Stadtherren eine Hälfte ernannte. Ebenso gehörten dem Kölner Schöffenkolleg, das zu 1103 erstmals genannt wird, als Erzbischof Friedrich nach seinem Spruch die alten Zollsätze für die Kaufleute von Lüttich und Huy wiederherstellte, einige Mitglieder ministerialischen Standes an, und nicht anders stand es in Trier, Worms, Toul.

Es lag für die geistlichen Stadtherren, sobald sie für ihre Grundherrschaft Immunität erlangt und einen Vogt als Gerichtshalter bestellt hatten, nur zu nahe, die Immunitätsverwaltung von ihrem städtischen Fronhof aus auch über die freie Marktgemeinde zu erstrecken, der gegenüber sie den König als Schutzherrn der Kaufleute vertraten. Wenn aber der Bischof das königliche und das Immunitätsgericht verschmolz, so daß freie Grundbesitzer und Kaufleute zusammen mit seinen Dienstleuten den Umstand bildeten und die Schöffenbank besetzten, dann bestand die Gefahr, daß er auch die Freien in die Hörigkeit hinabdrückte, wenn ihm die Gemeinde keinen Widerstand entgegensetzte. Die Ministerialität jedenfalls, die sich ihr unfreies Dienstgut erblich aneignete und aus ihren Verwaltungsaufgaben und eignem Handelsbetrieb Gewinne zog, erstrebte die Gleichstellung mit den Freien, so wie umgekehrt Freie in die Ministerialität übertraten, um sich den Zugang zu den Dienstämtern zu eröffnen. Daher rührte das selbstbewußte Auftreten, das die Trierer Dienstmannschaft anläßlich der Neubesetzung des Bischofsstuhles im Jahre 1066 an den Tag legte. Als Erzbischof Anno von Köln mit Einverständnis König Heinrichs IV. seinem Neffen

Kuno von Pfullingen das Erzstift zu verschaffen suchte, erregte dies bei Klerus und Volk der Stadt heftigen Unwillen; man weigerte sich, Kuno anzunehmen und ihm die Stadttore zu öffnen, da der König das Wahlrecht der Gemeinde mißachtet und daher die Ernennung nicht rechtmäßig vorgenommen habe. Graf Dietrich, der Vogt und Burggraf der Trierer Kirche, und sein Anhang aus der Kriegsmannschaft des Erzstifts überfielen den zur Einnahme der Stadt heranziehenden Erzbischof, nahmen ihn gefangen und brachten ihn in der Haft zu Tode. Die Urkunden zeigen, wie die Ministerialen seither ihre Macht ausweiteten: Bei allen wichtigen Rechtshandlungen pflegten die Erzbischöfe die Zustimmung ihrer Dienstmannschaft neben der der Geistlichkeit einzuziehen. Vor den Fernhändlern, denen der Trierer Markt als Nahmarkt einer Agrarlandschaft keine allzu großen Möglichkeiten der Entfaltung bot, fiel auf diese Weise den Ministerialen die maßgebliche Rolle in der Gemeindebildung zu.

Dort, wo es reiche Fernhändler und leistungsfähige Marktgemeinden gab, wie insbesondere in der Rheinvorstadt zu Köln, konnte der Aufstieg der Ministerialität den Stadtherrn wohl dazu veranlassen, von der alten Form der Marktverwaltung durch unfreie Dienstleute abzugehen und deren Aufgaben der Gemeinde und ihren selbstbestimmten Vertrauensleuten zu überlassen. Wenn er auf den Zinsgenuß vom Markt und von den Gewerbeanlagen oder auf dessen Ersatz durch Banngebühren vom Wein-, Brot-, Fleischverkauf verzichtete und wenn er Steuererhebung und Mauerbau der Regie der Marktleute überließ, dann mochte er, weil ihm der ergiebige Marktzoll verblieb, mehr gewinnen, als er verlor, wenn er auf den Dienst der Unfreien verzichtete: Denn diese lebten von Dienstgütern, die sie wie Lehen behandelten; sie entfremdeten sie dem Herrn zusammen mit den ihnen anvertrauten Amtsrechten und strebten dauernd danach, sie auf seine Kosten zu vergrößern, während der Kaufmann die Marktverwaltung nur nebenher besorgte, ohne von dieser Tätigkeit leben zu müssen. So ist es für Lausanne und namentlich für Köln erschließbar, die größte und zweifellos für alle anderen maßgebliche deutsche Stadt, über die wir beklagenswerterweise nur sehr schlecht unterrichtet sind. Die Kaufleute waren von ihren Gilden und Fahrtgemeinschaften her an selbständiges Gemeinschaftshandeln und autonome Rechtsetzung gewöhnt. Den Kaufleuten von Großjena, von denen oben erzählt worden ist, wie sie um 1030 mit Bischof Kadaloh über die Verlegung ihrer Wohnsitze nach Naumburg verhandelten, brauchte der Bischof keine Verwaltung durch Ministerialen vorzusetzen; sie kamen bereits als Gemeinde nach Naumburg und konnten ihre Marktsiedlung nicht nur alleine, wenn auch im Einvernehmen mit dem Stadtherrn, gründen und aufbauen, sondern auch verwalten.

Davon zeugt die in Niederdeutschland seit dem Ausgang des 10. Jahrhunderts immer wieder erwähnte Übertragung des Rechtes der Kaufleute bestimmter Orte, wie Dortmund, Mainz, Köln, später auch Magdeburg und Goslar, auf neugegründete Marktsiedlungen. Sie setzt das Bestehen solcher Verbände, die der Stadtherr bei der Ansiedlung sogleich als Marktgemeinden mit Selbstverwaltung konstituieren konnte, überall voraus. Den tragenden Anteil der Marktleute erkennt man daran, daß neben die Herrenbürger von den grundbesitzenden Geschlechtern die „Bürger vom Markte" (cives forenses) traten, wenn sie nicht in neu gegründeten Siedlungen überhaupt als einzige anwesend waren, so vor 1059 in Halberstadt, als der Bischof neben der alten Niederlassung der unter Königsschutz stehenden Fernhändler einen zweiten Markt gründete und den Bürgern ihre Bürgerrechte bestätigte, nämlich freie Erbleihe ihrer Hausgrundstücke sowie Selbstverwaltung der Marktpolizei einschließlich der Maß- und Qualitätskontrolle. Die Bürger erfüllten diese Aufgaben in einer Volksversammlung und einem Gericht, das sie entweder alle zusammen, als Urteilergemeinde, oder durch einen Ausschuß von Urteilern ausüben mochten. Gerade daran, daß die Marktrechtsbestimmungen seit dem Beginn des 12. Jahrhunderts (in Speyer 1101, in Halberstadt 1105, in Lüttich 1107, in Maastricht 1109, in Straßburg 1119) als Bürgerrecht (ius civile) bezeichnet werden konnten, läßt sich erkennen, welchen Anteil jetzt die Gewerbetreibenden, die von reichen Fernhändlern geführten Kaufleute und Händler, an der Gemeindebildung erlangten. Der Begriff des Bürgers machte dieselbe Entwicklung durch wie in Italien und Frankreich: Hatte im 10. Jahrhundert das Wort Bischofsstadt (civitas) nur das ummauerte Gebiet und folglich Bürger (civis) den darin auf Erbgut angesessenen Bewohner bezeichnet, so verstand man seit dem Beginn des 12. Jahrhunderts unter Stadt (civitas) immer häufiger die Bürgerschaft oder Stadtgemeinde und unter Bürger (civis, in nichtbischöflichen Städten burgensis) deren Mitglied, gleich welchen Standes oder Berufs.

Wie überall, so war auch in Deutschland gemeindliche Verwaltung zunächst Mitverwaltung, d. h. gemeinsam mit dem Stadtherrn in der von ihm berufenen Volksversammlung und in dem von ihm gehegten Gericht ausgeübte Verwaltung, in der der Stadtherr die Initiative hatte und das Volk oder dessen Vertreter auf Zustimmung oder Rechtsweisung beschränkte. Gegenstand der Mitverwaltung waren die bekannten Nachbarschaftsangelegenheiten, vor allem die Nutzung der Allmende und der dazugehörigen Verkehrsflächen in der Stadt. Wenn das Weistum der Grafenrechte in Dinant die Entscheidungen darüber dem Grafen vorbehielt, so schließt das seine Bindung an den Gemeindewillen keineswegs aus. Dazu gehörten auch Errichtung und Unterhalt der Stadtmauern; die für Worms und Mainz bezeugten Bauordnungen, die die Städter und das Landvolk zu Arbeitsdiensten verpflichteten, werden gewiß früh durch Steuerordnungen ersetzt worden sein, die das Landvolk freistellten, die Städter aber nicht länger von der Berufsarbeit abhielten, sondern ihnen gestatteten, Lohnarbeiter einzusetzen.

So ist zu vermuten, daß die Kaufleute, die die neue Marktsiedlung in Erfurt rechts der Gera gründeten, auf den Mauerbau von 1066 entscheidenden Einfluß genommen und ihn mindestens zum Teil finanziert haben, und daß sich aus ähnlichem Grunde die Hildesheimer im Jahre 1089 der Auslieferung der Befestigungsanlagen an Markgraf Ekbert II. von Meißen, den vom Fürstengericht geächteten Führer der sächsischen Opposition gegen Kaiser Heinrich IV., widersetzten. Da der Bau und die Verteidigung der Mauern das ureigenste Interesse der Stadtleute betrafen, lag hier vermutlich ein Schwerpunkt ihrer Mitverwaltung und auch des Aufstiegs der Gemeinden zu eigener politischer Handlungsfähigkeit, denn nicht nur in Italien und Frankreich, wo wir es mehrfach zu erwähnen hatten, konnten sie dem Stadtherrn am leichtesten Paroli bieten, indem sie ihn bei verschlossenen Toren und besetzter Mauer aus der Stadt aussperrten.

Wir wissen wenig über das Funktionieren dieser frühen, noch organlosen städtischen Selbstverwaltung. Wahrscheinlich haben die Kölner die städtischen Sondergemeinden, die sich mit den Pfarrbezirken deckten, im 10. Jahrhundert für Zwecke der nachbarschaftlichen Verwaltung des städtischen und kirchlichen Grundbesitzes einschließlich Unterhaltung der Stadtmauer und zur Organisation des bürgerlichen Wehrdienstes geschaffen. Als Bischof Udo von Toul im Jahre 1069 die Befugnisse seines Burggrafen festlegte, bestimmte er unter anderem, daß der Graf die Besetzung der städtischen Ämter dem Bischof und dessen Schultheißen überlassen müsse, „ausgenommen die Torwache; diese Wache sollen der Graf und der Schultheiß auf einer Vollversammlung aufstellen, und wenn sich einer davon freikaufen will, soll der Graf ein Drittel und der Bischof zwei Drittel erhalten. Wenn aber die Torwache durch Spruch der Gemeinde und der Vornehmen (meliores) der Stadt eingerichtet ist, soll sie nicht ausgetauscht werden, wenn (ein Torwächter) nicht öffentlich von mehreren Vornehmen wegen eines Vergehens angeklagt wird." Zweifellos konnte die Gemeinde in Huy auf eine lange Erfahrung in diesen Dingen zurückblicken, als sie beschloß, ihrem Stadtherrn Bischof Theodwin von Lüttich beim Ausbau ihrer Stadt zur Grenzfeste des Territoriums und beim Neubau der Stiftskirche Hilfe zu leisten: Weil sie ihm für den Kirchenbau die Hälfte ihrer beweglichen Vermögen, im wesentlichen also ihrer Geldvorräte, überlassen hatten, gewährte der Bischof den Städtern als Gemeinde im Jahre 1066 das Recht, zu Zeiten der Sedisvakanz das Kastell über dem Burgus aus den Einkünften, die sie ihm schuldeten, zu unterhalten, was vermutlich bedeutete, daß sie die Besatzung verpflegen und besolden sollten. Die Bürger befürchteten offenbar, von den herrenlosen Dienstleuten des Bistums widerrechtlich belastet zu werden, wenn sie es ihnen überließen, die bischöflichen Einkünfte zu erheben, und sie waren ohne weiteres imstande, diese Verwaltungsaufgabe selbst zu übernehmen.

Vor allem aber unterlagen, wie schon mehrfach zur Sprache kam, die

Marktangelegenheiten der gemeindlichen Mitverwaltung. Zwar verliehen die Könige das Markt-, Zoll- und Münzrecht stets ausdrücklich den Stadtherren, aber damit waren außer den Rechten (auf Einnahmen aus Strafgeldern des Marktgerichts, aus Zoll und Schlagschatz) auch Betriebspflichten verbunden, mit denen die Herren zunächst ihre Ministerialen belasteten, die sie aber aus den oben erörterten Gründen gerne den Städtern überließen: weil diese nicht versuchen konnten, sie sich zu appropriieren. Vollends stadtherrliche Rechte wie Zollfreiheiten an auswärtigen königlichen Zollstätten, wie sie bereits König Heinrich I. dem Kloster Werden, dann Otto I. den Bischöfen von Utrecht, Trier und Straßburg und den Klöstern Gembloux, Kornelimünster, Lorsch, Reichenau, St. Pantaleon in Köln, St. Maximin in Trier und Kempten verlieh, verwandelten sich sofort in subjektive Befugnisse der Kaufleute, die in der Bischofsstadt oder am Markte vor dem Kloster wohnten und allein diese Freiheit auswärts nutzen konnten; das Stift oder Kloster profitierte von ihrem Vorteil nur so lange, wie es sie in Unfreiheit und Zensualität erhalten konnte. Dasselbe gilt für den Königsschutz, den Otto II. 976 dem Erzstift Magdeburg derart verlieh, daß die Magdeburger Kaufleute, wo immer sie sich auch befänden, ausgenommen in Tiel, wegen etwa begangenen Unrechts stets nur bei dem Erzbischof in Magdeburg verklagt werden könnten. Dieser Königsschutz, der im Bistum Utrecht noch nach der Mitte des 11. Jahrhunderts wirksam war, verwandelte sich ebenfalls sofort in ein subjektives Recht der Kaufleute, die sich auf ihn berufen konnten.

So kommt es, daß die Marktgemeinde stets derart am Privilegienstande ihres Stadtherrn partizipierte, daß die Wahrnehmung der Regalrechte ihrer Mitverwaltung unterlag und in das Markt- und werdende Stadtrecht einging. Der Stadtherr konnte bestimmen, ob Ministerialen oder die Vornehmen der Gemeinde diese Rechte verwalten sollten, und ihm standen die erzielten Einnahmeüberschüsse zu, aber die Gemeinde befand im Stadtgericht über die Rechtmäßigkeit der Verwaltung und erteilte im Zweifelsfall ihr Weistum über den materiellen Inhalt, so wie es etwa Erzbischof Friedrich I. von Köln in der mehrfach erwähnten Urkunde von 1103 feststellte, mit der er das Zollrecht der Kaufleute von Huy und Lüttich wiederherstellte. Solange der Bischof Vertrauensmann der Marktleute war und sie vor Übergriffen der Grafen und Vögte schützte, war dies der natürliche Zustand; zu Recht konnte sich Bischof Burchard von Worms, als er im Jahre 1002 die Burg Herzog Ottos in der Stadt gebrochen, die Adelsfehden beendet und die geflohenen Bürger in die befriedete Stadt zurückgeholt hatte, wie an anderer Stelle erzählt worden ist, der Wiederherstellung der Stadtfreiheit rühmen. Als aber unter König Heinrich IV. Spannungen zwischen König und Bischöfen entstanden und die Kaufleute und Marktgemeinden befürchten mußten, vom Stadtherrn mediatisiert zu werden, da begannen sie, ihre Mitverwaltungsrechte abzusichern, indem sie entweder darüber Verträge mit dem Stadtherrn abschlossen oder indem sie sich direkt, ohne Vermittlung ihres Bischofs und Herrn, an den König wandten und von ihm Diplome empfingen, deren Adressaten sie selber waren. Soweit wir wissen, geschah jenes zum ersten Mal in Huy 1066 und dieses in Worms 1073.

Was Bischof Theodwin von Lüttich seinen Bürgern zu Huy zusagte – es ist das erste Mal, daß das Wort Marktbürger (burgensis) auf dem Boden des deutschen Reiches erscheint –, das waren außer dem schon genannten, auf die Zeit der Sedisvakanz beschränkten Verwaltungsrecht im wesentlichen Normen für die Belastung der in der Stadt lebenden Zensualen, die deren Leistungen an die auswärtigen Leibherren begrenzten, und für das Prozeß- und Beweisrecht, dessen landrechtlichen Eigenarten sich die Bürger hier wie überall zu entziehen suchten. Der Bischof schuf damit einen besonderen, aus seiner Domäne herausgelösten Gerichtsbezirk, dessen Recht nur noch die Bürger weisen konnten. Außerdem befreite er die Bürger von der Heerfolge, ausgenommen ein allgemeines Aufgebot in der Grafschaft, für das der bereits acht Tage währende Auszug der Lütticher das Zeichen sein sollte. Weiter erkannte der Bischof stillschweigend das Recht der Bürger an, ihm Steuern zu bewilligen oder sich selbst zu besteuern, da er die so aufgebrachten Gelder erwähnt, die die Gemeinde zum Bau der Stiftskirche St. Marien beigesteuert hatte. Von der Einführung eines Bürgereides und darauf begründeter städtischer Autonomie war keine Rede, aber die Bürger erhielten doch das Recht, innerhalb einer bestimmten Kompetenz Beschlüsse zu fassen, denen der Stadtherr im voraus und ein für allemal seine immer noch unentbehrliche Sanktion erteilte.

Die Wormser dagegen wagten es, auch gegen den Willen ihres Herrn zu beschließen. Als König Heinrich IV. vor den aufständischen sächsischen Fürsten hatte zurückweichen müssen und mit vielen anderen Fürsten die Bischöfe von Köln, Mainz, Worms und Straßburg die Wahl eines Gegenkönigs vorbereiteten, da vertrieben im Dezember 1073 die Bürger (cives) von Worms ihren Bischof und dessen Ritter aus der Stadt und bereiteten ihrem König einen begeisterten Empfang, indem sie ihm bewaffnet und geordnet entgegenzogen, den Treueid leisteten und jeder einzelne in gemeinsamem Beschluß eine Kriegssteuer anboten. Es kam also nicht zum Kommuneeid, sondern es war ein Herreneid, der die Bürger einigte; offenbar machten sie nur von ihrem alten Recht Gebrauch, den rechtswidrig handelnden Stadtherrn zu verlassen und den König selber zum Herrn anzunehmen. Heinrich IV. hat denn auch die Stadtherrschaft selber unangetastet bestehen lassen und lediglich unter Umgehung des Bischofs die Einwohner der Stadt Worms als Gemeinde mit der Befreiung von den Königszöllen im ganzen Reich belohnt. Allerdings erkannte er auch den eigenmächtigen Beschluß der Bürger, ihren Stadtherrn zu verlassen, als rechtmäßig an. Die Zollbegünstigung zeigt, daß die Fernhändler der Stadt die Entscheidung zugunsten des Königs getroffen hatten; ihnen müssen sich die Ministerialen angeschlossen haben, die als Schultheiß, Zöllner, Münzer usw. die Stadt verwalteten und ihre Aufgaben ganz unabhängig vom Stadtherrn erfüllten. Wenn König Heinrich IV. im Jahre 1077 am Neckar seinen sächsischen Gegnern an der Spitze eines kleinen und nicht besonders schlagkräftigen, weil zum größten Teil aus Marktleuten bestehenden Heer entgegentrat, so werden es die wehrhaften Bürgerschaften von Worms, Mainz und anderen Städten gewesen sein, die ihm ihre Dienste zur Verfügung stellten.

Im nächsten Jahre kam es in Köln zu einem Aufstand der Kaufleute gegen den Erzbischof, weil dieser durch die Ministerialen, denen er die Wahrnehmung sowohl seiner grund- und immunitätsherrlichen wie der stadtherrlichen Befugnisse überlassen hatte, das zur Reise ausgerüstete Schiff eines reichen Kaufmannes beschlagnahmen ließ, um es selbst für einen Transport zu gebrauchen. Es ist möglich, daß die Vereinigung beider Verwaltungen in der Hand unfreier Dienstleute den Erzbischof dazu verführte, die freien Marktleute wie Hörige zu behandeln, die zu ungemessenen Diensten verpflichtet sein mochten, zumal schon der karolingische Königsschutz die Kaufleute davor bewahrt hatte, daß königliche Amtleute ihre Saumpferde und Schiffe für königliche Transporte beanspruchten; es ist aber auch möglich, daß die Kaufleute zwar den Anspruch ihres Gerichtsherrn an Königs Stelle anerkannten, aber meinten, daß er nicht willkürlich gegen Einzelne, sondern nur rechtmäßig gegen die gesamte Gerichtsgemeinde geltend gemacht werden könne, die dafür mit ihrer Steuerleistung aufkäme. Ein Gemeindeverband entweder der Gesamtstadt oder allein der Rheinvorstadt im Kirchspiel von St. Martin scheint jedenfalls bereits bestanden zu haben; wir hören nichts von der Errichtung eines solchen als Schwurverband, sondern müssen annehmen, daß die Vornehmen in einer Volksversammlung den Beschluß herbeiführten, nach dem Muster der Wormser den rechtsbrüchigen Stadtherrn zu verlassen und sich unmittelbar dem König zu unterstellen: Die Kölner belagerten den Erzbischof in seinem Palast und im Dom, und als er mit knapper Not aus der Stadt entkommen war, sandten sie Boten zu König Heinrich, damit er die herrenlose Stadt besetze. Aber diesem fehlten dazu die Mittel, und so mußte sich die Gemeinde dem Erzbischof wieder unterwerfen. Mehr als sechshundert der reichsten Kaufleute sollen sich nun zum König geflüchtet haben, um dessen Fürsprache zu erlangen; der Erzbischof belegte die Rädelsführer mit Leibesstrafen und „alle" mit schweren Vermögensbußen, aber wir hören nichts darüber, wie er sich mit den Ausgezogenen, deren Abgang das Wirtschaftsleben der Stadt völlig lahmlegte, verglichen hat. Der Erzbischof war aber auf die Bürger angewiesen, damit die Stadtmauern verteidigt werden konnten: Er mußte die bürgerliche Mitverwaltung daher notgedrungen bestehen lassen. Im Jahre 1106 ergriffen die Kölner erneut die Partei Kaiser Heinrichs IV.; sie verjagten Erzbischof Friedrich, der auf die Seite des aufständischen Thronfolgers übergegangen war, und auf Befehl des Kaisers errichteten sie selbständig eine neue Stadtumwallung, in die sie die Vorstädte im Süden, Westen und Norden mit einbezogen. Eines der Stadttore wurde nun übrigens der Judengemeinde zur Verteidigung überwiesen; es hieß hernach die Judenpforte. Da sich die zu 1112 überlieferte Verschwörung nicht auf die Stadtgeschichte bezieht, wissen wir also nichts über die Einführung des Bürgereides in Köln. Daß die Bürger trotzdem eine rechtsfähige Gemeinde bildeten, geht daraus hervor, daß sie bald darauf ein gemeinsames Siegel führten. Dieses um 1114/19 im romanischen Stil geschnittene Siegel ist das älteste europäische Stadtsiegel, von dem wir Kenntnis besitzen.

Die einzige deutsche Stadt, von der wir sichere Kunde über die gewaltsame Errichtung einer Kommune haben, ist das fern im Westen gelegene und in dieser Hinsicht zu Frankreich gehörige Cambrai. Hier hatten die vom bischöflichen Burggrafen bedrückten Marktleute seit langem insgeheim über eine Schwurvereinigung beraten, bevor sie die Gelegenheit einer Reise ihres Bischofs an den Königshof im Jahre 1076/77 ergriffen, um zur Tat zu schreiten: Sie verpflichteten sich mit gegenseitigen Eiden, dem Bischof einmütig die Rückkehr in die Stadt zu verwehren, wenn er die Kommune oder Verschwörung nicht anerkennte. Offenbar sahen sie keinen anderen Weg, um den auf Land- und Hofrecht gestützten Maßnahmen des Burggrafen zu entgehen, als sich mit der stadtherrlichen Anerkennung das Recht zu autonomer Gesetzgebung zu verschaffen. Der Bischof aber besiegte sie und stellte die auf bürgerlicher Huldigung beruhende heterokephale Gemeinde wieder her: Er zwang die Bürger, die Schwureinung aufzulösen und ihm den Treueid zu leisten. Mehr Erfolg hatten die Bürger, als es während der Sedisvakanz von 1092 zu einer Doppelwahl kam und der Graf von Flandern dem kaisertreuen Bischof Walcher einen eigenen Kandidaten entgegensetzte. Nun machten auch die Lehnsritter, die die Bischofsburg hüteten, mit den Bürgern gemeinsame Sache, und so bewilligte Walcher ihnen 1102 mit Urkunde die Wiederbegründung der Eidgenossenschaft. Zwar widerrief er die Urkunde, als König Heinrich V. im Dezember 1107 die Stadt eroberte und die Bürger vor versammeltem Fürstenrat zwang, der Kommune auf alle Zeiten abzuschwören und dafür ihm, dem Könige, den Treueid zu leisten, aber der Königseid schützte sie ebenso gut wie die Kommune vor der Mediatisierung durch den Bischof, und außerdem konnten sie bei Fortdauer des Schismas alsbald die kommunalen Einrichtungen stillschweigend wieder einführen. Im Jahre 1120 jedenfalls stand die Gemeinde als selbständiger Vertragspartner neben Bischof Burchard, als es endlich zur Unterwerfung und zum Friedensschluß mit dem Burggrafen kam.

Wenn sich die Gemeindebildung, also die Verschmelzung von Menschen unterschiedlichen Interesses und Gerichtsstandes zu einem Verbande gleichgerichteten politischen Willens, in Deutschland nicht im Wege der Eidgenossenschaft und des gegen den Stadtherrn gerichteten Bürgereides vollzog, so mag dies auch damit zusammenhängen, daß sich die in Frankreich ausgebildeten Gedanken der Kirchenreform und des Gottesfriedens erst seit dem Ende des 11. Jahrhunderts verbreiteten und dann sehr rasch vom Königtum aufgegriffen und in die Form des Landfriedens übersetzt wurden. Die ersten Gottesfrieden riefen für ihre Bistümer die Bischöfe und Synoden in Lüttich 1082 und in Köln 1083 aus; Kaiser Heinrich IV. aber verkündete schon 1085 auf einer Reichssynode zu Mainz den Gottesfrieden für das ganze Reich und ließ darauf 1103 den ersten, auf vier Jahre befristeten Reichslandfrieden verkünden, um mit Hilfe des Friedensschwures den allgemeinen Untertanenverband zu erneuern, der sich im 10. Jahrhundert auf die Huldigung der Landleute an den neu gewählten und zum ersten Mal die Stammesländer bereisenden König gegründet, jetzt aber weitgehend aufgelöst hatte, da seit der Wahl Konrads II. im Jahre 1024 die Umritte außer Gebrauch kamen und die Thronerhebung den Charakter eines volkstümlichen Gemeinschaftsaktes zu verlieren begann. Da Heinrich IV. die Durchführung der Friedensgebote den territorialen Machthabern überlassen mußte, kam die Friedensbewegung schließlich mehr den Herren zugute als den Gemeinden – ganz im Gegensatz zu Frankreich, wo der König in den Streitigkeiten zwischen Stadtherren und Stadtvolk um die Zulassung der Kommune und des Bürgereides als höchster Richter wieder ins politische Kräftespiel einzugreifen vermochte. Die deutschen Stadtgemeinden standen ihren Herren am Ende stets allein gegenüber und riefen den König vergebens um Hilfe an. Sie kamen um den Ausgleich mit dem Stadtherrn nicht herum und mußten deswegen darauf verzichten, sich mit der Einführung des Bürgereides eine Quelle autonomen Rechtes zu eröffnen.

Bis zum Ende der sächsisch-salischen Periode blieb die beschlußfassende Versammlung der Bürger Träger ihrer gemeindlichen Mitverwaltung. So wie sie in Toul auf Vorschlag der Stadtherrschaft über die Bestellung der Torwachen beschloß, so nahmen die Wormser 1074 den König „aus gemeinsamer Gunst der Bürger“ in ihre Stadt auf, erließ ihr Bischof 1106 „mit gemeinsamem Rate der Marktbürger“ Bestimmungen über die Fischhändlerzunft, sollte seit 1111 der Bischof von Speyer die Münze nur „mit gemeinem Rate der Bürger“ verändern, setzte man in Lüttich 1119 den Brotpreis „mit gemeinem Rate der Stadt“ fest. Offensichtlich berief und leitete in normalen Zeiten ein stadtherrlicher Amtmann die Versammlung. Aber das Wort führten in ihr die erfahrenen Männer der Gemeinde, die auch die Leitung an sich rissen, wenn sich die Gemeinde gegen den Stadtherrn empörte. Wenn dies geschah, vollzog sich von Rechts wegen eine Revolution, während in politischer und gesellschaftlicher Hinsicht nur eine wenig erhebliche Verschiebung des Schwerpunktes eintrat. Die Rolle der Vornehmen beruhte allein auf ihrem sozialen, in Reichtum und Abstammung begründeten Ansehen. Nur in antikisierender Redeweise konnte der Mönch Otloh von St. Emmeram sagen, „Volk und Senat" der Stadt Regensburg hätten die westliche Stadtmauer abgerissen und unter Einbeziehung des Klosters und der Neustadt neu aufgeführt; die einzigen „Senatoren", die wir mit Namen kennen, drei Männer, die um 1070 das Kloster beschenkten, scheinen adlige Grundbesitzer mit gräflicher Verwandtschaft gewesen zu sein, die sich vielleicht am Fernhandel beteiligten. Die führenden Großen, die in der Regel dem Kreise der Geschlechter und Schöffenfamilien angehörten, besaßen noch keinen Amtsauftrag und wurden wohl nur für ganz bestimmte Zwecke von der Gemeinde bevollmächtigt, sie zu vertreten. So beschlossen die Einwohner von Remagen um 1110, einen ihnen allen, Reichen wie Armen, gehörigen Berg dem Kölner Erzbischof zur Gründung eines Klosters zu übertragen, und mit der Ausführung beauftragten sie zwölf Männer aus dem Kreise ihrer Vornehmen. Wir wissen nicht einmal, ob die Kölner für die Verwahrung ihres Stadtsiegels einen dauernden Amtsauftrag vergaben oder nur von Fall zu Fall die Männer bestimmten, die berechtigt waren, den Siegelstempel zu benutzen.

Auch die Bürgerversammlung war noch nicht Vertreterin der Bürgerschaft, sondern als Summe aller Bürger mit dieser identisch. Man blieb hinter dem in Pisa schon 1081 erreichten Stand zurück, wonach die bei klingenden Glocken versammelte Bürgerschaft auch die abwesenden Bürger mit ihrem Beschluß verpflichtete. Daher stellte man sich die Gemeindeeinkünfte auch noch als gemeinsame Einnahmen aller Einzelnen vor. So wie die reisende Kaufmannsgilde von Valenciennes die von ungehorsamen Genossen erhobenen Strafgelder unter „die anderen an der Fahrt beteiligten Brüder" verteilte, so beschlossen die Wormser 1106, daß die von einem nicht zur Fischhändlerzunft gehörigen Manne für den Weiterverkauf erworbenen Fische zur Strafe beschlagnahmt „und gleichmäßig unter die Marktbürger verteilt werden sollten", anstatt daß der dafür erlösbare Gesamtertrag etwa einer Stadtkasse zugefallen wäre. Ein solches Organ existierte noch nicht. So waren denn auch bei Rechtsverleihungen, wie sie zuerst 1066 die Bürger zu Huy von ihrem Stadtherrn und 1074 die Bürger zu Worms vom König empfingen, alle Einwohner oder Bürger derart die Adressaten, daß nicht in erster Linie die Gemeinde ein objektives Recht, sondern jeder einzelne Bürger subjektive Befugnisse empfing. Gewiß geschah es in Gegenwart der versammelten Bürger von Speyer, daß Kaiser Heinrich IV. im Jahre 1101 die Rechte des Domkapitels bestätigte und wegen Teilnahme seiner Hörigen am Marktverkehr gegen die Rechte der Bürger abgrenzte; dabei begegnet uns zum ersten Mal der Begriff des Bürgerrechts (ius civile) im

Sinne eines objektiven Stadtrechtes. Ebenfalls in offener Bürgerversammlung klagten 1111 die Speyerer und 1114 die Wormser, d. h. die wortführenden Großen der Stadt, bei dem persönlich anwesenden Kaiser gegen ihre Stadt- und Leibherren wegen unrechter Enteignung: Jeder Betroffene klagte für sich selber, aber er tat es mit allen anderen zusammen, die Gemeinde handelte „samt und sonders", aber noch nicht als Einheit durch Organe, die sie offenbar noch nicht besaß. Nun verwandelte der Kaiser auch die Exemtion der Stadt aus der Grafschaft, die bis dahin ein Privileg des Stadtherrn als Gerichtshalters gewesen war, in ein subjektives Recht jedes einzelnen Bürgers, denn er bestimmte, daß kein Bürger von Speyer, von Worms und seit 1119 von Straßburg gezwungen werden dürfe, außerhalb der Mauer (in Leibzinsangelegenheiten) ein Gericht seines Vogtes zu besuchen oder eine innerhalb der Stadt begonnene Streitsache außerhalb zu beenden. Dieselben Rechte gewährte Erzbischof Adalbert I. von Mainz nach 1118 den Bürgern seiner Residenzstadt und 1120 denen von Erfurt: Wohl um einer Anrufung des Kaisers durch die Bürger zuvorzukommen, machte er selber das Zugeständnis, die Interessengemeinschaft der Ministerialen und zinspflichtigen Marktleute mit den freien Kaufleuten und Handwerkern anzuerkennen und damit der Gemeindebildung freien Lauf zu lassen, ohne jedoch die Kontrolle aus der Hand zu geben. Die Stärke der Stadtherrschaft hat in Frankreich und Deutschland die Organbildung im Vergleich zu Italien deutlich hintangehalten. Die Bürger mochten wohl Einfluß auf die Auswahl der Personen gewinnen, die der Stadtherr mit der Verwaltung beauftragte; die hoheitliche Amtsvollmacht jedoch verlieh allein der König oder der Stadtherr, der ihn vertrat.

Auf andere Weise und in noch stärkerem Maße war dies in England der Fall, wo, wie wir wissen, die Könige die Entstehung einer adligen oder kirchlichen Stadtherrschaft im wesentlichen verhindern konnten und wo daher jedes Selbständigkeitsstreben der vereinigten Stadtleute auf den Widerstand des Königs selbst stoßen mußte. Die Bewohner der angelsächsischen Städte bestanden wie auf dem Kontinent aus Angehörigen verschiedener Rechtskreise, es wohnten dort nebeneinander grafschaftsfreie Grundbesitzer, Kaufleute und Handwerker und unfreie Hintersassen verschiedener Herren als Gewerbetreibende, Bauern, Arbeiter. Der Besitz einer Allmende bedeutete für sie nicht mehr an Selbstverwaltung, als die Landgemeinden der Dörfer auch besaßen. Was sie zur Gemeinde machte, war weniger der Genuß gemeinsamer Vorrechte als das Abtragen der gemeinsamen Burg- und Mauerbaupflicht. Die Bewältigung dieser Last ließ den Städtern ebenso wenig wie die Errichtung von Markt und Münze einen Spielraum für die Erweiterung der nachbarschaftlichen Mitverwaltung, da die Entstehung besonderer burgstädtischer Gerichtsversammlungen noch im 11. Jahrhundert eine Ausnahme war. Immerhin zeigen sich nun die ersten den Städtern gemeinsamen Vorrechte, die auch ihrer Selbstverwaltung zugute kamen. Die Bürger von Dover stellten dem König bereits vor 1066 „20 Schiffe einmal im Jahre für 15 Tage, und in jedem Schiff waren 21 Männer. Das taten sie deshalb, weil er ihnen das Niedergericht überlassen hatte. Wenn Sendboten des Königs dorthin kamen, gaben sie für das Übersetzen eines Pferdes 3 Pfennige im Winter und 2 im Sommer. Die Bürger aber ermittelten den Steuermann und einen weiteren Helfer, und wenn mehr nötig war, so wurde es mit seinem Geld gemietet.“ Ferner war jeder Einwohner „frei vom Zoll durch ganz England hin“. Noch im Domesday book erscheinen diese Vorrechte als Ausnahmen und Neuerungen, die für das seefahrende Volk der Hafenstädte typisch waren. Den Bürgern der auf Klostergut entstandenen Stadt zu Bury St. Edmunds verlieh König Heinrich I. im Jahre 1102/03 die Zollfreiheit auf allen Märkten und Messen im Reiche, die später ein fast allgemeines Privileg der großen Städte werden sollte. Die Burgstadt Warwick, die noch 1086 steuerlich und gerichtlich in die Grafschaft eingefügt war, hatte dennoch als besondere Gewohnheit, „daß, wenn der König zu Lande ins Feld zog, zehn Burgstädter von Warwick anstatt aller anderen gingen. Wer nach Aufforderung nicht ging, besserte dem König 10 Schilling. Wenn aber der König zur See gegen seine Feinde zog, sandten sie ihm entweder vier Bootsleute oder vier Pfund Pfennige.“

Das wichtigste Ziel der Mitverwaltung, nach der die Bürger strebten und für die sie eine Gemeinde bildeten, war die Milderung der schrankenlosen Forderungen des Sheriffs, der dem König eine Amtspacht schuldete und alles, was er darüber hinaus von den Untertanen erheben konnte, als eigenen Gewinn betrachtete. Selbsttätigkeit entfaltete die Lastengemeinschaft erst dann, wenn sie eine Chance hatte, sich mit Erlaubnis des Königs der Finanzverwaltung der Grafschaft und des Sheriffs zu entziehen. Das Domesday book verzeichnet sehr häufig Klagen der von den königlichen Kommissaren befragten Gemeindesprecher über die willkürlichen, tyrannischen Forderungen der Amtleute; nur die Bürger von Northampton hatten es bereits erreicht, daß sie dem Sheriff ein jährliches Fixum von 30 Pfund und 10 Schilling zahlten, die sie nach eigenem Ermessen zusammenbrachten, um damit aller weiteren Leistungen ledig zu sein. Offenbar hatten sie vom Sheriff ihrerseits die Abgaben der Stadt gepachtet: eine Form gemeindlicher Selbstverwaltung, die erst sehr viel später in England allgemein üblich wurde und sich als früher Sonderfall daraus erklärt, daß König Wilhelm hier eine Neustadt für französische Ansiedler gegründet hatte. Deren gab es, wie wir wissen, mehrere; in ihnen schuf bereits das einheitliche freie Bodenrecht günstige Voraussetzungen für die Gemeindebildung aus eigener Gerichtsbarkeit. Besonders dort, wo die Gründer das Recht von Breteuil in Geltung setzten oder nachahmten, lockten sie Ansiedler mit einer Fixierung der Polizeistrafen an, die die königlichen und grundherrlichen Beamten sonst nach Willkür festsetzen konnten. So sicherte William FitzOsbern den Bürgern von Hereford einen Betrag von 7 Schilling als Höchstmaß der Polizeistrafen zu, während andere Barone bis zu 25 Schilling forderten und der Durchschnitt bei 12 Schilling lag. Samt und sonders mußten die Bürger darüber wachen, daß der Amtmann des Stadtherrn diese Zusagen einhielt. Eine weitere Last, aber auch Mitverwaltungsbefugnis bürdete König Heinrich I. im Jahre 1101/02 allen Bürgern und Burgstadtbewohnern auf, sowohl französischen wie englischen, indem er sie schwören ließ, seine Münze rein zu bewahren und keiner Fälschung derselben zuzustimmen: Er machte sie also für die Arbeit der Münzmeister haftbar – was auf dem Kontinent ein wertvolles Privileg der Bürger war, nämlich das Recht, die Münze zu kontrollieren, erscheint in England als eine vom König erzwungene Pflicht! Diese in der Situation nach der Eroberung von 1066 verstärkte Eigenart der königlichen Verwaltung und Rechtspflege, sich die erforderlichen Leistungen zu sichern, indem sie die Untertanen zwang, sich zu Verbänden zusammenzuschließen, um Kollektivpflichten zu übernehmen, – diese Eigenart führte zu einer Verstaatlichung der Gemeinden und prägte ihnen einen extrem anstaltsmäßigen und herrschaftlichen Charakter auf, der das englische Städtewesen für immer grundlegend vom kontinentalen unterscheiden sollte. Eigentlicher Gegenstand der gemeindlichen Mitverwaltung blieb stets die Umlage dessen, was der König von der Gemeinde an Leistungen forderte, auf deren einzelne Mitglieder. Die Rechtsweisung im Stadtgericht blieb bedeutungslos, weil die Könige mittels der Prozeßinstruktion durch Writ die Rechtsschöpfung der Zentralgewalt vorbehielten; für politische Entscheidungen aber blieb den Gemeinden kein Raum, da die normannische Ritterschaft ihnen feindlich und mißtrauisch gegenüberstand und sie von den königlichen Zwingburgen aus streng unter Kontrolle hielt. So gab es keine Kämpfe der Bürger gegen den König, keine Bürgerheere, keinen gewaltsamen Abbruch von Pfalzen und Burgen, keine eigenmächtige Verschwörung und auf Bürgereide gegründete autonome Rechtsetzung.

Die Stadtverfassung in England blieb extrem herrschaftlich, auch wenn König Heinrich I., wir wissen freilich nicht, ob bereits in der ersten Hälfte seiner langen Regierungszeit (1100–1135), der Fortbildung der Bürgerrechte als subjektiver Befugnisse der einzelnen nach französischer Tradition durchaus wohlgesonnen war. Die Bürger der Marktsiedlung unter Newcastle (der „Neuen Burg“) am Tyne und die von Bury St. Edmunds jedenfalls erhielten von ihm eine Reihe von Rechten, die uns vom Kontinent her vertraut sind; sie betrafen das freie Bodenrecht („jeder Bürger darf sein Grundstück verschenken und verkaufen und frei und unbeschwert gehen, wohin er will“, „wenn jemand ein Grundstück nach Burgrecht über Jahr und Tag gerecht und ohne Ansprache besessen hat, braucht er keinem Kläger mehr zu antworten“), die persönliche Freiheit („wenn ein Bauer kommt, um in der Burgstadt zu wohnen, und dort über Jahr und Tag wie ein Bürger in der Burgstadt wohnt, so bleibe er dort für immer wohnen, wenn nicht vorher von ihm oder seinem Herrn angesagt worden ist, er werde befristet wohnen bleiben", „in der Burgstadt gibt es weder Heiratsgebühr noch Heergerät") und die Gewerbefreiheit („jeder Bürger darf seinen Backofen und Handmühle haben, wenn er will, vorbehaltlich des königlichen Backofenrechts"), den ausschließlichen Gerichtsstand vor dem Stadtgericht und die Befreiung vom Zweikampf außer in Strafsachen, die der König selbst zu verfolgen pflegte, sowie den Ausschluß Fremder aus Handel und Gewerbe, die den Bürgern vorbehalten bleiben sollten („kein Kaufmann darf, wenn er nicht Bürger ist, außerhalb des Dorfes Wolle oder Häute oder anderes Kaufmannsgut kaufen", „wenn ein Schiff am Tyne angelegt hat, das wieder abreisen will, so dürfen die Bürger kaufen, was sie wollen", „niemand außer den Bürgern darf Tuche zum Färben kaufen oder herstellen oder ausschneiden"). Es sind dieselben Rechtsvorteile, die auch auf dem Kontinent jeder Stadtgründer auslobte, um Ansiedler zu gewinnen; sie galten indes nur den Einzelnen: Davon, daß diese eine Gemeinde bilden und in eigener Verantwortung über den Bestand dieser Rechte wachen und andere Gemeindeangelegenheiten besorgen sollten, war keine Rede.

Nur in London war alles anders. Der Besitz dieser großen Stadt mit ihren weitreichenden Handelsverbindungen und ihrer gewaltigen Steuerleistung entschied während der Kämpfe mit den Dänen über die Herrschaft im ganzen Lande. Das Heer, das König Ethelred 1016 gegen Knut führen wollte, war nur dann bereit zu kämpfen, „wenn der König bei ihm wäre und wenn es den Beistand der Bürger von London hätte". Seither spielten die Londoner bei den Königswahlen eine besondere Rolle, die selbst Wilhelm der Eroberer anerkannte, da er zwar den angelsächsischen Adel draußen im Lande und die Bischöfe fast vollständig durch Normannen zu ersetzen vermochte, nicht aber die Führungsschicht der Stadt London. Sie übte ihre Macht aus, indem sie die Sprecher für die allgemeine, wohl vom Bischof und vom Port-reeve geleitete Volksversammlung stellte, die dreimal im Jahre unter freiem Himmel auf dem Platz nordöstlich von der St. Pauls-Kathedrale zusammentrat, dort, wo sich das Gelände innerhalb der Mauern zu seiner höchsten Höhe erhob, und an der jeder Bürger ungeladen teilzunehmen hatte. Der laufenden Rechtsprechung und Verwaltung diente zudem das Husting, das eine dänische Bezeichnung trägt und vielleicht schon am Ende des 9. Jahrhunderts von dänischen Siedlern geschaffen worden war, das sich aber im Laufe der Zeit zum Gericht des Shire und des Sheriffs von London entwickelte. Es war das höchste Zivilgericht der Stadt und entschied auch in Streitigkeiten zwischen englischen und fremden Kaufleuten. Daher mußte König Heinrich I. (1100–1135) ihm das Recht bewilligen, allwöchentlich zusammenzutreten. An ihm nahmen als Rechtskundige mit dem Sitz auf einer besonderen Bank die Ältermannen der 24 Wards teil; diese stammen ab von den einst an Zahl viel mehreren grundherrschaftlichen Gerichten, die auf den eingehegten Haupthöfen (hagae) innerhalb der Stadt gehalten worden waren, aber weit über die Stadtmauern hinausreichten. Auf diese Herkunft deuten manche Namen hin; so geht das Ward Bassishaw auf den Hof der Leute von Basingstoke, das Ward Lothbury auf den Hag der Leute des Lotha zurück. Rätselhaft ist der Name Aldermanbury, denn Aldermen hießen bis zum Beginn des 11. Jahrhunderts die Häupter der Shires, 1111 aber erscheint das Wort zum ersten Mal als Bezeichnung für das Oberhaupt eines Ward. Der Bedeutungswandel und die Überführung der grundherrlichen Gerichte in die Wards, der spätestens 1127 abgeschlossen war, wird damit zusammenhängen, daß das freie städtische Bodenrecht in die Grundherrschaften eindrang und in einer Art und Weise, wie wir sie in Italien deutlicher bezeugt fanden, die persönliche und dingliche Abhängigkeit der hörigen Leute zersetzte und beseitigte.

Die Wards besaßen eigene Volksversammlungen und entwickelten sich nicht nur zu den Hundredgerichten der Stadt, sondern auch zu Wehrverbänden, denn etliche hatten ein bestimmtes Stadttor zu hüten und erstreckten sich dann auch über die Mauern hinaus, um die jeweilige Vorstadt mit einzubeziehen. In vieler Hinsicht erinnern die Wards an die Kölner Sondergemeinden, wenn sie sich auch nicht wie diese mit den Pfarrbezirken deckten. Die Aldermen gehörten auch in normannischer Zeit dem Patriziat angelsächsischer Abstammung an, und die Normannen mußten sie dulden; dagegen entledigten sie sich der Rittergilde (Cnihtengild), die vielleicht einmal gegründet worden war, um die östliche Stadtmauer zu unterhalten und zu verteidigen, die aber aus ihrem dort gelegenen reichen Grundbesitz auch religiöse und soziale Aufwendungen bestritt. Wilhelm der Eroberer mußte ihr natürlich ihre militärische Aufgabe entziehen, und so löste sie sich auf, indem sie 1125 ihre Güter und Pflichten dem Stift St. Trinitatis bei dem östlichen Stadttor (Aldgate) vermachte. In einem berühmten Erlaß hatte einst König Edward (1042–66) Bischof Aelfweard, dem Port-reeve Wulfgar und allen Bürgern in London befohlen, die Rechte der Gilde und diejenigen ihrer Mitglieder zu respektieren; in keiner anderen englischen Stadt wiederholt sich eine solche Abhebung der Ritter und Großgrundbesitzer von den Bürgern. In welcher Weise die gewiß auch aus dem Seehandel Einkünfte beziehende Führungsschicht die Bürgerschaft beherrschte, geht daraus hervor, daß sich im Jahre 1087/88 der Bischof von Durham rühmen konnte, er habe jeden Funken eines Aufruhrs in der Stadt erstickt, indem er die zwölf vornehmsten (meliores) Bürger der Stadt dem Könige zuführte. Einen Auftrag vom Volke, der sie zu dessen Organ gemacht hätte, besaßen die zwölf offenbar nicht; noch war die Gemeinde unscharf verfaßt, wie es auch auf dem Kontinent üblich war, und heterokephal, aber die Normannen trauten den zwölf offenbar zu, diesen Zustand (im Wege der Kommunebildung?) zu verändern.

Wenn in Spanien trotz einer der englischen ganz ähnlichen, kaum von adligen Lehen durchbrochenen königlichen Stadtherrschaft die freie Gemeindebildung in einer Weise hervortritt, wie sie uns sonst nirgendwo in Europa begegnet, so hat dies seinen Grund darin, daß die Könige die besonderen militärischen Verhältnisse des Grenzkampfes mit den Sarazenen und der Sicherung der diesen entrissenen unendlichen Landstriche allein mit den Mitteln ihres zentralen Heeresaufgebotes nicht meistern konnten, sondern auf die Selbständigkeit der Grenzergemeinden angewiesen waren, die sich nicht auf die Allmendnutzung und andere Aufgaben bloßer Nachbarschaftsgemeinden beschränken ließen, sondern unter Führung des königlichen Amtmanns auch imstande sein mußten, politisch-militärische Entscheidungen zu treffen. Die besonderen Umstände erklären freilich auch, warum von dem spanischen Städtewesen kein prägender Einfluß auf den Kontinent ausgehen konnte, so wie ihn Italien, Nordfrankreich und Lothringen ausstrahlten: In den spanischen Städten spielte das gewerbliche Bürgertum der Marktleute nur eine Nebenrolle, denn den Ausschlag gab in der Volksversammlung stets die Kriegerschaft.

Es gab zwei gesellschaftliche Gruppen, die sich aus der Funktion des sich selbst ausrüstenden und als Rentner von eigener Arbeit auf dem Lande oder in einem Gewerbe unabhängigen Reiterkriegers bildeten. Die ältere bestand vielfach aus Nachfahren des westgotischen Adels (infanzones), die freilich nicht besonders wohlhabend und daher darauf angewiesen waren, im Dienst der Großen weiteren Landbesitz zu gewinnen. Hinzu kamen als jüngere Gruppe besonders in Kastilien, wo man für das Vordringen nach Süden sehr viele Reiterkrieger brauchte, Aufsteiger aus dem freien und unfreien Bauerntum (milites). Seit dem Ende des 10. Jahrhunderts verschmolzen beide Gruppen zu einem neuen Geburtsadel mit ausgeprägtem, militärisch und religiös gefärbtem Standesbewußtsein. Wegen des geringen Ertrages ihrer bescheidenen Allodialgüter traten diese Ritter fast immer in die Vasallität des Königs oder eines Grafen, eines Bischofs oder Abtes ein, der ihnen ein Lehen gab und dem sie dafür als sein Gefolge Kriegs- und Verwaltungsdienste leisteten. Als Standesprivilegien kamen ihnen persönliche und dingliche Steuerfreiheit, ein Wergeld von 500 Schilling, besonders große Anteile an der Allmendnutzung und manches andere, vor allem aber der aus der Grafschaft eximierte Gerichtsstand unmittelbar vor dem König zu. – Die Rückeroberung und Besiedlung der Landschaften am Duero konnte indes nicht allein von dieser adligen Ritterschaft gesichert werden. Hier schuf die Landnahme zahlreiche freie Besitzer kleiner Allodialgüter, die ihr Land selbst bewirtschafteten und auf deren Wehrkraft der König nicht verzichten konnte. Besonders in den Königreichen Asturien-León,

Kastilien und Portugal verfügten diese in Dörfern und Burgstädten lebenden Männer über genug Boden, um sich als Reiterkrieger ausrüsten zu können, und der König belohnte dies mit allerlei Vorrechten: Er befreite sie von Burgfest- und Brückenbaudiensten und von Verpflichtungen gegenüber den Grundherren und zum Teil auch von den Steuern. Von der adligen Ritterschaft (den infanzones) unterschied diese „dörflichen Ritter" (caballeros villanos, populares, burgueses) vor allem der lokale Gerichtsstand in ihrer Land- oder Stadtgemeinde. Daß sie in den Städten durchaus auch aus der Gruppe der Marktleute kamen, lehrt das Ortsrecht von Castrojeriz aus dem Jahre 974, das ihnen die Freiheit vom Zoll auf alle Handelswaren zusicherte.

So bildeten sich, was die Zusammensetzung der Bürgerschaften anlangt, im 11. Jahrhundert zwei Formen der Stadt aus, nämlich einerseits die an strategisch wichtigen Punkten und zum Schutz der Grenze gegen die Mauren neu gegründeten Burgstädte wie Salamanca, Avila, Segovia, Sepúlveda, Madrid, Plasencia, Cuenca, die vor allem von Kriegern und Klerikern bewohnt wurden, wenn es natürlich daneben auch Marktleute und Landwirte gab; die Gemeindebildung ging hier ganz von den nichtadligen Reiterkriegern und dem Bedürfnis aus, sie zu handlungsfähigen militärischen Einheiten zusammenzufassen. Andererseits gab es die vom Aufleben des Fernhandels und von der Zuwanderung aus Frankreich belebten Städte an den Wegen, auf denen die Pilger nach Santiago de Compostela reisten, wie Gerona, Barcelona, Jaca, Pamplona, Estella, Nájera, Burgos, León und Compostela selbst. Nur in diesen Städten siedelten sich Marktleute in größerer Zahl an und verbreitete sich, zuerst in Katalonien, seit Ende des 11. Jahrhunderts dann auch in den westlicheren Landschaften, unter französischem Einfluß ihre Bezeichnung als Marktbürger (burgenses). Erst im 11. Jahrhundert beginnen die Quellen von Kaufleuten und Handwerkern zu berichten: Für ihre Reisen nahmen die Könige sie in Schutz; so verbot bald nach 1020 das Ortsrecht von Villavicencio in León, den zum Markte ziehenden Kaufmann am Dienstag, Mittwoch und Donnerstag zur Zeit der Messe eigenmächtig zu pfänden. Nur langsam begannen die Städte, Handel und Handwerk auf sich zu konzentrieren. Am Ende des 11. Jahrhunderts sind für Barcelona Werkstätten und Handwerker und für León Anfänge eines Textilgewerbes bezeugt; die Ortsrechte (fueros) erwähnen ferner Goldschmiede, Eisenschmiede und Färber, aber noch saß das Handwerk vor allem auf den Herrenhöfen, die es auch in den Burgstädten gab, und wurde dort von Hörigen oder Halbfreien betrieben. So bildeten die Marktleute keine einheitliche, vom Landmann und vom Hörigen auf der einen Seite und vom Krieger auf der anderen klar abgegrenzte Gruppe. Viele hatten noch einen Grund- oder Leibherrn oder betrieben nebenher Landwirtschaft, und zahlreiche herrschaftliche Bannrechte für Mühle, Backhaus, Schlachthof schränkten wie in Frankreich und Deutschland ihren Gewerbebetrieb ein. Es mußte rasch ein gemeinsames

Anliegen aller Marktleute entstehen, sich dieser Beschränkungen zu entledigen, und die Herren konnten dem nicht lange widerstehen, da ja das Wohnen in der Stadt nicht der einzige Weg war, der den Marktleuten offenstand, um sich den herrschaftlichen Fesseln zu entziehen.

Der Gemeindebildung waren die Verhältnisse in Spanien ungewöhnlich günstig. Zunächst einmal war im 9. Jahrhundert nur in Katalonien die Feudalisierung der Ämter durchgedrungen; in den Königreichen dagegen hatte sich der aus Spätantike und westgotischer Zeit hergekommene Staatsgedanke erhalten, der alle Hoheitsrechte dem König beilegte, damit er sie als anvertrautes Amt zum öffentlichen Wohle ausübe, der aber auch die Untertanen als Staat oder Staatsteil anerkannte, da sie dem Herrscher den Untertaneneid (so im Reich León-Asturien) oder die Huldigung und zur Erfüllung seiner Amtspflichten Wehrdienst, Gerichtsdienst und Steuern schuldeten. Der auf den gemeinsamen Herrschereid gegründete Untertanenverband war gegliedert in Distrikte, in denen ein Amtmann (iudex, potestas, comes) den König vertrat; in den Distrikten war er als Gemeinde seit je existent, denn der Amtmann versammelte in ihnen die freien Männer zum Gericht (concilium) und führte sie im Kriege gemeinsam ins Feld. Es galt damit eine vorstädtische und heterokephale Gemeindeverfassung, denn nicht jeder königliche Amtsbezirk besaß ein städtisches Zentrum. Nur unscharf waren von den Distrikten die Nachbarschaftsgemeinden geschieden, die in ihren Versammlungen ebenfalls unter Leitung königlicher Amtleute und bei Wortführung rechtschaffener Männer (boni homines) den Grundbesitz der Gemeinde und ihrer Kirche verwalteten und die Nutzung der Allmende regelten, eine freiwillige Gerichtsbarkeit übten und über Preise, Löhne, Maße und Gewichte wachten. Sowohl die Orts- wie die Distriktsversammlungen bildeten Gemeinden germanischen Typs, in denen der Herr lediglich Gerichtshalter, die materielle Beschlußfassung oder Urteilsfindung aber das Recht der Versammelten war. Wenn nun auch die Zahl der mit niederer Immunität ausgestatteten Grundherrschaften und damit halbfreier Gemeinden im 11. Jahrhundert wuchs, so setzte die Rückeroberung und Besiedlung wüsten Landes dem doch enge Grenzen, denn sowohl der König wie seine Magnaten mußten hier den Neusiedlern, die sie anlocken wollten, immer wieder die Aufhebung ihrer Herrschaft als Privileg zusagen.

Seit dem 9. Jahrhundert war dies geschehen in Form von kollektiven Agrarverträgen, die die Herren nicht mit Einzelnen, sondern sogleich mit der Gemeinde, die schon die zuziehenden Ansiedler bildeten, abschlossen und in denen sie deren Gemeindecharakter von vornherein dadurch betonten, daß sie auch alle künftig Zuziehenden, die als Individuen nicht mit abschließen konnten, in den Vertrag aufnahmen. Die Form dieser für freie bäuerliche Ansiedler entwickelten Verträge (cartas de población y franquicia) konnte unverändert auf Verträge auch mit solchen Ansiedlern übertragen werden, die als Krieger oder Marktleute in Städten wohnen wollten und daher weiterreichende Rechte mit dem zugehörigen Stadtgericht (forum, daher fuero) beanspruchten. Auch dies waren Verträge, die der König mit den Gemeinden, nicht mit einzelnen Zuziehenden abschloß; in seinen Urkunden pflegte er „euch, die Ansiedler, sowohl jetzt anwesende wie zukünftige", direkt anzureden. In der Regel benannten die Ansiedler selbst dem König die Rechte, deren sie unter den örtlichen Umständen bedurften; viele Ortsrechte erlangten deswegen weite Verbreitung, weil junge Gemeinden einfach das Recht begehrten, das ältere Nachbarn bereits besaßen. Die in den Ortsrechten zusammengestellten Normen selbst gingen auf Entscheidungen zurück, die die Gerichtsversammlungen in den älteren Burgstädten zuvor gefunden hatten. Selten nur kam es vor, daß der König seine Urkunde nicht an die Gemeinde, sondern an den Orts- oder Stadtherrn adressierte, wie es in Italien, Frankreich, Deutschland bis zum Durchbruch der kommunalen Bewegung in der zweiten Hälfte des 11. Jahrhunderts üblich war, denn es gab nur wenige zur Stadtgründung fähige Großgrundbesitzer, und deren Immunität ging nicht wesentlich über Polizei- und Niedergerichtsbefugnisse hinaus.

So beruht die Eigenart der spanischen Stadtverfassung wesentlich darauf, daß hier die grafengleiche Hochimmunität fehlte, die sich im 10. Jahrhundert auf Grund einer ganz anderen Auffassung vom Staat in Deutschland ausbildete. Die spanische Immunität verwehrte dem königlichen Amtmann nicht, die Grundherrschaft zu betreten, und entzog die Einwohner weder der Wehrpflicht noch der königlichen Hochgerichtsbarkeit. Daher erscheinen die Grund- und Stadtherren oft lediglich als Petenten, die vom König die Bewidmung ihrer Gemeinde mit dem von dieser gewünschten Ortsrecht begehrten. So erteilte König Alfons VI. von León und Kastilien (1072–1109) auf Bitten der Äbte in Silos, Escalona und Sahagún den Marktsiedlern, die sich vor ihren Klöstern niederließen, das von diesen gewünschte Ortsrecht. Überall stärkte auf diese Weise die Stadtgründung den gesamtstaatlichen und königsunmittelbaren Untertanenverband, und der König selber konnte daher gelegentlich – allgemein hielt niemand das für erforderlich, weil es sich von selbst verstand – anordnen, daß die Bürger untereinander eine Schwurgemeinde bildeten, wie es König Alfons I. von Aragon 1119 im Ortsrecht von Zaragoza tat: „Dazu aber befehle ich euch, daß ihr alle diese Gesetze beschwört, zuerst die zwanzig vornehmsten (meliores) Männer, die ihr selbst unter euch erwählen sollt, und ihr zwanzig, die ihr zuerst geschworen habt, sollt die anderen zu schwören veranlassen . . ., daß ihr euch alle (gegenseitig) helft und euch in Einigkeit bei diesen Gesetzen erhaltet." Schwerlich könnte ein Untertaneneid viel anders gelautet haben; es handelt sich offenbar gar nicht mehr um einen Personen verbindenden Treueid, wie er für das europäische Kerngebiet und dessen Feudalismus typisch war, sondern um einen Eid auf das Gesetz mit der Bindung an eine objektive Rechtsordnung, die den antiken und dann wieder den spätmittelalterlichen Flächenstaat kennzeichnete. Daher war es möglich, daß den spanischen Land- und Stadtgemeinden schon in die Wiege gelegt wurde, was die kommunale Bewegung anderswo erst erkämpfen mußte: die genossenschaftliche Rechtspersönlichkeit und Rechtsfähigkeit.

Die ältesten Fueros des 10. Jahrhunderts sind meist nur kurze Dokumente mit Normen über Lastenfreiheit und Straf- und Prozeßrecht. Als frühestes ausführlicheres Stadtrecht hat sich ein Gesetz des Reichs- oder Hoftages von León aus dem Jahre 1017 oder 1020 erhalten, dessen Aufgabe es war, die Rechtsverhältnisse in dem zuvor von den Mauren verwüsteten Königreich und seiner zerstörten Hauptstadt neu zu ordnen. Unter dem Vorsitz König Alfons' V. und der Königin Elvira stellten die Großen zunächst eine Reihe landesrechtlicher Normen fest, um die Grundherrschaften, den Landfrieden und das Königsgericht wiederherzustellen. Dem fügten sie, um auch die Hauptstadt wieder zu bevölkern, eine Reihe von Vorschriften an, die sich offenbar im 10. Jahrhundert bereits bei der Neugründung von Burgstädten bewährt hatten. Zunächst sicherten sie den Zuziehenden die persönliche Freiheit zu: Weder vom Lande eingewanderte Pächter und Handwerker (Weber, Böttcher) noch unerkannt aufgenommene Sklaven konnten von ihren Herren zurückgeholt werden, wenn sie in der Stadt wohnen wollten; nur der mit Zeugen der Unfreiheit Überführte sollte seinem Herrn zurückgegeben werden. Wer in der Stadt aus eigenen Mitteln ein Haus auf fremdem Grundstück errichtete, behielt daran das Eigentum, ohne vom Grundherrn persönlich abhängig zu werden; er hatte lediglich Abgaben und Dienste geringen Umfangs zu leisten, die verschieden waren, je nachdem, ob der Hausherr Ritter, also Besitzer eines Pferdes, war oder ob er bloß Esel oder weder Pferd noch Esel besaß. Wollte er das Haus verkaufen, so sollten zwei Christen und zwei Juden dessen Wert schätzen, und zu diesem Schätzpreis hatte dann der Grundherr ein Vorkaufsrecht. Weder die königlichen Amtleute, der Saio und der Meier, noch der Grundherr oder ein Leibherr durften das Haus eines Einwohners, der ein Wergeld schuldete, betreten oder dessen Türe entführen. Die nichtritterlichen Einwohner waren Winzer, Bäcker, Fleischer, die den königlichen Beamten gewisse Abgaben leisteten, vermutlich weil der König auf alle gewerblichen Bannrechte und auf den Marktzoll verzichtete; jeder Einwohner der Stadt durfte Lebensmittel in seinem Hause verkaufen. Wer den Frieden des an jedem Mittwoch stattfindenden Marktes brach, büßte dafür dem Saio mit 60 Schillingen. Die Macht der Stadtverwaltung reichte über die Stadtmauern hinaus; alle Männer, die in einem bestimmten Umkreis um sie herum wohnten, konnten Einwohner von León nur in der Stadt verklagen, und im Kriege mußten sie in die Stadt kommen und ebenso wie die Bürger (cives) die

Mauern hüten und instandhalten. Dafür waren sie vom Zoll für alle Güter, die sie in der Stadt verkauften, befreit.

Die Stadtverwaltung stellt sich insoweit als streng herrschaftlich dar; sie unterlag jedoch einer sehr weitgehenden Ergänzung, ja sogar Kontrolle durch die Versammlung der grundbesitzenden Bürger (das concilium): Alle Männer, die binnen den Mauern und außerhalb wohnten, mußten einerlei Recht und Gesetz einhalten und sich zu diesem Zweck einmal im Jahre am ersten Tag der Fastenzeit beim Stift Santa Maria de Regula versammeln, um die Preise für Brot, Wein und Fleisch (bzw. die jeweils für den traditionell fixierten Preis zu liefernde Quantität) und den Tagelohn für die Arbeiter festzulegen, woran sich die ganze Bürgerschaft das Jahr über zu halten hatte, bei einer Strafe von 5 Schilling, die der königliche Meier erheben sollte. Nur mit Genehmigung der Versammlung durften die Fleischer nach Gewicht verkaufen, und für die Erlaubnis hatten sie ihr ein Mittagsmahl auszurichten: Eine gemeinsame Kasse, die hätte Gebühren erheben können, gab es noch nicht. Wer See- oder Flußfische und Fleisch, die zum Verkauf nach León gebracht wurden, eigenmächtig pfändete, büßte dies der Versammlung mit 5 Schillingen, selbst wenn es der Saio oder der Meier tat, „und die Versammlung gebe ihm hundert Peitschenhiebe aufs Hemd und führe ihn an einem um den Hals gelegten Strick über den Marktplatz". Dieselbe Strafe drohte den Beamten, wenn sie jemanden am Markttage widerrechtlich pfändeten.

Ausdrücklich nennt König Sancho Ramírez von Andorra die drei Gruppen von Einwohnern, die zur Stadtgemeinde verschmolzen, in dem Stadtrecht, das er 1063 allen Einwohnern seiner Burg mit Herrenhof und Bischofssitz in Jaca gewährte: Es hob alle schlechten Gesetze (also: die Hofrechte) auf, die in Jaca galten „bis auf diesen Tag, an dem ich festgesetzt habe, daß Jaca eine Stadt sein soll, und deswegen, weil ich will, daß sie stark besiedelt werde, gestehe ich euch zu und bestätige euch und allen, die sich in meiner Stadt Jaca niederlassen, alle jene guten Gesetze, die ihr von mir erbeten habt, damit meine Stadt stark besiedelt werde", darunter Gleichheit der Strafen für alle: Wer in Gegenwart des Königs einen anderen erschlüge, der sollte 1000 Schilling zahlen, „wenn aber jemand, er sei Ritter oder Marktbürger (burgensis) oder Bauer", einen hinter dem Rücken des in der Stadt weilenden Königs tötete, dann sollte er das Wergeld „nur gemäß dem Gesetz, das ihr habt, wenn ich nicht in der Stadt bin", entrichten. Ritter, Bürger und unfrei gewesene Bauern bildeten die Gemeinde; damit ihr Zusammenschluß nicht von den Vorrechten des Adels und des Klerus gestört werde, durften die Einwohner ihre Grundstücke weder an Kirchen noch an adlige Ritter (infanzones) verkaufen. Die Einwohnerversammlung, auf deren Begehren hin der König dies alles festsetzte, und ihre Mitverwaltung erwähnt der Text nicht weiter; er setzt sie jedoch an einer Stelle voraus, wo es heißt, der königliche Meier dürfe einen Einwohner von Jaca nur bestrafen gemäß dem Urteilsspruch von sechs vornehmen (melioribus) Mitgliedern der Gemeinde. Weil dieses Ortsrecht die aus Frankreich eingewanderten Marktleute besonders begünstigte, wurde es von vielen Stadtgemeinden in den Reichen Aragon und Navarra übernommen und kurzerhand als Frankenrecht (fuero de francos) bezeichnet. Als Sancho Ramírez es 1090 den Neusiedlern in Estella verlieh, bestimmte er ausdrücklich, daß sich Navarresen und auswärtige Kleriker dort nur mit Willen des Königs und der Gemeinde niederlassen dürften. Nach Kastilien fand das Frankenrecht Eingang, als Alfons VI. 1076 das Ortsrecht der vorher zu Navarra gehörigen Stadt Nájera bestätigte und als er 1095 sein Dorf Logroño zur Stadt erhob, wobei er als Ansiedler sowohl Franzosen als auch Spanier zuließ. Französische Mönche und Händler trugen es weiter nach Silos und Sahagún.

An der Maurengrenze verbreitete es sich nur in Ergänzung des Ortsrechts der Grenzer; die 1085 eroberte Stadt Toledo erhielt nebeneinander den Fuero der seit arabischer Zeit ansässigen Christen (Mozaraber), den der Kastilier und den der Franken, und in Talavera bestand eine fränkische neben der kastilischen Gemeinde. Im Jahre 1118 gestattete König Alfons VII. dem Abt von San Dominico und Stadtherrn zu Silos, gemäß dem Ortsrecht seiner Marktsiedlung den Burgus von San Martín in Madrid zu besiedeln. Indes das waren Ausnahmen, denn für die Burgstädte an der Maurengrenze war das auf Markt- und Gewerbebetrieb eingehende Frankenrecht nicht sonderlich gut geeignet, weil in ihnen die Krieger das tonangebende Element bildeten. Sie waren vielfach zuerst als wilde Siedler ins Land gekommen und ordneten sich den Königen nur dann unter, wenn diese sie von der allgemeinen Heerfolge befreiten und duldeten, daß sie nur auf Befehl ihrer eigenen Gemeinde und zu deren Schutz ins Feld zu ziehen brauchten. Diese Verfassung legalisierte das Ortsrecht von Sepúlveda, das König Alfons VI. von Kastilien und León im Jahre 1076 in der Form bestätigte, wie es ihm die Gemeinde zu Gehör brachte, und das seither in den Grenzstädten der Extremadura weite Verbreitung fand. Hier wies der König den Siedlergruppen lediglich den Bezirk an, den sie erst noch zu erobern und anschließend zu verteidigen hatten; bereits der Fuero von Sepúlveda zeigt die Absicht, möglichst viele Männer zum Wohnen in der Stadt und zum Wehrdienst unter Aufsicht der Bürgerversammlung zu verpflichten. Waren zunächst noch alle mit dem Wehrdienst belastet, so engte sich die Verpflichtung doch im Laufe der Zeit auf die Hausbesitzer ein. Der Fuero von Viguera bestimmte im Jahre 1120, jedes Haus in der Stadt habe das Oberhaupt der Familie zum städtischen Aufgebot zu entsenden, ausgenommen Witwen, in deren Haushalt kein Mann von hinreichendem Alter lebte. Auch in Aragon übernahm man dieses Recht der Grenzergemeinden. Nach der Eroberung von Tudela 1114 gewährte König Alfons I. zunächst den Ortsgemeinden der Mauren und der Juden eigene Satzungen, die er jedoch bald dem Landhunger seiner Krieger opfern mußte: Drei Jahre später verlieh er allen Ansiedlern in Tudela, Cervera und Gallipienzo das (nicht überlieferte) Ortsrecht von Sobrarbe, damit sie den besten Rechtsstand erlangten, den adlige Ritter in seinem Reiche genossen; sie erhielten Freiheit von allen Leistungen außer der Heerfolge, umfangreiche Allmend- und Weiderechte und für das Stadtgericht von Tudela die Zuständigkeit über 28 Ansiedlungen in der Umgebung.

Obwohl sich wegen der verschiedenartigen Zusammensetzung der Gemeinden in den Markt- und den Grenzstädten kein gemeinsames Wort für den Bürger ausbildete, sondern in jenen vom Marktbürger (burgensis, spanisch burzés in einer aus dem Provenzalischen übernommenen Wortform) und in diesen vom Herrenbürger (civis, vecino, ome bueno) gesprochen wurde, so bezeichneten doch der Sache nach alle diese Worte um die Wende des 11. Jahrhunderts dasselbe, was man auch in Italien, Nordfrankreich und Westdeutschland unter dem Bürger verstand, nämlich den mit Grundstück und Haus in einer Stadt angesessenen Mann gleich welchen Berufs, der Mitglied der Gemeinde und zur Teilnahme an deren Versammlung (dem consejo) berechtigt war. In der Ausbildung von Organen kamen die spanischen Städte nicht weiter voran als die Städte anderer Länder: Es gab für bestimmte Zwecke erwählte vorübergehende Kommissionen, aber weder sie noch die Wortführer in den Bürgerversammlungen besaßen bereits einen dauernden und in der rechtlichen Tragweite scharf begrenzten Auftrag, die Gemeinde zu repräsentieren. Für eine kämpferische Kommunalbewegung war bei der Schwäche der hochadligen Stadtherrschaft und dem weiten Spielraum, den die Könige der Willensbildung ihrer kriegerischen Gemeinden einräumten, in Spanien kein Platz. Von Aufständen und Verschwörungen hören wir nur aus Sahagún 1096 und 1110 und aus Santiago de Compostela 1116 bis 1117; beides waren Städte, die geistlicher Grund- und Stadtherrschaft unterstanden, ihr Ortsrecht aber direkt vom König empfangen hatten: Sahagún 1095 von König Alfons VI. und Santiago 1105 von dessen Schwiegersohn und Statthalter in Galizien, Graf Raimund von Burgund.

Angesichts ihrer Königsfreiheit empfanden die Bürger um so bedrückender, welche Fesseln ihnen die Grundherrschaft mit ihren vielfachen Forderungen und Eingriffen in die Vermögensverwertung anlegte. In Galicien nutzten die Städte den seit 1109 das Land in Anarchie stürzenden Thronstreit aus, um gegen ihre Herren aufzustehen, deren Gewerbemonopole und Bannrechte zu vernichten und, soweit sie noch kein die Gemeinde anerkennendes Ortsrecht besaßen, sich als Bürgerversammlung zu konstituieren. Darum jedenfalls ging es 1110 den Bürgern von Lugo und von Sahagún, während in Santiago wohl auch die Unzufriedenheit der Bürger mit der partikularistischen Politik des Erzbischofs Diego Gelmírez eine Rolle spielte. Um Königin Urraca gegen ihren Stadtherrn zu stärken, bildeten sie eine Bruderschaft oder geschworene Einung unter Leitung der reichsten und angesehensten Bürger, an der sich auch der Klerus beteiligte und die ein Jahr lang die Stadt regierte. Es handelte sich offenbar nicht um die Errichtung einer Gemeinde, da diese ja bereits seit 1105 anerkannt war, sondern um die einer Führungsgruppe, deren Macht über das Stadtvolk jedoch auf recht schwachen Füßen stand. Denn als Gelmírez sich mit der Königin verglich und nun beide gemeinsam mit Heeresmacht vor der Stadt lagen, da gaben die Bürger von der Bruderschaft ihre Sache verloren und flüchteten sich in den Asyl gewährenden Schutz der im Bau befindlichen Kathedrale. Das Stadtvolk aber empörte sich und griff Urraca und Gelmírez im bischöflichen Palast an. Die beiden retteten sich in den Glockenturm der Kathedrale, das Volk plünderte den Palast und setzte den Glockenturm in Brand, so daß die Belagerten nur mit knapper Not entkamen. Die Bürger von der Bruderschaft distanzierten sich von dem Aufruhr und setzten ihre Hoffnung auf Rettung und Bewahrung der Autonomie ganz auf die Königin: Sie stellten ihr eine bewaffnete Leibgarde, forderten sie aber auf, Gelmírez abzusetzen, da sie ihn nicht mehr als ihren Bischof dulden wollten. Im Frühjahr 1117 endlich stellte man den Frieden wieder her. Die Bürger widerriefen die beschworene Bruderschaft und stimmten der Verbannung ihrer Anführer zu, und sie nahmen Gelmírez wieder als Stadtherrn an. Die Existenz der Gemeinde hatte nicht auf der Verschwörung beruht und wurde daher auch von deren Ende nicht berührt.

In eine ganz andere Welt führen uns unsere Betrachtungen, wenn wir uns nun nach Skandinavien und Osteuropa begeben. Denn hier fehlten alle die Voraussetzungen, die in Süd- und Westeuropa die Gemeindebildung ausgelöst hatten: am wenigsten vielleicht noch die wirtschaftlichen, obwohl der Mangel eines städtischen Exportgewerbes, eines leistungsfähigen Geldwesens und manches andere auch auf diesem Gebiet einen erheblichen Abstand offenbaren, vor allem aber fehlten die Fragmentierung eines allgemeinen Untertanenverbandes durch Grundherrschaft und Immunität, die nur der fränkische Feudalismus auszulösen vermocht hatte, die soziale Differenzierung in Ritter, Marktleute und hörige Leute, aber auch die rechtlichen und religiösen Traditionen, die die Einschmelzung dieser Stände in ein neues Gemeinwesen ermöglichten, es fehlten die Kämpfe zwischen Königtum, Kirche und Adel, die den Stadtleuten einen weiten Spielraum für politische Aktivität eröffneten, und schließlich fehlten die zahlreichen Interessenkonflikte zwischen Stadtherrschaft und Marktgemeinde, deren Druck die Interessengemeinschaft der Stadtleute überhaupt erst fühlbar machte und an den Tag brachte. Der Eindruck eines gewaltigen Abstandes vom Westen vertieft sich, weil es uns fast gänzlich an Quellen gebricht, um die sozialen, politischen und rechtlichen Verhältnisse in den Handels- und Gewerbesiedlungen Nord- und Osteuropas zu beschreiben, denn das archäologische Fundgut, das uns so viel Aufschluß über das Erscheinungsbild der frühen Städte gewährt, sagt hierzu so gut wie gar nichts aus. Der Mangel an schriftlichen Quellen ist aber nicht nur die Folge von nachträglichen Verlusten, die Krieg, Feuer und Nachlässigkeit gewiß hier wie überall verursacht haben: Es wurde im Norden und Osten überhaupt noch nicht oder doch kaum schon im Vollzug des öffentlichen Lebens geschrieben, auch in dieser Hinsicht trennen Welten diese Länder von West- und Südeuropa. Es bleibt also völlig unbestimmt, in welchem Sinne man angesichts der Bodenfunde und der topographisch-siedlungsmäßigen Besonderung von einer Emanzipation bestimmter nichtagrarisch tätiger Berufsgruppen aus der bäuerlichen Gesellschaft Nord- und Osteuropas reden kann.

Vor allem erfahren wir nichts darüber, ob es auch in den Handels- und Gewerbesiedlungen des Nordens und Ostens jenen Widerspruch zwischen persönlicher Unfreiheit, also rechtlicher Bindung an einen Leibherrn, und wirtschaftlicher Selbständigkeit der Marktleute gegeben hat, der in allen Städten des Westens ausgetragen werden mußte und den Kern des Konfliktes zwischen Feudalismus und Bürgertum ausmachte. Für Skandinavien ist anzunehmen, daß dieser Widerspruch nicht bestand und daß die Bewohner der Gewerbesiedlungen freie Männer waren. Wenn man, was Norwegens Frühstädte anlangt, Anlaß hat zu vermuten, daß der König in ihnen einziger Grundherr gewesen sei und daher den Baugrund habe frei parzellieren und zu Eigen oder Leihe veräußern können, was anderen Grundherren, deren Land dem gewöhnlichen Boden- und Erbrecht unterlag, nicht möglich gewesen sei, so sieht man, daß die „Befreiung" des Bodenrechts nicht die den Bauern unfrei machenden Fesseln der Grundherrschaft, sondern diejenigen des überhaupt nur unter Freien geltenden Odalsrechtes sprengen mußte, das den Landbesitz einer Familie als deren Lebensgrundlage ungeteilt erhalten wollte und deswegen dem Einzelnen das Recht verwehrte, seinen Anteil auszuscheiden und nach Belieben zu nutzen. Wer in Skandinavien Marktsiedler wurde, der vertauschte lediglich die Form der wirtschaftlichen Selbständigkeit und der ihr entsprechenden Freiheit, über sich und sein Vermögen zu verfügen.

In den Burgstädten Polens, Böhmen-Mährens und Ungarns aber konnte der Konflikt nicht aufkommen, weil es weder einen Markt noch die wirtschaftliche Selbständigkeit desjenigen gab, der Waren für den freien Verkauf heranführte oder produzierte. Die Bevölkerung dieser Städte bestand lediglich aus zwei Gruppen. Zu sagen hatten der Fürst und seine kriegerische, in der Burg angesessene Gefolgschaft, deren Rechtsverhältnisse als solche freier Männer vorstellbar sind; vermutlich entstammten ihren Kreisen auch diejenigen reicheren Handwerker und Kaufleute, die imstande waren, Schiffe auszurüsten und sich am Fernhandel mit Luxusgütern zu beteiligen. Zwar lag in Wolin und Stettin, den großen Frühstädten des Odermündungsraumes, der Fernhandel zum Teil in der Hand einheimischer Angehöriger dieser grundbesitzenden Aristokratie, aber als Händler sind diese Männer mit den Handel und Seefahrt betreibenden Bauern in Gotland, nicht jedoch mit den Berufskaufleuten in Süd- und Westeuropa zu vergleichen. Der Berufskaufmann war dem östlichen Europa fremd und wurde hier erst heimisch, als seit dem Ende des 11. Jahrhunderts westliche, vor allem deutsche Kaufleute begannen, bei manchen großen Burgstädten ihre selbstverwalteten Marktsiedlungen anzulegen. – Die zweite Gruppe bildeten die in oder bei den Vorburgen angesiedelten Handwerker, die wir genau so wie die in den dörflichen Dienstsiedlungen des Burgbezirks lebenden Handwerker als Unfreie betrachten müssen. Genau so wie die dorfweise geschlossene Ansiedlung von Männern, die dasselbe Gewerbe betrieben, nur auf fürstlichen Befehl entstanden sein kann, so erzwangen Fürst und Staat auch die Niederlassung von Handwerkern bei den herrschaftlichen Burgen, damit sie die Burgbesatzung und den Klerus versorgten und bedienten. Da die Burgstädte keine Märkte besaßen, konnten diese Handwerker weder Rohstoffe und Lebensmittel frei einkaufen noch Arbeit und Erzeugnisse frei veräußern, sondern der gesamte Austausch beruhte darauf, daß der Fürst oder sein auf der Burg sitzender Amtmann jedem seinen Rohstofflieferanten und Abnehmer zuwies und jedem aus seinem von bäuerlichen Abgaben gefüllten Magazin den Unterhalt zuteilte. Die gelegentlich auf Tongefäßen befindlichen Töpfermarken dienten der Kontrolle dieser Lieferungen innerhalb des Abgabensystems und lassen keinen Schluß auf den Stand der Handwerker zu; allein der Umstand, daß sie dem System unterworfen waren und keinen Zugang zu freiem Marktverkehr hatten, läßt sie nach westeuropäischen Vorstellungen als unfrei erscheinen – was nicht bedeuten muß, daß auch die Rechtsverhältnisse der Unfreiheit im Osten ebenso fein herausgearbeitet waren wie in den Hofrechten der Feudalgesellschaft. Erst als seit der Mitte des 11. Jahrhunderts erste Wochenmärkte auf dem Lande entstanden und die staatliche Münzprägung in Polen an Umfang gewann, nahm jene Veränderung der Verhältnisse ihren Anfang, die im 12. und 13. Jahrhundert die Überwindung des Dienstsiedlungssystems ermöglichte. In der sächsisch-salischen Zeit glich dieses sich selbst versorgende System durchaus der Grundherrschaft des Westens mit ihren spezialisierten Gewerbehufen, obwohl es sich davon nach seinem staatlichen Charakter auch wieder unterschied. Aber selbst wenn es keine weiteren Grundherren als die Herzöge und Könige gab, ändert dies nichts daran, daß den Handwerkern Freizügigkeit, freie Verwertung ihrer Arbeitskraft, freie Vermögensbildung und freier Grunderwerb schwerlich vergönnt waren. Wo es aber keine Berufskaufleute und freien Handwerker gab, da fehlten wesentliche soziale Voraussetzungen für die Entstehung eines Städtewesens, wie wir es in Westeuropa zu dieser Zeit bereits beobachten konnten.

So gibt es denn auch keinerlei Hinweise darauf, daß die freie Kriegergenossenschaft der Burg und das unfreie Gewerbevolk begonnen hätten, zu einer Gemeinde zu verschmelzen, oder daß sich das unfreie Gewerbevolk nach Rechtsverhältnissen und Gerichtsstand von den Bauern des Burgbezirks abgesondert und zu seinem Vorteil abgehoben hätte. Die oft vermutete Ausbildung eines städtischen Lokalrechts ist unbeweisbar und nach den uns bekannten Umständen ganz unwahrscheinlich. Allein die ritterlich lebende Gefolgschaft hatte politischen Einfluß auf die Entscheidungen des Herrn und besonders auf die Thronfolge; in Polen trat dies deutlich hervor unter Herzog Wladyslaw I. Herman (1079–1102), den eine gegen den Vorgänger verschworene Adelsopposition auf den Thron erhoben hatte, der sich aber alsbald der Gegnerschaft anderer Adelsgruppen ausgesetzt sah, die 1093 einen Aufstand in Schlesien entfachten und Wladyslaws Sohn Zbigniew zum Herzog machen wollten. Wenn wir hören, daß in diesen Kämpfen etliche Städte, namentlich Breslau und Kruschwitz, auf Zbigniews Seite traten und daß städtische Volksversammlungen darüber entschieden, ob der Rebell in die Stadt aufgenommen werden sollte, so haben wir es da mit dem Willen der Kriegerverbände zu tun, die sich als Bürger (cives) oder Stadtleute (Oppidani) vom arbeitenden Volke der Bauern und Handwerker unterschieden. Dieselben Verhältnisse bestanden im ersten Viertel des 12. Jahrhunderts in Stettin, einer mit 3000 Einwohnern und lebhaftem Fernhandel nach Größe und Wirtschaftsform den Städten des Westens durchaus vergleichbaren Mittelpunktstadt. Dem herrschaftlichen, auch landsässige Mitglieder umfassenden Verband der Krieger stand hier das Stadtvolk der Untertanen gegenüber, die meisten Fernhändler aber waren nichtslavischer Herkunft und standen als Gäste ganz außerhalb der ansässigen Verbände. Das für die westliche städtische Gemeindebildung typische Zusammenwirken und Verschmelzen von Burgmannschaft, Fernkaufleuten und handwerklichen Marktleuten unterblieb, wie in Stettin, so überall in Mittelosteuropa, und damit fehlte auch der Nährboden, auf dem im Westen die neuen Formen wirtschaftlichen, gesellschaftlichen und rechtlichen Zusammenlebens gediehen, wie sie die Zünfte, die Schöffenkollegien, die in den Bürgerversammlungen das Wort führenden Vornehmen, die von den Kirchenreformern ausgelösten religiösen Bewegungen, die kommunalen Schwurgemeinschaften, die italienischen Rechtsschulen und viele andere Neubildungen dieser Zeit darstellten. Die Völker und Fürsten Polens, Böhmens und Ungarns hatten in wenigen Generationen den Sprung von der kleinräumigen stammesstaatlichen Organisation ihrer Frühzeit zum flächenhaften Machtstaat bewältigen müssen, der unter dem Druck des überlegenen deutschen Reiches weite, aber dünn besiedelte und wenig erschlossene Räume in einheitlicher Organisation zusammenfassen sollte; es ist klar, daß dabei eine andere Verfassung Gestalt annahm, als sie der Westen besaß, der tausend

Jahre Zeit gehabt hatte, um dieselbe Entwicklung zurückzulegen. Das freie, rechtlich von den anderen Ständen abgesonderte und auf dem Wege zur Selbstverwaltung befindliche Bürgertum des Westens war das komplizierte Produkt einer langen, auf verschlungenen Pfaden verlaufenen und alles andere als notwendigen Entwicklung, und es wäre daher in höchstem Grade merkwürdig, hätten Polen, Böhmen und Ungarn schon bis zum Beginn des 12. Jahrhunderts etwas Vergleichbares hervorbringen können.

Diese Beobachtungen wiederholen sich, wenn wir die Burgstädte der Ostslaven im russischen Reich von Kiew ins Auge fassen, deren Zahl im Verhältnis zur Weite des Landes immer noch verschwindend gering blieb, auch wenn Neugründungen sie im Laufe des 10. und 11. Jahrhunderts vervierfachten. Entstanden als Zentren der politischen, militärischen und kultischen Verwaltung großer Stammesverbände, vollzogen diese Städte wohl erst seit dem Ende des 11. Jahrhunderts die Loslösung von der Stammesbasis und den Übergang zu territorial organisierten, herrschaftlich geführten Gemeinwesen, die nun auch in Handel und Gewerbe zentrale Funktionen für ihr Gebiet erwarben. Wir können vermuten, daß dieser Entwicklung eine stärkere Differenzierung der Einwohnerschaft in Krieger, Kleriker, Kaufleute und Handwerker entsprach, aber etwas deutlicher erkennen läßt sich nur die Teilnahme der Kriegerschaft am öffentlichen Leben, zu der auch noch die freien Kaufleute zu rechnen sind. Sie bildete die Gefolgschaft (družina) des Fürsten und Stadtherrn, ohne deren Rat und Zustimmung der Fürst keine politische Entscheidung von Belang zu treffen pflegte, deren materielle Interessen vielmehr oft den Fürsten die Richtung ihres Handelns vorschrieben. Die Herren belohnten nämlich ihre Anhänger mit Anweisungen auf die in ihrem Stadtgebiet erhobenen Tribute und im 11. Jahrhundert auch immer mehr mit Anweisungen von Land; daher drängten oft genug die Gefolgschaften darauf, daß sich ihre Fürsten um eine reichere Stadt mit größerem Territorium bewarben, damit sich ihre Einkünfte verbesserten. Im Gegensatz zum Grundgedanken des fränkischen Lehnswesens war allerdings die Dienstpflicht der Gefolgsleute nicht mit dem Tributanteil oder Landbesitz verknüpft; der Gefolgsmann konnte das Treue- und Freundschaftsverhältnis zum Fürsten jederzeit kündigen und einen anderen Herrn annehmen, ohne allein deswegen bereits das Land zu verlieren, das er sich verdient hatte. Es war allerdings die Regel, daß sich die Gefolgschaft allmählich an ein bestimmtes Stadtgebiet band, und zwar je länger, desto stärker, wenn sich dort nämlich ihr Grundbesitz häufte, mit der Folge, daß sie ein immer höheres Interesse auch an politischer Kontinuität in diesem Territorium gewann.

Dem entspricht es, daß mit dem Tode Jaroslavs des Weisen (1019–54) die starke Zentralgewalt des Kiewer Reiches zu Ende ging und der Zerfall des Reiches in Teilfürstentümer begann. Schon Fürst Wladimir (973–1015), der das Reich dem griechischen Christentum geöffnet hatte, war unfähig gewesen, die Alleinherrschaft eines Nachfolgers zu sichern, zumal er ebenso wie sein Vater Svjatoslav (962–973) zu seinen Lebzeiten schon die einzelnen Städte mit ihren Ländern von seinen erwachsenen Söhnen hatte verwalten lassen, so daß die Einherrschaft stets nur in mörderischen Kriegen zwischen den fürstlichen Brüdern und deren Gefolgschaften zustande kommen konnte. In der ersten Hälfte des 11. Jahrhunderts begannen unter diesen Umständen die fürstliche Sippe und „die Kiewer", sich an einer dynastie-internen Rangfolgeordnung nach dem Senioratsprinzip zu orientieren: Dem jeweils ältesten Mitglied gehörte danach die Herrschaft über Kiew und Novgorod, während die jüngeren Brüder und Vettern die Stadtherrschaft in einer der anderen Städte, gestaffelt nach deren Größe, Ertragskraft und politischen Bedeutung, zustand. Bereits Jaroslav, der bei Wladimirs Tode in Novgorod residierte, besaß danach einen Anspruch auf den Kiewer Thron, denn die Kiewer erkannten die Usurpation seines Bruders Mstislav nicht an: Es war offenbar das Stadtvolk, die ständige Einwohnerschaft der Hauptstadt, die über den Herrschaftsanspruch der Fürsten und ihrer Gefolgschaften entschied und bei dieser Gelegenheit lernte, ihren politischen Willen zu bekunden. Die Reihenfolgeordnung verfestigte sich endgültig mit Jaroslavs Tode, denn Jaroslav selbst, der vielleicht als erster offiziell den Titel Großfürst führte, ordnete in seinem Testament die Gesamtherrschaft seiner Söhne derart an, daß Izjaslav den Fürstensitz in Kiew mit der Stadt Novgorod erhalten und an Vaters Statt den Brüdern vorgesetzt sein sollte, während Svjatoslav in Černigov, Vsevolod in Perejaslavl', Igor im wolhynischen Vladimir und Vjačeslav in Smolensk residieren sollten. Dieses System, wonach die jüngeren Brüder lediglich Statthalter (posadniki) des Großfürsten in ihren Städten waren und jederzeit in der Rangfolgeordnung aufrücken konnten, führte sehr bald zu Konflikten, weil sich die Fürstensippe rasch vermehrte und in immer mehr Teilfamilien aufspaltete. Die Folge war nicht nur, daß die Zahl der städtischen Zentren zunahm, weil man immer mehr Residenzen brauchte, um die Söhne und Enkel zu versorgen, sondern auch, daß die Teilfamilien ihre Reichsteile als 'Vatererbe' (otčina) zu betrachten begannen, die sie nicht mehr als Statthalter des Großfürsten, sondern aus eigenem, ererbtem Recht regieren wollten, zumal sich ihre Gefolgschaften bei zunehmendem Landerwerb ebenfalls immer fester an eine Stadt und ihr Landgebiet banden und begannen, sich in die später als Bojarentum bezeichnete Schicht adliger, in der Stadt und im Umkreis ihres Fürsten lebender Grundbesitzer zu verwandeln. Nur in Novgorod dauerte die alte Verfassung fort, die Stadt blieb Teil des 'Vatererbes' des Kiewer Fürsten, der sich in ihr von seinem Statthalter vertreten ließ.

Die Widersprüche zwischen Seniorats- und Vatererbfolge führten zu zahlreichen Fehden zwischen den fürstlichen Gefolgschaften. Diese Fehden waren die Voraussetzung dafür, daß die städtischen Gesellschaften in die

Politik der Fürsten einzugreifen und sich zu diesem Zweck als Gemeinden zu konstituieren begannen. Sie traten zur Volksversammlung (dem veče) zusammen und erzwangen zum ersten Mal 1068 in Kiew in dieser Verfassung einen Fürstenwechsel. Einberufen von Angehörigen des von den Polovcern besiegten Heeres, die von Fürst Izjaslav Waffen forderten, um die Stadt zu verteidigen, verjagte die Versammlung den Fürsten, der das Begehren ablehnte, und erhob Fürst Vseslav aus Polock auf den Thron. Im nächsten Jahre nahmen die Kiewer Izjaslav wieder als Herrscher an, um der Belagerung durch dessen polnischen Bundesgenossen zu entgehen, und duldeten seine Rache an den Großen, deren Führung sie zuvor gefolgt waren. Das im veče versammelte Volk tritt von nun an häufiger als mitbestimmender Faktor bei Fürsteneinsetzungen in den Landesmittelpunkten auf, so seit 1096 in Smolensk und Novgorod und 1097 im wolhynischen Vladimir. Den Novgorodern gelang es, Einfluß auf die Auswahl des großfürstlichen Statthalters und dann auch auf dessen Machtbefugnisse zu gewinnen. Sie wollten ihre Stadt aus den Fehden um den Kiewer Thron heraushalten und daher den Statthalter auf Dauer an sich binden. Als erster mußte sich vermutlich Fürst Mstislav im Jahre 1117 ihnen gegenüber verpflichten, das Fürstenamt auf Lebenszeit auszuüben. Über die Verfassung der Gemeinden erfahren wir sonst nichts. Da sich die Heere der Fürsten nicht nur aus den Gefolgschaften, sondern auch aus Aufgeboten des Stadt- und Landvolks zusammensetzten und sich die Gliederung dieser Miliz in Tausendschaften (tysjačy) und Hundertschaften (sotni) bereits in dieser Zeit abzeichnet, mag sich danach auch die zivile Ordnung des Volkes gerichtet haben; Novgorod jedenfalls war im 13. Jahrhundert in zehn Hundertschaften als Verwaltungsbezirke eingeteilt, und die Ämter des Tausendschaftsführers (tysjackij) und des Hundertschaftsführers (sotskij) sind hier bereits im frühen 12. Jahrhundert bezeugt.

Wir wissen nicht, inwieweit die Volksversammlung ein gemeinsames Interesse der Gefolgschaftskrieger und der gewerbetreibenden Städter vertrat. Vor allem aber tritt in dem mangelnden Organisationswillen des Volkes ein sehr auffälliger Unterschied zum Abendland hervor: Das Volk suchte zwar das Machtvakuum, das sich im Erbfolgestreit der Fürsten auftat, für seine Interessen auszunutzen, aber nicht in der Absicht, der fürstlichen Herrschaft eine eigene, dauerhafte Regierung entgegenzusetzen und die Stadtherrschaft zu beschränken oder gar ganz beiseite zu schieben, sondern eher mit dem Ziel, sie zu stabilisieren, um möglichst der eigenen Aktivitäten wieder entledigt zu werden. Nur das Verhalten der Novgoroder läßt schon um die Wende des 11. Jahrhunderts ein weiterreichendes Interesse an Selbstverwaltung und Autonomie erkennen. Allgemein unterblieb die rechtliche und gesetzliche Absicherung der gewonnenen Befugnisse; es unterblieb die im Westen übliche Privilegierung der Gemeinden, die nicht nur Rechte und Pflichten der Bürger festlegte, sondern auch den Fürsten band und willkürliche Eingriffe in das Markt- und Stadtrecht als unrechte Gewalt erkennbar machte, um von der inhaltlichen Vielfalt der Privilegien zu schweigen. Es gab in Rußland keine Parallele zu den Eidgenossenschaften des Westens, die die religiös fundierte Selbstverpflichtung der Bürger untereinander als Quelle autonomen Gemeinderechts entdeckten. Ebenso wenig ist ersichtlich, daß sich das hinsichtlich der darin beschlossenen Rechtsgedanken ohnehin kaum ausgeformte Treueverhältnis, das den Fürsten mit seiner Gefolgschaft verband, auf die Volksversammlungen und Stadtgemeinden ausgedehnt hätte. Die tausendjährige Symbiose der römisch-romanischen und germanischen Völker und die Reaktivierung des antiken Rechtsdenkens während des Investiturstreits schufen im Abendlande Voraussetzungen für die Verrechtlichung des politischen Lebens, die in Rußland ebenso wie in Mittelosteuropa fehlten. Es war eine Frage, die die Zukunft zu beantworten hatte, ob der Anschluß Rußlands an das griechisch-orthodoxe Christentum und damit an die byzantinische Form der antiken Kulturtradition – oder der Anschluß Polens und Ungarns an die abendländische Kirche und die römische Tradition die besseren Bedingungen dafür schuf, den Abstand der osteuropäischen Länder gegenüber dem Westen zu überbrücken.

Zu Beginn des 12. Jahrhunderts zerfiel Europa eben immer noch, was den Zustand seines Städtewesens und Bürgertums anlangt, in zwei Teile; es gab einen abendländischen Kernraum, bestehend aus Reichsitalien, Frankreich und Deutschland in seinem damaligen Umfang, zu dem England und Spanien in engen Beziehungen standen, und es gab die europäischen Randgebiete, die sich von Irland über Schottland und Skandinavien bis nach Rußland und in die Balkanhalbinsel hinein erstreckten. Nur in dem Kernraum, wo sich der vom Karolingerreich ererbte Feudalismus ausbreitete, entflammte der Konflikt zwischen fürstlicher oder bischöflicher Stadtherrschaft, die das Stadtvolk zu mediatisieren bestrebt war, auf der einen Seite, den Einwohnergemeinden, die sich dagegen wehrten und den König als Gewährsmann für ihre Freiheit anriefen, auf der anderen Seite. Gelang es dem Herrn, sich die Herrschaft so anzueignen, daß sie ewiges Eigentum einer Stifts- oder Klosterkirche (der „toten Hand", die keinen Eigentumswechsel mehr zuließ) oder erbliches Eigentum einer Dynastie wurde, so drohte dem Stadtvolk die Unterordnung seiner Interessen unter die des Herrn, die so weit gehen konnte, daß sich die freien Marktleute in die Grundherrschaft und in den Hörigenverband des Herrn eingegliedert fühlten. Andererseits erwies es sich als außerordentlich lohnend für die Stadtleute, eine solche appropriierte Herrschaft zu bekämpfen, denn jedes Recht, das sie ihr entwinden, jede Zusage, die sie ihr abringen konnten, war von dieser Herrschaft bereits vor dem Zugriff des Königtums mehr oder weniger gut geschützt und ebenso ewig oder erblich wie die Stadtherrschaft selbst. Waren die Umstände dem Stadtvolk günstig und gingen solche Rechte für immer auf es über, so sahen sich die Städter dadurch genötigt, eine verfaßte Gemeinde auszubilden, die imstande war, als Subjekt dieser Rechte aufzutreten und sie mit eigenen Kräften zu verwalten.

Die Stadtherrschaft eines souveränen Fürsten wie des Kaisers in Konstantinopel oder der Könige von England und Spanien zu bekämpfen, war dagegen wenig lohnend, weil sich diese Fürsten ihrer Hoheitsrechte niemals grundsätzlich, sondern stets nur gelegentlich, aus Gründen der Opportunität und unter Vorbehalt des Widerrufs, entäußern konnten. Ihnen gegenüber das Gemeinderecht dauernd zu sichern, das ging über die Kraft einer einzelnen Stadt hinaus und konnte nur erreicht werden, wenn die Städte gemeinsam Einfluß auf die gesetzgebende Reichsversammlung gewannen. Eine derartige Entwicklung setzte denn auch in den Kernländern Europas im 13. Jahrhundert ein. Ganz aussichtslos war eine kommunale Bewegung im byzantinischen Reich, wo die Rechte und Pflichten des Kaisers und der Staatsbürger von althergekommenen Gesetzen geregelt waren, die zu verändern niemandem in den Sinn kam und vor denen sich jede auf einen Bürgereid gegründete gemeindliche Autonomie als illegal erwiesen hätte. Gemeindliche Selbständigkeit kam in diesem Reich nur dadurch zustande, daß in den Randstädten am Tyrrhenischen und Adriatischen Meere die kaiserliche Gewalt tatsächlich zerfiel und die Gemeinden einer ungewollten limitrophen Autonomie überließ. Daß ihre Autonomie von anderer Art war als die den Stadtherren abgerungene des abendländischen Kernraumes, erkennt man daran, daß in ihnen der Begriff des Bürgers nicht den Bedeutungswandel durchmachte, der den Kernraum auszeichnet: Hier war noch um 1120 der Bürger lediglich der Einwohner einer territorialen Einheit Stadt; im europäischen Kernraum dagegen streifte das Wort diese Bedeutung ab und bezeichnete am Ende der sächsisch-salischen Kaiserzeit das Mitglied einer (oft, aber nicht notwendigerweise auf Bürgereid begründeten) Kommune. Bürger war nun der Gemeindegenosse. Diese Bedeutung erfüllte das Wort so kräftig, daß es im 12. und 13. Jahrhundert auch auf die Mitglieder bäuerlicher Landgemeinden angewandt werden konnte.

Bürger in diesem Sinne aber waren zu Beginn des 12. Jahrhunderts in den Kernländern nicht mehr die alten, noch nicht einmal ausschließlich stadtsässigen Herrenbürger, sondern in Gemeinschaft mit deren zu Rittern und Grundbesitzern gewordenen Nachfahren auch die Marktleute, die Händler und Handwerker, sie alle insoweit, als sie sich der Grundherrschaft und Landsässigkeit entzogen, als sie Grundstück und Haus in der Stadt besaßen und an der städtischen Volksversammlung teilnahmen. Die Verschmelzung von Rittern, Kaufleuten und Handwerkern zu einer neuen gesellschaftlichen Gruppe, deren gemeinsame, auf das Wohlergehen der Stadt gerichtete Interessen stärker waren als die natürlich trotzdem fortdauernden ständischen Gegensätze, die sie von einander trennten: das ist das weltgeschichtliche

Ereignis, dessen Schauplatz die Städte jenes Kernraumes bildeten und dessen Resultat nicht nur die zu Autonomie und Selbstverwaltung fähige Gemeinde, sondern auch der Bürger im typisch europäischen Sinne dieses Wortes war. Zum ersten Mal in der Weltgeschichte ereignete es sich hier, daß Männer des arbeitenden Volkes, daß Handwerker und Händler, die der kriegerische, von Grundrenten lebende Adel stets als armselige Bettler ohne Ar und Halm verachtet hatte, an der Volksversammlung teilnehmen, als Verteidiger der Stadtmauern wehrhaft werden (oder bleiben) und als Glieder der Volksversammlung ihr politisches Schicksal mitgestalten konnten. Nicht mehr allein die grundbesitzenden Geschlechter, die im Altertum und im frühen Mittelalter alle städtische und stadtgebietliche Mitverwaltung getragen hatten, sondern die Marktleute, die Wirtschaftsbürger, waren nun daran beteiligt, freilich noch in sehr verschiedenem Umfange: in hohem Grade in Reichsitalien und in denjenigen nordalpinen Bischofsstädten, wo auch Mitglieder der Geschlechter einen Teil ihrer Mittel in Handel und Gewerbe investierten oder wo, weil die Städte als Burgstädte erst jetzt gegründet wurden, die Zahl der ansässigen Ritter rasch hinter der der Marktleute weit zurückblieb, in geringem Grade dort, wo sich kein Exportgewerbe bildete, wo die Städte lediglich Mittelpunkte von Agrarlandschaften mit Nahmarktfunktionen blieben oder wo die Grenzlage ihren militärischen Charakter betonte, aber wie immer sich das Verhältnis im einzelnen gestalten mochte, fest stand zu Beginn des 12. Jahrhunderts, daß Ansiedlungen, in denen es nur noch Ritter, aber keine Wirtschaftsbürger, keine Marktleute gab, nicht mehr Stadt heißen konnten.

Auch diese Städte übrigens brauchten den Herrn, denn das autonome Recht, das sich ihre Kaufmannschaften oder Gesamtheiten als Schwurverbände setzen konnten, blieb stets das Recht von Personalverbänden und denen, die ihnen freiwillig und einzeln als Mitglieder beigetreten waren. Dem Beitritt aber mochten viele Städter widerstreben, weil sie die hohen Kosten, Dienste und Steuerlasten, fürchteten, die die politische Selbständigkeit nun einmal mit sich bringt, auch wenn der Gesetzgeber dies nirgendwo so deutlich aussprach wie in England, wo die Verantwortung für die öffentlichen Lasten die Gemeinden einte und deren förmliche Verstaatlichung zur Folge hatte. Daher zogen es viele Städter vor, mit der Herrschaft auch die Lasten dem Herrn zu überlassen. Die Widerstrebenden zum Eintritt in die Gemeinde zu zwingen, dazu besaß nur der König oder der von ihm eingesetzte Stadtherr als Inhaber der Hoheitsrechte die Befugnis, mochten sie dieses Zwangsrecht der bürgerlichen Führungsgruppe nun ausdrücklich verleihen oder nur stillschweigend oder zähneknirschend seiner Usurpation seitens der Bürger zustimmen. Die Stadtherren standen ja der Gemeindebildung keineswegs grundsätzlich ablehnend gegenüber, namentlich nicht diejenigen, die es nur mit schwachen oder mäßig starken Bürgerschaften zu tun hatten; vielmehr haben sie sie häufig begünstigt, um den von der Feudalisierung der Ämter und Immunitäten zerstückelten und durchlöcherten allgemeinen Untertanenverband wiederherzustellen und um von den Gemeinden Steuern bewilligt zu erhalten. Denn wo die Bürger Beschlüsse fassen konnten, die alle Ortseinwohner banden, wo sie also als Gemeinde Zwangsgewalt gegen den Einzelnen besaßen, da nutzten sie sie gewiß immer in erster Linie dazu aus, sich selbst zu besteuern und aus dem Ertrag dem Stadtherrn zu Hilfe zu kommen, wie es etwa im Falle der Stadt Huy 1066 deutlich zu erkennen ist. Der Bürgereid war unter diesen Umständen Herren- oder Huldigungseid, den die Bürger samt und sonders bei der Annahme des Stadtherrn leisteten, und was sie zur Gemeinde verband, war die Tatsache, daß sie alle demselben Herrn gehuldigt hatten. Daß sich die Bürger lediglich unter einander und gegen jedermann, auch gegen den angestammten Herrn, Treue und Beistand schworen, das kam doch nur ausnahmsweise vor (in Benevent 1015 und 1041, in Cambrai 1076/77, in Genua 1099), wenn sich der Stadtherr der Gemeindebildung grundsätzlich verweigerte, und war auf die Dauer nur dann aufrechtzuerhalten, wenn die Stadtherrschaft völlig zugrunde ging. Dieses Ziel haben aber allein die (großen) italienischen Stadtgemeinden im 12. und 13. Jahrhundert erreicht; alle anderen mußten in der einen oder anderen Form in den Bürgereid einen Treuvorbehalt zugunsten ihres oder ihrer Stadtherren aufnehmen und damit den Bürgereid zu einer der möglichen Formen des Untertaneneides machen. Besonders in England, wo die Gemeindebildung nicht an die Städte, sondern an die territorialen Gerichtsbezirke anknüpfte, sollte dieser Umstand in der Stadtentwicklung eine bedeutende Rolle spielen. Die zukünftigen Kämpfe zwischen Herrschaft und Gemeinde konnten nach dem um 1120 erreichten Stande der Dinge nicht um die Alternative 'alles oder nichts' gehen, sondern nur um die Frage, wie man die hoheitliche Gewalt zwischen Staat und Gemeinde aufteilen und ob dieser oder jener Seite der größere Anteil zufallen sollte.

Der Widerstand der Stadtherren der sächsisch-salischen Zeit, insbesondere der bischöflichen in Nordfrankreich und Westdeutschland, richtete sich denn auch weniger gegen die Gemeindebildung selbst als vielmehr gegen das Streben der Gemeinden nach Autokephalie. Die Gemeinden begannen nämlich überall, die hergebrachten Formen ihrer Mitverwaltung zu sprengen, die es dem Herrn überließen, das Volk zu versammeln und das Gericht zu hegen und deren Beschlüsse und Urteile zu vollstrecken. Da den Bürgern, trotz ihres Einflusses auf Wahl und Annehmung des Herrn, der Stadtherr als von außen, vom König oder Kaiser autorisierter Hoheitsträger vorgesetzt wurde, waren ihre Gemeinden unter dieser Verfassung heterokephal. Die Gemeindebildung aber hatte zur Folge, daß die Bürger, die in Versammlung und Gericht das Wort führten, zunächst von Fall zu Fall auch die

Exekutive übernahmen, und zwar im Auftrage der beschlußfassenden Versammlung, die sich damit als autonome Gemeinde selber ihr Haupt setzte. Das ist die Verfassung, die wir als Autokephalie bezeichnen. Wir haben gesehen, daß bis um 1120 kaum schon eine Gemeinde dieses Ziel voll erreicht hatte, denn noch behalf man sich überall damit, Exekutivorgane lediglich intermittierend und für bestimmte, vorübergehende Zwecke einzusetzen. Sobald sich indes die Gemeinde dauerhaft und kontinuierlich organisierte, so daß die Beschlüsse des Volkes auch Abwesende banden und ohne oder gegen den Willen des Stadtherrn vollstreckt wurden, – sobald dies geschah, mußte der Herr allmählich aus der Gemeinde hinausgedrängt werden. Ein Vorspiel zu dieser Entwicklung war im fränkischen Reich schon im 9. Jahrhundert über die geschichtliche Bühne gegangen, als die Schöffenkollegien zwischen den Grafen und die Gerichtsgemeinde getreten waren und beide, auch ihren Herrn, den Grafen, von der Urteilsfindung ausgeschlossen hatten; seither hatte dem Gerichtsvolk der Graf als fremder, von außen hinzutretender Gerichtshalter und Vertreter des Königs, das Schöffenkolleg aber als eigenes Organ gegenübergestanden. Der damals im Gericht abgelaufene Vorgang mußte sich nun in der Nachbarschafts- und politischen Gemeinde und ihrer Volks- oder Bürgerversammlung wiederholen. In dem Maße, wie die Gemeinde an Rechtspersönlichkeit gewann, trat sie nicht nur ihren eigenen Mitgliedern, sondern auch dem Stadtherrn als fremde, dritte Person gegenüber; indem sie die einzelnen Bürger vor dessen direktem Zugriff schützte, mußte sie sie gleichzeitig mediatisieren, und es ist klar, daß sich die Stadtherrschaft dagegen wehrte, um nicht auf ein bloßes Ehrenamt reduziert zu werden.

Damit ist bereits vorgezeichnet, worum sich die Kämpfe der Zukunft drehen sollten: nämlich um die Abgrenzung der Befugnisse der gemeindlichen Organe einerseits gegen die Rechte des Stadtherrn und andererseits gegen die der versammelten Gemeinde. Ein Teil des Konfliktes mußte um die Frage gehen, ob allein der Herr oder allein die Gemeinde die Organe bestellen sollte oder auf welche Form des Zusammenwirkens sich beide Seiten bei der Bestellung einigen könnten – ein solcher Kompromiß war ja bereits wegen der Schöffen gefunden worden, deren Personen zu benennen man der wählenden Gemeinde oder dem kooptierenden Kolleg selbst oder dem Erbgang überließ, während der Gerichtsherr ihnen das Amt und die Amtsgewalt verlieh. Auch auf diesen Feldern konnte das Ringen nur ausnahmsweise einer Seite den vollen Sieg und alle Befugnisse einbringen, die Regel mußte der Kompromiß sein, der von Fall zu Fall darüber entscheiden sollte, wie man die staatlichen gegen die kommunalen Hoheitsrechte abgrenzte. Mit anderen Worten: Nach außen hin war die Stellung der Gemeinden in der Verfassung des Gesamtstaates, nach innen hin die Legitimation ihrer Organe und die rechtliche Tragweite der Organhandlungen noch auszufechten und im einzelnen festzulegen.

Diese spätere Entwicklung war in der sächsisch-salischen Zeit vorbereitet worden, und mit den vorläufigen Ergebnissen hatte sich in den Kernländern des Abendlandes bis um 1120 eine Form des städtischen Gemeinwesens ausgebildet, deren Wirtschaftsweise und soziale Gliederung, deren im Glaubens- und Rechtsleben verwurzelte Denkungsart und auf Autonomie und Organisation gerichtete Verfassung den Grund für den typisch europäischen Stadtbegriff gelegt haben. An alle diese Ingredienzien denken wir, wenn wir kurz und bündig von der europäischen Stadt sprechen. Den Randgebieten des Kontinents war dieser Stadtbegriff um 1120 immer noch fremd, obwohl sich von seinen zahlreichen Elementen einzelne in den nichtagrarischen Zentralorten Nord- und Osteuropas durchaus bereits nachweisen lassen. Die Zukunft mußte lehren, ob es bei diesem Zustande sein Bewenden haben sollte, ob sich Ost und West ebenso fremd bleiben sollten, wie sich im Süden die christlichen und die islamischen Städte gegenüberstanden, oder ob Begriff und Verbreitung der europäischen Stadt einer weiteren Entwicklung fähig wären. So wie sich seit dem Untergang des weströmischen Reiches die Grenze des städtelosen Europa bereits verschoben hatte, wie sie einerseits vom Rhein bis zur Elbe und Saale vorgerückt war, andererseits aber das byzantinische Reich mit seinem Beharren auf der spätantiken Staatsform in einen merkwürdigen Zwischenzustand halbeuropäischer Existenzweisen hatte zurückfallen lassen, so mochte sich die Grenze weiterhin verschieben und neue Städtelandschaften entstehen lassen, in denen der Typus der europäischen Stadt neue nationale Varianten seiner Grundform ins Leben treten ließe. Denn daß der Typus keine Norm war, sondern sich überall eigentümliche, unter besonderen landschaftlichen Bedingungen stehende Erscheinungsweisen aneignete, das erweist ihn nicht nur als geschichtliches Gebilde im wahrsten Sinne des Wortes, sondern auch als speziell europäisches Produkt. Die Vielfalt der Stämme und Nationen und ihrer Sprachen und Kulturen zeichnet diesen Kontinent aus, und der besondere Reiz des Studiums seiner Geschichte entsprießt nicht zuletzt daraus, daß es uns dazu auffordert, das hinter den regionalen Erscheinungsformen aller Kulturgebilde verborgene Gemeinsame zu erfassen.

BIBLIOGRAPHIE

Abkürzungen

AAdW Göttingen	Abhandlungen der Akademie der Wissenschaften in Göttingen, Philologisch-Historische Klasse, III
AESC	Annales. Économies–sociétés–civilisations
AHD	Anuario de historia de derecho español
AHR	The American Historical Review
BdtHI Rom	Bibliothek des deutschen historischen Instituts in Rom
BdtL	Blätter für deutsche Landesgeschichte
BEfAR	Bibliothèque des Écoles françaises d'Athènes et de Rome
BFPh Liège	Bibliothèque de la Faculté de Philosophie et Lettres de l'Université de Liège
BZ	Byzantinische Zeitschrift
CCM	Cahiers de civilisation médiévale
FrSt	Frühmittelalterliche Studien
FvfD	Führer zu vor- und frühgeschichtlichen Denkmälern, hrsg. vom Römisch-Germanischen Zentralmuseum Mainz
GA	Gießener Abhandlungen zur Agrar- und Wirtschaftsforschung des europäischen Ostens
HGbll	Hansische Geschichtsblätter
HZ	Historische Zeitschrift
JbGO	Jahrbücher für Geschichte Osteuropas
MA	Le Moyen Age. Revue d'histoire et de philologie
MIÖG	Mitteilungen des Instituts für österreichische Geschichtsforschung
QFiAB	Quellen und Forschungen aus italienischen Archiven und Bibliotheken
RB	Revue Belge de philologie et d'histoire
RhA	Rheinisches Archiv
RHES	Revue d'histoire économique et sociale
RSI	Rivista storica italiana
RSJB	Recueils de la Société Jean Bodin
Spec.	Speculum
SStaM	Settimane di studio del Centro Italiano di Studi sull'alto medioevo
StF	Städteforschung. Veröffentlichungen des Instituts für vergleichende Städtegeschichte in Münster, Reihe A: Darstellungen
VSWG	Vierteljahrschrift für Sozial- und Wirtschaftsgeschichte
VMPI	Veröffentlichungen des Max-Planck-Instituts für Geschichte
VuF	Vorträge und Forschungen, hrsg. vom Konstanzer Arbeitskreis für mittelalterliche Geschichte

WF	Westfälische Forschungen
ZAM	Zeitschrift für Archäologie des Mittelalters
ZfO	Zeitschrift für Ostforschung
ZRG	Zeitschrift der Savigny-Stiftung für Rechtsgeschichte
– germ.	Germanistische Abteilung
– kan.	Kanonistische Abteilung

Nachschlagewerke

1. Dollinger, Ph., Ph. Wolff, S. Guenée: Bibliographie d'histoire des villes en France, 1967.
2. Elenchus fontium historiae urbanae, vol. I, cur. B. Diestelkamp, Ma. Martens, C. van de Kieft, Ba. Fritz, 1967.
3. Guyer, P.: Bibliographie der Städtegeschichte der Schweiz, 1960.
4. Handwörterbuch zur deutschen Rechtsgeschichte, hrsg. von A. Erler und E. Kaufmann, Bd. 1 ff., 1971 ff.
5. F. van der Meer, C. Mohrmann: Bildatlas der frühchristlichen Welt. Deutsche Ausgabe von H. Kraft, 1959.
6. Lexikon des Mittelalters, Bd. 1 ff., 1980 ff.
7. Der Kleine Pauly, Lexikon der Antike, Bd. 1–5 (dtv 5963), 1979.
8. Reallexikon der germanischen Altertumskunde von J. Hoops, 2., völlig neu bearb. Aufl., Bd. 1 ff., 1973 ff.
9. Deutsches Städtebuch, Handbuch städtischer Geschichte, hrsg. von E. Keyser und H. Stoob, Bd. 1–5, 1939–1974.
10. Österreichisches Städtebuch, hrsg. von A. Hoffmann, Bd. 1 ff., 1968 ff.

Allgemeines zu Geschichte und Topographie

11. Beiträge zur Stadt- und Regionalgeschichte Ost- und Nordeuropas, H. Ludat zum 60. Geburtstag, hrsg. von K. Zernack, GA Bd. 55, 1971.
12. Ennen, E.: Frühgeschichte der europäischen Stadt, 1953.
13. – : Die europäische Stadt des Mittelalters, ^{3}1981.
14. Hall, Th.: Mittelalterliche Stadtgrundrisse. Versuch einer Übersicht der Entwicklung in Deutschland und Frankreich, 1978, ^{2}1980.
15. Hyde, J. K.: Medieval descriptions of cities, in: Bulletin of the John Rylands Library Manchester 48 (1965–66), S. 308–340.
16. Jäschke, K.-U.: Burgenbau und Landesverteidigung um 900. Überlegungen zu Beispielen aus Deutschland, Frankreich und England, VuF Sonderband 16, 1975.
17. Jones, A. H. M.: The later Roman empire 284–602. A social economic and administrative survey, vol. 1–3, 1964.
18. Lot, F.: La fin du monde antique et le début du moyen âge, 1968.
19. Miquel, A.: L'Europe occidentale dans la relation arabe d'Ibrâhîm b. Ya'qûb, Xe siècle, in: AESC 21 (1966), S. 1048–1064.

20. Mumford, L.: Die Stadt, Geschichte und Ausblick. Aus dem Amerikanischen von H. Lindemann, Bd. 1–2, 1979.
21. Die Stadt in der europäischen Geschichte, Festschrift E. Ennen, hrsg. von W. Besch u. a., 1972.
22. Europäische Stadtgeschichte in Mittelalter und früher Neuzeit, hrsg. von W. Mägdefrau, 1979.
23. Stadtkernforschung, hrsg. von H. Jäger, StF Bd. 27, 1987.
24. Steuer, H.: Zum Stand der archäologisch-historischen Stadtforschung in Europa. Bericht über ein Kolloquium 1982 in Münster, in: ZAM 12 (1984), S. 35–72.
25. Studien zu den Anfängen des europäischen Städtewesens, VuF Bd. 4, [4]1975.
26. Topografia urbana e vita cittadina nell'alto medioevo in occidente, SStaM Bd. 21, 1974.
27. European towns, their archaeology and early history, ed. by M. W. Barley, 1977.
28. Vor- und Frühformen der europäischen Stadt im Mittelalter. Bericht über ein Symposium in Reinhausen bei Göttingen 1972, hrsg. von H. Jankuhn, W. Schlesinger und H. Steuer, Teil 1–2, AAdW Göttingen Nr. 83, 84, 1973–1974.
29. Weidemann, K.: Kontinuität in den gallischen Provinzen, Raetien und Noricum, in: Ausgrabungen in Deutschland, gefördert von der Deutschen Forschungsgemeinschaft, Teil 3, 1975, S. 354–359.
30. Werveke, H. van: „Burgus": Versterking of Nederzetting? Verhandelingen van de Kon. Vlaamse Academie voor Wetenschappen, Kl. der Letteren, Nr. 59, 1965.

Allgemeines zur Wirtschaftsgeschichte

31. Adelson, H. L.: Early medieval trade routes, in: AHR 65 (1960), S. 271–287.
32. Les grandes Escales, première partie: Antiquité et moyen-âge, RSJB Bd. 32, 1974.
33. Das Handwerk in vor- und frühgeschichtlicher Zeit, hrsg. von H. Jankuhn u. a., Teil 1–2, AAdW Göttingen Nr. 122, 123, 1981–1983.
34. Kaiser, R.: Münzprivilegien und bischöfliche Münzprägung in Frankreich, Deutschland und Burgund im 9.–12. Jahrhundert, in: VSWG 63 (1976), S. 289–338.
35. – : Steuer und Zoll in der Merowingerzeit, in: Francia 7 (1979), S. 1–18.
36. Latouche, R.: Les origines de l'économie occidentale, IVe–XIe siècle, 1956.
37. Leighton, A. C.: Transport and communication in early medieval Europe, A. D. 500–1100, 1972.
38. Luschin von Ebengreuth, A.: Allgemeine Münzkunde und Geldgeschichte des Mittelalters und der neueren Zeit, [2]1926.
39. Mitterauer, M.: La continuité des foires et la naissance des villes, in: AESC 28 (1973), S. 711–734.
40. – : Jahrmärkte in Nachfolge antiker Zentralorte, in: MIÖG 75 (1967), S. 237–321.
41. Singer, Ch., E. J. Holmyard, A. R. Hall, T. I. Williams: A history of technology, vol. II: The mediterranean civilizations and the middle ages, 1967.
42. Spufford, P.: Money and its use in medieval Europe, 1988.
43. Untersuchungen zu Handel und Verkehr der vor- und frühgeschichtlichen Zeit in Mittel- und Nordeuropa, hrsg. von K. Düwel u. a., Teil 2–4, AAdW Göttingen 144, 150, 156, 1985–1987.

44. Europäische Wirtschaftsgeschichte, The Fontana economic history of Europe, hrsg. von C. M. Cipolla, deutsche Ausgabe hrsg. von K. Borchardt, Bd. 1: Mittelalter (UTB 1267), 1983.
45. Ziegler, H.: Die Kölner Mark in neuem Licht, in: HGbll 98 (1980), S. 39–60.

Allgemeines zur Sozialgeschichte

46. Aristocrazia cittadina e ceti popolari nel tardo medioevo in Italia e in Germania, a cura di R. Elze e G. Fasoli. Annali dell'istituto storico italo-germanico 13, 1984.
47. Bairoch, P., J. Batou, P. Chèvre: La population des villes européennes de 800 à 1850: Banque de données et analyse sommaire des résultats, 1988.
48. Brunner, O.: Neue Wege der Verfassungs- und Sozialgeschichte, ^{3}1980.
49. Oexle, O. G.: Conjuratio et ghilde dans l'antiquité et dans le haut moyen âge, in: Francia 10 (1982), S. 1–19.
50. – : Gilden als soziale Gruppen in der Karolingerzeit, in: Nr. 33, Teil 1, S. 284–354.
51. Schwineköper, B. (Hrsg.): Gilden und Zünfte, VuF Bd. 29, 1985.
52. Sombart, W.: Der Bourgeois. Zur Geistesgeschichte des modernen Wirtschaftsmenschen, 1913.
53. Untersuchungen zur gesellschaftlichen Struktur der mittelalterlichen Städte in Europa, VuF Bd. 11, 1966, ^{2}1974.

Allgemeines zur Rechtsgeschichte

54. Beiträge zum hochmittelalterlichen Städtewesen, hrsg. von B. Diestelkamp, StF Bd. 11, 1982.
55. Beyerle, F.: Zur Typenfrage in der Stadtverfassung, in: ZRG germ. 50 (1930), S. 1–114.
56. Köbler, G.: Frühmittelalterliche Ortsbegriffe, in: BdtL 108 (1972), S. 1–27.
57. Kurze, D.: Die Pfarrerwahlen im Mittelalter. Ein Beitrag zur Geschichte der Gemeinde und des Niederkirchenwesens (Forschungen zur kirchl. Rechtsgeschichte und zum Kirchenrecht 6), 1966.
58. Pirenne, H.: Les villes et les institutions urbaines. Tome II, 1939.
59. Schmid, H. F.: Das Weiterleben und die Wiederbelebung antiker Institutionen im mittelalterlichen Städtewesen, in: Annali di storia del diritto 1 (1957), S. 85 bis 135.
60. Schütte, L.: Wik. Eine Siedlungsbezeichnung in historischen und sprachlichen Bezügen, StF Bd. 2, 1976.
61. Schultze, J.: Die Stadtviertel. Ein städtegeschichtliches Problem, in: BdtL 92 (1956), S. 18–39.
62. Spieß, W.: Das Marktprivileg. Die Entwicklung von Marktprivileg und Marktrecht insbesondere auf Grund der Kaiserurkunden (Deutschrechtliche Beiträge 11, 3), 1916.
63. Vercauteren, F.: Die spätantike civitas im Mittelalter, in: WF 16 (1963), S. 52–54.

64. La Ville, première partie: Institutions administratives et judiciaires, RSJB Bd. 6, 1954.
65. Vittinghoff, F. (Hrsg.): Stadt und Herrschaft. Römische Kaiserzeit und hohes Mittelalter, HZ Beiheft 7, 1982.

Deutschland

Allgemeines

66. Brandt, K.: Handelsplätze des frühen und hohen Mittelalters in der Marsch zwischen Ems- und Wesermündung, in: ZAM 5 (1977), S. 121–144.
67. Fehn, K.: Die zentralörtlichen Funktionen früher Zentren in Altbayern, 1970.
68. Herzog, E.: Die ottonische Stadt. Die Anfänge der mittelalterlichen Stadtbaukunst in Deutschland, 1964.
69. Keutgen, F.: Urkunden zur städtischen Verfassungsgeschichte, 1901.
70. – : Ämter und Zünfte. Zur Entstehung des Zunftwesens, 1903.
71. Deutsche Königspfalzen. Beiträge zu ihrer historischen und archäologischen Erforschung, Bd. 1 ff., VMPI 11, 1 ff., 1963 ff.
72. Kupper, J.-L.: Otbert de Liège, les manipulations monétaires d'un évêque d'Empire à l'aube du XIIe siècle, in: MA 86 (1980), S. 353–385.
73. Köbler, G.: Civis und ius civile, in: ZRG germ. 83 (1966), S. 35–63.
74. –: Stadtrecht und Bürgereinung bei Notker von St. Gallen (Arbeiten zur Rechts- und Sprachwissenschaft 4), 1974.
75. Das Marktproblem im Mittelalter. Referate und Aussprachen, bearb. von P. Schöller, in: WF 15 (1962), S. 43–95.
76. Metz, W.: Marktrechtfamilie und Kaufmannsfriede in ottonisch-salischer Zeit, in: BdtL 108 (1972), S. 28–55.
77. Planitz, H.: Die deutsche Stadt im Mittelalter, ^{2}1965, ^{4}1975.
78. Roth, H.: Handel und Gewerbe vom 6.–8. Jahrhundert östlich des Rheins, in: VSWG 58 (1971), S. 321–358.
79. Schwineköper, B.: Königtum und Städte bis zum Ende des Investiturstreits, VuF Sonderband 11, 1977.
80. Deutscher Städteatlas, hrsg. von H. Stoob, Lieferung 1 ff., 1974 ff.
81. Stoob, H.: Stadtentwicklung in Mitteleuropa und die Möglichkeiten ihrer kartographischen Darstellung. Historische Raumforschung I, 1956.
82. Uslar, R. von: Frühgeschichtliche Befestigungen zwischen Alpen und Nordsee, in: BdtL 94 (1958), S. 65–110.
83. Weidemann, K.: Hof, Burg und Stadt im östlichen Oberbayern während des frühen und hohen Mittelalters, in: FvfD 18 (^{2}1971), S. 117–167.

Einzelne Städte

Augsburg

84. Geschichte der Stadt Augsburg. 2000 Jahre von der Römerzeit bis zur Gegenwart, hrsg. von G. Gottlieb u. a., 1984.

Cambrai

85. Reinecke, W.: Geschichte der Stadt Cambrai bis zur Erteilung der Lex Godefridi (1227), 1896.

Dinant

86. Pirenne, H.: Histoire de la constitution de la ville de Dinant au moyen âge, in: Nr. 58, S. 1–94.

Dortmund

87. Dortmund, in: Nr. 81, Lieferung 1, Nr. 3, 1973.

Frankfurt

88. Schalles-Fischer, M.: Pfalz und Fiskus Frankfurt, VMPI 20, 1969.

Fritzlar

89. Fritzlar im Mittelalter. Festschrift zur 1250-Jahrfeier, hrsg. vom Magistrat der Stadt Fritzlar, 1974.

Goslar

90. Stoob, H.: Die Wachstumsphasen der Stadt Goslar bis zur Mitte des 13. Jahrhunderts, in: Harz-Zeitschrift 22/23 (1970/71), S. 59–77.

Hamburg

91. Bracker, J.: Hamburg von den Anfängen bis zur Gegenwart, 1987.
92. Schindler, R.: Ausgrabungen in Alt-Hamburg, 1957.

Huy

93. Ammann, H.: Huy an der Maas in der mittelalterlichen Wirtschaft, in: Städtewesen und Bürgertum als geschichtliche Kräfte, Gedächtnisschrift für F. Rörig, 1953, S. 377–399.
94. Joris, A.: La ville de Huy au moyen âge, BFPh Liège 152, 1959.
95. –: Remarques sur les clauses militaires des privilèges urbains liégeois, in: RB 37 (1959), S. 297–316.

Köln

96. Corsten, K.: Das Fortleben der Antike im mittelalterlichen Köln, in: Jahrbuch des kölnischen Geschichtsvereins 33 (1958), S. 85–98.
97. Jakobs, H.: Verfassungstopographische Studien zur Kölner Stadtgeschichte des 10. bis 12. Jahrhunderts, in: Nr. 99, 1971, S. 49–123.
98. Keussen, H.: Topographie der Stadt Köln im Mittelalter, Bd. 1–2, Preisschriften der Mevissen-Stiftung 2, 1910.
99. Köln, das Reich und Europa. Mitteilungen aus dem Stadtarchiv von Köln 60, 1971.
100. Pötter, W.: Die Ministerialität der Erzbischöfe von Köln vom Ende des 11. bis zum Ausgang des 13. Jahrhunderts. Studien zur Kölner Kirchengeschichte 9, 1967.

Mainz

101. Falck, L.: Mainz im frühen und hohen Mittelalter. Geschichte der Stadt Mainz 2, 1972.

Nürnberg

102. Pfeiffer, G. (Hrsg.): Nürnberg – Geschichte einer europäischen Stadt, 1971.

Regensburg

103. Gauer, W.: Urbs, Arx, Metropolis und Civitas Regia. Untersuchungen zur Topographie der frühmittelalterlichen Stadt Regensburg, in: Verhandlungen des Historischen Vereins für Oberpfalz und Regensburg 121 (1981), S. 15–84.

Saint-Trond
104. Charles, J. L.: La ville de Saint-Trond au moyen âge, BFPh Liège 173, 1965.
Straßburg
105. Histoire de Strasbourg des origines à nos jours, p. p. G. Livet et F. Rapp, Tome 1–2, 1980–1981.
Tiel
106. Akkerman, J. B.: Het koopmansgilde van Tiel omstreeks het jaar 1000, in: Tijdschrift voor Rechtsgeschiedenis 30 (1962), S. 409–471.
Trier
107. Ewig, E.: Trier im Merowingerreich. Civitas, Stadt, Bistum, 1954.
108. Schulz, K.: Ministerialität und Bürgertum in Trier, RhA 66, 1968.
Völkermarkt
109. Dinklage, K.: Völkermarkt zwischen Abt und Herzog, in: MIÖG 67 (1959), S. 278–305.
Wien
110. Harl, O.: Vindobona. Das römische Wien, 1979.
111. Czeike, F.: Geschichte der Stadt Wien, 1981.
Worms
112. Büttner, H.: Zur Stadtentwicklung von Worms im Früh- und Hochmittelalter, in: Aus Geschichte und Landeskunde. Forschungen und Darstellungen F. Steinbach zum 65. Geburtstag gewidmet, 1960, S. 389–407.
113. Dasberg, L.: De lex familiae Wormatiensis ecclesiae en de herkomst van de middeleeuwse koopman, in: Tijdschrift voor geschiedenis 71 (1958), S. 243–261.

Skandinavien

114. Hall, Th.: Sigtuna. Entstehung und Entwicklung einer mittelalterlichen Stadt, in: Kulturhistorisk Tidsskrift, 1974, S. 69–86.
115. Hatz, G.: Handel und Verkehr zwischen dem deutschen Reich und Schweden in der späten Wikingerzeit, 1974.
116. Fritz, Ba.: Urkunden zur skandinavischen Stadtgeschichte bis 1300, in: Nr. 2, 1967, S. 505–578.
117. Herteig, A. E.: Kongers havn og handels sete, 1969.
118. Jankuhn, H.: Der fränkisch-friesische Handel zur Ostsee im frühen Mittelalter, in: VSWG 40 (1953), S. 193–243.
119. Rønneseth, O.: Frühgeschichtliche Siedlungs- und Wirtschaftsformen im südwestlichen Norwegen. Göttinger Schriften zur Vor- und Frühgeschichte 6, 1966.
120. Stoob, H.: Zur Topographie von Alt-Schleswig, in: Häuser und Höfe im Ostseegebiet und im Norden vor 1500, Acta Visbyensia 5, 1976, S. 117–126.
121. Urbaniserungsprosessen i Norden, 1: Middelaldersteder, redigert av G. Authén Blom. Det XVII. nordiske historikermøte, 1977.
122. Vogel, V.: Schleswig – ein stadtarchäologisches Forschungsprojekt, in: HGbll 101 (1983), S. 5–13.

Großbritannien

123. Benton, J. F.: Town origins. The evidence from medieval England, 1969.
124. Biddle, M.: Winchester. The development of an early capital, in: Nr. 28, Teil 1, 1973, S. 229–261.
125. – : Excavations at Winchester, 1971, Tenth and final interim report, in: The Antiquaries Journal 55 (1975), S. 96–126 und 295–337.
126. Bradley, J.: Recent archaeological research on the Irish town, in: Nr. 23, 1987, S. 321–370.
127. Brooke, C. N. L.: History of London. London 800–1216: The shaping of a city, 1975.
128. Crawford, B. E.: Scandinavian Scotland. Scotland in the early middle ages 2, 1987.
129. Heidelberger, A.: Die römische Stadt in Britannien und das Problem ihrer weiteren Entwicklung bis zum Einfall der Dänen, in: VSWG 59 (1972), S. 449–472.
130. Platt, C.: Medieval Southampton. The port and trading community, A. D. 1000–1600, 1973.
131. Radley, J.: Economic aspects of anglo-danish York, in: Medieval Archaeology 15 (1971), S. 37–57.
132. Sawyer, P. H.: The wealth of England in the eleventh century, in: Transactions of the Royal Historical Society 5. Ser., 15 (1965), S. 145–164.
133. Stenton, F. M.: Anglo-Saxon England. The Oxford History of England 2, ^{3}1971.
134. Stephenson, C.: Borough and town. A study of urban origins in England, 1933.
135. Turner, H. L.: Town defences in England and Wales. An architectural and documentary study, A. D. 900–1500, 1971.

Frankreich und Flandern

Allgemeines

136. Brühl, C.: Palatium und Civitas, Bd. 1: Gallien, 1975.
137. Bleiber, W.: Naturalwirtschaft und Ware-Geld-Beziehungen zwischen Somme und Loire während des 7. Jahrhunderts. Forschungen zur mittelalterl. Geschichte 27, 1981.
138. Bonenfant, P.: La fondation de «villes neuves» en Brabant au moyen âge, in: VSWG 49 (1962), S. 145–170.
139. Chédeville, A.: Le rôle de la monnaie et l'apparition du crédit dans les pays de l'ouest de la France, XIe–XIIIe siècles, in: CCM 17 (1974), S. 305–325.
140. Claude, D.: Die Bischofswahlen im Merowingerreich, in: ZRG kan. 49 (1963), S. 1–75.
141. Dhondt, J.: Steden in het landschap – en stedelijk landschap, in: Flandria Nostra Bd. 1, 1957, S. 55–85.
142. Endemann, T.: Markturkunde und Markt in Frankreich und Burgund vom 9. bis 11. Jahrhundert, 1964.
143. Fagniez, G.: Documents relatifs à l'histoire de l'industrie et du commerce en France, Bd. 1–2, 1898–1900.

144. Fevrier, P. A.: La développement urbain en Provence de l'époque romaine à la fin du XIVe siècle, BEfAR 202, 1964.
145. Ganshof, F. L.: Étude sur le développement des villes entre Loire et Rhin au moyen âge, 1943.
146. –: Einwohnergenossenschaft und Graf in den flandrischen Städten während des 12. Jahrhunderts, in: ZRG germ. 74 (1957), S. 98–118.
147. Histoire de la France urbaine, p. p. G. Duby, T. 3, 1981.
148. Histoire des institutions françaises au moyen âge, p. p. F. Lot et R. Fawtier, T. 1–3, 1957–1962.
149. Histoire des pays de la Loire, p. p. F. Lebrun, 1972.
150. Histoire de la Picardie, p. p. R. Fossier, 1974.
151. Koch, A. C. F.: Die flandrischen Burggrafschaften, in: ZRG germ. 76 (1959), S. 153–172.
152. Petit-Dutaillis, Ch.: Les communes françaises. Caractères et évolution des origines au XVIIIe siècle, 1947.
153. Topographie chrétienne des cités de la Gaule des origines au milieu du VIIIe siècle, T. 1 sqq., 1986 sqq.

Einzelne Städte

Amiens

154. Vasselle, F., E. Will: L'enceinte du Bas-Empire et l'histoire de la ville d'Amiens, in: Revue du Nord 40 (1958), S. 467–482.

Ardres

155. Irsigler, F.: Über Stadtentwicklung. Beobachtungen am Beispiel von Ardres, in: ZAM 11 (1983), S. 7–19.

Bordeaux

156. Etienne, R.: Bordeaux antique. Histoire de Bordeaux, p. p. Ch. Higounet, 1962.
157. Higounet, Ch.: Bordeaux pendant le haut moyen âge. Histoire de Bordeaux, p. p. Ch. Higounet, 1963.

Bourges und Poitiers

158. Claude, D.: Topographie und Verfassung der Städte Bourges und Poitiers bis in das 11. Jahrhundert. Historische Studien 380, 1960.

Brügge

159. Koch, A. C. F.: Brugge's topografische ontwikkeling tot in de 12e eeuw, in: Annales de la société d'émulation de Bruges 99 (1962), S. 5–67.

Gent

160. Blockmans, F.: Het Gentsche stadspatriciaat tot omstreeks 1302, 1938.

Le Mans

161. Latouche, R.: La commune du Mans (1070), in: Mélanges d'histoire du moyen âge dédiés à la mémoire de L. Halphen, 1951, S. 377–382.

Marseille

162. Zarb, M.: Les privilèges de la ville de Marseille du Xe siècle à la revolution, 1961.

Noyon

163. Lefranc, A.: Histoire de la ville de Noyon et de ses institutions jusqu'à la fin du XIIIe siècle, 1887.

Paris
164. Billot, L., e. a.: Le premier arrondissement de Paris, 1949.
165. Boussard, J.: De la fin du siège de 885–886 à la mort de Philippe Auguste. Nouvelle histoire de Paris, 1976.
166. Lavedan, P.: Histoire de l'urbanisme à Paris. Nouvelle histoire de Paris, 1975.
167. Roblin, M.: Le terroir de Paris aux époques gallo-romaine et franque, ^{2}1971.
Soissons
168. Kaiser, R.: Untersuchungen zur Geschichte der Civitas und Diözese Soissons in römischer und merowingischer Zeit, RhA 89, 1973.
Toulouse
169. Labrousse, M.: Toulouse antique des origines à l'établissement des Wisigoths, BEfAR 212, 1968.

Iberische Halbinsel

170. Amman, H.: Vom Städtewesen Spaniens und Westfrankreichs im Mittelalter, in: Nr. 25, 1953 (^{4}1975), S. 105–150.
171. Arteta, A. U.: Jaca. Documentos municipales 971–1269, 1975.
172. Carmen Carlé, M. del: Del concejo medieval Castellano-Leonés, 1968.
173. Claude, D.: Die Anfänge der Wiederbesiedlung Innerspaniens, in: Die deutsche Ostsiedlung des Mittelalters, hrsg. von W. Schlesinger, VuF 18, (1975), S. 607–656.
174. Cumbreño, A. F.: Origen, fundación y nombre de Oviedo, in: Symposium sobre la cultura Asturiana de la alta edad media, 1964, S. 167–190.
175. Domenec, R.: The urban origins of Barcelona, in: Spec. 52 (1977), S. 265–286.
176. Font Rius, J. M.: Cartas de población y franquicia de Cataluña, T. 1–2, 1969–1982.
177. Gibert, R.: El derecho municipal de León y Castilla, in: AHD 31 (1961), S. 695–753.
178. – : Fuero, in: Nr. 4, Bd. 1, Sp. 1319–1328, 1971.
179. Lacarra, J. M.: Les villes-frontière dans l'Espagne des XIe et XIIe siècles, in: MA 69 (1963), S. 205–222.
180. Nelson, L. H.: The foundation of Jaca (1076), in: Spec. 53 (1978), S. 688–709.
181. Powers, J. F.: Townsmen and soldiers. The interaction of urban and military organization in the militias of medieval Castile, in: Spec. 46 (1971), S. 641–655.
182. Procter, E. S.: Curia and cortes in León and Castile 1072–1295, 1980.
183. Represa, A.: Evolución urbana de León en los siglos XI–XIII, in: León y su historia 1 (1969), S. 243–282.
184. Valdeavellano, L. G. de: Historia de España, vol. 1, p. 1– 2 (^{2}1955).
185. – : Sobre los burgos y los burgueses de la España medieval, 1960.
186. Vázquez de Parga, L.: El fuero de León, in: AHD 15 (1944), S. 464–498.
187. – : La revolución comunal de Compostela en los años 1116 y 1117, in: AHD 16 (1945), S. 685–703.
188. Vicens Vives, J.: An economic history of Spain, 1969.
189. Wohlhaupter, E.: Studien zur Rechtsgeschichte des Gottes- und Landfriedens in Spanien, Deutschrechtl. Beiträge 14, 2 (1933).

Italien

Allgemeines

190. Brühl, C.: Königs-, Bischofs- und Stadtpfalz in den Städten des Regnum Italiae vom 9. bis zum 13. Jahrhundert, in: Festschrift für W. Schlesinger, Bd. 3, 1974, S. 400–419.
191. Dilcher, G.: Bischof und Stadtverfassung in Oberitalien, in: ZRG germ. 81 (1964), S. 225–266.
192. –: Die Entstehung der lombardischen Stadtkommune, 1967.
193. Falkenhausen, V. von: Untersuchungen über die byzantinische Herrschaft in Süditalien vom 9. bis ins 11. Jahrhundert, 1967.
194. –: Taranto in epoca bizantina, in: Studi medievali 3ª ser. 9 (1968), S. 133 bis 166.
195. Fumagalli, V.: Città e distretti minori nell'Italia carolingia, in: RSI 81 (1969), S. 107–117.
196. Guillou, A.: Des collectivités rurales à la collectivité urbaine en Italie méridionale byzantine, VIᵉ–XIᵉ siècles, in: Bulletin de Correspondance Hellenique 100 (1976), S. 315–325.
197. Keller, H.: Die Entstehung der italienischen Stadtkommunen als Problem der Sozialgeschichte, in: FrSt 10 (1976), S. 169–211.
198. –: Einwohnergemeinde und Kommune. Probleme der italienischen Stadtverfassung im 11. Jahrhundert, in: HZ 224 (1977), S. 561–579; auch in: Nr. 54 (1982), S. 55–72.
199. –: Adelsherrschaft und städtische Gesellschaft in Oberitalien, 9. bis 12. Jahrhundert, BdtHI Rom 52, 1979.
200. Kirsten, E.: Süditalienkunde, Bd. 1, 1975.
201. Monti, G. M.: Le corporazioni nell'evo antico e nell'alto medio evo, 1934.
202. Renouard, Y.: Les villes d'Italie de la fin du Xᵉ siècle au début du XIVᵉ siècle, ²1969.
203. Rizzitano, U.: Storia e cultura nella Sicilia saracena. Biblioteca di letteratura e storia, saggi e testi 5, 1975.
204. Storia della Emilia Romagna, a cura di A. Berselli, vol. 1, 1975.
205. Stoob, H.: Die Castelli der Colonna, in: QFiAB 51 (1971), S. 207–249.
206. Toubert, P.: Les structures du Latium médiéval. Le Latium méridional et la Sabine du IXᵉ siècle à la fin du XIIᵉ siècle, BEfAR 221, 1973.
207. Worstbrock, F. J.: Die Anfänge der mittelalterlichen Ars dictandi, in: FrSt 23 (1989), S. 1–42.

Einzelne Städte

Florenz

208. Panella, A.: Storia di Firenze, 1949.

Genua

209. Pistarino, G.: Genova medievale tra oriente e occidente, in: RSI 81 (1969), S. 44–73.

Lucca

210. Schwarzmaier, H.: Lucca und das Reich bis zum Ende des 11. Jahrhunderts, BdtHI Rom 41, 1972.

Luni

211. Conti, P. M.: Luni nell'alto medioevo, 1967.

Mailand

212. Storia di Milano. Fondazione Treccani degli Alfieri, vol. 2–3, 1954.
213. Keller, H.: Die soziale und politische Verfassung Mailands in den Anfängen des kommunalen Lebens, in: HZ 211 (1970), S. 34–64.

Neapel

214. Storia di Napoli, a cura di E. Pontieri, S. Battaglia e. a., vol. 2, p. 1–2 (1969).

Ninfa

215. Stoob, H.: Norba – Ninfa – Norma – Sermoneta, in: Nr. 21 (1972), S. 91–107.

Parma

216. Schumann, R.: Authority and the commune, Parma 833–1133. Fonti e studi, 2ª serie 8, 1973.

Pavia

217. Brühl, C.: Das „Palatium" von Pavia und die „Honorantiae civitatis Papiae", in: Atti del 4º congresso internazionale di studi sull'alto medioevo (1969), S. 189–220.
218. Brühl, C., C. Violante: Die „Honorantiae civitatis Papiae". Transkription, Edition, Kommentar, 1983.

Rom

219. Gregorovius, F.: Geschichte der Stadt Rom im Mittelalter, neu hrsg. von W. Kampf, Bd. 1–3, 1953–1957.
220. Krautheimer, R.: Rom, Schicksal einer Stadt 312–1308. Aus dem Englischen von T. Kienlechner und U. Hoffmann, 1987.
221. Llewellyn, P.: Rome in the dark ages, 1971.
222. Lugli, G.: Roma antica. Il centro monumentale, 1946.

San Gimignano

223. Fiumi, E.: Storia economica e sociale di San Gimignano, 1961.

Venedig

224. Mor, C. G.: I capituli del pactum Lotharii (840) relativi agli usi civici a favore dei Veneziani in terraferma, in: Ricerche storiche ed economiche in memoria di C. Barbagallo 2 (1970), S. 91–104.
225. Musatti, E.: Storia di Venezia, vol. 1, 1914.
226. Uhlirz, M.: Die staatsrechtliche Stellung Venedigs zur Zeit Kaiser Ottos III., in: ZRG germ. 76 (1959), S. 82–110.

Südosteuropa

227. Ashburner, W.: Nómos Rhodíon Nautikós. The Rhodian sea-law, edited from the manuscripts, 1909.
228. Claude, D.: Die byzantinische Stadt im 6. Jahrhundert, Byzantinisches Archiv 13, 1969.

229. Gizewski, C.: Zur Normativität und Struktur der Verfassungsverhältnisse in der späteren römischen Kaiserzeit. Münchener Beiträge zur Papyrusforschung und antiken Rechtsgeschichte 81, 1988.
230. Kirsten, E.: Die byzantinische Stadt. Berichte zum internationalen Byzantinisten-Kongreß 11, 5, 3, 1958.
231. Kirsten, E., W. Kraiker: Griechenlandkunde, Bd. 1–2, [5]1967.
232. Koder, J.: Der Lebensraum der Byzantiner, 1985.
233. Ostrogorsky, G.: Geschichte des byzantinischen Staates, [2]1952.
234. Mayer, E.: Die dalmatisch-istrische Munizipalverfassung im Mittelalter und ihre römischen Grundlagen, in: ZRG germ. 24 (1903), S. 211–308.
235. Metcalf, D.: Coinage in the Balkans, 820–1355, 1965.
236. Stadtmüller, G.: Geschichte Südosteuropas, [2]1976.
237. Steindorff, L.: Die dalmatinischen Städte im 12. Jahrhundert, StF 20, 1984.
238. Udina, R.: Il placito del Risano, in: Archeografo Triestino 3[a] serie 17 (1932), S. 1–84.

Einzelne Städte

Athen

239. The Athenian agora. A guide to the excavation and museum. American School of classical studies at Athens, [2]1962.

Dubrovnik

240. Carter, F. W.: Dubrovnik (Ragusa). A classic city-state, 1972.

Konstantinopel

241. Beck, H.-G.: Konstantinopel. Zur Sozialgeschichte einer frühmittelalterlichen Hauptstadt, in: BZ 58 (1965), S. 11–45.
242. Tò eparchikòn biblíon. The book of the eparch. Le livre du préfet, 1970.

Korinth

243. Finley, J. F.: Corinth in the middle ages, in: Spec. 7 (1932), S. 477–499.
244. Kasas, S. E.: Korinth und umliegende antike Kulturstätten, 1973.
245. Scranton, R. L.: Mediaeval architecture in the central area of Corinth. Corinth, results of excavations conducted by the American School of classical Studies at Athens 16, 1957.

Sirmium

246. Bosković, D., N. Duval, P. Gros, Vl. Popović: Recherches archéologiques à Sirmium, campagne franco-yougoslave de 1973. In: Mélanges de l'École française de Rome, Antiquité 86 (1974), S. 597–656.

Theben

247. Sotiriu, G. A.: Hai christianikaì Thêbai tês Thessalías katà tàs anaskaphàs tês Néas Anchiálu. In: Archaiologiké Ephémeris 1929, S. 1–158.

Zagreb

248. Grothusen, K.-D.: Entstehung und Geschichte Zagrebs bis zum Ausgang des 14. Jahrhunderts, 1967.

Ostmitteleuropa und Osteuropa

Allgemeines

249. Błaszczyk, W.: Die Anfänge der polnischen Städte im Lichte der Bodenforschung. Ausstellungsführer Poznań, 1974.
250. Brunner, O.: Europäisches und russisches Bürgertum, in: O. Brunner, Neue Wege der Verfassungs- und Sozialgeschichte, [3]1980, S. 225–241.
251. d'Eszlary, Ch.: Caractères et rôle de la bourgeoisie en Hongrie, I, in: RHES 41 (1963), S. 313–331.
252. Fritze, W. H., K. Zernack (Hrsg.): Grundfragen der geschichtlichen Beziehungen zwischen Deutschen, Polaben und Polen. Einzelveröffentlichungen der Historischen Kommission zu Berlin 18, 1976.
253. Goehrke, C.: Bemerkungen zur altrussischen Stadt der frühen Teilfürstenzeit, Mitte des 11. bis Mitte des 12. Jahrhunderts. In: Nr. 54 (1982), S. 208–227.
254. Graus, F.: Deutsche und slavische Verfassungsgeschichte, in: HZ 197 (1963), S. 265–317.
255. Haumann, H.: Die russische Stadt in der Geschichte, in: JbGO 27 (1979), S. 481–497.
256. Hellmann, M.: Zur Geschichte des Städtewesens in Osteuropa, in: JbGO 4 (1956), S. 18–25.
257. Ludat, H.: Vorstufen und Entstehung des Städtewesens in Osteuropa, 155.
258. –: Frühformen des Städtewesens in Osteuropa, in: Nr. 25 ([4]1975), S. 527–553.
259. Miljukoff, P.: Die Entwicklung des russischen Städtewesens, in: VSWG 14 (1918), S. 130–146.
260. Modzelewski, K.: L'organisation «ministeriale» en Pologne médiévale, in: AESC 19 (1964), S. 1125–1138.
261. Rosłanowski, T.: Die ostmittel- und westmitteleuropäische Stadt des Mittelalters im Vergleich, in: VSWG 66 (1979), S. 1–25.
262. Stökl, G.: Russische Geschichte, [2]1965.
263. Warnke, Ch.: Die Anfänge des Fernhandels in Polen. Marburger Ostforschungen 22, 1964.
264. Weczerka, H.: Neuere Forschungen zur Geschichte des Städtewesens in Ostmitteleuropa, in: ZfO 37 (1988), S. 443–478.
265. Zagorul'skij, E.: Die Entstehung der Städte in Belorußland, in: Nr. 22 (1979), S. 22–43.
266. Zernack, K.: Die burgstädtischen Volksversammlungen bei den Ost- und Westslaven. Osteuropastudien der Hochschulen des Landes Hessen, Reihe I, Bd. 33, 1967.

Einzelne Städte

Budapest

267. Kubinyi, A.: Die Anfänge Ofens, GA 60, 1972.

Kiew

268. Mühle, E.: Die Anfänge Kievs (bis ca. 980) in archäologischer Sicht, in: JbGO 35 (1987), S. 80–101.
269. – : Die topographisch-städtebauliche Entwicklung Kievs vom Ende des 10. bis zum Ende des 12. Jahrhunderts im Licht der archäologischen Forschungen, in: JbGO 36 (1988), S. 350–376.

Novgorod

270. Leuschner, J.: Novgorod. Untersuchungen zu einigen Fragen seiner Verfassungs- und Bevölkerungsstruktur, GA 107, 1980.
271. Thompson, M. W. (ed.): Novgorod the Great. Excavations at the medieval city, 1951–62, 1967.

Reval

272. Mühlen, H. von zur: Zur wissenschaftlichen Diskussion über den Ursprung Revals, in: ZfO 33 (1984), S. 508–533.

Starigard

273. Struve, Karl W.: Starigard – Oldenburg. Geschichte und archäologische Erforschung der slavischen Fürstenburg in Wagrien, in: 750 Jahre Stadtrecht Oldenburg in Holstein, hrsg. von der Stadt Oldenburg in Holstein, 1985, S. 73 bis 206.

REGISTER DER ORTSNAMEN